Fundamentals of Management

2판

새로운 시대의 경영학

권석균 저

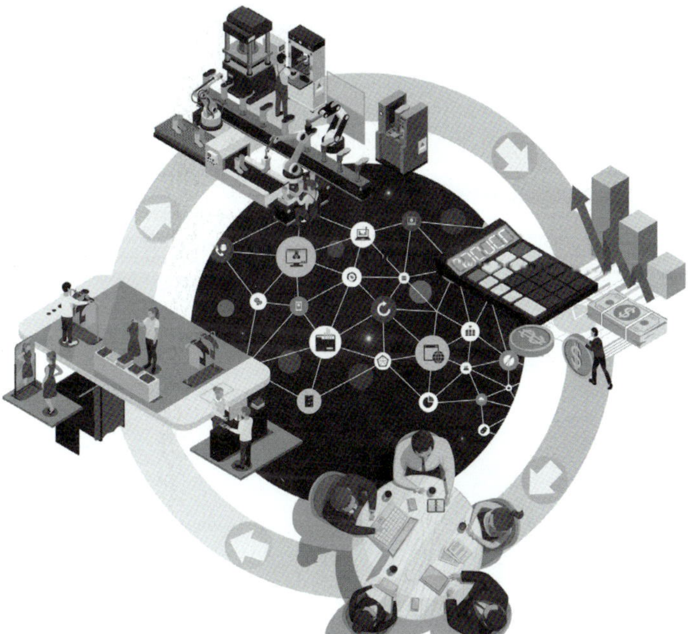

도서출판 시대가치

2판 서문

본서의 초판 출간 2년 만에 개정판을 내게 되었다. 짧은 기간이지만 그동안 코로나 팬데믹이 끝났다. 그리고 새로운 변화가 시작되고 있다. 4차 산업혁명의 급속한 진전과 광범위한 충격, 인플레로 인한 뉴노멀의 종언, 국제적인 전쟁과 분쟁으로 인한 공급망 교란, 글로벌 거대기업의 확장으로 인한 시장경쟁 구조의 변화, 그리고 자본시장과 노동시장의 변화 등이 있었다.

이에 기업경영의 새로운 상황과 맥락적 요인에 해당하는 경제, 기술, 정치, 사회의 변화에 대한 통계치와 자료를 업데이트하였다. 실제로 통계치와 자료에서 큰 변화가 있음을 확인할 수 있었다.

기업에 대한 논의에서는 경영사례의 내용에서 변경된 부분이 많다. 기업들의 경영성과에서 차이가 있었기 때문이다. 관련 데이터를 모두 개정하였고 새로운 설명을 덧붙였다. 상황이 크게 바뀐 사례의 경우에는 더 적합한 사례로 대체하였다.

제1부에서 개정된 주요 내용은 삼성전자를 비롯한 국내 주요 기업의 경쟁 상황과 성과의 변화, 미국의 주요 기업을 비롯한 해외기업의 이익구조와 고용의 변화 및 시장 지위에서의 변화된 내용을 담았다. 또한 기업의 생존율 데이터, 사회적기업 등의 추세 변화 등도 개정된 주요 내용이다.

제2부에서는 경영환경의 변화가 기업경영에 미치는 영향에 대한 설명을 보강하였다. 무엇보다도 4차 산업혁명에서 AI 기술의 임팩트를 다루었고, PESTE 환경 변화의 내용을 수정하였다. 아울러 글로벌 빅테크 기업에 대한 부록을 전면 개정하였다. 기업가치의 변동이 컸기 때문이다.

제3부에서는 경영전략 사례를 보강하였으며, 그 외 조직과 기업문화에서 부분적인 보완이 있었다. 상대적으로 가장 덜 변경된 파트이다.

제4부에서는 마케팅관리의 경영사례와 성과자료의 업데이트, 재무관리에서 자본시장 관련 데이터 업데이트, 인사관리에서 노동시장 관련 데이터 업데이트를 하였다.

제5부에서는 중소기업에 관련한 주요 경영분석 자료를 업데이트하고 경영사례를 일부 변경하였다. 벤처의 경영에서 벤처자금조달 시장의 추세 변화, 스타트업과 유니콘의 변화된 상황 등을 설명하였다. 제5부의 분량을 약간 줄여서 한 학기 강의 분량에 맞게 조절하였다.

개방적 관점의 경영이론을 설명하고자 했던 본서의 집필 의도는 초판 서문에 잘 설명되어 있다. 통합적 관점에서 새로운 시대의 현상을 담아내고 실용적 지식을 탐구하는 기본 철학이 제2판에서도 그대로 유지되었다. 책의 분량은 초판에 비해서 30쪽을 줄였다.

본서가 경영학의 원론이자 총서로서 경영학도와 기업의 종사자들에게 정통의 경영학적 사고를 도우면서, 아울러 새로운 시대변화를 기업경영에서 풀어내는 '생각의 방식'을 전해드릴 수 있기를 기대한다.

본 개정판의 출판에 도움을 준 도서출판 시대가치의 김광범 대표님과 관계자분들께 감사의 마음을 전한다.

2024년 8월

저자 권석균

초판 서문

경영의 세계는 복잡하고 매력적이다. 복잡한 현실에서 해법을 찾고 추구하는 가치를 구현하기 때문이다. 끊임없이 변화하는 세상을 담기 때문에 변화무쌍하다. 경영은 시대상황과 시대정신을 반영하면서 진화한다.

경영학은 개방적이다. 현실을 그대로 받아들이면서, 현실을 바꾸려 노력하거나 현실 속에서 가능한 모든 해결방법을 찾는다. 수많은 행위자의 이해관계가 다르게 작동하고 서로 상호작용하기 때문에 경영 행위의 결과는 예측불허다. 문제풀이 같은 정답이 없다. 오히려 하나의 답이 아닌 여러 개의 답이 있다. 그리고 답은 이론이 아니고 실천이다. 답을 알아도 실천이 어려운 경우가 태반이다. 그래서 실천 방법에 중요성을 둔다.

이 책은 경영학의 입문서이자 총론이다.

경영학원론에 해당하는 입문서로서 경영학의 기본 체계를 5개 파트로 구성하여 소개하였다. 학생들이 경영학원론에서 무엇을 배워야 하는가는 오랫동안 경영학자들의 고민이었다. 경영학의 개방성으로 인해 학문적 경계가 흐릿하기 때문이다. 저자는 지난 30여 년간 경영학원론을 가르치면서 경영학에 입문하는 학생들이 무엇을 배워야 할까 끊임없이 고민해왔다. 그리고 강의 내용을 시대의 흐름에 따라 계속 발전시켜왔다. 이를 반영한 것이 본서의 구성체계이다. 시대정신을 담으면서 경영에 대한 기본적이고 통합적 시각을 갖게 해주려는 목적이다.

총론으로서 본서에서는 경영자와 관리자, 직장인, 그리고 MBA 대학원생을 위한 경영학의 시작과 끝을 담고자 하였다. 우선 책의 부피에서 보듯이 내용이 많다. 방대한 경영 이슈를 대화와 문제제기 방식으로 설명하였다. 본서를 다 읽고 나면 그 자체로 완결된 경영적 사고(management thinking)를 할 수 있도록 쓰고자 애썼다.

저자는 1988년 박사과정 시절부터 미국 학생들을 대상으로 경영학원론(Fundamentals of Management)을 가르치면서 경영의 보편성을 접하였다. 경영이 보편적 언어임을, 경영학이 보편적 학문임을 이해하게 되었다. 이후 한국 학생들에게 경영학을 가르치면서 끊임없이 경영의 특수성과 보편성을 오가면서 고민을 하게 되었다. 한국의 고유한 현실이 그 자체로 경영의 조건이기 때문이다.

이 책은 이러한 고민을 담았다. 보편적 언어의 경영이론과 한국 기업의 특수한 상황조건에 더 중요하고 더 효과적인 경영방법론을 녹여보고자 하였다.

종합하면, 경영은 시대와 국가를 관통하는 보편적 언어임과 동시에, 시대에 따라 변하고 국가에 따른 특수언어로서 존재한다. 개방적이고, 현실의 문제를 풀어가는 경영(학)의 본래 특성에 기인한 것이다.

이 책은 몇 가지 특징을 갖는다.

1. 통합적 시각의 내용구성이다. 경영의 출발에서 특수과제까지를 꼭 필요한 내용으로 구성하고자 하였다. 경영을 처음부터 끝까지 이해하는 것을 목표로 하였다.
2. 대화의 방식을 자주 썼다. 대학교재로 보기에 다소 파격적인 설명 방식이다. 독자들이 정독하면 잘 이해할 수 있게 스토리텔링 형식을 수시로 채용하였다.
3. 새로운 시대의 현상을 담고자 애썼다. 코로나 팬데믹으로 어렵고 힘든 일상만큼이나 큰 시대사적 변환을 겪었다. 변화하는 기업과 사회의 관계에, 새로운 경영환경의 기회와 위협에 대해, 기업경영의 새로운 관점을 설명하고자 노력하였다.
4. 실용적 지식을 많이 담고자 애썼다. 현장 지식을 되도록 자주 소개하였다. 본 저자의 기업경영에 대한 관찰과 자문경험을 녹여보고자 하였다. 경영학은 실천학문이기 때문이다.

경영을 어떻게 공부해야 할까? 많은 이들의 고민이다. 이 책이 경영과 기업의 세계에 대한 이해를 다져주고, 나아가서 통합과 혁신의 경영적 사고방식을 열어주기를 기대한다.

본서의 출판에 도움을 준 도서출판 시대가치의 김광범 대표님, 충실한 제작에 애써주신 길정섭 실장님과 여러분들께 감사를 드린다. 그리고 본서의 집필과정을 돕고 자신의 오랜 경험과 지식을 나눠준 아내 박원경에게 고마운 마음을 전한다.

본서를 통해 새로운 시대의 경영과 경영학이 더욱 확산되기를 기대하며

2022년 6월

저자 권석균

차 례

PART 1 경영과 기업의 이해

PART 2 기업과 사회의 관계

CHAPTER 01

경영과 경영학

이 장의 구성

FUNDAMENTALS OF MANAGEMENT

이 장에서는 경영과 경영학의 특성을 공부한다. 경영의 의미와 개념, 그리고 대상을 알아본다. 경영의 여러 목표와 기준을 통해 경영의 목적지향적 행동이 복잡함을 품고 있다는 것을 이해하여야 한다. 경영학은 경영과 기업에 관한 지식체계이다. 이론과 실천의 학문으로서 경영학의 특성과 학문 구성체계를 알아보기로 한다.

- 경영이란 무엇인가? 경영의 대상은?
- 경영의 목표와 기준은?
- 경영학의 학문적 특성은?
- 경영학을 어떻게 공부할 것인가?

1. 경영의 의미와 기본 개념

1.1 경영의 의미

경영이란 무엇인가? 무엇을 경영하는가? 이런 질문에 대해 알아보자.

기업을 경영한다

경영이라는 말을 할 때 우리는 기업을 떠올린다. '기업을 경영한다'는 말이 자연스럽다. 경영 지식과 방법은 기업의 성장과 함께 발전하였다. 자본주의가 발전하고 기업이 중요하게 되자 경영(학)의 급속한 발전이 이뤄졌다. 자본주의 이전에도 보편적 현상으로서 경영이 있었지만 자본주의 산업사회에서 그 중요성으로 인하여 현장 경험과 학문 지식이 교류하고 순환적으로 발전하게 되었다. 수많은 기업에서 경영의 문제가 발생하였고 이를 해결하기 위한 현장 관리자와 학자들의 노력이 쌓여 경영 지식과 노하우가 만들어졌다.

경영은 행동과 실천의 개념을 담고 있다. '경영(management)'이라는 단어가 '경영하다(manage)'의 명사형이다. 경제(economy)와 사회(society)의 개념과 달리 경영은 동태적이다. 경영학도 행동과 실천의 학문이다. 경영학의 특성에 대해서는 후술하였다.

기업을 경영하는 것은 기업의 목표와 관련되어 있다. 경영은 기업의 목표(corporate goal)를 달성하기 위한 여러 활동의 집합이다. 기업의 최종 목표가 이익극대화(profit maximization)라면 경영은 기업의 이익극대화를 달성하기 위해 자원을 가동하고 사람을 이끌고 제품을 만들고 시장에서 판매하고 경쟁하는 모든 활동이다. 이 모든 활동에도 계획과 목표가 필요하다. 경영활동의 목표는 기업의 목표를 달성하기 위한 중간 경로목표이거나 수단목표가 된다. 흔히 금년도 경영목표를 수립하면 이는 궁극적으로 기업 목표를 달성하기 위한 수단이다.

경영의 개념적 확대

여기서 몇 가지 질문을 가질 수 있다. 만약 기업의 목표가 이익극대화가 아닌 다른 것이라면 경영활동의 목표도 달라지는가? 그렇다. 기업의 목표가 시대에 따라 변하면 경영도 변해야 한다. 기업이 단일의 목표가 아닌 다양한 목표를 갖는다면 경영도 목표 다양성에 부응하는 활동으로 그 영역이 확장될 것이다. 두 번째 질문은 만약 경영의 대상이 기업과 다른 유형의 사회조직이라면 경영활동도 달라져야 할까? 이 경우도 경영은 해당 조직의 목표 달성을 위한 활동이 될 것이다. 경영은 기업뿐만 아니라 일터를 제공하는 모든 작업조직(work organization), 예를 들어 행정조직이나 병원조직에서도 경영기법을 적용하여 효율과 효과성을 높일 수 있다.[1] 즉, 경영의 원리를 도입하여 그 조직의 목표를 더 잘 달성하고자 한다.

오늘날에는 공공조직, 비영리조직, 종교조직 등 모든 사회조직에서 단순한 관리가 아닌 경영이 중요한 화두/과제로 떠오르게 되었다. 그 배경에는 진화된 경영의 지식과 지혜의 체계가 있기도 하고, 아울러 사회적으로 경영적 요구, 즉 합목적적인 능동적 노력의 필요가 커짐에 따른 것이다. 그리고 조직보다 상위의 사회나 공동체를 대상으로 하기도 한다. 조직뿐 아니라 조직의 집단들에도 적용, 그 이상의 사회공동체, 커뮤니티 등에 적용되고 있다.

이들 대상 조직 또는 사회공동체의 존재목적(purpose)에 맞는 경영의 지향점이 있다. 이에 따라 경영의 대상이 폭넓어짐에 따라 과도하게 기업에 한정된 사고에 갇혀서 경영이 이윤극대화라든지 전통적 패러다임에 갇힌 좁은 경영목적에 함몰

---

1) 경영이라는 단어는 영어로 management와 administration으로 쓴다. 경영학에서는 두 단어를 모두 사용하는데 비해, 기업 외 조직에서는 주로 후자의 단어만 쓴다. 기업경영은 business administration이라 하고, 행정학에서는 행정(조직)관리를 public administration이라 한다. 반면 병원경영은 hospital management라고 한다.

되지 않아야겠다.

경영학과의 인기

대학에서 경영학과의 인기가 높다. 왜 그러할까? 첫째, 일자리 부족의 시대에 취업이 잘되기 때문이다. 일자리 제공의 주역인 기업에서 경영학 지식을 가진 사람을 선호하는 것은 당연하다. 그리고 경영학적 사고를 하는 사람은 기업에 잘 적응하고 더 높은 성과를 낼 수 있다. 둘째, 기업 외의 사회조직에서도 경영학 전공자에 대한 선호가 높아지고 있다. 경영지식의 적용성이 커졌기 때문이다. 재무, 회계, 인사, 마케팅 그리고 정보관리에 이르기까지 경영학 내 다양한 기능분야의 지식은 기업 외 조직에서도 유용성이 크다. 셋째, 창업이 활발해지는 지금의 시대에 경영학 지식과 경영적 사고가 중요한 무형자산이다. 기업가정신이 풍부한 졸업자를 배출하는 조건이 충족되어야겠지만, 경영학 전공자는 창업의 꿈을 더 잘 실현할 수 있을 것이다.

이처럼 경영학 전공자는 세상이 필요로 하는 지식과 능력을 갖춘 인재이다. 경영학과는 실천학문으로 무장한 인재를 양성하는 곳이다. 기업과 경영의 이중주, 이것이 경영학도의 경쟁력이다.

1.2 경영의 특성

경영의 여러 특징을 알아보자.

경영의 합목적성

경영은 합목적성을 갖고 있다. 추구하는 가치와 목적을 가장 잘 달성하기 위해 노력하는 것이다. 경영은 인간의 강력한 의지(intent)와 목적지향적 행동(purposeful behavior)을 구조화시켜주는 것이다.

경영은 보편적인 현상이다. 우리가 어떤 일을 하고자 할 때 그 일을 어떻게 하면 더 잘할 수 있을까 방법을 찾아내려 한다. 그리고 실천하고자 한다. 그러면 실천 방법을 또 고안해본다. 이러한 목적지향의 인간 의지의 표현이 곧 경영적 사고(management thinking)이고 그 계획과 실행이 경영의 과정(management process)이다.

경영은 목적지향적인 활동의 체계이다. 더 잘하고자 원칙과 기법을 발굴하고 적용하여 실제 희구하는 결과가 얻어지는지를 보고 관련 지식과 기술을 수정하고 더욱 발전시킨다. 표면적 지식(surface knowledge)뿐 아니라 지혜(wisdom)와 통찰력(insights)의 집합이기도 하다. 목적 달성을 위해서는 논리적으로 잘 설명될 수 없는 효과적인 방법들도 적극 채용되기 때문이다.

경영이 합목적성을 갖는다는 말은 추구하는 목적에 부합하면 논리적 인과구조가 명확치 않아도 채택된다는 것을 뜻한다. 흔히 '노하우(know-how)'라는 것이 그 예이다. 명확한 논리적 구조로 설명되지 않아도 어떤 좋은 결과를 얻을 수 있는 확률이 경험적으로 높게 평가되면 그 방법을 채택한다. 이 경험적 방법이 노하우이다. 이때 기대하는 바람직한 결과가 나오지 않을 가능성에는 통계적 리스크 관리로 대체한다. 이러한 경험지식과 노하우 등을 축적하는 학문으로서 경영학은 귀납적(inductive) 학문의 특성을 갖는다.

과정(process)으로서의 경영

경영현상의 중요한 특성은 여러 관리과정으로 구성된다는 점에 있다. 경영은 많은 과정을 통해 최종 목표에 이른다. 체계적인 과정 설계야말로 경영성과를 창출하기 위한 기본 요건이다. 치열한 경쟁에 노출되어 있기에 투입자원의 효율적이고 효과적인 변환을 위해서는 과정 계획이 필수적이다. 물론 그 과정은 목적지향적 특성으로 구성된다. 경영은 한 번의 결정으로 완결되는 것이 아니고, 미리 정해진 형태의 단 하나의 경로가 있는 것이 아니고, 매우 복잡한 스스로 진화하는 과정의 복합으로 이뤄져 있다.

여기서 가장 간결한 단계모형은 관리과정을 계획(plan)－실행(do)－평가통제(see)의 3단계로 보는 것이다. 이를 흔히 P-D-S모형이라고 한다. 이 모형은 계획이 모든 경영을 선행하며 수립된 계획을 실행하는 노력과 그 결과를 평가하여 수정하고 차후의 계획수립에 반영하는 순환과정(cyclical process)을 담고 있다. 그리고 이 순환과정은 기업의 계층별로 진행되고 상호작용을 한다. 즉, 조직 수준에서 P-D-S가 진행되고 이를 받아서 부문과 팀 수준에서, 그리고 개인 수준에서 P-D-S가 복합적으로 연계된다. [그림 1-1]은 이러한 위계적 구조를 보여주고 있다.

일찍이 경영학자들은 경영이 어떤 과정으로 진행되는 것이 가장 효과적인가를 연구해 왔다. 이것이 경영의 **관리과정 접근법**(management process approach)이다. 앞의 3단계 과정에 비해 4단계 과정으로 보는 경우는 계획(planning)－조직화(organizing)－행동(leading)－통제(controlling) 등으로 보기도 한다. 그 외에 7단계 과정론

[그림 1-1] 계획-실행-통제의 순환과정의 위계적 상호작용

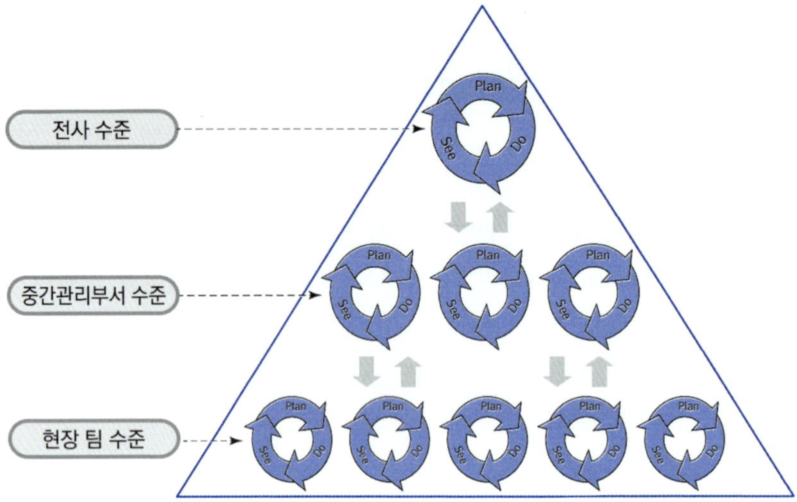

에 이르기까지 단계 개념에 집착한 적이 있다.[2)] 한편 변화무쌍한 환경의 경영을 복잡다단한 단계로 구분하여 실천하면 그 과정이 경직되기 쉽고 결과적으로 효과적인 경영이 어려워질 수 있다. 오늘날 관리과정이 몇 단계로 구성되는가는 논의의 의미를 상실하였다. 그렇지만 이 프로세스 프레임웍으로 경영의 주요 활동을 크게 구분하여 주요 체계적인 접근을 하는 것은 아직 유용하다. 조직 전체 수준에서 경영활동을 체계화하는 것이 중요하기 때문이다. 본서에서는 4단계 프로세스 모형에서 첫 단계인 계획을 제6장 전략경영에서, 두 번째 단계인 조직화를 제7장 조직의 구조와 운영에서, 세 번째 단계인 행동을 제8장 리더십과 기업문화에서 다뤘다.

경영관리의 4단계

계획(planning)은 목표(goals)를 결정하고 목표에 도달하기 위해 대안을 개발하고 행동경로를 선택하는 것이다. 조직수준에서 핵심적인 계획은 전략계획(strategic plan)이다. 전략계획에는 조직 전체의 사명(미션)과 목표를 선택하고 이를 달성하기

2) 경영관리의 과정에 대한 논의는 페욜(H. Fayol)을 비롯한 초기 경영학자들에 의해 다양하게 이뤄졌다. 대표적으로 쿤츠(H. Koontz)는 관리과정을 계획(planning), 조직화(organizing), 충원(staffing), 지휘(directing), 통제(controlling)의 5단계 순환과정으로 보고 이를 중심으로 경영학원론을 전개하였다.

위한 실행계획이 포함된다. 복잡한 경영의 대안 중에서 미래의 행동방침을 선택해야 한다. 계획은 향후 활동을 안내하여 경영의 효과성을 높이는 데 기여한다.

조직화(organizing)는 행동을 실천하는 업무구조를 만들고 소요 자원을 투입하는 틀을 만드는 것이다. 계획을 실행으로 연결시켜주는 것이다. 구체적으로 조직화는 조직에서 관계의 구조를 생성하고, 이러한 구조화된 관계를 통해 계획이 실행된다.

실행(leading)은 리더에 의해 계획이 실천되도록 이끄는 것이다. 리더십은 구성원이 조직목표를 달성하도록 움직이게 만드는 힘이다. 실행의 과정에서 지시, 협동과 의사소통, 동기부여 등이 중요하게 되고 기업문화의 뒷받침이 필요하게 된다.

통제(controlling)는 목표 달성도를 평가하고 수정하는 것이다. 통제는 성과를 측정하고 기존 표준과 비교하여 편차를 찾고, 성과를 개선하기 위해 필요한 조치를 취한다. 사후적으로는 평가에 따른 보상을 결정한다. 회계는 통제의 중요한 도구로서 결과 지표를 수치로 표현한 정보다. 평가의 결과는 다음 계획의 자료가 된다.

경영의 대상에 대한 확장된 논의

기업 경영에 적용되는 여러 기준과 방법들이 경영학에서 발전했다. 기업행동과 시장경쟁에 관한 내용들이다. 그런데 경영학적 지식은 경영현상이 복잡하고 임팩트가 큰 대기업 경영을 중심으로 정교하게 발전하였나. 중소기업에 적용하기에는 과도하게 전문화된 방법론이 경영학의 중심을 차지하게 되었다. 이에 대기업 편향의 경영학이라는 비판을 받기도 한다. 대기업 중심의 경영학은 중소기업, 공기업, 벤처 및 특수형태의 기업들에 유용하게 적용되지 못할 수 있기에, 이들 조직에 적합한 경영이 더 연구될 필요가 있다. 그리고 비영리조직을 비롯하여 일반 사회조직을 대상으로 하는 경영지식의 발전도 필요하다. 기업 경영의 이론과 방법론이 이들에게도 그대로 적용되기보다는 대상 조직에 적합한 경영지식체계를 더 개발해야 한다. 경영은 더 나아가서 한 수준 높은 국가와 사회 전체 차원에서 적용될 부분이 있기도 하다. 그리고 IT시대에 가상조직 경영도 유용할 수 있다.

생각해보면, 일반적으로 자본주의 발전 속에서 우리가 기업 경영의 필요성과 복잡성에 의해서 경영학이 크게 발전을 해왔지만, 자본주의 이전에는 보편적 경영이 있었다. 이 보편적 경영의 이슈가 자본주의가 발전하면서 기업이라고 하는 특별한 대상에 적용되는 경영이 아주 정교하게 매우 세분화된 형태로 발전된 것으로 볼 수 있다. 그런데 오늘날 경영의 대상이 기업에 더하여 많은 사회조직이 함

[그림 1-2] 확장되는 경영의 대상

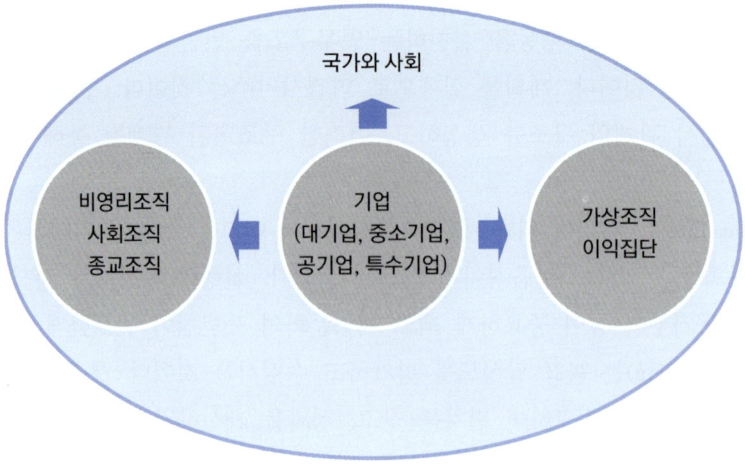

께 들어오면서 사회적 의의와 중요성이 폭발적으로 증가하게 되었다. 경영을 기업에 한정된 현상으로 규정하면 경영이 지향하는 합목적성을 이익극대화로 한정지을 수 있다. 이러한 전통적 패러다임은 더 이상 유효하지 않다. 경영이 추구하는 가치가 다양하게 되면서 경영방식의 선택도 다양한 기준에 의한다. 이익추구 이상의 지향점을 갖고 효율 자체의 방법론을 채택할 수 있다. 공기업의 경우에는 경영의 초점이 이익극대화가 아니지만 효율성 자체를 중시한다. 그 외에 병원(의료)경영도 이익 외의 경영가치를 추구하는 대표적인 영역이다. 비영리기관인 자선단체에서도 경영효율을 추구하면서 조직의 지속성(존속능력, 지속가능성)을 늘려가는 것이 중요하다. 동일한 소요 재원(비용)으로 더 많은 수혜(산출)가 이루어진다면 효율적 경영이 된 것이다. 이렇게 효율경영을 하게 되면 기부자들이 신뢰하게 되고 결과적으로 더 많은 재원확보(fund-raising)가 가능하게 될 것이다.

흔히 경영이라 하면 과도하게 기업에 한정된 형태의 개념적 인식을 통해서, 경영이 지향하는 바가 모조리 수익 창출이라든지 이익극대화로만 보는 시대는 지났다. 경영의 대상이 많아졌을 뿐 아니라 경영의 관점도 폭넓어졌다. 보편적 경영의 관점이 더 많은 대상으로 확장될 필요가 있다. 물론 기업을 대상을 하는 경영의 전통적 관점도 더 새로운 관점으로 전환될 필요가 있다.

[그림 1-3] 경영의 세계와 기업의 세계

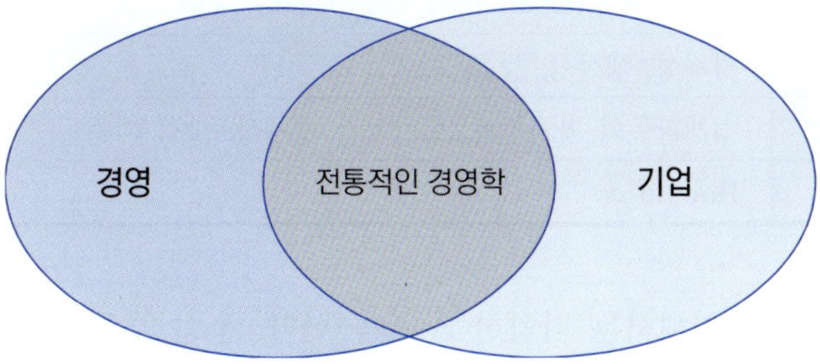

2. 경영의 목표와 의사결정 기준

경영은 의사결정의 연속이다. 경영은 행동의 여러 대안 중에서 선택하고 실행하는 것이다. 경영은 과정이다. 그러기에 한 번의 의사결정이 아니고 연속적 의사결정을 하게 된다. 그리고 상위수준의 의사결정과 하위수준의 의사결정이 복잡하게 얽혀서 진행된다. 이 의사결정에서 선택의 기준은 무엇일까? 경영의사결정을 관통하는 기본적인 원리나 기준이 있을까?

경영의사결정에서 일관된 원리가 단 하나일 수는 없다. 그러나 우선하는 기준을 선택할 수밖에 없다. 그래야 경영을 통해 얻고자 하는 그 어떤 가치를 구현할 수 있기 때문이다. 따라서 기준은 얻고자 하는 가치와 연결되어 있기도 하다.

그렇다면 어떤 가치를 추구해야 하는가? 이윤 창출을 위한 의사결정의 기준으로서 효율성을 들 수 있다. 그 외에 다양한 목적가치를 추구하면서 효율성 외의 의사결정 기준이 적용될 수 있다. 다양한 가치를 추구하는 데 그 달성 정도를 총칭하여 효과성이라고 한다. 효율성과 효과성의 개념을 알아보자.

2.1 효율성과 기업 이익

기업은 이익을 얻기 위해 효율을 추구한다. 효율성의 개념이 이익추구 행위의 근간이다. 효율성(efficiency)은 투입(input) 가치 대비 산출(output) 가치의 비율$\left(\frac{\text{산출(O)}}{\text{투입(I)}}\right)$로 정의된다. 효율적이라는 것은 투입 대비 산출의 비율이 높다는 것이다.

〈표 1-1〉 효율성의 개념과 특성

개념	자원의 투입(input) 대비 산출(output) 비율
관련 용어	경제성, 생산성, 능률, 이익
특성	경제활동의 가치전제, 몰가치적 경제성, 양적 기준
초점	How to do

효율성을 높이기 위해서는 다양한 노력을 한다. 우선 투입비용을 낮추는 것이다. 예를 들어, 생산공정 단계를 효율적으로 재구성하거나, 효율을 높여주는 생산기술을 채택하여 생산비용을 낮추는 것이다. 다른 방법은 규모의 경제를 만들기 위해서 생산량을 늘리고 결과적으로 단위당 생산비용을 낮추는 것이다. 이때 효율성 기준은 양적 기준이다. 양적 효율성은 물질적 투입 대비 산출의 비율, 즉 투입량 대비 얼마나 많은 산출량을 만들어냈는가에 대한 수량적 비율이다. 이를 생산효율, 즉 생산성(productivity)이라고 한다. 효율경영은 생산성을 높이는 데 주력하는 경영이다.

생산성 외에도 효율성은 여러 방식으로 추진될 수 있다. 인건비를 줄이거나 각종의 관리비용을 최소화하여 전체 비용을 줄여나갈 수 있다. 자칫 성장지향이 아닌 축소지향으로 움직일 수 있다. 신규사업을 적극 추진하지 않고 곧바로 이익으로 돌아오는 경우에만 한정시킬 수 있다. 대부분의 신규사업은 불확실성이 높을 뿐만 아니라 투자 대비 이익이 상당기간 동안 낮을 것이기 때문이다. 경제적 가치로 평가되는 효율성은 얼마의 자본이 투입되었는가에 대해 얼마의 이익을 남겼는가로 평가된다. 경제적 가치 증식의 크기를 말해준다. 그런데 효율에 집중하다 보면 장기적인 투자 대비 이익의 개념을 놓치기 쉽다.

효율성은 경제적 가치창출의 근간이 되지만 경제외적 가치와는 무관하다. 이런 점에서 몰가치적(value-free)이라 할 수 있다. 오늘날 효율성이 너무 절대적인 기준이 되어서 이를 뛰어넘는 그 이상의 무엇을 추구하기가 어렵게 되었다. 모든 점에서 효율성은 행동의 목적과 가치보다는 어떻게 더 잘할 수 있을까에 초점을 둔다. 방법적 측면(how to do)에 비중이 있는 것이다.

이익(profit)은 효율의 궁극적 지표이다

이익은 기업 경영의 성과를 나타내주는 최종 지표이다. 영업(생산, 판매 등)활동을 통해 얻은 총매출액(수익, revenue)에서 투입된 총비용(cost)을 뺀 값이다. 이는

〈표 1-2〉 이익과 효율성 지표

	A기업	B기업	참고
자본(equity)	400억원	400억원	재무구조
총자산(asset)	600억원	600억원	
수익(매출액, revenue)	500억원	480억원	시장경쟁
비용(cost)	400억원	440억원	생산성
영업이익(operating income)	100억원	40억원	영업성과
순이익(net income)	80억원	30억원	기업성과
영업이익률	20%(100/500)	8.3%(40/480)	영업효율
매출액순이익률(ROS)	16% (80/500)	6.3%(30/480)	
자기자본이익률(ROE)	20% (80/400)	7.5%(30/400)	투자효율
총자산이익률(ROA)	13.3% (80/600)	5%(30/600)	

기업의 목표가 달성될 뿐만 아니라 경영이 잘되었나에 대한 평가지표가 된다. <표 1-2>에는 경쟁사인 A사와 B사의 경영지표가 예시되어 있다.

위 경영지표들을 보자. A기업과 B기업은 자기자본(equity) 투자가 400억원이고 부채(debt, 타인자본) 200억원을 합친 총자산(asset, 총자본)이 600억원 규모의 회사이다. 재무구조를 나타내주는 부채자본비율 또는 부채비율(debt to equity ratio)이 50%(부채/자본)이다. 매출(수익)은 시장경쟁을 통한 판매실적이며, 비용은 생산성의 표현이다. 동종업종이라고 하면, A기업이 B기업에 비해 시장경쟁을 더 잘했고 비용절감으로 생산성을 더 높였다. 결국 영업이익에서 큰 차이가 나타났고 순이익에서도 차이가 컸다. 순이익은 영업이익에서 본업 외의 이득과 손실을 가감하고 법인세 납부 후에 최종으로 남긴 이익이다.

이 기업들의 효율성은 이익률로 표현된다. 이익률은 투입 대비 이익의 비율이다. 영업이익률(operating income ratio)은 영업이익/매출액, 매출액순이익률(ROS: return on sales)은 순이익/매출액이다. 영업에서 마진을 얼마나 많이 남기는가를 나타내주는 지표이다. A사의 영업이익률은 20%, 매출액순이익률은 16%이다. 쉽게 말하면 '100원어치 물건을 팔아서 20원을 남겼다'는 것이고, 회사 전체로는 최종적으로 16원을 벌었다. 경쟁사인 B사보다 영업마진이 커서 영업효율이 높다. 시장에서 제품 매력도가 높고 생산성도 높은 기업이어서 장래가 밝다.

실제 사례를 보자. 대한민국 대표기업인 삼성전자의 2021년도 영업이익률은

18.5%이고 매출액순이익률은 14.3%이다(제1장 부록 [그림 1A-1] 참조). 삼성전자의 최대 경쟁사인 애플사의 2021년도 영업이익률은 29.8%이고 매출액순이익률은 25.9%이다. 이 양사의 이익률 차이는 어디서 비롯된 것일까? 가장 큰 원인은 사업 구성의 차이에서 비롯된다. 삼성전자는 반도체, 디스플레이, 무선모바일, 가전 등의 사업을 가지고 있다. 반면에 애플사는 아이폰과 관련 서비스사업으로 구성되어 있다. 그러나 이는 두 회사의 이익률 차이를 다 설명해주지 못한다. 왜냐하면 삼성전자의 높은 이익은 반도체 사업에서 비롯된 것이고 이 사업의 영업이익률은 31.0%이다. 반면에 무선모바일사업부는 영업이익률이 12.5%에 그쳐서 애플에 크게 뒤진다. 무선모바일(스마트폰)사업에서 이익률 차이의 첫째 요인은 효율이다. 삼성전자에 비해서 애플의 생산비용이 낮다. 애플은 직접생산을 하지 않고 폭스콘을 비롯한 생산전문기업에 의존하여 적은 생산비용을 지불하고 있다. 뿐만 아니라 유통물류 등 공급망에서 비용절감을 극대화하고 있다.[3] 둘째 요인은 브랜드 파워와 제품 구성의 차이이다. 고품질의 높은 가격 제품 중심의 애플이 더 큰 마진을 얻고 있다. 브랜드 파워가 크고 고객충성도가 높아서 마케팅 비용도 적은 편이다. 그 외에 다양한 이유가 있겠으나 효율이 중요한 비중을 차지한다. 세계 최고의 기업인 이 두 회사의 이익률 차이는 지속적으로 연구해야 할 과제이다.

재무적 기준으로 이용되는 효율지표는 자기자본이익률(ROE: return on equity)과 총자산이익률(ROA: return on assets)이다. 여기서 이익은 순이익만 사용된다. 기업경영의 최종 지표로서 자본관련 이익을 투자자본 효율의 지표로 써야 하기 때문이다. A사의 자기자본이익률은 순이익 80억원을 자기자본 400억원으로 나눈 값 20%이다. A사의 주주(투자자)들은 100원을 투자해서 20원을 번 것이다. 100원을 투자해서 7.5원을 번 B사의 주주(투자자)에 비해서 2.6배(20원/7.5원)의 이득을 남겼다. 투자효율이 높았다. 총자산이익률(ROA)은 부채를 포함한 총자산(total assets)의 효율을 나타내주는 지표이다. 회사 입장에서 전체 자산이 얼마나 효율적으로 투자되고 있는지를 나타내주는 지표이다. 위 표에서는 A사와 B사는 재무구조가 같아서 ROA는 ROE의 차이와 비율적으로 같다. 만약 재무구조가 다르면 양사의 ROA 격차가 ROE에 반영되는 정도가 더 커진다.[4]

종합해서 A기업과 B기업을 비교하여 보자. 효율성 측면에서 볼 때 A기업이 네 가지 투입 기준 대비로 B기업보다 모두 우월하게 나타났다. A기업이 효율경영

---

3) 스티브 잡스의 후계자인 팀 쿡 CEO는 재고관리와 공급망 전문가로 영입되었다고 한다.

4) 이를 재무레버리지 효과라고 하는데 제11장에서 설명하기로 한다.

을 더 잘하였다. A기업이 더 적은 비용으로 더 많은 매출을 올렸다. 두 기업이 동일한 시장에서 계속 경쟁한다면 B기업은 결국 한계기업이 되어 시장에서 퇴출될 것이다. 경쟁이 치열해질수록 가격이 비용에 근접하고 적자가 되어 결국 B기업의 재무자원이 고갈될 것이기 때문이다.

경영사례

한국 경제를 지탱하고 있는 대기업들이 글로벌 시장에서 고전하고 있는 것으로 조사되었다. 한국경제연구원(원장 권태신, 이하 '한경연')이 발표한 『2011, 2019년 Forbes Global 2000대 기업 분석』에 따르면, 한국 기업은 글로벌 기업들에 비해 수익성이 낮고 업종 다양성이 부족한 것으로 나타났다.

한국 6대 제조업 수익성(5.4%), 글로벌 기업(9.4%)의 반토막 수준

한경연이 2019년 포브스 글로벌 2000대 기업(이하 '포브스 2000')을 분석한 결과, 한국 기업의 수익성은 글로벌 대기업 평균에 한참 미치지 못하는 것으로 밝혀졌다. 포브스 2000에 포함된 국내기업 업종 23개 중, 업종별 영업이익률이 해외기업 평균보다 높은 업종은 4개에 불과했다. [업종별 영업이익률=(해당 업종에 속하는 기업) 총영업이익/총매출액]

우리나라 주력 산업인 반도체, 자동차, 전자제품, 조선, 철강, 화학 등 제조업 6개 업종의 영업이익률 평균은 5.4%로, 같은 업종 해외기업 영업이익률(9.4%)의 반토막 수준이었다. 여타 업종에서도 해외기업들과 큰 격차를 보였다. (하략)

한국 vs. 세계, 업종별 영업이익률

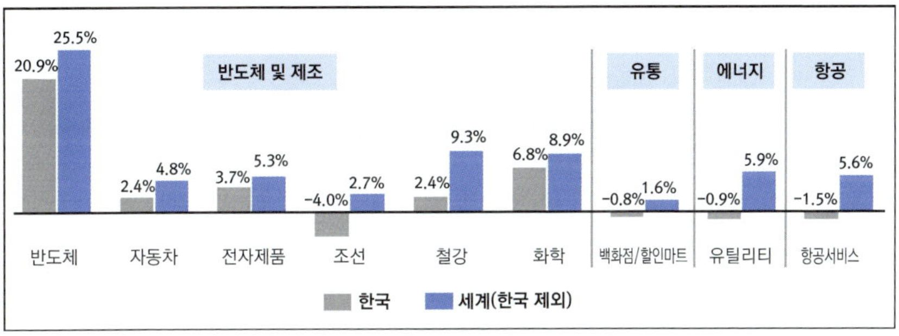

자료: 한국경제연구원, "포브스 글로벌 2000대 기업 비교 분석 자료"(2019.4.7).

한국 경제에서 제조업이 차지하는 비중은 매우 크다. 수출 중심의 경제에서 핵심이 제조업이기 때문이다. 우리나라 제조업의 수익성이 낮다는 것은 위기의 징후이다. 생산성을 더욱 높이거나 제품매력도를 높여 비가격경쟁력을 더 강화해나가야 할 것이다. 기업의 효율은 경영의 복합적 성과의 지표이다. 효율이 없으면 경영성과는 지속가능하지 않다. 기업이 부단히 노력해야 할 이유이다. 아래 사례를 보자. 세계 최대의 자동차회사인 토요타에서 효율경영을 이루는 방식을 보자.

경영사례

토요타의 효율경영과 가격경쟁력

효율경영의 대명사는 토요타자동차의 생산시스템(TPS: Toyota production system)이다. 생산효율을 극대화하기 위해 재고관리와 품질관리에서 파격적인 제도를 도입하였다. 재고관리에서는 생산공정에서 필요한 부품을 최단시간 내에 조달받고 재고수준을 영(zero)으로 하는 JIT(Just-in-time) 시스템을 운영하였다. 품질에서는 근로자들의 끊임없는 **개선**("改善", **카이젠**: Kaizen)을 통해 더욱더 효율을 높일 수 있도록 노력하였다. 카이젠은 업무 프로세스에도 적용되어 업무효율을 높이는 데 기여하였다. 이처럼 품질과 효율성 혁명으로 인하여 토요타는 불량이 없는 자동차를 높은 가격경쟁력으로 시장경쟁에 나설 수 있었고, 오늘날 세계 최대의 자동차회사로 성장하였다.

또 다른 예를 들어보면, 현장 부서장이 새로 부임할 때에도 카이젠의 관행이 적용된다. 부임 전에 해당 팀을 방문하여 작업공정(업무과정)과 관련 자원의 투입 상황을 조사하도록 한다. 이후 부임 시점까지 업무과정의 개선이나 관련 자원 이용 방식의 변화를 통해 효율화가 가능한지를 연구하고 부임 후에 목표를 세워서 실행하도록 하는 것이다. 부임 전에 외부적 시각으로 현장을 들여다 보면 새로운 아이디어가 잘 떠오를 수 있기에 이러한 관행을 시행하는 것이다. 또한 부임 전에 미리 담당부서를 학습하는 효과를 거두게 된다. 그리하여 부임 직후부터 손실 없이 부서원의 업무수행을 이끌 수 있게 된다. 업무의 인수인계가 착오 없이 진행될 수 있음은 물론이다. 이 모든 과정이 곧 효율을 낳는다. 효율과 개선이 학습에서 출발하고 있음을 알 수 있다.

위 토요타의 사례를 보면 효율경영이 얼마나 지속적인 투자와 노력, 그리고 헌신으로 이뤄지는지를 알 수 있다. 간단한 아이디어나 한두 번의 좋은 의사결정으로 가능한 것이 아니다. 실제로 수많은 미국 기업들이 1990년대와 2000년대에 토요타 효율경영의 비밀을 배우기 위해 현장방문을 하고 실험적 도입을 했지만 대부분 실패하였다. 심지어 경쟁사인 GM은 캘리포니아의 자사 공장에 토요타와 합작회사(joint-venture)인 NUMMI를 설립하여 토요타방식(Toyota-Way)을 배우고자 하였으나 성공하지 못하였다.[5] 오히려 토요타가 미국 시장에 교두보를 마련하는

---

5) NUMMI(New United Motor Manufacturing, Inc.)는 1984년에 GM과 토요타 사가 GM의 캘리포니아

데 더 큰 도움을 주었다고 평가된다. 높은 수준의 효율경영은 기업의 독특한 관행과 역사, 구성원의 참여와 헌신, 기업문화의 적합성, 경영진의 철학과 신념에 의한 것이다. 기업별로 자기 방식의 부단한 노력이 축적되어야 가능한 것이다.

지나친 효율 극대화 추구는 위험하다

효율성은 경영의 가장 중요한 기준이다. 그러나 효율에만 집착하는 경영은 성장을 저해하고 장기적 이익창출력을 훼손할 수 있다. 효율의 덫은 기업을 단기적 이익에 갇히게 한다. 단기효율이 장기효율을 대체하는 것이다. 장기적 성장잠재력이 단기적 이익에 우선순위를 빼앗기지 않도록 전략적 경영이 요구된다.

효율의 주요 방법론으로 아웃소싱(outsourcing)을 들 수 있다. 아웃소싱은 가치창출에 필요한 활동은 외부로부터 조달하는 것이다. 투입가치 대비 산출가치가 낮은 활동을 외주화하는 경우에 당연히 효율지표에서 긍정적 효과를 얻을 수 있다. 앞서의 예에서 애플사가 삼성전자에 비해 높은 이익률을 보이는 이유의 하나는 직접생산을 하지 않는 데 있다. 모든 생산을 폭스콘 등의 협력업체에 위탁하고 있다. 장점은 핵심적인 경쟁력 원천에 해당하는 기능분야에 집중하며 높은 이익을 얻을 수 있다는 점이고, 단점은 생산 등 여러 기능분야의 결합에서 얻을 수 있는 경쟁력이 단절된다는 것이다.

효율이 혁신을 저해할 수 있다는 점에서 본질적 한계도 있다. 효율은 조직 내 잉여(slack)의 최소화를 통해 이루어진다. 비용절감이 그것이다. 예를 들어, 인건비 효율을 지나치게 추구하면 구성원의 사기가 저하될 뿐 아니라 새로운 실험적 행동을 회피하게 된다. 당장의 결과는 나오지 않고 비용이 증가되기 때문이다. 실제로 여러 학술적 연구에서 조직에 잉여자원(slack resources)이 있어야 혁신이 더 많이 시도된다고 한다.[6] 지나친 비용통제와 자원 슬림화는 실험학습을 위한 여유공간을 없애버린다. 극단의 효율경영을 추구하는 토요타방식이 한계에 부닥칠 가능성이다. 3M에서 15%, 구글에서 20% 시간을 본 업무 외에 쓸 수 있게 해주는 것은 혁신의 공간을 만들어주기 위한 것이다.[7]

요약하면, 효율은 적정 수준에서 다른 경영목표와 조화를 이뤄야 한다. 효율은 이익 창출의 근간이다. 그러나 이익의 다른 원천인 혁신과 성장 등의 목표를 압도

프레몬트 공장에 세운 합작회사이다. 2010년에 합작이 종료되었다.

6) 김국일 · 권석균(2018) 참조.

7) 구글의 자유로움과 혁신의 기업문화는 제8장 참조.

하면 조직이 위험에 빠질 수 있다.

한걸음 더

- 삼성전자와 애플의 스마트폰 사업부의 이익률 차이의 원천을 알아보자.
- 효율경영의 장점과 단점을 정리하고 다른 경영목표와의 조화/통합 방안을 토론해 보자.

2.2 기업 이익의 다양한 원천

기업 이익의 원천에 대해 다시 생각해보자. 효율만으로 이익이 극대화되는 것일까? 그렇지 않다. 생산효율이 이익을 지배하는 시대는 지났다.

혁신(innovation)의 효과

기업 이익의 핵심 원천으로서 혁신을 들 수 있다. 특히 새로운 기술을 이용하여 신경제가 열리고 있는 오늘날의 시대에 이 효과는 더욱 두드러진다. 기업 이익의 원천이 산업과 기술에 밀접히 연결되어 있으며 새로운 비즈니스 모델과 혁신에 의해서 결정된다.[8] 기업경영은 효율만을 추구할 수 없다.

새로운 기술사업의 성공 사례를 살펴보자. 우선 시가총액으로 세계 4위인 아마존을 보면 주력 사업에서 가장 큰 이익을 창출하는 서비스는 인터넷 소비판매가 아니고 클라우드 서비스인 아마존웹서비스(AWS: Amazon Web Service) 사업이다. 아마존의 이익구조를 2021년도 기준으로 보면 전체 영업이익 249억달러 중에 AWS사업부의 영업이익이 185억달러로 74.3%를 차지하고 있다. 반면에 전체 매출 4,698억달러에 비해 AWS사업부의 영업매출은 622억달러에 불과하다. 소매유통업을 주로 하는 아마존의 사업 특성상 매출은 크지만 영업이익이 크지 않고 영업이익률도 매우 낮다. 반면에 클라우드 컴퓨팅 서비스라는 신개념의 사업에서 매출액은 작지만 영업이익도 크고 이익률도 매우 높음을 알 수 있다. 이익의 원천이 효율 이상의 것임을 알 수 있다. 비즈니스 모델의 혁신이 가져다 준 성과이다. <표 1-3>에서 보듯이 AWS사업부의 이익은 계속 증가하는 추세에 있으며 이는

8) 혁신은 기술이나 사업, 제품, 관리방식 등에서 새로운 것을 만들어내는 것이다. 혁신의 유형과 방법에 대한 자세한 내용은 제15장에서 다루고 있다.

〈표 1-3〉 아마존 사의 2020년대 실적 현황 (단위: billion, 10억달러)

연도	2020	2021	2022	2023
매출액	386.1 (38%)	469.8 (22%)	513.9 (9%)	574.7 (12%)
AWS	45.3 (30%)	62.2 (37%)	80.1 (29%)	90.7 (13%)
영업이익	22.9	24.9	12.2	36.8
AWS	13.5	18.5	22.8	24.6
순이익	21.3	33.4	(2.7)	33.3

자료: https://ir.aboutamazon.com/overview/default.aspx

2023년에도 지속되고 있다.[9]

이처럼 클라우드 비즈니스가 큰 성공을 거두자 곧바로 경쟁업체의 신규진입이 있었다. 대표적으로 마이크로소프트가 CEO 사티아 나델라의 주도 하에 클라우드 비즈니스 사업인 AZURE를 크게 성공시켜서 2대 사업자로 급부상하였다. 마이크로소프트가 오늘날 세계 2위의 빅테크 기업이 된 데는 AZURE 사업의 성공이 결정적이다. 마치 삼성전자가 스마트폰 사업에 재빠르게 뛰어들어서 애플과 쌍벽을 이루게 된 것과 비슷한 상황이다. 이 사례들을 보면 기업의 이익은 경쟁자를 모니터링하고 빠른 모방으로 시장에 침투하는 전략적 역량에 좌우되기도 한다. 물론 이 경우에도 비즈니스 혁신능력이 뒷받침되어야 한다.

경제적 가치창출의 방식

기업이 창출하는 경제적 가치는 생산성과 혁신의 결과이다. 그리고 그 노력을 시장에서 경쟁으로 평가받는다. 이를 기업의 '생존과 이익 함수'로 잘 설명한 윤석철 교수의 '기업의 생존부등식 모델'을 설명하고자 한다.[10] 이 모델에서는 기업의 이익 결정의 3요소로서 가치(효용), 가격, 비용을 들고 있다. 그리고 이 3가지 요소의 상호관계에서 기업의 이익을 만들어주는 것은 생산성과 창조성(혁신)이다.

---

9) 아마존의 2021년 영업이익은 소매유통부문 64억달러, AWS사업부문 185억달러로 합계 249억달러이다. 또한 전기차 제조사 리비안(Rivian Automotive)에 대한 투자이익 120억달러를 반영하여 순이익은 334억달러로 증가하였다. 한편 2022년에는 소매유통업에서 106억달러의 적자가 발생하였고 AWS사업부의 228억달러 영업이익으로 전체 영업이익이 122억달러에 머물렀다. 게다가 150억달러에 이르는 대규모 영업외 손실로 인하여 당기순이익이 △27억달러로 적자 전환하였다. 이처럼 AWS사업부 외에는 영업이익과 투자이익의 변동성이 매우 큰 실정이다.

10) 윤석철(1991), 『프린시피아 메네지멘타』.

[그림 1-4] 기업의 생존부등식

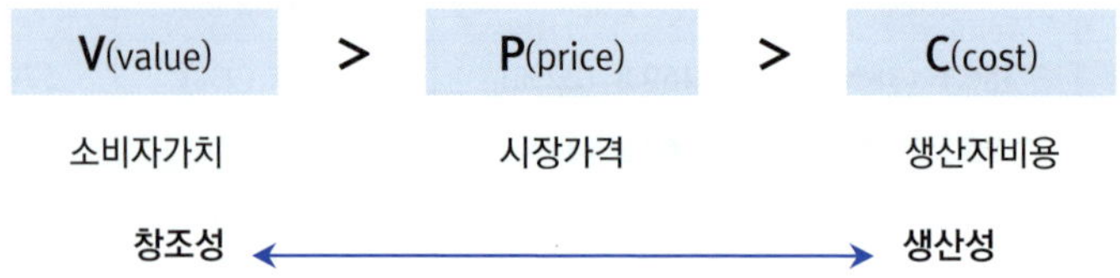

기업이 시장거래를 통해 경제적 가치를 만드는 과정을 보자. [그림 1-4]의 식에서 기업은 소비자의 욕구를 충족시키기 위해 가치와 효용을 가진 제품과 서비스를 시장에서 거래한다. 시장에서 생산자인 기업과 소비자인 고객 간의 시장거래(market transaction)가 이루어진다.

시장경쟁이 심화되면 가격이 떨어진다. 시간이 흐를수록 가격이 계속 떨어지면 비용 수준까지로 이동한다. 완전경쟁이 이루어지면 가격이 비용에 수렴하거나 또는 비용 밑으로 내려가게 된다. 그렇게 되면 기업의 이윤은 없어진다. 이때 기업이 생존하기 위해서는 생산비용을 낮추는 것이다. 생산성 게임이다. 소비자 입장에서는 제품의 가치와 효용에 비해서 낮은 가격을 지불하기 때문에 혜택이 늘어난다. 반면에 기업은 이익이 줄고 심지어 적자에 허덕이게 된다. 이를 보면 기업의 이익과 소비자의 후생은 반비례한다.

이 경우 기업이 선택할 수 있는 방법으로 두 가지 혁신이 가능하다. 하나는 생산성 혁신이다. 생산성에 관련된 기술혁신이나 공정효율을 높이기 위한 경영혁신이 이에 해당한다. 이는 넓은 의미의 생산성 경쟁에 해당한다. 또 다른 방법은 제품과 시장 혁신으로 새로운 가치를 창출하여 고객에게 제공하는 것이다. 이처럼 높은 가치(V)의 제품을 내놓으면 소비자들이 높은 가격(P)을 기꺼이 지불하기 때문에 기업의 이익(P－C)이 커진다. 물론 경쟁업체가 늘어나면서 다시 이익은 줄어든다. 그러면 기업은 또다시 생산성과 혁신성의 게임을 선택할 수 있다.

이 관계는 시장이 효율적이라면 기업 이익의 원천이 혁신에 있어야 한다는 것을 말해준다. 가치(V), 가격(P), 비용(C)의 관계는 기업 이익, 소비자 혜택, 생산성, 창조성의 함수이다. 가격과 비용의 차이(P－C)를 높여서 이익을 남기는 데는 새로운 가치를 제공하는 제품을 시장에 가져오는 것, 즉 혁신이 필요하다. 오늘날은 창조와 혁신의 시대이다. 이를 도외시한 효율만 지향하는 기업은 도태될 것이다. 효율과 혁신의 이중주가 필요하다.

한걸음 더

- 혁신의 가치를 토론해보자.
- 효율과 혁신을 조화시키는 방법을 찾아보자.

성장(growth)의 효과와 위험(효율 vs. 성장)

모든 기업은 성장을 추구한다. 성장은 이익과 어떻게 관련될까? 성장은 이익과 순환고리를 가진다. 시간의 흐름을 변수로 품고 있다.

기업이 성장을 하려면 투자를 해야 한다. 생산설비뿐만 아니라 기술, 판매시설, 인적자원 등에 투자가 필요하다. 투자기간 동안 비용증가로 인하여 이익이 줄어든다. 단기적으로 성장을 위한 투자는 이익을 줄이므로 성장지표와 효율지표는 상호 대체성을 보여준다. 단기이익으로 평가받는 경영자가 장기투자를 꺼리는 이유이다.

이익과 성장의 관계를 비교하여 보자. <표 1-4>에는 효율경영을 고수하는 A사와 성장을 추구한 C사의 경영지표가 예시되어 있다. D사는 C사의 장래 모습이다. 우선 A사와 C사를 비교해보자. 효율성 측면에서 A사가 C사보다 더 우월하게 나타났다. C사는 규모 성장으로 '규모의 경제'가 가능했음에도 불구하고 매출 대비 비용이 많이 들었다. 비효율적으로 경영했을 수도 있으나 성장투자의 비용이 일시적으로 많이 증가했기 때문이다. 그리하여 C사의 효율지표인 이익률은 떨어졌지만 어쨌든 양적으로는 더 많은 영업이익과 순이익을 얻었다.

〈표 1-4〉 이익과 성장의 관계

	A기업 ➡	C기업 ➡	D기업
자본(equity)	400억	3,000억	3,000억
총자산(asset)	600억	6,000억	6,000억
매출(revenue)	500억	6,000억	6,000억
비용(costs)	400억	5,400억	4,500억
영업이익(operating income)	100억	600억	1,500억
순이익(net income)	90억	550억	1,200억
영업이익률	20%(100/500)	10%(600/6000)	25%(1500/6000)
매출액순이익률(ROS)	18% (90/500)	9.2%(550/6000)	20%(1200/6000)
자본이익률(ROE)	22.5% (90/400)	18.3%(550/3000)	40%(1200/3000)
총자산이익률(ROA)	15% (90/600)	9.2%(550/6000)	20%(1200/6000)

어느 기업이 더 바람직한 경영을 한 것일까? 그 대답은 관점의 차이에 따라 달라진다. 우선 투자자 입장에서는 A사가 C사보다 투자이익률이 높으므로 더 좋은 투자대상이 된다.[11] 반면에 C사는 성장 기간 동안에는 투자비용 증가와 조직 운영상 혼란으로 인하여 효율이 떨어졌겠지만, 일정한 시점 후에 성장 궤도에 오르면 성장과 효율의 균형을 추구하는 경영을 할 수 있게 된다. 이 경우 작은 기업에 비해서 규모의 효과에서 오는 효율의 크기가 더욱 커질 수 있다. 규모의 경제뿐 아니라 시장지배력을 통한 매출 증대, 생산과 판매의 누적경험으로 인한 학습효과, 그리고 기술투자 등에서 오는 제품경쟁력 강화 등의 여러 효과가 나타난다. 예를 들어, 신기술 투자를 통해 성장이 일궈졌다면 기술적 우월성으로 더 높은 효율의 생산이 가능해질 것이다. <표 1-4>에 C사가 추후 성장과 효율의 균형을 만들어서 경영성과가 높아질 것으로 기대되는 D사의 경영지표가 제시되어 있다.

결국 기업은 성장을 통해서 장기적으로 더 큰 이익을 얻을 수 있다. 경영의 기준이 효율만 될 수 없는 이유다. 최소한 양적 성장이 가능한 일정 시점에라도 효율보다는 투자를 통한 성장이 더 중요하다. 이때 의사결정은 효율을 선택할 것인가 성장을 선택할 것인가의 문제다. 즉, A사가 D사가 되기 위해서 성장목표를 가져야 할 때는 이익목표를 단기적으로 희생할 필요가 있다. 경영에서 이익지표 못지않게 성장지표가 중요하다. 이익과 성장의 지표를 <표 1-5>에 요약해 놓았다. 기업은 이러한 지표 관리를 통해 효율과 성장을 균형적으로 추구해야 한다.

〈표 1-5〉 이익과 성장의 경영지표

이익(profit) 지표	• 영업이익, 순이익, 영업이익률, 순이익률 • EBITDA(법인세, 이자, 감가상각비 차감전이익; Earnings Before Interest, Taxes, Depreciation & Amortization)
성장(growth) 지표	• 매출액, 매출액성장률, 시장점유율(Market Share) • 성장잠재력 지표: 신제품매출, 기술혁신, 제품혁신, 고객관리, 종업원 역량

한걸음 더

- 성장의 여러 효과를 알아보자. 그러한 효과가 나타나는 이유는 무엇일까?
- 성장과 효율의 관계를 정리해보자.

---

11) 편의상 투자가치인 주가는 변동이 없는 것으로 가정한다.

2.3 효과성과 복합기준의 경영

효과성(effectiveness)은 추구하는 목적(purpose)과 목표(objective, goal)를 얼마나 잘 달성하였는가를 말한다. 투입－산출의 비율이 아니고 산출물 자체에 초점을 둔다. 효율적이 아니더라도 원하는 결과를 얻었는가에 관심을 두는 것이다. 효과성 경영은 어떤 가치와 목표를 선택할 것인가, 그리고 얼마나 잘 달성할 것인가에 기준을 둔다. 효과성 지표는 목표달성 정도로 측정된다.

효과성의 선택

효과성은 특정 경영의 상황에서 추구하는 조직의 목적이나 목표와 연계되어 있다. 조직의 목적은 존재가치를 의미한다. 그래서 존재목적이라는 표현을 쓴다. 기업의 존재목적은 경제적 가치의 창출이고, 대학의 존재목적은 교육적 가치의 창출에 있다. 구체적으로는 기업은 주주와 이해관계자의 이익을 높여주는 것이고, 대학은 사회 인재를 양성하는 것이다. 이때 각 조직의 존재목적을 구현하는 경영을 목적경영(management by purpose)이라고도 한다. 목표는 경영의 타깃을 의미한다. 이익목표, 성장목표 등 앞에서 논의한 다양한 경영목표가 있다.

효과성이란 이러한 목적이나 목표를 설정(선택)하고 달성하기 위한 노력의 결과를 말한다. 즉, 효율목표가 선택되면 가장 효율적인 결과를 만든 것을 효과성이라고 한다. 이 경우에 효율성과 효과성은 일치한다. 한편, 성장목표를 선택하였을 경우에 목표만큼 성장하였으면 효과적 경영을 한 것이다. 그러나 비용이 너무 많이 들어갔으면 비효율적 경영을 한 것이다. 이 경우에 효율성과 효과성은 불일치한다. 많은 경우에 효율을 지키면서 성장하는 것이 불가능하다. 이때는 효율을 포기해야 효과적 경영이 가능해진다. 기업의 존속도 그렇다. 효율성 이전에 기업이 존속기반을 확보하기 위해서는 잉여자원을 확보하고 위험관리를 해야 한다. 모두 효율성을 해치는 일이다. 이처럼 조직의 효과성은 효율성과 다른 경로를 걷는다.

〈표 1-6〉 효과성의 개념과 특성

구분	내용
개념	추구하는 목적과 목표, 가치기준 등을 어느 정도 달성하는가의 정도
관련 용어	목적성, 존속, 성장, 혁신, 조직발전(건강성)
특성	가치와 목표의 우선적 선택. 가치지향의 제한된 경제성, 질적 기준 포함
초점	What to do

시대의 흐름에 따라 기업에 요구되는 새로운 목적과 목표가 많아지면, 그것을 달성하는 데는 효율성보다 효과성이 더 중요하게 된다. 이러한 점에서 전통적인 기업 경영에서 가치전제로 역할했던 효율성이 이제 경영의 유일한 기준이 될 수 없다.

따라서 효율성이 효과성과 어떻게 조화를 이루는가가 곧 경영의 가장 중요한 부분이다. 경영을 통해 무엇을 이루고자 하는 것인가가 중요하다. 풍요, 행복, 정의, 건강 등은 좋은 예이다. 경영을 통해 행복을 얻고자 하면 그것이 타당한 목표인가라는 문제가 제기된다. 기업의 경우에 경영을 통해 행복을 얻고자 하는가? 타당치 않을 수 있다. 기업의 존재목적이 다르기 때문이다. 반면에 어느 비영리단체의 경우에는 행복 또는 건강 등이 타당한 경영의 목표가 될 수 있다. 이같이 효과성의 기준은 조직의 존재목적과 추구하는 목표에 달려 있다.

효과성 기준의 다양화

효과성의 또 다른 이슈는 단일의 기준이 되어야 하는가이다. 예를 들어, 기업을 경영하는 데 생존과 성장이라는 목표가 중요한가? 경제적 효율이라는 기준 외에 다른 의사결정 기준을 받아들일 수 있는가? 기업은 단일의 원리에 의해 움직일 수 있는 단순한 조직이 아니다. 경영의 상황은 복잡하다. 어느 순간에는 효율을 통해 가치 증식에 역점을 기울여야 하지만 어느 순간에는 비효율을 감수하고라도 생존기반을 확보하거나 새로운 시장기반을 확충해야 한다. 따라서 장기적으로는 효율성과 효과성이 수렴한다고 하더라도 경영의 여러 상황에서 효과성이 효율성보다 우선시되어야 하는 경우가 많다. 그리고 효과성의 기준은 기업이 처한 상황에 따라 다양하게 선택될 수 있는 것이다.

시대의 흐름은 경영목표가 다양화되는 추세에 있다. 어떤 효과성 목표가 오늘날 중요하게 부각되고 있는가? 가장 두드러진 것은 생존과 성장이다. 불확실성이 큰 격동의 시대에 계속기업(going-concern)으로서 생존기반을 확충하는 것이 그 어

〈표 1-7〉 효과성 목표 다양화, 그리고 복수목표(multi-goals)의 추구

경영목표의 다양화: 목적적 가치	• 존속(생존과 수명), 장수기업의 가치 • 적정 이윤과 적정 성장 • 상생의 경영, 동반성장 • 조직의 건강성과 종업원 행복 • 윤리와 사회적 가치

[그림 1-5] 효율성과 효과성의 통합경영

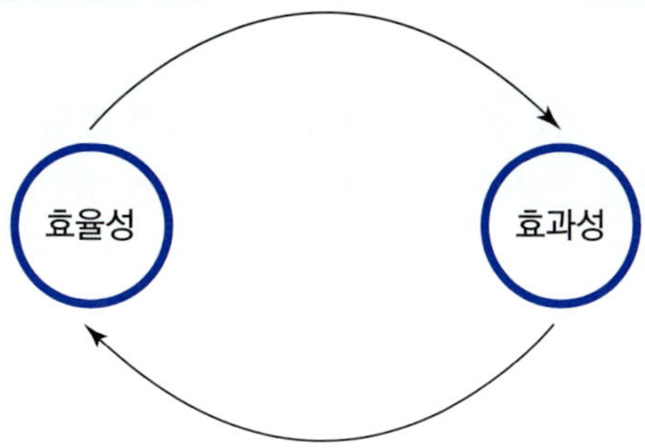

느 때보다 중요시되고 있다. 아울러 거래업체, 지역사회 등 이해관계자와 상생, 구성원의 만족, 조직의 건강성 등 다양한 목표가 기업 내에서 수용될 수 있는 효과성 지표로 대두되고 있다. 사회의 요구를 담는 새로운 효과성 목표가 점차 중요해지고 있다.

복합기준의 추구와 균형의 경영학

오늘날 기업은 그 어느 때보다도 효과성 압력에 직면해 있다. 그 이유는 효율지상주의의 기업이 사회와의 공존에 그다지 효과적이지 못하였기 때문이다. 흔히 기업과 공공부문의 대립은 그 현상을 잘 방증해준다.

새로운 시대의 요구는 극단적인 효율을 추구하기보다는 효율성과 효과성을 균형적으로 통합하는 데에 있다. 기업 경영에서 효율과 대치되는 전통적인 지표인 생존과 성장을 뛰어넘어 여러 사회적 가치를 요구하고 있다. 그리고 이러한 시대적 요구는 기업 경영의 새로운 도전이 되고 있다.

조급한 효율의 추구는 위험하다. 효과성을 추구하는 한편 효율의 원칙을 지켜나가는 것이 장기적으로 더 큰 이익을 만들 수 있다.

3. 경영학의 특성과 구성

경영학은 어떤 학문인가? 경영학은 학문의 역사가 짧다. 산업사회의 발전 속에서 보편화된 경영현상을 연구하고, 기업의 성과를 높이려는 목적지향적 경영활동을 지식체계로 발전시키면서 어떤 특성을 갖게 되었을까?

3.1 이론과 실천의 경영학

경영학은 이론과학이자 실천과학이다. 경영의 이론은 귀납적 원리에 의해 도출되고 축적된다. 그리고 정당화되고 이론으로 정립된다. 반면에 실천과학으로서 경영이론은 현실에 적용되고 그 효과성을 검증받는다. 즉, 실천적 효과가 있을 경우에 학문적 범주에 수용되고 실천적 가치를 잃을 경우에는 배제된다. 이는 통상 이론의 오류발견(falsifying)을 통해 이론의 정교화가 이뤄지는 순수이론 학문의 이론 정립 과정과 다른 점이다.

경영의 이론이나 현상해석의 주장을 그대로만 받아들이면 안 된다. 재음미하고 다른 주장과 비교하고 통합하는 노력이 필요하다. 귀납적이기 때문에 그러하기도 하지만, 실제로 수없이 많은 서로 충돌하는 이론들과 관점들이 경영학의 우산 아래에 있다.

이론과학과 실천과학의 결합

경영학은 경영관리 방식의 효과와 패턴을 발견하고자 연구하는 학문이다. 예를 들어, 종업원을 동기부여하는 데 임금인상이 필요한지를 알아볼 수 있다. 이때 임금이 동기부여에 영향을 미치는 이유가 무엇인지를 알게 되면 임금인상의 효과를 더 높이는 방법을 찾을 수 있다. 임금이 동기부여를 하는 이유(Why)를 규명하는 것이 이론과학 측면이고, 나중에 어떻게(How) 임금인상을 하면 더 높은 동기부여 효과를 얻을 수 있는지를 밝히는 것이 실천과학 측면의 연구이다. 이론과학으로서 경영학이 연구되는 이유는 실천과학의 문을 열기 위한 것이다. 또 다른 예로는 소비자들의 행동 패턴을 발견하고자 과학적 방법을 동원하여 실험과 검증을 한다. 이 경우 일반적인 행동보다는 구매에 특화된 행동을 연구하게 된다. 이처럼

〈표 1-8〉 경영학의 특성

구분	이론과학적 특성	실천과학적 특성
연구의 초점	기업의 행동에 대한 기본원리 및 인과관계의 규명	합목적성을 통한 경영수단의 비교와 선택
연구의 내용	기술(description)과 설명(explanation)	방법(methods)과 처방(prescription)
연구의 목적	실증주의를 기초로 하는 경험적 사실의 발견	추구가치, 종속(결과)변수 제고의 방법 발견

응용과 실천이 가능한 주제에 더 집중한다.

필자가 박사과정 시절에 순수학문에 대한 갈증이 있었다. 그리하여 사회적 현상으로서 소수자(minority)들이 기업에서 성공하는 데 겪게 될 장애요인에 대해 연구하려 했다. 당연히 그들의 낮은 (조직 내외에서) 교육기회 등등의 원인요인을 탐색하고 이들 요인이 기업 내 부적응 또는 저성과와 어떻게 관련이 되는지를 연구하였다. 이는 그 자체로 흥미로운 연구이고 사회적으로 가치있는 문제제기형 탐색연구이다. 하지만 실천적 방안은 이 경우에 단지 사회정책에 제시될 수밖에 없다. 경영관리 방안을 찾기 어렵다. 이는 경영학적 연구로서 가치가 떨어진다. 소수자들의 사회경제적 지위(SES: socio-economic status)가 저성과에 미치는 영향을 상세히 찾아내더라도, 이를 어떻게 완화할 수 있을지에 대한 경영관리 방안의 변수를 찾아내야 더욱 가치있는 실천적 지식, 경영학적 지식이 되는 것이다.

예를 들어, 기업에서 종업원의 경력성공을 낳는 요인을 연구한다고 하자. 이때 고학력자 또는 막강한 사회적 네트워크의 가정배경을 가진 사람이 조직에서 성공적인 경력을 일궈내는 것을 검증했다고 하자. 이는 통상적인 사회학적인 연구이다. 그런데 네트워크 배경이라는 사회적 자산을 갖고 있는 사람이 어떤 특정 직무여건에서 더 성공적인 경력을 만드는 것을 찾아내면 그 연구결과는 실천적 유용성을 갖게 된다. 작업환경, 직무여건 등의 조직적 상황은 경영으로 변화시킬 수 있기 때문이다. 그리고 특정의 인적·사회적 자산을 보유하지 못한 사람일지라도 어떤 작업조건/직무환경에서 부정적 영향을 줄여나갈 수 있는지를 연구하여 조직 내 주변인에 대한 긍정적 관리활동을 펼칠 수 있게 된다. 이러한 연구들이 중심이 되는 것이 곧 실천적 학문으로서 경영학의 주요 특징이다. 물론 이때의 연구는 매우 과학적인 방법으로 시행된다. 즉, 실천과학이다.

경영학의 과학-기술 논쟁

경영학의 학문적 특성을 논할 때 비(非)과학성이 자주 언급된다. 이는 경영학이 과학적 방법에만 의존하지 않기에 그렇다. 사회현상, 특히 기업의 행태와 시장 행동의 모습을 추상적(abstract)이고 일반화된(generalized) 관점으로 보기보다는 현장 속에서 발생하는 구체적인 변이(variation)와 특이성(uniqueness)에 더 집중한다. 단순명료한 논리보다는 다측면의 복잡성을 품은 경영현상을 설명하는 경영학적 특성에 기인한다. 이론과 논리, 추상화된 관계를 넘어 현실에서 유효한 실천방법들을 발견하고 해석하는 학문 전통에 의한 것이다. 이로써 경영학적 지식의 상당 부분은 과학성을 갖기보다는 경험지식에 의거한 **휴리스틱**(heuristics)에 가깝기도 하다. 이에 경영학을 **기술**(예술, art)로 보기도 한다.

경영학은 과학인가 기술인가를 선택하는 게 아닌 과학과 기술의 결합을 만드는 것이다. 이론과학과 실천과학이 결합되면서 경영학의 과학성이 진화해온 것과 동일하다. 과학적 지식을 경험적 발견과 결합하면서 경영학의 풍부한 지식이 축적되어 왔다. 경영학적 지식에서 중요한 비중을 차지하는 **노하우**(know-how)는 원인-결과 관계를 설명해주는 **논리적 지식**(know-why)에 비해서 경험적 추론에 더 의존한다. 이유는 정확히 알 수 없지만 좋은 결과를 이끌어낼 수 있는 방법지식이다. 그리고 이 방법지식은 언제나 유효한 것이 아니고, 확률적으로 유효하다.

이처럼 경영학적 지식은 이론과학과 실천과학, 그리고 기술(art)적 방법지식의 결합으로 구성된다. 이상을 종합하여보면, 경영학은 개방적이다. 사회과학에 해당하지만, 직관과 통찰을 중시하는 인문학적 요소를 갖고 있다. 비과학성을 통해서

[그림 1-6] 경영학적 지식의 축적

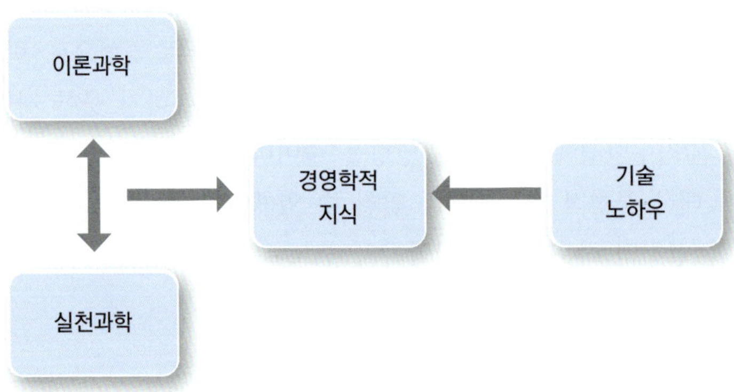

경영현상을 설명하고 통찰력을 얻는다는 점에서 더 감각적이고 비논리적이다. 경영학적 지식의 축적을 [그림 1-6]에 도시하였다.

경영의 보편성과 특수성 논쟁

경영학의 학문적 특성과 관련하여 경영 지식과 방법론이 보편적인가 특수한가의 논쟁이 있다. 학문에 있어서 보편주의(universalism)와 특수주의(particularism)의 논쟁이 경영학에 그대로 적용된다. 가장 큰 질문은 미국에서 미국 기업을 주로 대상으로 하여 개발된 경영학의 지식이 한국에서 한국 기업에 적용될 때 그 효과가 같을 것인가 하는 질문이다. 경영지식의 일반화(generalization)에 대한 질문이다. 한국의 특수성, 한국 기업의 특수성이 더 큰가, 아니면 국가의 경계를 넘는 기업 경영의 보편적 방법론이 있는가? 달리 표현하면 경영의 글로벌 스탠더드가 있는가, 아니면 한국적 경영은 다른가, 다르면 얼마나 다른가 등의 문제 제기이다. 이때 글로벌 스탠더드라고 할 수 있는 경영방식의 영역이 있고, 한국적 경영방식의 영역이 있다고 보면 앞의 두 질문은 조화가 가능하다. 그다음의 질문은 어느 영역에서 그러한가이다. 이처럼 경영의 보편주의적 접근과 특수주의적 접근은 복잡한 논의를 품고 있다.

이는 본서의 여러 주제를 공부하면서 계속 고민해볼 중요한 어젠다이다. 경영의 통찰력을 얻을 수 있는 논쟁이기 때문이다. 한국경영학회에서는 근래에 한국적 경영(K-Management)의 연구를 주요 사업으로 정하였다. 특수주의의 적용 범위와 내용을 탐색하려는 노력이다. 세계 경영대학에서 특수주의를 가장 중요하게 받아들이는 학교는 하버드비즈니스스쿨이다. 이 학교에서는 국가와 문화 차원의 특수주의보다는 경영사례의 특수성에 집중하고 있다. 기업 경영의 모든 비즈니스 사례는 일반화된 이론으로 설명할 수 없는 고유한 현상이라고 보고, 사례의 특수성을 통합적으로 이해하려는 사례연구(case study)에 집중하였다. 경영대학에서 비즈니스

〈표 1-9〉 경영의 보편성과 특수성의 문제

경영의 특수성과 제한된 일반화	• 경험법칙의 적용 • 성공한 경영자의 리더십과 의사결정을 중시 • 전문가(expert)의 종합적 판단과 추론을 활용 • 특수성을 인정하는 경영사례에 주목 • 사례연구(case studies)를 통한 **제한된 일반화**(bounded generalization) 시도 ; 과도한 일반화의 오류를 억제함

사례연구를 많이 하는 전통은 이 학교의 영향이라 할 수 있다. 경영의 특수성을 연구하는 방법에 대해서는 <표 1-9>에 정리하였다.

3.2 경영학의 발전과 구성체계

경영학은 역사가 짧지만 현대산업사회의 발전과 더불어 다양한 내용을 품게 되었다. 그 발전 역사에 따라 다양한 기능분야가 생기고 확장되어서 오늘날의 구성체계를 갖게 되었다. 그리고 이는 앞으로도 계속 변화할 것이다.

기능분야의 발전과 경영학의 구성[12)]

기본기능으로서 생산과 판매가 있고, 이에 생산관리와 판매관리가 발전하였다. 생산혁신으로 발전한 기업에 따라 경영학의 발전 초기에는 생산관리가 중심이었다. 기업이 생산조직체로서 발전하면서 대량생산기술의 구현을 위한 생산설비 구성 및 생산활동 계획이 중요했기 때문이다. 한편 시장에서의 거래행위가 이뤄지는데 시장경쟁이 중요하게 되면서 시장에 대한 접근을 체계적으로 할 수 있는 방법지식이 축적되면서 단순했던 판매관리가 과학적인 마케팅관리로 발전하였다. 그리고 생산과 판매의 기본기능을 수행하는 데 투입되는 자본과 인력에 대한 과학적 관리를 위해 재무관리와 인사관리가 발전하였다. 이상을 경영의 4대 기능으로 볼 수 있다.

한편 이들 4대 기능에 더하여 재무정보를 관리하는 회계가 발전하였다. 사실 회계는 경영의 한 기능분야라고 보기에는 그 역사가 길고 고유하다. 일찍이 상인들이 경제적 거래를 하면서 그 내용을 회계장부로 기록한 것은 아주 오래된 일이다. 그런데 현대산업사회에서 기업이 중심이 되면서 기업회계가 발전하게 되었고 오늘날 회계학의 세부 구성내용이 만들어졌다. 이른바 재무회계, 원가회계, 관리회계, 회계감사 등이다.

이상의 기능영역에 더하여 1980년대와 90년대에 이르러 전략경영과 국제경영과 경영정보가 탄생하게 되었다. 우선 1980년대에 진행된 글로벌화로 인하여 기

---

12) 이 내용은 경영학의 발전 역사를 연결지어 기능분야의 발전을 설명한 것이다. 경영학의 역사는 별도로 취급하지 않았고 본 저자에 의해 약술한 내용이기 때문에 주관적 해석에 따른 논란이 있을 수 있으나 학생들의 이해도를 높이기 위해 쉽고 간단하게 기술하였다.

[그림 1-7] 경영학의 구성체계

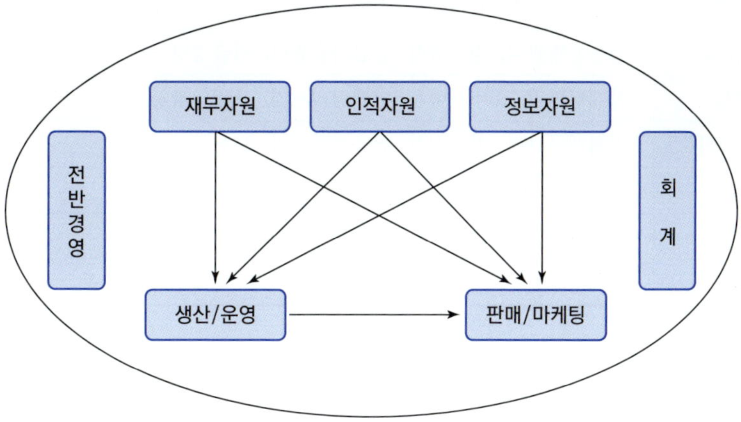

업 간 경쟁이 범세계적으로 격화되고 이에 경영전략 개념이 탄생하였고 이를 다루는 학문분야로 전략경영이 생겼다. 경영전략의 개념은 1960년으로 거슬러 올라갈 수 있겠으나 본격적으로 발전하게 된 것은 1980년으로 볼 수 있다. 그래서 흔히 1980년대를 전략경영의 시대라고 하기도 한다. 본서에서는 기업의 행태를 연구해온 조직관리와 함께 전반경영으로 구분하여 제3부에서 다루었다. 기업 전체의 구조와 행태를 다루는 분야이다.

아울러 기업의 해외시장 진출에 관한 국제경영 분야가 탄생하였는데, 실세로 이 분야가 크게 확대된 것은 각 기능분야에서 글로벌 이슈가 본격화된 시기부터이다. 대체로 국제재무, 국제마케팅, 국제인사관리 등과 같은 영역이 각 분야별로 발전하기도 했지만, 경영전략 개념으로 인해 국제경영전략 연구가 활성화되어 국제경영이 한 분야를 이루게 되었다. 국제경영은 경영의 특정기능으로 보기보다는 경영 전반에서 국제적 및 글로벌 이슈를 다루는 분야로 보기도 한다. [그림 1-7]에서는 전반경영에 해당하는 것으로 볼 수 있겠다.

마지막으로 경영정보분야를 들 수 있다. 이는 1980년대 정보화가 부분적으로 진행됨에 따라 기업에서 정보관리를 통한 경영효율화를 추구하는 데서 시작되었지만, 본격적으로 발전하게 된 시점은 1990년대 초에 전 세계적으로 진행된 기업의 경영정보시스템 도입에 따른 것이다.

이와 같이 경영학은 경영현상 자체에 관한 총괄적 이론체계 외에 각 기능분야별로 상세한 이론과 기법이 발전하였고 이를 모두 경영학으로 품는다. 경영학의 구성체계는 [그림 1-7]에 도시하였다.

〈표 1-10〉 경영학의 트랙 구성(예)

매니지먼트	경영전략, 조직관리, 인적자원관리, 노사관계, 벤처경영 등
생산운영	생산운영관리, 경영과학, 공급사슬관리, 기술경영 등
마케팅	마케팅관리, 소비자행동, 마케팅리서치, 브랜드경영 등
재무와 금융	기업재무관리, 자본시장, 금융기관경영, 보험론 등
회계학	재무회계, 관리회계, 원가회계, 회계감사, 세무회계 등
경영정보	경영정보시스템, 데이터분석, 이커머스 등
국제경영	국제경영전략, 국제마케팅, 국제재무관리, 국제인사관리 등

오늘날 경영대학에서는 전공트랙을 운영한다. 이는 경영학이 발전하면서 새롭게 등장한 분야를 포괄하여 지식과 기술 측면에서 공통분모가 있는 영역을 범주화시킨 것이다. 국내 대학에서는 대부분 <표 1-10>과 같은 구성으로 전공구조를 갖고 있다. 설명을 덧붙이면, 매니지먼트 분야는 전략경영과 조직관리의 전반경영과 인적자원관리 분야를 포괄한다. 기술경영은 생산운영관리 분야에 포함되었고, 데이터사이언스는 경영정보 분야에 포함되었다. 국제경영은 미국과 달리 국내에서는 별도의 트랙으로 운영하는 경우가 많다.

경영학 내에서 트랙별 상대적 중요성은 부침을 거듭한다. 경영학의 발전에 따른 변화를 다시 요약해보면, 초기에는 생산운영관리와 인적자원관리가 중요하였고, 이후 고객과 시장경쟁이 중요해짐에 따라 마케팅이 부각되었다. 재무관리와 회계는 자본시장의 발전에 따라 중요성이 더욱 커졌다. 그리고 글로벌화와 정보기술의 발전으로 국제경영과 경영정보가 경영학의 주요 분야로 정착되었다. 이에 더하여 오늘날 새로운 경영의 이슈가 계속 생기고 있다. 자본주의 발전과 4차 산업혁명으로 신산업이 탄생하고 기업의 경영방식에 변화가 일고 있다. 경영학은 계속 발전하고 변화할 것이다.

종합과학적 접근의 경영학 구성

경영학은 다양한 학문으로부터 이론과 방법론을 받아들인다. 이로써 여러 분과학문의 관점을 통합하여 경영이라는 복합현상을 연구하고 실천적 방안을 찾아낸다.

종합과학적 접근(interdisciplinary approach)은 대상 중심의 학문에서 시작된다. 즉, 기업을 대상으로 경영을 연구하는 경우에 기업의 경제적 행위 측면뿐 아니라 정치적, 사회적 행위도 동시에 관찰 분석하여 종합적 행위 양태를 분석하고 경영의 목적을 달성하고 있는지, 방해요인이 있는지 등을 연구하는 것이다.

따라서 경영학은 어느 특정의 분과학문에 의한 현상분석보다 다각적이고 총체적이다. 또한 문제해결을 위한 방법을 찾아내는 데도 여러 분과학문의 접근법을 채택하게 되고 그것들의 최적 조합을 동원하는 것이다. 이처럼 경영학은 개방적이고 수용적인 학문이다. 학문의 역사가 짧기도 하거니와 대상지향의 합목적적 과정에서 어쩔 수 없이 복합적, 종합과학적 접근을 취하게 되는 것이다.

실제로 경영학은 인접학문의 영향을 크게 받았다. 가장 대표적으로 경제학의 이론들을 받아들여 기업이론, 재무이론 및 경영전략이론의 틀을 완성하였다. 사회과학의 모든 분야에서 큰 영향을 받았는데, 경제학 외에 심리학과 사회학의 영향을 크게 받아왔다. 그리고 자연과학과 공학 분야에서도 큰 영향을 받았는데, 대표적인 것이 컴퓨터공학을 기업의 경영정보시스템으로 정착시킨 것이다. 정보자원을 체계적으로 관리할 수 있었다. 그 외에도 물리학과 생태학의 영향도 받았다. 미래학의 연구도 중요하다. 경영전략이 곧 미래에 대응하는 것이다. 오늘날에는 인문학과의 교류 영역도 점차 넓어져 가는 추세에 있다.[13] 경영학은 다양한 학문분야와 교류를 통해서 새로운 지식체계를 만들어간다. 경영학의 개방성이 곧 경영학의 혁신을 이끈다. <표 1-11>에는 인접학문과의 교류를 통해 경영학에서 받아들이

〈표 1-11〉 인접학문과 경영학의 연관분야

학문 분야	연관 분야
경제학	기업재무이론, 자본시장론, 경영전략, 지배구조
사회학	조직이론, 작업집단이론, 기업문화
심리학	조직행동, 인적자원관리, 리더십, 소비자행동
인류학	기업문화, 국제경영전략, 국제마케팅
정치학	조직정치와 갈등관리, 리더십, 이해관계자 관리
법학	상법, 지배구조, 공정거래법, 기업윤리
미래학	경영전략, 마케팅, 조직관리, 노동과 직업
자연과학	물리학(시스템이론), 생태학(기업집단생태학, 기업의 생존과 번영), 공학(기술경영)
인문학	철학/윤리학(기업윤리, 경영철학), 역사학(기업사, 기업발전), 예술(창의성과 감성의 경영, 예술경영)

13) 권석균(2015).

고 발전시킨 이론이나 주제영역을 요약하였다.

3.3 경영학 교육체계와 경영학도의 자세

대학에서 경영학교육을 어떻게 하고 있는지, 전공구조를 간단히 살펴보자. 국내 경영대학의 전공구조를 보면 대체로 5개부터 8개 영역으로 구분하고 있다. <표 1-12>에는 홈페이지에 전공구조를 명확히 구분해놓은 일부 대학을 중심으로 정리했다. 대학별로 전공트랙에서 다소의 차이가 발견된다. 미국의 경영대학보다는 그 차이가 적은 편이다.

미국의 비즈니스스쿨을 보자. 미국은 우리나라 경영대학보다 규모가 크고 단과대학 내에 여러 개 학과로 구성되어 있다. 일부 대학에서는 학과가 아닌 전공단위(unit, area)로 되어 있지만 규모면에서 학과와 다름이 없다. <표 1-13>에 미국 10개 대학의 전공구조를 정리하였다.

각 대학별로 다양한 전공구조를 갖고 있음을 알 수 있다. 하버드비즈니스스쿨과 펜실바니아대학교 와튼비즈니스스쿨에는 무려 10개의 전공이 있다. 그리고 펜실바니아대학교, 듀크대학교, 뉴욕대학교, 스탠포드대학교의 비즈니스스쿨에는 경제학이 함께 있다.

경영학의 세계는 오픈되어 있다. 학문의 경계가 불분명하다. 우리가 사는 세상 자체가 그렇듯이 말이다. 경영학도는 열려 있어야 한다. 세상을 향해 열려 있어야

〈표 1-12〉 국내 경영대학의 전공(트랙) 구조

경영대학	전 공
서울대학교	전략/국제경영, 마케팅, 경영정보, 생산서비스운영, 인사조직, 재무금융, 회계학
고려대학교	경영관리, 마케팅, 재무금융, 회계, 국제경영, LSOM(기술경영, 생산운영관리), MIS
연세대학교	매니지먼트, 마케팅, 재무, 회계, ODI(Operations, Decisions and Information)
한국외국어대학교	매니지먼트, 마케팅, 재무, 회계, 국제경영, ISOM(경영정보, 생산운영)
한양대학교	경영전략/벤처, 마케팅, 경영정보, OSM, 조직인사, 재무금융, 회계학, 글로벌경영
경희대학교	마케팅, 재무금융, 생산운영관리, 인사조직, MIS, 회계/세무, 경영일반
부산대학교	마케팅, 재무, 회계, 인사조직, OM, 경영정보, 국제경영, 디지털경영
충남대학교	마케팅, 재무관리, 회계학, 인사조직, 운영관리/MIS, 국제경영

〈표 1-13〉 미국 비즈니스스쿨의 전공(학과) 구조

University	Department	University	Department
Harvard Business School Academic Units	Accounting & Management Business, Government & International Economy Entrepreneurial Management Finance General Management Marketing Negotiation, Organizations & Markets Organizational Behavior Strategy Technology & Operations Management	New York Univ. Business School Academic Departments and Programs	Accounting Business & Society Program Economics Entertainment, Media & Technology Finance Fintech Technology, Operations & Statistics Management & Organizations Management Communication Program Marketing
U-Penn Wharton School Academic Departments	Accounting Business Economics & Public Policy Finance Health Care Management Legal Studies & Business Ethics Management Marketing Operations, Information & Decisions Real Estate Statistics & Data Science	U of Texas, Austin, Business School Academic Departments	Accounting Business, Government & Society Finance Information, Risk & Operations Management Management Marketing
Duke Univ. Business School Academic Areas	Accounting Decision Sciences Economics Finance Management & Organizations Marketing Operations Management Strategy	Stanford Univ. Business School Academic Areas	Accounting Economics Finance Marketing Operations, Information & Technology Organizational Behavior Political Economy
U of Minnesota, Business School Academic Departments	Accounting Finance Information & Decision Sciences Marketing Strategic Management & Entrepreneurship Supply Chain & Operations Work & Organizations	UCLA Business School Areas	Accounting Behavioral Decision Making Decisions, Operations & Technology Management Finance Global Economics & Management Management & Organizations Marketing Strategy
Ohio State Univ. Business School Academic Departments	Accounting & Management Information Systems Finance Management & Human Resources Marketing & Logistics Operations & Business Analytics	U of Washington, Business School Academic Departments	Accounting Finance & Business Economics Management & Organization Information Systems & Operations Management Marketing & International Business

하고, 생각과 지식의 세계에서도 열려 있어야 한다. 기계적 지식의 함정에 빠지면 경영학은 생명력을 잃는다. 기존의 경영학 지식에 갇히면 문제해결 능력을 잃는다. 새로운 지식과 방법을 계속 탐험하면서 찾아가는 것이 경영학도의 자세이자, 경영자의 길이다. 자, 이제 경영과 경영학의 세계로 여행을 시작하자.

부록

초일류기업 삼성전자의 기록

삼성전자는 대한민국 대표기업이다. 세계 25위의 매출 규모[14]뿐만 아니라 기술과 경쟁력 등 질적 측면에서도 대한민국을 이끌고 있다. 삼성전자가 어떻게 성공의 역사를 써왔는지 알아보기로 한다.

삼성전자는 1969년 창업 이래 1974년 반도체 산업에 진출하고 세계적인 종합 전자업체로 성장하였다. 먼저 초기 발전과정과 1987년 이건희 회장의 그룹승계 이후 '신경영 선언'으로 세계적인 기업으로 발돋움하는 역사를 아래 논문을 통해서 알아보자. 논문은 저자의 허락을 받아 일부 인용하였다.

경영사례

초기 발전과정

모 그룹이 설탕과 모직 중심이던 상황에서 삼성그룹이 전자산업으로 다각화를 결정한 것은 1960년대 말이었다. 삼성그룹의 창업주인 이병철은 1950년대에는 설탕이나 제지 등의 경공업이 국가의 경제발전단계에 맞는다고 생각하여 제일제당과 제일모직을 설립하였지만, 한국도 일본의 경우처럼 경공업에서 출발하여 점차 제약, 기계, 전자, 철강 등으로 산업고도화를 겪을 것이라 예상하였다. 그래서 1969년 "기술, 노동력, 부가가치, 내수와 수출전망 등 어느 모로 보나 우리나라의 경제단계에 꼭 알맞은 산업"인 전자산업에 진출하게 된다.

처음 몇 년간은 TV, 라디오, 냉장고 등의 가전제품을 위주로 생산하는 단계였고, 변화가 찾아온 것은 1974년이었다. 그해 삼성은 한국반도체를 인수하여 반도체 산업에 진출하였다. 하지만 이병철 회장이 실제로 반도체 사업에 본격적인 관심을 갖게 된 것은 1980년대 초이다. 당시 도쿄를 방문 중인 이 회장은 요시다 시게루 내각에서 경제정책을 입안했던 이바나 슈조 박사로부터 일본 산업의 진행방향이 반도체, 컴퓨터, 신소재, 광통신 등 첨단 기술산업 쪽으로 가고 있으며, 특히 반도체에 집중하여 수출과 외화수입을 획기적으로 늘렸다는 설명을 들었다. 그 후 수년간 이병철은 각계의 전문가와의 대화 및 관련자료의 섭렵 등을 통해 반도체 사업에서의 성공이 가능할 것이라 결론을 내린 후 1983년부터

14) 2020년에 세계 12위에 이르렀고, 이후에 하락하여 2023년에는 25위가 되었다.

본격적인 추진을 하였다.

삼성전자는 일본인 고문의 도움으로 반도체 생산의 수율향상, 클린룸 관리기법 등을 도입하였고, 일괄생산체제를 구축하였다. 삼성전자의 초기운명을 결정지은 전략적 선택은 메모리반도체에 모든 자원을 집중하기로 한 결정과 과감한 기술도입, 그리고 인재의 적극적인 확보였다. 메모리반도체는 범용제품이라 기술도입이 쉽고 IT산업 성장에 따라 성장가능성이 높다는 점이 선정 이유였고, 특히 그중에서도 규모의 경제가 중요한 디램(DRAM)에 집중하였다. 디램은 대량생산 개시 후 1~2년 내에 가격이 급락하는 제품으로 양산을 빨리 시작하는 업체가 절대적으로 유리한 산업이다. 삼성전자는 1980년대에 자금난을 겪고 있던 미국의 마이크론테크놀로지로부터 64K 디램 기술을 도입하였고, 일본의 샤프(Sharp)로부터는 CMOS(complementary metal-oxide semiconductor) 공정기술을 도입하였으며, 1983년 7월에는 이윤우 개발실장과 7명의 직원을 마이크론테크놀로지에 보내 기술연수를 받게 했다. 새로운 인재의 공급은 주로 스탠포드대, 인텔, 자이로그 등에 재직 중이던 한국인 박사들을 확보함으로써 이루어졌다.

삼성전자는 1983년 12월 미·일에 이어 세 번째로 64K 디램을 양산하기 시작하면서 거의 비슷한 시기에 256K 디램의 독자 개발을 시작하여 1984년 7월 개발에 성공하였다. 반도체 사업 초기에는 거의 이익을 내지 못하던 삼성전자는 1988년 256K 디램의 예상 밖 수요 증가로 누적적자를 모두 회수할 만한 이익을 얻으면서 본 궤도에 들어서기 시작하였다.

신경영 선언과 디자인 중시를 통해 글로벌 기업으로 도약

삼성전자는 1987년 이병철 회장이 작고하고 3남 이건희 회장이 그룹회장으로 취임하면서 글로벌 기업으로 본격적인 도약을 준비하게 되는데, 1988년에 초일류기업을 비전으로 정하고 제2의 창업을 선포하였다. 실제로 메모리반도체 시장에 후발주자로 뛰어들었던 삼성전자는 과감한 투자와 인재의 확보를 통해 기술적인 격차를 만회하여, 1992년 디램에서 세계 1위 기업에 오르게 되며, 1993년에는 메모리반도체 시장 전체의 1위에 등극하였다. 그러나 전형적인 B2B 시장인 메모리반도체와는 달리, 가전 등 B2C 시장에서 1990년대 초반까지 국제시장에서 삼성의 위치는 초라한 것이었다.

1990년대 초 미국의 가전제품 유통업체인 베스트바이, 서킷시티 등의 전자제품 진열대 중 가장 눈에 잘 띄는 앞자리에는 소니를 필두로 한 일본 기업들의 제품들이 전시되어 있었고, 삼성의 제품은 맨 뒤 구석자리에서나 찾아볼 수 있었다. 당시 삼성의 TV, VCR, DVD 플레이어 등은 판매량도 미미할 뿐 아니라 일본 제품에 비해서 가격도 훨씬 저렴한 저가제품들이었다. 1993년 2월 이건희 회장은 전자관련 임원들과 함께 LA가전제품 매장을 찾아 이러한 삼성제품의 현실을 목도하게 하였다. 6월에는 도쿄에서, 경영자와 디자이너의 시각차를 강조한 보고서를 쓴 후쿠다 고문 및 일본인 고문들과의 대화를 통해 현장과 괴리되어 있는 삼성의 현실에 대한 문제인식을 더 크게 갖게 된다. 같은 달 삼성 사내 방송사인 삼성방송센터(SBC)가 제작한 비디오에는 삼성 세탁기 뚜껑 여닫이 부분이 규격에 맞지 않자 근로자들이 그 자리에서 칼로 2mm를 깎아 내어 조립하는 장면이 나와 있었다. 이건희 회장은 이 비디오를 프랑크푸르트에서 임원들과 시청하면서 삼성의 현실을 임원들에게 주지시켰다.

이러한 일련의 사건들에 이어 이건희 회장은 1993년 6월 13일부터 14일까지 프랑크푸르트에서 100여명의 임원들 앞에서 4회에 걸쳐 자신의 신경영 방침을 설명하는 이른바 '신경영 선언'을 하게 된다. 신경영 방침의 핵심 내용은 수량 위주에서 질 위주로, 2등이 아닌 1등 기업으로 거듭나자는 것이었다. 신경영 방침은 기존의 삼성의 강점이었던 속도, 전문경영인으로의 과감한 권한위임 등과 맞물려 효과를 내게 된다.

신경영 선언 이후 삼성의 가치사슬에서 특히 중요해진 활동은 디자인이다. 초기에는 제품의 포장이나 외관의 미미한 수정 등의 보조적인 역할을 하던 디자인 부서는 1996년 이건희 회장이 신년사에서 디자인의 중요성을 강조하면서 각광을 받게 된다. 1995년 사내 디자인학교인 IDS(Innovative Design Lab of Samsung)가 설립되고 삼성은 사내 디자이너들을 이집트, 인도, 파리, 뉴욕, 워싱턴 DC, 프랑크푸르트 등에 파견하여 박물관 견학과 현대유적을 관람시키는 등으로 지원했다. 삼성의 디자인센터는 기존의 삼성의 '모범적'이고 일사분란한 문화와는 다르게 유교적인 위계질서나 드레스 코드에 구애받지 않는 자유분방한 문화를 선보였다. 예컨대 머리를 분홍색으로 물들이고 출근하거나 상급자에게 강하게 다른 의견을 개진하고 상하 직원이 동등한 입장에서 일하는 것이 디자인센터 내에서는 지극히 자연스러운 것이었다.

삼성은 샌프란시스코, 런던, LA, 북경, 밀라노에 글로벌 디자인 센터를 추가로 건립하며 디자인 중시 전략을 계속 실행했다. 그 결과 삼성은 2003년 휴대폰, DVD, TFT-LCD 등의 제품이 미국 산업 디자인 협회 디자인상을 받았고, 2004년에는 같은 상을 5개 부문에서 수상하여 수상 실적 1위로 올라섰으며 2006년 한해에만 전 세계에서 65개의 디자인상을 수상하였다. 이러한 디자인 중시 전략은 삼성의 과감한 마케팅 전략과 아울러 휴대폰, TV 등 최종소비재 제품의 판매 급증을 야기하였고 결과적으로 삼성의 브랜드 가치도 급증하였다. 삼성전자는 마침내 2006년 인터브랜드가 발표한 글로벌 브랜드 랭킹에서 소니를 제쳤으며, 2012년에는 토요타마저 제치고 10대 브랜드 안에 선정됨으로써 미국 기업이 아닌 기업으로서는 가장 브랜드 가치가 높다고 평가받는 기업이 되었다.

삼성전자의 성장전략

삼성전자는 디램 시장을 석권하면서 터득한 이 성공공식을 다른 분야에도 적용하였다. 1995년 메모리반도체에서 벌어들인 수익은 LCD 생산라인에 주로 투자되었고 삼성전자는 일본의 경쟁기업들이 11인치 라인에 치중할 때 12인치에 집중하였다. 또한 마치 메모리반도체의 용량을 늘리듯 LCD 생산라인을 17인치, 32인치 등으로 경쟁업체보다 한발 앞서 키워나가면서 디스플레이 시장을 장악하였다. 디스플레이 시장 역시 메모리반도체처럼 특정 크기 화면의 디스플레이는 개발 초기에 가장 큰 가격 프리미엄을 누리고 곧 범용화되며 가격경쟁을 겪게 된다.

속도를 앞세운 경쟁전략은 삼성전자가 스마트폰이나 TV사업에서도 경쟁자를 앞설 수 있게 한 원동력이 되었다. 삼성전자의 휴대폰 사업부는 3개월에서 6개월 사이에 신제품 디자인을 완성하고 분기당 8~10개의 플랫폼을 개발해 냈다. 피쳐폰 시대에 완성한 이 능력은 노키아나 모토롤라의 디자인 사이클인 12~18개월에 비해 훨씬 빠른 것이었고 스마트폰 시대가 도래한 이후에도 삼성전자에게 경쟁우위를 제공했다. 경쟁기업인 애플이 통상 12~14개월에 한 번씩 싱글모델의 새로운 스마트폰을 선보였고, 2007년 첫 번째 아이폰을 출시한 이후 2013년까지 7세대 아이폰을 선보인 것에 비해, 삼성전자는 2010년 갤럭시 S를 선보인 이후 8~10개월마다 새로운 S시리즈를 선보였을 뿐 아니라, 50여 개가 넘는 다양한 플랫폼의 신제품을 소개하였다. TV분야에서도 삼성은 OLED, LCD, PDP 등 다양한 방식의 평판 디스플레이 기술로 19인치부터 65인치 이상의 초대형제품까지 다양한 모델을 경쟁기업들보다 빠르게 선보여 왔고, 이 덕에 TV부문 세계 1위 자리를 소니로부터 빼앗을 수 있었다.

삼성전자는 대부분의 전자부품을 스스로 생산하는 수직계열화에 바탕을 두고 제품경쟁력을 높여가고 있다. 삼성전자는 디램, 낸드 플래쉬 메모리 등의 반도체부터 스마트폰용 AP칩, 카메라 렌즈, 백색가전용 ASIC 등 비메모리반도체, LCD, OLED, PDP 등의 각종 디스플레이에 이르기까지 많은 부품을 직접 생산하며, 계열사인 제일모직, 삼성코닝, 삼성SDI, 삼성전기 등으로부터 배터리부터 소재까지 다양한 부품을 공급받기 때문에 이러한 다양한 제품전략이 가능하다.

삼성 전략의 또 한 가지 특징은 기술 인력에 대한 중시와 연구개발에 대한 투자이다. 각종의 연구에 따르면, 최고경영진 중에 이공계 출신 경영자를 보유한 기업이 R&D투자에 더 적극적이다. 삼성전자의 경우는 초창기부터 이공계 출신들이 최고경영자가 되는 경우가 많았고, 특히 반도체 사업의 CEO는 기술자가 맡는 것이 원칙이있다. 기술지를 중시하는 기업이니만큼 연구개발에 대한 투자도 매출 증가에 따라 당연히 늘어났고 그에 따라 특허의 수도 늘어났다. 삼성전자는 2006년에 미국특허 취득에서 전 세계 2위로 올라선 이래 그 자리를 수성해오고 있으며, 매년 특허의 숫자가 늘어 최고의 특허보유기업으로 자리매김하였다.

[자료: 김양민 · 서정일(2014), 「한국 대기업의 성공적인 성장요인: 내 · 외부적 요인과 전략적 특성들」, 『인사조직연구』, 22(1), pp. 94-143. 인용(pp. 110-115)]

세계 최고의 기업 삼성전자의 위상과 위기

삼성전자는 창업 48년 만에 세계 정상에 우뚝 섰다.

삼성전자는 2017년에 인텔을 제치고 세계 최고의 반도체 회사가 되었고 2018년에도 연이어서 업계 1위를 하였다. 2017년 2분기부터 정상에 오르는데, 동 분기의 매출은 역대 최고인 61조원, 영업이익은 14조원을 기록하여 시가총액 글로벌 1위인 애플을 영업이익에서, 세계 반도체 업계 1위인 인텔을 매출에서 뛰어넘었다. 삼성전자의 2분기 영업이익은 전 세계 기업 가운데 가장 많은 금액으로 동 기간에 애플의 11.9조원과 인텔의 4.3조원보다 많고 페이스북(메타), 아마존, 넷플릭스, 구글의 영업이익을 합친 금액 12.5조원보다 많았다. 창업 48년 만에 세계 정상에 우뚝 선 것이다. 이후 분기 기록으로는 2018년 1분기와 2분기까지 세계 최고의 영업이익을 기록하였다. 말 그대로 세계 최고 기업이 된 것이다.

삼성전자 vs. 애플

이하에서는 삼성전자와 애플의 영업이익을 비교하여 보자.

아래 [그림 1A-1]에는 삼성전자의 전사 및 반도체 부문과 IM부문(무선모바일사업), 그리고 애플의 영업이익 변화 추세가 있다.[15] 애플과 사업별 직접비교는 IM부문 실적이 관련되어 있지만, 삼성전자는 반도체 사업부의 이익률이 특별히 높으므로 비교표에 산입하였다.

세계 최고 기업으로서 양사의 사업별 영업이익률의 구조를 비교해보면, 2017년과 2018년에 삼성전자의 전사 영업이익률이 애플사에 근접하였음을 알 수 있다. 무선사업뿐 아니라 반도체와 가전사업을 보유하고 있는 삼성전자의 총매출 규

[그림 1A-1] 삼성전자와 애플의 영업이익률 추이

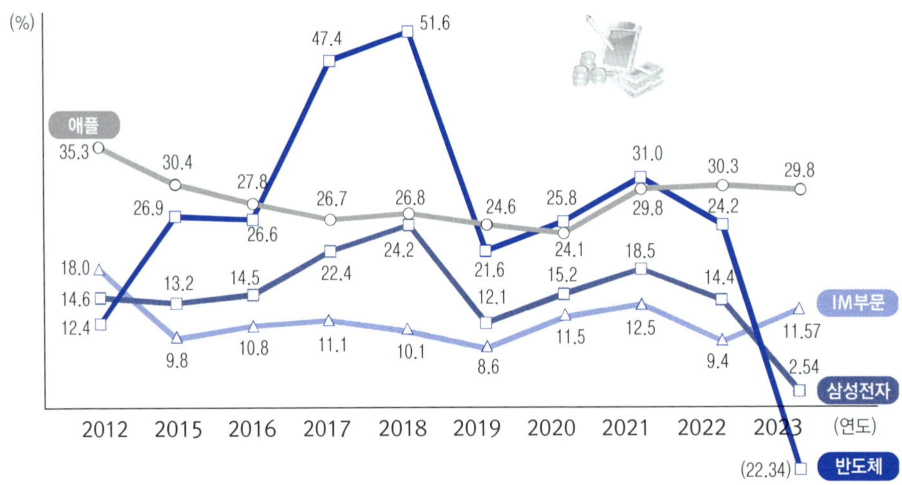

자료: 삼성전자, Apple 각사의 매년도 사업보고서.

15) 삼성전자는 이외에도 가전(consumer electronics)사업을 하고 있는데, 그림에는 별도로 표시하지 않았다.

모가 훨씬 크다는 것을 고려해보면, 이 시기의 삼성전자가 얼마나 압도적인 기업이 되었는지를 알 수 있다. 당해 연도에 반도체 사업의 영업이익률이 47%와 51%까지 치솟은 실적으로 인한 것이다. 애플의 직접 경쟁 사업인 갤럭시와 무선사업부문(IM부문)의 영업이익률이 10%대 초반의 수준에 머무르고 있다는 점을 제외하고는 세계 최고 기업 애플과 전혀 뒤지지 않는 놀라운 실적이다. 이러한 추세는 2022년까지 지속되었다.

그러나 2023년에 상황이 급반전하였다. 애플의 영업이익률이 29.8%에 머무르고 있는 데 비해서 삼성전자의 전사 영업이익률은 2.54%까지 급락하였다. 주요 이유는 반도체 사업의 부진으로 인한 것이다. 애플의 3년 동안 영업이익률이 29.8%, 30.3%, 29.8%로 유지되고 있는 것을 보면(회색선 참조), 삼성전자의 실적 변동성이 매우 심하다는 것을 알 수 있다. 애플에 대응하는 삼성전자 무선사업부(IM, 휴대폰 관련사업부문)의 영업이익률(하늘색선으로 표시)도 지난 3년간 12.5%, 9.4%, 11.57% 수준으로 비슷하다. 반면에 반도체 사업의 3년간 영업이익률이 31.0%, 24.2%, (-22.34%) 수준으로 급락하였다.

반도체 사업의 손익 상황이 그렇다면, 매출은 어떨까? 비즈니스에서 가장 중요한 두 지표는 매출과 이익(영업이익과 순이익)이다. 매출을 유지하면 승산이 있는 것이다. 이익 하락이 일시적이거나 전략적 이유로 발생한 것일 가능성이 크기 때문이다.

반도체 사업의 정점과 위기상황

삼성전자 반도체 사업의 높은 실적은 2017년부터 2022년까지 지속되었다. 반도체 사업에서는 2017년에 매출액 74.26조원(695억달러), 영업이익 35.2조원(329억달러)의 실적을 거둬 인텔을 제치고 최초로 세계 1위 기업이 되었다. 이후 2018년에도 더 높아진 경영성과를 기록하였는데, 매출액 86.29조원(784억달러), 영업이익 44.57조원(395억달러)의 실적을 올려서 세계 1위를 지켰다.

그러나 2019년에 메모리반도체 가격 하락으로 인하여 영업이익의 급격한 하락을 겪었다. 2019년에 업계 1위를 다시 인텔에 내주었다. 인텔은 메모리반도체 업황에 영향을 받지 않기 때문이다.

삼성전자의 실적은 코로나 팬데믹 시기인 2020년에 다시 반등하여 2021년에 슈퍼 호황을 맞이했고, 다시 세계 반도체 업체 1위를 되찾았다. 삼성전자는 2021년에 반도체 매출 822억달러(94조원)로 인텔의 매출 790억달러를 추월하였다. 반

〈표 1A-1〉 세계 반도체 업체 매출 순위 변화

순위	1995년	2005년	2015년	2017년	2019년	2021년	2022년	2023년
1	인텔	인텔	인텔	삼성전자	인텔	삼성전자	삼성전자	TSMC
2	NEC	삼성전자	삼성전자	인텔	삼성전자	인텔	TSMC	NVIDIA
3	도시바	텍사스 인스트루먼트	SK 하이닉스	SK 하이닉스	TSMC	TSMC	인텔	인텔
4	히타치	도시바	퀄컴	퀄컴	도시바	SK 하이닉스	퀄컴	삼성전자
5	모토롤라	ST마이크로 일렉트로닉스	마이크론	마이크론	퀄컴	퀄컴	SK 하이닉스	퀄컴
6	삼성전자	인피니온	브로드컴	브로드컴	마이크론	마이크론	브로드컴	브로드컴

도체 외에도 디스플레이, 모바일, 가전 등 사업에서 좋은 실적을 내서 총매출액 279조 6천억원으로 사상 최고의 매출액을 기록하였다.

<표 1A-1>에는 세계 주요 반도체 회사의 재무지표를 참고하여 매출순위 변동을 추적하였다. 2017년에 세계 최대의 반도체 회사가 된 삼성전자가 2022년까지 업계 최고의 위치를 점하고 있다. 그런데 2023년에 4위로 추락하였다.

이 기간에 특징적인 것으로 TSMC의 급속한 부상이 눈에 띈다. 삼성전자의 새로운 강력한 경쟁자로 부상한 것이다. 위 표에서 보듯이 2000년대에 이르러 인텔과 삼성전자의 시장지배적인 지위가 계속되었다. 그런데 2019년에 TSMC가 3위에 오르더니 2023년에는 반도체 매출의 세계 최고 기업이 되었다. 2023년 매출을 구체적으로 보면 TSMC 70.4B(B=billion $), 엔비디아(NVIDIA) 60.9B, 인텔 54.2B, 삼성전자(반도체) 51.2B, 퀄컴 35.8B, 브로드컴 35.8B 순이다. TSMC와 삼성전자의 매출규모 차이가 엄청나다. 1년 만에 뒤집어진 결과로는 믿기 힘들 정도다.

또한 <표 1A-1>의 최근 순위를 보면, AI반도체의 수요 급증으로 NVIDIA가 급부상하였다. NVIDIA는 2022년 매출이 26.9B였으나 1년 만에 매출이 두 배가 넘게 수직상승하였다. 이 회사가 향후 얼마나 상승할지 가늠이 되지 않는다. 매출규모에서 TSMC를 곧 추월할 수 있을 것처럼 보인다.

한편, 메모리반도체 중심인 SK하이닉스는 2023년에 매출이 25.2B로 추락하여 7~8위권으로 추락하였다. 그러나 AI시대에 중심이 되는 고대역메모리칩(HBM)에서 삼성전자를 앞서가면서 2024년에는 급반등이 예상된다. NVIDIA에 HBM을 납품하기 때문이다.

반도체 업계는 크게 보면 메모리반도체와 시스템반도체로 나뉠 수 있다. 메모리반도체는 삼성전자, SK하이닉스, 마이크론테크놀로지(미국)의 3분할 체제이다. 물론 삼성전자가 압도적 위상이었다. 그런데 이 위상이 흔들리고 있는 것이다. SK하이닉스가 HBM의 주도권을 잡아가고 있고, 마이크론테크놀로지도 HBM을 안정적으로 만들 수 있게 되었다. 삼성전자는 현재 NVIDIA와 HBM 안정성 테스트 중이다. 아래 기사를 보자.

엔비디아 '1억 칩' 옆자리 마이크론이 꿰찼다

아시아 최대 IT박람회 '컴퓨텍스2024'를 맞아 엔비디아는 차세대 인공지능(AI) 수퍼칩 'GB200'의 실제 양산 제품을 국내외 일부 취재진에 공개했다. GB200은 2개의 블랙웰 그래픽처리장치(GPU)와 Arm 아키텍처를 기반으로 엔비디아가 자체 설계한 중앙처리장치(CPU) 한 개를 이어붙인 차세대 AI 가속기다.

올 연말부터 출시될 GB200의 가격은 개당 7만달러를 넘는다. 원화 1억원에 달하지만 이마저도 없어서 못 산다. 업계 1위 아마존웹서비스(AWS) 등 전 세계 서버 기업은 칩이 만들어지기도 전에 '입도선매'에 들어갔다.

올해 반도체 업계 최대 관심사 중 하나였던 5세대 고대역폭메모리(HBM3E)의 공급사는 끝내 드러나지 않았다. 다만, 칩 아랫부분에 해당하는 CPU와 메모리반도체는 별다른 조치 없이 공개됐다. 엔비디아 칩의 옆자리를 꿰찬 주인공은 'D램 최강자' 삼성전자도, 'HBM 리더' SK하이닉스도 아닌 미국 마이크론이었다.

마이크론은 앞서 2022년 11월 세계 최초로 10나노급 1β(베타) 공정을 적용해 LPDDR5X 개발을 마치고 고객사에 보낸다고 밝히며 반도체 업계를 깜짝 놀라게 했다. 삼성전자·SK하이닉스보다 한 세대 앞선 공정에 가장 먼저 깃발을 꽂았기 때문이다. (하략)

[자료: 중앙일보(2024.6.16)]

이상에서 보듯이, 메모리반도체 사업에서 삼성전자의 기술주도가 흔들리는 양상이 나타나고 있다. 삼성전자는 반도체 사업부문 대표를 교체하고, 전사 글로벌 전략회의를 여는 등 비상대책을 강구하고 있다. 그 결과를 두고 볼 일이다.

아래의 <표 1A-2>에 삼성전자의 급변하는 경영성과 지표가 있다. 매출액의 변동성에 비해 영업이익과 순이익의 변동성이 훨씬 높은데, 이는 반도체 가격의 변동으로 인하여 반도체 사업부의 이익률이 크게 변하기 때문이다. 반도체 사업의 중요성을 알 수 있다.

〈표 1A-2〉 삼성전자의 경영성과

(단위: 조원)

	2017년	2018년	2019년	2020년	2021년	2022년	2023년
매출액	239.57	243.77	230.40	236.80	279.60	302.23	258.94
반도체	74.26	86.29	64.94	72.86	94.16	98.46	66.59
영업이익	53.64	58.89	27.77	35.99	51.63	43.38	6.57
반도체	35.20	44.57	14.02	18.81	29.20	23.82	(14.88)
순이익	42.18	44.34	21.74	26.41	39.91	55.65	15.48

자료: 삼성전자 매년도 사업보고서.

삼성전자 위기의 원인

삼성전자가 부닥치고 있는 도전은 비메모리 분야의 시스템반도체 사업에서 세계 1위가 되는 것이다. 4차 산업혁명의 시대가 도래하여 반도체 산업의 큰 성장이 예정되어 있는데, 대부분 각 산업 특성에 따라 발생하는 반도체 수요인 비메모리 분야가 폭발적으로 성장할 것으로 예견된다. 그리고 비메모리반도체의 전담 위탁생산 사업인 파운드리(foundry) 사업에서 삼성전자는 현재 2위를 차지하고 있다. 하지만 세계 1위 파운드리(반도체 위탁생산) 업체인 대만의 TSMC와의 격차가 줄지 않고 있다.

지금까지 보듯이 삼성전자 반도체 사업은 현재 치열한 경쟁 구도에 있다. 주요 경쟁자는 인텔과 TSMC이다. 이들 3개 기업의 최근 경영성과 비교표를 <표 1A-3>에 제시하였다.

〈표 1A-3〉 반도체 1,2,3위 기업의 매출과 영업이익의 변동성[16)]

	2020년		2021년		2022년		2023년	
	매출	영업이익	매출	영업이익	매출	영업이익	매출	영업이익
삼성전자(조원)	72.86	18.81	94.16	29.20	98.46	23.82	66.59	(14.88)
(십억달러)	66.97	17.29	79.13	24.54	77.96	18.86	51.26	(11.45)
인텔(십억달러)	77.87	23.88	79.02	22.08	63.05	2.34	54.23	.03
TSMC(십억달러)	47.68	20.19	57.39	23.51	73.61	36.47	70.39	30.00

16) [환율 1$당] (2020년) 1,088원, 28.08TWD (2021년) 1,190원, 27.65TWD (2022년) 1,263원, 30.74TWD (2023년) 1,299원, 30.70TWD

2021년 11월 23일, 김기남 삼성전자 부회장이 그레그 애벗 미국 텍사스 주지사와 파운드리 공장 투자를 발표한 뒤 악수하고 있다.

반도체 사업의 경영성과는 변동성이 심하다. 거기에 더하여 경쟁자들 간의 경쟁전략은 엄청난 규모의 투자와, 기술위험과, 그리고 (글로벌)경기변동의 위험을 감수하는 의사결정을 요구한다. 삼성전자는 2030년까지 TSMC를 따라잡고 시스템반도체 1위에 오르겠다는 야심찬 목표를 갖고 있다.

2021년 11월에 삼성전자는 미국 텍사스주 테일러시에 20조원을 투자하여 파운드리 공장을 짓기로 미국 정부 및 텍사스 주정부와 합의하고, 현재 공장을 건설 중이다. 삼성전자의 장대한 도약의 발걸음이 인텔과 TSMC를 누르고, 애플을 뛰어넘을 것인지 기대해볼 일이다.

가전에서 LG전자와 함께 세계를 제패하고, 휴대폰과 무선사업에서 애플을, 반도체에서 인텔을 동시에 상대해온 세계 최고의 기업 삼성전자가 위기다. 이제 주요 경쟁자로 TSMC가 등장하였고, NVIDIA가 압도적인 위상을 점해가고 있다. 메모리반도체 내에서는 SK하이닉스와 마이크론테크놀로지의 거센 도전에 직면해 있다. 그리고 무엇보다도 AI시대의 협력자이자 경쟁자가 될 많은 기업들, 엔비디아를 비롯하여 마이크로소프트, 메타, 구글, 아마존 등의 기업들과 뒤얽혀서 새로운 시대의 주도권 싸움을 하게 될 것이다.

한걸음 더

- 삼성그룹의 신경영 선언 이후의 변신에 대해 알아보자.
- 삼성전자의 미래에 대해 토론해보자.
- 세계 반도체 시장에 대해 공부해보자.

REFERENCE 참고문헌

권석균(2015), “인문학과 경영학: 교류와 통섭”, 『인사조직연구』, 23(2), pp. 7-32.

김국일 · 권석균(2018), “조직의 여유자원이 혁신활동에 미치는 영향: 1996~2015까지 우리나라 기업을 대상으로”, 『조직과 인사관리연구』, 42(4), pp. 35-77.

김양민 · 서정일(2014), “한국 대기업의 성공적인 성장요인: 내 · 외부적 요인과 전략적 특성들”, 『인사조직연구』, 22(1), pp. 94-143.

삼성전자, 매년도 사업보고서.

윤석철(1998), 『프린시피아 매네지멘타』, 경문사.

한국경제연구원(2019), “포브스 글로벌 2000대 기업 비교 분석 자료”, 2019-4-7.

Mukherjee, A(2020), “A Data-Driven End to Capitalism as We Know It,” *Bloomberg Opinion*, December 28.

CHAPTER 02

기업의 가치와 성장

이 장의 구성

FUNDAMENTALS OF MANAGEMENT

이 장에서는 기업에 대해서 기본적인 사항을 다루었다. 기업의 가치는 누구에게 어떻게 제공되는가를 알아보았다. 그리고 기업이 왜 생기고 어떻게 조직화되고 얼마큼 성장하는지를 기업이론으로 설명하였다. 마지막으로 기업의 소유 및 경영 관점에서 유형을 구분하고 그 특성을 정리하였다.

- 기업은 누구에게 어떤 가치를 주는가?
- 기업은 왜, 어떻게 형성되는가?
- 기업의 규모와 경계는 어떻게 결정되는가?
- 기업에는 법적 및 경영 관점에서 어떤 유형이 있는가?

1. 기업의 가치창출

기업은 경제적 가치를 창출하는 조직이다. 주주에게는 이익을, 종업원에게는 임금을, 고객에게는 효용가치를 제공해주는 사회적 기관이다. 그리고 국가경제 발전에 기여하고 인류에 공헌하는 여러 가치활동을 하게 된다.

1.1 기업가치와 주주가치

기업은 경제활동을 통해 부가가치를 창출하고 이익을 남긴다. 이익은 주주를 위한 가치이다. 기업은 이익을 주주에게 배당(dividend)하여 투자이익을 돌려준다. 한편 이익을 미래를 위한 투자재원으로 내부에 유보하기도 한다. 기업의 경제적 값어치가 축적되는 것이다.

먼저 사례를 보자. 코로나19 백신으로 이익을 얻고 있는 회사들이 많다. 그중 모더나(Moderna)라는 바이오테크 기업을 살펴보자. 이 회사의 mRNA라는 혁신적 기술로 만든 모더나백신은 효과 측면에서 탁월함을 인정받고 있다. mRNA 기술은 이전과는 완전히 다른 신개념의 백신 개발 방법이다. 그러나 모더나의 혁신에 따른 이익 창출에는 부정적인 정서가 있다(아래 기사 내용 참조). 모더나의 이익추구 행위가 비판받아야 하는가, 혁신의 수혜자는 누구인가, 이익을 누가 가져가야 하는가, 기술공유의 압력은 정당한가 등의 질문을 던져보자.

경영사례

'우려가 현실로'… 화이자 · 모더나 코로나19 백신 가격 인상
EU 공급 화이자 26% · 모더나 13% 인상, 변이 확산에 부스터샷 도입 원인
"백신으로 이익 챙기겠다" 선언한 두 기업에 외신들 비판 목소리↑
한국 mRNA 백신 공급 차질 예상… 업계 "정부, 협상력 잃었다"

우려가 현실이 됐다. 코로나19(COVID-19) 백신 특허 면제를 강하게 거부해왔던 화이자와 모더나가 가격 인상을 선택했다. 이 때문에 내년 코로나19 mRNA 백신을 공급받아야 하는 한국도 가격 인상을 피할 수 없을 것이란 분석이 나온다. 외신들은 일제히 "백신으로 이익을 챙기겠다"고 선언한 두 기업에 비판의 목소리를 높이는 한편, 국내 업계에서는 정부가 협상력을 잃었다는 지적도 있다.

화이자 · 모더나, 코로나19 가격 인상 선언… 쏟아지는 비판

영국 파이낸셜타임에 따르면 화이자와 모더나는 유럽연합(EU)에 공급되는 코로나19 백신 가격을 인상한다고 전했다. 화이자 백신은 15.5유로에서 19.5유로로 25.8%, 모더나 백신은 22.6달러에서 25.5달러로 12.8% 가격이 오른다. 그동안 여러 국가에서 특허 면제 요청을 요구했던 mRNA 백신을 개발한 두 회사는 이를 거부할뿐더러 가격까지 인상한 것이다. 제약업계에서는 두 회사의 백신 가격 인상은 이윤을 챙기겠다는 목적과 현재 전 세계적인 코로나19 변이 바이러스 확산이라는 상황이 맞물렸다고 평가했다.

지난해 두 회사는 코로나19 백신으로 이익을 챙기겠다는 뜻을 내비쳤다. 뉴욕타임즈와 로이터에 따르면 지난해 미국 의회 하원 청문회에서 화이자와 모더나는 백신으로 이윤을 남기겠다는 계획을 밝힌 바 있다. 실제 이날 모더나 스테판 호게 의장은 "코로나19 백신을 실비만 받고 판매하진 않겠다"고 언급했다. 화이자 존 영 최고사업책임자(CBO)도 "백신으로 이윤을 얻을 생각"이라며 "현재 상황은 매우 특수한 상황으로, 이를 백신 가격에 반영하겠다"고 말했다. 게다가 mRNA 백신과 비슷한 효과를 보였던 노바백스의 코로나19 백신이 미국과 유럽에서 긴급사용 승인이 늦어지고 있고, 전 세계적으로 델타 변이 바이러스가 확산, 부스터샷 도입 필요성이 커지면서 몸값이 오를 수밖에 없는 상황이다. 이는 똑같이 미국 정부로부터 지원금을 받은 아스트라제네카와 존슨앤드존슨 · 얀센이 이윤을 내지 않겠다고 한 것과 대비되는 모습이다.

상황이 이렇자 외신들은 일제히 두 회사를 비판하고 나섰다. 가디언은 "아스트라제네카, 존슨앤드존슨 · 얀센 등 비영리 노선을 걷는 제약사들과 대조적인 모습"이라고 평가했다. 특히 변이 바이러스 등장을 이윤과 연결시킨다는 강도 높은 비판도 나온다.

부스터샷이 도입되면 백신 접종률이 낮은 후진국에서는 새로운 변이 바이러스가 나타날 우려가 높고, 백신 물량을 다수 확보한 선진국 위주의 접종은 향후 백신 수급을 불안정하게 만들어 팬데믹 종식에 악영향을 끼칠 것이란 지적이다. 포브스는 "두 기업의 mRNA 기술은 미국의 정부 예산이 투입된 여러 연구가 쌓여 탄생한 기술"이라며 "두 기업은 이미 투입한 비용을 회수했을 것이다. 자신들의 이익이 아니라 모든 사람들의 형편에 집중해야 한다"고 말했다. NBC도 "부스터샷의 필요성은 과대포장된 측면도 있을 것"이라며 "제약사 경영진의 탐욕이 정책의 우선순위가 되면 안 된다"고 지적했다. (하략)
[자료: 메디칼업저버(http://www.monews.co.kr)(2021.8.5)]

'기업가치 = 주주가치'의 공식

기업의 성공은 주주의 이익으로 연결된다. 투자자들은 기업과 리스크를 공유하고 성공의 혜택을 얻는다. 기업은 이익을 창출하고 이를 배당으로 주주에게 지출하고 나머지는 내부유보를 하게 된다. 당연히 내부유보 자본은 추후 주주에게 지연된(deferred) 형태로 배당하거나 투자비용으로 지출하게 된다.[1] 이때 주주가 얻는 소득은 크게 두 가지이다. 하나는 배당소득(dividend income)이다. 이에 주주는 소득세를 제외한 이득을 얻는다. 두 번째는 주가 상승으로 인한 자본이득(capital gain)이다. 이에는 주식매도 이익금에 대한 양도세를 제외한 최종 이득을 얻는다.

모더나의 주주들은 주가 상승으로 큰 자본이득을 얻을 수 있었다. 2020년 1월

[그림 2-1] 모더나의 주가 상승(2020년 1월~2024년 7월)

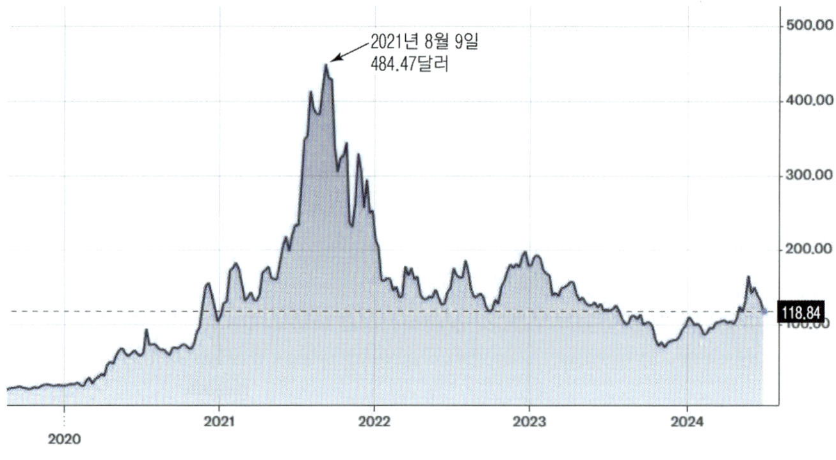

자료: https://finance.yahoo.com/chart/MRNA

1) 기업의 목표가 주주이익 극대화인가의 논쟁은 제4장 3절 이해관계자경영에서 상세히 기술하였다.

1일에 주가가 19.23달러이었는데 코로나 백신 개발에 성공하면서 2년 후인 2022년 1월 31일에 169.33달러까지 상승하였다. 주주의 입장에서 무려 8.8배의 투자 수익을 올렸다. 2021년 8월 9일에는 484.47달러까지 오르기도 하였다. 모더나의 경우에 아직 배당이 없다. 그렇지만 주주들은 주가 차익만으로도 큰 이익을 남겼다. 자본시장(capital market)이 있기 때문이다. 모더나는 코로나 팬데믹이 종식되자 주가가 하락곡선을 그리며 2023년 11월 9일에는 69.51달러까지 하락하였다가 이후 회복하여 2024년 7월 말 현재에는 118.84달러이다. 이처럼 자본이득은 변동성이 커서 일부 투자자에게는 손실로 이어지기도 한다. 모더나의 주가 회복을 위해서는 새로운 혁신이 필요하다는 것을 알 수 있다.

우리나라에서도 코로나 팬데믹 기간에 주식투자 열풍이 불었다. 수많은 사람들이 주식시장에 뛰어들면서 '동학개미'라는 신조어가 등장하였다. 2020년에 많은 개인투자자들이 자본이득을 얻을 수 있었다. 그리고 전 세계적으로 주식투자 열풍이 불면서 우리나라 개인투자자들도 해외 여러 국가에 직접투자를 시작하였다. 특히 미국 주식시장에 다수가 참여하면서 '서학개미'라는 신조어까지 생겼다. 투자의 글로벌화가 본격화된 것이다.

미국은 주식투자를 통해 부를 축적한 사람이 가장 많은 나라이다. 미국식 자본주의의 혜택이 주식을 통한 직접투자에 있다. 미국이 세계경제의 중심에 있다는 점도 그 이유가 된다. 혁신 기업의 창업이 가장 많이 상장된 미국 주식시장이 전 세계 투자자들을 끌어모으고 있다.

자본시장이 발달한 국가에서는 주주가 되는 직접투자로 경제적 부를 일굴 수 있다. 위험을 감수하면서 자본투자를 하면 그 기업과 운명을 같이 하는 것이다. 자본주의와 기업에 대한 믿음이 있어야 주주가 될 수 있다. 자본주의에 대한 깊은 신뢰를 갖고 좋은 기업을 찾아서 투자하는 것이 직접투자의 본질이다. 경영자는 주가가 높아질 수 있도록 좋은 경영성과를 내고 이 정보를 자본시장에 전달하는 것이 책무다.

미국의 대표기업의 하나인 애플사의 시가총액은 2024년 7월 31일 기준으로 3조 4,054억달러(4,661조원)이다. 우리나라 상장기업 2,706개사의 시가총액 2,659조원을 훨씬 상회하고 있다.[2] 애플과 함께 3대 기업을 이루고 있는 마이크로소프트

---

2) 한국증권거래소(KRX) 데이터에 따르면 우리나라 상장기업 시가총액은 2024년 7월 31일 기준으로 유가증권시장 844개사 2,262.8조원, 코스닥시장 1,739개사 392.9조원, 코넥스시장 123개사 3.8조원으로 전체 합계 2,659.5조원이다.

(3조 1,093억달러; 4,257조원), 엔비디아(2조 8,785억달러; 3,941조원)의 시가총액도 엄청나다. 그 외의 빅테크 기업인 구글(2조 1,163억달러; 2,897조원)과 아마존(1조 9,458억달러; 2,664조원)이 우리나라 시가총액과 비슷한 수준이고, 메타(1조 2,110억달러; 1,658조원)도 높은 시가총액을 갖고 있다.[3)]

애플과 같은 거대기업이 다수 있고 그 주식을 대부분 미국인이 보유하고 있다. 주식가격은 그 기업의 미래 수익력을 현재가치에 반영하고 있다. 달리 말하면, 어느 국가에 미래의 기대수익이 좋은 기업이 있다면 해당 주주들은 그 미래의 가치를 현재의 가치로 전환하여 개인적 부를 보유하게 되는 것이다. 당연히 미래전망이 밝은 기업을 많이 보유한 국가와 사회가 경제적 이익을 누리게 된다.

주주의 위험부담 비용

반면에 위험이 크다. 모더나가 mRNA라는 신기술로 백신 개발에 실패하였다면 미래기대이익을 보고 과감한 투자를 했던 주주들은 큰 손해를 보았을 것이다. 그리고 백신이 개발되더라도 정치적 압력이나 그 외의 경제외적 변수로 인하여 이익을 남기며 판매할 수 없는 상황이 발생하였다면 주주들은 피해를 입게 되었을 것이다. 이처럼 기업에 직접투자하는 주주들은 위험추구(risk-taking) 의사결정을 한 것이다.

왜 이렇게 큰 위험이 있을까? 주인으로서의 권리와 책임에 기인한 것이다. 주인으로서의 권리는 기업이 성공하게 되면 그 혜택을 가장 많이 받을 권리이다. 반면에 기업이 실패하게 되면 그 부담을 지는 책임이다. 기업의 수익성이 나빠져서 이익이 줄어도 종업원 임금과 협력업체 납품가는 큰 변동없이 지급된다. 기업이 청산될 때 채권자, 종업원, 협력업체 등 모든 이해관계자에 대한 비용 지급을 정산한 이후에 남은 자산을 처분하여 주주에게 돌려준다. 남는 자산이 없으면 주주에게 돌아가는 몫은 없다. 이처럼 모든 이해관계자들의 경제적 거래를 정산한 후에 남은 것만을 본인의 권리로 청구할 수 있는 것을 잔여재산청구(residual claims)라고 한다. 주주는 잔여재산청구권만을 가진다. 기업이 실패하게 되면 가장 큰 피해자가 되는 것이다.

---

3) 달러환율을 1$ = 1,369원으로 계산하였다. 이들 글로벌 빅테크 기업에 대해서는 제5장의 부록에서 상세히 설명하였다.

〈표 2-1〉 기업가치와 주주가치의 관련성

이익과 손실의 결과	• 기업의 주인은 주주: 기업 이익이 주인에 귀속
	• 주주의 잔여재산청구(residual claims) 권리와 위험부담
	• 주주(주인)의 이해관계의 규모가 크고, 높은 변동성
	• 위험부담에 대한 논쟁

이러한 이유로 기업의 가치를 주인으로서 권리와 책임을 갖는 주주의 가치로 보는 것이다. 결국 기업가치는 주주의 보유주식 총수에 주가를 곱한 가격, 즉 주가총액으로 산정된다.

반면에 위험부담에 대한 논쟁이 남아 있다. 기업이 청산하게 되면 종업원은 임금체불을 당할 수도 있고, 그렇지 않더라도 최종으로는 직업을 잃는다. 이로써 종업원이 지는 위험부담이 작지 않다. 이 문제는 직업안정이 어떠한가에 있다고 볼 수 있다. 직업은 새로 구하면 되지만 주주가 잃은 돈은 다시 구할 수 없기 때문이다. 직업안정 장치가 국가별로 서로 다르기에 이직비용은 달라진다. 따라서 기업실패에 따른 종업원의 위험부담의 크기도 국가별로 다르다. 기업가치가 주주가치만으로 설명될 수 없는 논거이다.[4]

기업가치의 개념 논쟁

주주자본주의 형태를 띠는 미국과 같은 나라에서는 기업가치를 주주의 이익과 가치증진으로 이해할 수 있을 것이다. 그러나 다른 경제시스템에서는 논란이 있다. 기업의 가치가 주주에 의해서만 대변되지 않기 때문이다.

1.2 종업원과 고객의 가치

주주 다음으로 중요한 이해관계자는 종업원과 고객이다. 종업원과 고객에게는 기업이 어떤 가치를 제공해주는 것일까?

고용의 가치: 임금과 일터(직장)의 의미

고용 창출은 기업이 사회와 맺는 가장 중요한 관계 중 하나이다. 고용을 통해 노

4) 이에 대해서는 제3장과 제4장에서 계속 논의하기로 한다.

동의 가치가 구현된다. 오늘날 기술대체 효과로 '고용 없는 성장(job-less growth)'이 이슈가 될수록 기업의 고용창출이 더 중요시되고 있다.

기업이 고용을 얼마나 창출하는지를 알아보자. 세계 최대 규모의 회사인 월마트는 정규직으로 210만명을 고용하고 있다. 유통업이 특별히 서비스인력이 많이 필요하다는 점을 감안하더라도 월마트의 고용규모가 정말 크다는 것을 부인할 수 없다. 비슷한 업종으로 아마존의 종업원 수도 2024년 초 현재 152만 5천명 정도이다. 이만큼의 고용을 창출하는 것이 사회적으로 얼마나 큰 기여인지는 두말할 필요가 없을 정도다.

우리나라의 삼성전자는 2023년 말 기준으로 국내 124,404명, 해외 161,607명으로 전체 270,372명을 고용하고 있다. 그리고 종사원 임금으로 연간 총인건비 31조원을 지급하였다.[5] 이들 종사원의 가족들까지 계산해보면 얼마나 많은 수의 사람들에게 안정적 가계소득이 제공되는지를 생각해볼 수 있다. 가계소득을 통한 국민경제에의 기여에 대해서는 다음 절에서 설명하기로 한다. 우리나라뿐 아니고 타 국가에서도 이런 기여를 한다. 특히 개발도상국인 동남아시아와 서남아시아 국가에서 10만명 정도를 고용하고 있는데, 해당 국가와 지역사회에 기여가 매우 크다. 이처럼 기업은 고용을 통해 사회 가치를 창출한다.

다른 글로벌 기업들의 고용규모를 보면, 씨티그룹(Citigroup) 237,000명, IBM 282,200명, MS 221,000명, 디즈니(Disney) 173,250명, 포드자동차 177,000명, GM 163,000명, 애플 150,000명, 엔비디아 29,600명 등이다.[6] 흥미롭게도 기업가치(주가총액)로 세계 최고인 애플과 MS의 고용규모가 상대적으로 작은 편이고 엔비디아는 매우 작은 규모의 고용을 유지하고 있다. 고용 측면에서는 빅테크 기업이 사회에 기여하는 바가 크지 않다는 점을 보여준다. 기업의 기여 가치는 이처럼 다양하게 발현된다. 앞서 예를 들었던 모더나의 경우에도 수많은 주주가 있지만 종업원 수는 5,600명에 불과하다. 바이오기술의 하이테크 기업이기 때문이다. 이 회사의 사회적 기여가 고용 측면보다는 주주와 고객 가치에 있음을 보여준다. 실제 고용가치에서는 전통산업 내 기업들이 더 큰 기여를 하고 있다.

---

5) https://www.samsung.com/sec/ir/reports-disclosures/annual-reports/(삼성전자 2023 지속가능보고서)

6) yahoo.finance 2024년 6월, 기업별 자료.

경영사례

임금의 의미에 대해서 알아보자. 기업은 이해관계자의 소득 원천을 제공한다. 주주에게 돌아가는 배당뿐만 아니라 종업원에게 지급하는 임금이 가계소득의 주요 구성요인이다. 근로자는 임금을 받으면서 안정적인 소득을 얻게 된다. 임금은 그 어느 소득보다 안정적이라는 점에서 큰 의미를 갖는다. 그리고 과거에 저임금(저인건비) 기반의 가격경쟁력에 의존해 수출을 하던 우리 기업이 오늘날에는 상당히 높은 수준의 임금을 제공하고 있다는 점도 중요하다. 우리나라의 임금수준을 보자.

한국, 일본, EU(15개국)의 근속 1년 미만 대비 근속 30년 이상 임금수준

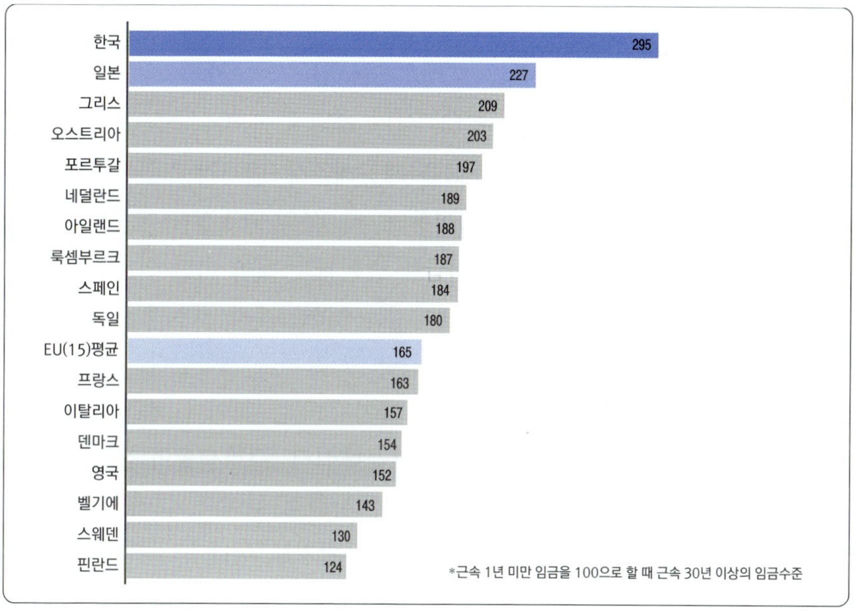

자료: 고용노동부, 2020년 임금구조기본통계조사; 후생노동성, 2020년 임금구조기본통계조사; Eurostat, Structure of Earning Survey, 2018.

한국경영자총협회(경총)가 발표한 "한·일·EU 근속연수별 임금 격차 국제비교와 시사점"에 따르면 우리나라의 근속 1년 미만 근로자 월 임금총액 평균은 2020년 기준 2,744달러로 일본(2,392달러)에 비해 14.7% 높았다. 특히 근속 30년 이상 임금은 우리나라가 8,089달러로 일본(5,433달러)에 비해 48.9% 높았다. 우리와 세계시장에서 경쟁하는 일본의 임금수준은 한국에 비해 낮은 것으로 나타났다. 2001년 대비 2020년 우리나라의 임금수준은 전 근속연수 구간에서 크게 증가한 반면, 일본은 저연차 구간에서만 소폭 증가했을 뿐 고연차 구간에서는 오히려 감소한 것으로 분석됐다. 2001년과 비교한 2020년 우리나라의 평균임금 누적 증가율은 근속 구간별로 83.9%(30년 이상)~135.6%(1년 미만)로 높게 나타났으나, 같은 기간 일본은 −10.9%(30년 이상)~10.4%(1년 미만) 수준으로 정체된 모습을 보였다.

또한 2020년 기준으로 우리나라 근속 30년 이상 근로자의 월 임금총액(초과급여 제외) 평균은 697.1만원으로, 근속 1년 미만 근로자 월 임금총액 평균 236.5만원보다 2.95배 높았다. 이는 일본 2.27배, 유럽연합(15개국 평균) 1.65배에 비해 현저히 높은 수치다. 우리나라의 임금 연공성은 세계 최고 수준인 것으로 분석됐다.

임금 연공성은 복합적인 의미를 갖는다. 기업 입장에서는 노동자의 생산성에 따른 임금 지급이 어렵기 때문에 합리적 동기부여에 어려움을 겪을 수 있다. 노동자 입장에서는 이중적인 측면이 있다. 장기근속을 통해 안정적인 소득의 예측가능성이 높다는 장점과 능력 발휘를 통한 고임금의 기회가 제약될 수 있다는 점이 있다. 어쨌든 기업은 이처럼 임금으로 안정적인 소득을 제공해준다.

기업은 고용을 통해 임금을 제공한다. 이는 경제적 가치를 주지만 동시에 사회적 가치를 제공한다. 직업은 안정적 소득을 제공해준다. 안정적 소득이라는 말은 지속적이고 예측가능한 경제적 수입을 의미한다. 즉, 삶의 안정성을 제공한다. 프리랜서의 불안정한 수입이 아닌 정례화된 월급을 받는다는 것이 어떤 의미인지는 더 이상 설명이 필요없다. 고용계약을 통해 맺어지는 이해관계자 지위의 중요성이 있다.

기업은 고용에 따른 임금만이 아니고 일터 그 자체를 제공한다. 우리에게 직장이라고 불리는 일터의 의미가 임금 이상의 가치가 있는 것이다. 직장은 우리의 삶의 터전이 된다. 좋은 기업은 좋은 일터를 제공해줘서 '근로생활의 질(QWL: quality of work life)'을 높여준다. 일터에서의 삶이 곧 사회적 삶이다. 그러므로 일터에서 풍요로운 삶이 되도록 해주는 것이 기업의 책무이기도 하다.[7)]

마지막으로 기업의 존속(survival)의 문제를 거론해보자. 기업이 수익을 내지 못해서 청산되면 종업원의 생계가 위협받게 된다. 수익을 내지 못하더라도 기업이 살아남아서 고용을 유지해줄 수 있다면 사회적으로 매우 중요한 역할을 수행하는 것이다. 고용을 유지하는 것은 기업의 이익 관점에서는 경제적 부가가치 창출은 아니지만, 경제활동 전반을 놓고 볼 때 경제적 가치와 상당히 중요하게 관련되는 요소이다. 그렇다면 한시적으로 수익을 내지 못하더라도 그 기업이 수익성을 회복할 수 있다면, 생존하게 해주는 것이 모두에게 좋지 않을까. 기업의 존속가치에 대해서는 후술하였다.

7) 그런데 코로나 팬데믹 이후 재택근무가 활성화되어 일터의 의미가 변하고 있다. 장래 직장의 모습이 어떻게 변화하느냐에 따라 일터를 통한 삶의 질 문제가 새로운 시각에서 조명될 가능성도 있다.

혁신과 고객의 가치(소비자 후생)

모더나의 mRNA 백신 개발은 기업이 만드는 혁신의 가치를 극적으로 보여주는 사례이다. 모더나의 신기술에 의한 빠른 백신 개발은 코로나 팬데믹을 막아내는 데 결정적으로 기여했다. 모더나가 창출한 고객의 가치는 건강과 생명의 가치다. 인류의 사회적 삶을 정상화시키는 데 기여한 점에서 사회경제적 가치 또한 이루 말할 수 없이 크다. 이 신기술에 의한 혁신은 화이자백신을 개발한 독일의 바이오앤테크에 의해서도 이뤄졌다. 글로벌 제약회사 화이자와 전략적 제휴로 mRNA 백신을 개발한 회사이다. 이처럼 소규모의 혁신 기업들이 세상을 바꾸기도 한다. 이 두 회사는 장래 더 많은 감염질병의 백신을 mRNA 방식으로 개발할 것으로 기대되고 있다. 이처럼 기업의 혁신이 광범위한 소비자에 직접 적용되는 경우에 고객의 가치는 집합적으로 나타나고 사회변화를 이끌게 된다. 애플의 스마트폰 혁신은 우리의 라이프스타일을 바꿨다. 진정한 의미의 모바일 세상을 만든 것이다.

기업은 혁신을 통해 소비자 후생을 높여주는 기여를 한다. 새로운 욕구를 충족해주는 어떤 제품이나 서비스를 만들어주는 것, 이것이 바로 새로운 가치의 창출이다. 기업은 시장경쟁을 통해서 이익을 얻지만 소비자들은 높은 가치의 혁신제품을 낮은 (경쟁)가격으로 구매할 수 있어서 물질적 혜택을 누릴 수 있게 된다. 기업의 이익과 소비자의 이익이 균형을 이루게 해주는 것이 시장시스템이다.

기업이 창출하는 고객의 가치는 모더나의 경우처럼 사회의 근본적 과제나 이슈의 해결에 관한 것과 애플의 경우처럼 새로운 욕구를 창출해서 삶을 변화시키는 것이 있다. 어느 쪽이든 끊임없이 소비자의 욕구와 정합성을 만들어내는 가치의 창출(value creation)이 기업에 있어서 매우 중요한 바다. 기업은 이익을 남긴다는 재무적 관점에서 가치창출만이 아니라 여러 이해관계자에게 높은 가치를 제공하는 가치창출을 본연의 책무로 수행하고 있다.

기업의 이익과 소비자의 이익(후생) 가치 중 어느 쪽이 더 커야 하는가는 시장에 의해 결정된다. 제1장에서 설명하였듯이 기업의 이익은 기업의 혁신과 생산성, 소비자의 효용가치, 시장의 경쟁구조에 의해서 결정된다. 이에 더하여 사회적 압력이 종종 작동한다. 앞의 기사에서 보았듯이 "백신으로 이익을 챙기겠다"고 선언한 두 기업에 비판의 목소리가 있었다. 그리고 비난받아야 마땅한가에 대해서 논란이 있다.

미국의 바이든 대통령은 이 기업들의 백신 기술을 공유해야 한다고 주장하면

Office of the United States Trade Representative

FOR IMMEDIATE RELEASE:
May 5, 2021

CONTACT: media@ustr.eop.gov

STATEMENT FROM AMBASSADOR KATHERINE TAI ON THE COVID-19 TRIPS WAIVER

WASHINGTON – United States Trade Representative Katherine Tai today released a statement announcing the Biden-Harris Administration's support for waiving intellectual property protections for COVID-19 vaccines.

"This is a global health crisis, and the extraordinary circumstances of the COVID-19 pandemic call for extraordinary measures. The Administration believes strongly in intellectual property protections, but in service of ending this pandemic, supports the waiver of those protections for COVID-19 vaccines. We will actively participate in text-based negotiations at the World Trade Organization (WTO) needed to make that happen. Those negotiations will take time given the consensus-based nature of the institution and the complexity of the issues involved.

"The Administration's aim is to get as many safe and effective vaccines to as many people as fast as possible. As our vaccine supply for the American people is secured, the Administration will continue to ramp up its efforts – working with the private sector and all possible partners – to expand vaccine manufacturing and distribution. It will also work to increase the raw materials needed to produce those vaccines."

###

서 압력을 가했다. 실제 2021년 5월에 미국 정부가 코로나19 백신에 대한 지식재산권(지재권)을 일시적으로 면제하는 방안을 지지한다고 공식적으로 밝혔다.

이에 대해 놀랍게도 독일의 메르켈 수상이 반대했다. 기업의 혁신기술이 보호되어야 한다면서 독일의 바이오앤테크사에 대한 압력을 가하라는 것을 거절했다. 자국기업을 보호하는 측면도 있겠지만, 혁신의 이익동기를 무력화시키면 장래 기업의 혁신이 쇠퇴할 것을 우려하였을 것이다. 코로나 팬데믹과 같은 절박한 질병 감염의 비상상황에서도 기업의 이익을 지켜주는 것이 정당한가에 대해 논란이 있다. 그러나 이 논쟁의 근간에는 기업의 본래 역할이 이익추구에 있다는 점이다. 이러한 이익동기가 기업의 사명의식과 맞물릴 때 혁신과 생산성의 힘이 훨씬 강력해진다. 기업의 힘이 곧 자본주의의 힘이다.

정리하면, 기업은 본질적으로 이익을 얻기 위해 경제적 가치를 창출한다. 그리고 이 가치는 주주가치로만 귀속되는 것이 아니고 종업원과 고객의 가치도 창출된다. 기업이 창출하는 가치는 시장의 관점과 소비자의 관점, 그리고 생산활동의 관점에서 다각적 시각으로 보아야 한다.

착한 기업 신드롬

'착한 기업' 열풍이 분 적이 있다. 싼 가격으로 소비자들이 해당 제품과 서비스를 맘껏 즐길 수 있게 해준다는 것이다. 착한 기업은 바람직한 기업의 모습인가? 착한 기업은 이윤을 남길 수 있는가? 착한 기업은 생존할 수 있는가? 지속가능성을 외면하여 파산하게 되면 그 사회적 비용은 얼마나 큰가? 생각해볼 일이다.

애플은 착한 기업이어서 성공했는가? 그렇지 않다. 혁신으로 소비자의 선택을 받았다. 시장의 작동 원리는 경쟁력이고, 혁신이고, 소비자의 선택이다. 생산성과 창조성의 가치 원천을 고려하지 않고 경영하는 착한 기업은 생존하기 어렵다. 기업은 이익을 내야 한다. 이익은 기업가치의 근간이다.

1.3 국민경제 구성의 주체

기업은 국민경제를 구성하는 개별경제 주체이다. 정부, 가계와 3축을 이루는 경제 주체이다. 아래 그림과 같이 경제적 가치를 창출하는 중추적인 기관이다.

국민경제 기여의 방식

기업이 국민경제에 기여하는 방식은 크게 3가지다. 첫째는 생산 측면에서는 경제적 부가가치의 창출로 국민경제에서 사실상 유일한 생산조직이다. 둘째, 지출 측면에서 기업의 투자지출과 수출입 경제의 축을 이룬다. 셋째, 분배 측면에서 임금근로소득의 대부분을 차지하며 기업 이익을 통한 투자지출 재원과 아울러 주주

[그림 2-2] 국민소득의 구성

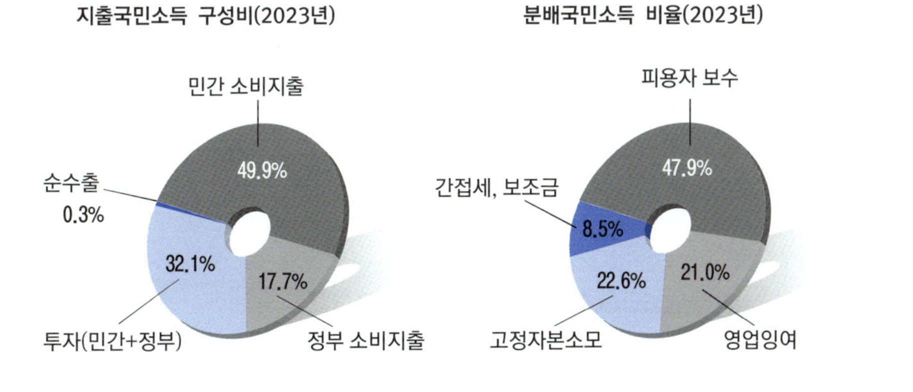

소득의 원천이 된다. 이상의 내용을 좀 더 알아보기로 하자.

그러면 경제적 가치창출의 실제 모습을 보자. 국민경제 내에서 기업은 경제활동의 주체이다. 경제적 관점에서 사회자원의 낭비 없이 가장 효율적으로 사용해서 새로운 경제적 가치의 영역을 만들어주는 것이 기업의 본질적인 역할이다. [그림 2-2] 국민소득의 구성을 보면, 왼쪽 그림에서 **지출국민소득**이 있는데 17.7% 비중의 정부소비지출을 위한 재원, 즉 세입의 상당부분이 기업의 법인세와 개인의 소득세이다. 투자지출이 총 32.1% 비중인데, 대부분 기업부문의 투자이고 신규사업투자, 원자재 조달을 위한 새로운 투자, 기존 사업의 확대를 위한 투자 등이다. 그리고 가계의 소비지출이 차지하는 비중이 49.9%이다. 그런데 가계의 소득원이 되는 것이 주로 임금과 배당이다. 이 관계가 오른쪽 그림에 있다. 피용자 보수가 47.9%를 차지하는데 기업 외 공공부문과 비영리단체 등이 제공하는 보수도 있지

경영사례

'국민주' 시대… 카카오 주주 200만명, 카뱅 · 네이버 80만명

카카오 주식을 보유한 개인투자자가 200만명을 넘는 등 삼성전자를 잇는 '국민주'가 잇따라 등장하고 있다. 18일 카카오 분기보고서에 따르면 지난 9월 30일 주주명부 기준으로 카카오 개인 소액주주는 총 201만 9,216명이다. 카카오 소액주주는 작년 말 56만 1,027명에서 올해 들어서만 145만명 이상 늘어 처음 200만명을 돌파했다. 국내 주식시장에서 개인투자자 200만명 돌파는 삼성전자에 이어 두 번째로 추정된다.

삼성전자 보통주 소액주주는 지난해 말 215만 3,969명으로 처음 200만명을 넘고서 9월 말 518만 8,804명으로 늘어났다. 개인투자자 수에서 카카오에 대적할 만한 종목은 현대차다. 작년 말에는 소액주주가 58만 1,803명으로 카카오보다 많았다. 현대차는 분기별 소액주주 수를 공개하지 않았으나, 주식투자 열기와 개인 매수세를 고려하면 올해 개인투자자가 급증했을 가능성이 크다. 다만, 올해 들어 9월 말까지 현대차의 주식 개인 순매수량은 1,304만주로 카카오(2,697만주)의 절반 수준이다. 따라서 이 기간 현대차의 개인투자자 수 증가 폭이 카카오를 뛰어넘지는 못했을 것으로 보인다. (중략)

카카오와 함께 '인터넷 대장주' 한 축인 네이버(78만 2,829명)도 개인투자자가 80만명에 육박했다. 네이버 소액주주는 작년 말 42만 6,807명에서 올해 들어 35만 6,022명 증가했다. 이어 소액주주가 많은 기업은 한국전력(73만 7,045명), LG전자(58만 7,812명), SK아이이테크놀로지(44만 7,062명), SK하이닉스(43만 1,633명), SK이노베이션(35만 348명), SK바이오사이언스(33만 4,967명), 삼성SDI(30만 9,060명) 등이었다.

[자료: 연합뉴스(2021.11.18)]

만 대부분 기업의 고용에서 비롯된 것으로 보아야 할 것이다. 수년간 46% 정도의 비중이었는데 2020년대에 2% 정도 증가하여 현재에 이르고 있다. 기업의 감가상각 등 고정자본소모가 22.6%, 기업의 영업잉여(이윤)가 21.0% 정도이다. **분배국민소득** 측면에서도 기업의 기여가 두말할 나위 없을 만큼 크다. 기업이 경제적 조직으로서 역할을 하는 것이 얼마나 중요한가를 이해할 수 있다.

기업의 이익에 대해서 덧붙이면, 미래의 투자재원으로 내부유보를 하고, 적정한 비중을 주주 배당으로 지출한다. 기업의 기여를 생각할 때 일차적으로 투자지출과 임금지출만을 생각하는데 그에 못지않게 중요한 부분이 주주의 소득이다. 여기서 주주의 소득이 배당뿐만 아니라 주가 상승으로 인한 주식처분이익, 즉 자본이득(capital gain)이 있다. 미국의 경우에 기업에 직접투자하는 자본시장이 발달되어 수많은 사람들이 자본이득을 통해 부를 축적한다. 물론 주가가 상승하려면 기업경영의 실적이 좋아야 한다. 우리나라에서도 이제 일반국민들의 직접투자가 폭발적으로 늘어나고 있다. 삼성전자의 주주는 2022년 말에 638만명까지 급격히 늘었다가 2023년 말에는 521만명으로 크게 감소하였다. 주가하락으로 일부 주주가 이탈하였기 때문이다. 2023년 기준으로 국내 주요 기업의 주주 숫자를 보면 아래 <표 2-2>와 같다.

한국예탁결제원의 자료에 따르면 2023년 12월 결산 상장법인 2,602개사의 중복 소유자를 제외한 실제 주식 소유자는 1,416만명이다. 이는 2019년 618만명, 2020년 919만명, 2021년 1,384만명, 2022년 1,441만명에 이르기까지 급격히 증가하였다가 2023년에 약간 감소한 수치이다. 이른바 '국민주주의 시대'가 되었다고 할 수 있다. 이들 주주가 이득을 얻는 방법은 배당소득과 자본이득이다. 기업이 경영을 잘해야 하는 이유이다.

〈표 2-2〉 상장법인 주요 기업 2023년 말 결산기준일 주주 수

구분	유가증권시장		코스닥시장	
	법인명	소유자 수	법인명	소유자 수
1위	삼성전자	5,216,409	에코프로비엠	559,688
2위	카카오	1,859,262	에코프로	369,522
3위	현대자동차	996,384	카카오게임즈	265,547
4위	네이버	954,211	엘앤에프	248,889
5위	엘지에너지솔루션	868,349	포스코디엑스	235,159

이상을 보면, 경제의 순환과정을 놓고 볼 때 이 3주체인 정부, 개인, 기업의 경제주체 간의 상호작용 속에서 기업이 경제적 부가가치를 창출해주는 것이 얼마나 중요한지를 이해할 수 있다. 경제적 가치창출의 주체로서 기업이 본질적인 역할을 다하는 것이 거시적 관점에서도 매우 중요하다.

국가의 경제성장에 기여

기업은 국가경제의 중심이다. 미국의 기업들이 미국 경제를 만든다. 중국도 그렇고 일본, 독일, 프랑스 모두 그렇다. 당연한 얘기다. 글로벌 시대에 글로벌 기업은 특정 국가만이 아닌 범세계적 기여를 하는 점도 있지만 결국은 기업의 이익이 귀속되는 해당 국가의 경제적 부를 일궈준다.

우리나라는 국가경제발전을 수출에 의존했다. 작은 내수시장 기반의 한계를 극복하기 위해 수출주도의 경제를 채택하였다. 우리가 채택한 경제성장 모델은 대기업, 특히 재벌그룹 중심의 수출과 이에 대한 정부지원으로 요약된다. 이처럼 우리나라는 대기업, 특히 재벌그룹 중심의 경제성장을 해왔다. 부족한 자본과 자원의 나라에서 이런 대기업 중심의 재벌그룹에 자원을 집중적으로 몰아주고, 혜택을 줌으로써 그들이 집중력을 발휘해서 빠른 경제성장을 만들어낼 수 있는 경제발전 모델을 채택하였다. 그리하여 압축성장을 이루었다. 대기업을 통해 규모의 경제를 만들었고 기술을 축적할 수 있었다. 소유경영자 중심의 과감한 투자와 모험심의 발현을 통해서 '무에서 유를 창출'한 정도의 경제성장과 기업의 성장을 만들어 낸 것이 분명한 사실이다.

국가경제 성장에 대기업, 특히 대기업집단의 기여가 크다. 10대 재벌, 30대 재벌 등의 외형 성장을 독려하였고 이들이 수출의 90% 이상을 차지하였다. 1960년대 노동집약적인 가발, 봉제, 신발 등에서부터 70년대 섬유를 통해서 수출을 많이 하였고, 다양한 가공무역을 하였다. 특히 1, 2차 오일쇼크의 시기에 건설회사들이 중동에 진출하여 풍부해진 오일 달러를 벌어들였다. 그리고 70년대 중반에 정부의 3차 경제개발계획으로 중화학공업 육성정책이 시행됐고 이를 기점으로 80년대에는 중후장대한 산업들이 발전하였다. 가전을 비롯하여 석유화학, 자동차, 조선 등이 도약하였고, 이때 반도체가 시작되었다. 이후 90년대부터 우리나라 산업의 축은 전기전자, 반도체, 자동차, 조선, 철강 등 중공업과 첨단산업으로 이전되어 오늘날에 이르고 있다.

〈표 2-3〉 주력 산업의 변화

시기	주력 산업
1960년대	가발, 봉제, 신발
1970년대	섬유, 가공무역, 건설
1980년대	자동차, 가전, 조선, 건설
1990년대	반도체, 자동차, 전자, 조선
2000년대	반도체, 자동차, 휴대폰, 전자, 조선, 철강
2010년대	반도체, 자동차, 스마트폰, 전자, 인터넷, IT
2020년대	반도체, 2차전지, 자동차(모빌리티), 모바일, 인터넷, IT, 바이오

1.4 계속기업의 가치

기업의 존속과 영속의 문제에 관한 것이다. 기업의 존속은 이해관계자에게 매우 중요하다. 경제적 이득을 유지할 수 있기 때문이다. 국가경제에서도 중요성이 매우 크다. 경제의 안정성을 만들어주기 때문이다.

기업의 수명

기업의 수명은 얼마나 될까? 먼저 얼마나 많은 기업이 생기고 소멸하는지를 알아보자. 우리나라 기업의 탄생과 소멸의 현황에 대한 통계청 자료에 따르면 2022년 신생기업은 99만 7천개로 전년 대비 3만 6천개(−3.5%)가 감소하였다.[8] 이 중 법인기업은 82,466개로 전년 대비 1.1% 감소, 개인기업은 91만 5천개로 0.9% 감소하였다. 신생기업 중 개인기업이 91.7%에 해당한다. 소멸기업을 보자. 2021년에 소멸한 기업은 73만 5천개로 전년 대비 3만 3천개(4.3%) 감소하였다. 소멸기업 중 법인기업은 4만 7천개로 전년 대비 0.5% 감소하였고, 개인기업은 68만 3천개로 전년 대비 0.9% 감소하였다. 소멸기업 중 개인기업이 93.6%에 해당한다. 이처럼 기업은 탄생하고 소멸한다. 전체를 보면 2022년 신생률은 13.6%이었고, 2021년 소멸률은 10.3%이었다.

한편, 종합통계를 보면 2022년 활동기업은 735만 3천개로 전년 대비 24만개(3.4%) 증가하였다. 이는 2022년 신생기업이 2021년 소멸기업보다 많기 때문에

---

8) 통계청(2023), 『2022년 기업생멸행정통계』 참조.

[그림 2-3] 우리나라 기업의 신생과 소멸 현황

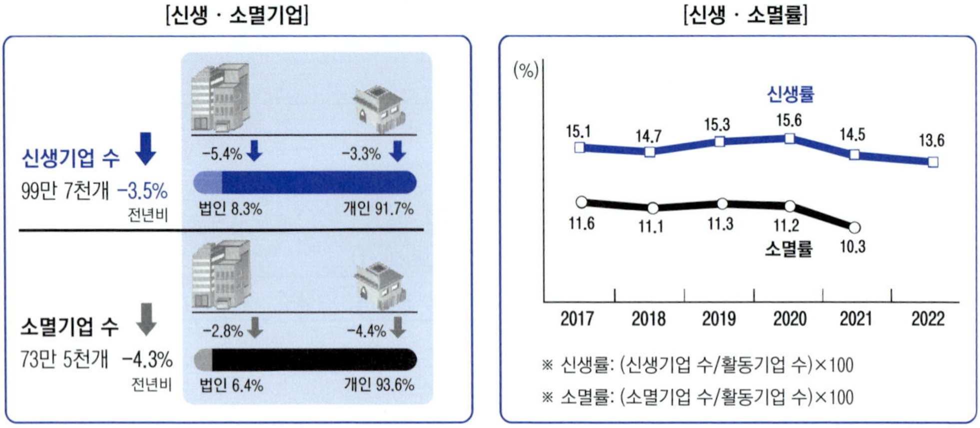

자료: https://kostat.go.kr/portal/korea/kor_nw/1/9/6/index.board

활동기업 수가 증가한 것이다. 개인기업은 19만 7천개(3.1%)가 늘었으며, 법인기업은 4만 3천개(5.4%)가 늘었다. 이처럼 매년 전체 기업 수는 늘어나고 있다. 소멸에도 불구하고 기업 수는 계속 늘어난다는 것은 국가경제가 계속 확장된다는 것을 의미한다. 기업은 끊임없이 늘어나는 것이다.

그렇다면 우리나라 기업의 생존율은 얼마나 될까? 다시 통계청의 『2022년 기업생멸행정통계』를 보면 2020년 신생기업 중 2021년까지 생존한 기업으로 1년 생존율은 64.1%이다. 압도적 다수를 차지하고 있는 개인기업의 1년 생존율은 63.3%이고, 법인기업의 1년 생존율은 다소 높은 73.4%이다. 기간을 확장해보면, 2016년 신생기업 중 2021년까지 생존한 5년 생존율은 34.3%이어서 생존율이 급격히 하락함을 알 수 있다. 개인기업의 5년 생존율이 33.7%이고, 법인기업의 5년

〈표 2-4〉 신생기업 생존율 (단위: %)

구분		2017년	2018년	2019년	2020년	2021년
1년 생존율		64.9	63.6	64.7	64.7	64.1
	법인기업	72.5	72.0	72.7	73.9	73.4
	개인기업	64.2	63.0	64.0	63.9	63.3
5년 생존율		29.4	31.2	32.1	33.8	34.3
	법인기업	40.1	39.8	41.5	40.5	40.7
	개인기업	28.4	30.4	31.2	33.2	33.7

자료: KOSIS 정부통계.

생존율은 40.7%이어서 60~70%의 기업이 사멸하는 것으로 나타나고 있다.

기업의 수명이 짧다는 것을 알 수 있다. 2022년 국내 활동기업은 735만개로 이 중 90% 가까이는 법인 아닌 개인기업이었다. 기업 중 절반 이상은 연매출이 5,000만원을 넘지 못했다. 수익창출의 원천인 매출 자체가 크지 않은 기업이 많다는 것을 알 수 있다. 그리고 기업은 시간의 무게를 버티지 못하고 도산한다. 성장하지 못하면 도산할 확률이 높아지는 것이다. 생존이 중요한 경영목표가 될 수 있다는 것을 말해준다.

계속기업의 중요성과 방법론

계속기업(going-concern)은 단기간에 존재하는 것이 아니라 오랜 기간 일정한 경제적 가치를 만들어내는 기업이다. 이는 단기간에 큰돈을 벌고 쉽게 소멸하는 게 아닌, 긴 기간 동안 안정적 비즈니스 활동을 하면서 살아남는 기업을 말한다. 그래서 계속기업을 존속기업이라고도 한다. 계속기업의 중요성은 주주의 피해를 최소화하고 안정적 이익을 제공하는 데 있다. 주주는 잔존청구권만을 가지기 때문에 기업도산의 충격을 가장 크게 받는다. 계속기업은 또한 종업원에게 안정된 직장을 제공해준다. 직장인에게 실직의 충격이 얼마나 큰지는 따로 말할 필요가 없다. 사회적으로도 직업안전망의 비용을 줄일 수 있다.

계속기업은 섣불리 큰 이익을 추구하면서 생존의 위험을 키우지 않는다. 대가가 큰 이익극대화 대신에 적정이익과 좋은 재무구조를 유지하는 경영을 한다. 예상치 못한 위기에 대응할 수 있는 생존기반을 지켜야 한다. 이익의 변동성(ups & downs)이 심하면 위험하다.

올바른 형태로 올바른 가치를 추구하면서 당장의 이익만이 아닌 다양한 효과성 목표를 부단히 추구하면, 존속 자체가 큰 경제적 성과로 되돌아온다. 짐 콜린스와 제리 포라스가 쓴 책, "*Built To Last*"(1994)에서 좋은 기업은 "오랫동안 살아남기 위해서 만들어졌다"고 한다. 계속기업의 중요성을 강조하는 것이다. 단기간에 많은 수익을 내지만 지속적 생존이 불안정한 기업은 이해관계자에게 큰 피해를 끼칠 수 있다. 더 좋은 경영은 장기적으로 기업의 경쟁력과 수익력을 내다보면서 단기적인 이익의 변동성을 상쇄시켜 나가는, 이로써 생존기반을 다져가면서 전진해가는 경영이 위대한 기업의 특성이다. 반복하면, 이익만이 아닌 다양한 효과성 목표를 추구하면 시대를 이끌어가는 기업, 최고 성과의 기업이 될 수 있다. 또한 짐 콜린스는 "*Good to Great*"이라고 하는 책에서 바로 경영의 딜레마는 존속과 생존과 수익을 어떻게 균형적으로 추구해나가는가에 있다고 보았다.[9] 그리고 그 해법을 찾는 기업이 위대한 기업이라고 한다. 이런 관점에서 우리가 단기적 이익의 추구에 집중돼 있는 경영의 근시안적 사고를 뛰어넘을 필요가 있다.

장수기업의 사례와 명암

오랫동안 존속해온 기업을 장수기업(long-lived companies)이라고 칭한다. 이들 기업은 위기의 시기를 잘 극복하고 살아남은 기업이다. 미국 기업의 예를 들어보자. 씨티은행은 1812년에 창업되었다. 조직의 나이가 210년이 된다. 이 회사가 비즈니스를 항상 잘한 것은 아니다. 2008년 금융위기에 이 회사는 도산의 위기를 맞이하였는데 미국 정부의 구제금융(bail-out)으로 회생하였다.

기업이 이익을 내지 못하고 재무적 위기에 빠지면 시장에서 퇴출되는 것이 정상이다. 그런데 정부의 구제금융이 있었다는 것은 이 기업을 회생시키는 것이 사회의 관점에서 볼 때 더 큰 효익이 있었다는 것을 의미한다. 왜 그럴까? 금융위기에 다수의 금융기관들이 위기에 빠졌고 미국금융시스템을 지키기 위해서는 불가피했을 것이다. 회사 도산으로 인한 이해관계자 피해가 너무 커서 경제에 큰 충격이 예측되었다. 그리고 일정액의 구제금융으로 회사가 회생하게 되면, 장래 더 큰 경제적 가치를 만들어낼 것으로 본 것이다. 200년의 역사 동안 축적된 조직역량(노하우, 경험지식 등)과 유무형의 자산이 버려지는 것보다, 이 기업의 생존가치가 더 큰 것이다. 그래서 이 회사를 망하게 놔두는 것이 과연 정의로운 것인가, 경제적으로 바람직한 결정인가 등이 논의되었다. 실제로 씨티은행은 이후 정상화되어서 미국의 4대 은행으로서 위상을 지키고 있다. 그래도 이 기간에 주주는 큰 타격을 받았다. 2007년 대비 주식가격이 2008년에는 절반으로 떨어져 23달러이었고, 2009년 3월 2일에는 1달러대로 폭락했다. 그리고 구제금융이 결정된 후에 2~3달러 정도로 주식가격이 회복되었다. 그리고 2011년 3월에 1 : 10 비율로 주식을 병합하여 오늘날의 가격으로 거래되고 있다. 당시 주주들의 피해가 얼마나 컸는지 보여주는 수치이다. 그렇지만 씨티은행의 정상화로 주주 외 다른 이해관계자들은 큰 피해를 보지 않았다.

다른 기업의 예를 들어보자. 미국 최고의 소비재 기업인 프록터앤갬블(P&G: Procter & Gamble)은 1837년에 탄생했다. 190년의 역사에서 줄곧 수익을 잘 내고

---

9) Collins & Porras(1994); Collins(2001) 참조.

있다. 주가에서도 2008년 금융위기의 여파로 2009년에 최저 58달러까지 하락했지만 큰 위기 없이 수익을 내고 있으며 2024년 6월 말 주가는 164.9달러이다.

씨티그룹과 P&G의 사례를 통해 장수기업에도 위기가 있고, 잘 이겨내는 기업과 그렇지 못한 기업이 있다는 것을 알 수 있다. 오래된 기업에 축적된 유무형의 자산과 노하우가 있지만 혁신성이 떨어지면서 수익을 못낼 수 있다. 경쟁에서 밀릴 수 있다. **오래된 조직의 부채**(liability of oldness)가 있는 것이다.[10] 미국의 경우에 1892년 창업의 GE, 1897년 창업의 듀폰, 1903년 창업의 포드, 1908년 창업의 GM 등 중화학 제조업 분야의 장수기업은 현재 모두 새로운 경쟁력 확보의 과제를 안고 있다. 반면에 1849년 창업의 화이자, 1886년 창업의 존슨앤존슨 등의 제약과 소비재 업종의 장수기업은 혁신성을 잘 유지하면서 계속기업으로서 지속적으로 높은 성과를 내고 있다.

한국 기업의 예를 보면, 가장 오래된 기업은 두산이다. 두산은 1896년에 박승직상점으로 출범하였다. 이를 이어받은 두산이라는 이름의 회사는 공식적으로 1946년 창업으로 되어 있어서 이 기업이 가장 오래되었다고 할 수 있는지는 다소 모호하다. 어쨌든 두산은 주요 재벌그룹으로 성장했으나 1990년대 큰 위기를 맞고 구조조정을 단행하게 된다. 다행히 이 구조조정이 IMF 외환위기 이전에 완료되었기에 IMF 시기에도 생존할 수 있었다. 2000년대에 들어서 두산그룹은 큰 외형성장을 하게 되어 제2의 전성기를 맞이하였으나 2010년대에 다시 어려움에 빠지게 되었다. 2020년에 제2의 구조조정을 통해 부활의 기반을 만들었으나 이 과정에서 그룹 규모는 대폭 축소되었다. 두 번째 오래된 기업은 조흥은행이다. 실질적으로 한국 최초 기업이라 할 수 있는데 1897년에 한성은행으로 출범하였다. 민족자본으로 만들어진 은행인데 1943년에 조흥은행이 되었다. 이 회사는 IMF 이후에 큰 어려움을 겪다가 2006년에 신한은행으로 합병되었다.

이상으로 장수기업이 겪는 부침을 보았다. 기업의 장기생존(long-term survival) 가능성을 높이는 경영방식이 존재하는가, 장수기업은 보호되어야 하는가 등 어려운 질문이 많다. 적정성의 문제이다. 시장의 기능을 왜곡하면서 장수기업이 보호되어야 할 이유는 없다. 그렇지만 기업의 가치창출 잠재력이 큰 상태에서 무조건 퇴출되는 것은 바람직하지 않다. 씨티은행처럼 기업회생으로 관련 이해관계자와

---

10) 오래된 기업이 누적된 관행으로 새로움을 추구하는 데 어려움을 겪는 것을 말한다. 반면에 신생기업은 축적된 유무형의 자원이 없어서 어려움을 겪는다. 이를 **신생조직의 부채**(liability of newness)라고 한다. 제13장에서 추가 설명하였다.

사회가 혜택을 보는 것이다. 그러나 기업 스스로 가치창출 능력을 회복할 수 없다면 피인수되거나 퇴출되어야 할 것이다. 창조와 혁신, 생산성으로 경쟁해야 하는 시장이 있어야 하기 때문이다.

2. 기업의 형성: 기업-시장의 관계

기업은 왜, 그리고 어떻게 만들어지는 것일까? 경제적 가치창출의 측면에서 보아야 할 것이다.

2.1 기업의 형성원인과 존재이유

기업의 형성은 경제적 가치창출에서 개인보다 조직이 우월하다는 데서 찾을 수 있다. 기업은 조직이다. 조직을 만들어서 여러 사람이 함께 일하는 게 기업이다. 그러면 개인이 하는 것보다 뭔가 장점이 있기 때문에 조직을 만들어서 기업으로 탄생되는 것이다.

기업의 탄생과 기능

기업은 어떻게 탄생하였는가? 기업은 소비자의 필요와 욕구를 충족시키는 제품과 서비스를 생산하고 판매하여 이익을 얻는 경제조직이다. 이때 기업은 생산자와 상인의 결합으로서 존재한다. 그리고 이 기업은 생산자와 소비자가 거래(transaction)를 하는 시장(market)에서 활동한다.

실상 생산자와 상인의 결합으로서 기업의 모습은 근대에 형성된 것이다. 전통적으로 상인은 직접 생산을 하지 않고 생산자와 소비자를 중개하여 이익을 남기는 장사를 하는 시장거래 중개자들이다. 생산자로부터 싸게 사서 소비자에게 비싸게 파는 것이 장사의 기본이다. 이를 시장독점에 이용하면 매점매석이 된다.

그러다가 생산혁명이 일어나면서 생산자의 단위가 커지고 이에 직접 소비자에게 판매하는 기업이 탄생한 것이다. 생산혁명은 기술의 활용과 집단적 분업과 협동으로 이루어지는 조직화에서 비롯된다. 즉, 개인으로서 생산자가 아닌 조직으로서 생산자가 탄생하면서 생산과 판매를 동시에 수행하게 되는 기업이 되는 것이다. 이로써 생산과 판매는 기업의 기본적 기능으로 통합되었다.

정리하면 경제적 행위자가 개인에서 조직으로 진화하여 분업과 협동의 체계로 운영되어 생산과 판매를 기본기능으로 하는 것이 기업이다. 이처럼 기업은 '생산자의 조직화' 과정으로 탄생된다. 이때 생산자는 생산에서 분업과 협업을 기반으로 하고 동시에 시장거래업무를 내부화하여 생산과 판매의 조직으로 진화하는 것이다.

한편 판매중개자인 '상인의 조직화'도 기업으로 진화하게 된다. 이때 단순 중개가 아닌 경제적 가치의 창출 과정이 존재하게 되며 이 또한 생산기능과 다르지 않다. 즉, 기업은 기본적으로 생산과 판매의 기본기능을 갖춘 현대사회의 경제적 조직이다. 오늘날의 유통업체가 대표적인 예이다. 조직화된 유통업체는 생산자들로부터 제품을 사들여 자체적으로 가치창출의 생산(운영)과정을 거친다. 유통비용과 시장거래비용을 줄이고 고객가치를 높이는 것이다. 그리고 부가된 가치로 판매를 하고 이익을 남긴다. 새로운 유형의 기업이다.

생산활동의 효율화(production costs)

기업은 조직화를 통해 생산활동에서 효율성을 높일 수 있다. 효율성의 중요성은 이미 경영의 목표와 기준으로 상조한 바 있다. 왜 효율적인가? 분업을 할 수 있기 때문이다. 한 사람이 모든 일을 다 하는 것보다 그 일을 쪼개서 여러 사람이 작은 범위의 일을 더 반복적으로 열심히 하면 숙련도가 높아져서 더 빨리 잘할 수 있게 된다. 또 정확하게 할 수 있다. 빨리 잘한다는 것은 생산성이 높다는 것이고, 정확하게 한다는 것은 품질이 좋다는 것이다. 그렇게 분업을 해서 일을 하고, 빨리빨리 해서 숙련도가 높아지고, 그것을 다시 합치면 최종 제품이 된다. 이때 협업이 된다. 분업과 협업을 해서 생산성과 효율을 높일 수 있다. 물론 품질도 높아지게 된다.

또한 대량생산을 통한 규모의 경제(economies of scale)가 발생하게 된다. 기본적인 이유는 생산의 평균비용(average cost)이 고정비용(fixed cost)과 한계비용(marginal cost)의 함수이기 때문이다. 규모의 경제로 생산비용이 낮아지는 지점까지 생산규모를 늘릴 수 있으며, 규모의 불경제가 발생하면 기업은 생산설비 투자를 늘려가면서 규모의 경제를 높여갈 수 있다.[11] 산업의 특성에 따라 대량생산의 비용효과는 차이가 있지만 기업은 전략적으로 생산비용을 조절할 수 있다.

[그림 2-4] 생산시스템으로서 기업

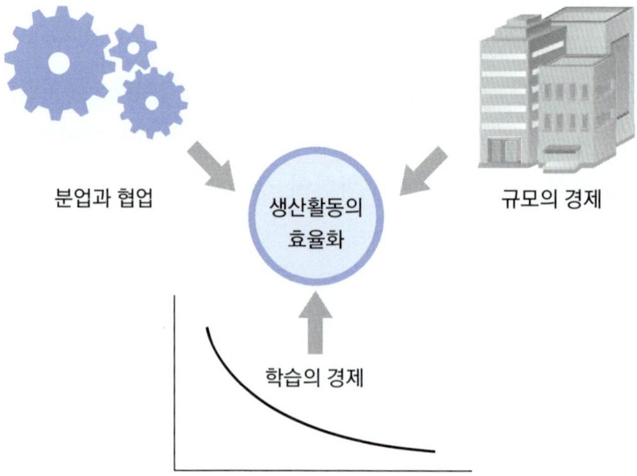

분업은 학습을 효과적으로 해준다. 일을 나눠서 작은 부분을 수행하기 때문에 더 많은 반복행위가 이뤄지고 이에 따라 업무숙련도가 높아진다. 대부분의 생산작업은 반복적이고, 반복을 통한 학습이 발생한다. 기업의 규모가 커지면 조직의 집합적 수준에서 생산의 누적적 경험(cumulative experience)이 빠르게 증가한다. 이러한 조직 차원의 학습효과를 학습의 경제(economies of learning)라고 한다. 학습의 경제는 학습곡선(learning curve)으로 표현이 된다.[12] 시간의 흐름은 경험의 축적으로 이어진다. 시간의 흐름에 따라서 경험의 누적적 축적이 많아지면 그것이 학습의 효과로서 비용이 더 효율적이고, 그다음에 불량률이 떨어지고 품질이 좋아진다. 생산성과 품질이 높아지는 학습의 경제가 발생한다. 이처럼 기업의 생성과 규모는 일차적으로는 생산활동에서 찾아진다.

시장거래비용(transaction costs)의 내부화

기업은 조직화를 통해 시장거래의 비용을 줄일 수 있다. 상인으로서 개인도 시장거래를 통해 생산제품을 구입할 수 있고, 시장거래를 통해 판매할 수 있다. 생산과 판매의 기능을 모두 시장거래로 할 수 있는 것이다. 굳이 기업이라는 조직체를 운영하면서 직접 생산하고 직접 판매할 필요가 있을까? 이는 시장거래는 무조

11) 규모의 경제 효과에 대해서는 이준구 · 이창용, 『경제학원론』(6판, 2020), pp. 163-171 참조.

12) 학습의 경제와 학습곡선 효과는 제9장에서 생산성 개념과 함께 설명하였다.

[그림 2-5] 거래비용의 발생 원천

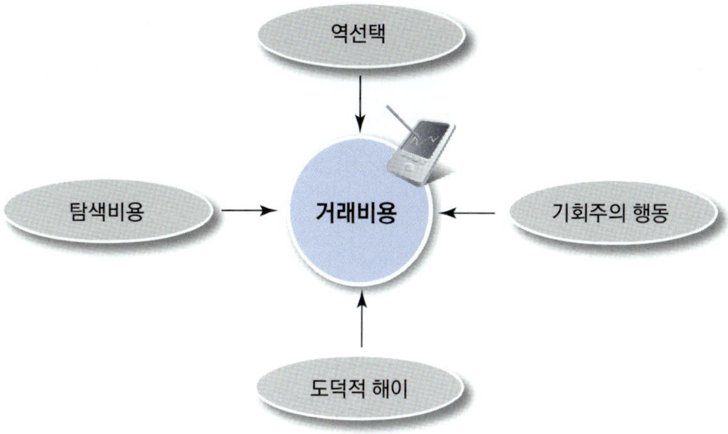

건 저렴한 게 아니며 경우에 따라서 많은 비용을 지불해야 하기 때문이다. 이를 시장거래의 비용이라고 한다. 시장거래에서 물품의 가격으로 지급하는 비용 자체를 의미하는 게 아니고, 시장거래의 비효율성으로 인해 지불하는 비용을 뜻한다. 경제학자 윌리엄슨은 기업이 생산비용뿐 아니라 거래비용에서 우월함을 갖는다고 본다.[13] 시장보다 우월한 기업조직의 힘을 얘기한다. 만약에 작은 단위의 기업들 또는 개인들이 시장거래를 통해서 모든 것을 가장 효율적이고 효과적으로 할 수 있다면 큰 기업이 필요 없을 것이다.

기업의 생산과 판매의 활동에서 일부 기능과 부품 및 자원을 시장에서 조달할 수 있다면 굳이 기업 내부에서 스스로 자원확보, 부품생산, 판매활동을 직접 수행할 필요가 없을 것이다. 즉, 협력업체와의 시장거래를 통해 가치활동을 위임하게 될 것이다. 반면에 시장거래에서 비용이 크다면 직접 생산 및 판매의 활동을 수행하게 될 것이다. 시장거래의 비용이 어느 정도 큰가에 달려 있다.

그렇다면 시장거래의 비용을 발생시키는 요인은 무엇인가? 거래비용은 위 그림처럼 크게 네 가지 요인에 의해 결정된다.

첫째, 탐색비용(search cost)이다. 시장거래를 하려면 내가 원하는 품질과 성능의 제품과 서비스를 가진 대상, 그리고 그것을 싸게 파는 그러한 사람을 찾아야 한다. 반면에, 판매자는 내가 제공하는 제품이나 서비스의 효용과 가치를 높게 여

13) Williamson(1975) 참조.

기고 그것에 대해서 충분한 가격을 지불할 의향이 있는 사람을 찾아야 한다. 물론 집합적(aggregation)으로 보면 자동조정되는 게 시장이라고 하지만 실제로 구매자와 판매자를 매칭해나가기 위한 수없이 많은 정보분배자가 필요하게 된다. 인위적 정보분배자의 대표적인 예는 결혼정보회사이다. 마찬가지로 기업도 시장거래를 하려면 협력기업 간 거래, 또는 기업과 소비자가 거래를 할 때, 제대로 짝지어주는데 굉장히 많은 시간과 비용이 들어간다. 이러한 탐색비용이 시장거래에서 발생하는 주요 비용이 된다.

둘째, 역선택(adverse selection)의 문제이다. 이는 판매자와 구매자 간의 정보비대칭(information asymmetry)으로 인해 시장거래에서 발생하는 문제이다. 구매자는 판매자에 비해 항상 정보가 부족하다. 그리하여 겉으로 보기에는 그저 그렇지만 실제로는 좋은 제품보다는 겉으로 보기에 그럴듯하고 실제로는 좋지 않은 제품을 구입하게 되는 경향이 있다. 이를 역선택이라고 한다. 흔히 드는 예는 중고차 거래이다. 중고차 A는 사고가 났었지만 깨끗하게 잘 수리한 차이고 실제가치는 300만원이지만 판매가는 400만원이다. 중고차 B는 사고가 없었던 좋은 차로서 실제가치는 600만원이지만 판매가는 500만원이다. 구매자는 각각의 판매자들이 차의 가치를 설명해줘도 믿기 어려워서 결국 값이 싼 중고차 A를 선택한다. 구매자는 정보부재로 인한 역선택으로 B차 구매의 100만원 이득을 놓치고 A차 구매로 100만원을 손해보는 셈이다. 역선택 비용을 피하기 위해 중고차의 결함을 정확히 알려면 자동차 수리점이나 검사소에 가서 많은 비용을 치르고 성능을 검사해봐야 한다. 역선택의 비용은 공급자의 명성으로 줄일 수 있다. 구매자는 명성있는 판매자로부터 구입하면 속임수의 가능성을 줄일 수 있다고 믿고, 판매자는 명성이 훼손되지 않도록 구매자의 역선택에 의한 거래비용을 줄여주려고 애쓰게 될 것이다.

셋째, 도덕적 해이(moral hazard)로 인한 비용이다. 이는 계약당사자가 계약 후 당연히 기울여야 될 의무와 주의를 소홀히 하는 것을 말한다. 보험가입자의 예를 들어보자. 화재보험에 가입한 사람은 보험가입 이전보다 화재발생에 덜 주의를 기울이게 된다. 화재발생으로 인한 피해를 보상받을 수 있기 때문에 실질적인 손해가 없을 것으로 생각하게 되기 때문이다. 이러한 행위는 의도적일 때도 있지만 별다른 의도 없이 소홀하게 되는 경우도 많다. 시장거래가 효율적인 듯하지만 불안정하고 비효율적인 것이다. 도덕적 해이는 여러 가지 형태로 발생한다. 중요한 점은 현실적으로 도덕적 해이를 막아내기가 쉽지 않다는 것이다.

넷째, 기회주의 행동(opportunistic behavior)으로 인한 비용이다. 이는 시장거래의 상대방이 자신의 이익을 위해 명시적 또는 묵시적 약속을 깨뜨리는 것이다. 어떠한 형태로든지 거래관계에서 거래 당사자들은 기회주의적 행동을 하고자 하는 유혹에 노출된다. 거래 상황이 항상 바뀌기 때문이다. 거래계약이 불안정하기 때문에 그 불안정성을 활용해서 내가 개인적 이익을 더 추구하려고 하다 보면 상대방의 이익을 훼손하는 그런 형태로 기회주의적 행동을 하게 된다. 그래서 거래의 위험에 많이 노출되기 때문에 시장거래의 비용에 가장 큰 부분은 바로 이 위험비용이다. 기회주의 행동의 가능성이 곧 기회비용이다.

유명한 자동차 부품 거래의 사례를 들어보자. 자동차 차체를 만드는 피셔바디(Fisher Body)라는 회사가 있었는데, 주로 GM의 자동차 차체를 만드는 회사였다. 그런데 이 회사와 거래관계가 오래 지속되면서 GM이 이 회사의 물량을 몰아주면서 하다 보니까 이 회사는 GM에 맞는 형태의 기술을 개발하고 거기에 맞는 특화된 차체 기술을 축적해서 상당한 정도로 좋은 거래관계를 만들어냈다. 이후 피셔바디가 GM 생산공정을 볼모로 잡고, 이 부품의 가격 인상을 요구하였다. 이때 GM은 대체 공급자가 없고, 피셔바디가 기술 특화를 이루고 있어서 그들의 요구를 들어줄 수밖에 없게 되었다. 결국 피셔바디의 협상력이 높아지고 GM의 협상력이 낮아진 상황이다. 양자 간의 거래이익이 호혜적 관계로 되지 않고 한쪽으로 치우치게 된다. 이 관계는 시장거래의 불완전성을 보여준다. GM이 취한 전략적 선택은 피셔바디의 인수합병이었다.[14] 그래서 GM의 한 부서로 편입되었다. 시장거래를 내부화시킨 것이다.

2.2 기업의 규모와 경계

기업의 규모는 어느 정도가 되는가? 또한 시장과 기업 간 경계는 어떻게 결정되는가?

▎경제적 합리성 관점

기업은 생산비용 효율화, 거래비용의 내부화를 위해 조직으로서 규모가 커져

---

14) Coase(2000) 참조.

간다. 그러나 무한정 커지는 것이 아니다. 생산비용 효율화도 규모의 불경제로 인해 한계가 있다. 거래비용을 절감하는 데도 한계가 있다. 시장거래가 거래비용에도 불구하고 현실의 세계에서 활발한 이유는 기업의 내부거래를 이용한 거래비용의 절감효과가 어느 시점에 감소하기 때문이다. 거래비용보다 큰 관리비용이 발생하는 시점이 있다. 생산비용과 거래비용의 최적화는 상대적이다. 기업의 관리비용(administrative cost)은 아래 그림에서처럼 네 가지 요인에 의해서 설명된다.

첫째, 조정비용(coordination cost)이다. 기업 내부의 복잡한 활동은 조정을 필요로 한다. 조직 내 부서 간에 정보와 자원을 공유하고 생산과 판매의 일정을 조정해야 한다. 규모가 커지고 부서 간 관계의 수가 많아질수록 조정의 메커니즘이 복잡해진다. 그리고 부서 간 이해관계의 충돌이 일어나고 갈등이 발생할 소지가 커서 이를 조정하는 비용이 증가한다. 기업 규모가 일정수준 이상으로 커지면 이 비용이 급격히 증가할 수 있다. 그리고 조정의 수요가 통제 불가능의 상황으로까지 갈 수도 있다.

둘째, 감시비용(monitoring cost)이다. 기업의 규모가 커지면 현장의 일반종업원이 경영자의 관리범위를 벗어나게 된다. 따라서 감독자를 두어야 한다. 감독비용이 발생한다. 규모가 일정수준 이상으로 커질수록 정교한 감시장치가 필요하게 되고 그 비용이 증폭할 수 있다. 앞서 예로 든 피셔바디가 GM의 사업부서로 들어왔을 때부터 이제 GM의 입장에서 거래비용이 없어졌지만 직접 생산활동을 감시하고 통제하는 비용이 생긴 것이다. 그런데 이 직접관리의 비용이 규모가 커질수록 증가

[그림 2-6] 관리비용의 발생과 증폭

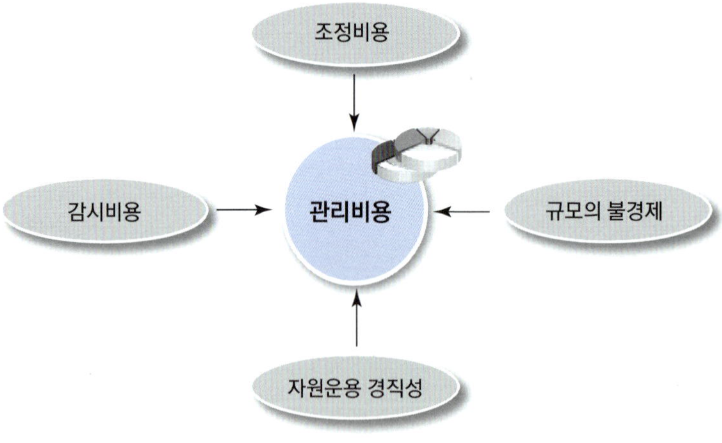

한다. 감시가 쉽지 않기 때문이다. 종업원 고용관계에서도 마찬가지다. 예를 들어, 종업원이 임금으로 1,000만원을 받으면서 600만원어치 밖에 일을 안 하면서 겉으로는 제대로 일하는 것처럼 보이게 할 수 있다. 이러한 행동을 회피행동 또는 움츠린 행동(shirking behavior)이라고 한다. 그래서 단기적 이득을 취하게 된다. 그 시간에 딴 것을 하는 것이다. 요즘 유행하는 '투잡'이라든지 '부캐'라는 것이 자칫 이렇게 오용될 수 있다. 이것을 없애는 하나의 방법은 단기고용계약에서 거래관계의 불완전성을 해결하기 위해 장기고용관계를 구축하여 종업원의 의도적 회피행동(근무태만)을 줄이고 적극적 헌신을 이끌어내는 것이다. 매번 노동행위를 면밀히 감시하고 평가하는 게 현실적으로 어렵기 때문에 신뢰의 교환관계의 구축이 필요하다.

셋째, 자원운용 경직성으로 인한 비용 발생이다. 직접생산과 직접판매로 인한 기회비용이라 할 수 있다. 시장거래의 효율성이 높아지는 방향으로 상황 변화가 생겨도 이미 내부화된 구조 때문에 기회비용이 커진다. 자동차회사의 예를 보면, 새로 인수합병된 부품사업부의 기술력이 떨어진다든지, 신기술로 생산하는 부품기업이 탄생하면 시장거래보다 불리한 상황이 된다. 이처럼 내부조직화는 자원운영의 탄력성을 떨어뜨린다. 이때 기회비용이 너무 커지면 기업의 선택은 내부화된 사업을 다시 시장거래로 되돌리는 것이다. 이를 위해 해당 부서를 다시 분사(spin off)해서 떼어내고 시장거래 관계로 전환하는 등의 변화를 추진할 수밖에 없다. 기업의 규모가 다시 작아지는 것이다.

넷째, 규모의 불경제(diseconomies of scale)로 인한 비용이다. 이는 규모가 너무 커지면 고정자산 공유의 비용절감 효과가 작아지고 생산량 증가에 따른 한계비용이 커지는 데서 비롯된다. 생산의 복잡성 가중으로 인한 조정비용 증가와 관련되어 있다.

기업의 관리비용은 어느 정도 통제가 가능하다. 잘 설계된 조직구조와 효과적인 관리시스템으로 기업은 관리비용을 줄인다. 그렇지만 기업조직이 너무 커지면 시장의 효율성과 거래의 유연성을 잘 활용할 수가 없게 된다. '대기업병'이라는 말이 있듯이 조직규모가 커지면 관료제적 경직성이 커지고 경영환경 변화에 대한 대응성이 떨어진다.

기업과 시장의 관계는 기업관리의 효율성과 시장의 효율성의 정도에 의해서 결정된다. 시장이 효율적이면 시장거래의 영역이 더 커지고, 반대로 시장이 비효율적이고 관리비용이 잘 통제될 수 있으면 기업 내부활동의 영역이 커지는 것이다.

종합하면, 기업은 생산비용과 거래비용을 절감하기 위해 내부활동의 규모와 영역을 확장하게 된다. 반면에 조직규모가 커지면 관리비용이 증대된다. 결국 기업과 시장의 경계는 생산비용, 거래비용 및 관리비용의 균형점에서 형성된다.

경영전략적 관점

경영전략에서는 기업규모가 경쟁력의 주요 원천으로 간주된다. 두 가지 이유로 설명할 수 있다.

첫째는 시장지배력(market dominance)이 강화된다는 점이다. 관리비용 증가, 대기업병, 규모의 불경제성 등을 압도해버리는 시장주도의 힘을 갖게 된다는 것이다. 독점적 효과만이 아니라 시장경쟁 게임룰을 유리하게 이끌 수 있다. 시장선도의 기업이 시장경쟁에서 우위를 점할 수 있는 것이다.

둘째는 범위의 경제성(economies of scope)이다.[15] 이는 여러 개의 사업을 동시에 하면서 사업 간 결합효과(synergy effects)가 높아지는 것을 말한다. 기업은 다(多)사업구조를 가짐으로써 공동 투입요소를 쓰고, 공동 생산시스템을 이용하고, 공동 판매의 효과를 누릴 수 있게 된다. 이러한 결합효과는 비용을 획기적으로 낮춰주기도 하지만 품질개선, 기술심화, 판매력 강화 등의 가치창출력을 높여준다.

이상의 경영전략적 관점은 기업규모의 성장을 통해 얻을 수 있는 가치창출력에 초점을 두고 있다. 앞의 경제적 합리성 관점이 비용 측면에 초점을 두었다면 경영전략 관점은 가치 측면에 더 비중을 두고 있다. 오늘날 초거대기업이 많아졌다(<표 2-5> 참조). 그리고 이들 기업은 전 세계 시장을 상대로 하고 있으며 실제 수익성이 아주 높다. 당연히 생산비용과 거래비용, 그리고 관리비용만으로 설명할 수 없는 현상이다.

거대기업의 탄생과 그들의 시장지배력은 시장과 기업의 균형점을 이동시켰다. 시장이 효율적이더라도 기업의 규모는 더 커질 수 있다는 것이다. 조직이 품고 있는 풍부한 자원과 능력을 활용하여 혁신을 만들어내고 새로운 시장경쟁의 장을 열어가고 있다. 그렇다면 이러한 기업이 시장의 효율성을 침해하지 않고 계속 성장할 수 있을까? 쉽지 않은 질문이다. 그러나 과거와 달리 기업규모와 시장효율의 경계가 흐릿해졌다. 상호 대체적인 힘의 관계가 약해졌다. 시장과 기업의 효율성과 효과성이 함께 공존하고 진화할 수 있는 시대이다.

---

15) 제6장 4절 다각화전략에서 상세히 설명하였다.

〈표 2-5〉 글로벌 대기업 순위(2022년 매출액 기준)

순위	기업	국가	산업	매출액(USD)
1	Walmart	미국	소매	$611.2 billion
2	Saudi Aramco	사우디아라비아	에너지	$603.6 billion
3	State Grid	중국	에너지	$530.0 billion
4	Amazon	미국	소매	$513.9 billion
5	China National Petroleum	중국	정유	$483.0 billion
6	Sinopec Group	중국	정유	$471.1 billion
7	Exxon Mobil	미국	정유	$413.6 billion
8	Apple	미국	통신	$394.3 billion
9	Royal Dutch Shell	네덜란드	에너지	$386.2 billion
10	United Health Group	미국	의료보험	$324.1 billion

자료: Fortune Global 500 list of 2023.

3. 기업의 형태: 법과 지배

기업에는 어떤 형태가 있는가? 조직의 설립목적과 구성원 및 대상고객의 특성에 의해 다양한 형태로 나뉜다.

3.1 다양한 기업 형태

기업의 형태는 기본적으로는 출자, 경영, 그리고 지배의 3가지 요소에 의해 분류된다. 누가 출자하느냐에 따라 크게 사기업과 공기업으로 나눌 수 있고, 출자자 수에 따라 단독(개인)기업과 공동기업으로, 그리고 공동사기업은 인적(소수) 공동기업과 자본적(다수) 공동기업으로 나누어진다. 경제적 관점의 조직형태와 법률적으로 구분되는 조직형태에 차이가 있는데 그 비교는 <표 2-6>과 같다.

〈표 2-6〉 기업의 형태

<table>
<tr><th>출자자</th><th>출자자 수</th><th>유형</th></tr>
<tr><td rowspan="4">사기업</td><td>단독기업</td><td>개인기업</td></tr>
<tr><td rowspan="4">공동기업</td><td>파트너십: 합명회사, 합자회사</td></tr>
<tr><td>회사: 유한회사, 주식회사</td></tr>
<tr><td>특수형태: 협동조합, 사회적기업</td></tr>
<tr><td>공기업</td><td>공사, 공단, 국영기업</td></tr>
</table>

개인기업

자영업자라고 불리는 1인 출자자에 의한 기업이다. 어느 사회에서나 가장 많은 수의 기업이다. 우리나라에는 2022년 활동기업 전체 735.3만개 기업 중에서 개인기업이 651.1만개이고 비중으로는 88.5%를 차지하고 있다. 미국의 70% 정도에 비해 훨씬 높은 비중의 수치이다.

개인기업은 출자자에 의한 구분이므로 종사자 규모는 꽤 클 수도 있다. 그렇지만 대부분 소규모의 회사이고 종사자 1인의 기업도 많아서 영세하다. 우리나라의 경우 종사자 1인의 활동기업이 2022년에 581.6만개로 전체 기업 중 79.1%를 차지하고 있다. 누구나 개인기업을 창업할 수 있기 때문에 자연스런 현상이다. 국민경제 상의 양적 비중은 작을지라도 개인기업이 가지는 의미는 크다. 자유창업의 사회를 상징한다. 반면에 너무 많은 비중의 개인기업은 공동기업이 제공해주는 일자리가 부족한 점을 반영하기도 한다. 일자리가 없어서 생계형 창업을 하게 되는 것이다.

개인기업은 여러 장점과 단점이 있다. 장점으로는 소액 창업이 가능하고 완전

〈표 2-7〉 우리나라 활동기업 수 (단위: 천개, %)

구분	2017년	2018년	2019년	2020년	2021년	2022년	구성비
활동기업	6,051	6,250	6,527	6,821	7,056	7,353	100.0
(전년비)	(4.8)	(3.3)	(4.4)	(4.5)	(3.4)	(3.4)	
법인기업	621	657	695	743	789	842	11.5
(전년비)	(6.2)	(5.7)	(5.8)	(7.0)	(6.2)	(6.7)	
개인기업	5,429	5,593	5,832	6,077	6,267	6,511	88.5
(전년비)	(4.6)	(3.0)	(4.3)	(4.2)	(3.1)	(3.8)	

자료: https://kostat.go.kr/portal/korea/kor_nw/1/9/6/index.board

〈표 2-8〉 개인기업의 장단점

장점	단점
• 소액 창업 가능 • 사업의 시작과 철수의 용이성 • 사업의 완전한 소유 • 이익보유, 유산, 승계의 자유 보장	• 무한책임 • 재무자원 조달 및 성장의 한계 • 경영상 난점 (경영의 각 기능분야 담당의 부재) • 사업존속 어려움 (소유자 사망/은퇴시 폐업 가능성) • 복지혜택 부재 (의료보험 등 각종 복지혜택 없음)

한 개인소유이기 때문에 경영의 재량과 성과이익의 보유가 가능하다는 점이다. 단점으로는 재원조달의 한계가 있고 무한책임으로 인한 위험이 크다는 점이다. 그 외 내용을 정리하면 <표 2-8>과 같다.

파트너십(동업) 기업

이는 2인 이상 소유주로 구성된 기업이고 상법상 회사(법인기업)에 해당한다. 개인기업의 단점을 극복하기 위해 나온 동업 형태의 기업이다. 오늘날에는 전문 서비스 기업, 예를 들면 변호사들의 파트너십으로 로펌(law firm), 회계사 집합의 회계법인 등 다양한 지식집약 전문기업들이 탄생하면서 많아진 소유구조 형태이다.

일반파트너십(General Partnership)으로 합병회사가 있다. 모든 소유주가 사업을 운영하고 채무에 대한 무한책임을 공동으로 지는 기업이다. 개인기업에 비해 자본조달이 쉽고 경영면에서 시너지 효과를 기대할 수 있다.

일반파트너십과 유한파트너십(Limited Liability Partnership)의 조합으로 구성된 합자회사(Limited Partnership)가 있다. 1인 이상의 일반파트너와 1인 이상의 유한파트너로 구성된 기업이다. 유한파트너는 사업에 자금을 투자하였지만 경영의 책임을 지지 않고 동시에 부채의 책임을 일정 범위 이상으로 지지 않는다.

유한회사

우리가 통상 회사라고 할 때 이는 개인기업이나 파트너십 형태의 동업기업을 의미하지 않는다. 다수의 출자자가 있고 이 자본이 모여 일정 규모의 비즈니스 조직을 만들 때 이를 대체로 회사(company)라 칭한다. 이 회사에는 유한책임회사와 주식회사가 있다.

유한책임회사(LLC: Limited Liability Companies)는 출자자들이 유한책임(limited liabilities)을 지기 때문에 많은 자본을 모을 수 있다. 그러나 출자자 수가 주식회사에 비해 작고 출자자 권리가 유통되는 시장이 없기 때문에 대규모 출자를 모아서 성장하기가 어렵다. 소수의 유한책임사원과 소액의 자본으로 운영되는 중소기업에 적당한 기업 형태이다.

반면에 대규모 출자를 할 수 있는 투자 주체가 있다면 대기업도 가능하다. 구글은 정확하게는 구글유한회사(Google, LLC)이다. 알파벳(Alphabet)이 출자자 모회사다. 구글은 알파벳의 100% 자회사이고 유한회사이다. 구글은 모회사 외의 주인이 없으므로 모회사 관계 외 간섭을 받지 않고 독립 경영을 할 수 있다. 이전의 구글을 분리하여 모회사를 신설하고 스스로 자회사가 된 이유이다.

주식회사

소유주와 분리되어 비즈니스 행위를 하고 책임을 갖는 법인 형태의 기업이다. 정부가 공인하는 법적 단체로서의 기업이다. 출자의 단위를 주식이라는 소액 증권으로 만들어 다수의 투자자(주주)를 유치하는 기업이다. 소유와 경영이 분리되는 현대적인 의미의 기업이다. 주식회사의 의의, 주요 특징, 장점과 단점은 후술하였다.

공기업

공기업은 정부나 지방자치단체가 운영하는 회사이다. 공사, 공단, 국영기업 등으로 구분되지만 기본적으로 경영의 관점에서 큰 차이는 없다. 소유 형태에서 공사는 주식회사일 수 있다. 한국전력공사는 국책은행인 한국산업은행과 정부부처인 기획재정부가 대주주인 주식회사이다. 이 두 주주가 50.1%의 지분을 보유하고 있다. 한국산업은행도 주식회사이고 대한민국 정부가 100% 지분을 보유한 1인 주주이다.

이처럼 공기업은 다양한 소유구조를 갖고 있다. 공기업은 정부와 지방공공단체가 운영하고 조직 목적이 공적 가치를 창출하는 데 있다. 공기업의 업역과 기능에 대해서는 후술하였다.

3.2 주식회사 제도

주식회사는 자본주의 경제에서는 일반회사(conventional corporations)라고 불린다. 이는 삼성전자, LG전자, 현대차, GE, Apple, Microsoft, Walmart 등과 같은 대규모 기업뿐 아니라 소규모 사업체들도 주식회사를 조직함으로써 자본을 조달하고 주주를 구성하고 있다. 주식회사는 소유주와 분리되어 경영되고 성과책임을 갖는 정부 공인의 법적 단체이다.

주식회사의 특징은 경영학자와 경제학자뿐 아니라 법학자들의 주요 관심사이다. 아무르(Armour), 한스만(Hansman), 크락만(Kraakman) 등은 법적 관점에서 주식회사의 기본적 특징을 (1) 법인격(legal personality), (2) 출자자(주주)의 유한책임(limited liability), (3) 지분의 자유양도성(transferable shares), (4) 이사회에 경영 위임(소유과 경영의 분리)(delegated management with a board structure), (5) 출자자(주주)에 의한 소유(investor ownership)라는 5가지 사항으로 정리하였다.[16] 그리고 시장경제를 채택한 국가에서는 거의 모든 대규모 기업들이 이러한 5가지 특징을 갖춘 주식회사라고 보았다. 이들은 나아가서 주식회사의 책임이 주주뿐 아니라 종업원, 채권자 등의 이해관계자에게까지 있으며 사회에 대한 책임도 있다고 보고 있다. 주식회사의 기본 특성요건에 더하여 이해관계자와 사회에 대한 확장된 책임성을 설명한 것이다.

자본주의의 꽃이라 할 수 있는 주식회사의 등장배경과 사회적 · 제도적 관점의 주요 내용을 보면 아래 <표 2-9>와 같다.

주식회사는 기본적으로 회사를 자본의 집합으로 보고 자본집합체로 규정한다. 그리고 출자와 경영을 분리하는 기업의 형태이다. 출자는 주식의 형태로 이루어지

〈표 2-9〉 주식회사 제도의 특징

회사의 개념	자본집합체로서 출자(소유)와 경영을 분리한 기업 형태
등장배경	자유로운 창업 기회, 기업규모 성장과 거대자본 수요, 전문경영자 필요 증대
장점	유한책임, 자본조달 용이, 기업의 영속성, 소유변경의 용이성
3대 제도	증권제도, 임원제도, 유한책임제도
주식회사법의 특징	강제규정, 공시제도 등을 통한 (소액)주주 및 채권자 보호
단점	행정관리비용, 이중과세, 잠재적 갈등, 청산의 어려움

16) Armour, Hansman, Kraakman & Pargendler(2004) 참조.

고, 주식을 출자자들이 자유양도할 수 있게 함으로써 출자한 투자자, 즉 주인들이 자유롭게 떠날 수 있게 해주어 소유주와 회사를 분리한다. 이때 주식의 자유양도를 하는 시장이 주식시장이다. 주식시장의 활성화는 회사와 소유주를 분리해주는 효과를 크게 해준다. 주식회사에서는 회사를 경영하는 임원들을 소유자인 주주로부터 분리시킨다. 이로써 경영의 전문성을 확보하고, 대규모 자본을 조달할 수 있는 기업의 형태로 정착되었다. 소유와 경영의 분리에 대해서는 제3장 지배구조와 경영체제에서 상세히 설명하였다.

주식회사는 자본주의 발달과 함께 지배적인 기업 형태로 자리잡았다. 산업화가 진전됨에 따라 시장이 커지고 기업도 규모성장을 하게 되었다. 이때 거대자본을 조달하기 위해 주식회사와 주식시장이 발전하였다. 기업규모 확대로 경영이 복잡하게 되어 전문성이 필요하게 되었다. 투자자(주주)와 경영자가 분리되는 주식회사의 특징이 시장 상황에 부합하였다. 주식시장은 자본조달을 용이하게 하고 주식을 자유롭게 양도할 수 있는 장터다. 또한 투자자가 주식을 매도하더라도 다른 투자자가 들어오게 되므로 주식회사는 계속기업의 특성을 가진다. 기업의 영속성과 소유변경의 용이성은 동전의 앞뒷면과 같다.

이상을 정리하면 주식회사의 3대 제도는 증권(주식)으로 투자되고 자유양도가 되는 증권제도, 경영의 위임을 받은 이사진과 경영진에 의해 회사가 경영되는 임원제도, 그리고 투자자의 책임이 투자금액에 한정되는 유한책임제도이다.

주식회사의 소유와 경영의 분리로 인하여 주주이익의 훼손 가능성이 있는데, 이는 제3장 지배구조에서 상세히 다루었다. 주식회사에 관한 법적 장치에서 덧붙일 것은 위탁 경영자에 의해 주주와 이해관계자가 부당한 피해를 보지 않도록 여러 법적 규제를 두고 있다. 주주와 투자자 및 외부이해관계자들을 위해 경영성과를 투명하게 공개하도록 강제하고 있으며 그 외 경영투명성을 강화하기 위한 제도적 보완을 하고 있다.

3.3 공기업과 공익사업

공기업에 취직하고 싶어 하는 사람이 많다. 공기업 취업준비생이라는 말이 있을 정도이다. 왜 공기업에 가고 싶어 할까? 취업의 좁은 문 때문이기도 하지만 직장 안정성이 높기 때문이다. 왜 직장 안정성이 높을까? 필수사업인 공익사업을 하기 때문이다. 자세히 알아보기로 한다.

공기업의 목적과 소유구조

공기업(government corporation)은 정부와 공공단체, 지방자치단체 등 공공부문에서 운영하는 회사이다. 출자로 규정된다. 공공부문은 왜 기업을 운영하는 것일까? 민간부문에서 운영하는 게 더 바람직하지 않을까? 이러한 질문을 다뤄보기로 한다.

공기업은 공익성을 보호하고 동시에 기업으로서 이익을 추구하는 목적으로 설립된다. 공기업을 공공부문에서 운영하는 이유는 쉽게 생각할 수 있듯이 해당 사업이 공익성을 띠고 있기 때문이다. 이러한 사업을 공익사업(public utilities)이라고 한다. 공익사업의 대표적인 예는 공익에 관련된 운수교통, 통신, 전기, 가스, 수도 등이다. 도시철도공사, 한국전력, 한국수력원자력, 한국가스공사, 인천국제공항공사, 각종의 항만공사 등 수많은 공기업이 있다.

공익사업의 특성을 보자. 이 사업은 첫째 사회적 필수 서비스에 해당한다. 누구나 전기와 가스를 쓸 수 있어야 하고 철도를 이용할 수 있어야 한다. 보편적 서비스 영역이다. 둘째, 공공규제가 필요한 독점사업이다. 한국전력은 전기를 독점 생산하고 있다. 이 기업이 독점력을 무분별하게 발휘하면 공공서비스가 무너진다. 당연히 가격규제가 필수이다. 대부분 가격은 개별 공기업의 선택사항이 아니다. 그 외에도 공익성 보호를 위한 여러 규제가 가해진다. 공공부문이 소유해야 하는 이유다. 셋째, 거대설비사업이다. 공익사업인 지하철/경전철/철도, 수력/화력/원자력 발전소, 공항시설, 수도시설 등의 건설과 유지에는 거대한 자본투자가 필요하다. 민간기업이 감당하기 어려운 규모의 큰 금액이다. 넷째, 제품과 서비스의 가격이 싸다. 일반대중, 국민이 소비자이고 생활필수품이기 때문에 누구나 이용할 수 있을 정도로 가격이 낮아야 한다. 따라서 투자자본을 회수하는 데 장기간의 시간이 소요된다. 지하철의 경우에는 30년이 지나도 100% 투자회수가 어려울 수 있다. 그렇지만 필수품에 해당하는 만큼 수익(매출)의 안정적 흐름이 발생한다. 누구나 이용하기 때문이다. 마지막으로 특정의 공익사업은 통상의 수요를 넘는 초과수요에 대응해야 한다. 전기에 여분이 없으면 비상상황 시에 블랙아웃이 발생할 수 있다. 이때 여분의 전기 생산은 비용이 된다. 이로써 추가적 효과가 나타나는데, 초과수요에 대응한 생산용량(capacity) 준비는 수요-공급에 따른 가격 형성을 억제한다. 가격의 안정성을 유지할 수 있다.

〈표 2-10〉 공익사업의 특성

주요 사업	공중운수영역, 공중통신용역, 전기 · 수도 · 가스 등 공급용역
특수성	• 사회적 서비스(필수품), 독점사업과 공공규제, 거대설비사업(고정자본) • 장기적 자본이익 회수기간, 수익의 안정적 흐름, 최대수요 보장과 가격 안정화

이상의 사업 특성에 보듯이 공기업에서는 공익성 보호와 효율성 제고가 경영의 목표이자 기준이 된다. 그런데 이 두 목표가 충돌할 때는 공익성 보호가 우선하는 것을 알 수 있다. 일종의 제한된 효율성 목표라고 할 수 있다. 그러다 보니 공기업이 공익성을 지킨다는 명목으로 지나치게 비효율적으로 운영되는 경우가 많다. 그리고 시간이 지나면서 비효율은 공기업의 고질적 특성이 되기도 한다. 거대한 수요를 갖고 있는 공익사업에서 공기업의 비효율적 경영은 큰 사회적 이슈가 된다. '철밥통'이라는 비난이 대표적이다.

어떻게 이 문제를 풀 수 있을까? 이에 대한 대답은 공기업의 민영화(privatization)이다.

공기업의 민영화, 공익사업의 시장경제

공익사업의 범위를 어디까지 볼 것인가, 공익사업은 공기업에 의해서 운영되어야 하는가에 대한 논란이 있다. 정부의 정책 지향에 따라서 입장이 다르다. 공기업의 민영화는 모든 국가의 주요 의제이지만 아무래도 시장을 중시하는 보수정권이 진보정권보다 더 적극적이다.

공기업 민영화의 대표적인 예는 '영국병'의 치유를 기치로 내걸고 집권한 마가릿 대처의 경제개혁이었다. 마가릿 대처는 감세와 조세개혁, 노사관계 개혁과 노동시장 유연성 확보, 대규모 공기업 민영화, 공공부문에의 경쟁 도입, 규제혁파를 통해 기울어가던 영국 경제를 되살려 놓았다. 대처가 총리로 취임할 당시 영국은 사회주의 국가를 제외하고 세계에서 국영기업이 가장 많은 나라로 꼽혔다. 그 전의 영국은 고용 우선주의 때문에 많은 산업을 국유화했으며 이러한 국유화는 당초의 이상과 달리 기업의 경쟁력 약화를 불러왔다. 특히 수송, 에너지, 통신, 철강, 조선 등 영국 산업의 중핵을 이루는 국영산업의 생산성이 현저히 떨어지고 근로자들의 무리한 요구와 잦은 파업은 영국 경제발전에 큰 걸림돌이 됐다. 대처 정부에서 가스, 전기, 통신, 수도, 석탄, 철강, 항공, 자동차를 포함한 대부분 정부 소유

경영사례

영국 정부는 1984년에 영국통신(BT: British Telecom)의 민영화를 단행하였다. 동년 10월에 50.8%의 지분을 민간에게 매각하고 동시에 민간주주 개인 보유 상한을 15%로 설정하여 개인의 경영권 통제를 억제하는 장치를 만들었다. 통신의 공익성을 고려한 조치였다. 이후 지속적으로 정부 보유주식을 매각하여 1995년에는 정부지분을 완전 매각하였다.

민영화 시작부터 Chairman 겸 CEO를 맡은 Iian Vallance를 중심으로 과감한 개혁이 진행되었다. 당시 영국 통신시장은 미국의 AT&T를 비롯하여 여러 외국 통신사들이 진입하여 경쟁이 치열해진 상황이었다. BT의 개혁은 사업부제 조직화, 고객접점조직의 통폐합, 시설운영조직 집중화 등을 통해 조직의 효율을 높이고 고객지향성을 높이는 변화를 추진하였다. 그리고 1984년의 민영화 당시의 24.1만명에서 1996년 13.7만명으로 43.1%의 인력감축이 이뤄졌다. 대부분의 인력감축은 기업 변신이 어느 정도 안정화되고 효과를 발휘하기 시작한 1980년대 후반부터 진행되었다. 이 기간 동안 독일통신(DT: Deutch Telecom)이 19.2만명에서 23.1만명으로 오히려 인력이 증가한 것에 비하면 BT의 인력효율화가 얼마나 급격했는지를 알 수 있다.

이와 같은 기업 변신은 CEO 리더십, 영국병 치유를 위한 사회적 지원 분위기, 원거리 통제센터 운영 등의 새로운 과업기술의 도입 등 다양한 성공요인에 의한 결과이다.

[자료: 저자의 사례연구 자료에서 발췌]

기업들이 민영화됐다. 가장 대표적인 민영화 성공사례는 영국통신(BT), 영국석유(BP), 영국항공(BA) 등이었다. BT는 민영화를 통해 시장지향의 전략적 변신과 내부적으로는 효율을 극대화하는 구조개혁을 단행하였다. 이로써 1980년대 후반에 시작된 전 세계 통신혁명의 선두주자가 될 수 있었다. 대처 정부의 민영화는 이후 보수당과 노동당 모두에 의해 지속되었다.

1980년대 영국에서는 '대처리즘'을, 미국에서는 '레이거노믹스'를 통해서 경제위기를 극복하려고 했다. 이 시기를 신자유주의의 출발로 본다. 영국과 미국에서 노동시장, 상품시장 등 경제회복의 기초가 되는 친시장적 구조개혁은 자본주의의 제2전성기를 만들었다. 민영화는 이 개혁의 중요한 축을 담당하였고 이로써 공익사업의 시장경제화가 진행되었다. 공공부문에 의한 경제비중이 축소되고 민간기업에 의한 경제가 지속적으로 확대되는 역사적 변화가 일어났다.[17] 민영화 이슈는 동유럽 공산권이 무너지면서 시장경제로 전환하는 1990년대와 2000년대에, 이른

17) 자본주의의 변화 발전에 대해서는 제4장에서 다루었다.

캠프데이비드 별장의 대처와 레이건
역사적 사건으로 일컬어지는 레이건 미국 대통령과 마가릿 대처 영국 수상의 회담(1984년 12월)

바 전환경제(transition economy)에서 다시 크게 부각되었다.

우리나라에서도 공기업 민영화는 진행되고 있으나 미흡하다고 할 수 있다. 민영화의 주요 예를 들어보면, 2000년 포스코(POSCO), 2002년 한국통신(KT), 2002년 담배인삼공사(KT&G) 등이 있다. 그 이전에는 1980년 대한석유공사가 SK그룹에 인수되어 지금의 SK이노베이션이 되었고 1994년 한국통신의 자회사인 한국이동통신회사가 SK그룹으로 인수되어 지금의 SK텔레콤이 되었다. 우리나라는 아직도 공기업 부문이 비대하고, 경영효율 제고의 과제가 남아 있다.

한 국가와 사회에서 민영화의 정도는 시장기능이 얼마나 잘 작동되는가에 달려있다. 민영화 사업이 독점이익을 가져다줄 확률도 있지만 공익사업의 여러 특성으로 인해 사업리스크도 크기 때문이다. 사회기간망과 필수서비스 영역인 공익사업에서 경영실패는 광범위한 피해를 초래한다.

3.4 특수형태: 협동조합과 사회적기업

기업의 특수형태로서 협동조합과 사회적기업을 들 수 있다.

협동조합

협동조합(cooperatives)이란 경제적으로 불리한 소비자나 생산자들이 경제적 약점을 보완하기 위하여 공동으로 출자하는 기업의 형태이다. 협동조합은 출자자(소유주), 경영자, 종업원, 고객 등이 제대로 구별되지 않는다. 생산자, 소비자, 근로자 등이 주로 결성하는데 서로 유사한 필요를 가진 사람들이 모여서 공동 목표를 갖고 설립한 단체이다.

오늘날 협동조합은 주식회사의 대응 형태로 볼 수 있다. 협동조합은 출자자의 개념이 조합원이다. 조합원이 협동조합을 만들어서 조합원의 이익을 추구하는 형태로 영리를 추구하는 조직이다. 그렇기 때문에 공동체적인 개념이 강하고 민주적으로 운영된다. 조합원의 구성에 따라 생산자협동조합, 소비자협동조합, 일반협동조합 등으로 나눌 수 있다. 우리나라 협동조합 관련법에는 협동조합을 '재화 또는 용역의 구매·생산·판매·제공 등을 협동으로 영위함으로써 조합원의 권익을 향상하고 지역사회에 공헌하고자 하는 사업조직'이라고 정의하고 있다. 근래에는 사회적협동조합이 후술하는 사회적기업에 대응하는 형태로 많아지고 있다. 2024년 6월 현재 협동조합은 총 26,453개이고 그중 사회적협동조합 5,212개, 사회적협동조합연합회 28개 등으로 5,240개에 이르고 있어서 19.8%를 차지하고 있다.[18)]

사회적기업

사회적기업(social enterprises)[19)]이란 영리기업과 비영리기업의 중간 형태로, 사회적 목적을 우선적으로 추구하면서 재화·서비스의 생산·판매 등 영업활동을 수행하는 기업(조직)을 말한다.

우리나라는 사회적기업육성법을 2007년에 제정하여 사회적기업 인증제도를 운영하고 있다. 여기서 사회적기업육성법 제2조에 따르면 "취약계층에게 사회서비스 또는 일자리를 제공하여 지역주민의 삶의 질을 높이는 등의 사회적 목적을 추구

18) 정부 협동조합 포털, https://www.coop.go.kr/

19) 사회적기업은 단어를 붙여서 쓰는 게 일반적이다. '사회적'이라는 말이 일반적인 형용사로 쓰이면 혼란스럽기 때문이다.

하면서 재화 및 서비스의 생산·판매 등 영업활동을 수행하는 기업으로 고용노동부장관의 인증을 받은 기업"으로 규정되어 있다. 이처럼 인증을 받기 위한 주요 요건에 기업의 주된 목적이 포함되어 있다.

사회적 목적을 우선적으로 추구하면서 재화·서비스의 생산·판매 등 영업활동을 수행하는 조직이다. 시장부문에서 활동하지만 기존의 자본주의 시장부문에서 볼 수 있었던 기업의 모습과는 다른 특성을 가진다. 우리나라는 주로 취약계층을 위한 일자리 창출에 주요 목표를 두고 있다.

사회적기업은 정부나 공공부문에서 수행하던 사회적 서비스를 민간이 기업 형태로 운영하는 것이다. 기업으로 운영되기 때문에 영리적 활동을 하면서 효율성과 효과성을 중시한다. 공익추구에 주요 목표를 두고 있으므로 이익이 별로 남지 않는 사업을 하게 된다. 그리고 발생 적자를 일정 기간 공공부문에서 지원받기도 한다. 그래도 정부에서 100% 사회복지비용으로 지출하는 것보다 비용절감이 크다. 일정 기간 후에 자립이 가능해진 사회적기업은 공익적 가치를 지속가능하게 창출해줄 수 있다.

사회적기업이 창출하는 사회적 가치를 측정하기 위해 사회적가치지표(SVI:

〈표 2-11〉 사회적가치지표(SVI) 구성

관점	범주	영역	측정지표	배점
사회적 성과 (60)	조직 미션	사회적 미션	1. 사회적 가치 추구 여부	2
			2. 사회적 성과 관리체계 구축 여부	5
	사업활동	주 사업활동의 사회적 가치	3. 사업활동의 사회적 가치 지향성	15
		사회적경제 생태계 구축	4. 사회적경제기업과의 협력 수준	5
			5. 지역사회와의 협력 수준	5
		사회적 목적 재투자	6. 사회적 환원 노력도	10
	조직운영	운영의 민주성	7. 참여적 의사결정 비율	5
		근로자 지향성	8. 근로자 임금수준	8
			9. 근로자 역량강화 노력	5
경제적 성과 (30)	재정성과	고용창출 및 재정성과	10. 고용성과	10
			11. 매출성과	10
			12. 영업성과	5
		노동성과	13. 노동생산성	5
혁신 성과(10)	기업혁신	기업활동의 혁신성	14. 혁신노력도	10
계		14개 지표		100

Social Value Index)에 따라 측정하고 경영에 반영토록 권장하고 있다. SVI는 사회적 성과, 경제적 성과, 혁신 성과의 3가지 관점에 따라 14개 지표로 구성된다. 이로써 사회적 목적을 가지고 조직운영을 통해 창출하는 사회적 성과와 그 영향을 종합적, 객관적으로 측정하는 지표로 이용하고 있다.

아래에는 사회적기업과 사회적경제에 관련한 특수기업의 통계를 정리해놓았다. <표 2-13>에서 2023년 3월 기준 취약계층 고용은 고령자 26,129명, 장애인 9,080명, 저소득자 2,992명, 기타 2,382명 등 40,583명이다.

〈표 2-12〉 특수형태 기업 수(개) 현황

구분	2019년	2020년	2021년	2022년	2023년
사회적기업	2,435	2,777	3,215	3,534	3,645
협동조합	16,846	19,429	21,483	23,535	25,565
마을기업	1,556	1,652	1,697	1,770	1,800
자활기업	1,176	1,062	997	1,012	954
소셜벤처기업	–	–	1,614	1,856	2,448
합계	22,013	24,920	29,006	31,707	34,412

자료: 고용노동부, 행정안전부, 중소벤처기업부, 한국사회적기업진흥원 등.

〈표 2-13〉 사회적기업 고용(명) 현황

구분	2007년	2010년	2013년	2016년	2019년	2021년	2023년
총고용	2,539	13,443	23,919	39,195	49,063	63,034	66,917
취약계층 고용	1,403	8,227	14,479	23,858	30,073	38,597	40,583

자료: 고용노동부(2024), 2023년은 3월 기준임.

한걸음 더

- 재미있는 사회적기업을 찾아보자.
  예) 위캔쿠키, 노리단, 파타고니아, 빅이슈, Pioneer Human Services

부록

대한민국 대표기업 공부하기

본 장에서 기업의 가치와 사회에 대해 기여하는 방식에 대해 학습하였다. 국내 대표기업들의 주요 특징과 경영현황을 알아보기로 한다. 먼저 한국을 대표하는 기업으로서 2024년 6월 말 현재 시가총액 상위의 10개 기업의 주요 특성을 살펴보자.

<표 2A-1>을 보면 반도체, 2차전지, 자동차, 바이오제약 등이 상위 순위를 차지하고 있으며 그 뒤를 금융, 철강, 인터넷서비스 산업이 잇고 있다. 개정 이전 본서의 데이터 시점인 2022년에 비교해보면, 인터넷서비스 업체인 네이버가 10위로 하락하였고 카카오는 10위권에서 탈락하였다. 그리고 전통산업인 자동차회사가 도약하였다. 전통산업이라고 하지만 현대차와 기아 모두 신기술 기반의 전기차 및 자율주행차로의 전환을 추진하면서 자본시장의 좋은 반응을 얻어서 10대 기업

〈표 2A-1〉 시가총액 기준 국내 10대 기업(2023~2024년 기준)

기업명	창립년도 (조직나이)	산업분류	시가총액 (조원)	주가 (2024년 6월)	주가 (2019년 말)	주가 배수	매출액 (억원)	종업원 수
삼성전자	1969(55)	전자, 반도체	538.87	81,500	55,800	1.46	2,589,355	124,404
SK하이닉스	1983(41)	반도체	172.17	236,500	94,100	2.51	327,657	32,065
LG에너지솔루션	2022(2)	1, 2차전지	76.40	326,500	–	–	337,455	12,038
현대차	1967(57)	자동차	61.77	295,000	120,500	2.45	1,626,636	73,500
삼성바이오로직스	2011(13)	바이오제약	51.74	727,000	433,000	1.68	36,946	4,655
기아	1944(80)	자동차	51.70	129,300	44,300	2.92	998,084	35,697
셀트리온	2002(22)	바이오제약	37.82	174,300	181,000	0.96	21,764	2,477
KB금융	1963(61)	금융서비스	31.67	78,500	47,650	1.65	774,828	15,964
POSCO홀딩스	1968(56)	철강 지주사	30.70	363,000	236,500	1.53	771,272	17,772
Naver	1999(25)	인터넷 콘텐츠 및 정보	27.10	166,900	186,500	0.89	96,706	4,255

주) 시가총액과 주가는 2024년 6월 30일 기준; 매출액과 종업원 수는 2023년 12월 기준 적용.
주) LG에너지솔루션은 2022년 1월 27일에 LG화학에서 물적분할하여 자회사로 신설되었음.
주) KB금융은 KB은행 종업원 수로, POSCO홀딩스는 철강부문 종업원 수로 하였음.
자료: 한국신용평가정보, Naver, KRX 등.

군에 들었다. 이상을 보면 상위 10개 기업이 신경제와 맞닿아 있는 기술로 시장에 접근하고 있음을 알 수 있다.

10대 기업을 비교하여 보면, 반도체회사의 위상이 압도적임을 알 수 있다. 우리나라와 대만을 반도체의 나라라고 하는 이유다. 삼성전자와 SK하이닉스에 협력관계를 맺고 있으면서 반도체산업의 생태계를 구성하고 있는 이른바 반도체 '소부장' 회사들이 반도체 클러스터에 광범위하게 포함되어 있다. 소부장 회사란 소재와 부품과 장비 회사를 총칭하는 표현이다. 이들 기술기업들은 삼성전자, 하이닉스, DB하이텍 등의 국내 칩 회사뿐 아니라 해외의 많은 반도체회사들과 협력관계를 맺고 있다. 한국과 대만에서 전 세계 반도체 공급망을 장악하고 있는 것이다.

현대차, 기아, LG에너지솔루션은 모두 전기차를 중심으로 이른바 뉴모빌리티 분야의 사업에 해당한다. 이전에 별도의 산업이었던 두 분야가 4차 산업혁명 시대에 만나게 된 것이다. 기후위기가 심각한 상황으로 접어드는 시점에서 전기차 혁명은 필연적이다. 이에 두 분야의 협력과 경쟁의 관계가 주목된다.

바이오제약산업의 삼성바이오로직스와 셀트리온은 완전히 새로운 사업분야이다. 삼성바이오로직스는 바이오 기반 제약 생산을 위탁받아 제조하는 CDMO 사업체이다. 이는 의약품 위탁생산인 CMO(Contract Manufacturing Organization)와 생산을 위한 위탁개발인 CDO(Contract Development Organization)를 통합한 사업이다. 세계적인 제약회사들의 생산과 개발 전문기업이다. 코로나 백신 관련으로는 현재 모더나 백신을 위탁생산하고 있다. 마치 삼성전자와 TSMC가 비메모리반도체 분야에서 수많은 설계전문기업(팹리스, fabless)들의 주문생산자가 되는 파운드리(foundry) 사업과 마찬가지의 비즈니스 모델이다. 셀트리온은 독자적으로 바이오 약품을 개발하고 생산하는 기술기업이다.

인터넷 콘텐츠 및 정보 분야에서 네이버와 카카오가 지난 10년간 급격히 성장하였다. 인터넷 기반의 플랫폼 기업의 성장은 세계적인 흐름이다. 새로운 시대의 경제구조가 바뀌고 있다는 것을 보여주는 현상이다. 단지 최근 이 기업들의 수익구조에 의문이 제기되며 하락하였다. 구글이나 아마존과는 다른 흐름이다.

이상의 10개 기업을 보면 우리나라 핵심산업의 방향을 이해할 수 있다. 과거 반도체를 필두로 전기전자, 건설, 조선, 자동차, 석유화학 등의 사업이 새로운 형태로 진화하고 있으며 신기술 분야가 탄생하고 접목되어가고 있음을 알 수 있다. 기업의 변화가 한국 경제의 변화, 그리고 한국사회의 변화에 연계되어 있다.

이들 10대 기업의 자본과 손익의 구조를 살펴보기로 한다. 먼저 자본구조를

〈표 2A-2〉 국내 10대 기업의 자본과 손익의 구조(2023년 말 기준)

기업명	자산 총계	자본	부채	부채 비율	매출액 (억원)	영업이익 (억원)	영업 이익률	순이익 (억원)	순이 익률	ROE	ROA
삼성전자	4,559,059	3,636,778	922,281	25.36	2,589,355	65,670	2.54	154,871	5.98	4.15	3.43
SK하이닉스	1,003,302	535,038	468,264	87.52	327,657	−77,303	−23.59	−91,375	−27.89	−15.61	−8.95
LG엔솔	454,371	243,735	210,636	86.42	337,455	14,864	4.41	16,380	4.85	6.35	3.91
현대차	2,824,634	1,018,094	1,806,539	177.44	1,626,636	151,269	9.30	122,723	7.54	13.68	4.56
삼성바이오로직스	160,462	98,305	62,157	63.23	36,946	11,137	30.14	8,577	23.21	9.12	5.26
기아	806,278	465,582	340,696	73.18	998,084	116,079	11.63	87,778	8.79	20.44	11.38
셀트리온	199,175	171,258	27,917	16.30	21,764	6,515	29.93	5,397	24.80	5.07	4.18
KB금융	7,157,382	588,733	6,568,648	1115.73	774,828	64,353	8.30	45,634	5.89	8.44	0.58
POSCO홀딩스	1,009,454	596,639	412,815	69.19	771,272	35,314	4.58	18,458	2.39	3.18	1.85
Naver	357,378	242,380	114,998	47.45	96,706	14,888	15.39	9,850	10.19	4.41	2.83

주) 삼성전자와 SK하이닉스는 반도체 불경기에 따라 이익이 큰 폭으로 하락하였음.
자료: 한국신용평가정보, Naver, KRX 등.

보면 반도체회사와 자동차회사의 총자산 규모가 매우 큼을 알 수 있다. 거대 장치 산업의 특성을 반영하는 것이다. 자동차산업에서는 판매망도 거대하다. 반도체뿐 아니라 가전과 핸드셋 사업을 함께하고 있는 삼성전자도 판매망이 크다. 반면에 인터넷과 바이오제약 회사의 자산규모는 상대적으로 작음을 알 수 있다. 달리 말하면 이들 산업에서는 작은 자산규모에도 불구하고 10위 내 기업이 될 정도로 자산효율성이 높다는 것을 말해준다. 부채비율을 보면 산업의 영향도 있지만 산업 내 기업 간 차이도 커서 자기자본−타인자본 간 구성의 자본구조에 여러 요인이 영향을 미치는 것을 볼 수 있다.

〈표 2A-3〉 국내 10대 기업의 기업 개요

기업명	기업 개요
삼성전자	• 한국 및 CE, IM부문 해외 9개 지역총괄과 DS부문 해외 5개 지역총괄, Harman 등 234개의 종속기업으로 구성된 글로벌 전자기업임. • 세트사업에는 TV, 냉장고 등을 생산하는 CE부문과 스마트폰, 네트워크시스템, 컴퓨터 등을 생산하는 IM부문이 있음. • 부품사업(DS부문)에서는 D램, 낸드플래쉬, 모바일AP 등의 제품을 생산하는 반도체 사업과 TFT-LCD 및 OLED 디스플레이 패널을 생산하는 DP사업으로 구성됨.
SK하이닉스	• 1983년 현대전자로 설립됐고, LG반도체와 합병하여 2001년 하이닉스반도체가 되었음. 2012년 최대주주가 SK텔레콤으로 바뀌면서 SK하이닉스로 상호를 변경함. • 주력 제품은 DRAM, NAND플래쉬, MCP와 같은 메모리반도체이며, 2007년부터 시스템LSI 분야인 CIS 사업에 재진출함. • 2020년 10월 인텔의 NAND사업을 인수하여, 2023년 전체 매출 중 DRAM과 NAND가 각각 63%와 29%의 비중을 차지함. 세계 반도체시장 점유율은 D램 28.0%, 낸드플래시 12.9%임.
LG에너지솔루션	• 2021년 LG화학에서 물적 분할되어 신설되었으며, 2022년 1월 27일에 상장되었음. EV, ESS 등에 적용되는 배터리 제품의 개발, 제조, 판매하는 사업을 영위하고 있음. • EV용 배터리의 경우 경쟁사 대비 앞선 개발과 공급 및 높은 에너지 밀도 등의 제품 경쟁력을 기반으로 Global 자동차 OEM 대부분을 고객으로 확보하였음. • 2024년 1분기 기준 세계시장에서 EV용 배터리 점유율 13.6%를 차지하고 있음.
현대차	• 동사는 1967년 12월에 설립되어 1974년 6월 28일에 유가증권시장에 상장됨. • 동사는 자동차 및 자동차부품을 제조 및 판매하는 완성차 제조업체로, 현대자동차그룹에 속하였으며, 현대자동차그룹에는 동사를 포함한 국내 53개 계열회사가 있음. • 소형 SUV인 코나, 대형 SUV인 팰리세이드, 제네시스 G80 및 GV80 등을 출시하여 SUV 및 고급차 라인업을 강화하였으며, 수소전기차 넥소를 출시함.
삼성바이오로직스	• 삼성그룹의 계열사로 2011년 4월 설립되었으며, 국내외 제약회사의 첨단 바이오의약품을 위탁생산하는 CMO 사업을 영위. 2018년 cGMP 생산을 시작하여 2019년 말 기준 36.2만리터 생산설비를 가동 중이며, 이 시장에서 선발업체를 추월해 생산설비 기준 세계 1위 CMO로 도약. • 동사의 바이오의약품 연구개발 자회사인 삼성바이오에피스와 아키젠바이오텍은 바이오시밀러 개발 및 상업화를 진행 중.
기아	• 1999년 아시아자동차와 함께 현대자동차에 인수되었고, 기아차판매, 아시아자동차, 기아대전판매, 아시아차판매 등 4개사를 통합함. • 국내(소하리, 화성, 광주)와 미국, 슬로바키아, 멕시코 공장의 생산능력을 모두 합하면 연간 263만대 규모임. • 전체 매출액의 약 30% 내외를 내수시장에서 판매하고 있으며, 북중미 및 유럽시장 등 해외에서의 판매비중은 70% 수준임.

기업명	기업 개요
셀트리온	• 동사는 생명공학기술 및 동물세포대량배양기술을 기반으로 항암제 등 각종 단백질 치료제(therapeutic proteins)를 개발, 생산하는 것을 목적사업으로 하고 있음. • 아시아 최대인 140,000L 규모의 동물세포배양 단백질의약품 생산설비를 보유하고 있으며 향후 개발 일정과 수요 등을 고려하여 3공장 신설 예정. • 세계 최초 개발한 자가면역질환 치료용 바이오시밀러 '램시마'는 2016년 미국 FDA로부터 판매 승인을 받음.
KB금융	• 2008년 설립된 KB금융그룹의 지주회사로서 높은 브랜드 인지도를 바탕으로 은행, 카드, 증권, 생명보험, 손해보험, 저축은행 등 다양한 금융 사업을 영위함. • 2020년 푸르덴셜생명을 종속기업으로 편입, 2023년 기존 KB생명보험과 합병함. 2023년 KB신용정보 지분을 국민카드에 매각함. • WM, 글로벌, 자본시장부문을 신성장 영역으로 집중 육성하고, 디지털금융 강화 전략으로 No.1 금융플랫폼기업으로 도약하기 위해 노력 중임.
POSCO홀딩스	• 1968년 창업한 POSCO를 2022년에 분할하여 포스코그룹의 지주사로 출범한 회사임. POSCO 철강은 100% 자회사로 유지함. • 동사는 자동차, 조선, 가전 등 산업에 원자재를 공급하는 철강사업(포스코)을 주력으로 영위하고 있으며, 무역/건설/에너지를 포함한 친환경인프라사업(포스코인터내셔널, 포스코건설, 포스코에너지 등)도 운영함. • 그룹 전반의 성장 전략을 수립하고 미래 사업 테마를 발굴하며 M&A 등 신사업을 추진하는 미래사업 포트폴리오 개발자 역할을 수행.
NAVER	• 동사는 국내 1위 포털 서비스를 기반으로 광고, 쇼핑, 디지털 간편결제 사업을 영위하고 있으며, 공공/금융 분야를 중심으로 클라우드를 비롯한 다양한 IT 인프라 및 기업향 솔루션 제공을 확대해가고 있음. • 웹툰, Zepeto, V LIVE 등 다양한 콘텐츠 사업을 통해서도 글로벌 사업 기반을 확장하고 있는 ICT 기업임. • 인공지능, 로보틱스 등 미래 기술에 대한 지속적인 연구개발을 통해 기술플랫폼의 변화와 혁신을 추구하고 있음.

이하에서는 10대 기업 외에 일부 주요 기업들의 관련 통계를 정리하였다. 이들 기업에 대해서도 자료를 수집하여 공부해보기로 하자.

〈표 2A-4〉 산업별 국내 주요 기업(2023년 말)

기업명	창립년도 (조직나이)	산업분류	시가총액 (조원)	주가 (2024년 6월)	주가 (2019년 말)	배수	매출액 (억원)	종업원 수
LG화학	1947(77)	화학, 2차전지	24.39	345,500	308,000	1.12	552,498	14,460
LG전자	1958(66)	전자	18.15	110,900	71,300	1.55	842,278	35,055
삼성SDI	1970(54)	2차전지	24.34	354,000	222,500	1.59	227,083	12,451
삼성생명	1957(67)	보험	17.70	88,500	74,500	1.18	309,370	5,035
카카오	2006(18)	인터넷 콘텐츠 및 정보	18.02	40,650	29,600	1.37	75,570	3,680
현대건설	1947(77)	건설	3.57	32,050	42,650	0.75	296,514	7,237
CJ제일제당	1953(71)	식품	5.80	385,500	243,000	1.58	290,235	8,561
아모레퍼시픽	1945(79)	화장품	9.78	167,300	196,500	0.85	36,740	4,583
KT	1981(43)	통신	9.42	37,400	27,400	1.36	263,763	19,737
이마트	1993(31)	소매유통	1.57	56,500	126,000	0.45	294,722	22,485

주) 시가총액과 주가는 2024년 6월 30일 기준; 매출액과 종업원 수(국내고용)는 2023년 12월 기준.

〈표 2A-5〉 산업별 주요 기업의 자본과 손익의 구조(2023년 기준)

기업명	자산총계	자본	부채	부채 비율	매출액 (억원)	영업이익 (억원)	영업 이익률	순이익 (억원)	순이 익률	ROE	ROA
LG화학	774,667	409,382	365,285	89.23	552,498	18,523	3.35	20,534	3.72	4.20	2.82
LG전자	602,408	234,985	367,423	156.36	842,278	35,491	4.21	11,506	1.37	3.69	1.99
삼성SDI	340,389	199,072	141,316	70.99	227,083	18,080	7.19	20,660	9.10	11.48	6.43
삼성생명	3,146,550	443,374	2,703,176	609.68	309,370	23,984	7.75	20,337	6.57	4.95	0.67
카카오	251,800	138,586	113,214	81.69	75,570	4,609	6.10	-18,167	-24.04	-10.26	-7.55
현대건설	237,145	104,555	132,590	126.81	296,514	7,854	2.65	6,543	2.21	6.77	2.93
CJ제일제당	296,063	117,799	178,263	151.33	290,235	12,916	4.45	5,595	1.93	5.55	1.88
아모레퍼시픽	58,865	48,727	10,138	20.81	36,740	1,082	2.94	1,739	4.73	3.72	2.97
KT	427,100	185,611	241,488	130.10	263,763	16,498	6.25	9,887	3.75	6.05	2.36
이마트	334,439	138,342	196,096	141.75	294,722	-469	-0.16	-1,875	-0.63	-0.79	-0.56

한걸음 더

- 산업 간 매출액 차이를 비교해보자. (매출이 큰 업종과 작은 업종의 특성)
- 기업 간 영업이익률, 순이익률의 차이를 알아보자. 왜 그 차이가 날까?

REFERENCE 참고문헌

고용노동부(2020), 임금구조기본통계조사.

삼성전자, 2021년 지속가능보고서.

이준구 · 이창용(2020), 『경제학원론』(6판), 문우사.

통계청, 2020년 기업생멸행정통계.

한국사회적기업진흥원, www.socialenterprise.or.kr

한국은행 국민소득통계, http://www.bok.or.kr/portal/main/

한국증권거래소, http://data.krx.co.kr/contents/MDC/MAIN/main/index.cmd

Armour, J., Hansman, H., Kraakman, R. & Pargendler, M.(2004), "What is Corporate Law?" (Kraakman, R. 등의 편저, *The Anatomy of Corporate Law: A Comparative and Functional Approach.* Oxford University Press), pp. 1-28.

Coase, R. H.(2000), "The Acquisition of Fisher Body by General Motors," *Journal of Law and Economics*, 43(April), pp. 15-31.

Collins, J. C. & Porras, J. I.(1994), *Built to Last: Successful Habits of Visionary Companies*, Harper Business.

Collins, J. C.(2001), *Good to Great: Why Some Companies Make the Leap... and Others Don't*, Harper Business. (번역: 이무열, 좋은 기업을 넘어 위대한 기업으로, 김영사.)

Williamson, O. E.(1975), *Markets and Hierarchies: Analysis and Anti-trust Implications*, New York: Free Press.

CHAPTER 03

기업의 지배구조와 경영체제

이 장의 구성

FUNDAMENTALS OF MANAGEMENT

이 장에서는 기업의 지배구조와 경영체제를 다루었다. 기업을 누가 지배하는가는 기업 경영의 실질적 권리에 대한 것이다. 소유와 경영의 분리에 따른 문제를 해결하기 위해 지배구조가 어떻게 발전하였는가를 살펴보고 지배구조 구성요소를 정리해본다. 한국의 대기업집단(재벌그룹)의 소유와 지배 및 경영체제를 공부한다.

- 기업은 누가 지배하는가?
- 소유와 경영의 분리는 어떻게 이뤄지는가?
- 지배구조의 주요 요소에는 무엇이 있는가?
- 한국 기업의 지배구조와 대기업집단은?

1. 기업지배구조와 경영자 통제

기업은 누가 지배하고 통제하는 것일까? 경영은 누가 하는가? 지배와 경영의 관계는 어떻게 형성되었는가? 이러한 문제는 자본주의의 중요한 이슈이고 기업 경영의 핵심적인 현상의 하나다.

1.1 기업지배구조의 의미, 중요성

기업지배라는 말은 다소 생소하다. 이런 표현이 왜 나왔을까? 알아보기로 하자.

기업지배구조의 의의

기업지배(corporate governance)는 기업의 전반적 활동에 통제력을 행사하는 것을 말하고 지배구조(governance structure)는 통제력을 행사하여 기업 행위를 규율하는 데 효과적인 메커니즘을 말한다.[1] 이 두 용어를 합하여 기업지배구조로 표현하고 전후 맥락에 따라 다양하게 사용한다. 정리하면, 하나의 기업을 어떻게 운영할 것인가에 대한 전반적인 권한과 통제에 관련된 장치와 구조라고 정의할 수 있다.

---

1) 기업지배구조는 경제학자, 법학자, 경영학자의 주요 관심 분야이다. 경영학 내에서는 주로 재무관리, 전략경영, 조직관리 분야에서 연구가 많다.

기업지배구조는 기업을 지배하는 권력의 배분과 기업을 둘러싼 이해관계자들 간의 관계를 조정하는 장치이다. 그래서 경영자원의 조달과 운용 및 수익의 분배 등에 대한 의사결정과정과 이에 대한 감시기능의 총칭으로 정의되기도 한다.

효과적인 기업지배구조가 필요한 이유는 기업의 소유구조와 경영권이 일치하지 않기 때문이다. 주식회사제도의 도입으로 투자자(소유자)가 직접 경영을 하지 않는 경우가 많아졌다. 그런데 경영자에 의한 기업행위가 소유자인 주주의 이익과 상충되는 경우가 발생하게 되었다. 따라서 투자자의 이익을 보호할 필요가 생겼다.

이처럼 기업지배구조의 초점은 투자자와 경영자의 관계에 있다. 기업지배구조는 기업에 자본을 제공하는 외부 투자자를 보호하는 메커니즘으로서 투자자의 이익이 훼손되지 않도록 경영진을 감시하고 통제하는 역할을 하고, 나아가서 투자자들의 가치를 증대시키는 적극적 노력을 이끌어내는 기업 내·외부의 압력이자 힘이다.[2] 특히 보호가 취약한 (소수)주주들에게 초점을 맞추면서 기업지배구조를 투자자 보호의 문제로 정의하고 있다. 따라서 기업지배구조는 경영자의 사적 이익 추구행위를 통제하고 경영자의 의사결정이 기업가치 극대화를 지향하도록 규율하는 시스템으로 이해될 수 있다.

기업의 경제적 가치창출이 비단 주주만이 아니고 여러 이해관계자와 관련이 됨에 따라서 기업지배구조의 중요성이 더 커지게 되었다. 즉, 이해관계자에게 부당한 피해를 미치지 않도록 기업행위가 규제될 필요가 있기 때문이다. 기업지배구조는 기업가치의 극대화를 위해 기업의 이해관계자 간 대리인비용과 거래비용을 최소화하는 목적의 기구가 된다. 기업의 경영을 감시하고 규율하는 기구로 폭넓게 보는 것이다. 결론적으로 기업지배구조는 잠재적 주주와 투자자 및 이해관계자들의 이해관계 충돌을 방지하고 사회적 정당성을 확보하는 메커니즘으로 폭넓게 정의될 수 있다.

▌기업 주권: 주주주권과 공동주권

지배구조에 대한 논의의 출발점은 기업 주권의 개념이다. 기업의 주인이 누구일까? 주권이란 주인으로서 권리를 뜻한다.

기업의 주인은 주식회사에서는 주식을 보유하고 있는 주주이다. 개인기업의 경우에는 개인 소유자가 주인이다. 법적 개념에서 보면, 자본 출자자가 주인으로

---

2) Shleifer & Vishny(1997) 참조.

서 권리를 갖는 것은 당연하다. 이 경우 기업지배의 초점은 주주의 주인으로서 권리를 인정하고 보호하는 기능에 있다. 주주가 주인의 권리를 가진 유일한 이해관계자로 보는 것이 주주주권주의다. 주주주권주의는 사유재산권의 개념에 기반한 것으로 자본집합체로서 기업의 정의에 부합한다.

한편 기업에 일터를 가진 구성원도 주인으로서 일정한 권리를 갖는다는 관점이 있다. 그들의 '근로의 삶(work life)'의 터전이기 때문이다. 기업을 자본과 노동의 결합으로 보면 자본의 출자자와 노동의 제공자가 공동 주인의 권리를 갖는다는 것이다. 주주와 종업원의 공동주권주의다. 이 관점을 따르면 기업지배구조에 근로자 대표도 참여할 수 있게 된다.

이를 더 확장한 것이 이해관계자 주권의 개념이다. 주인으로서 권리를 주주와 종업원 이상의 이해관계자에까지 확장하는 것이다. 하나의 예가 공급자의 권리이다. 오늘날 공급자 관계가 단순히 시장거래 이상으로 발전하여 상호 이해관계가 매우 크다는 점에서 나온 주장이다.

국가별로 자본주의 발전 역사에 따라 차이가 있다. 미국식 자본주의는 주주주권주의에 의해 발전해왔다. 그리고 기업의 주인인 주주의 이익을 보호할 필요성에서 일찍부터 기업지배구조 이슈가 논의되었다. 독일이나 일본의 자본주의에서는 주주-종업원 공동주권이라는 개념이 강하다. 종업원의 이해를 대변하는 것이 지배구조에서 주요하게 고려된다. 이처럼 국가별 차이가 있다. 우리나라의 경우에는 주주주권의 개념이 강하다. 그러나 창업주와 가족이 적은 비율의 주식을 보유하고 그룹을 경영하고 있어서 기업지배의 이슈가 있다. 기업지배구조 개선의 과제가 있는 것이다. 이에 대해서 3절에서 상세히 다루었다.

오늘날 시대적 흐름에서 보면 종업원을 비롯한 이해관계자를 주인으로 인정하기는 어렵겠지만 단순 거래자 이상의 권리를 인정하는 경향이 있다. 이해관계자 주권과 같은 사회성이 강화된 주권 개념이 논의되고 있다. 시대 흐름에 따른 변화이다.

기업지배구조의 기능

기업지배구조의 기능이 어떻게 나타나면 좋은가? 아래 4가지를 들 수 있다.

첫째, 경영의 투명성(transparency) 증대이다. 경영이 투명해야 기업 내·외부의 이해관계자들이 상황을 제대로 파악할 수 있다. 그리고 기업과의 관계에 대해 올바른 결정을 내릴 수 있게 된다. 투자자는 투자관련 의사결정, 채권자는 채무조정의사결정, 종업원은 고용관계 의사결정, 공급자는 거래관계 의사결정에 제대로 된 정보를 이용할 수 있다. 분식회계 등의 속임수나 불투명성으로 인한 정보부족은 이해관계자의 의사결정을 왜곡시키고 이익을 훼손시킨다. 경영 투명성은 이해관계자 이익보호의 바탕이 된다.

둘째, 경영자를 감시(monitoring)하고 통제하는 기능이다. 경영자의 의사결정과 각종의 관리적 행동을 잘 감시할 수 있어야 한다. 경영자를 감시하는 게 왜 중요한가? 나중에 소유와 경영의 분리에서 다시 논의하겠지만 경영자가 사적 이익을 도모하는 의사결정을 내리면 안 되기 때문이다. 경영자는 주주의 대리인이다. 자신의 이익이 아닌 주주의 이익을 제고하는 결정을 내려야 한다. 당연히 경영자의 의사결정을 통제하고 감시하는 구조가 필요하다.

셋째, 회사의 전략을 평가하고 도와주는 조언자(advisory) 역할이다. 과거에는 경영자를 통제하고 감시하는 것만 얘기했지만, 오늘날에는 경영자가 더 높은 수준의 전략적 의사결정을 내릴 수 있게 해주는 것에도 주안점을 두고 있다. 통상의 수준을 넘어선 더 좋은 지배구조를 지향하는 것이다.

넷째, 사회적 정당성(legitimacy)을 확보한다. 과거에는 경제적 가치를 높이는 데서 정당성이 부여되었지만 오늘날에는 사회적 관점에서 정당화될 수 있는 가치 창출이 기업에 요구되고 있다. 이사회는 이를 대변하는 기능을 할 수 있다.

대리인 이론: 대리인 문제와 비용

기업지배구조가 중요하게 된 이유는 대리인 문제(agency problem)에서 기인한다. 소유와 경영이 분리되고 소유자(주주)의 대리인 역할을 하는 경영자들이 소유자의 이익을 제대로 대변하지 않는 문제이고, 이로 인해 대리인 비용이 발생한다. 기업지배구조는 이러한 대리인 비용을 최소화하기 위해 기능하는 것이다.

기업이론의 중심으로 대리인 이론(agency theory)을 제기한 젠슨(Jensen)과 메클링(Meckling)의 연구를 중심으로 소유자와 경영자의 대리인 관계에 따른 비용을 살펴보자.[3] 대리인 이론은 대리인 문제가 발생하는 원인과 비용에 관한 설명을 제시한다. 대리인 문제는 주인(principal)을 위하여 일하기로 약속한 대리인(agent)이 정보비대칭성을 이용하여 주인을 위해서 일하는 대신에 자신의 이익을 챙기는 것을 말한다. 주주와 경영자의 관계가 그렇다. 주주가 기업의 주인이지만 직접 경영

3) Jensen & Meckling(1976) 참조.

하는 것이 용이하지 않다. 기업 경영에 전념할 여건이 안 되기도 하지만 무엇보다도 경영의 지식과 전문능력이 부족하기 때문이다. 이러한 위임관계에서 경영자가 '신의성실의 원칙'에 따른 대리인 역할을 하지 않을 수 있다. 경영자는 회사경영 상태는 물론 자신이 어떻게 경영했는지를 알지만 주주들은 잘 모른다. 예컨대 부품조달과정에서 다소 품질이 떨어지는 부품을 경영자가 자신과 친분 있는 업체라고 해서 구입해 주더라도 주주들은 알 수가 없다. 경영자가 이 점을 악용하면 기업에 해를 끼치면서 자신의 사적 이익을 도모하고서도 그 지위를 유지할 수 있다.

대리인 문제는 소유와 경영의 분리를 원칙으로 하는 주식회사의 경영에서 심각한 문제이다. 대리인 문제는 주주들이 경영자의 행위와 그 결과를 감시할 수 없을 때 많이 일어난다. 일하는 자와 감시하는 자의 사이에 존재하는 근본적인 정보비대칭이 정보접근성의 부족으로 더욱 심화되기 때문이다.

젠슨과 메클링에 따르면 위임자와 대리인이 자신의 이익을 최대한 얻고자 하는 이러한 이익적 관계에서 대리인이 항상 위임자의 이익을 위해서 행동하지 않을 것이라는 점은 당연하다. 이때 위임자는 대리인이 주인의 이익에 어긋나는 행동을 방지하기 위해 적절한 인센티브를 활용할 것이다. 그리고 대리인의 행동을 일정 범위 내로 통제하기 위해 비용을 지불하게 된다. 이를 대리인 비용(agency cost)이라 한다.

대리인 비용은 다음의 3가지로 구성된다. 첫째, 감시비용(monitoring expenditures)이다. 주주이익의 훼손을 방지하기 위해 대리인의 의사결정과 경영을 감시하는 데 들어가는 지출이다. 예를 들어, 경영자 감시기능을 강화하기 위해 이사회구조를 채택하여 운영하는 비용이다. 둘째, 보증비용(bonding expenditures)이다. 대리인의 활동이 위임자(주인)의 이익에 해가 되지 않는다는 것을 보증하기 위한 지출이다. 회계감사 비용이 그 예이다. 셋째, 잔여손실(risidual loss) 비용이다. 대리인의 결정이 위임자(주인)의 부의 극대화를 위한 결정과 편차가 발생하여 발생하는 부의 감소분을 의미한다. 감시비용과 보증비용을 지출하여도 발생하는 나머지 부분을 말한다. 위임자와 대리인 간에는 각자의 목표에 따라 의사결정의 차이가 생기는 데서 오는 어쩔 수 없는 기업가치 감소 비용이다.

주주이익 보호의 필요성 증대

대리인 이론은 주주이익의 보호가 중요하고 복잡한 이슈임을 확인해주고 있다. 그런데 주주이익 보호가 자본주의가 발전하면서 더욱 중요하게 된 이유는 무엇일까?

첫째는 주주이익에 대한 법적 보호의 취약성 때문이다. 확정적 청구권(fixed claim)을 가지는 채권자와 달리 주주들은 잔여재산청구권(residual claim)을 가지기 때문에 자본 제공의 대가에 대해서 확실한 보장을 받지 못하고 큰 위험을 감수한다. 이에 더하여 경영자에 의한 대리인 문제는 투자위험을 가중시킨다. 주주로부터 경영권을 위임받은 경영자의 사적이익 추구로 인한 기업가치 훼손 부분에 대해서 사실상 보호받기 힘들다. 이러한 점으로 인해 기업지배구조의 중요성이 커졌으며, 그 초점도 투자자인 주인의 보호에 둘 수밖에 없다.4)

둘째는 대리인 문제가 더욱 심각해졌기 때문이다. 대리인 문제는 소유의 분산이 더 커질수록 발생가능성이 커진다. 소유자가 기업의 감시를 통해 얻을 수 있는 이득이 그다지 크지 않기 때문이다. 오히려 감시비용을 줄이고 다양한 기업에 분산투자하는 게 더 효율적일 수 있기 때문이다. 그러나 이 경우에 다수의 기업에 대리인 문제가 발생하게 되면 결과적으로는 분산투자도 효과가 없을 정도로 모두가 피해를 보게 된다.

자본주의가 발달하면서 일반적으로 나타난 현상으로 기업의 소유와 경영의 분리 현상을 들 수 있다. 기업의 소유자와 경영자가 분리되기 시작한 것이다. 소유의 분산은 소유자가 직접 경영하기 어려운 상황을 낳았다. 선택된 경영자가 다수 소유자를 대변하는 대리인(agent) 역할을 맡게 된 것이다. 이때 선택된 경영자는 소유자 중에서 특정인이거나 또는 아예 소유자와 무관한 사람이었다. 경영자가 독립적으로 역할 수행을 할 수 있게 되면서 고의든 고의가 아니든 소유자의 이해와 다른 형태의 의사결정을 내릴 수 있게 되었다. 이에 대리인 문제는 광범위하고 일반적인 현상이 되었다.

대체로 1970년대부터 대리인 문제가 본격적으로 논의되었는데, 1990년대에 기관투자자가 많아지고 기업의 의사결정에 영향을 미치게 되면서 기업지배구조가 더 중요하게 부각되었다. 이들은 개인 소액주주와 다른 적극적 의사표현자이다. 대규모 기관투자자들이 사외이사를 파견한다든지 어떠한 형태로든지 기업지배구조에서 상당한 영향을 미치고자 애썼다. 자본시장에서 기관투자자들의 영향력이 커지면서 그들의 이해관계를 어떻게 투영할 것인가, 어느 정도까지 어떤 방식으로 전개할 것인가, 이런 것들이 기업지배구조의 논의를 더 발전시키고 새로운 논쟁을 촉발시켰다.

---

4) 앞서 설명한 바와 같이 Shleifer & Vishny(1986, 1997)를 비롯하여 대다수 학자들은 기업지배구조의 핵심기능을 주인인 주주의 이익보호에 두고 있다.

1.2 소유와 경영의 분리: 소유구조 변화와 경영자 통제

기업의 소유와 경영의 분리 현상으로 대리인 문제가 발생하였다. 미국과 우리나라의 소유와 경영의 분리에 대해 살펴보자.

미국 대기업의 소유와 경영의 분리

소유와 경영의 분리는 기업의 규모가 커지고 시장경쟁이 본격화됨에 따라 기업의 자본 수요가 커짐에 따른 것이었다. 소수의 투자자로 구성된 소유구조의 기업이 더 큰 자본이 필요하게 됨에 따라 다수의 투자자로부터 자본을 조달할 필요가 생기자 주식시장을 통해 대규모의 일반투자자를 받아들이게 되었다. 기업이 성장을 통해 이익을 창출하고 이를 재투자하는 순환구조에서 먼저 대규모 투자자본을 유치하여 선행적으로 큰 투자를 하고 그 결과로 이익과 성장을 얻는 경로를 채택하게 된 데 따른 것이다. 이런 이유로 소유와 경영의 분리는 대기업에서 더 나타나는 현상이다.

소유와 경영의 분리 현상을 처음 규명한 연구는 벌과 민즈(Berle and Means)에 의한 것이었다.[5] 이 기념비적인 연구에 따르면 1920년대에 이미 미국 대기업의 소유구조가 다양하게 진화되었고 그 추세는 소유와 경영의 분리 현상이었다. <표 3-1>에서 보듯이 1929년 금융기업을 제외한 200대기업을 조사한 결과 소유구조가 다양하게 나타났다. 특히 어느 주주도 20% 이상의 지분을 보유하지 않았고, 전문경영자가 회사 경영을 책임지고 있는 기업이 45%나 되었다. 이러한 기업을 경영자 통제의 기업이라 한다. 이 연구자들이 구분한 소유구조별 현황을 보면 <표 3-1>과 같다.[6]

<표 3-1>에서 사적 소유(private property)는 개인기업 형태, 다수파 통제(majority control)는 과반수 지분의 대주주에 의한 기업지배, 소수파 통제(minority control)는 지분율이 과반수 이하이고 20% 이상의 주식을 보유한 주주의 기업지배, 법적 통제(control through legal device)는 과반 투표권 확보를 위한 피라미드식 소유의 기업지배, 경영자 통제(management control)는 어느 주주도 회사 경영에 관심을 가질 만큼의 지분을 보유치 않아서 경영자에 의한 기업지배가 이루어진 경우를 말한다.

---

5) Berle & Means(1932) 참조.

6) Berle, & Means, 앞의 책; Larner(1966, 1970) 참조.

〈표 3-1〉 미국 대기업의 소유와 경영의 분리

유형	Berle & Means(1932) 1929년, 비금융 200대기업	Larner(1966) 1963년, 좌동 기업	Larner(1970) 1963년, 비금융 500대기업
사적 소유	6%	0%	1%
다수파 통제	5%	3%	4%
소수파 통제	23% (지분율 20% 이상)	9% (지분율 10% 이상)	14% (지분율 10% 이상)
법적 통제	21%	4%	5%
경영자 통제	45%	85%	75%
위탁관리	1%	0%	0%

<표 3-1>의 맨 왼쪽 컬럼을 보면, 특징적인 현상으로 경영자 통제와 소수파 통제의 기업지배를 볼 수 있다. 경영자 통제의 기업에서는 어떤 주주도 기업을 통제할 만큼 지분비율을 가지고 있지 않다. 거대기업이 되면서 원래의 지배주주가 통제권을 잃어버릴 정도로 소유의 분산이 이뤄졌다. 결국은 경영자들이 주주보다 훨씬 힘이 세졌고 실질적으로 기업을 통제하게 되었다. 이러한 경영자 통제의 기업이 45%라는 것은 놀라운 비율이다. 그다음 소수파의 통제는 경영자 통제의 기업처럼 완전한 소유 분산은 아니지만 소유 분산이 충분히 커져서 과반수의 대주주가 아니어도 실질적으로 과반수를 확보할 수 있는 기업에서 가능하다. 벌과 민즈의 연구에 따르면 특정 주주가 20% 이상의 지분을 가지면 나머지 주주들의 주식분산으로 인하여 실질적으로 그 기업을 통제할 수 있었다. 이를 다수파 통제에 대응하여 소수파 통제라고 하였다. 이 소수파에 의해 기업이 통제되는 경우가 23%이었다.

경영자 통제와 소수파 통제, 두 유형의 기업이 전체 78%에 이르렀으니 소유와 경영의 분리가 일반적인 현상이 되었다. 다수파 통제의 기업에서도 대주주만 대변하는 경영자로부터 나머지 주주들의 이익을 어떻게 보호해야 할지에 대해 제도적 장치가 필요할진대, 이들 소수파 통제와 경영자 통제의 기업에서 다수 주주들의 이익 보호는 심각한 이슈이다. 또한 법적 지배에서도 소유와 경영의 괴리는 중요한 문제로 남는다. 피라미드식 기업 간 소유의 형태는 적은 지분 소유로 큰 기업을 지배하기 때문에 나머지 주주들과 타인자본 투자자인 채권자의 이익 보호의 이슈가 남는다.

이상의 소유와 지배의 분리로 인하여 경영자가 주주의 이익에 반하는 행동을 할 가능성이 커졌고, 이를 통제할 수 있는 수단이 약화되었다. 그리하여 기업지배구조의 설계가 중요한 문제가 되었다. 경영자가 기업을 통제하듯이 경영자를 견제하고 통제하는 지배구조를 만들어서 주주이익을 보호할 필요가 생겼다.

소유와 경영의 분리를 둘러싼 논쟁은 벌과 민즈의 연구 이후로 끊임없이 전개되었다. 소수파 지배나 경영자 지배의 정당성에 대한 논쟁과 대리인 비용에 관한 것이다. 특별한 연구 중 하나는 라너(Larner)가 1963년에 벌과 민즈 연구에서 조사됐던 기업들에 대해 소유구조를 다시 조사한 것이다. <표 3-1>에서 보듯이 1960년대에 경영자 통제의 기업이 85%에 이르렀고, 최대주주의 지분율 기준을 10%로 낮춘 기준으로도 소수파 통제가 9%에 그쳐 압도적으로 경영자 통제가 이루어졌다. 그리고 조사대상을 500대 기업으로 확장한 연구에서도 경영자 통제의 기업이 377개로 75%를 차지하였고 소수파가 통제하는 기업도 14%이었다. 종합하여 보면, 소유와 경영의 분리는 지속적으로 진행되었고, 전문경영자에 의한 기업 통제가 일반적인 현상이 되었다.

미국의 경우에 1960년대에 이미 온전한 경영자 통제의 시대에 접어들었다. 2000년대에 이르러 창업 후 급속히 성장한 빅테크 기업들이 많아져서 소수파 통제의 기업이 일시적으로 늘어나는 현상이 있다. 그렇지만 소유와 경영의 분리는 보편적인 현상임에 틀림없다. 이에 대리인 문제를 제어하고 소유자와 경영자의 이익 합치를 이끄는 기업지배구조의 중요성이 계속 커지고 있다.

한국 대기업의 소유와 경영의 분리 현황

우리나라의 경우는 어떠할까? 한국 경제의 압축성장 과정에서 대부분의 기업들이 급속히 성장하게 되어 직접 자본조달보다는 계열사(자회사) 신설 등의 방법으로 기업규모를 키워나갔다. 이때 형성된 것이 재벌형 그룹경영(기업집단) 체제이다. 대주주가 추가적인 자본을 투자하지 않고 기업규모를 키우는 방법으로서 일반주주로부터 자본을 투자받고 은행으로부터 대규모 금융을 조달받기 위한 목적이었다. 이로써 사실상 소수파 주주가 된 오너들이 기업지배권을 지킬 수 있었다.

기업의 규모에 비해서 적은 주식을 가지고 그 기업을 통제할 수 있는 소유(지분)구조이다. 그래서 사실상 외형적으로는 소수파 지배지만 피라미드형 기업집단을 형성하여 소유경영자의 완전한 지배력이 발휘되는 체제이다. 재벌형 대기업집단의 소유구조와 지배구조에 대해서는 3절에서 자세히 공부하기로 한다.

2. 기업지배구조의 구성과 기능

2.1 기업지배구조의 요소

기업지배구조는 기업조직 내에서 기능하는 내부지배구조와 외부 시장의 압력 요인인 외부지배구조로 구분할 수 있다. 내부지배구조는 경영의사결정에 직접 영향을 미칠 수 있는 위치에 있지만 경영자 권력의 영향권에서 제대로 기능하지 못할 수도 있다. 이사회 활동의 독립성 문제가 자주 제기되는 것은 이 때문이다. 외부지배구조는 시장의 힘으로 기업과 경영자를 규율하는 것이다. 이해관계자들에 의한 통제장치인데 시장기능이 활용된다. 상대적으로 독립성이 높으나 정보접근성이 약하다는 단점이 있다. 지배구조의 구성요소는 <표 3-2>에 분류되어 있다.

내부지배구조

내부지배구조에는 이사회, 주주총회, 내부감사제도 및 인센티브제도가 있다.

첫째, 이사회(BOD: Board of Directors)는 기업의 실질적인 최상위 의사결정기구이다. 핵심기능은 경영자의 대리인 문제를 통제하고 기업가치를 높이는 데 있다. 일차적으로는 경영자 행위가 주주가치에 합치하도록 감시하고 통제하는 것이다.

이러한 기능을 수행하도록 폭넓은 권한을 갖는다. 가장 중요한 권한은 최고경영자를 임명하고 해임하는 것이다. 경영자의 경영성과를 평가하고 보상을 결정한다. 또한 기업 전체의 운명에 결정적 영향을 미치는 투자안건과 경영전략을 심의하고 승인한다.

이사회는 사내이사와 사외이사로 구성된다. 사내이사는 집행임원으로서 CEO와 소수의 최고경영진이다. 최고재무책임자(CFO)와 최고운영책임자(COO) 등이 주

〈표 3-2〉 기업지배구조의 구성요소

내부지배구조	외부지배구조
• 이사회 • 주주총회 • 내부감사제도 • 인센티브	• 자본시장의 인수합병 • 금융기관과 채권자 통제 • 외부감사제도 • 경영자 시장 • 기관투자자 통제 • 소액주주 통제

요 후보이다. 사외이사는 기업 외부의 비상근 이사다. 최고경영진의 경영성과를 정확히 평가하기 위하여 사외이사들만으로 구성된 평가보상위원회에서 임면과 보상을 결정한다. 또한 사외이사들로 구성된 감사위원회에서 독립적인 외부 회계감사기관을 선정하고, 이들 감사기관으로 하여금 회계기준에 적합한 재무제표가 작성되었는지를 확인함으로써 경영자를 통제한다. 이사회의 구성과 기능에 대해서는 다음 섹션에서 별도로 설명하였다.

둘째, 주주총회(general meeting of shareholders)는 주주 전체에 의하여 구성되고 회사의 기본조직과 경영에 관한 중요한 사항을 최종적으로 의결하는 기관이다. 주주총회는 형식상으로는 주식회사의 최고기관이며, 그 결의는 이사회를 구속한다. 주주총회는 경영자의 업무집행을 감독하도록 이사회 구조를 결정한다. 주주총회는 이사회에 권력의 원천, 즉 정당성을 부여해주는 최종 권한기구이다.

주주총회에는 정례회의와 특별회의가 있다. 정례회의는 회계연도의 경영성과를 보고받고 승인한다. 그리고 이사와 감사를 선임한다. 우리나라는 모든 기업이 연말 결산이고 2월쯤 결산 이사회를 마친 후 주주총회는 대부분 3월에 개최된다. 미국은 기업별로 회계연도가 달라서 주주총회 개최는 분산된다. 특별 주주총회는 임시주주총회 형식이다. 이는 인수합병이나 기업분할 등 소유구조와 지배구조에 영향을 미치는 특별 안건을 의결하기 위해 개최된다.

주주총회에서 대주주의 이익이 반영되는 형태로 의결이 이루어지지만, 소액주주와 기관투자자의 참여와 보호가 주요 이슈가 된다. 소액주주와 기관투자자가 자본시장과 법제도를 이용하여 영향을 미치는 방식에 대해서는 외부지배구조에서 설명하였다.

셋째, 내부감사제도는 이사회에 감사위원회를 두는 경우와 이사회와 별도로 감사를 두는 방식이 있다. 국가별로 차이가 있다. 우리나라는 자산 1천억원 이상 상장회사는 상근감사를 의무적으로 두도록 하였다. IMF 외환위기를 겪으면서 미국

〈표 3-3〉 주주총회의 주요 안건

일반결의 안건	특별결의 안건
• 이사의 선임, 사외이사	• 인수합병, 기업분할
• 이사의 보수 한도 승인	• 영업양수도
• 감사의 보수 한도 승인	• 주식교환
• 재무제표의 승인, 공고	• 자본금 감소
• 이익의 배당	• 주식매수선택권 부여

식 감사위원회 제도를 도입하였는데, 기존의 상근감사가 효과적이지 못하였기 때문이다. 증권거래법 개정으로 2000년부터 자산 2조원 이상의 상장회사에 대하여 의무적으로 감사위원회를 설치하도록 하였다. 그 이하 규모의 기업에서는 재량으로 이사회 내 감사위원회를 운영할 수 있다. 감사의 독립성을 위해 감사위원 선임에 대주주는 특수관계인을 합하여 3%까지만 의결권을 행사하도록 의결권을 제한하고 있다. 미국에서는 내부감사를 위해 사외이사를 중심으로 하는 감사위원회가 감사기능을 수행한다. 독일의 경우에는 감독이사회라는 기구에서 감사기능을 수행한다. 감사제도는 대리인 비용을 줄이기 위한 직접적인 경영감독 방식이다.

넷째, 인센티브는 기업의 성과와 경영진의 보상을 연계시키는 방법이다. 스톡옵션(stock options)이라 불리는 주식매수선택권을 부여하거나, 특별 성과보너스를 지급하는 것이다. 주식매입선택권은 미래의 특정 시점에서 일정 가격으로 자사 주식을 구매할 수 있는 권리이다. 스톡옵션은 경영자가 자사의 주가가 올라가야 이득을 얻는다. 그래서 기업가치를 높이고 주식가격이 올라가도록 노력하게 하는 것이다. 주주가치와 경영자의 가치(이득)를 합치시키고자 하는 유인책이다. 성과보너스도 비슷한 효과를 가지는데, 주가와 직접 연동되지 않아서 경영자가 단기성과에 집착할 수도 있다. 주가는 장기성장성을 반영하는데 성과보너스는 대체로 당해 연도 이익에 관련되기 때문이다.

주식매수선택권이나 성과보너스는 모두 이사회와 주주총회의 의결사항이다. 우리나라는 미국과 같이 사외이사들로만 구성된 보상위원회에서 보상 방법을 결정하고 있다. 미국에서는 스톡옵션이 일반적인 보상 방식의 하나이다. 그러나 대량의 스톡옵션 행사는 주주의 이익을 해칠 가능성이 있다는 점에서 주의를 요한다. 아래의 예처럼 창업자가 대량의 스톡옵션을 행사하여 주주이익을 해친다는 논란이 일기도 한다. 우리나라에서는 근래 주식매수선택권 부여에 대해 엄격하게 감독하는 편이다.

경영사례

"머스크, 성과급 74조원 취소"… 테슬라가 발칵 뒤집어졌다

"세계 최대 부자는 과도한 급여를 받았는가?"

이 문장으로 시작한 200장 분량의 판결문이 테슬라를 뒤흔들고 있다. 일론 머스크 테슬라 최고경영자(CEO)가 받은 550억달러(약 74조원) 상당의 주식(스톡옵션 3억주) 보상 얘기입니다. 법원의 판단은 '그렇다'였다. (중략)

델라웨어주 법원은 이 보상안이 일반 주주에게 '이해상충'이라는 원고의 주장을 받아들였다. 2018년 테슬라 이사회를 상대로 소송을 제기한 리처드 토네타는 당시 테슬라 9주를 보유한 소액주주이다. (하략)

[자료: 한국경제(2024.2.3)]

테슬라 주총서 '66조원대 머스크 성과 보상안' 재승인

미국 전기차업체 테슬라가 일론 머스크 최고경영자(CEO)에게 한화 수십조원대의 성과 보상을 하기로 한 결정을 재승인하는 안건이 13일(현지시간) 테슬라 주주총회에서 가결됐다. (중략)

테슬라 이사회는 주주들이 머스크에 대한 보상안을 지지한다는 사실을 증명해 항소심에서 유리한 발판을 마련하기 위해 이 보상안을 재승인하는 안건을 이번 주총에서 투표에 부쳤다. (하략)

[자료: 연합뉴스(2024.6.14)]

외부지배구조

외부지배구조는 기업 외부에서 경영자를 감시하고 통제하는 기제이다. 외부규율로서 경영자의 권한 범위 밖에 있는 경제적 주체들이 경영자의 도덕적 해이 문제를 통제하는 장치이다. 외부지배구조는 인수합병 시장, 외부감사, 경영자 시장, 금융기관과 채권자에 의한 통제, 기관투자가에 의한 통제, 소액주주에 의한 통제 등이 있다.[7)]

첫째, 인수합병(M&A) 통제는 자본시장의 기능에 의한 것이다. 어느 기업에서 경영자의 도덕적 해이가 심해지면 자본시장에서 주가가 낮게 형성될 것이다. 기업가치가 훼손되고 있기 때문이다. 이 경우에 그 기업을 인수합병(M&A: mergers and acquisitions)하고 경영자를 교체하면 기업가치가 회복될 것이고 주가도 높아져서 인수자는 큰 이익을 얻게 될 것이다. 장래 해고될 위험에 처한 경영자는 피인수되지 않도록 저항할 것이기 때문에 이를 적대적(hostile) 인수합병이라고 한다. 적대적 인수합병이라는 잠재적 위협의 존재가 경영자의 도덕적 해이를 사전적으로 방지할 수 있게 해준다.

자본시장에서 M&A시장이 활성화되어야 한다는 논의는 이 점에 기반을 두고 있다. 이 시장은 기업 또는 기업 내 특정 사업(부)을 사고파는 시장이다. 전 세계

---

7) 이경묵 · 이지환(2003).

적으로 M&A가 가장 활발하게 일어나는 곳은 미국이다. 1980년대 레이건 정부에서 M&A시장이 급격히 활성화되었고, 이후에 M&A전문 투자펀드 등이 발달되어 오늘에 이르고 있다. 물론 기업 간 M&A도 매우 활성화되어 있다. 이로써 경영자의 도덕적 해이에 대한 외부 압력의 수단이 마련되었다. 우리나라에서 M&A는 덜 활성화되어 있다. M&A는 자본시장에 의한 기업 규율(discipline)의 대표적 방법이다. 기업을 규율하고 통제하는 가장 중요한 외부지배구조이다.

둘째, 금융기관 통제는 기업이 주식시장보다는 금융기관을 통한 차입에 의존하여 자금을 조달할 때 많이 활용된다. 경영자의 경영실패는 채권 회수를 어렵게 만들기 때문에 채권자들은 채권 보호를 위해 기업 경영에 관여할 동기를 갖는다. 한국, 일본, 독일 등과 같이 주거래은행 제도가 있고 기업의 금융기관에 대한 의존도가 높은 상황에서는 중요한 경영자 통제의 방식이 된다. 자본시장에 의한 규율이 정착된 미국에서는 금융기관과 채권자에 의한 통제의 정도가 낮은 편이다.

셋째, 독립적인 외부감사인의 외부감사이다. 일정 규모 이상의 기업은 외부감사법에 의해 외감법인(외부회계감사법인)이 되어 외부감사를 받아야 한다. 주주와 이해관계자를 보호하기 위한 것이다.

외부회계감사법인 대상 기준

- 주식회사의 경우에 아래 요건 중 2개 이상에 해당하는 기업
  직전 사업연도 재무제표를 기준으로 ①자산 총액 120억원 이상 ②부채 70억원 이상 ③매출액 100억원 이상 ④종업원 수 100명 이상
- 유한회사의 경우는 위의 4가지와 ⑤사원수 50인 이상인 경우 총 5가지 중 3개 이상 충족 시 외부감사 대상에 해당됨.

외부감사인의 독립성 확보가 필요조건이고 전문가윤리의 준수가 중요하다.[8] 기업과 외부감사인의 결탁으로 분식회계가 발생하는 경우가 있는데 이로 인해 주주와 채권자를 비롯하여 기업 이해관계자들은 큰 피해를 입는다. 분식회계(make-up accounting, window-dressing settlement, accounting fraud)는 기업과 외부감사인이 결탁하여 수익성과 자산가치를 왜곡하거나 부풀려서 재무정보를 조작하는 것이다.

8) 경영학과에서는 회계감사를 독립된 교과목으로 가르치고 있다.

대표적인 회계조작 분식회계 사건은 2002년 미국의 엔론 사태이다. 수많은 주주가 큰 피해를 입었고, 다수의 종업원이 실직하였다. 경영진이 종업원들에게 자사주를 보유하게 하여 피해가 더 컸다. 엔론사는 파산하였고 외부감사인인 아더앤더슨 회계법인은 해체되었다. 우리나라에서는 2015년에 대우조선해양 분식회계 사건이 가장 컸고 투자자(주주)들이 큰 피해를 입었다. 추정에 의하면 무려 45조원에 해당하는 회계조작이 있었고 내부 관련자들은 처벌을 받았다. 이 두 사건에 대해서는 제4장에서 기업윤리의 사례로 설명하였다.

넷째, 경영자 시장 통제이다. 경영자가 무능력하거나 주주이익보다 자신의 이익을 우선시하면 경영자 시장에서 평판이 떨어질 것이다. 경영자 시장이 전문경영자의 도덕적 해이를 통제하는 장치가 된다. 경영자 시장이 발달한 미국에서는 전문경영자 경력관리가 중요하기에 많은 현직 경영자들이 대리인 문제에 빠지지 않게 해주는 중요한 견제장치가 된다. 우리나라에서도 경영자 시장이 점차 확대되는 추세여서 향후 주요한 외부지배 요소가 될 가능성이 있다.

다섯째, 기관투자자 통제는 경영자에게 주주이익 중심의 경영을 하도록 압력을 가하는 것이다. 기관투자자는 특정 기업의 주식을 다량으로 장기간 보유하면서 기업 경영의 성공의 혜택을 누리고자 한다. 기관투자자는 1990년대 이래 계속 증가하고 있다. 미국을 비롯하여 전 세계적인 현상으로 헤지펀드와 투자전문회사의 규모가 급속히 커지고 있다. 이외에 특별한 기관투자자로서 연기금 기관이 있다. 우리나라에는 국민연금을 비롯한 각종 기금이 주요 기관투자자인데, 이들의 투자비중이 계속 증가하는 추세에 있고 자본시장에서 비중이 매우 크다. 최근 논의되고 있는 것은 연기금이 기관투자자로서 어디까지 기업 경영에 관여할 것인가의 문제이다. 연기금자본주의라는 용어가 있듯이 이들의 투자규모가 매우 크기 때문에 경영에 적극 관여하게 되면 기업 경영이 위축될 수 있다는 의견이 있다. 경영의사결정에 개입하는 것보다는 경영자의 도덕적 해이를 막기 위한 정도의 영향력 행사가 적절하다.

여섯째, 소액주주 통제는 집중투표제, 집단소송제, 대표소송제 등 제도적 장치를 이용한 영향력 행사이다. **집중투표제**는 누적투표제라고도 하는데 이는 회사가 2인 이상의 이사를 선임할 때 전체 투표권을 합쳐서 이사후보자 1인에게 집중하여 행사할 수 있게 한 것이다. 이 제도를 이용하여 소액주주들이 원하는 이사를 선임할 가능성이 생긴다. **집단소송제**는 흩어진 다수의 소액주주를 대표하여 몇몇 소액주주가 기업을 상대로 손해배상청구소송을 제기하는 것이 가능한 제도이다.

소액주주의 피해를 줄이고 이익보호를 위해 적극적 행위를 할 수 있게 법적 장치는 계속 강화되는 추세에 있다. 소액주주가 겪는 피해는 대주주에 의한 차별적 불공정도 포함한다. 이처럼 주주들이 적극적으로 자기이익 보호를 위해 활동하는 것을 주주행동주의라고 한다. 소액주주가 겪는 대리인 비용의 피해에 대응하기 위한 행동이다. 주주행동주의는 앞의 기관투자자들에게도 적용된다. 기업에게는 기관투자자와 소액주주가 연합하는 주주행동이 큰 압력이 될 수 있다. 주주행동주의에 대한 반대 의견도 있는데, 설명은 아래 내용으로 대신하기로 한다.

주주행동주의 반대 의견

최근 수십 년간 미국 자본시장의 중요한 변화는 주식 보유기간이 단기화되어 주주 변동이 매우 빨라지고 있고, 개인들의 직접투자보다는 기관투자자들을 이용한 간접투자가 크게 늘었다는 것이다. 실제 주주인 개인투자자들은 방관자가 되어 의사결정에 참여하지 않고 있다. 대신 주주행동주의 펀드의 활약이 두드러졌다. 주주행동주의자들은 기업의 장기적 발전에는 관심이 별로 없는 투자자들로 알려져 있다.

주주행동주의자들이 지배하는 기업은 기업의 번영과 직원들의 동반 성장에 대한 개념은 희미해지고, 기업은 이익이 나도 임금 인상은 도외시한다. 해외업무위탁(offshoring)을 통해 해고를 늘리거나 임금 삭감을 가속화해 추가적인 이익을 도모한다. 이런 현상은 미국뿐만 아니라 현재 한국에서도 서서히 진행되고 있다. 국가와 지역에 대한 기업의 소속감은 약화되고 있다. 지역 간의 규제차이를 이용하여 이익을 추구하거나 절세를 목적으로 국가에 대한 소속감을 과감히 포기한다. 어마어마한 보상을 약속받는 최고경영자는 기업의 다른 이해관계자의 이익은 무시한 채 단기적 주가상승을 요구하는 기관투자자들의 희망에 부응하는 데 골몰한다. 현대 자본시장은 진정한 주식 소유자인 개인투자자로부터 기관투자자의 소유로 이전되는 현상을 '소유와 소유의 분리(separation of ownership from ownership)'라 할 수 있고, 지배주주의 대리인인 전문경영인과 소액주주들의 대리인인 기관투자자들 간의 알력(debate)을 '대리인 간(corporate-manager agents and money-manager agents)의 알력'이라 한다. (이하 생략)

[자료: 최준성, KERI Insight(2020.3.30)]

2.2 이사회의 구성과 기능

기업지배구조의 가장 중요한 기구는 이사회(BOD: Board of directors)다. 국가별로 기능에 다소 차이가 있지만, 공통적으로 이사회의 중요성이 커지고 있다. 미국의 경우에 추세를 보면, 경영에 관련된 최종 성과책임자로 이사회가 자리매김하고 있다. 이사회의 최근 동향을 살펴보자.

사외이사의 비중 증가와 역할 강화

사외이사(outside directors) 제도는 미국에서 발전된 제도이다. 외부인이면서 이사회에 참여해서 경영자의 행위를 감시하고 주요 전략의사결정을 평가하고 승인해주는 역할과 권한을 갖고 있다. 예전에는 사외이사 역할이 미미하고 비집행임원(non-executive) 이사이기 때문에 '자동으로 고무도장(rubber stamp) 찍어주는 거수기'라는 비판을 받기도 했다. 이사회가 제대로 기능하지 않으면서 모든 경영의사결정을 승인하는 도장을 찍어줬기 때문에 되레 정당성만 부여해주었다는 것이다.

오늘날에 이사회가 중요해지고 사외이사의 비중과 역할도 커지고 있다. 이사회 기능이 확대되는 시대적 흐름에서 사외이사의 독립적 역할이 중요하기 때문이다. 사내이사는 최고경영자의 영향권에 있어서 독립적 역할 수행이 어렵다. 이사회의 중요성이 커짐에 따라 사내이사의 수는 줄어들었다. 그리고 사외이사의 능력과 전문성이 중요하게 부각되었다. 삼성전자는 사외이사의 전문성에 대해 다음과 같은 기준을 정하고 있다.

> "사외이사는 리더십, 글로벌 경력, IT, 감사, 재무, 법무, 경제, 금융 등에 관한 전문지식이나 경험이 풍부한 자로서 상법 등 관련 법령에서 정한 자격을 갖추어 외부의 시각에서 회사경영을 객관적으로 감독할 수 있는 인물을 후보로 선정하고 있습니다. 새로운 사외이사 선임시 전원 사외이사로 구성된 사외이사추천위원회에서 이사회에 필요한 경험, 전문성, 다양성을 갖춘 후보군을 검토하여 추천합니다."

우리나라는 자산규모 2조원 이상의 대기업의 경우에 사외이사 과반수를 상법에서 정하고 있다. 사외이사가 실질적으로 이사회의 표결을 주도할 수 있도록 한 것이다. 그리고 미국의 이사회제도를 따라서 사외이사들만으로 구성된 CEO추천위원회, 감사위원회, 경영진보상위원회 등이 운영되고 있다.

이사회의 독립성 이슈

이사회의 독립성은 오래전부터 논란이 되어온 중요한 이슈이다. CEO가 추천하기 때문에 사외이사도 그 영향권을 완전히 벗어나기가 어렵다. 소유의 분산이 큰 상황에서 CEO 외에 추천할 만한 자격을 갖춘 자가 없었기 때문이다. 이사회의 독립성을 높이기 위해 2가지 변화가 있다. 첫째, 이사회 의장(Chairman)과 최고경영자인 CEO를 분리하는 추세이다. 둘째, 사외이사를 최고경영자 추천이 아닌 여타의 적합한 방법으로 한다. 예를 들어, 기관투자자, 사회기관, 그리고 사외이사 추천 등이다.

> "삼성전자는 이사회의 독립성과 투명성을 높이기 위해 2018년 3월 이사회 결의를 통해 최고경영자(CEO)와 이사회 의장을 분리하였고, 2020년 2월에는 사외이사를 의장으로 선임하였습니다. 2017년 4월 기존에 운영되던 CSR 위원회를 확대 개편하여 거버넌스위원회(전원 사외이사로 구성)를 운영하고 있습니다. 삼성전자는 회사 정관 제24조의 요건에 따라 사외이사의 독립성을 판단하고 있으며, 결격요건에 해당되는 경우 독립성이 없다고 판단합니다. 특히, 회사 상무에 종사하는 자, 회사의 최대주주 및 회사와 중요한 이해관계가 있는 자, 최근 2년 이내 재직했던 임직원 등은 사외이사 활동이 금지됩니다."

향후의 이사회는 더 적극적이고, 더 능동적이고, 더 광범위한 이해관계자의 이해를 반영하고자 노력할 것이고, 더 사회규범과 사회적 요구에 개방적인 형태의 이사회가 될 것이다.

〈표 3-4〉 삼성전자 이사회 구성(2024년, ●위원장, ○위원)

이름	직책	경영 위원회	감사 위원회	사외이사후보 추천위원회	내부거래 위원회	보상 위원회	지속가능경영 위원회
김한조	이사회 의장, 사외이사		●		●	○	●
한종희	대표이사 부회장(CEO)	●					
노태문	사업부장 사장(MX)	○					
박학규	경영지원실장 사장(DX)	○					
이정배	사업부장 사장(메모리)	○					
김준성	사외이사					○	○
허은영	사외이사			○	○		○
유명희	사외이사		○	○	○		○
신제윤	사외이사			○		○	○
조혜경	사외이사		○				○

자료: 삼성전자, https://www.samsung.com/sec/ir/governance-csr/board-of-directors/

삼성전자의 이사회 구조를 살펴보면 사내이사 4명, 사외이사 6명, 총 10명으로 구성되어 있다. 사외이사를 과반수가 되도록 구성하고 있으며 경영위원회, 감사위원회, 사외이사후보추천위원회, 내부거래위원회, 보상위원회, 지속가능경영위원회가 있다. 이사의 임기는 3년이며 최고경영자인 CEO와 이사회 의장(Chairman)을 분리하여 이사회의 독립성을 유지하고자 노력하고 있다.

삼성전자 이사회의 구성과 주요 기능을 보면, 우리나라 대기업들이 현재, 그리고 미래에 갖춰야 할 이사회의 모습을 볼 수 있다. 이사회의 독립성을 강화하기 위해 사외이사의 비중이 높아졌다. 그리고 각종 소위원회를 통해 이사회 기능이 확대되었으며, 사외이사들이 주도하고 있다. 특징적인 것으로 내부거래위원회를 들 수 있다. 우리나라 대기업집단 특유의 이슈인 "과도한 내부거래"를 자제하기 위한 것이다.

오늘날 좋은 기업은 좋은 이사회를 갖고 있다. 그리고 좋은 이사회는 대리인

〈표 3-5〉 삼성전자 이사회의 주요 부의 사항

주주총회의 소집과 이에 제출할 의안	• 주주총회의 소집 • 영업보고서 및 재무제표의 승인 • 정관의 변경 • 회사의 해산, 합병, 회사의 계속 • 회사의 영업 전부 또는 중요한 일부의 양도 및 회사의 영업에 중대한 영향을 미치는 다른 회사의 영업 전부 또는 일부의 양수 • 이사의 선임 및 해임, 이사의 보수 등
경영 등에 관한 사항	• 회사경영의 기본 방침의 결정 및 변경 • 경영계획 및 분기, 반기보고서 승인 등
재무 등에 관한 사항	• 주식발행에 관한 사항 - 신주발행의 결정 - 전환사채, 신주인수권부 사채의 발행 • 자기주식의 취득, 처분, 소각 • 내부거래 등의 승인 • 중요한 타법인 출자/처분, 담보제공/채무보증, 차입계약 체결 등
이사 및 이사회, 위원회 등에 관한 사항	• 이사의 겸업, 동종업종 타회사 임원의 겸임 및 이사 등과 회사 간의 거래의 승인 • 이사회 의장의 선임 • 대표이사의 선정 및 공동 대표의 결정 • 위원회 설치 및 위원의 선임 및 해임 등

자료: 삼성전자, https://www.samsung.com/sec/ir/governance-csr/board-of-directors/

비용을 줄이는 데 그치지 않고 기업의 전략적 역량을 높여주는 기능까지 하고 있다. 선진화된 이사회의 구성과 기능을 만들고자 많은 기업들이 노력하고 있다. 이사회 기능의 독립성 유지에 대한 법적 규제도 강화되고 있어서, 이사회가 기업의 사회적 정당성 확보에 결정적인 기구가 될 것이다.

2.3 기업지배구조의 국가별 차이

기업의 지배구조는 한 나라의 경제발전 역사, 시장경제 시스템, 문화와 법의 체계 등 여러 요인에 의해 영향을 받는다. 국가 내 개별 기업의 지배구조가 일정한 차이를 보이지만 큰 틀에서는 핵심 경제행위자와 규제자의 합의에 의한 것이기 때문에 각 국가별 지배구조의 공통적 모습이 있다. 이하에서는 미국, 독일, 일본과 우리나라 기업의 지배구조를 비교하여 보았다.

미국의 기업지배구조

미국 기업은 이사회 중심의 지배구조를 갖는다는 뚜렷한 특성을 갖고 있다. 요약하면 첫째, 이사회를 구성하는 이사회의 멤버와 경영업무를 담당하는 집행임원(executive officers)의 역할을 엄격하게 구분하고 있다. 둘째, 기업 및 경영진과 독립성을 가지는 사외이사들이 이사회 구성에서 절대 다수를 점하고 있다. 셋째, 주주총회에서 별도의 감사 선임을 하지 않고 사외이사들만으로 구성된 감사위원회에서 경영의 감독과 감시 역할을 맡고 있다.

최고경영자는 이사회의 감독을 받고 경영의사결정의 승인을 받고 정기적으로 그 실행 상황을 보고한다. 내부이사로는 CEO를 포함하여 소수의 집행임원만 참여하고 다수의 경영진은 이사회의 통제를 받는다. 아주 단일화된 구조이다. 일반적으로 포춘 1000대 기업을 보면 미국 대기업의 평균 이사 수가 13명으로 되어 있고 이 중 사외이사가 9명, 사내이사가 4명으로 알려져 있다.[9] 사내이사는 CEO와 최고재무책임자(CFO: Chief Financial Officer), 최고운영책임자(COO: Chief Operating Officer), 핵심사업 총괄임원 등이 후보가 된다. 최근에는 CEO 1인만 사내이사가 되는 경우도 있다. 사외이사로는 저명인사, 전직관료, 대학총장 등 교수, 타사 CEO

---

9) 김용민(2000) 참조.

등 유명 경영자, 법조인과 회계사, 산업 전문가 등 다양하다. 오늘날에는 타사의 최고경영자 및 전문경영자들과 기술, 산업, 회계, 법, 전략 등 특정분야 전문가들이 사외이사로 참여하는 비중이 늘고 있다.

미국의 대표기업 중 하나인 월트디즈니의 이사회를 살펴보면 2024년에 총 12명으로 구성되어 있고 그중 사내이사는 15년간 CEO를 맡아서 월트디즈니그룹을 크게 성장시킨 로버트 아이거(R. Iger) 회장뿐이다. 아이거 회장은 2020년부터 2년간 퇴임하였다가 다시 복귀하였다. 그 외 11명의 이사는 모두 사외이사다.

월트디즈니 이사회 멤버의 특성을 분석해보자. 사외이사 11명 중에서 타사의 현직 회장(Executive Chairman) 또는 CEO가 6명이나 되는데, 특히 이사회 의장을 맡은 마크 파커(Mark Parker)가 나이키(Nike)사의 전 CEO이고 현 회장이라는 점이

〈표 3-6〉 월트디즈니의 이사회 구성(2024년)

이름	성별	현직책 및 경력	타 이사회 경험
BARRA	F	General Motors(현 CEO)	General Dynamics
CATZ	F	Oracle(현 CEO)	HSBC
CHANG	F	Cisco, Google	P&G*, Marqeta*
DARROCH	M	Reckitt Benckiser Group(이사, 차기 회장), Sky(CFO)	
EVERSON	F	Instacart(사장), Meta, MS 등의 Global Marketing 담당	
FROMAN	M	Mastercard(현 경영진), US무역대표부, Citigroup, US재무부, 백악관	
GORMAN	M	Morgan Stanley(현 회장, 전 CEO)	뉴욕연방은행, MOMA, Columbia Biz. School
IGER	M	회장/CEO(현), 2022년에 다시 취임	
LAGOMASINO	F	WE Family Offices(현 CEO), SunTrust Banks, JPMorgan Chase 임원	Coca-Cola, Avon Products*
MCDONALD	M	Lululemon Athletica(현 CEO), Sephora Americas, Sears Canada	
PARKER	M	Chairman of the Board(현 이사회 의장, 사외이사), NIKE(현 회장, 전 CEO)	
RICE	M	CVS Health, Eli Lilly	Target

*월트디즈니 이사직과 타회사 이사직 수행 기간이 중복되는 경우
자료: 월트디즈니 홈페이지: https://thewaltdisneycompany.com/about/#leadership

눈에 띈다. 그리고 GM의 메리 배라(Mary Barra) CEO와 Oracle의 사프라 캣츠(Safra Catz) CEO가 눈에 띈다. 나머지 사외이사들도 모두 타사의 경영진에 소속되어 있거나 해당 경력을 갖고 있다. 또한 6명이 타사/타기관의 이사회 경험을 갖고 있으며 본인이 재직하고 있는 회사의 이사직까지 포함하면 거의 모든 사외이사가 중복 이사직을 갖고 있다.

이처럼 미국 기업에서는 이사직의 중복 수행이 많다. 이로써 이사회의 멤버십을 통해 기업 간 네트워크가 만들어지기도 한다. 이를 중복이사관계(interlocking directorate)라고 한다. 이 관계의 활성화는 자본주의에서 기업 간 지나친 경쟁과 분열적인 측면이 협동윤리와 공유가치 의식으로 대체되는 순기능 효과가 있다고 말하기도 한다. 여러 기업의 이사회에 참여함으로써 특정 기업의 이익만을 생각지 않고 기업 전체의 역할에 대해 더 생각하게 되는 효과가 있을 수 있다. 그러다 보면 기업의 사회적 역할에 대해 좀 더 열린 접근을 할 수 있다. 반면에 이 관계는 일종의 상위 네트워크를 만들어주고 있어서 그들만의 리그를 형성하고 있다는 비판을 받기도 한다. 동일한 산업 내에서 중복이사관계는 반독점규제에 어긋날 수 있기에 법으로 금지되어 있다. 우리나라에는 타사의 CEO가 사외이사로 참여하는 경우가 없다. 대기업집단체제로 인해 그룹 간에 사업 중복이 많아서 서로 견제해야 하고 사업 보안이 필요하기 때문이다. 결과적으로 우리나라에서는 이사회의 폐쇄성이 강해질 수 있다.

외부지배구조를 살펴보자. 미국은 경영자에 대한 외부통제가 발달하여 외부지배구조가 가장 잘 기능하는 국가이다. 이를 다시 정리해보기로 한다.

우선 자본시장의 M&A 압력이 강하다. 지구상에 미국만큼 M&A가 활성화된 나라는 없다. 미국에서는 1980년대 레이건 행정부에서 기업구조조정과 시장복원을 위한 제도적 변화가 시행되면서 적대적 인수합병(hostile takeover)이 활발히 일어났다. 이 방식에 의해 경영자에 대한 통제가 강화된 것이다. 이후 미국의 각 주에서 적대적 인수합병을 어렵게 하는 법안들이 통과되면서 인수합병시장을 통한 경영자 통제는 다소 약화되었다. 반면에 경영자 시장이 활발해져서 경영자에 의한 대리인 비용을 줄여주고 있다. 월트디즈니 이사회 구성에서 보듯이 경영자들의 명성 유지가 산업계에서 매우 중요한 경력 요인이 되고 있음을 알 수 있다.

그리고 1990년대부터 본격화된 기관투자자들의 역할이 중요하다. 뮤추얼펀드, 헤지펀드 등이 활발해지고 캘리포니아공직자퇴직연금(CalPERS)을 비롯한 연기금 투자가 확대되어 자본시장 참여자 구성에 일대 변화가 발생하였다. 클린턴 행정부에서 시작된 금융기관의 종합금융업 허용도 자본시장에 큰 변화를 가져왔다. 기관투자자들이 대규모로 투자하면서 단기적 이익 실현보다는 장기투자의 관점에서 보게 되면서 관계투자가(relational investor)로 등장하였고 경영의사결정에 압박을 주고 이사회에 영향을 미치기도 하고 있다. 기관투자가들은 사외이사 선임, 최고경영진 보상 방안, 최고경영진의 임명과 해임 관여, 전략적 의사결정 참여 등의 방법으로 경영자를 규율하고자 한다. 반면에 채권자에 의한 기업 통제의 정도는 상대적으로 낮은 편이다. 주식시장의 발달로 투자자원을 주식 발행을 통해 조달하는 기업이 많고, 금융기관 차입에 의존하는 정도가 상대적으로 낮기 때문이다.

독일의 기업지배구조

독일은 한·미·일에 비해 상당히 독특한 지배구조를 갖고 있다. 독일에서는 기업을 주주, 노동자, 기타 이해관계자로 구성된 사회적 조직으로 보고 이 사고에 근거하여 기업지배구조와 관련된 제도가 형성되었다.[10)]

독일 기업의 이사회는 감독이사회(Aufsichtrat, supervisory board)와 경영이사회(Vorstand, management board)로 이원화되어 있다. 경영이사회는 경영실무에 대한 집행업무를 담당하는 전문경영자로 구성되며 경영이사의 임기는 5년이다. 경영이사들은 감독이사회의 이사로 겸직하지 못하며 경영정책, 방침, 실적들을 정기적으로 감독이사회에 보고하여야 한다. 경영이사회는 일종의 사내 이사회 형태이다.

감독이사회는 경영이사를 임면하며 경영이사회를 감독하는 기능을 한다. 감독이사회는 해당 기업의 주거래은행과 관련 기업들에서 파견된 자와 주주를 대변하는 이사들로 구성될 뿐 아니라 노동자 대표까지 참여한다. 독일 법률은 감독이사회에서 노동자 대표가 차지하는 비율을 기업규모와 산업에 따라 다르게 정하고 있다. 기업의 규모가 클수록 더 많은 비율의 감독이사를 노동자 대표로 선임하게 되어 있다. 거대 기업에서는 노동자 대표와 사용자 대표를 동수로 감독이사회를 구성하게 되어 있다. 최상위 기관인 감독이사회에 공동주권이 녹아들어 있다. 그렇지만 사용자 대표 50%와 종업원 대표 50% 구성으로 양측의 의견이 완전히 갈라질 때는 사용자 대표에게 비토권을 주어서 경영의 연속성을 지켜주고 있다.

미국과 비교할 때 독일 기업에서는 기업지배구조에서 은행이 차지하는 역할이 매우 크다. 독일은 후발 산업국으로서 주식시장이 발달하지 않은 상태에서 산업화

---

10) 이경묵·이지환(2003); 김태형·김희천(2000) 참조.

를 추구하였기 때문에 금융자본을 보유한 은행들이 대기업 자금 조달의 주요 원천이었다. 이 유산은 아직도 남아 있어서 기업이 신규 자본을 조달할 때도 주식의 공모보다는 사모 발행에 많이 의존한다. 또한 미국에 비해 주식시장에 공개된 기업의 수도 매우 적다. 아직도 대부분 독일 기업은 주거래은행을 두고 있고, 이 주거래은행이 해당 기업의 주식과 채권의 상당 부분을 보유하고 있다. 즉, 독일에서 주거래은행은 최대 채권자이면서 동시에 최대주주로서 기업 운영에 적극적으로 관여하고 있다. 독일 기업에서는 외부 시장에 의한 경영자 규율보다는 내부 규율에 더 크게 의존하고 있다. 상대적으로 낮은 소유분산, 은행과 기업 간의 상호출자 등 독일 경제의 특성 때문에 채권자이면서 대주주인 은행, 노동자 대표, 기업 내 다른 경영자들이 내부적으로 경영자의 도덕적 해이를 통제한다. 그런데 최근에는 금융시장의 세계화에 따라 독일에서도 주식시장의 기능이 강화되고 있다. 외부 시장과 투자자에 의한 경영자 규율도 점차 강화되고 있다.

일본의 기업지배구조

일본의 기업지배구조를 보면 이사회가 있고 그 아래 경영진이 있고 특히 이사회에서 별도의 감사를 지명한다. 이 감사의 기능이 별도로 존재하면서 내부감사를 수행한다. 일본은 금융기관에 의해서 45% 정도 지분이 보유되고 있다. 금융기관이 독일은 주주가 아니고 주거래은행으로 강력한 채권자로서 영향력을 행사하는데 비해, 일본은 주주로서 지배하고 있으면서 주거래은행으로서 채권자 역할도 하고 있다. 일본 기업은 상시감사체제로 내부감사를 하고, 정기적으로 외부지배구조로서 외부감사를 받는 형태이다. 이사회 내에는 사외이사가 소수로 구성되는데 비중이 그리 크지 않다.

일본의 기업집단에서는 세 주체가 중요한 역할을 하고 있다. 이들은 기업집단 내 최고경영자들의 사장회, 주거래은행, 그리고 종업원과 노동조합이다.[11)]

사장회가 기업지배에서 중요한 역할을 하게 된 가장 큰 이유는 기업집단에 소속된 기업 간의 상호 주식보유 때문이다. 동일 기업집단에서 특정 기업의 주식을 많이 보유하고 있는 개별 기업은 없지만 여러 기업들이 보유한 주식을 합치면 상당히 큰 지분이 되기 때문에 사장회가 마치 대주주와 같은 역할을 할 수 있다. 최고경영자는 자신이 속한 기업이 보유한 모든 주식의 의결권을 행사할 수 있기 때

---

11) 이경묵 · 이지환(2003) 참조.

문이다. 사장회는 평상시에는 친목을 도모하거나 정보를 교환하는 기능을 하지만, 기업집단의 사업영역을 확장하거나 실적이 부진한 기업을 구제할 때는 기업집단을 통제하는 기구로서 역할을 수행한다.

일본에서 주거래은행은 최대 채권자이자 동시에 주요 주주이다. 이들은 기업과 장기적인 거래관계를 맺으면서 금융을 제공하고 정보를 공유한다. 주거래은행은 기업이 재무적 위험에 처할 때 구제금융을 하고 임원을 파견하여 기업 경영을 감시하고 통제한다. 평상시에도 기업의 투자와 경영에 개입하기도 한다. 독일의 주거래은행 제도와 다른 점은 일본의 주거래은행은 기업집단에 소속되어 있어서 개별 기업의 이해보다는 기업집단의 이해에 근거해서 개별 기업을 감시하고 통제한다는 점이다.

일본 기업의 지배에서 중요한 역할을 하는 또 다른 주체는 종업원과 기업별로 구성된 노동조합이다. 일본에서는 기업을 주주의 것이라기보다는 종업원의 것으로 보는 성향이 강하기 때문에, 종업원들의 입장이 기업 의사결정에서 많이 반영된다. 공동주권의 개념에서 한발 더 나간 것으로 볼 수 있다.

일본 기업의 지배구조를 다른 나라의 기업지배구조와 비교해 보면 다음과 같다. 첫째, 일본에서는 적대적 인수합병 시장이 발달하지 않았고, 경영자 시장도 형성되지 않았기 때문에 경영자에 대한 외부통제는 매우 약하다. 둘째, 경영자의 인센티브 보상이 약해서 주가를 올리려고 애쓰지 않는다. 경영자 보상 자체가 주가와 연계가 미약하다. 그리고 종업원을 해고한 경영자는 나쁜 사람이라는 사회적 인식이 강하기 때문에, 경영자가 주주보다는 종업원을 우선시하는 경향이 있다. 셋째, 일본 기업에서 경영자에 대한 규율은 암묵적 신뢰를 통한 사회적 통제에 의존하는 성향이 크다. 기업집단에 소속된 경영자 간의 암묵적 신뢰와 종업원과 경영진 간의 암묵적 신뢰가 중요한 수단이 된다.

한국의 기업지배구조

우리나라의 기업지배구조의 특징을 간략히 살펴보고 구체적인 내용은 다음 절에서 자세히 논의하기로 한다. 우리나라의 경우에 1997년 IMF체제를 기점으로 지배구조 개혁이 꾸준히 진행되었으며 미국식 지배구조를 지향하고 있다. 우선 1998년 사외이사제도 도입을 시작으로 이사회의 기능이 대폭 강화되었다. 대주주나 경영진의 독단적 경영으로 인해서 기업 경영의 효율성이 저해된 것이 국가경제 위기의 한 요인으로 작용하였다고 보고, 경영투명성을 높이는 지배구조 개혁이 추진되면서 사외이사제도가 도입되었다.

현재는 대기업의 경우에는 사외이사 비율이 과반을 차지하고 있다. 법적 규제를 보면, 자산총액 2조원 이상의 상장법인은 총 이사 수의 과반수를 사외이사로 선임하여야 한다. 일반 상장법인은 총 이사 수의 4분의 1 이상을 사외이사로 선임하여야 한다. 자산총액이 1천억원 미만인 벤처기업은 사외이사를 선임하지 않아도 된다.

감사제도에서는 대기업의 경우에 이사회에서 사외이사 중심의 감사위원회를 운영하고 있으며 감사위원의 요건이 매우 까다롭게 규정되었다. 또한 이사회 구성을 결정하고 감사위원을 선임하는 주주총회에서 대주주의 의결권이 3% 이하로 규정되어 소유경영자의 영향을 제한하고 있다.

반면에 외부지배구조의 영향은 미국에 비해서 아직 취약한 편이어서 균형이 잘 안 맞는 상황이다. 오너경영체제에서 외부지배구조가 잘 발달되기 어려운 측면이 있다. 앞으로 다양한 장치의 외부지배구조가 강화되면 내·외부 지배구조의 균형이 만들어질 것이다. 어쨌거나 한국형 기업지배구조가 계속 진화되는 중이다.

지금까지 살펴본 네 개의 나라를 보면 기업지배구조에서 큰 차이가 있음을 알 수 있다. 이는 각 국가의 자본주의와 시장경제의 발전과정에서 형성된 특유한 구조이다. 역시 미국은 아직도 주주주권이 중심이고, 독일과 일본에서는 공동주권의 개념이 강하게 투영되어 있다. 우리나라의 경우에는 IMF 이전에는 일본식에 가까운 구조였으나 지금은 미국식 지배구조에 가까운 모습을 띠고 있다. 이는 국가 차원의 시장시스템에 연동되어 있다. 이에 대해서는 제4장 1절에서 논의하였다.

3. 한국 대기업집단의 지배와 경영

우리나라는 세계적으로 독특한 지배구조를 갖고 있다. 재벌체제가 그것이다. 본 절에서는 한국 경제의 성장발전과정에서 형성된 재벌그룹의 지배구조와 경영체제의 모습을 살펴보기로 한다.

3.1 대기업집단의 소유와 지배

한국의 대기업집단이 어떻게 형성되었고 어떤 경영체제를 갖고 있는지 알아보자. 대기업집단은 재벌그룹의 학문적 표현이다. 한국 대기업집단의 소유구조와 지배구조를 어떻게 평가할 것인가에 대해 많은 사회적 논란이 있어 왔다. 국가 차원에서도 매우 중요한 과제이다.

우리나라 대기업집단의 소유구조를 보면, 그룹 전체의 주식 지분의 10% 이상을 보유하고 있는 경우는 없다. 대기업 오너체제는 소수파 통제의 지배에 해당한다. 이를 줄여서 소수파지배라고 하자. 일반적으로 오너라고 하면 개인기업으로 100% 투자자이거나, 주식회사로는 50% 이상의 지분을 소유한 대주주라고 할 수 있다. 중소기업 오너의 경우에는 과반수를 갖고 있는 경우가 대부분이다. 그러나 대기업집단의 오너는 소수파지배에 준하는 형태의 오너이다. 이 오너가 전문경영자한테 위탁하지 않고 스스로 경영을 한다고 해서 오너경영체제라고 한다. 우리나라 상장기업의 90% 정도가 오너에 의해 지배되는 대기업집단 내 개별 회사이다. 우리나라는 쉽게 얘기하면 오너경영의 사회다.

상호출자, 순환출자 구조를 통한 대기업집단 지배

재벌의 오너가 적은 비율의 주식을 보유하고 그룹 전체의 경영권을 행사할 수 있는 이유는 복잡한 소유구조를 통해 기업지배권을 확보했기 때문이다. 그룹 내 계열사 간 상호출자와 순환출자를 이용하여 그룹 전체를 지배하는 방식이다.

상호출자(cross ownership)는 공정거래위원회에 따르면 '회사 간에 주식을 서로 투자하고 상대회사의 주식을 상호보유하는 것'을 말한다. 상호출자의 형태로는 일반적으로 직접 상호출자, 방사선식 상호출자, 환상적 상호출자, 복합적 상호출자

〈표 3-7〉 2024년 상호출자제한 기업집단 지정현황(2024.4.30 기준, 총 40개 기업집단)

1	삼성(63)	11	신세계(53)	21	중흥건설(53)	31	에이치디씨(35)
2	에스케이(219)	12	케이티(48)*	22	미래에셋(30)	32	영풍(28)
3	현대자동차(70)	13	씨제이(73)	23	네이버(54)	33	효성(57)
4	엘지(60)	14	한진(34)	24	현대백화점(27)	34	호반건설(39)
5	포스코(47)*	15	카카오(128)	25	에쓰-오일(2)*	35	DB(25)
6	롯데(96)	16	엘에스(67)	26	부영(21)	36	케이티앤지(14)*
7	한화(108)	17	두산(22)	27	쿠팡(13)	37	케이씨씨(14)
8	HD현대(29)	18	DL(45)	28	금호아시아나(24)	38	장금상선(27)
9	지에스(99)	19	셀트리온(8)	29	하림(45)	39	교보생명보험(14)
10	농협(54)*	20	에이치엠엠(5)*	30	SM(58)	40	코오롱(48)

주) 괄호 안은 계열회사 수, *오너 없는 기업집단.

등 4가지 유형이 있다. 상호출자는 기업 상호간 경영권을 보호하는 측면이 있는 반면, 계열사 간에 실질적인 출자 없이 가공적으로 자본금을 늘려 계열사 수를 확대하게 되고 특정 기업의 경영이 부실해질 경우 연쇄적으로 기업이 도산하는 결과를 초래하게 되는 폐해가 있다는 비판을 받고 있다.

순환출자란 한 그룹 또는 기업집단 내에서 3개 이상의 계열사가 연쇄적으로 출자해 자본금을 늘려가는 기업지배의 방식이다. 예를 들어, A회사가 B회사에 출자하고, B회사는 C회사에, 그리고 C회사는 다시 A회사에 출자한다고 하자. 이 경우 A회사는 B회사와 C회사를 지배하는 동시에 자본금 역시 늘어나는 효과를 얻을 수 있다. 현행 상법과 공정거래법은 A와 B 간의 상호출자에 대해서는 금지 규정을 두고 있지만, 순환출자에 대해서는 별도의 규정을 하고 있지 않다.[12)]

대기업집단에서 상호출자와 순환출자가 뒤섞인 가상적 출자구조를 [그림 3-1]에 도시하였다. A사는 자기자본 100억원, 타인자본(부채) 300억원으로 총자본(부채와 자본의 총계 금액)이 400억원인 회사이다. A사는 400억원의 총자본 중 20% 비중인 80억원을 B사에 투자하였으며 지분율은 40%이다. B사의 자본구조는 200억원의 자기자본, 600억원의 타인자본으로 구성되어 있다. B사는 800억원의 총자본 중 20%에 해당하는 160억원을 C사에 투자하였으며 지분율은 40%이다. C사는 자기자본 400억원, 타인자본 1,200억원으로 총자본이 1,600억원인 회사이다. C사

12) 2012년 KDI 경제교육센터.

[그림 3-1] 기업집단 상호출자-순환출자 구조

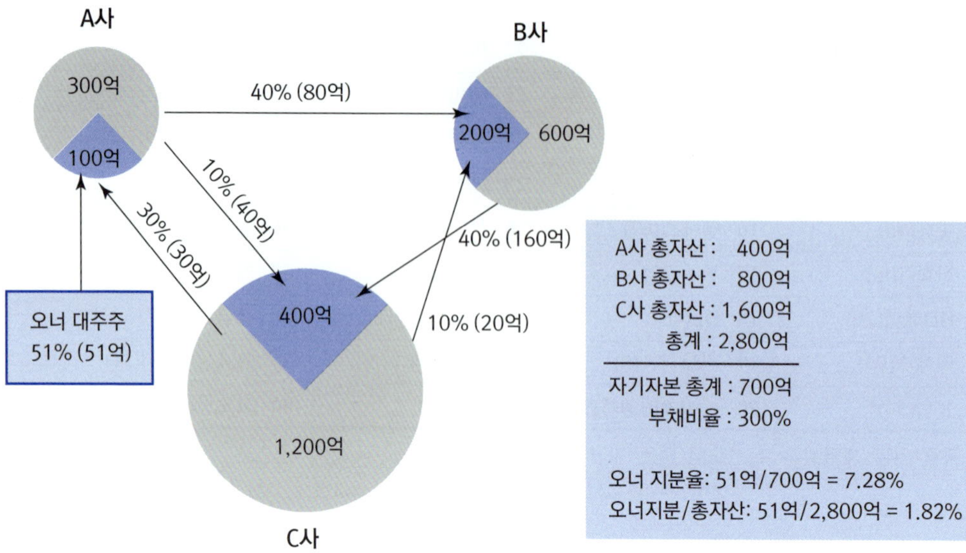

는 30억원을 A사에 다시 출자하였다. A회사가 B회사에 출자하고, B회사는 C회사에, 그리고 C회사는 다시 A회사에 출자한 순환출자의 사례이다.

이 사례를 여러 측면에서 분석해보자. 우선 대주주 오너와 3사의 지분관계를 정리하여 보면, 오너는 51억원 투자로 A사의 지분을 51% 보유한 대주주이다. A사는 B사의 지분율 40%로 지배주주가 되어 있고, B사도 C사의 지분율 40%를 확보하여 지배주주가 되었다. 오너는 A사 지배를 통해 3개 회사 모두를 지배하고 있다. 또한 C사는 A사의 지분율 30%를 확보하여 오너의 지배력을 보강해주고 있다. 중복계산되고 있긴 하지만 자기자본 총계 700억원의 3개사를 순환출자 방식으로 51억원을 투자한 오너가 지배하고 있다. 오너지분율은 51억원/700억원으로 7.28%에 해당한다.

한편 이 사례에서 부채비율은 3개사 모두 300%이다. IMF 직전에 우리나라 대기업의 부채비율이 300%에 육박할 정도로 높아서 적용한 비율이다. 오너의 지분투자액이 총자산에서 차지하는 비율을 계산해보면, 51억원/2,800억원으로 1.82%이다. 1.82%의 지분투자로 외형 2,800억원 규모의 3개 회사를 경영하고 있다.

그리고 직접 상호투자를 보면 B사의 투자에 대하여 C사는 상호투자 형식으로 B사에 20억원을 투자하여 10% 지분율을 확보하여 지배력을 공고히 하고 있다. B사를 A사뿐만 아니라 C사도 투자하여 총 50%의 지분을 확보하게 된 것이다. A

사와 C사의 투자관계에서도 A사가 40억원을 투자하여 10% 지분율을 확보하였다. 이로써 C사에 대해서도 B사와 A사가 총 50%의 지분을 확보하여 지배하고 있다. 나아가서 C사가 A사의 자기자본 30%를 투자하고 있으므로 오너는 21% 지분만 확보하면 과반 지배를 유지할 수 있다. 오너가 경우에 따라서는 지분율을 51%가 아닌 21%만 유지하여도 순환출자 구조를 이용하여 A사를 지배할 수 있는 것이다.

이처럼 순환출자와 상호출자의 결합은 적은 비율의 지분투자로도 거대 규모의 기업집단을 지배할 수 있게 해준다. 기업이 계속 성장해가면서 거대 자본 수요가 발생할 때 오너가 자본투자를 크게 늘리지 않고 상호출자-순환출자 방식으로 지배주주의 위치를 유지할 수 있다. 게다가 정부의 지원으로 부채비율을 높게 유지할 수 있다면 더 그렇다. 이러한 모습이 압축성장의 시기에 우리나라 대기업집단이 오너의 지배력을 유지한 채 규모를 키워나갈 수 있었던 배경이다.

소유와 지배의 괴리현상

위 가상사례는 과거의 예이다. IMF 직전 1997년에는 상장기업 부채비율이 451.2%까지 치솟았었으나 이제 한국 대기업의 평균 부채비율은 100% 미만이다.[13] 따라서 위 사례처럼 극단적인 경우는 없다. 그렇지만 그룹 내 회사 수가 많기 때문에 낮은 지분비율의 순환출자만으로도 그룹을 지배하는 데는 지장이 없는 실정이다. 다수 기업으로 순환출자가 되어 있는 것을 환상형 출자구조라고 한다. 총수 일가가 소수지분으로 환상형 출자구조를 만들어 거대한 기업집단을 지배하고 있다. 작은 소유로 큰 지배를 하고 있다. 재벌그룹체제에 대해 끊임없이 제기되는 정당성 논쟁은 바로 '소유와 지배의 괴리' 문제이다.

재벌그룹체제는 통제력강화기제(CEM: control enhancing mechanism)를 소유구조에 적용한 것이다. 통제력강화기제란 주주가 기여한 실질적인 현금흐름권리(cash-flow rights)를 초과하는 통제권리(control rights)를 부여하게 만드는 기제를 지칭한다.[14] 한국에서는 다각화된 사업구조를 통해 총수의 지분율을 핵심기업에서만 유지하고 계열사 간 투자와 외부 자본조달로 거대자본을 형성한 것이다. 재벌형성

13) 자세한 통계는 제5장 경영환경의 변화에서 IMF 이후의 재무건전성 회복에 대해 정리해놓았다.

14) 재무적 관점에서 이는 피라미드형 소유구조(pyramids), 이중주식제도(dual class shares), 교차소유(cross-ownership), 황금주(voting caps), 연합(coalitions) 등이 활용된다(Bianchi & Bianco, 2008). 자세한 설명은 생략하기로 한다.

초기부터 상호출자 허용, 순환출자형 지분구조 용인 등의 제도적 여건을 마련해줬다. 이에 총수일가가 소수지분을 바탕으로 관계사의 다수지분을 우회 지배하는 통제력을 부여하여 경영권 안정화가 가능해졌다.

경영사례: 삼성그룹 지배구조 사례

삼성그룹은 경영권 승계의 문제에 봉착하여 복잡한 소유구조를 해결하고 그룹지배권을 유지해야 하는 과제에 직면해 있었다. 이에 2013년에 삼성에버랜드와 제일모직 패션사업부의 흡수합병으로부터 소유-지배구조 변화를 본격화하였다. 이 과정을 간략하게 살펴보기로 한다.

아래 그림에는 2012년 삼성그룹의 순환출자 구조가 도시되어 있다. 그룹경영 승계자인 이재용 부회장의 지분비율이 높은 삼성에버랜드와 제일모직을 합병하여 2013년에 사명을 (통합)제일모직으로 출범한다.

삼성그룹의 순환출자 구조(2012.9.30 기준)

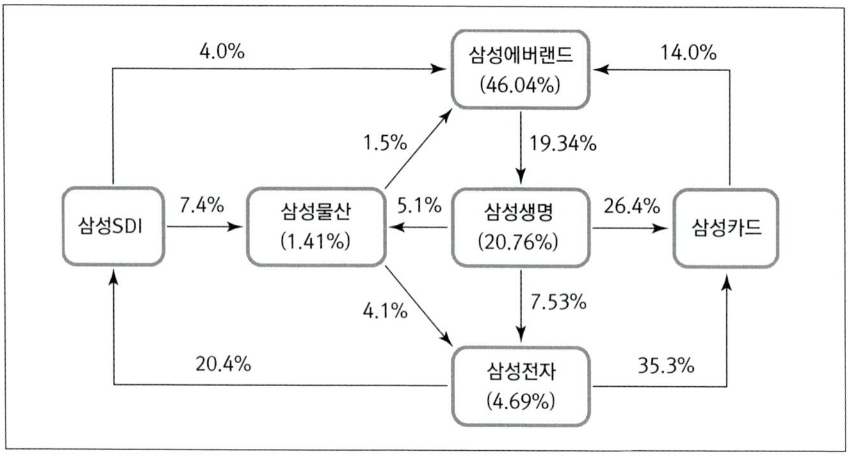

( )안의 숫자는 이건희 회장 가족이 보유한 지분비율
자료: 이경묵 · 홍길표(2014).

이후 2015년에 제일모직과 삼성물산을 합병하여 (통합)삼성물산이 된다. 이 과정에서 계열사 간 지분 보유관계가 크게 변하였으며 승계자 이재용 부회장과 그의 가족의 그룹 지배권을 유지한다. 2020년 이건희 회장의 사망으로 상속이 이루어져 삼성그룹 핵심기업의 지분출자구조가 아래 그림처럼 변화했다.

삼성그룹 주요 기업 간의 지분관계는 계속 변하고 있으며 궁극적으로는 지주회사체제를 지향하고 있다. 지주회사체제는 우리나라 2대그룹인 삼성그룹과 현대차그룹을 제외하고 SK그룹, LG그룹, 롯데그룹 등 대부분의 주요 그룹이 이미 구축하였다. 삼성그룹과 현대차그룹의 출자구조 변화를 지켜볼 일이다. 아래 기사는 출자구조 변화를 시작한 당시의 상황을 잘 보여준다.

삼성그룹 핵심기업 지분출자구조(2021.11.30 기준)

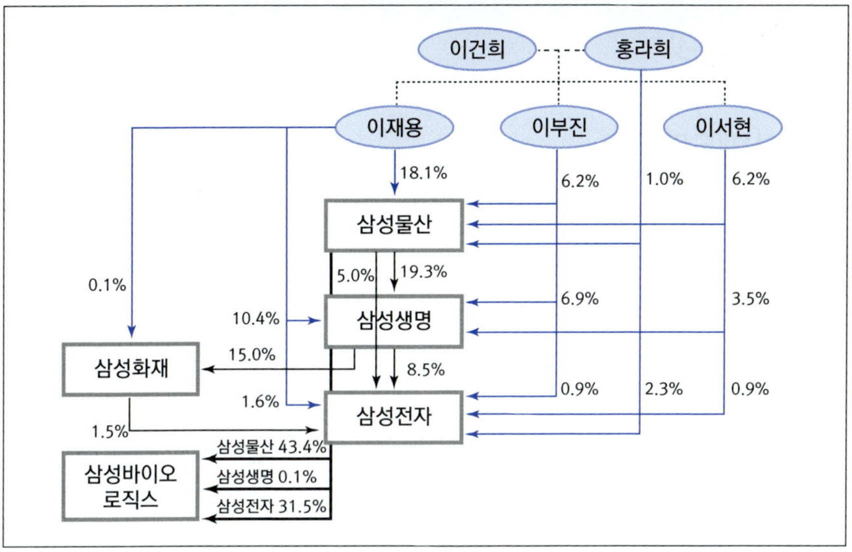

자료: 2021 공시자료 참조.

삼성그룹 핵심 순환출자 지배구조 해소…다음은?
삼성카드, 제일모직 지분 매각으로 출자고리 해소…

삼성카드와 삼성SDI가 제일모직(옛 에버랜드) 보유지분을 매각키로 함에 따라 삼성그룹의 지배구조가 더욱 단순화됐다. 특히 제일모직과 삼성카드로 이어지는 주요 순환출자 고리는 해소될 예정이다. 지난해부터 출자구조 단순화 작업을 진행하고 있는 삼성이 잔가지 정리를 끝내고 순환출자 구조 큰 줄기까지 정리작업에 착수한 것이란 분석이다. (중략)

삼성 관계자는 "이미 지난해부터 순환출자 구조를 단순화하기 위한 작업을 진행해 왔다"며 "앞으로도 일감 몰아주기 등 불필요한 오해를 벗어날 수 있도록 지배구조 단순화 작업을 진행할 계획"이라고 설명했다. 지난해 12월 삼성생명은 삼성전기·삼성물산·삼성중공업이 보유한 삼성카드 지분을 매입했다. 삼성물산도 삼성SDI가 보유하고 있던 삼성엔지니어링 지분 204만주를 사들였다. 올 4월에도 삼성전기·삼성정밀화학·제일기획·삼성SDS는 삼성생명 지분을 매각하고 삼성생명은 삼성카드가 갖고 있던 삼성화재 지분 30만주를 매입했다. 이 같은 방식으로 삼성은 1% 이상 순환출자 고리 수를 16개 축소했다.

[자료: 머니투데이(2014.10.31)]

이렇게 형성된 기업집단을 그룹경영체제로 운영하여 계열사 간 상호지원과 내부거래로 전략적 효과를 극대화하면서 성장하였다. 그룹경영체제의 장단점에 대해서는 후술하였다. 아래에는 삼성그룹에서 경영권 승계를 위해 계열사 간 순환출자를 해소하는 과정을 정리하였다. 순환출자 해소는 지배구조 정당성을 회복하는 데 필수적인 요건이다.

지주회사제도의 정착

한국은 환상형 출자구조가 지주회사형 지배구조로 전환되는 과정에 있다. 과거에는 환상형 기업집단이 일반적이었지만, 지주회사형 전환을 촉진한 2008년 이후 **지주회사형 기업집단**의 비중이 높아지고 있다.

지주회사(holding company)는 다른 회사의 주식을 소유함으로써 사업활동을 지배하는 회사이다. 이 제도는 출자구조가 계열사 간 복잡하게 얽힌 순환출자와 달리 지주회사가 자회사와 손자회사를 거느리는 방식으로 지배구조가 단순하고 투명하다는 장점을 갖고 있다. 반면 적은 자본으로도 대규모 사업회사를 지배할 수 있어 경제력 집중을 심화시킬 수 있다는 지적을 받는다. 정부에서는 정책적 목적에 따라 지주회사형 기업집단을 지정해 관리하는 제도를 운영하고 있다.

공정거래법상 지주회사란 자산총액 요건(1,000억원 이상) 및 지주비율 요건(50% 이상)을 갖춘 회사를 의미하며, 통상 이야기하는 지주회사 중에는 공정거래법상 이러한 지주회사 요건을 갖추지 않은 회사들도 다수 포함되어 있다. 정부는 지주회사 전환을 원하는 회사가 전환을 용이하게 할 수 있도록 시장규율로 대체가능한 규제는 완화를 추진해왔다. 현재 지주회사는 자회사 및 손자회사 지분 50%(상장사는 30%) 이상 의무 보유, 부채비율 상한 200%, 증손회사는 지분 100% 등의 규정으로 지주회사 설립이 용이하게 되어 있는 편이다.

아래의 그림은 대기업집단 중에서 지주회사체제로 가장 먼저 전환한 LG그룹과 이후 전환한 SK그룹의 당시 지분구조 변화의 모습이다. 이 그룹의 지주회사는 ㈜LG와 ㈜SK이다. 두 회사 모두 자체 사업을 하지 않는 순수지주회사이다. 다수의 재벌그룹이 지난 10년간 지주회사체제로 전환하였다. 삼성그룹과 현대차그룹이 가야 할 방향이다.

[그림 3-2] LG그룹의 지분구조 변화

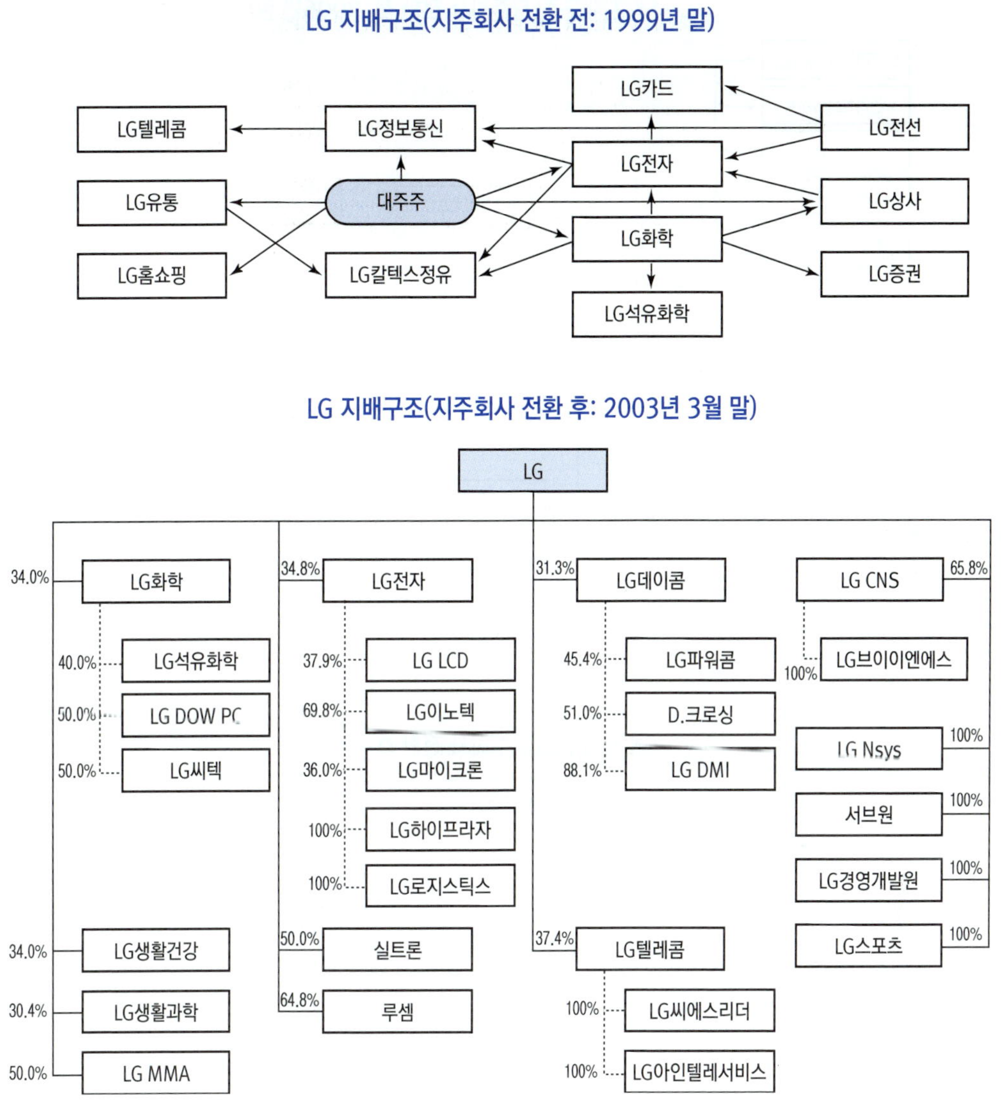

[그림 3-3] SK그룹의 지분구조 변화

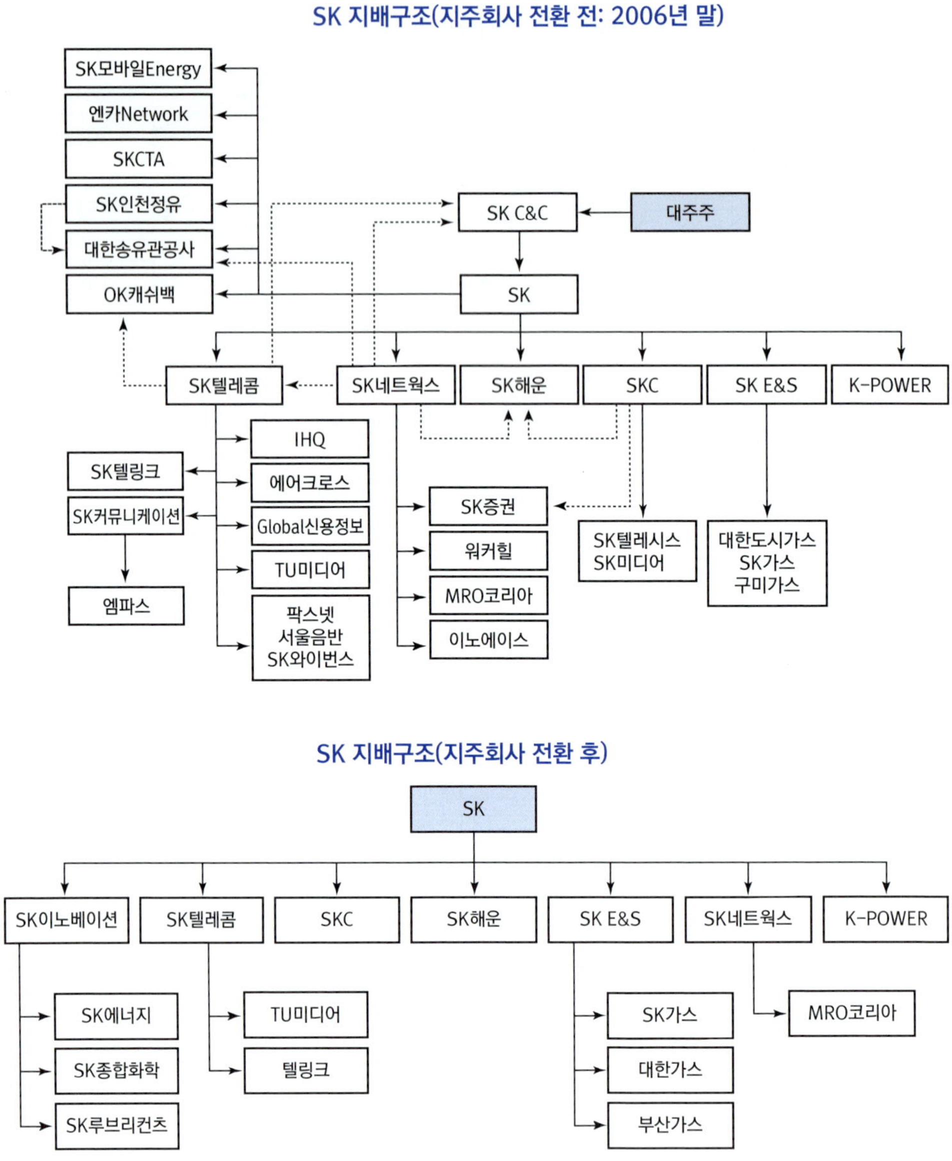

한걸음 더

- 국내 주요 대기업집단의 지주회사체제를 조사해보자.

3.2 소유경영체제와 전문경영체제

오너경영은 소유경영체제이다. 미국은 전문경영자가 지배하는 사회다. 우리나라에서도 전문경영체제로 가야 하는가? 사회적 정당성 논의를 떠나서 경영성과 측면에서 이 문제를 살펴보기로 하자.

소유경영체제의 장단점

소유경영체제와 전문경영체제 중 어느 것이 더 우월한가? 현대차그룹을 정몽구 회장이 아닌 전문경영인이 경영했다면 지금보다 더 성공했을까? 자율주행과 전기차 등으로 산업구조의 급격한 재편을 맞고 있는 현대차그룹을 정의선 회장이 전문경영자보다 더 잘 변화시킬 수 있을까? 대답하기가 쉽지 않은 논쟁거리다.

오너경영자가 강력한 드라이브를 걸어서 경영하기 때문에, 기업이 더 성장할 수 있다는 주장을 펼 수 있다. 소유경영자는 단기적 이익을 못 내더라도 장기적 관점의 이익을 염두에 두고 과감한 투자를 감행할 수 있다는 것이다. 오너경영자는 어차피 임기가 있지 않기 때문에 단기적으로 드러나지 않더라도 장기적으로 좋은 성과를 기대할 수 있다면 성큼 투자할 수 있다. 증명의 부담(burden of proof)이 없기 때문이다. 설령 장기적 성과가 나쁘더라도 물러날 책임을 지지 않는다. 그래서 소유경영자의 리더십은 빠른 결정으로 이어진다. 우리나라 기업의 강점으로 자주 언급되는 '신속한 의사결정!'은 소유경영자의 견제받지 않는 권력에서 나오는 것이다.

소유경영체제는 여러 위험을 품고 있다. 첫 번째 위험은 좋은 성과의 이면에 숨어있는 위험이다. 성과를 잘 내고 있지만, 견제받지 않는 권력의 행사로 위험한 상황으로 갈 수 있다. 고위험-고수익의 사업에서 위험관리가 안 돼서 어느 순간 기업이 위기에 처할 수 있다. 오너들은 일반적으로 독단적이다. 그들이 모든 것을 결정하기 때문에 성공가능성이 있다고 생각되면 과감하게 위험한 결정을 내릴 수 있다. 무리한 성공욕구, 작은 몇 번의 성공으로 인한 자신감, 과시욕구 등 복잡한 동기로 인하여 위험을 도외시하는 오너경영자도 많다. 예를 들어, IMF 직후에 대우그룹이 무리한 공격경영을 하다가 몰락한 경우가 그것이다. 오너경영체제에서 독단적 의사결정을 견제할 수 있는 장치가 필요하다. 건전한 기업지배구조는 그것을 가능하게 해준다.

두 번째 위험은 기업 자체의 존망의 위험은 없지만, 소수파 대주주에 이익이 집중되고 나머지 90% 이상의 주주들의 이익이 침탈될 수 있다. 우리나라의 주식 시장에서 일반투자자들에게는 오너리스크가 매우 크다. 예를 들어, 통제강화기제 (CEM)를 이용하여 더 큰 기업의 지배력을 유지하기 위해 피라미드식 지배를 추진하는 것이다. 물적분할이라는 방식인데, 기업 내 핵심사업을 자회사로 분리하고 이 자회사의 신주를 발행하여 규모를 키우는 것이다. 오너경영자는 모기업을 통해 지배하게 되지만 기존 주주는 주가하락을 겪게 되므로 큰 피해를 입을 수 있다. 국내 2차전지 사업체들의 분사가 대표적인 예인데, LG화학과 SK이노베이션이 2차전지사업을 자회사로 분할하여 각각 LG에너지솔루션과 SK온이라는 기업을 신설한 경우이다.

세 번째 위험은 기업의 사회적 속성이 약하다는 점이다. 특정인 소유의 개념이 강조됨으로써 사회구성원이 주인이 아니라는 기업 이미지가 강해진다. 흔히 족벌경영이라는 비판적 표현은 이를 반영한다. 개인-회사 간의 구별이 모호하고 소유경영자 가족의 사적 이익을 지원하는 다양한 기업활동은 문제가 된다. 비자금 사태도 이런 점을 반영한다. 회사 돈이 결국은 내 돈이라는 인식에서 비롯된 것이다.

마지막으로 소유경영자가 지배하는 기업이 경제력 집중과 분배 불평등의 상징이 되기도 한다. 오너경영자들이 특히 경영권 세습의 단계에서 경제적 이익을 왜곡시켜서 다수의 소액주주들에게 피해를 주거나 경제적 기회를 독점하는 문제가 있다. 소수파 지배에서의 대리인 문제가 승계과정에서 더 증폭될 수 있다.

이상과 같은 이유로 오너경영체제에서 건전한 기업지배구조는 더욱 중요해진다. 잘못된 오너의 (독단적) 의사결정으로 모든 주주와 이해관계자가 큰 피해를 입기 때문이다. 개별 기업에서 소유경영의 피해보다 기업집단 형태에서 피해가 훨씬 더 크다. 오너경영체체의 강점을 살리기 위해서는 오너경영자의 규율과 통제가 가능한 기업지배구조가 필요하다. 대기업집단 중심의 한국 경제에서 꼭 풀어야 하는 기업지배구조 이슈이다.

전문경영체제의 장단점

경영자 지배가 되어서 전문경영체제가 정착하면 장단점이 무엇인가? 가장 큰 장점은 전문경영기능의 발전 추세에 대응하는 것이다. 경영이 복잡해지고 어려운 의사결정이기 때문에 전문적 지식과 경험을 가진 경영자가 소유경영자보다 더 좋은 성과를 낼 것으로 기대된다.

미국의 경우는 구조적으로 소유경영자가 드물지만 기업 내부에서 성장한 경영

경영사례

재임기간과 성과의 딜레마

임기가 보장되어 있지 않은 전문경영자 CEO가 살아남는 방법은 두 가지가 있다. 하나는 매년 (단기이익으로) 가시적 성과를 보여주면서 재임기간을 최대한 연장하다가 어느 순간 그만두는 것이다. 단기적 이익으로 장기적 이익과 성장을 희생하는 경우가 될 수 있다. 다른 방법은 단기적 성과와 장기적 성과(성장을 통한 성과)를 잘 조화시켜가며 합당하게 재임기간을 길게 만드는 것이다. 이 경우 조직정치만 없다면 오랜 기간 동안 높은 성과를 내는 경영자가 될 것이다. 바람직하지만 어려운 경로이다.

미국의 대기업에서 CEO의 재임기간과 (재무적)성과를 비교한 연구가 흥미롭다.[15] 2004년에서 2017년까지 퇴임한 S&P500 CEO 747명의 재임기간 재무성과를 추적한 이 연구에서 CEO 재임기간에 다섯 단계의 패턴을 보여주었다.

아래 그림에서 보듯이 초기의 불안정한 시기를 넘기면 성과가 높아지기 시작한다. 또는 주주와 이사회에서 초기의 슬럼프 기간을 보내고 성과가 회복되면 재임기간이 연장되는 것으로 해석할 수도 있다. 흥미로운 것은 6년차~10년차 CEO들의 성과가 저조하게 나타나는 점이다. 이는 성공함정에 빠진 CEO가 자신의 방식을 밀어붙이면서 실패를 거듭하는 것으로 해석된다. 마지막으로 이 기간을 넘긴 CEO들은 황금기(golden years)를 갖게 된다. 뒤집어보면, CEO의 재임기간이 충분히 보장될 때 매우 큰 성공을 거둘 가능성이 있다고 볼 수도 있다. 좀 더 상세한 연구가 필요한 부분이다.

S&P500 CEO 재임기간과 재무수익률의 관계

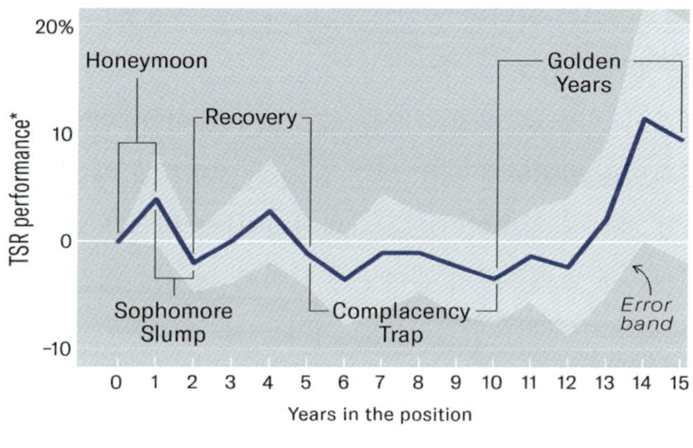

*TSR performance(총주주수익률 성과)는 시장조정 지수로 산정하였음. 즉, 해당 연도에 회사주가가 플러스 수익률을 보였더라도 더 큰 시장과 비교해 뒤떨어졌을 경우에는 마이너스 수익률로 계산되었음.

15) Citrin, Hildebrand & Stark(2019).

위 그림과 같이 CEO 재임기간과 성과 간 관계가 맞다면 우리나라 오너경영체제에 대해서도 새롭게 해석해볼 수 있다. 오너경영자들은 대부분 한 세대에 걸친 긴 재임기간을 갖게 되기 때문에 아주 무능하지만 않으면 대체로 좋은 성과를 거둘 수 있지 않을까? 물론 매년 성과평가의 압력을 견뎌내야 하는 미국의 전문경영자와 상황이 다르기는 하지만 위의 관계그래프 자체로는 그러한 해석도 가능하다.

자뿐만 아니라 외부 노동시장에서 최고경영자와 상위 경영진을 스카웃하는 경우가 허다하다. 이를 경영자 시장이라고 한다. 경영자 인력시장이 있다는 것은 경영자로서 능력을 갖추는 것이 하나의 전문성으로 볼 수 있다는 것을 의미한다. 일반적으로 미국의 경우에는 전문경영체제가 높은 경영성과를 내게 되는 이유다.

미국과 우리나라의 차이는 무엇일까? 한국과 미국에서 전문경영자의 개념이 다르다. 미국에서 전문경영자는 기능분야 전문성에 의존하지 않고 경영 자체의 지식과 능력과 경험을 통해 경영자 위치를 갖게 된다. 우리나라에서는 소유(오너)경영자에 대응하는 개념으로 지배주주가 아닌 일반 경력의 경영자로 볼 수 있다. 경영자 시장이 발달되지 않아서 전문성에 의한 개념 정의가 쉽지 않다.

전문경영자는 독단적 결정을 안 하는가? 민주적 의사결정을 하는가? 개인적 성향의 문제이다. 그렇지만 소유경영자들이 대리인 개념이 약하고 더 독단적 경영을 하게 되는 것이 현실이다. 그래서 전문경영자가 상대적으로 민주적 경영을 한다고 본다. 전문경영자가 독단적 경영을 하기 어려운 주요한 이유로 기업지배구조에 의한 규율을 들 수 있다.

전문경영체제의 가장 큰 단점은 물론 대리인 비용이다. 민주적 의사결정과 자율경영이 상대적으로 발전하게 되는 반면에 가장 전형적인 대리인 문제에 노출된다. 한정된 임기 동안에 주주이익보다는 자기의 사적 이익을 더 추구할 수 있다. 소유의 분산이 클 때 소액주주의 관여도가 낮아서 더 용이해진다. 또한 장기적인 전략적 성과를 거두기보다는 단기적으로 이익을 낼 수 있는 방식을 채택해서 빠른 성과를 보여줌으로써 전문경영자 임기를 연장해나가는 경로를 걷기 쉽다.

개인의 안정성을 추구하는 것이 전문경영체제의 단점이다. 이를 해결하기 위해 작동되는 미국식 기업지배구조의 기능을 살펴보았다. 그렇지만 잔여손실(residual loss) 비용을 없애기가 쉽지 않음은 전문경영체제 자체의 어쩔 수 없는 한계이다.

이상과 같이 소유경영체제와 전문경영체제는 각각의 장단점을 갖고 있다. 각각의 장단점을 정리하면 <표 3-8>과 같다.

〈표 3-8〉 소유경영체제와 전문경영체제의 장단점

	소유경영체제	전문경영체제
장점	• 강력한 리더십 • 책임감, 신속한 의사결정 • 과감한 장기적 투자 추진 • 대폭적인 기업 변신 추진의 동력	• 전문경영기능의 발전 추세에의 대응 (경영관리의 전문화, 합리화) • 경영에 대한 전문적 지식과 기술 • 민주적 리더십과 자율경영 • 사회적 기관으로서 위상 정립
단점	• 결과책임이 없는 경영 • 족벌경영 가능성 • 개인-회사 간 경계 모호(비자금 사태) • 대리인 문제(소액주주 피해 가능성)	• 대리인 문제(주주이익 경시 가능성) • 임기 제한으로 개인의 안정성 추구, 단기이익 추구 경향 • 장기적 전망과 투자 부족

해결방안의 모색

우리나라의 소유경영체제는 인위적으로 해체할 수 있는 대상이 아니다. 그리고 상당히 많은 국내기업 연구에서 소유경영체제가 전문경영체제보다 성과 측면에서 우월하게 나타나고 있다. 그래서 소유경영체제의 단점을 보완하는 방안이 기업지배구조에서 중요하다. 소유경영자로 인한 위험을 통제할 수 있는, 소유경영자의 경영의사결정에 대한 충분한 견제장치를 가지고 있을 때 대리인 문제를 최소화하고 경제적 및 사회적 정의를 지킬 수 있을 것이다.

소유경영체제를 전문경영체제로 전환하는 것은 장기적인 관점으로 사회적 흐름에 따라서 자연스럽게 진화하는 방식이어야 한다. 그리고 사회적 합의 도출의 과정이 필요하다. 우선 당장은 소유경영체제에서 가져올 수 있는 위험한 것들, 또는 사회적으로 불공정하고 부정의한 것들을 해결하는 장치를 만들어주고, 그 장치 속에서 소유경영체제의 긍정적 효과를 높여주는 것이 중요하다.

이상의 문제를 기업지배구조에서 다양하게 풀어가야 되겠지만, 우선 단기적으로 가장 시급한 것은 경영투명성을 높이는 일이다. 소유경영자들이 사적 이익을 추구하며 회사의 많은 자원을 전용하는 것을 막아낼 수 있는 가장 강력한 장치는 투명성이다.

장기적인 관점에서 오너경영체제의 정당성 논쟁은 지분 10% 미만의 대주주가 그룹을 지배하고 완전한 경영권을 행사하는 구조가 과연 정당한 것이냐는 데 있다. 경영자지배로의 이전을 점진적으로 그러나 지속적으로 추진해야 한다. 급격한 변화는 성과하락의 충격을 줄 수 있다. 장기적인 과제이고 한국 자본주의 발전 방향이다.

그룹경영체제의 장단점

한국의 대기업집단은 그룹본사 및 계열사 최고경영진을 통해 수십 개나 되는 계열사를 가진 기업집단을 효과적으로 통제하면서 경영하고 있다. 다만, 기업집단별로 구체적인 그룹본사의 역할 및 기능, 계열사 최고경영진의 구성 및 역할은 서로 달라질 수 있다. 기업 입장에서 볼 때, 그룹경영은 다음과 같은 장점을 가질 수 있다.16)

〈표 3-9〉 그룹경영의 전략적 효과

빠른 양적 성장	• 지배권을 CEM으로 유지하면서 기업규모 확대 가능 • 정부의 경제개발계획에 따른 산업정책 호응으로 정부 지원 확보
사업범위 다양성과 범위의 경제	• 위험분산의 효과 • 그룹 계열사 간 경영자원과 중복기능의 공유 • 기술과 역량 및 경영기법의 계열사 간 효율적 이전
내부시장 활용	• 내부거래 통한 교차 지원(cross-subsidiary) • 거래비용의 감소
시장지배력 강화	• 대규모 투자로 신속한 규모의 경제 달성

반면에 그룹경영체제는 단점도 많다. 첫째, 과도한 투자(over-investment)의 문제다. 규모의 경제성을 얻기 위해 무리를 해서라도 규모를 키우는 게임을 많이 하게 된다. 효율과 내부역량을 고려하지 않고 규모의 게임에 집착하게 되어 자칫 그룹 전체의 동반 부실을 가져올 수 있다. 둘째, 위험분산의 부정적 효과다. 흔히 문어발식 경영(octopus management)이라는 비판인데 이는 그룹경영에서 위험을 헤징하는 것이 사회적으로 보면 비효율적이다. 위험분산은 자본시장에서 투자의 관점에서 이뤄지는 것이 바람직하다. 셋째, 내부거래의 부정적 효과가 크다. 무엇보다도 시장의 왜곡을 초래한다. 대기업집단에 속하지 않은 독립기업이 불공정 거래와 불공정 경쟁을 당할 수 있다. 또한 그룹 내 계열사와 사업부들은 서로의 지원으로 쉽게 매출 안정화를 달성할 수 있다. 이에 효율화 유인이 감소하여 경영에의 집중도가 떨어질 수 있다. 그 외에도 지배주주의 사익탈취 유인 증대, 시장변화에 반응속도 감소 우려 등 그룹집단의 우산 아래서 여러 부작용이 발생할 소지가 있다.

기업집단화 현상은 한국만이 아닌 전 세계적인 현상이다. 특히 중국과 아시아 후발 신흥공업국에서 자주 발견되는 피라미드식 출자-소유구조는 일반적인 현상

16) 홍길표 · 이경묵 · 채희상(2013) 참고.

이다. 한국과 유사하게 가족지배기업으로서 거대한 기업집단을 보유하고 있는 국가들도 적지 않다. 예를 들어, 스웨덴의 발렌베리가문의 재단을 통한 기업지배를 들 수 있다. 중요한 점은 긍정적 측면을 잘 활용하고 부정적 효과를 최소화하는 문제이다. 아래 기사를 참고해보자.

경영사례

최태원 "가족경영 논란 많지만, 전문경영인체제도 문제"
지난 9일 열린 비대면 오디오 라이브 토크쇼서 발언
日키오시아 투자 예로 들며 전문경영인체제 한계 지적
"반도체는 리스크 감당 산업… 日전문경영인, 감당 어렵다고 판단"

최태원 대한상공회의소 회장 겸 SK그룹 회장이 "대기업 가족경영에 대한 논란이 많지만 전문경영인체제 또한 무조건 옳은 것은 아니다"라며 기업지배구조에 대한 소신을 밝혔다. 최 회장은 지난 9일 오후 대한상의 주최로 열린 비대면 오디오 라이브 토크쇼에서 대기업 그룹 승계 문제에 대한 질문을 받고 이같이 말했다.

최 회장은 "미국에서도 창업주부터 2·3대로 내려갈 때 많은 문제가 야기됐고 이런 과정을 거쳐 현재의 전문경영인체제가 완전히 자리 잡았다"며 "그런데도 미국은 여전히 가족경영이 꽤 많다"고 전했다. 최 회장은 SK하이닉스의 일본 반도체 기업 키오시아(옛 도시바메모리) 투자를 예로 들며 전문경영인체제의 한계를 지적했다. SK하이닉스는 2018년 미국의 대형 사모투자펀드(PEF) 베인캐피털을 중심으로 구성된 컨소시엄을 통해 키오시아에 약 4조원을 투자했다. 그는 "도시바에 문제가 생겨 매각 이슈가 발생했을 때 일본 정부까지 관여했지만 일본 기업 중 어느 곳도 인수하겠다고 나서는 곳이 없었다"며 "반도체 경영은 리스크를 감당해야 하는 사업이지만 일본의 전문경영인들은 이를 감당할 수 없다고 봤던 것"이라고 설명했다. 이어 "그때 운 좋게 SK하이닉스가 글로벌 파이낸셜 투자자와 손잡고 투자할 수 있었다"며 "일본에는 그런 경영인이 없다 보니 한국을 부러워한다"고 덧붙였다. (하략)

[자료: 이데일리(2021.7.11)]

한걸음 더

- 세계경제포럼(World Economic Forum)의 『Global Competitiveness Report 2019』에 따르면 우리나라의 전문경영자 의존도는 141국가 중에서 54위에 그치고 있다. 이대로 좋은가? 여러분은 어떻게 생각하는가?

REFERENCE 참고문헌

김용민(2000), “가치를 창출하는 이사회의 설계와 운영”, 이선 외 편저, 『한국기업 지배구조의 현재와 미래』, 서울: 미래경영개발연구원.

김태형 · 김희천(2000), “미국, 독일, 일본의 이사회 제도의 비교”, 『전략경영연구』, 3(2), pp. 71-96.

이경묵 · 이지환(2003), “한국기업의 지배구조”, 『노사관계연구』, 14, pp. 57-98.

이경묵 · 홍길표(2014), “성공적인 한국 기업집단의 경영체제 특성과 미래 방향 모색”, 『인사조직연구』, 22(1), pp. 1-38.

홍길표 · 이경묵 · 채희상(2013), “경영체제와 글로벌 경쟁력”, 한국인사조직학회 발표자료.

Berle, A. A. & Means, G. C.(1932), *The Modern Corporation and Private Property*, New York: Macmillan.

Citrin, J. M., Hildebrand, C. A. & Stark, R. J., “The CEO Life Cycle: A Study of Performance over Time,” (하버드 비즈니스리뷰, CEO의 생애주기: 시간의 경과에 따른 성과 연구, 2019년 11-12월호, pp. 60-71)

Jensen, M. C. & Meckling, W. H.(1976), “Theory of the Firm: Managerial Behavior, Agency Costs and Ownership Structure,” *Journal of Financial Economics*, 3(4), pp. 305-360.

Larner, R. J.(1966), “Ownership and Control in the 200 Largest Nonfinancial Corporations, 1929 and 1963,” *American Economic Review*, 56(4), pp. 777-787.

Larner, R. J.(1970), *Management Control and the Large Corporation*, New York: Dunellen.

Shleifer, A. & Vishny, R. W.(1997), “A Survey of Corporate Governance,” *Journal of Finance*, 52(2), pp. 737-783.

Shleifer, A. & Vishny, R. W.(1986), “Large Shareholders and Corporate Control,” *Journal of Political Economy*, 94(3), pp. 461-488.

PART ▸▸▸ 2

기업과 사회의 관계

제2부에서는 기업과 사회의 관계를 두 가지 관점에서 다루었다. 4장에서는 사회적 관점에서 기업의 기능과 역할 범위를 조망하였다. 자본주의 시장경제에서 기업의 역할, 사회규범과 윤리에 따른 기업의 행동, 그리고 사회의 요구와 기대에 따른 사회적 책임의 수행을 다루었다. 경영 패러다임의 변화를 요구하는 시대 상황을 설명하였다. 5장에서는 비즈니스 관점에서 경영환경의 변화를 다루었다. 환경변화에 의한 기회와 위협에 능동적으로 대응하는 기업이 성공한다. 팬데믹 충격과 4차 산업혁명 등의 복합적 환경요인으로 비즈니스 생태계가 크게 변할 때는 특히 더 그렇다.

제2부를 통해 새로운 시대의 경영이 나아가야 할 방향을 모색할 수 있기를 기대한다.

CHAPTER 04

자본주의와 기업윤리, 사회적 책임

이 장의 구성

1. 자본주의와 시장경제시스템
   - 1.1 자본주의의 특성
   - 1.2 시장경제시스템과 기업
2. 기업윤리와 윤리경영
   - 2.1 윤리위반의 사례와 교훈
   - 2.2 기업윤리의 이슈
   - 2.3 기업윤리의 실천
3. 기업의 사회적 책임
   - 3.1 CSR의 개념과 유형
   - 3.2 전략적 CSR, CSV 경영, ESG 경영
   - 3.3 이해관계자경영

부록: 기업윤리와 이해관계자경영 사례연구

FUNDAMENTALS OF MANAGEMENT

이 장에서는 자본주의 시장경제가 어떻게 발전되어 왔는지를 살펴보고 그 발전과정에서 기업의 역할이 어떻게 변화하게 되었는지를 알아보기로 한다. 기업에 대한 최소한의 요구인 기업윤리의 준수에서부터 사회에 대한 책임과 확장된 역할로서 사회적 가치의 창출에 대한 요구까지 알아보도록 한다.

- 자본주의 시장경제 속에서 기업의 역할은?
- 기업윤리의 주요 이슈는?
- 기업의 사회적 책임은 어디까지 수행해야 하는가?
- 새로운 시대에서 기업의 역할 변화는?

1. 자본주의와 시장경제시스템

자본주의는 현대 시장경제의 근간을 이룬다. 원래 시장은 자본주의 이전에도 인간의 경제적 삶을 이루는 핵심 사회기구로 존재하여 왔다. 고대, 중세 시대에도 시장은 이미 있었다. 자본주의의 발달로 인하여 시장은 꽃피우게 되고 자본주의 시장경제라는 말이 일반화되었다.

1.1 자본주의의 특성

시장경제는 자본주의와 동의어가 아니다. 자본주의 자체에도 다양한 유형이 있을 뿐만 아니라 사회주의 체제에서도 공동분배 대신에 시장경제 개념을 도입할 수 있다. 먼저 자본주의 시장경제의 기본적 특성을 살펴보고, 다양한 자본주의 모습을 알아보기로 한다.

자본주의 시장경제의 기본 특성

자본주의의 가장 기본적인 특성은 사유재산제(private property), 개인이익 추구(self-interest seeking), 재화와 노동의 시장 교환(market transaction) 등 세 가지를 들 수 있다. 자본주의는 생산수단인 토지와 자본 및 물적 자산을 국가가 아닌 개인이

[그림 4-1] 자본주의의 기본 특성

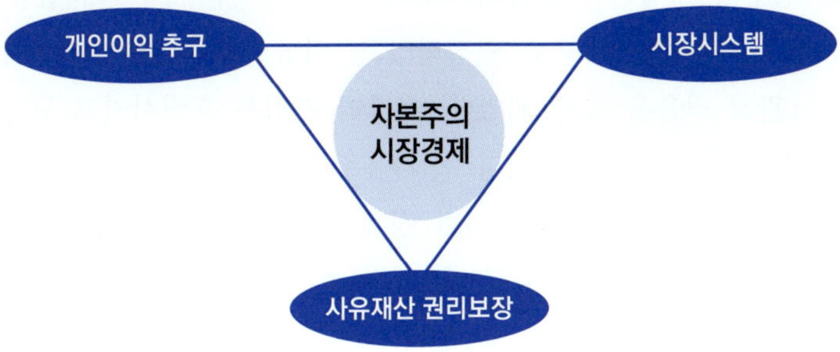

소유하는 데서 출발한다. 이처럼 사유재산권을 보장하고 개인의 사적 이익 추구를 경제적 행위의 기본으로 하기에 자본주의 시장경제는 다른 대안적 경제체제에서 보다 시장의 기능이 중심이 된다. 시장을 통해 생산과 소비의 교환이 이뤄지며 개인의 이익 추구가 실현된다. 시장의 중요도가 자본주의에서 여타의 경제체제에 비해 현격히 큰 이유다.

이상의 기본 특성으로 탄생한 자본주의는 역사적 변화의 과정을 거치면서 그 모습이 변해 왔다. 자본주의 초기에는 시장의 역할이 확대되고 기업의 역할이 중심이 되는 자유기업제도(free enterprise system)의 모습을 띤다. 초기자본주의는 경제적 자유(economic freedom)를 극대화시켜주고, 규제를 최소화(minimum regulation)하는 데 지향점을 두고 있다. 그래서 개인의 이익동기를 한껏 추구할 수 있도록 해주고 사유재산권을 절대적 권리로 인정해주는 사회계약이 바탕이 된다. 그리고 시장시스템을 통한 공정한 경쟁으로 공정한 기회가 보장된다. 계약적 권리를 철저히 준수해줘서 시장의 기능을 받쳐준다.

현대 자본주의의 진화

현대 자본주의는 역사적 진화를 거쳐 오늘날의 모습을 갖게 되었다. 이 과정에서 핵심은 1980년대 이후 자유시장 자본주의(Free-market Capitalism)의 부활이었는데 그 주요 특성은 초기자본주의를 현대적 관점에서 재구성한 자유시장경제 시스템이다.

영국의 대처리즘과 미국의 레이거노믹스로 1980년대에 시장의 효율적 기능이 강조되고 이로써 시장중심의 자유경쟁을 부활하는 데 정책적 초점이 모아졌다. 시장경제가 확대되고 기업을 활성화시키고 정부의 역할공간과 개입영역을 줄이는 것이 대처리즘과 레이거노믹스가 지향하는 개혁의 요체이다. 이로써 시장이 부활하게 되었고 정부의 개입은 시장실패(market failure)를 막아주는 데 집중되었다. 결국 시장이 가장 효율적인 기구로 인정되었고, 시장실패가 생각보다 최소화될 수 있으리라는 낙관적 믿음을 갖게 되었다. 시장이 기업을 훈련시키고 규율하는 효율적 기구로 작동할 수 있기 때문이다. 신자유주의 시장경제 시대의 뉴스기사에서 공통적으로 나타나는 논쟁을 보면, 어떤 경제문제가 발생하면, 많은 경우에 '시장이 답이다'라는 식의 칼럼을 많이 볼 수 있다. 이런 칼럼이 바로 신자유주의를 대변하는 하나의 캐치프레이즈로 볼 수 있다. 정부의 역할은 최소한의 역할이고, 이해관계에서 갈등과 충돌이 발생했을 때 시장의 기능으로 해결되지 않을 때 최소한의 개입으로 조정을 해주는 정도이다.

오늘날의 자본주의에서는 윤리적 개념이 강화되고 기업의 행위에 일정한 제약이 가해지고 있다. 역사적으로 보면 초기자본주의가 여러 가지 형태로 위기를 맞이하면서 공공부문의 개입이 강화되는 국가자본주의를 거쳐 1980년대부터 신자유주의로 전환되면서 자유시장 자본주의가 오늘날의 모습을 이루게 되었다.

기업 활동의 외부성

자유시장 자본주의의 주요한 문제는 외부성이다. 외부성(externality)이란 특정 경제주체의 경제활동이 가져온 의도하지 않은 결과가 시장 외부에서 다른 사람에게 의도치 않은 혜택이나 또는 손해를 발생시켰으면서도 이에 대한 대가를 치르지 않은 상태를 말한다.[1] 이는 경제주체가 개입한 시장거래 외의 사람이나 지역사회에 의도하지 않은 결과로 영향을 미치게 되는 것을 뜻한다. 의도치 않은 긍정적 영향을 외부경제성(external economy), 부정적 영향을 외부불경제성(external diseconomy)이라고 한다. 예를 들어, 자동차를 몰면서 다닐 때 배기가스 오염을 발생시키는데 이는 비용을 누군가에게 전가하는 것이다. 외부불경제가 초래되는 것이다. 이러한 외부성이 기업 활동에서 많이 발생한다. 생산과정에서 탄소배출이나 주주이익을 위해 이해관계자에 끼치는 피해는 모두 외부성에 해당한다.

자유시장 자본주의에서 가장 큰 비판의 중심에는 바로 이 '외부성의 극대화'가 있다. 기업이 사회적 비용을 책임지지 않고 자기 이익만 추구하는 것이다. 실질적으로 알게 모르게 발생하는 수없이 많은 외부성을 기업이 감당하지 않으면 엄청

1) 조순 외(2021), p. 309.

난 비용을 사회에 이전하게 된다.

기업이 외부성을 스스로 해결하지 않으면 문제가 풀리지 않는다. 주주자본주의에서 이해관계자의 이익이 훼손되는 것도 마찬가지다. 협력업체를 착취해서 이익을 취하면 그것이 회사의 성장과 발전이 되고 주주의 이익이 커지는데 이는 경제적인 불균형을 야기할 수 있다. 이것이 '이해관계의 외부성'이다. 이런 측면에서 이해관계자 이익의 훼손을 기반으로 하는 주주자본주의의 개념에 한계가 있다.

금융자본주의의 불안정성

금융자본주의는 금융자본이 경제를 지배하는 체제를 일컫는다. 기업이 성장하면서 산업자본 수요가 급속히 커지자 금융자본이 지배적인 행위자로 등장한 자본주의의 모습을 말한다. 소유와 경영의 분리 현상으로 자본시장이 발달하면서 대출 중심의 은행자본에서 직접금융의 투자자본으로 중심축이 이동하였다.

신자유주의 정책 이후 자본시장 활성화로 인해 금융자본주의가 강화되었다. 금융자본은 주식시장, 채권시장, 인수합병에 의한 기업 경영권 시장을 통해 기업 부문에 대한 영향력을 확대하고 있다. 파생상품의 개발로 금융자본 자체가 증식되고 있기도 하다. 금융의 중심지인 뉴욕의 월가(Wall Street)는 자본주의를 상징하는 장소가 되었다.

미국의 금융위기가 전 세계 경제에 큰 영향을 미친 이유는 미국 경제의 영향력이 크기도 하지만 금융자본주의로 인한 것이다. 금융자본은 국경이 없다. 특히 세계화가 진전된 1980년대 이후 현재까지 거대 금융자본은 국제 금융시장을 누비면서 해당 국가의 금융경제와 실물경제에 큰 영향력을 행사하고 있다. 글로벌 경제가 마치 하나처럼 움직이는 데는 1) 실물경제에서 국가 간 자원이동이 높아지고 생산과 판매의 국제시장의 결속도가 높아진 데다가 2) 금융자본의 자유로운 이동이 결합된 효과이다. 이 때문에 금융자본이 자본주의를 불안정하게 만든다는 비판이 일었다.

국가경제가 서로 강하게 연결된 시대이다. 이를 '강한 연결(tight-coupling)'의 사회라고 한다. 글로벌화는 전 세계 경제를 강한 연결로 만들었다. 지구촌 어딘가에서 발생하는 위기가 국지화되지 않고, 전 세계로 확산되어 글로벌 경제의 변동성과 불확실성을 키우게 된다.

기업은 자본주의의 변동성이 커진 상황에서 과거보다 더 큰 위험에 직면해 있다. 국경 없는 시장통합으로 경쟁이 치열해진 것뿐 아니라, 언제든 글로벌 경제의

경영사례

미국의 2008년 금융위기는 서브프라임 모기지 사태(Subprime Mortgage Crisis)라고 한다. 서브프라임(subprime)은 은행의 고객 분류 등급 중 비우량 대출자를 말하는데, 부동산 버블이 일어나자 금융기관들이 이들에게 주택담보대출(모기지)을 대폭 늘린 것이 사건의 발단이다. 그러다가 부동산 버블이 꺼지면서 비우량 대출자들이 지급불능에 빠지면서 도미노 사태로 금융시스템 자체가 붕괴된 사건이다. 역사상 최악의 금융 참사로 일컬어진다.

은행을 비롯한 금융기관들의 무분별한 행태로 빚어진 일이다. 은행들이 대출위험을 유동화하는 MBS(Mortgage-backed Securities)라는 파생상품을 개발하여 판매하면서 고수익을 남겨온 것이다. 그러다가 주택버블 붕괴로 비우량 대출의 위험이 현실화되었고, 이에 모든 관련 파생상품을 보유한 금융투자기관들이 도미노처럼 위기에 빠진 것이다. 이때 월가는 주식, 채권, 파생상품 투자 등으로 금융자본주의의 활황을 구현하고 있었는데 이면에는 금융위험이 심화되고 있었다. 서브프라임 사태는 이러한 위험을 수면위로 드러냈다. 2008년 9월 15일, 세계 5위의 투자은행 리만브라더스의 파산은 그 시작이었다. 이로써 금융자본을 통한 미국 경제와 세계경제에 강력한 지배력을 행사하던 미국 금융기관과 금융시장이 붕괴하게 되었다. 무리하게 주택담보금융을 받은 수많은 미국인이 집을 압류당하고 길거리에 나앉았다.

미국 경제가 큰 타격을 받고 경제회복이 지연되자 국민들의 분노가 월가의 금융인을 향하였다. 2011년 '월가를 점령하라!'(OWS: Occupy Wall Street)라는 시위가 일어났다. 미국을 경제위기에 빠뜨리고 책임지지 않으며 자신들은 여전히 높은 보너스를 챙기고 있다는 분노를 표출한 것이다.

2011년 월가 시위

OWS 시위는 전 세계로 확산되었다. 금융에 의해 지배되는 경제에 대한 불만이 분출된 것이다. 금융위기는 금융자본을 기반으로 하는 자본주의 시스템 자체가 제대로 작동되지 않았음을 방증해주었다.

침체가 순식간에 확산하여 위기가 올 수 있다. 리스크 관리가 절대적으로 중요한 시대이다.

추천영화 보기

영화 ‘빅쇼트(The Big Short)’는 월가의 투자자, 마이클 버리가 미국 금융회사들의 파산을 예측하고 인버스 파생상품을 설계하여 큰 돈을 번 사건을 다루고 있다. 이 영화에서 금융회사들이 파생상품 MBS(Mortgage-backed securities: 주택담보증권) 발행으로 큰 수익을 거두고 있는 것이 잘 그려지고 있다. 그러나 이 파생상품이 연이어서 추가 파생상품으로 만들어지고 거래되는 파생상품시장의 위험을 예견했다. 시장 거품이 꺼지고 은행과 투자회사들이 파산에 이를 것으로 예측하고, 주인공이 숏(short) 포지션 투자를 설계한다. 금융자본의 몰락을 대박으로 연결시킨 실제 사건이다. 월가의 투자 게임으로 표현되는 자본주의의 모습을 볼 수 있다.

1.2 시장경제시스템과 기업

자본주의에서 시장경제는 다양한 모습을 띤다. 자본주의 국가별로 기업-시장의 관계가 다 다르게 형성되었는데, 이를 시장경제시스템(market economy system)이라고 한다. 다양한 시장경제시스템과 기업의 행동 양태를 공부해보기로 한다.

자유시장경제와 조정시장경제 시스템

시장경제시스템의 특성은 미국식 자본주의의 자유시장경제(LME: liberal market economy)와 독일식 조정시장경제(CME: coordinated market economy)를 비교하여 보면 파악할 수 있다.[2)]

자유시장경제에서는 기업 활동에 있어 주주와 자본시장의 역할이 크고, 국가의 역할은 규칙제공자로서의 최소한에 국한하고 있다. 기업가정신을 고취하기 위하여 법적, 제도적 정비가 시장의 계약 중심으로 되어 있다. 반면 조정시장경제에서는 기업의 활동이 자본시장보다는 은행과의 협력에 의존하고, 시장을 통한 계약보다는 사회의 네트워크를 활용한 인력운용, 경영자 충원, 기술도입 등이 특징이다. 노동시장에서는 유연성보다는 안정성을 강조하고, 기업의 의사결정 역시 경영

2) 유태영 · 권석균(2013); 정재호 · 장하성(2013) 참조.

〈표 4-1〉 자유시장경제와 조정시장경제의 차이

	자유시장경제	조정시장경제
시장-기업 규율	시장이 기업을 규율함	기업 상호간의 협력 또는 전략적 상호작용이 기업을 규율함
기업활동의 범위	기업의 자유로운 이익추구와 자연적 조화	시장을 대체하는 조정기능의 다양한 제도 이용
기업감시와 평판	자본시장, M&A	기업 간 네트워크
고용관계	노동시장 유연화, 인력개발 투자 대신에 채용시장 이용	과도한 유연화 억제, 인력에 대한 장기투자
기술이전	시장거래, 노동이동	기업 간 협력관계의 관행, 규범, 신뢰 기반
세계경제위기에 대한 관점	글로벌 금융위기는 흔히 있는 일과성 문제이다.	글로벌 금융위기는 자유시장경제의 실패이다.

자 단독으로보다는 노사협의에 기반한다. 앞의 3장에서 공부한 미국과 독일의 기업지배구조도 시장경제시스템의 차이를 반영하고 있다.

미국식 자유시장경제는 거래당사자 간에 호혜적 관계보다는 시장경쟁에 기반한 법적 계약 방식에 의해서 이루어진다. 관계보다는 시장이 우선하는 것이다. 반면 독일식 조정시장경제는 이해관계자와의 관계에서 신뢰 형성을 통해 장기적 협력의 교환관계를 만들어가는 비(非)시장적 방식에 의존한다. 이 두 시장경제시스템의 차이를 <표 4-1>에 정리하였다.

시장시스템은 국가 수준에서 다양한 제도가 시장을 어느 정도 대체할 수 있는냐, 경제행위자 간에 신뢰가 있는가 등의 사회적 맥락에 달려 있다. 그래서 위 두 가지 시장경제를 양극단으로 하고, 그 중간에 다양한 조합의 시장경제가 존재할 수 있다. 일본은 조정경제시장에 가깝고 영국과 한국은 자유시장경제에 가깝다. 어떤 자본주의 국가에서도 시장적 방식과 비시장적 방식은 공존하며, 국가별로 정도의 차이가 있는 것이다.

다원적 자본주의 이론

다원적 자본주의(VOC: Varieties of capitalism) 이론은 다양한 자본주의가 존재하고 지속될 수 있다는 관점의 주장이다.[3] 이는 자본주의 체제와 관련 제도, 그리고 그 속에서 활동하는 기업의 다양한 행동 양태를 해석하는 이론이다. VOC 이론은 자유시장경제시스템의 지배적 위치를 인정하지만, 독일과 일본 등에서 발견할 수 있는 조정시장경제의 효율성도 인정한다. 나아가서 국가별로 시장경제시스템과 기업행동의 양태가 정합성을 이루고 있다. 그리고 특정의 시장경제시스템이 일정 시기에는 다른 시스템보다 높은 효율성을 보일 수 있으나, 여러 대안적 모습이 동 시대에 존재할 수 있다. 1950-60년대 미국의 경제 호황, 1970-80년대 독일, 일본의 경제 발전, 1990-2000년대 미국, 영국의 경제 회복은 효율성이 한 체제에만 머물지 않는다는 것을 보여준다. 2010년대 초에 글로벌 경제위기의 시기에 독일은 양호한 국가경쟁력을 보여주었다. 이러한 현상은 서로 다른 경제시스템이 각자의 고유한 경쟁력을 갖고 있다는 방증이다.

수렴론과 확산론

자본주의 내 시장시스템이 다양성을 유지할 것인가, 아니면 유사한 모습으로 수렴할 것인가에 대해서 서로 다른 입장이 있다. 수렴될 것이라는 입장은 자유시장경제시스템의 지배적인 힘을 얘기한다. 시장이 기업을 규율하고, 시장에 제약을 없애고, 기업의 자유로운 이익 추구가 가장 강력한 힘이라는 것이다. 자유시장경제의 긍정적 관점에서는 글로벌 경제위기는 흔히 있는 일과성 문제로 본다. 다시 세계화를 통해서 번영이 이루어질 것이고, 신자유주의적인 자유시장경제가 지배적인 글로벌 스탠더드가 될 것으로 본다.

반면에 다원적 자본주의론, 즉 확산론은 자유시장경제의 한계를 지적하는 데서 시작한다. 시장의 불완전한 기능을 보완하는 장치가 없이 자본주의가 순항하기 어렵다는 것이다. 조정경제시스템에서는 조정과 협력을 통해 시장의 불완전성을 보완하는 것이다. 이러한 조정의 방식이 훨씬 높은 가치창출과 더 강한 경쟁력을 만들어준다고 본다. 글로벌 경제위기는 일과성이 아니고 자유시장경제시스템의 불완전성으로 인한 것이기 때문에 언제든 다시 발생할 수 있다는 것이다.

자본주의의 미래에 대해서 수렴론이나 확산론의 입장을 가질 수 있다. 그러나 중요한 것은 현재 존재하는 시장경제의 다양성을 인정하고, 주어진 경제시스템의 특징에 맞는 경영방식을 탐색하는 것이다.

---

3) Hall & Soskice(2001).

중국의 신권위주의, 사회주의 시장경제

시장경제시스템의 새로운 도전으로 신권위주의 방식이라고 불리는 중국식 사회주의 시장경제를 들 수 있다. 권위주의 정부가 시장경제를 관리 또는 통제하는 시스템을 말한다. 역사적으로 보면 1978년 덩샤오핑이 개혁·개방정책을 펴면서 사회주의 시스템에서 계획경제를 포기하고 시장경제를 접목시킨 형태의 경제체제를 만들었다. 이는 자본주의 못지않게 시장기능을 크게 활성화하면서도 정부의 통제력을 유지하는 방식으로서 LME-CME(자유시장경제-조정시장경제) 스펙트럼의 범주를 벗어나는 제3의 방식이라고 할 수 있다. 자본주의가 사회공동 이익보다 개인 이익의 추구에 방점을 두고 있는 데 반해 중국식 사회주의 시장경제는 정부의 개입과 관리로 사회공동의 이익을 일정 정도로 유지하려는 시스템이다. 민간에서는 시장방식의 비즈니스를 행하되 정부가 사회전체 차원의 목표를 위해 시장을 관리하고 개입하는 제도이다. 아울러 중앙정부 및 지방정부에 의해 통제되는 국영기업의 비중이 매우 높다. 자본주의의 변이(variation)에서 가장 높은 수준의 조정·통제가 이뤄지는 경제시스템이다.

중국 경제가 고도성장의 40여년을 보내는 기간 동안 더 많은 시장방식의 경제를 추구하여 왔고, 세계 2위의 경제대국이 되었다. G2 경제가 된 것이다. 그런데 미중 무역갈등과 글로벌 시장경제의 위협 앞에서 현재 중국은 경제체제의 변화를 시도하고 있다. 사회주의 시장경제에서 사회주의에 더 방점을 두는 정부의 관리통제형 경제체제로의 이행이다. 중국은 현재 '공동부유(common prosperity)'를 강조하며 소득격차를 줄이려는 경제정책을 추진하고 있다. 사회불안을 안정시키고 새로운 정치지형을 만들고자 하는 것이다. 사회주의 색채를 강화하는 정책지향에서 시장기능에 여러 제약이 가해지고 있는데, 이로 인해 기업의 자유로운 가치활동이 위축될 수 있다. 아래 기사들을 보자.

경영사례

궤멸의 전조인가? 중국 글로벌 10대 기업 전무

중국정부 당국의 잇따른 빅테크(거대 기술기업)에 대한 규제와 압박으로 인해 중국 기업들이 글로벌 10대 기업에 2017년 이후 처음으로 진입하지 못하는 참담한 상황에 직면한 것으로 알려졌다. 향후에도 당국의 입장이 변하지 않을 가능성이 높아 상황은 크게 좋아지지 않을 전망이다.

중국의 빅테크를 대표하는 텐센트의 경우가 대표적 사례다. 중국 기업 최초로 1조달러를 돌파하는 것이 아니냐는 분석이 나올 만큼 잘 나갔던 텐센트는 당국의 규제와 압박이 본격적으로 시작된 올 1월부터 하염없이 시가 총액이 하락하더니 지금은 5,520억달러에 불과하다. (하략)

[자료: 아시아투데이(2021.9.17)]

[공동부유 늪 빠진 中] '홍색규제'에 떠는 한국 기업들

진출 기업들 "외자기업도 영향받을 수도" 우려

"생산거점 동남아行 분위기 더 거세질 것" 전망도

시진핑 중국 국가주석이 분배에 초점을 맞춘 이른바 '공동부유(共同富裕)' 국정 기조를 전면에 내세우면서 중국에 진출한 우리 기업들도 그 파장을 예의주시하는 모양새다. 자칫 공동부유발(發) 규제의 칼날이 자국기업을 넘어 외자기업으로까지 향하지 않을까 하는 우려에서다. 가뜩이나 미·중 무역갈등 등의 여파로 생산거점을 동남아로 옮기는 분위기가 더 거세질 수 있다는 관측도 나온다.

9일 반도체 업계 한 관계자는 "삼성전자와 SK하이닉스는 미국과 함께 가장 큰 고객인 중국의 눈치를 봐야 하는 상황"이라며 "반도체 생산시설이 중국에도 있는 만큼 공동부유 기조가 반도체 업계에 어떤 영향을 미치는지 지속적으로 지켜보고 있으며, 이에 발맞춰 대응해 나갈 것"이라고 했다. 이어 "외자기업까지 영향을 받는다면, 이는 국가 간 이슈로 확대되는 셈"이라며 "기업 입장에선 신중하게 접근해야 할 것"이라고 덧붙였다. (하략)

[자료: 이데일리(2021.9.9)]

한걸음 더

- 공동부유정책이 중국 기업의 성장과 경쟁력에 미칠 영향을 생각해보자.
- G2 중국 경제의 미래 전망을 토론해보자.

우리나라는 자유시장경제이다

우리나라에서는 산업화 초기인 제3공화국 시기에는 계획경제의 모습을 띠었다. 국가의 경제정책으로 기업을 이끌고 지원하는 시스템이어서 정부-기업 간 협력체제가 경쟁력의 중요한 원천이었다. 그러다 보니 기업과 이해관계자 간의 신뢰구축에 의한 조정기능은 상대적으로 약하였다. 오히려 대기업 중심의 수출입국을 위해서 가격경쟁력을 높여주기 위해 저임금과 낮은 납품단가 등을 허용하여 경제주체 간에 신뢰가 저하되었다. 이러한 상황에서 국가주도의 경제가 민간주도의 경제로 점차 넘어가게 되자 조정시장경제보다는 자유시장경제의 모습을 더 띠게 되었다. 여러 사회제도를 미국에서 배워온 점도 영향이 크다. 미국 기업의 경영방식을 배우고 미국식 시장경제를 받아들이면서 오늘날의 경제시스템이 형성되었다.

지금까지 자본주의의 기본 특성과 시장경제시스템의 특징을 설명하였다. 시장경제에 대한 폭넓은 이해를 가지는 것이 기업경영에서 중요하다. 기업의 역할, 기업과 시장의 관계 설정, 이해관계자와의 관계를 통한 비즈니스 활동, 기업의 경쟁력 창출 방식 등에 큰 영향을 미치기 때문이다.

한걸음 더

- 미국식 자본주의가 글로벌 스탠더드가 될까?
- 우리나라에서 조정시장경제가 가능할까? 기업의 행동 변화가 필요한가? 이에 대해 토론해보자.

2. 기업윤리와 윤리경영

기업의 윤리 준수에 대한 사회적 요구는 21세기에 훨씬 더 세졌다. 기업윤리는 기업을 둘러싼 직접적 이해관계자들의 이익 보호뿐만 아니라 일반사회로부터의 정당성을 얻기 위한 기본적 요건이다. 대다수 기업들이 이제는 명시적으로 윤리경영을 천명하고 있으며 그 실천을 위해 노력하고 있다. 윤리경영은 이제 선택이 아닌 필수 경영활동이다.

기업의 윤리경영은 비윤리적 행동을 하지 않는 것뿐만 아니라 윤리중립적인 행동을 뛰어넘어 능동적으로 윤리기준을 설정하고 실천하는 경영이다.

2.1 윤리위반의 사례와 교훈

기업이 비윤리적 행위를 통해 이득을 취하면 누군가는 큰 피해를 보게 된다. 기업 활동은 다양한 이해관계자에게 다양한 형태의 영향을 미치는데, 비윤리적 행위로 인해 발생한 비용이 이들에게 이전되는 것이다. 윤리위반의 사례와 그 파급

효과를 보자.

윤리적 선택의 혼란과 비용

윤리적 행위의 선택은 쉽지 않다. 판단이 쉽지 않아서 의사결정에서 혼란이 발생한다. 고전적인 사례를 살펴보자. 1960년대 미국의 포드자동차는 소형차 시장에서 위력을 떨치는 일본 자동차회사들에 대항하기 위해 2,000달러 이하의 핀토(Pinto)를 개발하였다. 그러나 소형차 디자인에서 후방 추돌에서 화재위험이 커지는 기술적 설계 문제가 발생하였는데, 설계변경을 해서 안전장치를 부착하면 차량 생산비용이 증가는 상황이 되었다.

▣ 예상 위험 비용(추정) : 총 4,953만달러
- 180건 사망(추정) × 20만달러 = 3,600만달러
- 180건 부상(추정) × 6만7천달러 = 1,206만달러
- 2,100대 차량 소실(추정) × 700달러 = 147만달러

▣ 설계변경 시 생산비용 증가 : 차량당 11달러
- 1,250만대(실제 판매된 총 차량 수) × 11달러 = 1억 3,700만달러

저가 차량이기 때문에 생산비용이 높아지면 적은 마진이 더 적어지고 가격을 올리면 가격경쟁에서 불리해지는 어려운 상황에 놓였다. 이에 CEO인 리 아이아코카(Lee Iacocca)는 기존 설계에 따른 생산을 결정하였고 1970년 9월에 동 제품을 출시하였다. 1971년 1월 1일까지 4개월 만에 10만대가 팔린 인기제품으로 부상하였고 이후 지속적인 논란에 휘말린 탓에 1980년에 생산이 중단되었다.

핀토는 1970년대에 업계에서 가장 많이 팔린 소형차 중 하나였다. 그 성공으로 리 아이아코카의 명성이 높아졌다. 그러나 후방 충돌 후 폭발에 취약하게 가솔린 탱크를 만든 잘못된 설계로 인해 사고의 피해가 컸다는 것이 알려지면서 큰 문제가 되었다. 이러한 사실을 회사 측이 알고 있었으며 비용분석까지 했었다는 사실이 분노를 불러일으켰다. 더구나 추정예측치보다 훨씬 더 많은 500여명이 사망하였고 수백명이 부상을 당했다. 1978년 6월 9일, 포드는 150만대의 포드 핀토와 3만대의 머큐리 밥캣 세단 및 해치백 모델을 리콜(recall)하기로 합의했다. 리 아이아코카는 다음 달에 해고되었고 포드의 명성을 회복하기에는 너무 늦었다. 소송기록에 따르면 포드 고객은 117건의 소송을 제기했다. 1979년의 사건에서 포드

포드사의 핀토

는 자동차 제조업체가 살인 혐의로 기소된 최초의 미국 기업이 되었다. 이후 이 사건은 포드와 같은 대기업이 제조물책임(product liability) 문제에 휘말렸을 때 다수의 소송이 뒤따르는 전형적인 사례가 되었다.

포드차 핀토의 사례에서 볼 수 있는 것은 설계변경 비용과 화재로 인한 피해 비용을 비교하여 낮은 비용의 경로를 채택한 점에 주목할 필요가 있다. 포드사의 입장에서 경제적 비용과 효익의 기준으로 의사결정을 내렸지만, 이는 윤리적 기준을 심각하게 고려하지 않은 의사결정이었다. 인간의 생명이라는 절대윤리의 기준을 경제적 합리성이라는 수치 계산으로 바꿨다. 그리고 실제 화재사고가 더 많이 발생하였다는 점도 주의를 끈다. 소극적이고 자기방어적인 셈법으로 의사결정을 내렸다. 막상 의사결정에서 모호하고 혼란스럽기도 할 수 있지만, 착오였다는 변명으로 행위의 정당성이 생기지는 않는다.

의도적 윤리 위반

기업의 윤리적 위반은 빈번하게 발생한다. 포드차 핀토의 사례와는 달리 명확하게 윤리와 법의 기준을 어기는 행위를 하는 경우가 많다. 미국인들은 2001년에 발생한 거대기업 엔론(Enron)의 분식회계와 장부 외 비밀거래 등에 의해 큰 충격을 받았다. 이어서 2002년 통신 대기업 월드컴의 파산과 분식회계 사건이 발생하여 파장이 더 컸다. 경영자의 비윤리적 행태뿐 아니라 기업을 둘러싼 감시와 통제 시스템이 붕괴된 사례들이다. 엔론의 분식회계와 파산 사건을 보자.

경영사례

엔론의 분식회계와 파산 사건

엔론은 1980년 설립된 에너지 중계회사로 20여년 만에 미국의 7번째 대기업으로 성장하는 놀라운 성과를 보여준다. 그러나 엔론은 분식회계를 하고 있었다. 분식회계는 회사의 실적을 좋게 보이게 회계장부를 조작하는 것이다. 엔론은 실적이 좋지 않았음에도 부실자산을 제거하여 실적을 허위로 기재하고 자금을 대부분 대출에 의존했음에도 부채 사실을 숨겼다. 사장인 케네스 레이(Kenneth Lay)는 회사가 부도위기에 처한 것을 알면서도 종업원들에게 회사의 주식을 사도록 권유하기도 하였다. 결국 엔론은 파산하였고 엔론의 불법적인 행위들이 밝혀지자 사회적 충격이 컸다.

기업의 비윤리적 행위에 대한 감시시스템도 작동되지 않았다. 실제 내부고발이 있었지만 경영진은 이를 무시했다. 가장 심각한 것은 회계감사를 담당했던 회계법인 아더 앤더슨은 이런 엔론의 행위들을 눈감아주었다는 것이다. 외부감사자인 아더 앤더슨이 수임료 확보를 위해서 비윤리적인 행위를 한 것이다. 문제는 회계법인의 사업구조가 이해관계 충돌을 품고 있다는 것이었다. 고객기업에게 회계감사를 하면서 수수료를 받고, 동시에 경영 컨설팅을 할 수 있었다. 감사와 컨설팅은 사실 상호 충돌되는 것이다. 감사란 엄격한 평가를 하는 것이고, 컨설팅은 사업을 도와주어 여러 가지 형태의 사업적인 관계를 맺게 되고 큰 금액의 컨설팅 수임비용을 받는다. 그래서 괜찮은 회사라는 식으로 회계감사를 해주면서, 이면에서 컨설팅을 수주해서 그 회사의 경영개선을 도와주는 것이다. 이로 인해 투자자를 비롯한 이해관계자들에게 투명한 정보 제공이 안 되었다.

사실상 기업감시시스템 자체가 붕괴되었다. 그리고 법률자문사에서도 이러한 공모에 참여한 것이 드러났고 월가의 분석가들도 기업과의 특수한 유착 관계를 갖게 되어 제대로 역할을 하지 못한 점도 있었다. 정치인들 또한 직간접으로 다수가 관여된 것으로 드러났다.

엔론사의 분식회계와 파산 이후의 사회적, 법적 조치

엔론사의 경영진에 대한 법적 처벌이 따랐다. 전직 회장인 케네스 레이(Kenneth Lay), 전직 CEO 제프리 스킬링(Jeffrey Skilling), 수석회계사인 리처드 코시(Richard Causey)는 회계부정 건으로 기소를 당하였다. 스킬링은 24년형 징역을 선고받았고, 4,500만달러의 벌금을 부여받았다. 코시는 짧은 형을 선고받아 2011년까지 복역하였다. 한편 레이는 선고일 이전에 심장마비로 사망하여 선고유예되었다.

회계법인 아더 앤더슨은 관련 문서 파기 등 증권거래위원회의 조사를 방해한 혐의로 기소되었다. 2002년 당시 미국 빅5 회계법인 중 하나였던 아더 앤더슨은 2005년도에 대법원에서 유죄판결을 뒤집을 수 있었으나 그동안 28,000명의 종업원이 일자리를 잃었고 200여명의 소규모 법인으로 전락하였다.

이 엔론 사건으로 인해 기업윤리가 새 시대의 화두로 떠오르게 되었고, 특히 미국의 경우에 2002년에 사베인-옥슬리 법(Sarbanes-Oxley Act)이 제정되었는데, 그 배경은 엔론사의 분식회계와 비윤리적 경영으로 인한 파산 사태에서 찾을 수 있다. 통칭 SOX라 불리는 이 법은 기업윤리를 강화하는 내용으로 구성되어 있다.[4)]

우리나라에서도 기업의 투명성 확보라는 세계적인 회계환경 변화에 대응하기 위해 사베인-옥슬리 법과 유사한 형태로 회계제도 개혁안을 마련하였다. 회사의

4) 사베인-옥슬리 법은 기업지배구조, 경영진 권한과 전략경영, 회계감사 등에 큰 영향을 미쳤다. 관련 논문으로는 김봉선 · 김언수(2008) 참조.

〈표 4-2〉 사베인-옥슬리 법의 주요 내용

구분	세부내용
CEO 및 CFO 책임 서명	CEO 및 CFO가 회사의 재무제표가 내부통제제도에 따라 적절하게 작성되었다는 내용에 서명함, 사후에 사실과 다른 경우에 형사책임
내부통제시스템 강화	엄격한 회계기준에 따라 사업보고서 등이 작성될 수 있도록 관련인력과 소프트웨어 등 시스템 구축 독립감사위원회 설치 의무화
회계법인 겸업금지	외부감사 회계법인의 감사 외 업무 금지(예: 컨설팅업무)
내부고발자 보호	내부 비리, 비윤리 행위 등 고발자에 대한 해고, 불이익, 차별 등의 보복조치 금지
연결재무제표 이용	연결재무제표를 주 재무제표로 함

대표가 내부회계관리제도를 관리, 운영하는 책임을 지도록 하였고, 운영실태를 정기적으로 이사회에 보고하도록 규정하였다. 외부감사인도 내부회계관리제도의 준수여부 및 운영실태에 관한 보고내용을 검토하도록 하였다. 이처럼 엔론 사건은 각 국가들이 기업감시시스템을 재정비하는 계기가 되었다.

한걸음 더

- 본 장의 부록에 있는 '대우조선해양 분식회계 사건'을 읽어보고 토론하자.

2.2 기업윤리의 이슈

기업윤리 문제의 해결은 윤리적 이슈에 대한 대응에서 시작한다. 윤리적 이슈는 다양하다.

기업윤리 이슈의 부각

세계적으로 인권의 시대라고 일컬어지는 1960년대에 사회윤리에 대한 새로운 물결이 일면서 기업윤리 이슈도 부각이 되었다.

우선 미국 시민권법(Civil Rights Act)이 1964년에 제정, 발효되었다. 이 법에서 최초로 인종과 피부색, 민족배경, 종교, 성별(gender)에 따른 고용차별이 금지되었다. 이후로 다양한 형태의 차별금지가 추가되었다. 40세 이상의 고연령 근로자의 차별을 금지하는 연령차별금지법(ADEA), 정신장애를 포함한 포괄적 범위의 장애인에 대한 차별을 금지하는 장애인차별금지법(ADA) 등 사회적 약자집단에 대한 차별금지가 계속 강화되었다. 우리나라에서도 차별금지에 관련된 법적 및 사회적 규제가 마련되어 있으나 아직은 실행에서 약한 편이다.

종업원 관련 윤리적 이슈는 차별의 문제뿐만 아니라 실로 다양하다. 장시간 노동과 아동노동 등 노동착취, 작업장 안전과 건강문제 등 노동자 권리에 관한 윤리적 이슈가 있다. 그리고 성희롱 방지, 개인정보 보호와 프라이버시, 존중받을 권리(발언의 자유, 갑질) 등 인권에 관한 이슈가 지속적으로 중요하게 부각되고 있다.

또한 1960년대에 소비자의 권리에 대한 인식이 시작되었고 이는 기업윤리와 사회적 책임의 중요한 기준이 된다. 미국 대통령 존 에프 케네디(J. F. Kennedy)가 1963년 3월 15일에 '소비자보호에 관한 특별교서'(소비자권리장전)를 발표하면서 소비자의 4대 권리(안전할 권리, 알 권리, 선택할 권리, 의사를 반영할 권리: Right to safety, to be informed, to choose, and to be heard)를 선언하였다. 이때 랄프 네이더(Ralph Nader)를 중심으로 하는 소비자보호운동이 시작되었다.

오늘날 대부분 국가에서 소비자의 4대 권리를 선언한 3월 15일을 '세계소비자권리의 날'로 정해 기념하고 있다. 국제소비자기구(Consumers International, CI)는 매년 새로운 주제를 선정하여 발표하고 각 나라에서는 발표한 주제를 중심으로 상황에 맞게 국제연대활동을 개최하고 있다. 이후 CI는 시대에 맞게 소비자의 권리를 추가하여 아래와 같이 정하였다. 우리나라는 공정거래위원회 주관으로 소비자의 날을 12월 3일로 정하여 소비자의 권리의식을 신장시키고, 소비자보호에 대한 인식을 높이기 위한 행사를 하고 있다. 한국소비자원이 소비자의 피해보상과 권리보호 활동을 하고 있다.

소비자의 권리 개념은 기업이 고객을 위한 윤리규범을 세우는 데 준거기준이 된다. 안전한 제품을 만들어야 하고 환경위험을 높이지 않아야 한다. 그리고 소비자의 피해에 대해 적극적으로 보상하고 문제해결에 노력해야 한다.

한걸음 더

- 직장 내 괴롭힘 금지법, 소비자보호법에 대해서 공부해보자.

소비자의 권리(Consumer Right)

- 기본적 욕구를 충족시킬 권리(The right to satisfaction of basic needs)
  - 기본적인 필수 재화와 서비스에 접근할 수 있는 권리: 적절한 음식, 의복, 쉼터, 의료, 교육, 공공시설, 물, 위생 등
- 안전에 대한 권리(The right to safety)
  - 건강이나 생명에 유해한 제품, 생산공정 및 서비스로부터 보호받을 권리
- 정보를 받을 권리(The right to be informed)
  - 정보에 입각한 선택에 필요한 사실을 알고, 부정직하거나 오해의 소지가 있는 광고 및 라벨링으로부터 보호받는 권리
- 선택할 권리(The right to choose)
  - 만족스러운 품질을 보장하면서 경쟁력 있는 가격으로 제공되는 다양한 제품 및 서비스 중에서 선택할 수 있는 권리
- 의견이 대변될 권리(The right to be heard)
  - 정부 정책의 수립 및 실행, 제품 및 서비스 개발에 있어 소비자의 이익이 대변될 권리
- 보상받을 권리(The right to redress)
  - 허위 제품, 조잡한 상품 또는 불만족스러운 서비스에 대한 보상 요구를 포함한 정당한 청구에 대해 공정한 해결을 받을 권리
- 소비자 교육에 대한 권리(The right to consumer education)
  - 기본적인 소비자 권리와 책임에 따라 행동하는 방법을 인식하면서, 상품 및 서비스에 대한 정보에 기반해 자신있게 선택하는 데 필요한 지식과 기술을 습득하는 것
- 건강한 환경에 대한 권리(The right to a healthy environment)
  - 현세대와 미래세대의 안녕을 위협하지 않는 환경에서 생활하고 일할 권리

[자료: https://www.consumersinternational.org/]

이해관계자의 피해

기업은 사회 속에서 여러 이해관계자로 둘러 쌓여있다. 기업은 이해관계자들과의 관계에서 윤리적 이슈에 봉착한다. 먼저 이해관계자를 간단히 설명하기로 한다.

이해관계자(stakeholders)란 기업에 일정한 지분(stake)과 이해관계(interest)를 가지고 있는 사람들이다. 이들은 조직의 모든 상황에 관련된 것은 아니다. 일정한 영역에서 관련되어 자원과 정보를 주고받는 관계에 있다. 기업의 생산활동에서 원자재 및 부품재료의 투입에 대해 고객이 공급업자를 선택하는 것이 아니며 납품

〈표 4-3〉 비윤리적 행위로 인한 피해 유형[5)]

이해관계자	이해의 훼손
주주/출자자	주식가치 손실, 미배당 손실, 잘못된 정보에 의한 투자
종업원	실직, 체불임금, 퇴직금/연금 손실, 작업안전 피해
고 객	품질/불량품 피해, 건강 피해
공급자	대금결제 미지급/지연, 파산시 미수금 회수 불가
채권자	원금과 이자수입의 손실, 부채상환 일정 준수 실패
지역사회	지역경제 타격, 환경오염
정 부	세수의 손실, 법 집행의 실패

가격 결정에 관여하지도 않는다. 고객이 종업원의 임금결정에 관여하지도 않는다. 고객은 제품과 서비스의 가격과 품질에 관여되어 있다. 이처럼 이해관계자는 특정의 영역에서 기업과 관련을 맺고 자원과 정보를 교환한다.

이러한 교환관계에서 기업의 비윤리적 행위로 이해관계자들이 큰 피해를 입는다. 포드차 핀토의 불량 설계로 고객들이 생명의 위험을 겪게 되었고, 엔론의 분식회계는 기업 파산으로 이어졌으며 특히 주주와 종업원이 큰 피해를 입었다.

기업의 비윤리적 행위로 이해관계자가 겪게 될 피해의 유형은 아래와 같다. 윤리적 사건의 특징에 따라 피해의 대상과 크기가 다를 것이나. 여기서 제시된 이해관계자는 통상 기업에게 가장 중요한 집단에 한정하였다.

이해관계자와 윤리적 이슈 관리

기업윤리를 경영할 수 있을까? 그 첫발은 윤리적 이슈를 찾아내고 관리하는 방법을 갖추는 것이다. 이를 윤리적 이슈 관리(EIM: ethical issue management)라고 한다. 윤리적 이슈는 업의 특성과 이해관계자와의 관계 특성에 의해 결정된다. 예를 들어, 자동차산업의 경우에는 배기가스로 인한 대기오염이 이슈가 되고 광범위한 납품업체와의 거래조건이 이슈가 된다. 이처럼 윤리적 이슈는 구체적 사건이 발생할 수 있는 상황을 예측하게 해준다. 따라서 윤리적 이슈를 사전에 식별하고 방지할 수 있는 방안을 만드는 것이 윤리경영의 출발점이 된다. 또한 윤리적 사건이 발생하였을 경우에도 사후적인 대응을 어떻게 해야 하는지를 준비해

5) 박우성 외 역(2015, p. 36)을 수정하였음.

놓을 수 있다.

윤리경영은 윤리적 이슈의 관리에서 출발한다. 윤리적 이슈를 이해관계자별로 식별하고 대응방안을 정리하는 게 효과적이다. 실제 비즈니스 활동에서 윤리적 이슈가 발생하는 곳은 이해관계자와의 거래행위이기 때문이다.

윤리적 이슈는 법에 의해 규정된 기준이 되기도 하고 사회공공기구에 의한 기준이 되기도 한다. 윤리적 이슈는 분식회계와 같은 큰 위반사건에 관련되기도 하고 작업장에서 특정 종업원의 인권침해와 같은 현장의 구체적 사건이기도 하다. 당연히 윤리적 이슈별로 포괄성과 시급성, 이해관계자 관련성 등의 특성을 잘 파악할 필요가 있다. 이슈별로 기업의 대응이 달라져야 하기 때문이다. 또한 이슈의 의도성과 비의도성을 구별할 필요가 있다. 포드차 핀토의 사례는 윤리위반의 의도는 강하지 않았으나 결과적으로 잘못된 예측과 윤리기준의 선택에서 생명과 같은 절대윤리를 소홀히 했다는 점이 있다. 한편 엔론의 분식회계는 명백한 의도적 윤리위반이다. 전자는 사후적 대응에서, 후자는 사전적 대응에서 기업윤리를 지켜나

〈표 4-4〉 이해관계자별 윤리적 이슈

이해관계자	추구하는 가치	주요 이슈
경쟁자	공정한 경쟁	불공정 경쟁(담합) 거래선 제한, 거래선 차별, 덤핑, 지적재산권 침해, 기업비밀 침해, 뇌물 등
고객	성실, 신의	유해상품, 결함상품, 허위/과대광고, 정보은폐, 가짜상표, 허위/과대 효능/성분 표시 등
공급자	공정한 거래	가격(단가 후려치기), 기술탈취, 납품조건 불이익, 부당한 재고부담 전가, 미지급 거래 등
투자자	이익, 투명성	내부자거래, 인위적 시장조작, 시세조작, 이전거래, 분식결산, 기업지배행위 등
종업원	인간의 존엄성	고용차별, 성차별, 프라이버시 침해, 작업장의 안전성, 단결권, 회사와 개인의 이해 상치 등
지역사회	기업시민	산업재해(화재, 유해물질 침출), 산업공해(소음, 매연, 전파), 산업폐기물 불법처리, 공장폐쇄 등
정부	엄정한 책무	탈세, 뇌물, 부정한 정치헌금, 불법 로비, 보고의무 위반, 허위보고, 조사방해 등
외국정부	공정, 상생	탈세, 돈 세탁, 뇌물, 덤핑, 정치개입, 문화파괴, 법규 악용(유해물 수출, 공해방지시설 미비) 등
지구환경	보전, 지속가능	탄소배출, 환경오염, 자연파괴, 산업폐기물 수출입, 지구환경 관련 규정위반 등

가는 것이 가능하다.[6] 따라서 윤리적 이슈의 특성을 구분하여 볼 필요가 있다.

윤리이슈 대응과 위기관리

윤리적 사건이 발생하면 기업은 즉각적이고 체계적으로 대응해야 한다. 피해를 입은 이해관계자와 사회의 반응이 항상 예측가능한 게 아니기 때문이다. 이때 윤리적 사건에 대응이 잘못되면 기업이 위기에 처하게 된다. 윤리적 사건은 사회규범을 깨뜨린 것이기에 사회적 공분을 불러일으킬 수 있다. 이 경우 기업은 위기관리(crisis management) 차원에서 대응을 해야 한다.

유명한 기업윤리 사례인 존슨앤존슨(Johnson & Johnson)사의 타이레놀 사건을 보자. 사건 내용은 아래에 요약하였다.[7] 존슨앤존슨의 대응책은 이후 모범적인 사례로 알려지고 있다. 이 회사의 위기상황의 적극적인 대응은 위기관리의 성공사례로 평가받고 있다.

경영사례

존슨앤존슨(Johnson & Johnson)사의 타이레놀 사건

1982년 9월 29일 미국 시카고 인근에서 7명의 주민이 청산가리가 들어간 타이레놀을 복용하고 사망하는 사건이 일어났다. 사건조사단은 이 타이레놀 약통이 7~8개 약국과 수퍼마켓에서 판매되거나 훔쳤고, 이후 캡슐 안에 있던 아세트아미노펜이란 원래의 진통제가 제거되고 청산가리로 채워진 다음, 다시 매장 진열대에 놓인 것으로 확인하였다. 살해 의도는 밝혀지지 않았지만 존슨앤존슨사나 타이레놀 판매 소매상에 대한 원한으로 추측되었다.

타이레놀은 당시 존슨앤존슨에서 가장 많은 수익을 내는 대표 상품이었다. 무엇보다 가장 믿을만한 제품으로 인식되는 진통제이어서 충격이 더 컸고 자칫 제품판매의 중단과 회사의 위기로 치달을 수 있는 상황이었다. 제임스 버크 CEO와 회사 경영진은 원래 사망사고가 발생한 시카고 지역 중심으로 중서부 지역의 약통만을 수거할 것을 제안받았다. 그러나 경영진은 전국에 있는 3,100만개의 타이레놀 약통 전부를 수거해서 처리하도록 하였

6) 포드차 핀토 사례에서도 사전에 올바른 의사결정을 내렸어야 하겠지만, 경제적 합리성 기준의 의사결정 자체에 대해서는 다소 논란의 여지가 있다. 이 경우에는 사후 대응이 더욱 중요하다. 10년간의 무대응이 더 큰 잘못으로 이어진 것이다. 오늘날 자동차회사들이 엔진 결함이나 브레이크 결함 등에 신속하게 리콜(recall)을 하는 것은 의도성이 없는 오류에 대해 빠른 사후적 대응을 하는 예이다.

7) 박우성 외 역(2015), pp. 98-99.

는데, 그 비용은 약 1억달러에 달했다. 당시 타이레놀은 진통제 시장의 35%를 차지하고 있었는데 이로 인해 시장점유율은 7% 이하로 떨어졌다.

회사는 왜 비용이 덜 들어가고 수용도가 높은 방법이 있었음에도 불구하고 그렇게 비용이 많이 들어가는 의사결정을 내렸는가? 이 회사의 경영이념(credo; 신조)이 이러한 결정이 내려진 배경을 설명해준다. 이 회사는 "우리는 우리의 첫 번째 책임이 의사·간호사와 환자, 어머니와 아버지, 그리고 우리의 제품과 서비스를 이용하는 모든 사람들이라고 믿는다."는 이념을 창업 이래로 명확히 선언하고 있다.

이러한 의사결정은 보상을 받은 듯하다. 타이레놀의 시장점유율은 28%까지 회복하였고, 회사의 이미지도 대폭 개선되었다. 이러한 회복이 좋은 마케팅의 결과이었는지 고객을 위해 옳은 일을 하려는 회사 경영진의 이타적 반응이었는지는 40년이 지난 지금도 토론 주제가 되고 있다.

반면 윤리적 대응에 실패하여 위기로 치닫는 경우도 많이 있다. 토요타자동차의 브레이크 결함사건은 대표적인 사례이다.[8] 토요타의 사건 전, 그리고 사건 후 모두에서 더디고 무책임한 대응이 '품질의 토요타'에 대한 신뢰 실축을 가속화하였다.

경영사례

토요타자동차의 브레이크 결함사건

2009년 8월 미국에서 '렉서스 ES350' 운전 중 가속페달이 매트에 걸려 급가속 상태가 이어지는 결함으로 4명이 사망하는 사건이 발생하였다. 이로 인해 11월 25일에 8개 차종 약 426만대의 수리를 발표하였다. 토요타는 2009년 8월 가속페달 문제를 시작으로 결함 부위와 대상 차종이 계속 확대됨에 따라, 2010년 2월 16일 현재 전 세계에서 리콜 및 수리 대상이 1,000만대를 넘게 되었다. 이는 토요타의 2009년의 연간 판매 1,375만대에 필적하는 수치이다.

이미 몇 해 전부터 위기의 징후가 포착되었으나 당시 적극적으로 대응하지 않았다. 2004년 미국에서 렉서스와 캠리에 대한 불만이 접수되고 2007년부터 해외에서 10여회 리콜을 실시하여 품질관리의 허점이 보였으나 소극적 대응에 그쳤다. 2006년에 '하이럭스 사프'의 결함을 알고도 리콜 등의 조치를 취하지 않아 5명이 부상하는 사고가 발생하였다. 당시 와타나베 사장이 공식사과하고, 간부 3명이 업무상 과실상해 혐의로 송검되며 국토

8) 김양희(2010) 참조.

교통성으로부터 행정처분을 받은 바 있다.

토요타의 더디고 무책임한 대응이 '품질의 토요타'에 대한 신뢰 실축을 가속화하였다. 2009년 가을부터 발생한 일련의 사건들에 대해 토요타 아키오 사장이 처음 사과한 것은 2010년 2월 5일이며, 2월 9일 다시 사과를 하고, 2월 13일 '위기대책위원회'를 발족하는 등 수습에 나섰다. 그러나 이미 토요타의 소극적인 늑장대응으로 국내외의 비난여론이 비등해졌다. 토요다 사장의 공식사과 회견 시에도 원인 설명이 불충분하였고 일부 간부는 품질문제의 원인을 소비자 탓으로 돌리는 등의 실망스런 태도를 보여, 일본 국토교통성 장관이 토요타의 대처방식이 "고객의 시점을 결여했다"고 비판하였으며, 일본 총리도 토요타의 신속대응을 요청하기에 이르렀다.

이후 토요타는 신뢰의 위기로 인해 수년간 어려움을 겪었다.

윤리적 사건은 언제나 발생할 수 있다. 토요타자동차는 가격경쟁력 확보를 위해 마른수건짜기 식으로 부품업체의 납품단가 인하를 요구하였고, 이는 부품업체로 하여금 부품의 품질을 저하시키는 한 요인으로 작용하는 동시에 조달부품에 대한 품질관리도 소홀히 만들었다. 효율의 극대화를 위한 토요타의 지나친 성과압박이 낳은 부작용이었다. 품질관리의 대명사인 토요타의 명성에 큰 타격이 가해졌다. 이처럼 윤리적 사건은 의도하지 않았지만 발생한다. 기업은 이에 대해 이슈관리 시스템으로 미리 대응할 수 있어야 한다. 한편 윤리적 사건이 발생한 후에는 미리 준비된 대응체계로 신속히 대응해야 한다.

2.3 기업윤리의 실천

기업윤리를 어떻게 실천하는가? 기업이 추구하는 가치와 신념에 의거하여 기업윤리 경영을 선언하고 제도를 구축해야 한다. 윤리경영의 선언과 관리시스템에 대해 알아보자.

윤리헌장, 윤리강령과 행동지침

기업윤리를 경영의사결정에 투영하기 위해서는 윤리경영 지침이 필요하다. 경영자와 구성원들은 윤리경영 지침을 따른다. 윤리경영 지침은 기업별로 차이가 있으나 대체로 기업윤리헌장, 기업윤리강령, 종업원행동지침 등으로 구성하고 있다.

윤리헌장(Charter of Business Ethics)은 구성원들에게 기업이 추구하는 기본적인 가치와 신념에 의거하여 윤리적 기준과 규범을 함축적으로 표현한 선언문(Statement of declaration)이다. 윤리강령(Code of Business Ethics)은 윤리헌장의 내용을 좀 더 구체적으로 표현한 문서로, 기업윤리에 따른 구성원들의 실질적 행동기준을 설정하고 이를 이해관계자들에게 적용한 것이다. 윤리강령에는 기업마다의 이해관계자들을 규정하고, 중요도에 따른 순위를 부여하여 우선순위에 있는 이해관계자들에 대한 윤리적 관리방안을 구체적으로 명시하여야 한다. 윤리행동지침(Guidelines for Business Conduct)은 업무수행 과정 중에 실질적으로 발생하는 윤리적 상황에서 대응행동과 문제해결 방법을 제시해주는 세부적인 가이드라인이다. 윤리적 행위자들이 봉착할 수 있는 다양한 윤리적 상황이 상세히 기술되어 있어, 그러한 상황발생 시 윤리적 대응행동의 기준을 정해주는 것이다.

보통 기업의 홈페이지에서 윤리헌장, 윤리강령, 윤리규범 등 다양한 이름으로 그 기업이 추구하는 윤리적 가치를 명시하고 있다.

현대자동차그룹은 윤리헌장과 실천규범으로 간단한 구조를 갖고 있다. 그룹 홈페이지에 윤리헌장과 실천규범의 적용대상에 대해 명시적으로 규정하고 있다. 그룹 내 모든 계열사 임직원이 예외없이 준수할 것을 규정하였을 뿐만 아니라, 거래관계의 협력업체에게도 동일한 윤리규범의 적용을 권장하고 있다. 자동차산업의 특성상 2차, 3차 협력업체가 있기 때문일 것이다.

경영사례

현대자동차그룹 5대 윤리헌장

1. 우리는 명확하고 투명한 기준을 갖고 업무를 수행하며, 성실과 최선으로 주어진 책임을 다한다.
2. 우리는 시장에서 정정당당하게 경쟁하며, 계약관계에 있는 상대방과 공정하게 거래한다.
3. 우리는 고객가치 실현을 위해 안전한 제품과 최상의 서비스, 올바른 정보를 제공하고 개인정보를 철저히 보호한다.
4. 우리는 구성원 개개인을 독립된 인격체로서 존중하고, 이를 위해 공정한 근로조건과 안전한 근무환경을 제공한다.
5. 우리는 글로벌 기업시민으로서 사회적 책임 이행을 통해 다양한 이해관계자가 함께 번영할 수 있는 지속가능한 발전을 구현하는 데 기여한다.

윤리헌장 및 실천규범의 적용대상

현대자동차그룹 전 계열회사로서 국내·외 생산 및 판매법인, 자회사 및 손자회사, 합작투자사(Joint Venture)를 포함하며, 현대자동차그룹 임직원은 공급자 및 판매·서비스 조직을 대할 때에도 본 윤리헌장 및 실천규범에 따라 행동한다. 본 윤리헌장 및 실천규범이 적용되는 조직의 모든 임직원은 해당 국가의 법규를 준수하는 동시에 본 윤리헌장 및 실천규범에 따라 업무를 수행해야 한다. 더 나아가 당사와 거래관계에 있는 모든 이해관계자도 본 윤리강령 및 실천규범을 존중할 수 있도록 권장하여야 한다.
[자료: 현대자동차그룹 홈페이지]

한걸음 더

- 국내 주요 기업의 홈페이지에서 윤리경영 지침을 조사해보자.
- 글로벌 기업의 윤리헌장과 윤리강령을 비교하여 보자.

윤리경영의 관리시스템

윤리경영이 실질화하기 위해서는 관리시스템이 필요하다. 윤리경영의 관리시스템은 <표 4-5>와 같이 구성할 수 있다.

첫째, 윤리적 이슈를 미리 발굴하고 이를 사전적 및 사후적으로 관리할 수 있는 체제를 구축하면, 기업 경영 과정 중에 여러 가지 윤리적 이슈가 실제 발생했을 때 당황하지 않고 대처할 수 있을 뿐 아니라, 윤리적 이슈와 관계된 경영위기가 닥친다고 하더라도 빠르고 쉽게 대응해 나갈 수 있다. 이슈관리시스템은 이해관계자별로 모든 윤리관련 의사결정사항을 개발할 수 있다. 그리고 각 이슈가 발생할 때마다 해결방안을 찾아 시스템화하는 과정을 반복하면, 시간과 경험의 누적에 따라 기업의 상황과 특성에 적합한 최적의 이슈관리시스템을 구축할 수 있게 된다.

둘째, 준법시스템(compliance system)이다. 법규를 자율적으로 준수하기 위해 운영하는 시스템으로 준법 모니터링, 준법 리스크 관리, 준법부서(compliance depart-

〈표 4-5〉 윤리경영 관리시스템

이슈관리시스템	이해관계자별 이슈 발굴, 이슈관리자 지정, 이슈 대응 절차
준법경영과 감사제도	준법 모니터링, 준법 리스크 관리, 준법부서 운영
윤리경영 활성화 시스템	윤리경영지원센터 등 조직화, 내부고발제도, 사전신고면책제도
인사제도 연계	인사평가, 보상에 반영

ment) 운영 등을 들 수 있다. 임직원들에게 법규 준수를 위한 명확한 행동기준을 제시하고, 준수 여부를 모니터링을 해서, 법 위반에 따른 손실을 사전에 예방하고자 한다. 예를 들어, 공정거래 위반을 사전 예방하기 위한 공정거래 자율준수 프로그램, 소비자 불만과 피해를 사전 예방하고 신속한 구제를 할 수 있는 소비자불만 자율관리 프로그램 등을 들 수 있다.

셋째, 윤리경영 활성화를 위한 시스템이 있다. 윤리경영 담당 조직으로서 윤리경영지원센터나 윤리전담부서를 중심으로 각종의 데이터를 구축하고 피드백 체제를 확립할 수 있다. 회사 내 윤리경영 실천의 사례를 축적하여 구성원들이 활용할 수 있도록 해준다. 예를 들어, 이해관계자 의견 및 만족도 조사를 통하여 문제점과 개선점을 찾아내는 노력이 그것이다. 고의성이 없이 비윤리적 행동을 하게 되었을 때 이를 사후에 인지하여 회사에 자진신고를 하면 책임을 면해주는 **'사전신고면책제도'**도 효과적이다. 특히 회사 내 타인의 불법, 비윤리적 행위를 신고하도록 하는 내부고발제도가 윤리경영 활성화에 큰 효과가 있다.

넷째, 윤리경영 참여도를 높이는 데는 인사제도와의 연계가 효과적이다. 윤리

내부고발제도(whistle-blowing system)

내부고발제도는 종업원이 회사에서 벌어지는 불법적이거나 비도덕적인 행위에 대해 고발하는 것을 제도화한 것이다. 기업윤리 위반으로 인한 리스크를 관리하는 데 매우 효과적인 제도이다.

내부고발은 조직의 비리를 발견한 종업원이 우선적으로 상급자에게 보고하고 조직 내에 정해진 부서나 절차를 통해 문제를 해결하도록 하는 것이다. 그러면 조직의 가치와 사회적 가치의 충돌 지점이 적어질 수 있다. 왜냐하면, 조직 차원에서 그 문제가 발견되면 스스로 자정 노력에 의해 해결해나가면서 사회적 가치와 조화를 추구할 수 있기 때문이다.

내부고발이 활성화되면 기업의 투명성이 높아진다. 내부고발을 무시하거나 억압하지 않고 적극적으로 대응하여야 한다. 이로써 윤리적 사건이 발생하여 사회에 큰 피해를 미칠 가능성을 사전에 차단하는 효과를 얻는다. 내부고발의 내용을 분석하고 시정조치를 적극적으로 해야 한다.

내부고발은 종업원 입장에서 매우 어렵다. 따라서 익명성을 보장하고 내부고발자(whistle-blower)를 보호해주어야 한다. 내부고발자를 조직의 배신자로 보지 않는 윤리적 기업문화가 있어야 한다.

내부고발이 조직의 위계 중시와, 조직 중심의 가치에서 받아들여지기 어려운 종업원 윤리행동이지만, 우리 모두가 격려해야 하지 않을까? 경영 투명성이 곧 경쟁력을 높이고 리스크를 줄이는 최선의 방법이다.

준수 노력과 윤리적 성과를 인사평가와 보상에 반영하는 것이다. 이는 가장 강력한 형태의 윤리경영 의지 표현이다. 기업윤리 교육시스템도 중요하다. 윤리의식 수준을 높이고 윤리적 행동 역량을 개발해주는 것이다.

3. 기업의 사회적 책임

3.1 CSR의 개념과 유형

기업의 사회적 책임(CSR: corporate social responsibility)은 기업의 소유주(주주)뿐만 아니라 모든 이해관계 당사자들의 이익과 복리, 행복 등에 기여하여 선량한 기업시민(corporate citizen)으로서 의무를 다하는 것이다. 개인들이 시민으로서 사회의 발전과 공동의 행복을 위해 애쓰는 것과 마찬가지다. CSR은 이해관계자에 대한 긍정적 영향을 최대화하고 부정적 영향을 최소화하는 적극적인 노력과 활동으로 정의할 수 있다.

CSR은 기본적으로 기업과 이해관계자로 구성된 사회와의 관계를 다루는 데 한정할 수 있다. 그러나 CSR은 특정 기업의 이해관계자가 아닌 일반공중에게까지 그 대상을 확장할 수 있다. 기업이 사회에서 번 이득을 일반 사회구성원에게 환원해주는 기부행위는 이해관계자 개념을 일반 사회까지 확장한 것이다.

CSR의 중요성이 날로 커지고 있다. 기업윤리에 대한 요구 수준이 높아지는 것과 같다. 기업이 규모가 커지고 사회적 영향력이 크다 보니까 '이것도 해주면 좋겠다', '저것도 해주면 좋겠다' 하는 요구가 증가하게 되었다. 그리고 기업이 그렇게 해줄 만큼 자원과 역량이 있는 것이다. 이에 사회적 기대가 높아졌다.

어쨌든 과거에 비해 사회적 책임의 중요성이 커지고 있는데, 그것의 주요한 원인 중 하나는 자본주의 사회의 문제점이 더욱 부각되면서 그에 대한 사회의 반응이기도 하다. 새로운 시대정신으로 상생, 행복 등이 강조되어지면서 기업에 요구되는 책임의 영역이 커졌다. 기업의 외부성에 대한 책임을 갖고 있고, 기업의 권력남용과 부패 등의 문제로 인하여 기업의 사회적 정당성에 위기가 온 점도 있다.

CSR 활동의 타당성과 원리

기업이 사회적 책임을 져야 하는 이유는 무엇일까? 이에 대해서 크게 3가지 관점으로 설명할 수 있다.

첫째, 도덕성 관점(moral argument)이다. CSR은 사회에서 기대하는 기업-사회 간 관계를 반영한 것으로 본다. 기업은 영리조직체이지만 진공 상태에서 존재하지 않는다. 기업의 성공이 기업 자체의 노력에 의한 것만큼 사회와 조화되는 행동에서 비롯된다. 기업과 사회는 서로에 대한 의무(obligations)가 있다. 따라서 기업과 사회는 서로의 공존과 복리를 위해 주고받음의 접근법(give-and-take approach)을 실천해야 한다.

둘째, 합리성 관점(rational argument)이다. CSR은 기업이 성과를 극대화하려는 목적에서 기업 운영에 대한 제한(규제)을 최소화해주는 합리적인 활동이다. CSR은 비즈니스에 대한 제약을 최소화하기 위해 사회적 우려를 예상하고 대응하는 행동이다. 사회와 이해관계자의 기대치가 계속 변화하는 상황에서 향후 자칫 발생할 수 있는 제재를 피하기 위해서 CSR이 수행된다. 이를 사회적 책임의 철칙(Iron law of social responsibility)이라고 한다.

셋째, 경제성 관점(economic argument)이다. CSR은 기업이 경제적 이익을 추구하는 데 필요하다는 주장이다. CSR은 기업이 다양한 이해관계자의 요구와 우려를 반영해주기 때문에 결과적으로 경제적 이득이 될 것이다. 우선 사회적 정당성을 유지하고 중장기적으로 비즈니스에 긍정적 영향을 미친다는 것이다. 이는 CSR에 대한 경제적 보상의 관점이다.

이 세 관점은 CSR의 당위성을 다르게 설명하고 있다. 세 관점 모두 타당한 논거를 갖고 있으며 상호 배타적이지 않다. CSR의 중요성을 다측면으로 설명해주고 있다.

CSR 반대론과 찬성론

CSR에 대해 반대론이 있다. 그 이유로 세 가지를 들 수 있다.

첫째, 비용이 증가하고 이윤이 감소하기 때문에 경제적 가치를 추구하는 기업에 적합하지 않다는 것이다. 비즈니스에 들어가는 비용 외의 요인으로 이윤이 감소하는 것은 기업의 목적에 어긋난다고 본다. 기업은 본연의 기능에 충실해야 한다. 사회적인 문제는 공공기관이나 여타의 사회기관이 각자의 목적에 맞게 해결하여야 한다.

〈표 4-6〉 CSR 반대론과 찬성론

구분	반대론	찬성론
이윤추구 측면	이윤 감소와 경제적 기능 약화	장기적 이윤추구의 기반 (기업 생존의 필요조건)
시장기능 측면	시장의 비효율성 초래	시장실패 보완, 규제 예방
다원사회 측면	기업 권력의 비대화	다원적 균형과 책임 공유

둘째, 기업이 CSR에 치우치면 시장이 왜곡되고 비효율성이 초래된다. 기업이 시장경쟁에 충실할 때 시장이 효율적이고 결국 사회가 시장의 혜택을 받게 된다. 이는 시장의 효율적 기능이 자유로운 경쟁에 있음을 강조하는 것이다.

셋째, CSR은 다원주의 사회(pluralistic society)의 균형을 깨뜨린다. 다원주의 사회에서는 어떤 특정 사회집단이 모든 사회권력을 독점하지 않고, 모든 사회집단이 각자의 존재목적에 맞게 적절한 권력 분점을 이루고 있다. 그리고 그들 조직이 자율성과 자기책임의 원리에 따라 각자 역할을 수행한다. 기업이 사회적 책임을 너무 많이 수행하게 되면 다른 사회조직의 사회적 기능을 다 흡수해버리니까, 다소 과장된 해석이기도 하지만, 다원사회를 위협하는 것으로 본다. 기업이 압도적인 영향력의 행사자가 되어서 사회적 균형이 깨진다고 본다.

찬성론은 이에 대하여 다음과 같은 빈박을 한다.

첫째, CSR이 장기적 이윤 추구의 기반이 된다. 그리고 사회적 이해관계자들과 공생의 기반이 만들어지기 때문에 기업 생존에 필연의 조건이 된다고 본다. 앞의 경제성 관점과 같은 얘기다.

둘째, 시장이라는 것이 완벽하지 않기 때문에 시장실패를 보완하기 위해서는 직접 당사자인 기업이 일정부분 보완자의 역할을 수행해야 한다고 본다. CSR이 시장실패를 보완하는 기능을 갖고 있는 것이다. 제3자인 공공기관이나 다른 사회조직에 맡기기보다는 기업이 능동적으로 CSR을 수행하면 시장실패가 더 잘 보완될 것으로 본다.

셋째, 다원사회 측면에서는 다원적 균형과 책임 배분을 위해서 기업이 CSR을 수행해야 한다고 본다. 이는 사회집단 간 힘의 관계가 아닌 협동과 공동 문제해결의 시각으로 보아야 한다는 것이다.

이상의 CSR 찬반론을 정리하면 <표 4-6>과 같다. CSR에 대한 사회적 기대가 커지고 있음에도 불구하고 반대론이 있다는 점을 유념해야 한다. 기업이 풍부한 자원과 능력을 보유하고 있다고 하더라도 모든 사회 이슈를 해결할 수 없다. 기업의 역할에 해당하지 않는다. 기업이 가진 사적 이익 동기가 공공적 이익과 충돌하는 경우도 많을 것이다. 이러한 우려를 담아주는 CSR이 더 효과적일 것이다.

마이클 포터와 마이클 샌델의 TED에서 논쟁 보기

이 두 유명한 학자가 기업의 사회적 책임과 역할 범위에 대해 서로 다른 주장을 펼치면서 논쟁하고 있다. 참고하여 보자.

- Michael v. Michael: A debate on how (or if) business can solve social problems https://blog.ted.com/porter_sandel_debate/

CSR과 기업가치 관계의 논쟁

CSR 반대론에서 제기된 첫 번째 논점은 자본주의 논쟁과 맥락을 같이하고 있다. 신자유주의에서 기업의 유일한 최고의 책임을 이익극대화를 통한 주주가치 제고에 두고 있기 때문이다.

학자들은 CSR이 기업 명성을 높이고 종업원의 생산성을 향상시키며, 환경오염과 관련된 비용과 벌금을 감소시키는 등을 통해 기업가치를 제고시키는 방향으로 전개될 수도 있지만, 반면 CSR이 경영자 개인의 명성 제고를 위해 수행된다면 그만큼 CSR로 인한 지출은 비용이 되어 기업가치를 훼손시키게 될 것이라고 지적하고 있다. 후자의 경우 CSR 활동은 주주와 경영자 간의 이해상충의 원인이 되며, CSR 활동을 위해 지출된 비용은 새로운 유형의 '대리인 비용'이 된다. 기업의 CSR 활동으로 추가적으로 지불해야 하는 비용은 그 자체로 수익성을 위한 투자가 아니기 때문에 기업가치 제고에 도움이 되지 않는다. 오히려 CSR에 대한 관심으로 수익성 높은 사업안이나 투자전략이 소외될 수 있다고 본다.

한편 CSR의 긍정적 효과로 기업의 명성이나 브랜드 가치의 제고를 들 수 있다. 또한 CSR 활동이 이해관계자와의 상충을 감소시켜 이해관계자의 신뢰를 높여줄 수 있다. CSR이 단기적으로는 비용 요인이지만 기업 명성을 높이고 매출 증가로 이어질 수 있다. 또한 사회적 책임을 다하는 기업은 그렇지 않은 기업에 비해 수익의 하방위험성이 적고 기업가치를 훼손할 부정적 사건에 처할 가능성이 줄어든다. 이러한 측면에서 CSR은 거래비용과 이해관계자와의 잠재적인 이해상충을 최소화할 수 있는 최적 방안이 될 수 있다.[9] CSR 공시가 투자자들에게는 거래비용의 절감효과를 가져오고, 미래수익에 대한 위험도를 낮추는 것으로 해석될 수

〈표 4-7〉 CSR의 긍정적 및 부정적 효과

긍정적 효과	부정적 효과
• 기업 명성, 전략적 가치 • 기업이미지와 브랜드 가치 • 이해관계자 신뢰 • 수익의 하방위험 감소 • 해외투자에서 갈등의 방지/감소 효과	• 주주가치 훼손 • 이익목표의 혼란 • 경영전념도 분산 • 직접비용 증가 • 경영자의 대리인 비용

있다. CSR은 해외 진출 시에도 외국정부와 지역사회에서 갈등 방지 또는 감소의 효과가 있다. 기부와 기여 활동은 지역사회에 대한 간접적 투자이며 기업의 명성을 올려준다.

가장 논란이 되는 것은 기부금의 정당성 문제이다.[10] 이윤을 줄이는 기부금이 주주이익을 직접 훼손한다는 비판이다. 여기서 만약 기부금이 기업가치를 높일 수 있다면 정당성은 쉽게 확보된다. 그러나 CSR과 단기 재무적 성과 간의 관계를 실증분석한 연구와 마찬가지로 기업의 장기성과를 이용한 연구에서도 실증분석 결과가 일관되게 나타나지 않았다.

이러한 연구결과는 기업의 자선적 기부가 경제적 조직으로서 지속적으로 수행하기 어려운 점을 반영한다. 아래 캐롤의 CSR 유형은 기업윤리와 사회적 책임이 통합되어 수행되어야 함을 보여준다.

캐롤의 CSR 위계모형

CSR 유형 연구에서 가장 잘 알려진 것은 캐롤(Archie B. Carroll)의 CSR 위계모형에 따른 구분이다. CSR을 4단계의 위계를 구성하는 것으로 보았다.[11]

경제적 책임(economic responsibilities)은 가장 기본이 되는 유형이다. 주주가치를 높이고, 이해관계자의 경제적 가치와 부를 최대화시키는 책임이다. 법적 책임(legal responsibilities)은 법과 정부규제의 준수에 관한 것이다. 기업은 법규를 준수하는 기업시민(corporate citizen)이 되어야 한다. 법적 책임은 "성문화된 윤리"의 관점을 반영한다. 윤리적 책임(ethical responsibilities)은 사회의 행위자들, 특히 이해관계자

9) Freeman(1984).

10) 국찬표 · 강윤식(2011).

11) Carroll(1991).

[그림 4-2] CSR 위계모형

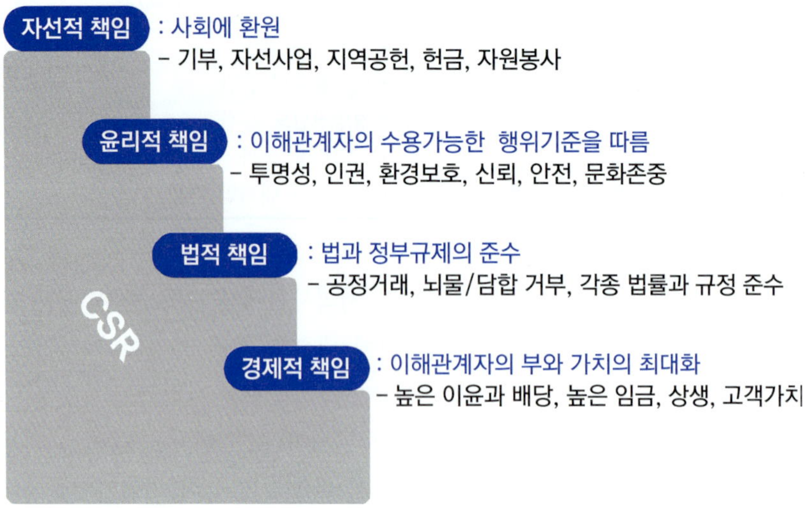

를 중심으로 그들이 원하고 수용가능한 행동기준을 반영해주는 윤리기준에 따르는 것이다. 윤리적 책임은 소비자, 직원, 주주 및 커뮤니티가 공정하고 정당하다고 간주하는 것을 경영에 반영한다. 자선적 책임(philanthropic responsibilities)은 사회에서 번 이익의 일부를 사회에 환원(giving back)하는 것이다. 자선활동은 기업이 좋은 기업시민이라는 사회적 기대에 부응하는 기업 활동이다. 여기에는 인간의 복지나 선의를 증진하기 위한 행위나 프로그램에 적극적으로 참여하는 것이 포함된다. 사회의 기대에 부합하는 자선활동, 예술의 지원, 교육기관 지원, 지역사회 "삶의 질"을 높이는 프로젝트 지원 등의 예를 들 수 있다.

캐롤의 모형은 CSR에 대해서 혼란이 있던 초기에 책임의 영역을 유형화하여 제시하였다는 점에서 자주 인용된다. 그런데 이 네 가지 유형은 기업윤리와 중복되는 부분이 많다. 법적 책임과 윤리적 책임은 사실상 동일하다. 단지 경제적 책임은 전통적인 주주에 대한 이익 책임을 확장하여 이해관계자 전체의 경제적 이익의 개념으로 넓혀볼 수 있다. 캐롤은 기업을 둘러싼 이해관계자 개념을 명시하고, 이 네 유형의 책임을 이해관계자별로 구체적으로 실행할 때 도덕적 책임의 경영이 된다고 보았다.

기업윤리와 CSR의 국제적 노력

기업의 사회적 책임 수행은 오늘날 가장 뜨거운 주제의 하나이다. 인류사회의 공존공영에 그만큼 중요한 영역이기 때문이다. 여러 국제기구의 제안과 방법은 GRI 보고서, ISO 26000, UN Global Compact, Dow Jones Sustainability Index (DJSI), 국제투명성기구 부패인식지수(CPI) 등 다양하다. 우리나라에서는 이들 국제기구의 한국지부가 있고, 그들과 협력관계의 한국표준협회, 한국생산성본부 등에서 관련 활동을 하고 있다. 정부에서는 국민권익위원회에서 기업윤리에 대해 관련 사업을 하고 있다. 이하에서는 GRI 보고서와 ISO 26000에 대해서만 설명하기로 한다.

글로벌보고기구(GRI: Global Reporting Initiative)는 기업, 정부 및 기타 조직이 사회적 책임을 다하는 것을 돕기 위해 지침과 외부보고서 작성을 돕는 목적의 국제 독립 표준 기구이다. GRI는 지속가능성보고서(sustainability report)의 프레임워

GRI의 지속가능성보고서 프레임워크

GRI의 지속가능성보고서 프레임워크는 기업이 경제, 환경, 노동과 인권 등에서 윤리준수와 책임경영의 정보를 명확하고 비교 가능한 방식으로 식별, 수집 및 보고하는 데 도움이 된다. 2000년 제1판 이후 2018년 개정의 제4판까지 발표하였다. GRI 보고서 프레임워크는 기업 규모나 지역에 관계없이 적용될 수 있는 일반적인 가이드라인이다. 개별 기업은 자사의 특성에 맞게 자율적으로 작성할 수 있다.

〈GRI 보고서 프레임워크: 6개 부문 34개 측면 79개의 지표〉

경제	환경	인권	노동	제품책임	사회
9개 지표	30개 지표	9개 지표	14개 지표	9개 지표	8개 지표
• 경제성과 • 시장지위 • 간접 경제효과 • 조달 관행 • 납세	• 원료 • 에너지 • 용수 • 생물다양성 • 대기 배출물 • 폐수 및 폐기물 • 환경법규 준수 • 공급자 환경평가	• 차별 금지 • 결사 및 단체교섭의 자유 • 아동노동 • 강제노동 • 보안관행 • 원주민 관리	• 고용 • 노사관계 • 직장 보건 및 안전 • 교육 및 훈련 • 다양성 및 평등한 기회	• 고객 건강 및 안전 • 제품 및 서비스 라벨링 • 마케팅 커뮤니케이션 • 고객 개인정보 보호 • 법규 준수	• 커뮤니티 • 반부패 • 공중 원칙 • 반경쟁적 행동 • 준법성

자료: https://www.globalreporting.org/

크를 개발하여 전파하고 있다. GRI의 지속가능성보고서 프레임워크는 현재 90개 이상의 국가에서 다국적 조직, 정부, 중소기업, NGO 및 산업 그룹에서 가장 널리 사용되고 있다.

기업은 지속가능보고서를 정보공시 및 투명성 제고 등을 위한 툴(tool)로 활용할 수 있으며 보고서를 발간함으로써 혁신/교육 기회, 위험관리, 직원 동기유발 등 긍정적인 효과를 기대할 수 있다.

ISO 26000은 국제표준협회(ISO)에서 제정한 기업인증제도이다. 기존의 여러 사회적 책임 국제기구들이 제안한 각기 다른 원칙들을 통합하고, 이를 어떻게 효과적이고 체계적으로 실행해나갈 것인지를 국제적 합의를 통해 제정한 사회적 책임에 대한 국제표준 인증지침이다. ISO 26000은 다른 표준에 비해 조직 거버넌스를 더 강조하는 특징을 갖고 있다. 기업들이 ISO 26000을 따름으로써 <표 4-8> 에서 보는 바와 같이 6가지 효과를 얻을 수 있다고 설명하고 있다. 흥미롭게도 기업의 경제적 가치 증진에 초점을 두고 있음을 알 수 있다.

〈표 4-8〉 ISO 26000 기대효과

- 경쟁우위(competitive advantage) 제고
- 평판(reputation) 효과
- 직원 또는 회원, 고객, 클라이언트 및 사용자를 유치하고 유지하는 능력 향상
- 직원의 사기, 헌신 및 생산성 유지에 도움
- 투자자, 소유주, 기부자, 후원자 및 금융계에 대한 인식 개선
- 회사, 정부, 언론, 공급업체, 동료, 고객 및 해당 기업이 속한 커뮤니티와의 관계 개선

한걸음 더

- 우리나라 기업의 홈페이지에 게재되어 있는 지속가능보고서를 읽어보자.
- 국제기구들이 기업의 윤리와 CSR에 대해 요구하고 있는 내용을 찾아보자.

3.2 전략적 CSR, CSV 경영, ESG 경영

기업의 사회적 책임에 대한 논의가 확장되면서 CSR에 대한 경영전략 관점의 접근이 21세기에 이르러 본격화되었다. 이에 전략경영학자 마이클 포터를 중심으로 전략적 CSR과 CSV 경영이 주창되었고 산업계에서 큰 반향을 불러일으켰다. 그리고 2020년대에 이르러 ESG 경영이 급속도로 확산되고 있다. 이에 대해 알아보자.

전략적 CSR의 개념과 주요 영역

전략적 CSR(Strategic CSR)은 전략적 효과를 거둘 수 있는 CSR을 말한다. 그래야 기업이 한정된 자원을 효율적으로 쓰게 되고, 더 효과적인 CSR을 지속할 수 있다는 것이다. 전략적 CSR 개념은 유명한 전략경영학자인 마이클 포터와 그의 동료 마크 크레이머에 의해 제시되었다.[12]

간단히 개념 진화를 살펴보자. 최초 2002년 논문에서 이들은 전략적 자선(strategic philanthropy)이라는 개념을 제시하였다. 통상 자선이 순수한 사회적 가치를 추구하는 것이라면 전략적 자선은 비즈니스와 결합된 자선을 말한다. 따라서 시장이나 경쟁에 도움이 되는 사회적 맥락을 개선하는 데 자선활동을 집중하면, 사회적 및 경제적 목표가 일치하고 회사의 장기적인 비즈니스 전망이 좋아질 수 있다. 예를 들어, 지역사회의 직업교육기관에 기부하는 것이다. 그러면 기업은 질적으로 높아진 좋은 인력을 공급받을 수 있게 된다. 이는 과거와 달리 경쟁력이 저임금 인력이 아니라 고도로 숙련된 인력에서 나오는 시대이기 때문이다. 지역사회에 의해 제공되는 투입요소 조건의 개선이 곧 사회적 가치와 경제적 가치가 공존하는 영역이다. 이로써 밀튼 프리드만을 비롯한 CSR 반대론자들의 입장인 '자선과 기부가 주주이익을 희생하는 대가'라는 비판을 이겨낼 수 있다. 지속적인 기부에 대한 사회적 요구에 부응할 수 있게 된다.

전략적 CSR은 이를 확대 발전시켜 2006년 논문에서 제시한 개념이다. CSR을 비즈니스 활동과 연계시켜 전략적 효과성을 높이자는 것이다. 그 주요 내용이 [그림 4-3]에 설명되어 있다.

먼저 CSR의 대상이 되는 사회적 이슈를 기업활동에 연계하여 세 가지 범주로

12) Porter & Kramer(2002); Porter & Kramer(2006).

[그림 4-3] 기업의 사회 관여에 대한 전략적 접근

보편적인 사회적 이슈 (Generic Social Impacts)	가치사슬의 사회적 임팩트 (Value Chain Social Impacts)	경쟁맥락의 사회적 차원 (Social Dimensions of Competitive Context)
반응적(Responsive) CSR 기업시민으로서 책무에 초점	비즈니스(가치사슬) 활동이 사회에 주는 손해를 경감시키기	경쟁맥락에서 핵심적인 부분을 향상시키는 전략적 사회공헌 투자 전략적(Strategic) CSR
	비즈니스(가치사슬) 활동을 사회에 이익을 주는 활동으로 변환하면서 경영전략을 강화함	

나눠볼 수 있다. 위 그림의 왼쪽에 있는 '보편적인 사회적 이슈(Generic Social Impacts)'는 기업 운영에 의해서 영향받지 않거나, 장기적 경쟁력에 영향을 미치지 않는 일반적인 사회적 문제와 이슈들이다. 둘째, '가치사슬의 사회적 임팩트(Value Chain Social Impacts)' 영역에는 기업의 비즈니스 활동에 의해 영향받는 사회적 문제와 이슈들이 있다. 셋째, '경쟁맥락의 사회적 차원(Social Dimensions of Competitive Context)'에는 기업 경쟁력의 근본적인 원동력에 영향을 미치는 외부환경에서의 사회적 문제와 이슈들이 있다.

이 세 영역의 사회적 이슈들에 대해서 기업은 두 가지 접근을 할 수 있다. 하나는 사회의 요구에 반응하는 CSR 활동이고 다른 하나는 경영전략의 관점으로 접근하는 CSR 활동이다. 이를 포터와 크레이머는 반응적 CSR과 전략적 CSR이라고 하였다.

반응적 CSR(Responsive CSR)은 좋은 사회적 영향력을 미치는 선의의 기업시민 활동이다. 또한 가치사슬의 사회적 임팩트 영역에서는 비즈니스 활동을 하면서 사회에 외부불경제를 유발하는 이슈에 대해 윤리적 접근을 넘어서 적극적으로 대응해주는 것이다.

전략적 CSR(Strategic CSR)은 경제적 가치와 사회적 가치를 동시에 추구하는 것이다. 비즈니스 활동을 하면서 이해관계자와의 상호작용에서 CSR 활동을 하는 것을 넘어서 일반 사회의 관점에서 긍정적 영향을 미칠 수 있는 투자와 가치창출 활동을 하는 것이다. 아울러 시장 또는 지역사회의 발전을 위해 장기적 관점의 투자를 해주면서 사회적 가치를 만들고 아울러 기업의 전략적 자산을 쌓아가는 노력이다.

포터와 크레이머가 의도하는 바는 다음과 같다. 기업은 자원과 능력이 한정되어 있기 때문에 가장 효율적으로 사회적 가치창출에 기여하는 방안을 찾아야 한다. 세상의 모든 기업들이 전략적 CSR에 집중하면, 반응적 CSR 영역의 이슈에서도 대부분 가치를 창출할 수 있을 것이다. 기업별로 전략적 CSR의 영역이 모두 다르기 때문이다. 예를 들어, 은행에게는 깨끗하고 건강한 식수 문제는 보편적인 사회적 이슈이지만, 식품업체에게는 전략적 CSR 영역의 이슈이다. 그리고 기업들의 전략적 CSR 활동에도 불구하고 계속 남겨지는 보편적인 사회적 이슈에 대해서는 정부 등 공공부문에서 담당하면 된다.

이렇듯 기업들이 전략적 CSR에 치중을 해주면 사회적 자원이 가장 효과적이고 효율적으로 활용이 되고 사회적 문제의 해결에 기업의 역량이 크게 쓸모있는 것이다. 기업의 CSR이 더 큰 사회적 임팩트를 미치게 되는 것이다. 비즈니스와 결합된 영역에서 CSR 활동을 찾아가면 경제적 이익(economic benefit)과 사회적 이익(social benefit)을 공동으로 창출할 수 있게 된다. 기업의 입장에서는 경제적 성과에 이어서 사회적 성과(social performance)를 높이게 된다.

CSV(공유가치창출, Creating Shared Value) 경영

2016년 미국경영학회는 년차대회 컨퍼런스의 메인 테마를 CSV 경영으로 잡았다.[13] 기업의 사회적 역할과 책임이 강조되는 시대에 CSR이라는 용어 대신에 등장한 CSV는 무엇일까.

CSV는 전략적 CSR을 제안한 포터와 크레이머가 2011년 논문에서 사회와의 공동가치 창출을 한층 더 강조하면서 발전시킨 개념이다.[14] CSV는 경제적 가치와 사회적 가치를 동시에 창출하는 2중 가치활동이다. 전략적 CSR이 다분히 경영전략적 측면이 강조된 데 비해서 경제적 가치와 사회적 가치에 균등한 비중을 둔다. CSV에는 '기업의 수익'과 '사회 및 공동체의 번영'이 서로 밀접하게 연결되어 있고 상호의존적이라는 인식에 기반을 둔다. 그리하여 CSR '활동'에서 CSV '경

---

13) 우리나라에서는 2013년 'CSV 소사이어티'가 만들어졌다. 매경미디어그룹과 한국경영학회, 동반성장위원회가 공동으로 CSV 활동을 통해 사회에 공헌하면서 기업의 경쟁력을 강화하기 위한 목적으로 출범하였다.

14) Porter & Kramer(2011).

[그림 4-4] 공유가치의 개념

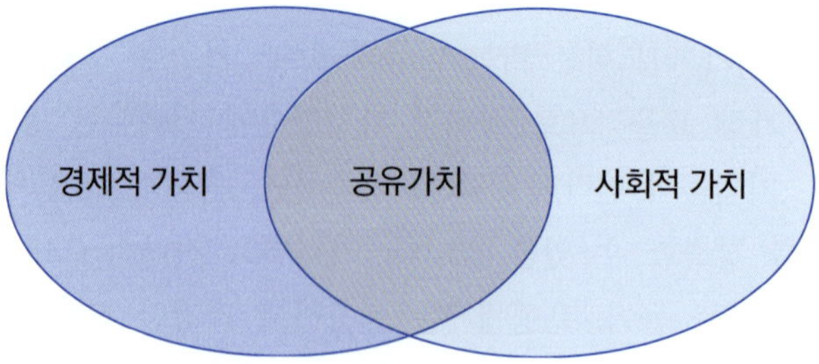

영'이라는 표현으로 바뀌었다. 장기적이고 지속가능한 경영으로 보는 것이다.

CSV는 전략적 CSR을 설명한 앞의 [그림 4-3]에서 맨 오른쪽 영역에 더 집중한다. 당장의 비즈니스 활동에 따른 공동가치 창출이 목적인 '가치사슬의 사회적 임팩트' 영역보다는 더욱 장기적이고 더 큰 사회와의 공유가치 창출의 영역이기 때문이다. <표 4-9>에 이러한 내용이 정리되어 있다.

CSV 경영에서는 사업의 '지속가능성'이 가장 중요한 요소이고 동시에 성공요인에 필수적인 부분이다. 일시적인 기부와는 달리 장기적으로 기획해서 투자해야만 사회적인 임팩트를 가져올 수 있다. 단기적인 재무성과를 기대하기 힘들기 때문에 혁신적인 방법으로 이를 지속해야 한다.

〈표 4-9〉 CSR 활동과 CSV 경영

구분	CSR 활동	CSV 경영
추구 가치	선한 행동을 통한 사회적 혜택	비용 고려한 경제적 및 사회적 혜택
핵심 개념	시민정신, 자선과 기부	기업과 지역사회의 공동가치 창출
행위의 동기	재량적 자선의 선택 사회적 압력에 대한 반응	경쟁에 통합된 능동적 선택
이익추구와의 관계	이익극대화의 희생	이익극대화에 도움
어젠다 선택	외부보고(기업이미지)에 좋은 이슈 경영자의 개인적 선호에 영향	기업 특유의 전략적 상황에 따라 선택됨
예산	기업경영상 비용제한 CSR 예산에 한정	전사 예산을 CSV에 연계하여 수립하고 집행함
범례	공정무역 구매	구매조달전략의 변경

한걸음 더

- CSV 경영은 일시적 유행인가, 시대적 추세인가? 토론해보자.
- 우리나라에서 CSV 경영에 적극적인 기업으로 SK그룹과 CJ그룹이 있다. 이들 그룹의 홈페이지에서 CSV 경영을 살펴보자.

ESG 경영

ESG 경영은 환경(Environment), 사회(Social) 및 지배구조(Governance)를 비즈니스 가치창출의 주요 영역으로 보고 투자자의 관점을 경영에 도입하는 것을 말한다. 이는 2020년대에 가장 부각되고 있는 경영 관점 중 하나이다. ESG 경영은 기존의 CSR 및 CSV 경영과 몇 가지 차별점을 가진다.

첫째, ESG 경영은 기업가치를 평가할 때 철저하게 투자자 관점으로 접근하는 것에서 시작되었다. 투자자 관점에서 기업의 경영활동 관련 리스크와 기회 요인을 파악할 때 환경 · 사회 · 거버넌스는 지속적이고 전략적인 모니터링 이슈이다. 투자자 관점에서 ESG 경영이 부각된 직접적인 계기는 기후환경위기이다. 탄소배출로 인한 기후위기로 인하여 E(환경) 경영이 전 지구적 과제로 등장하였고, 실질적인 기업 경영의 위협요인이 되었기 때문이다. 이에 세계 최대 자산운용사 블랙록(BlackRock)의 래리 핑크(Larry Fink) 회장이 2020년 1월 연례 서한을 통해 "기후변화 리스크가 곧 투자 리스크이며, 이러한 리스크 평가를 위해 일관성 있는 양질의 주요 공개정보에 접근할 수 있어야 한다"라고 언급하며 환경 지속가능성과 ESG 공시의 중요성을 강조하면서 전폭적인 ESG 투자를 선언하였다.[15)]

실제로 2018년부터는 ESG 활동을 하는 기업에만 투자하는 'ESG 투자'가 급격하게 증가하였다. 글로벌지속가능투자연합(GSIA) 통계에 따르면 전 세계 ESG(환경 · 사회 · 지배구조) 투자액이 2020년에 35조 3,000억달러(약 4경 3,100조원)로 2년 새 15% 증가했다. 기후변화, 인권 등에 대한 투자자들의 관심이 높아진 데 따른 것이다. 이처럼 ESG 투자는 꾸준히 증가하고 있는 추세이다. 단지 미국에서

---

15) 블랙록은 2021년에는 기업의 모든 경영진과 이사회는 기후위기가 회사 주식에 어떤 영향을 미칠지 고려할 필요가 있다고 강조하고, 기후 리스크에 잘 준비된 기업에 투자를 강화하겠다고 약속하였다. 아울러 ESG 경영의 핵심 실천과제 중 하나인 '넷 제로(Net Zero)를 위한 실천계획(Net-Zero Commitment)'을 구체적으로 밝히기도 하였다. 넷 제로는 1997년 12월 교토의정서에서 규정한 6대 온실가스(이산화탄소, 메탄, 아산화질소, 수소불화탄소, 과불화탄소, 육불화황)를 모두 포함하는 기후중립을 말한다.

〈표 4-10〉 지속가능투자자산 규모: 2016~2022년 (단위: 10억달러)

지역	2016	2018	2020	2022
유럽	12,040	14,075	12,017	14,054
캐나다	1,086	1,699	2,423	2,358
호주 & 뉴질랜드	516	734	906	1,220
일본	474	2,180	2,874	4,289
합계 (USD 10억)	14,115	18,688	18,220	21,921
변화율(%)		32%	-3%	20%
미국	8,723	11,995	17,081	8,400
총계 (USD 10억)	22,838	30,683	35,301	30,321

자료: Global Sustainable Investment Review, GSIA, 2023.

〈표 4-11〉 경영진 보상에 ESG 연계 국내외 사례

기업명	사례
현대차	• 2019년부터 비재무적 요소를 계량화한 ESG 등급을 경영자 성과지표에 반영
SK그룹	• 2019년부터 CEO의 핵심성과지표(KPI)에 사회적 가치창출을 50% 반영 • 회사의 기후변화 대응 성과를 CEO 평가와 보상과 직접 연계 검토
롯데그룹	• 2015년 12월 ESG를 사장단 평가에 반영하겠다고 공표하고 롯데 지속성장 평가지표를 반영하였으며, 2019년부터는 ESG 평가 결과를 KPI에도 반영
애플	• 2021년부터 환경과 다양성, 직원 간 통합 등 6대 가치 구현을 위한 경영진의 노력을 평가해 현금 보너스(성과급) 책정에 반영 • 이사회 보상위원회가 ESG 경영성과를 바탕으로 10% 범위 내 지급액을 조정
마이크로소프트	• 다양성(Diversity)을 경영진 보상계획에 포함
유니레버	• 장기보상계획(LTIP) 산정 시 지속가능성 진행 지수에 25%의 가중치 부여
네슬레	• 다양성을 경영진 보상계획에 연동
다논	• 고정급여, 장기 인센티브 모두 ESG 요소와 연계 • 사회·환경(평가비중 최대 20%), 경제, 관리 부문으로 나눠 성과를 측정

자료: 전경련.

일시적으로 2022년에 하락하였는데 향후 추세가 주목된다.

둘째, 투자 관점에서 ESG 기준을 기업 내부의 경영으로 받아들이는 것이다. 이처럼 ESG에 기반한 책임투자(RI: responsible investment)가 급속히 확대되고 있는 만큼, 기업은 투자 확보와 주주이익을 위해서 ESG를 경시할 수 없게 되었다. 기

업은 자본시장의 요구에 부응하여야 한다. 그렇지 않으면 자기자본과 타인자본을 조달하기 어렵다. 이때 투자자의 기대에 부응하는 ESG 경영을 이루기 위해서는 경영진 성과지표(KPI)에서부터 일반 구성원의 업무수행 기준에 반영되어야 한다.

기업이 ESG 경영을 하기 위해서는 ESG 평가의 이슈가 등장한다. 비재무적인 ESG의 경영활동 및 관련 지표는 어떤 기준으로 어떻게 측정하여 관리하고, 공시하고, 커뮤니케이션에 활용할 것인가? 이는 앞서 설명한 바 있는 GRI 보고서를 참고할 수 있다. GRI 지속가능성보고서 프레임워크를 E, S, G로 재구성하여 해당 항목별로 측정하여 관리하고 소통할 수 있다(앞의 GRI 지속가능보고서 프레임워크 참조).

경영사례

애플, 임원 보너스에 ESG 경영 성과 반영

애플은 올해부터 경영진의 현금 보너스 결정에 ESG(환경·사회적 책임·지배구조) 경영 성과를 반영할 계획이라고 밝혔다. 로이터통신 보도에 따르면 애플은 이날 공개한 주주총회 안건 통고문에서 올해부터 환경과 다양성, 직원 간 통합 등 6개 가치 구현을 위한 경영진 노력을 평가해 현금 보너스 책정 시 반영하기로 했다고 말했다.

애플은 이사회 보상위원회가 애플의 가치와 다른 핵심적인 사회적 의제에 대한 경영진의 ESG 경영 성과를 바탕으로 10% 범위에서 현금 보너스 지급액을 조정하게 될 것이라고 설명했으나 구체적인 평가방법 등에 대해서는 언급하지 않았다. (하략)

[자료: 한국경제(2021.1.6)]

"경영진 보상에 ESG 연계" 기업들 자체평가지표 개발

최근 환경·사회·지배구조(ESG) 분야 경영을 회사 경영진의 보상과 연계하는 국내외 기업이 늘고 있다. 이는 비재무적 요소가 주를 이루는 ESG 경영에 대한 동기를 부여하기 위한 것으로, 측정이 어려운 ESG를 경영평가에 활용하기 위해 자체 지표를 개발하는 기업이 많아지고 있다. (중략)

2021년에 S&P 500지수에 속한 기업의 60%가 경영진 인센티브 계획에 ESG 지표를 포함한 것으로 나타났다. 이는 전년 대비 8%포인트 늘어난 수치다. 이들 기업 가운데 포용성과 다양성, 고객서비스, 임직원 건강·안전, 근로손실재해율 등 사회(S)에 해당하는 요소를 경영진 평가와 연계하는 기업 비율(56%)이 가장 많았다. 특히 사회(S) 구성요소를 경영성과와 연계한 기업 가운데 인적자본(Human Capital)과 인적자원(Human Resource)을 포함한 경우가 각각 53%, 40%로 가장 많았다. 이는 경영진의 구성원 관리능력을 중시한다는 의미다. 지속가능성 지수 참여도와 기업의 사회적 책임(CSR), 공급망 인권 등이 구성요소인 지배구조(G)를 경영진 보상 결정 기준으로 정한 기업 비율은 30%를 차지했다. 온실가스 감축·에너지 절감·폐기물 감축 등 환경(E)을 연계한 비율은 13%였다. (하략)
[자료: 이코노미스트(2022.3.8)]

종합하면, ESG 경영은 기존의 CSR-CSV 논의와 맥을 같이 하지만 자본시장의 영향력을 극대화하였다는 점에서 기업 경영에서 보다 실질적인 과제로 등장하였다. 기업의 자발적 참여를 독려하는 정도가 아니고, 자본시장의 시장규율(market discipline)이라는 점에서 경영의 새로운 변화를 만들어주고 있다. 국내에서는 은행권과 국민연금 등의 공적 투자기관들이 기업의 투자에서 ESG 경영을 주요 평가 기준으로 삼는 움직임이 주도되고 있다. 이들 기관의 자본시장의 영향력이 크기 때문에 기업들의 비즈니스 행태에 큰 변화가 일어날 것으로 보인다.

한걸음 더

- ESG 경영에 대한 자본시장의 동향을 공부해보자.
- ESG 경영의 장애요인을 알아보자.

3.3 이해관계자경영

이해관계자경영(stakeholder management)은 주주중심경영(shareholder management)에 대응하는 개념이다.[16] 전통적인 경영(학)에서는 경영의 의사결정 기준, 경영의 성과 목표, 성과 후 이익분배 등이 주주이익 극대화를 위해 선택된다. 반면에 이해관계자경영에서는 주주뿐만 아니라 기업을 둘러싼 이해관계자들의 공동이익을 염두에 두고 경영의 기준과 성과 및 배분이 이뤄지는 것이다. 모든 이해관계자에게 균등한 비중이 주어지는 것은 아니지만 주주 못지않게 중요하게 그들의 이익과 가치를 경영에 반영하여 주는 것이다. 그리고 이를 통해 장기적인 주주이익을 높이고자 하는 데도 목적을 두고 있다.

---

16) 이해관계자경영은 에드워드 프리만(R. Edward Freeman)에 의해서 처음 제기되었다. 1984년에 출간된 그의 책 제목, *Strategic Management: A Stakeholder Approach*(Boston, MA: Pitman)에서 보듯이 전략경영 관점에서 이해관계자 접근이 채택되었다.

[그림 4-5] 이해관계자경영의 정당성 기반

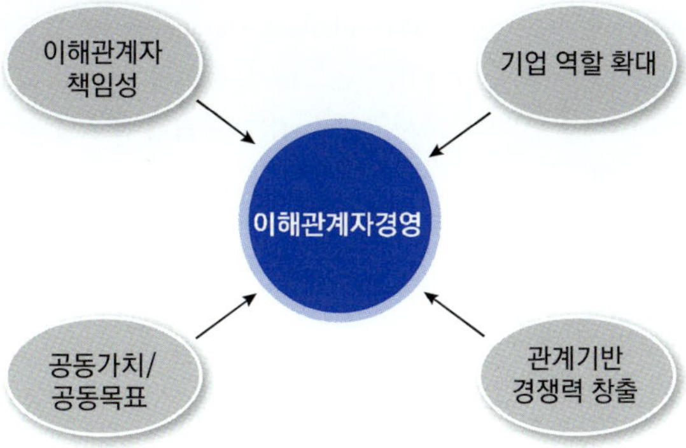

이해관계자경영의 논거

이해관계자경영은 규범적 관점과 기업성과 관점으로 설명된다.

규범적(normative) 관점은 주주만을 중시하는 한계성을 극복하고 사회적 기관으로서 기업의 역할을 강조하는 일종의 사회적 관점이다. 이는 지금까지 논의한 CSR과 맥을 같이하는 관점이다. 여기서는 기업이 주주만을 위한 존재가 아니고 이해관계자에 대한 일정한 책임을 갖고 있다고 본다. 따라서 경영자의 역할과 책임도 사회구성원의 수탁자(trustee)로서 모든 이해관계자의 이익을 증진시키는 데 있다고 본다. 이해관계자의 공동이익을 증가시키는 책임이 경영자의 주변적 역할이 아닌 주요 역할에 해당한다는 것이다.

기업성과(firm performance) 관점은 이해관계자경영이 더 효과적 경영이라는 것이다. 기업이 상호신뢰와 협동을 기반으로 이해관계자와 계약적 관계를 만들면 더 좋은 경쟁우위를 확보할 수 있다는 관점이다. 앞의 조정시장경제의 특장점 논의와 맥을 같이하는 부분이다. 이해관계자경영으로 경쟁력이 강화된다는 것이다. 또한 경쟁력 강화는 결과적으로 주주이익 증대로 이어진다. 예를 들어, 소비자에게 좋은 제품을 적합한 가격으로 제공하는 것이 소비자의 가치만 높여주는 것이 아니라 기업의 지속가능 이익의 증대를 가져와서 주주이익이 제고된다는 것이다.

종합하면, 이해관계자경영은 주주만을 중시하는 경영의 한계성을 극복하고 사회적 기관으로서 기업의 역할을 강조하며 기업을 둘러싼 이해관계자의 이해를 제고하는 데 목적을 두는 경영이다. 그리고 이 경영의 효과적인 결과로 기업의 주인인 주주의 안정된 이익을 얻는 것이다.

이해관계자 자본주의(Stakeholder Capitalism)

이해관계자 자본주의는 주주 자본주의(Shareholder Capitalism)에 대응하는 개념으로 이해관계자경영이 그 중심이 된다. 기업의 주인으로서 권리를 이해관계자주권까지 확장하는 강한 개념에서부터 CME, 이해관계자의 공동가치 창출에 초점을 두는 정도의 다양한 논의가 가능하다.

이해관계자와의 상호작용

이해관계자는 기업에 미치는 영향과 상호작용의 크기에 따라 1차 이해관계자(primary stakeholders)와 2차 이해관계자(secondary stakeholders)로 구분할 수 있다.

1차 이해관계자는 기업의 성공과 생존에 큰 영향을 미치고 필수적인 집단이다. 이들은 기업의 비즈니스 활동에서 높은 상호작용을 하는 집단이다. 상호작용의 기본 내용은 [그림 4-6]에 도시하였다.

기업의 1차 이해관계자와의 상호작용은 비즈니스 활동 그 자체이다. 서로 자원을 주고받으면서 가치를 창출하는 것이다. 이때 가치가 쌍방이 혜택을 얻는 관계가 되어야 한다. 공동가치의 개념이 적용될 수 있다. <표 4-12>에는 1차 이해관계자들의 이해관계 특성과 역할이 요약되어 있다.[17]

[그림 4-6] 기업과 사회의 1차적 상호작용

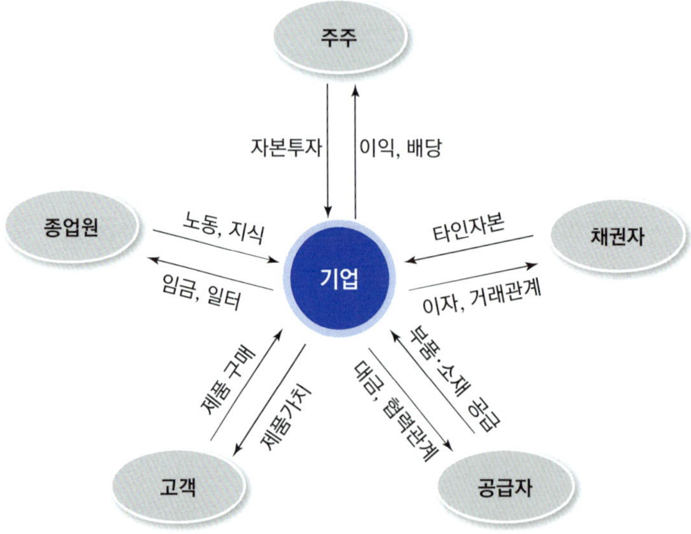

17) Post, Preston & Sachs(2002).

〈표 4-12〉 1차 이해관계자의 특성과 역할: 자원의 교환관계

구분	이해관계 특성	역할과 영향
주주	소유권, 자본시장	자기자본 원천, 재무위험 공유, 자기자본비용
채권자	신용과 재무 네트워크, 채권시장	타인자본 원천, 타인자본비용, 재무 레버리지
종업원	채용과 훈련, 유인과 보상, 고용관계 특성	인적자본 축적, 팀생산 활동, 작업장 협동과 학습
고객	판로와 유통(중간상), 구매자, 소비자	명성과 제품충성도, 반복구매, 공동 문제해결, 신제품 개발 정보
공급자 (협력업체)	공급사슬 참여자, 정보 링크, 재무적 협력관계	공급네트워크 효율성, 비용절감 협력, 기술 공유/이전

기업의 2차 이해관계자는 사회적 이익을 반영하는 행위자이다. 즉, 사회적 요구를 대변하는 것이다. 이들과 관계에서의 요구 및 압력의 기본 내용은 [그림 4-7]에 도시하였다.

이들은 강제적 힘을 가진 집단도 있고 호소와 설득의 힘을 가진 집단도 있다. 어느 쪽이든 기업의 사회 속에서 역할 찾기에 주요한 자극과 영향을 주는 이해관계자들이다. <표 4-13>에는 기업의 경쟁조건에 관련된 이해관계자로서 경쟁자,

[그림 4-7] 기업과 사회의 2차적 상호작용

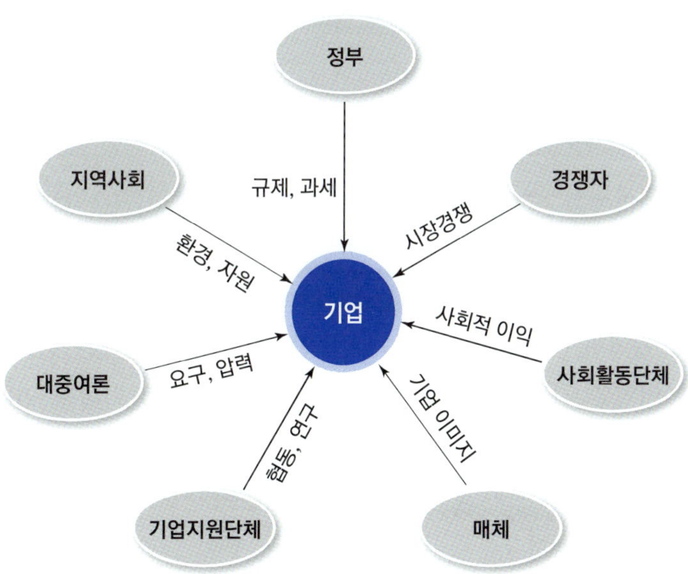

〈표 4-13〉 2차 이해관계자의 특성과 역할: 산업구조와 정치사회적 여건

구분	이해관계 특성	역할과 영향
경쟁자	시장경쟁	혁신과 경쟁력 자극
합작사, 제휴관계사	공동소유, 협력경영, 정보/지식/기술 네트워크	자사역량 보완/강화, 자원 보강, 시장지위 안정
노동조합	임금, 근로시간, 근로조건 등 협의 또는 합의	노동공급 안정성, 노사갈등 조정/중재, 협력적 문제해결, 대항력
규제기관	기업의 각 계층별/부문별 다수 규제기관과의 상호작용	개입과 규제, 협력적 문제해결, 이해관계 충돌의 조정
정부, 해외정부	국가정책과 (진출)기업 관계	납세 및 세제 지원, 글로벌 공급망 운영효율
지역사회	지역 내 이해관계자 집단	상호지원, 지역사회 개발 협력
시민단체 등 이익집단	국내 및 국제적 조직 간 관계	사회발전 참여, 봉사와 협동, 명성, 자발성과 압력

합작제휴사, 노동조합, 규제기관, 그리고 기업을 둘러싼 정치·사회적 여건에 해당하는 이해관계자로서 정부, 지역사회, 이익집단 등 2차 이해관계자 집단의 특성과 주요 역할을 요약하였다.18)

한걸음 더

- 내가 소속된(경험했던) 사회조직의 1차 이해관계자를 구체적으로 적어보자.

이해관계자 이익의 균형

이해관계자경영에서 어려운 문제는 어느 이해관계자의 이익을 더 중요한 것으로 할지 여부이다. 어떤 기준으로 특정 이해관계자의 이익과 관심사가 다른 이해관계자보다 더 중요하다고 볼 것인지 결정하기 어렵다. 그리고 누가 그 기준을 정해야 하는가? 경영진? 이사회? 아니면 이해관계자 자신? 이해관계자경영에서는 이해관계자의 이익을 기업의 존재목적에 포함시키는 것이다. 따라서 어떤 이해관계자의 이해를 포함시켜야 할지는 중요한 이슈다.

우선은 1차 이해관계자에 집중하여야 한다. 이들과 공동가치를 만드는 것이

18) Post, Preston & Sachs(2002).

사회적으로도 중요하고, 전략적 관점에서도 중요하다. 한정된 자원을 가진 기업이 모든 이해관계자의 이익을 고려하면서 경영하기는 어렵다. 그리고 1차 이해관계자들의 이해가 충돌하는 지점에서 경영의사결정의 임팩트를 평가해야 한다. 이해관계자에 대한 고려와 정보가 필요하다. 기업의 이해관계자 지향성(stakeholder orientation)이 높아져야 한다. 이해관계자 지향성이 높으면 이해관계자의 이익과 이슈에 잘 대응하게 된다.

예를 들어보기로 하자. 대학에서 대규모 식당을 만들어서 이익마진 없이 좋은 품질의 음식을 싼 가격으로 제공하기로 결정하였다. 당연히 학생들에게 큰 혜택이 돌아갈 것이다. 이 경우 이해관계자경영의 관점에서 어떤 이슈가 발생할까? 학교 인근의 식당이 큰 타격을 받게 될 것이다. 임대료가 떨어지고 결국 건물임대업자도 손해를 보게 될 것이다. 이 현상이 지나치게 되면 지역경제에 타격이 올 수 있다. 대학에게 학생들은 가장 중요한 이해관계자이다. 그렇지만 지역주민과의 상생도 중요하지 않을 수 없다.

이 경우 이해관계자경영은 어떻게 하는 것일까? 이해관계자의 가치의 총량을 따져서 최적의 해법을 찾으려 노력하는 것이다. 기업의 경우에는 경제적 가치창출에서 이해관계자의 우선순위와 이득과 피해의 내용을 함께 고려하여 최적의 결정을 찾아야 한다. 경제적 조직으로서 기업은 효율성과 효과성 목표를 이해관계자 관점에서 수립하고 목표지향의 결정과 실행을 하도록 하여야 한다.

한걸음 더

- 본 장의 부록에 있는 월마트 경영방식 사례를 읽고, 이해관계자의 이익 균형을 위한 방법을 생각해보자.

기업의 목표 논쟁

기업의 목적 함수가 주주가치의 극대화가 되어야 하는가에 대한 논쟁이 있다. 주주중심경영의 입장에서 보면 이해관계자경영은 경영의 목표에 혼선을 주어 기업의 경쟁력을 해치고 경영자의 혁신동기를 약화시키고 주주의 권리침해를 야기하는 것이다. 주요 논거를 보면 다음과 같다.[19)]

첫째, 주주가치 극대화가 기업가치 극대화를 낳고 결과적으로 모든 이해관계

19) Sundaram & Inkpen(2004).

자에게 혜택이 돌아간다. 주주는 잔여재산청구권만을 가지므로 기업 성공의 이해관계가 가장 크다. 따라서 주주가치가 가장 중시될 때 기업은 끝까지 이익을 남기려고 애쓰게 된다. 결과적으로 기업가치가 높아지며 확정적 이해청구권자인 여타의 이해관계자들의 이해도 보호되는 것이다. 둘째, 주주가치 경영만이 기업의 혁신동기를 고취시킨다. 혁신으로 얻을 수 있는 가치가 크기 때문이다. 그러나 정액청구권을 갖고 있는 다른 이해관계자들은 혁신동기가 약하다. 오히려 혁신추구에 수반되는 위험을 회피하는 경향을 갖게 될 수 있다. 셋째, 한 개 이상의 목적 함수를 갖는 게 비효율적이다. 다수 목적의 추구는 의사결정의 혼란과 지연을 초래한다. 경영의 집중도가 떨어진다. 넷째, 비(非)주주 이해관계자는 주식을 사서 쉽게 주주가 될 수 있다. 반면에 주주는 비주주 이해관계자가 되기 어렵기 때문에, 주주이익이 우선적으로 보호되는 게 타당하다. 다섯째, 필요시 비(非)주주 이해관계자의 이익을 보호해줄 수 있는 법적 장치를 강화하면 된다. 주주중심경영의 사회경제적 효과가 크기 때문이다.

이상은 이해관계자경영에 대한 반론이다. 그런데 주주중심경영은 이미 미국 자본주의에서 일찍부터 근거를 확보하였던 것이다. 앞서 미국의 기업지배구조, 자유시장경제 등에서 일관되게 이 관점을 고수하고 있었다. 아래 내용은 주주이익 보호의 판례이다. 미국식 주주자본주의의 본 모습을 보여준다.

경영사례

미국 주주이익 보호 판례

미국에서 기업의 주인을 주주로 명시한 최초의 사건은 포드자동차의 소수주주인 닷지(Dodge) 형제에 의한 소송사건으로서 1919년 닷지 대 포드자동차(Dodge vs. Ford Motor Company) 케이스이다. 이는 당시 창업자인 헨리 포드 회장이 상당한 정도의 이익을 주주에게 배당하지 않고 유보하여 투자재원으로 쓰려고 하자 닷지 형제가 소송을 제기했다. 소송 사유는 포드가 주주의 비용으로 종업원과 소비자에게 부당한 혜택을 주는 의도를 갖고 있다는 것이다. 미시건주 대법원은 본 케이스에 대해 "기업은 일차적으로 주주의 이익을 위해 조직화된 것이다. 따라서 경영진의 권력은 이 목적을 위해 쓰여져야 한다"고 판시했다. 이 판결의 핵심은 사유재산 권리의 측면에서 기업의 주인은 주주라는 것이다.

반면에 이해관계자경영을 옹호하는 입장은 다음과 같다.[20] <표 4-14>에 정리된 내용에서 보듯이 주주중심경영의 논거와 정확히 대비되는 설명이다. 간단히 보

〈표 4-14〉 주주중심경영과 이해관계자경영

구분	주주중심경영	이해관계자경영
주주가치와 공동가치	주주가치 극대화 목표가 기업가치를 높여서 결국 이해관계자 가치도 높아짐	이해관계자경영이 주주가치를 높여줌
혁신 추구	주주가치 극대화가 경영진이 혁신위험을 감수하게 해줌	적합한 혁신행동을 낳음. 과도한, 왜곡된 위험추구를 억제해줌
목표 함수	다중목표를 갖는 것은 경영의사결정과 기업행동에 혼란을 줌	주주이익 단일목표로 경영의 효율성과 효과성을 모두 담을 수 없음
주주의 지위	이해관계자가 필요시 언제나 주주가 될 수 있음. 반면 주주가 다른 이해관계자 지위를 얻기 어려움	주주도 이미 이해관계자에 포함됨
주주의 권리보호	주주는 잔여재산청구권만을 가짐. 다른 이해관계자는 법적 보호가 됨	자본시장에서 주주는 쉽게 위험을 벗어날 수 있음

면, 이해관계자경영을 하게 되면 사회와의 공존이 되고 장기적으로 주주가치를 높이는 효과를 얻게 된다. 그리고 주주경영에서 자칫 무리한 혁신을 추구할 위험이 있다. 과도한 이익이 기대될 때 더욱 그렇다. 목표함수에서도 단일목표는 다른 목표를 희생시킬 가능성이 크다. 이는 역사적 사건들에서 이미 확인되었다는 것이다. 기업이 위험에 빠지면 자본시장이 발달되어 있기 때문에 주주는 신속히 빠져나올 수 있고 주식분산으로 위험분산을 이미 하고 있다. 반면에 다른 이해관계자들은 이해관계의 분산이 잘 안 된다. 거래와 계약은 주식매매처럼 민첩하게 바꿀 수 없기 때문이다.

이 두 관점의 주장은 오늘날 기업이 부닥치고 있는 사회적 상황을 말해준다. 기업의 목적 자체에 새로운 정의가 내려질 필요가 있다. 시대적 요구에 부응하는 기업의 역할 공간을 보면 기업 경영 패러다임이 바뀌는 분기점에 있다.

한걸음 더

- 이해관계자경영에 동의하는가?
- 어느 범위까지 이해관계자의 이익과 가치가 고려되어야 할까?
- 기업의 단일목표로서 주주가치 극대화에 대해서 어떻게 생각하는가?

20) Freeman, Wicks & Parmar(2004).

부록

기업윤리와 이해관계자경영 사례연구

본 부록에서는 대우조선해양 분식회계 사건과 월마트 경영방식의 비판에 관한 사례를 다루었다. 대우조선해양은 한화그룹에 인수되어 2023년 5월에 한화오션으로 재출범하였다.

1. 대우조선해양 분식회계 사건

국내 기업에서 가장 큰 사건 중 하나는 2015년에 발생한 대우조선해양 분식회계 사건이다. 금액상으로 국내 최대 분식회계 사건이다. 대우조선은 2013년 4,409억원, 2014년 4,711억원의 영업이익을 냈다고 공시했으나 실제로는 2조원대 손실을 재무제표에 반영하지 않은 것으로 이후 밝혀졌다. 대우조선의 분식회계 규모는 2012년 6,842억원, 2013년 1조 7,189억원, 2014년 2조 5,190억원에 달했다. 감사원에 따르면 대우조선해양은 공사진행률을 임의로 손대는 수법으로 현금유입 없는 서류상의 가공이익을 창출해온 것으로 드러났다.

각종 자료에 따르면 대우조선해양은 2012년부터 선박, 해양플랜트, 특수선 등 진행 중인 프로젝트들에 대해 예정원가를 실제와 다르게 임의로 축소해 매출액을 부풀려 작성했다. 동시에 공사손실충당부채(공사에서 비롯되는 손실액 중 지출의 시기나 금액이 불확실한 부채) 전입액을 감소시켜 매출원가 역시 실제보다 큰 액수로 산정해 제출했다. 이 밖에도 회수 가능성이 없는 장기매출채권에 대한 대손충당금은 실제보다 적게 계상하고, 부실 해외 자회사와 관련된 투자주식 및 대여금 등 채권에 대한 손상이 발생한 연도를 제대로 인식하지 않아 손상차손을 과소계상해 자산을 부풀렸다.

대우조선해양은 이처럼 손실이 발생했음에도 이익이 난 것처럼 '거짓'으로 2012년~2014년 재무제표를 작성했다. 순자산 기준 5조 7,059억원의 '회계 사기'를 저지른 것이다. <표 4A-1>에 나와 있는 분식회계 금액이 매우 크다.

이 사건으로 투자자들은 큰 피해를 입었다. 주주들은 주가 폭락으로 엄청난 피해를 입었고, 채권자들도 피해가 컸다. 2015년 한꺼번에 반영된 손실로 수조원대

〈표 4A-1〉 대우조선해양 2012~2014 회계연도 각 재무제표 중 분식회계에 의해 과대계상된 주요 항목 (단위: 원)

		제13기(2012회계연도)			제14기(2013회계연도)			제15기(2014회계연도)		
		실제	공시	과대계상	실제	공시	과대계상	실제	공시	과대계상
재무상태표	자기자본	3조8,417억	4조5,259억	+6,842억	3조399억	4조7,588억	+1조7,189억	2조2,801억	4조7,991억	+2조5,190억
	매출액	12조885억	12조5,654억	+4,769억	13조6,122억	14조800억	+4,678억	14조1,841억	15조1,595억	+9,753억
손익계산서	영업이익	62억	4,516억	+4,454억	−6,104억	4,242억	+1조346억	−3,735억	4,543억	+8,278억
	당기순이익	−3,084억	1,370억	+4,454억	−7,830억	2,517억	+1조347억	−7,282억	720억	+8,001억

의 천문학적 적자를 기록하며 채권단 자율협약 상태에 들어갔다. 한국산업은행 등 채권단 금융기관들은 4조원대 긴급자금 수혈을 하고, 회생을 위한 구조조정에 들어갔다.

외부감사인이었던 안진회계법인은 2010년부터 2015년까지 대우조선해양의 외부감사를 맡았다. 안진회계법인은 매년 감사의견을 '적정'으로 내놓다가 대우조선해양의 회계 사기 의혹이 불거지자 뒤늦게 영업손실 5조 5,000억원을 누락하는 등 착오가 있었다며 재무제표를 수정해야 한다고 밝혔다. 이 사건과 관련해 안진회계법인은 영업정지 1년 징계(1년 동안 상장사 전체와 비상장 금융회사에 대한 신규감사 정지)를 받았다. 추후 이 징계는 취소되었다. 미국의 엔론 분식회계 사건에서 회계법인 아더 앤더슨이 사실상 파산한 것과 대조된다.

경영사례

'대우조선 감사' 안진회계법인 1년 업무정지 취소 판결
법원 "감사 소홀했지만 분식 묵인 수준은 아니다"

대우조선해양의 수조원대 분식회계를 묵인했다는 이유로 1년간 업무정지 제재를 받은 딜로이트안진회계법인이 불복 소송에서 승소했다. 법원은 안진회계법인이 대우조선의 분식을 감시하는 데 소홀한 사실을 인정하면서도, 조직적으로 묵인하거나 지시한 것은 아닌 만큼 1년의 업무정지 제재는 너무 무겁다고 판단했다. 서울행정법원 행정3부(박성규 부장판사)는 안진회계법인이 "업무정지 처분을 취소해달라"며 낸 행정소송에서 2일 원고 승소로 판결했다. (하략)

[자료: 연합뉴스(2018.11.2) 기사]

대우조선해양 사건은 아직 진행형이다. 대우조선해양은 혹독한 구조조정 이후에 회생하여 2021년 현대중공업에 피인수되었으나 2022년 1월 EU의 기업결합 불허 결정으로 독자생존을 앞두고 있다. 아래 기사처럼 적은 금액이지만 주주소송도 제기되었다.

경영사례

법원 "대우조선, 주주들에 '분식회계 주가하락' 146억 배상하라"

대우조선해양(042660) 분식회계로 인한 주가하락으로 손해를 입었다는 투자자들에게 회사 등이 146억원을 손해배상해야 한다는 법원 판단이 나왔다. 서울중앙지방법원 민사합의21부(김상훈 부장판사)는 20일 김모씨 등 투자자 290명이 대우조선해양과 고재호 전 대우조선해양 대표, 안진회계법인 등을 상대로 낸 손해배상 소송에서 "원고들에게 146억원을 지급하라"는 원고 승소 취지의 판결을 내렸다. 대우조선해양과 고 전 사장에게는 102억원 가량이, 안진회계법인에는 44억원 가량의 배상책임이 인정됐다.

대우조선해양은 지난 2013~2014 회계연도의 재무제표 등을 허위로 제출·공시해 논란을 일으켰다. 이 사건으로 고 전 사장은 징역 9년을 확정받았고 외부감사에서 '적정의견'을 달았던 회계법인과 회계사들도 유죄 판결을 받았다.

대우조선해양 소액주주들은 분식회계 사실이 담긴 사업보고서 등을 믿고 주식을 샀다가 주가 하락으로 손해를 입었다며 민사소송을 냈다. 재판부는 대우조선해양의 허위 감사보고서 공시 사실을 인정하면서 피고들이 주주들의 손해를 배상해야 한다고 판단했다. 재판부는 "투자자들은 재무제표와 사업보고서 등이 정당하게 작성된 것으로 믿었고 주가도 그에 바탕을 두고 형성됐다는 신뢰 아래 대우조선해양 주식을 취득했다고 봐야 한다"며 "하지만 회사는 거짓 기재가 있는 사업보고서를 제출했으므로 고 전 사장은 법인의 이사로서 주가 하락에 대한 손해를 공동 배상해야 한다"고 판시했다.

[자료: 서울경제(2020.2.20) 기사]

대우조선해양 분식회계 사건 후 회계감사 제도가 강화되었다. 첫째, 자산 2조원 이상 기업은 내부회계관리제도를 감사하여야 한다. 대표자가 직접 주주총회에서 내부회계관리제도 운영실태를 보고해야 하며, 내부회계관리제도에 대한 외부감사인의 인증 수준이 검토에서 감사로 높아졌다. 또한 규제기관의 감리대상에 내부회계관리제도가 포함된다. 외부감사인에 의한 내부회계관리제도 감사는 2019년부터 회사규모별로 순차적으로 적용되고 있다. 둘째, 2020년부터 '주기적 감사인 지정제도'가 시행되었다. 이는 상장사 및 소유와 경영이 분리되지 않은 대형 비상장 주식회사가 6년 연속으로 감사인을 자유 선임하고, 이후 3년은 증권선물위원회가 지정하는 감사인을 선임하는 것을 말한다. 기업이 특정 외부감사인과 결탁하는 것을 방지하기 위한 조치이다.

한걸음 더

- 대우조선해양 분식회계의 원인과 사건발생 후 처리 과정을 조사하고 분석해보자.
- 분식회계는 의도성이 있고 피해가 가장 큰 윤리위반 행위이다. 우리나라에서 분식회계가 얼마나 자주 발생하는지 조사하여 보자. 그리고 그에 대한 처리과정을 알아보자.

2. 월마트 경영방식의 비판

이해관계자경영의 주요 논점을 정리하기 위해 월마트 사례를 보기로 하자. 흔히 월마트 수수께끼(Walmart conundrum)라고 일컬어지는 현상이다.

경영사례

Is Walmart Good for Society? Yes! No!

"Walmart invades Mexico, and Mexico gladly surrenders." 월마트가 멕시코를 침략하고, 멕시코가 기꺼이 굴복한다는 냉소적인 표현이다. 거대기업 월마트의 세계시장 진출에 대한 행동주의자들의 비난이다. 월마트 멕시코에는 현재 20만명이 넘는 종업원이 일하고 있다. 우리나라에는 1998년에 진출해 왔으나 실적의 어려움으로 2006년에 철수하였다. 월마트 코리아는 이마트에 매각되었다.

월마트는 글로벌 거대기업이다. 아래 박스에서 보듯이 매출액과 종업원 수로 세계 최대 기업이다. 혁신적인 비즈니스 모델로 인구 5만 이하의 지방 소도시를 공략하면서 급속히 성장한 월마트는 20세기 말에 이미 세계 최대 기업으로 성장하는 놀라운 역사를 썼다. 그런데 이 회사에 대한 비판이 끊이질 않고 있다. 존경받는 기업 월마트가 어떤 이유로 비난의 대상이 되는지 알아보자.

세계 최대 기업 월마트의 제원

1962년 ARKANSAS의 Rogers에 최초의 WAL-Mart Discount Store 개점

상대적으로 경쟁이 심하지 않았던 인구 5만 이하의 지방 소도시를 공략, 체인망 확대

- 점포 수 : 미국 전 지역 4,300개 지점 / 해외 15개국 4,000개 지점
- 직원 수 : 210만명(세계 1위, 2024년 기준)
- 매출액 : 6,481억달러(세계 1위, 2024년 기준)
- 이익 : 영업이익 270억달러, 순이익 155억달러(2024년 기준)
- 자본가치(시가총액) : 5,446억달러(미국 11위, 2024년 6월 말 기준)

• 공급업체 : 11만개 / 배송센터 41개
미국 내 가장 존경받는 기업(Most admired company)으로 빈번히 선정

월마트의 사회적 관점에서 비판

"Is Walmart good for America?" 월마트가 미국에 좋은 존재인가? 이러한 원천적인 질문이 던져졌다. 월마트의 사회적 영향이 그만큼 크기 때문이었다. 그런데 이 질문이 기업 경영의 전통적 관념에 새로운 시각을 던져주었다.

월마트의 기여점과 비판받는 이유를 정리해보기로 하자.

월마트가 사회에 어떤 기여를 했을까? 첫째, 월마트는 최저가 판매를 전략으로 삼고 있다. "Everyday low price(EDLP)", 매일매일 낮은 가격이라는 캐치프레이즈가 월마트 매장에 걸려 있다. 월마트의 상징이다. 창업자 샘 월튼의 철학이자 비즈니스 모델이다. 경쟁자 대비 가장 낮은 가격으로 물건을 팔기 위해서는 운영 효율성을 극대화시켜야 한다. 규모의 경제를 만들고 효율적인 배송 및 판매 시스템을 구축하였다. 그리고 생산자로부터 받는 공급단가를 최대한 낮춰야 한다. 종업원 임금도 낮춰야 한다. 임금 착취는 아니겠지만 고임금을 줄 수는 없다. 다행히 소도시에 진출했으므로 저임금의 노동력 확보에 큰 어려움이 없었다. 그 결과 큰 성공을 거두고 급속 성장을 하고 운영효율성은 더욱 높아질 수 있었다.

사회적 효과를 보자. 우선 월마트의 저가정책으로 경쟁자들도 가격을 낮출 수밖에 없었고 결국 소비자 후생은 증대하였다. 소매업체 전반에 가격경쟁이 심화되었고, 사회 전체 관점에서는 소비자물가 안정화가 지속되었다. 소비자물가지수(CPI)에 미친 영향이 매우 큰 것으로 평가된다. 소도시 진출에 의해 새로운 일자리가 만들어졌고 임금지급으로 소비가 진작되었다. 지역사회에서 월마트를 긍정적으로 본 이유다. 지역사회에 미치는 외부경제성이 있다고 본 것이다.

시간이 흐름에 따라 상황이 달라졌다. 가장 큰 문제는 지역 자영업자에게 가해진 타격이다. 월마트가 워낙 다양한 제품들을 판매하기 때문에 지역사회 전반의 소상공인에게 영향을 끼쳤다. 그래서 월마트로 인해 실제로 지역경제가 좋아졌는지를 분석한 일부 연구가 있었고 긍정적 효과가 크지 않았다는 보고도 있다. 지역상권 몰락의 위험이 커진 것이다. 이처럼 지역사회의 많은 소상공인과 상생이 안 되면서 사회적 반발을 불러일으켰다. 미국 전역과 글로벌 시장에서는 저가납품계약이 문제가 되었다. 거대기업의 협상력으로 소규모의 생산자들에게 부당하게 가격인하의 압력을 가한다는 것이다. 특히 국제적으로는 저가 공급을 받다 보니 공급 생산업체들에 의한 현지국에서의 노동착취와 아동노동, 환경오염 등의 문제가 제기되었다. 또 한편으로는 월마트의 글로벌 소싱으로 인해 미국 내 소규모 생산업자들이 피해를 받는다는 비판도 있었다. 고용 측면에서는 지역사회의 인력을 채용하면서 긍정적 효과를 미쳤으나 어쨌든 저임금 문제가 계속 이슈가 되었다. 그리고 월마트의 저임금 고용은 지역 근로자와 미국 전역에서 임금상승을 억제하는 효과가 있다는 비판까지 이어졌다.

월마트 근로자들이 저임금 정책에 항의 시위를 하고 있다. "Always low wages"라는 피켓이 눈에 띈다.

월마트는 혁신적인 비즈니스 모델로 성공하였다. 2000년대 중반까지 6년 연속 '존경받는 최고 기업'으로 선정되었을 정도로 성공적인 경영의 모델이었지만 사회적 관점에서 비판이 일었다. 노동단체, 인권단체, 소비단체 및 환경단체로부터 "Wake-up Walmart"(월마트야 깨어나라!)라는 비난을 받는 기업이 되었다. 결국 경영방식의 전환을 모색하였다. 저임금 정책, 최저가납품 등을 억제하고 환경비용 투자도 크게 늘리면서 비용절감보다는 자원의 효과적인 투자를 통해 이익을 얻고자 하였다. "Everyday low price, always low price"가 부정적 신호효과(signaling effect)가 크다고 보고 "Save money, live better"라는 캐치프레이즈를 채택하여 소비자의 혜택을 완곡하게 표현하는 데 초점을 두었다.

기업의 성공에도 불구하고, 이해관계자와 사회의 관점에서 보면 다른 평가가 내려지는 전형적인 예가 바로 월마트이다.

월마트 사례에서 회사는 이익을 남겼지만, 이해관계자의 이익이 불균형적으로 분배된 것을 볼 수 있다. 주주는 큰 이익을 얻었고 소비자도 혜택을 얻었다. 국가노 월마트의 가격경쟁으로 물가안정에 도움을 얻었다. 그렇지만 210만명의 노동자, 전 세계의 공급업자, 월마트가 진출한 지방 소도시 주민들과 지역경제가 피해를 입었다. 그리고 전국망 물류 등으로 발생한 환경오염 등 외부불경제가 있었다. 물론 이후에 월마트는 비난받던 환경비용을 줄이고 그린운동 등 사회적 책임 활동을 하였다. 그렇지만 주요 이해관계자의 피해는 월마트 비즈니스 모델 자체에 기인한 것이다. 쉽게 해결되기 어려운 문제다. 이해관계자경영의 관점에서 월마트의 비즈니스 혁신이 필요하다.

한걸음 더

- 월마트에서 이해관계자경영이 가능할까?

REFERENCE 참고문헌

국찬표 · 강윤식(2011), "기업의 사회적 책임, 지배구조 및 기업가치", 『한국증권학회지』, 40(5), pp. 713-748.

김봉선 · 김언수(2008), "사베인-옥슬리 법(Sarbanes-Oxley Act)이 기업지배구조와 기업경영에 미치는 파급효과와 학문적, 실무적 시사점", 『전략경영연구』, 11(1), pp. 1-24.

김양희(2010), "토요타 리콜사태의 발생 원인과 교훈", 대외경제정책연구원, 『오늘의 세계경제』, 10권 1호.

박우성 · 이강성 · 이영면 · 조봉순 역(2015), 『윤리적으로 경영하라』, 지필미디어(원서: Ghillyer, A. *Business Ethics Now*, Mc-Graw Hill).

유태영 · 권석균(2013), "위기의 자본주의: 경영과 조직 이론에 관한 새로운 이해", 『인사조직연구』, 21(3), pp. 195-227.

정재호 · 장하성(2013), "경제윤리의 관점에서 바라본 자본주의의 미래와 기업의 사회적 책임", 『인사조직연구』, 21(3), pp. 35-67.

조순 · 정운찬 · 전성인 · 김영식(2021), 『경제학원론(미시경제학)』(11판), 율곡출판사.

Carroll, A. B.(1991), "The Pyramid of Corporate Social Responsibility: Toward the Moral Management of Organizational Stakeholders," *Business Horizons*(July-August), pp. 39-48.

Freeman, R. E.(1984), *Strategic Management: A Stakeholder Approach*, Boston, MA: Pitman.

Freeman, R. E., Wicks, A. C. & Parmar, B.(2004), "Stakeholder Theory and "the Corporate Objective Revisited,"" *Organization Science*, 15(3), pp. 364-369.

Friedman, M.(1970), "The Social Responsibility of Business is to Increase Its Profits," *New York Times Magazine*, September 13, pp. 32-33.

Global Reporting Initiative, https://www.globalreporting.org/

Hall, P. A. & Soskice, D.(2001), "An Introduction to Varieties of Capitalism," in Hall, P. and Soskice, D.(Eds.), *Varieties of Capitalism*, Oxford University Press.

ISO(International Organization for Standardization), *ISO 26000: Guidance on Social Responsibility.*

Porter, M. R. & Kramer, M. E.(2002), "The Competitive Advantage of Corporate Philanthropy," *Harvard Business Review*, Dec. pp. 57-68.

Porter, M. R. & Kramer, M. E.(2006), "Strategy and Society: The Link Between Competitive Advantage and Corporate Social Responsibility," *Harvard Business Review*, Dec. pp. 1-13.

Porter, M. R. & Kramer, M. E.(2011), "Creating Shared Value," *Harvard Business Review*, Jan-Feb. pp. 2-17.

Post, J. E., Preston, L. E. & Sachs, S.(2002), "Managing the Extended Enterprise: The New Stakeholder View," *California Management Review*, 45(1), pp. 6-28.

Sundaram, A. K. & Inkpen, A. C.(2004), "The Corporate Objective Revisited," *Organization Science*, 15(3), pp. 350-363.

CHAPTER 05

경영환경의 변화

이 장의 구성

FUNDAMENTALS OF MANAGEMENT

이 장에서는 비즈니스 경영환경의 변화 흐름과 구성요소를 다룬다. 기업 경영에서 경영환경에 대한 이해는 성공의 열쇠이다. 환경과 기업의 관계에 대해서 살펴보고, 단절적 환경변화와 메가트렌드 변화 내용을 파악한다. 비즈니스의 압력요인이 되고 투입조건과 산출조건을 만들어주는 경제적, 기술적, 정치적, 사회문화, 자원생태 환경의 변화와 구성요소 특성을 알아보기로 한다.

- 경영환경의 변화는 기업에 어떤 영향을 미치는가?
- 경영환경의 메가트렌드 변화는?
- 경영환경의 차원과 구성요소는 무엇인가?
- 기업의 대응방법은?

1. 환경변화와 기업의 대응

경영환경의 변화가 과거에 비해 훨씬 더 역동적이고 불확실하다. 특히 2010년대부터 시작된 4차 산업혁명과 2020년 코로나 팬데믹으로 인한 급격한 변화는 단지 경제만이 아닌 사회 전반에 변화를 초래하여 시대사적 전환을 만들고 있다. 이에 경영환경의 변화 압력은 기업의 생존과 성장에 결정적 영향을 미치는 단계에 와 있다. 모든 기업은 급변하는 경영환경의 내용을 파악하고 거기에서 어떻게 대응할 것인가 그 의미를 해석하고 대응방안을 찾아내야 할 것이다. 그렇지 않으면 생존이 어렵다.

개방시스템과 기업-환경 상호작용

기업 경영에서 외부환경의 중요성을 부각시킨 최초의 관점은 1960년대 본격적으로 도입된 개방시스템이론(open system theory)이다. 이는 기업을 여러 하부 구성체를 가진 조직시스템으로 보면서 내부 구성체와의 상호작용과 외부환경과의 상호작용을 통해 존속하고 성장하는 유기체(organism)로 보는 것이다. 환경 속에서 탄생하고, 성장하고, 사멸하는 생명체에 비유하는 것이다. 기업 내부의 생산과 조직운영상 효율에 방점을 두는 과거의 경영 관점에 비해서 개방시스템이론은 기업이 환경으로부터 투입요소를 받아들여서 생산과 판매의 과정을 통해 환경에 산출물을 보내고 평가받으면서 환경변화에 적응해가는 유기체와 같은 조직이라는 것

[그림 5-1] 개방시스템 관점에서의 환경과 기업의 관계

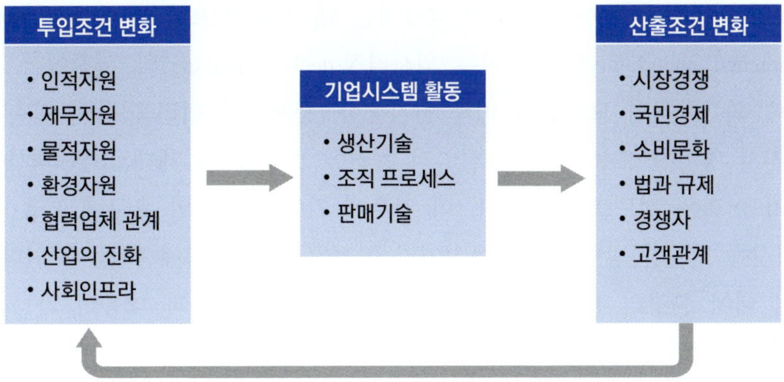

이다. 즉, 기업의 생존과 성장은 환경이 부여하는 투입-산출의 조건에서 어떻게 적응하고 우호적 관계를 만드는지에 달려 있다.

위 그림에서 보듯이 기업은 환경에서 자원을 투입받는데 **투입조건**은 외부환경의 자원구성 특성에 의해서 영향을 받는다. 그리고 투입자원을 변환시키는 생산 및 판매의 활동에서도 기업 내부환경의 영향을 받는다. 그리고 산출물이 출시되었을 때 시장조건 등 다양한 **산출조건**에 의해서 성과가 결정된다. 그리고 이 같은 투입조건과 산출조건은 기업에 의해 영향을 받기도 하지만 상위 시스템인 사회전체의 큰 변화에 의해 영향을 받는다. 예를 들어, 노동시장과 인구구조의 변화, 자본시장과 경제시스템의 변화, 국민경제의 발전 등의 변화는 기업활동의 조건과 투입조건 및 산출조건에 영향을 미치게 된다. 그리고 기업은 이러한 변화 속에서 환경과의 상호작용으로 활동하고 성과를 얻게 된다.

예를 들어, 반도체장비 생산업체의 경우에 인적자원은 국가 차원에서 양성된 반도체 관련 인력의 공급에 의존한다. 재무자원은 자본조달시장의 발달 정도에 영향받고, 우리나라에서 반도체산업이 진화한 정도에 의해 기업 간 관계, 인프라 등이 크게 달라진다. 이렇듯 비즈니스 환경에 의해 각종 자원의 투입조건이 달라진다. 산출조건도 유사하게 설명할 수 있다.

한걸음 더

- 특정 산업의 한 기업을 선정하여 투입조건과 산출조건을 개략적으로 정리해보자. (예: 대한항공, 아모레퍼시픽, 유한양행 등)

환경 불확실성과 기업의 대응

기업이 외부환경의 변화를 읽고 대응하는 데 가장 중요한 것은 환경 불확실성(environmental uncertainty)이다. 이는 의사결정(decision-making)의 관점에서 부각된 개념인데 외부환경의 모호함과 예측 불가능함, 통제하기 어려움 등이 복합적으로 어우러져서 경영진 또는 인간의 일반적 능력에 비춰볼 때 제대로 된 의사결정을 내리기가 어려운 정도를 의미한다. 이 경우에 기업은 환경의 요구에 부응하고 변화에 적시에 적절한 방법으로 대응하기가 어려워서 큰 위험에 빠질 수 있다. 반면에 기업 내에 환경의 분석 및 대응 역량을 축적하면 예측과 대응이 가능해진다. 흥하고 망하는 기업의 갈림길이 여기에 있다.

개별 기업의 입장에서 환경 불확실성은 어떻게 높아지는가? 당연히 외부 세계의 변화가 기업을 둘러싼 환경에 영향을 미치기 때문이다. 이때 기업을 둘러싼 환경의 특성을 복잡성과 동태성이라는 하위 차원으로 나눠볼 수 있다.

환경의 복잡성(complexity)은 환경의 구성요인의 수가 많고 서로 복잡하게 얽혀서 나타나는 특성이다. 예를 들어, 종합대학교를 보면 수많은 학과가 있으므로 관련 입시 대상자 구성, 취업을 위한 고객 기업의 구성, 다수의 연관 기술 및 학문(연구) 분야, 학부모 및 지역사회의 규모 등에서 매우 다양하다. 반면에 반도체 웨이퍼생산공정의 부품장치를 생산, 판매하는 중소벤처기업의 경우에는 특정의 전문화된 기술과 생산공정, 소규모의 종업원과 한두 개의 기업고객, 단순한 원재료 등 상대적으로 단순하게 구성된 환경요인을 갖고 있다. 복잡성의 대척점은 단순성

불확실성 시대

사회변화 현상에서 불확실성이라는 개념이 처음 등장한 것은 존 갈브레이스(J. K. Galbraith)의 1977년 명저, 『불확실성의 시대』(The Age of Uncertainty)이다. 당시 시대상이 어디로 가야 할지 모를 혼란스러운 시대라는 것이다. 미래가 잘 예측되지 않는다는 의미였다. 당시는 제1차 오일쇼크가 발생하고, 미국과 서구국가들이 저성장과 높은 인플레이션에 빠져 있었고, 베트남전 패전의 후유증에 시달리는 혼란스러운 시기였다. 그리고 실제 이 책이 나온 직후에 연이어서 2차 오일쇼크, 이란혁명, 이란-이라크전쟁 등이 일어났고, 세계경제가 매우 어려운 시기였다.

그러나 당시의 불확실성에 비해 오늘날은 더욱 큰 불확실성의 시대라고 한다. 학자들과 전문가들은 이구동성으로 초(超)불확실성의 시대(The Age of Hyper-uncertainty)에 들어섰다고 말한다.

동의하는가? 왜 그렇게 생각하는가?

〈표 5-1〉 기업의 환경 불확실성[1)]

		환경 구성요인의 복잡성: 단순	환경 구성요인의 복잡성: 복잡
환경변화의 빈도와 속도	안정적	단순+안정 = 낮은 불확실성 1. 소수의 환경요소 2. 환경요소의 낮은 변화성 예) 음료병제조업, 전통산업 중소기업	복잡+안정 = 약간 낮은 불확실성 1. 다수의 환경요소 2. 환경요소의 낮은 변화성 예) 종합대학, 종합병원, 전통제조업 대기업
	동태적	단순+동태적 = 높은 불확실성 1. 소수의 환경요소 2. 환경요소의 높은 변화성 예) 유행의류 제조업, 첨단기술분야 중소기업	복잡+동태적 = 매우 높은 불확실성 1. 다수의 환경요소 2. 환경요소의 높은 변화성 예) 전자산업 대기업, 신기술분야 대기업

(simplicity)이라고 한다.

환경의 동태성(dynamism)이란 환경요소의 특징이 변화하는 빈도와 속도를 의미한다. “소비자 기호가 자꾸 변한다”는 말은 소비자환경의 동태성이 높다는 것이다. 이처럼 소비자 욕구 변화, 정부규제의 변화, 경쟁구조의 변화, 신기술 탄생 등은 모두 동태성을 높이는 요인들이다. 동태성의 대척점의 환경 특성을 안정성(stability)이라고 한다. 앞의 종합대학교와 반도체부품업체를 비교해 보면 종합대학교는 동태성이 낮고 반도체부품업체의 경우에는 동태성이 높다고 볼 수 있다. 이처럼 복잡성과 동태성은 서로 독립적 차원이다. 그리고 대부분의 불확실성은 환경의 급속한 변화, 즉 동태성에서 비롯되고 이에 복잡성이 증폭 효과를 나타내는 것이다.

이상의 환경 불확실성은 비즈니스 의사결정에 모호함과 혼란을 준다. 기업 간에도 불확실성에 대응하는 능력에 차이가 있을 것이다. 불확실성이 높은 환경에서도 대응력이 좋은 기업이 있고, 불확실성이 낮은 환경에서도 대응력이 낮은 기업이 있다. 이는 기업의 환경인식 능력과 환경대응 능력에 차이가 있기 때문이다. 아래 [그림 5-2]에서처럼 환경의 객관적 상태와 주관적 인식의 세계를 구분하여 불확실성을 정의하여 기업의 환경대응 과정을 설명할 수 있다.

1) Duncan(1972)의 논문에서 인용하였음. 복잡성보다 동태성이 불확실성을 초래하는 정도가 큼을 반영하여 일부 수정하여 보완했음.

[그림 5-2] 정보처리 단계별 불확실성

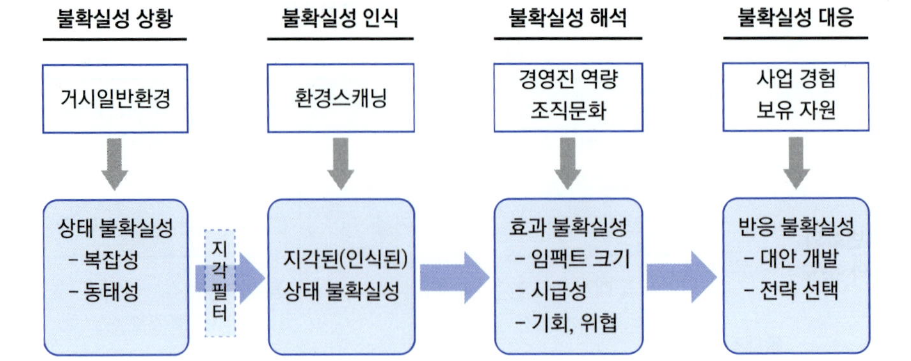

위 그림에서 보듯이 환경 불확실성은 상태 불확실성(state uncertainty), 효과 불확실성(effect uncertainty), 반응 불확실성(response uncertainty)으로 구분할 수 있다.[2] 의사결정의 관점에서 정보처리 단계별로 겪는 불확실성을 의미한다.

상태 불확실성은 동태성과 복잡성에 의해 결정된다. 개별 기업의 고유한 환경 구성요인에 의해서 결정되지만, 거시일반환경의 변화에 의해 영향을 받는다. 거시일반환경의 내용은 3절에서 자세히 살펴보기로 한다. 그런데 이때 객관적 상황보다 기업에서 인식하는 상태에 차이가 있을 수 있다. 지각된(perceived) 상태 불확실성은 환경변화를 잘 읽지 못하는 폐쇄적 기업에서 현실과 갭이 더 클 수 있다. 기업은 이에 경영환경을 주의깊게 관찰하고 정보를 수집한다. 이를 환경스캐닝(environmental scanning)이라 하는데, 현재와 미래의 성공에 영향을 미치는 조직의 환경여건에서 발생하는 추세와 사건을 지속적으로 추적하는 활동이다. 효과적인 환경스캐닝은 양적 변화와 질적 변화를 모두 찾아내고 기업에 미칠 영향을 중심으로 환경정보를 처리한다. 이러한 정보는 기업의 경영전략 수립에 중요한 기초자료가 된다.

환경의 효과 불확실성은 환경변화가 우리 기업에 미치는 영향을 해석할 때에 겪는 불확실성이다. 환경 영향의 크기(magnitude)와 시급성(urgency), 기회(opportunity)와 위협(threat) 요인을 평가하기 어려운 정도이다. 경영진의 역량과 경험, 통찰력이 중요한 단계이다. 조직문화도 영향을 미치는데, 진취적인 기업문화에서는 환경변화에서 위협보다는 기회를 더 찾아내고, 위협요인에 대해서도 회피하지 않고

2) Milliken(1987).

객관적으로 해석하려고 할 것이다.

반응 불확실성은 기업이 대응할 수 있는 대안을 개발하고 전략적 대응을 할 때의 불확실성이다. 반응 불확실성은 대안을 얼마나 현실성 있고 명확한 방법을 찾아내는가에 달려 있다. 이 경우 조직이 보유한 자원이 적으면 대안개발 자체도 용이하지 않고 실행상의 제약도 커져서 적절한 전략적 대응을 할 수 없다. 예를 들어, 회사에 재무자원이 부족하면 환경변화에 대응하는 다양한 대안을 개발할 수가 없다. 제한된 대응방안만이 가능하다.

기업은 불확실성을 단계별로 잘 줄여가야 한다. 높은 상태 불확실성을 낮은 반응 불확실성으로 바꿔나갈 수 있는 조직역량이 있어야 한다. 열린 지각필터로 환경의 변화에 대한 감지력을 높여야 한다. 그리고 환경변화에서 사업기회를 찾고 성장을 도모하는 전략적 대응을 할 수 있어야 한다.

한걸음 더

- 대한항공과 아모레퍼시픽의 환경 불확실성을 평가하고 비교하여 보자.
  –복잡성, 동태성(변화), 상태 불확실성, 효과 불확실성, 반응 불확실성

2. 단절적 환경변화와 메가트렌드

기업 경영의 환경변화는 크게 두 가지로 나눠볼 수 있다. 하나는 급격하고 단절적인 변화로서 기업 경영 전반에 충격을 가져다주는 변화이고, 다른 하나는 큰 흐름으로 사회진화와 함께 진행되는 변화이다. 전자는 단절적(disruptive) 변화이고 후자는 트렌드(trend) 변화이다.

단절적 변화는 갑작스럽고 광범위하여 전체 산업의 궤적을 바꾸고 기업의 적응능력(adaptive capability)을 압도하는 충격이다. 작금의 코로나 팬데믹은 기업의 대응력을 초월하는 충격이다. 4차 산업혁명은 광범위한 영향을 미치는 메가트렌드 변화이었는데, 여기에 팬데믹 충격이 결합하여 모든 것을 바꾸는 동력이 되었다. 이러한 불연속적인 변화는 산업을 구조조정하고 산업간 경계를 재배치하며 경쟁기반을 허물어뜨린다.

2.1 단절적 환경변화의 충격

우리나라 기업 경영에 큰 충격을 준 단절적(disruptive) 환경변화로는 한 번의 국가적 위기와 두 번의 세계적 위기가 있다. 첫째는 누차 언급한 1997년 말 IMF 외환위기이고, 둘째는 2008년 발생한 글로벌 금융위기이다. 그리고 2020년에 발생한 코로나19로 인한 팬데믹이 세 번째 단절적 환경변화이다.

1997년 IMF 외환위기와 구조조정(Restructuring)

한국 기업에게 IMF 외환위기는 역사상 가장 큰 단절적 변화이었다. 국가부도 위기의 원인 중 하나로 재벌체제와 비효율의 기업 경영방식이 지목되었다. 국가경제 위기가 기업을 압도하여 도산의 위기에 처한 한국 기업들이 한꺼번에 구조조정에 돌입한 시기이다. 개별 기업 수준이 아닌 전체 기업에서 동시에 구조조정이 시행되었기 때문에 관련된 이해관계자들의 범위가 한국 국민 그 자체일 정도로 많았다. “한국적인 것을 모두 버려라! 한국적인 것에 집착하다가는 세계경제 흐름에 도태될 것이다!”라는 식의 주문이 쏟아졌다. 그리하여 경제체제뿐 아니라 사회경제적인 다양한 구조적 변화가 추진되었다. 시대의 키워드는 구조조정이었다. 생존과 체질개선을 위한 전방위적인 구조조정이 진행되면서 기업들이 학습한 것은 효율성과 이익창출이 지상과제라는 것이다.

대기업집단에 대한 비판으로 지적된 ‘문어발식 경영’이라는 복합사업체(conglomerate)에서 전문화된 기업으로 전환이 필수적인 것이 되었다. 이에 전 산업에 걸친 대규모의 기업 구조조정이 진행되었다. 이 구조조정에 수반되는 대량의 인력 감축을 가능하게 해주기 위해 최초로 ‘고용조정법’이 제정되었고, 대량실업이 발생하였다.

한편으로는 벤처를 육성하여 국가경제의 체질을 바꾸려는 정책이 추진되었다. 벤처 창업 지원이 대폭 확대되었으며, 벤처기업의 자본시장인 코스닥(KOSDAQ)이 극적으로 육성, 팽창하였다. 벤처기업 중심으로 경제 역동성을 찾고자 노력을 했고 상당한 성공을 거두었다. 그래서 1999년에 벤처붐이 정점에 올라가면서 IMF의 충격과 고통을 우리가 일괄 씻어내는 하나의 그런 신호로 많이 인식할 정도로 들뜬 분위기가 생겼다. 벤처 활성화에 의해 대기업의 시장지배력에 대한 도전이 이뤄졌고 한국인의 도전과 역동성이 발휘되는 계기가 되었다.

이 시기의 기업 구조조정으로 재무건전성이 크게 개선되었다. IMF 외환위기 직전 기업들의 부채비율(부채자본비율, D/E ratio)을 보면, 1996년에 상장기업 평균 부채비율이 359.1%나 되었고 1997년에는 451.2%까지 치솟았다. 일반적으로 부채비율이 200%를 넘으면 기업 경영에 불안요소가 높아지고, 400%를 넘어서게 되면 기업 경영에 적신호가 켜졌음을 의미한다. 1996년에 부채비율이 400%를 넘는 고위험군에 속하는 상장기업의 비중이 29.8%(357개사)나 되었고, 1997년에는 32.3%(417개사)로 높아졌다.[3]

대상을 더 넓혀 한국 제조업 전체를 보면 1996년에 평균 부채비율이 317.1%이었다. 당시 미국 제조업 평균 부채비율 153.5%, 일본 193.2%, 대만 53.9%에 비해 매우 높은 수치이다. 아래 <표 5-2>에서 보듯이 1997년에는 부채비율이 396.2%까지 올랐다. IMF 시기에 한국 기업들은 생존을 위한 재무구조조정을 시행하였고 그 결과 부채비율이 지속적으로 낮아졌다. 10년 후인 글로벌 금융위기 전후 시기에는 평균 부채비율이 120% 이하로 떨어졌고, 최근에는 70%대까지 낮아졌다. 이 수치는 미국과 일본보다 낮은 수치이다. 부채비율로만 보면 재무건전성이 최고 수준에 이르렀다. 단지 수익성은 총자산이익률(ROA) 수치에서 보듯이 아직도 낮은 편이다.

이 시기에는 한국 기업들에게 실로 큰 변화가 있었다. 과거에 문화적 저항으로 잘 수용되지 못했던 '글로벌 스탠더드'가 기업 내 깊이 침투하게 되었다. 기업 경영방식에서 일대 전환이 이뤄졌나. 이 새로운 경영방식은 오늘날까지 크게 영향을 미쳐서 중심이 되고 있다. 경영의 전문화가 이뤄졌고, 기업들이 앞다퉈서 변화와 혁신을 시도했다. 많은 시장규제가 철폐되고 시장중심 경제논리가 강화되었다. 자본시장이 개방되어 외국 투자자들이 대거 진입하였다. 글로벌화에 따른 시장중심 자본주의가 범세계적으로, 그리고 한국에서도 정착하게 되었다.

〈표 5-2〉 한국제조업 기업의 재무건전성 및 수익성 지표

구분	외환위기 전			글로벌 금융위기 전후			코로나 팬데믹 이전			
	1995	1996	1997	2007	2008	2009	2016	2017	2018	2019
부채비율	286.8	317.1	396.2	107.1	123.2	109.6	80.2	76.9	73.6	73.5
총자산이익률 (ROA)	2.83	0.50	-0.93	5.59	2.85	5.25	4.25	5.83	5.01	2.75

자료: 한국은행, 『기업경영분석』, 각년도 보고서.

3) 강효석 외(1998) 참조.

한걸음 더

- IMF 이후 당시 재계 2위의 대우그룹이 부도로 해체되었다. 그 이유를 알아보자.

2008년 글로벌 금융위기의 영향

2008년 미국의 금융위기에서 촉발된 글로벌 금융위기는 세계적인 충격을 가했다. 수많은 미국인들이 집을 압류당하였고 미국 금융기관이 부도의 위기에 빠졌다. 그리고 이 충격은 전 세계의 금융시스템 붕괴와 경기침체로 확산되었다. IMF 위기가 우리나라와 동남아시아의 국지적인 위기였던 데 비해, 미국에서 촉발된 금융위기는 세계경제에 광범위한 영향을 끼친 사건이었다.

이 위기에서 우리나라 기업들은 상대적으로 잘 견뎌낼 수 있었다. IMF 위기 이후 실행한 구조조정으로 생존력을 확충하였기 때문이다. 일부 기업은 재무구조 안정성을 바탕으로 하여 공격적으로 시장확대 정책을 추진하여, 세계시장에서 경쟁지위를 올리기도 하였다. 예를 들어, 현대자동차는 금융위기 직전 매출액기준 세계 9위에서 3년 후 세계 5위까지 도약하는 성과를 거두었다. 이런 점에서 2008년 글로벌 금융위기는 기업 경영 전반에 성과압력을 가중시킨 시련을 주었지만, 전략적 대응을 통해 성장을 구현한 긍정적 효과를 가져다주기도 하였다. 복합적 영향을 끼친 경영환경 변화의 분기점이었다.

글로벌 금융위기 이후 세계경제는 이른바 뉴노멀(New Normal)의 시대에 접어들었다. 뉴노멀은 저성장, 저금리, 높은 실업률이 비정상적인 단기적 상황이었던 과거에 비해 이제 정상적이고 지속적인 상황이 되었다는 뜻이다.[4] 이 기간 10여 년 동안 기업들은 제한된 성장전략, 소비부진의 생존전략, 위기관리의 환경대응전략 등에 부심하였다.

한편으로는 새로운 시대의 산업재편이 이뤄진 시기이다. 기존 산업의 기업들이 어려움을 겪는 데 반해서 인터넷 기반의 IT기술 발전으로 신산업의 탄생과 성장이 이뤄졌다. 이 기간 동안에 전통적인 대기업들은 기업가치가 현저하게 줄어든 반면에 인터넷, 모바일, IT 등의 관련 기업은 크게 성장하였다.

---

4) 뉴노멀은 세계 최대 채권운용사 핌코(PIMCO)의 CEO 모하메드 앨 에리언이 그의 저서 『새로운 부의 탄생』에서 금융위기 이후의 세계경제질서로 언급하면서 사용되었다.

2020년 글로벌 팬데믹 이후의 경영환경 변화

기업들에게는 큰 시련을, 사람들에겐 삶의 방식에 큰 변화를 불러일으켰다. 대부분 기업의 수익성이 급감하고 위기경영에 돌입하였다. 모두가 느끼는 위기의 시간이었지만, 세계의 주식시장은 급락장을 겪은 직후 급상승하였다. 아래 <표 5-3>에서 보듯이 한국과 미국의 종합주가지수는 2020년 3월 이후 가파르게 상승하였다. 역사상 그 어느 때보다 큰 상승 폭이다. 왜 이런 일이 벌어졌을까?

〈표 5-3〉 한국과 미국의 대표 종합주가지수의 변화

한국 KOSPI 종합지수			미국 S&P 500 지수		
2019년 12월	2197.78	회복기 마감	2019년 12월	3230.78	대세상승 2기 마감
2020년 3월	1754.64	코로나19 충격	2020년 3월	2584.59	코로나19 충격
2021년 7월	3305.21	대세상승 고점	2021년 12월	4766.18	대세상승 고점
2022년 6월	2332.64	국제분쟁 후 저점	2022년 6월	3785.38	국제분쟁 후 저점
2024년 6월	2797.82	회복 후 상승 중	2024년 6월	5460.48	회복 후 상승 중

경제패러다임의 전환으로 인한 것이다. 4차 산업혁명이 발아하고 있던 시기에 코로나 팬데믹은 신기술에 의한 산업의 질적·양적 변환을 촉진하였다. 신기술에 접목된 비대면 언택트산업이 폭발적으로 성장하였다. 반면에 서비스 업종을 중심으로 큰 타격을 받았다. 비대면 상황에서 직접 대면을 필요로 하는 자영업 중심의 서비스업 분야는 생존을 위협받게 되었고 많은 업체가 도산하였다. 이는 유통업 등 전통산업 내 경쟁구도에 지각변동을 가져왔을 뿐만 아니라 4차 산업혁명을 가속화시키고 모두가 그 변화를 받아들이게 되었다. 전혀 다른 시장이 생긴 것이다. 구매행위에 일대 변화가 일어난 것이다. 한편 근로자들의 업무에서도 극적인 변화가 일어났다. 초기 시점에는 어쩔 수 없이 재택근무를 하게 되었지만 경영자와 근로자 모두 재택근무가 발달된 정보기술로 인하여 생산성에 크게 마이너스가 안 된다는 것을 깨닫게 해주었다. 이에 이른바 홈이코노미가 더 커졌고 관련 분야의 창업이 뒤따랐다. 이처럼 위기와 변화는 기업에게 새로운 기회를 준다.

팬데믹 이후에 기업들은 점점 더 많은 기술을 이용하여 비즈니스 기회를 찾게 되었다. 코로나 기간 동안 전 세계의 많은 사람들이 대면거래와 대면작업 대신에 디지털 솔루션을 채택했다. 그리고 클라우드 컴퓨팅, 5G 통신, 자동화된 공장 및 자동차, 데이터 기반 인공지능(AI) 및 머신러닝(ML)의 사용 추세가 가속화되었다. 이제 이들 분야의 산업이 급속히 성장하였다. 특히 2022년 이후부터 AI로 인해

경영사례

코로나發 '스타트업 붐'
"팬데믹 위기가 스타트업 기회"… 美창업 55% 급증; 원격근무-유동성 증가에 창업 러시

미국 뉴욕 기반의 스타트업 '블랭크스트리트'는 겉보기에는 특별할 것 없는 커피 체인이다. 하지만 노점이나 이동식 카트의 소규모 점포 형태로 임차비용을 줄여 스타벅스 같은 경쟁사와 차별화했다. 특히 스타벅스에 비해 20~30% 싸면서 비교적 높은 품질의 커피를 파는 것으로 유명해졌다. 신종 코로나바이러스 감염증(코로나19) 대유행으로 사람들이 비대면을 선호하는 경향은 테이크아웃 전용 매장이 많은 이 기업에 유리하게 작용했다. 20대 청년 두 명이 2020년 여름 창업한 이 회사는 최근 점포가 20곳 정도로 불어나면서 벤처투자자의 뜨거운 '러브콜'을 받고 있다. 지난해 가을 2,500만달러(약 298억원)를 유치한 지 석 달 만인 지난해 12월 3,500만달러 투자를 또 약속받았다. 최근 1년 사이 세 번째다. 창업자 비나이 멘다 씨는 월스트리트저널(WSJ)에 "우리는 자본을 활용할 수 있는 세상에 살고 있다"며 "사업자금 확보가 과거보다 훨씬 쉬웠다"고 말했다.

최근 미국에선 유동성 증가로 그 어느 때보다 창업 열기가 뜨겁다. 팬데믹 시대 달라진 라이프스타일을 겨냥한 '팬데믹 창업 러시'가 이어지면서 신규 사업체가 급증하고 있다. 디지털 기술과 원격근무를 적극 적용해 창업비용을 크게 낮춘 스타트업들이 새로운 사업 기회를 만들어내고 있다. (하략)

[자료: 동아일보(2022.1.4)]

산업계의 지각변동이 이뤄지고 있다. 또한 질병 등에 대처하기 위한 바이오기술의 산업도 크게 성장하였다.

미국의 자본시장을 보면, 팬데믹 기간 동안에 다우지수보다 기술기업 중심인 나스닥(NASDAQ) 종합지수의 상승이 훨씬 컸다. 전통기업과 빅테크 기업의 혼합으로 구성된 S&P 500 지수의 상승은 중간 정도이다.[5] 이제 기술기업의 시대이다. 그리고 기존 산업 내 기업들에서도 디지털 변신(digital transformation)이 경영의 핵심과제가 되었다. 이러한 변신을 도와주는 비즈니스가 활황인데 대표적인 예가 아마존의 AWS사업과 마이크로소프트의 AZURE사업으로 대변되는 클라우드 컴퓨팅 서비스 사업이다. 이로써 이 두 기업은 세계 최고 기업에 오를 수 있었다.

종합하여 보면 신기술 기업이 인류의 삶에 침투하는 비율이 높아지고 있고, 결국 기업 전체의 사회적 영향력이 훨씬 더 커지고 있는 시대 흐름에 있다. 기존 기

5) 미국 S&P 500 지수는 제11장 3절에서, NASDAQ 종합지수는 제14장 2절에서 설명하였다.

경영사례

Amazon의 AWS 클라우드

Amazon의 AWS 클라우드는 세계 최고의 비즈니스 중 하나이다. 클라우드 컴퓨팅은 팬데믹 이전에 이미 활기를 띠고 있었지만, 도입 속도가 느렸던 기업은 디지털 혁신이 필수라는 사실을 깨닫고 오늘날 더욱 시급하게 클라우드로 전환하고 있다. AWS는 10년 앞서 시작한 최고의 클라우드 컴퓨팅 플랫폼이므로 막대한 데이터 센터와 필요한 기술 투자로 인해 시장 선도업체로서 경쟁지위를 잘 지키고 있다.

한편, Amazon은 AWS 사업이익을 사용하여 전자상거래, 배송 기능 및 기타 혁신에 막대한 투자를 하고 있다. 이러한 투자는 오늘날 총이익에 영향을 미치고 있지만, 전자상거래에서 Amazon의 지배력을 더욱 공고히 하는 데 기여할 것이다. 1일 배송, Amazon 소유의 배송차량을 사용한 제3자 배송, 체크아웃 없는 기술 및 2020년대와 그 이후에 결실을 맺을 기타 많은 혁신이 기대되는 상황이다. 아직 우리가 알지 못하는 다른 것들도 있을 것이다.

업의 변신과 끊임없는 신기술 기업의 창업으로 인해 세계 경제 규모 자체가 팽창하고 있다.

또 하나의 중요한 변화는 기업들이 사회적 기여에 대해 강조하게 된 점이다. 절박한 사회적 재난 속에서 기업들은 보유한 자원을 이용하여 의료지원을 할 수 있게 되었고 축적한 역량으로 더 효과적으로 사회적 기여를 할 수 있었다. 이는 인류사적 재난 상황에서 기업 스스로의 깨달음이기도 하였고, 일반 사회구성원들도 목격자가 되었다. 글로벌 금융위기 이래 강조된 기업의 사회적 책임이 사회적 영향(social impact)으로 확대된 계기이다. '사회적 임팩트 경영'이 새로운 시대의 화두가 되었다. 기업과 사회의 관계에 대한 의미있는 진전이 이뤄지고 있음을 보게 되었다.

마지막으로 러시아의 우크라이나 침공으로 시작된 국제정세의 불안을 들 수 있다. 위의 <표 5-3>에서 보듯이 한국과 미국의 주가는 2021년 하반기에 고점을 찍은 후에 하락하기 시작하였다. 일시적인 거품경제 현상과 신경제에 대한 의구심이 나타난 시점에 러시아와 우크라이나 간의 전쟁 발발로 인하여 글로벌 에너지 공급망이 붕괴되고 세계적인 인플레가 나타났다. 이로써 저성장-저금리의 뉴노멀이 종식되었고 경제 침체가 계속되었다. 그러나 신경제의 힘은 이를 극복하고 다시 글로벌 경제 회복으로 나타나고 있다. 한국과 미국의 주가도 회복 경로에 들어섰다. 우리나라보다는 미국의 주가 상승이 더 두드러져서 미국에서 신경제의 효과가 더 크다는 것을 보여준다. 향후 세계 국가 간의 신경제 주도권경쟁이 더욱 격화될 것이다. 신경제를 불러일으킨 4차 산업혁명의 영향에 대해서는 다음 절에서 더 설명하였다.

한걸음 더

- 언택트 사업의 창업기업 사례를 공부해보자. (예: 마켓컬리)
- 코로나19 위기의 시기에 기업들의 사회적 임팩트 경영의 사례를 찾아보자.

2.2 메가트렌드 환경변화

사회변화의 거대한 흐름을 메가트렌드(megatrends)라고 한다. 이는 일반환경의 여러 요인이 결합하여 증폭된 현상으로 나타나기도 하고, 반면에 한두 개의 변화 동인이 큰 사회변화를 불러일으켜서 여러 일반환경 요인에 광범위하게 영향을 미치기도 한다. 메가트렌드는 미래학자 존 나이스빗(John Naisbitt)이 미래사회의 변화를 설명하면서 표현한 말이다.[6] 그 의미는 사회변화는 단발적인 사건이 아닌 큰 흐름에 의해 결정된다는 것이다.

현대 사회는 [그림 5-3]에서 보듯이 4가지 메가트렌드에 의해 변화되고 있다. 이에 기업은 당장의 환경뿐만 아니라 미래의 변화 흐름에서 환경적응과 기회창출의 대안들을 개발해야 한다.

세계화의 흐름과 글로벌 시장의 위력

사회변화의 큰 흐름은 기업 경영 전반에 영향을 미치게 된다. 1980년대 이후 지금까지 가장 큰 변화의 흐름은 세계화와 정보화로 축약될 수 있다. 세계화(globalization)는 주로 경제적 환경 측면에서 큰 변화를 불러일으키고 있는데 국가 간 정치적 노력과 합의도 크게 작용된 결과이다. 국제 경제 교류가 확대되고 국가

6) 존 나이스빗은 그의 저서 "메가트렌드(*Megatrends*)"(1982, 1988)에서 세계가 산업시대에서 정보시대로의 거대한 변혁의 한가운데에 있으며 이 대전환의 흐름 속에 10가지 트렌드가 있다고 하였다. 이는 비즈니스에 새로운 현실을 제시하고 있으며, 이러한 추세와 변화에 적응하는 기업은 엄청난 성공을 거둘 수 있다는 것이다.

[그림 5-3] 메가트렌드 경영환경변화의 영향

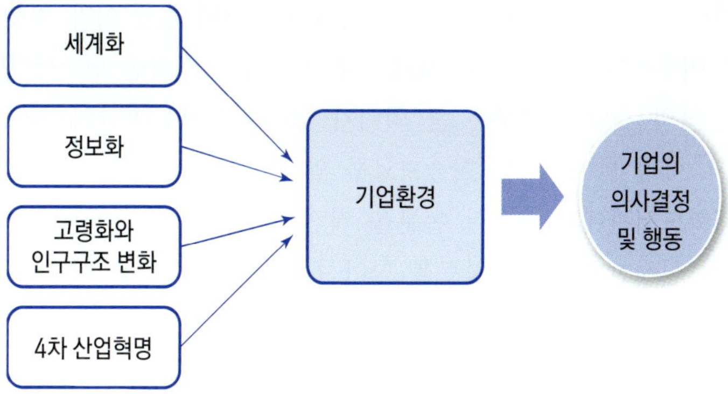

간 시장경계가 약화되고 글로벌 시장이 만들어졌다. 또한 생산과 판매 활동이 국가 경계를 넘나들면서 글로벌 공급망(global supply chain) 체계가 발전하였다. 이로써 세계시장이 기업 간 연계의 가치활동으로 통합되었다.

그러다 보니 어느 국가에서 일어난 일이 다른 국가에 곧바로 영향을 미치게 된다. 하나의 시장, 하나의 생산공정이 되었기 때문이다. 과거에는 한 국가의 경제 위기가 다른 국가로 전파 또는 확산되지 않았지만, 이제는 모든 나라가 자유롭지 않다. 공동의 위기가 잠재해 있는 것이다. 서로 차단되어 있을 때는 한 국가에서 경제문제가 발생하면 그 영향이 지역에 머물렀지만, 오늘날에는 모두 연결되어 있기(connected) 때문에 그 영향이 다른 지역까지 파급된다. 서로 결속되어 영향을 주고받고 하는 '강한 결속(tight-coupling)'의 사회이다. 그래서 한 지역의 위기가 작은 충격일 때는 여러 지역(국가)에 빠르게 분산되어 흡수될 수 있지만, 큰 위기가 오면 여러 지역(국가) 모두에 충격이 가해져서 파급효과가 증폭되는 현상이 있다. 이것이 글로벌 경제에 불안정성을 가져오기도 한다.

그리고 세계화로 글로벌 시장이 되면서 작은 기업들한테 큰 기회가 생겼다. 작은 기업들에게 글로벌 시장은 너무나 큰 시장이기 때문에 조금만 치열하게 노력하면 기대 이상의 큰 성공을 거둘 수 있는 시대이다. 작지만 강하다는 강소기업, 즉 히든챔피언은 글로벌 시장의 틈새시장을 장악하고 있는 세계적 경쟁력의 회사이다.[7)]

7) 히든챔피언의 특성은 제13장 중소기업 경영에서 다루었다.

정보화의 물결과 지식정보사회

일찍이 미래학자 앨빈 토플러가 인류 역사의 '제3의 물결'이라 칭했던 정보화가 1990년대 이후부터 본격화되고 21세기에 이르러 폭발적인 변화를 만들어내고 있다. 우리의 삶의 개념을 바꾸는 큰 의미가 있다. 시간과 공간의 개념을 바꿔놨다. 예를 들어, 예전에는 미국의 학술자료를 얻으려면 미국까지 비행기를 타고 가서 현지의 대학도서관에서 책이나 논문을 직접 찾아야 했다. 지금은 인터넷에 다 연결되어 있어 실시간으로 참고자료를 찾아서 이용할 수 있다. 시공간의 축이 허물어진 것이다. 본 저자가 젊은 교수일 때는 연구논문을 쓰는 데 필요한 자료 수집에 굉장한 어려움을 겪었다. 방학 때마다 미국에 가서 일주일 또는 한 달씩 도서관에 처박혀서 자료를 찾고 복사해서 가져왔다. 지금은 실시간으로 필요한 자료를 확보할 수 있다. 논문자료의 수집이 쉬워지니까 논문쓰기가 수월해졌다. 새로운 지식과 기술에 접근성이 커졌으며 활발히 공유되고, 새로운 지식과 기술의 창조가 더 가능해졌다. 생산성과 혁신성이 급격히 증가한 것이다. 물론 세계화가 공간 개념을 확장시켜 주었지만, 이에 더하여 정보화는 언제든지 접근가능한 시공간을 만들어주었다. 이런 점에서 우리의 삶의 근본을 바꾸어 놓았다.

이러한 변화가 기업 경영에 미치는 영향은 심대하다. 모든 기업에서 정보화가 얼마나 진전이 되어 있는지가 경쟁력의 척도가 된다. IT산업이 폭발적으로 증가한 것도 정보기술의 발전으로 인한 것이고 정보화 사회로 전환되었기 때문이다. 코로나 팬데믹 시대에 언택트 산업이 극적으로 커진 것도 정보기술의 발전과 정보화 사회의 삶의 패턴에서 비롯된 것이다. 이처럼 정보화 사회의 진전과 정보기술의 발전은 양 바퀴처럼 새로운 시대의 주도적 흐름이다.

고령화와 인구구조의 변화

고령화와 출산율 저하로 인구구조가 변하고 있다. 고령사회란 65세 이상의 고령인구가 인구구조상 큰 비중을 차지하는 사회를 말한다. UN은 65세 이상의 인구가 총인구에서 차지하는 비율이 7% 이상일 때 고령화사회라고 보고 있다. 이같이 65세 이상 인구가 총인구에서 차지하는 비율이 7% 이상인 경우를 고령화사회(aging society), 65세 이상 인구가 총인구에서 차지하는 비율이 14% 이상인 경우를 고령사회(aged society)라고 하고, 65세 이상 인구가 총인구에서 차지하는 비율이 20% 이상인 경우를 후기고령사회(post-aged society) 혹은 초고령사회라고 한다. 우리나라는 2000년에 고령인구 7.2%로서 고령화사회에 진입하였고, 2018년에 고령인구 14.3%가 되어 고령사회로 진입하였다. 그리고 2025년경에 초고령사회가 될 것으로 예측되고 있다. 2024년 6월 현재 고령인구 비율은 19.5%이다.

경제활동에 참여하고 있는 노동자의 평균 연령 또한 지속적으로 높아지고 있는 추세이다. 미국의 경우 1970년에 노동자의 평균 연령은 28세이었고 1995년에는 35세로 높아졌고 오늘날에는 40세가 넘었을 것으로 추정된다.[8] 결과적으로 미국 노동력의 중심축이 청년에서 중장년으로 이동한 것이다. 우리나라의 경우 임금근로자의 평균 연령은 2015년에 41.1세에서 2023년에 43.8세로 지속적으로 높아지고 있다. 경제활동에 참여하고 있는 연령별 비율을 보면, 2015년도에 총 경제활동참가자 2,715.3만명 중에서 60세 이상이 372.0만명으로 13.70%를 차지하였으나 2024년도에는 총 경제활동참가자 2,979.9만명 중에서 60세 이상이 684.4만명으로 크게 늘었고 비율도 22.97%까지 증가하였다.[9]

고령화는 그 영향이 심대하다. 기업 경영에 대한 영향이 계속 나타나고 있지만, 모든 것들이 드러나 있지는 않다. 우선 산업구조의 변화를 보면 실버산업이 커지고 있다. 더 큰 변화는 고령화로 인해 '건강하게 살아야 되겠다'는 인식이 커지고 건강산업(health industry)이 크게 성장했다. 의료와 보험에서부터 건강식품, 피트니스 산업에 이르기까지 폭발적으로 증가해서 미국의 경우에는 건강·의료 지출이 GDP의 20%에 육박하는 규모로 커졌다. 소비시장의 큰 변화이다.

노동시장에도 큰 변화를 가져왔다. 고령사회가 되면 소위 말하는 종신고용이라는 것은 불가능해진다. 무한정 고용을 책임질 수 없기 때문이다. 그럼에도 불구하고 우리는 지금 당장 정년퇴임의 연장, 고령인력의 임금피크제 등 지난한 모순의 과제에 직면해 있다. 장기고용을 전제로 하지 않는 미국에서조차 고령화와 고용기간의 문제는 딜레마로 남는다. 고령인력의 활용을 위해서는 기업의 임금체계 개편이 불가피하다. 우리나라에서 고연령의 노동력에게 통상 높은 임금이 지급되는 지금의 임금구조에 변화가 필요하다. 그리고 노동자의 경력기간이 늘어남에 따라 지속적인 학습과 훈련의 필요성이 높아졌다. 최근의 정년연장 움직임은 청년들에게는 큰 위협이 된다. 청년실업이 고령사회의 결과물은 아니지만 현재의 경직된 고용관계 및 임금체계에서는 결과적으로 큰 영향을 미친다. 노동시장의 일대 변화가 일고 있다.

8) James(1997) 참조.

9) 통계청, 2024년 6월 통계 참조.

4차 산업혁명과 산업구조의 변화

제4차 산업혁명의 본격화로 인한 산업구조에 변화가 오고 있다. 제4차 산업혁명은 연결, 탈중앙화/분권, 공유/개방을 통한 맞춤시대의 지능화 세계를 지향한다.[10] 이 지능화 세계를 구축하기 위해 빅데이터, 인공지능, 블록체인 등의 여러 가지 기술들이 동원된다. 맞춤시대의 지능화를 위해 현실세계의 모든 내용을 가상세계로 연결한 다음, 가상세계에서 빅데이터/인공지능 분석을 통해 예측과 맞춤을 예상하고 이를 현실세계에 적용한다. 주요 기술은 블록체인, 빅데이터, 인공지능, 로봇공학, 자율주행과 무인운송, 양자기술, IOT, 3D, 연결기술 등이다. 이러한 신기술이 복합적으로 작용하여 산업 및 사회에 일대 변화를 일으키는 것이 4차 산업혁명이다.

코로나 팬데믹으로 산업의 대전환이 빨라지면서 4차 산업혁명이라 일컫는 기술산업이 폭발적으로 확대되었다. 블록체인기술이 가상화폐에 적용되는 것부터 빅데이터기술을 이용한 비즈니스들, AI 기술의 진화에 따른 작업방식의 변화와 신생산업의 탄생, 산업로봇기술에 의한 휴머노이드 로봇 세상의 모습까지 다양하다. 미래사회가 눈앞에 와 있는 듯하다. 영화에서 보는 새로운 세상이 열리고 있는 걸까. 기업은 어떤 역할을 하고 있는가?

AI 임팩트

AI 기술의 진화에 따른 변화가 성큼 눈앞에 다가왔다. AI 임팩트가 우리 모두에게 각인이 된 사건은 2023년에 Open AI사가 생성형 인공지능(Generative AI)인 챗GPT(ChatGPT)를 출시한 일이다. 챗GPT는 무엇이든 물어보면 척척 답을 내주는 '척척박사'다. 일순 모든 지식이 일상적인 것이 되었고, 모든 창조적 작업이 AI의 몫이 되었다. 끝이 없는 듯한 AI의 능력에 미래에 대한 두려움도 커졌다. 다수의 보고서가 쏟아져 나오고 있다.

AI에 관한 최신 McKinsey 글로벌 설문조사에서 응답자의 65%는 자신의 조직이 생성형 인공지능을 정기적으로 사용하고 있다고 보고했다([그림 5-4] 참조). McKinsey사는 2023년이 전 세계가 생성형 인공지능을 발견한 해라면, 2024년은 기업이 진정으로 이 새로운 기술을 사용하고 비즈니스 가치를 창출하기 시작한 해로 정의하고 있다. [그림 5-4]에는 경영의 기능분야(예: 마케팅, 생산운영 등)에서

---

10) 클라우스 슈밥(송경진 옮김, 2016).

[그림 5-4] 최소 1개 이상의 기능분야에 AI를 도입한 회사의 비율(%)

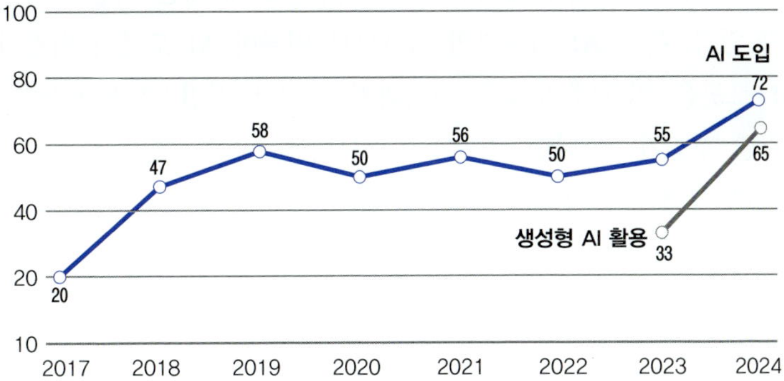

자료: McKinsey(2024).

최소 1개 기능분야 이상에서 AI를 도입한 기업의 비율이 지난 6년간 50% 내외였다가 2024년에 급격히 상승하였음을 보여준다. 2023년 생성형 인공지능 챗GPT 출시에 따른 효과이다. 응답자 대부분이 생성형 인공지능이 앞으로 몇 년 동안 업계에 중대한 또는 파괴적인 변화를 가져올 것이라고 예측했다.

이제 AI를 통해서 기업경영과 업무수행에 도움을 받는 것은 대세가 되었다. 기업들은 산업의 특성과 과업구조에 맞게 AI 기술을 활용할 방법을 찾아야 한다. 2024년 McKinsey 조사에 따르면 기업경영에 AI의 통합으로 인해 기업의 비용이 절감되고 수익이 의미있게 증가한 것으로 나타났다.[11] 전체적으로 응답자의 42%는 비용이 감소했다고 답했고, 59%는 수익이 증가했다고 응답했다. AI를 통해 작업자는 작업을 더 빠르게 완료하고 더 나은 품질의 작업을 수행할 수 있는 것으로 나타났다. 그리고 생성형 인공지능을 넘어 더욱 강력한 인공일반지능(AGI: Artificial General Intelligence) 시대가 다가오고 있다.[12]

로봇기술의 영향

산업용 로봇은 1970년대부터 개발되기 시작하였는데 초기에는 공장 내에서 반복적인 생산공정의 작업을 수행하거나 특정 지점으로 무거운 물건을 반복적으로 옮겨주는 작업 등 정형화된 환경에서 인간의 노동을 대체하였으나, 최근에는 다양

11) McKinsey(2024).

12) 박영숙 · 제롬 글렌(2023).

한 기술과의 접목으로 유연한 작업방식이 필요한 영역까지 확대되고 있다.

로봇에 의한 '노동의 대체'에서부터 '인류의 안전에 대한 위협'까지 다양한 비판적 논의가 있다. 특히 AI 기술과의 접목으로 이른바 AI 로봇이 비판의 주요 대상이다. AI 로봇은 인간의 노동을 어디까지 대체할 것인가? 노동자의 일자리가 급격히 감소할 것인가? 아니면 로봇이 인류사회에 기여를 통해 새로운 세상을 열게 될 것인가? 여러 질문이 남는다.

로봇산업에 대해 생각해보기

현대차가 2021년에 인수한 세계 최고의 로봇기술회사인 보스톤다이나믹스의 산업용 로봇 SPOT 사진이다(자료: 보스톤다이나믹스사 홈페이지). 배송로봇으로서 데이터 축적 및 학습 기능을 가졌고 자유스러운 통제가 가능하다는 설명이 눈에 띈다.

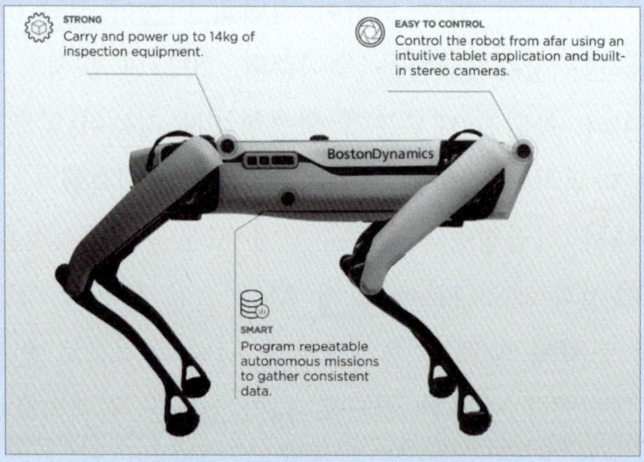

로봇기술과 AI 기술의 결합은 언제 가능할까? 우리는 다가올 시대에 충분히 준비되어 있는가?

한걸음 더

- AI 기술은 어디까지 발전할까? AI로 인하여 우리의 삶에는 어떤 변화가 생길까?
- 인류의 위협이 된다면 어떻게 규제를 하여야 할까? AI Governance를 논해보자.
- 로봇산업의 미래는 어떻게 될까? 인류의 위협이 된다면 어떻게 규제를 하여야 할까?
- AI와 로봇으로 인하여 기존의 산업들에는 어떤 변화가 생길까?

3. 일반환경의 변화

3.1 경영환경의 차원과 구성

기업의 경영환경은 거시 일반환경과 과업환경, 그리고 내부환경으로 나눠볼 수 있다. 거시 일반환경(general environment)은 기업 경영에 영향을 미치는 보편적 힘이자 압력요인으로서 경제적, 기술적, 정치적, 사회문화적 및 자원·생태적 환경 영역으로 구성된다. 과업환경(task environment)은 기업을 둘러싸고 있는 인접환경으로서 이해관계자로 구성된다. 비즈니스 의사결정과 과업구조에 직접 영향을 미치는 요인이다. 일반환경의 보편적인 힘이 해당 기업의 특정한 이해관계자 구성에 따른 과업환경에 영향을 미치고 그로 인한 변화가 다시 기업의 의사결정과 환경 적응 행동에 영향을 미치게 된다.

거시 일반환경은 끊임없이 변화한다. 환경변화에 따른 새로운 위험요인과 기회요인을 읽어내고 효과적으로 대응할 필요가 있다. 변화의 흐름을 감지하고 그 속에서 어떤 새로운 위험이 우리 회사에 다가오고 있는지, 어떠한 위협이 언제쯤 예견되는지 이런 것들에 대해 이해할 수 있어야 한다. 환경변화는 위협뿐만 아니라 기회도 준다. 그 기회가 어떤 내용인지, 그리고 그 기회는 자사에만 유리한 것인지 모든 기업들에게 주어지는 기회인지 등을 살펴보면서 위협과 기회에 대한 체계적인 분석이 필요하다. 이를 앞에서 환경스캐닝(environmental scanning)이라고 하였다. 환경스캐닝은 환경변화와 위협 및 기회 요인을 지속적으로 감지(intelligence)하고 추적(tracking)하는 것이다. 일반환경을 과업환경과 구분하여 분석하는

[그림 5-5] 일반환경과 과업환경의 영향

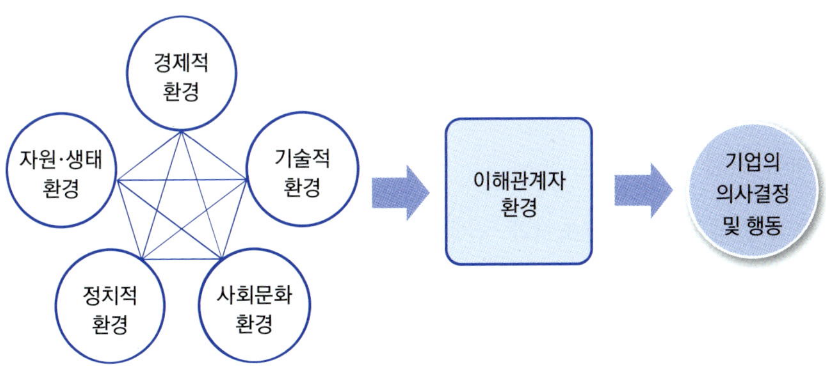

이유는 기업의 인접환경인 이해관계자를 중심으로만 외부환경을 인지하게 되면 환경변화의 큰 흐름을 놓치게 되기 때문이다. 우리 회사만이 아닌 모든 기업에 영향을 미치는 광범위한 환경을 탐색하고 변화추세를 파악하고 대응을 준비하는 것이 중요하다.

위 그림에서 보듯이 일반환경 요인들은 서로 영향을 주고받으면서 변화한다. 예를 들어, 4차 산업혁명이라고 하는 기술혁명은 새로운 산업을 창조하고 산업 내 경쟁방식을 변화시킨다. 기업은 이러한 변화들을 잘 포착하고 장기적 대응방안을 준비해야 한다.

과업환경은 이해관계를 나누는 행위자들과의 상호작용에 관한 것이기에 해당 기업의 의사결정과 과업수행에 직접 영향을 미치는 요인이다. 이해관계자와의 다양하고 풍부한 상호작용은 앞서 제4장의 이해관계자경영에서 설명한 바 있다. 일반환경의 변화에 따라 과업환경의 특성도 변화하며 기업과의 상호작용도 변하게 된다. 이러한 영향의 흐름을 잘 포착해야 한다.

3.2 일반환경 요인의 변화

일반환경의 요인을 영역별로 정리해보기로 한다. 기업 경영의 거시환경 분석으로 PESTLE(political, economic, socio-cultural, technological, legal & environmental factors) 분석 또는 PEST 분석을 언급한다. 이때는 개별 기업 입장에서 특히 중요한 경영환경요인을 정리하는 분석이다. 다음 장에서 공부할 경영전략 수립을 위한 환경분석으로 이용된다. 최근 기후위기 등 자원-생태적 환경의 중요성이 매우 커졌기 때문에 PEST & Ecological 환경에 대한 PESTE 분석이 가장 적합하다. 법적 환경은 정치적 환경과 그 외 환경요인에 편입될 수 있다. 본 절에서는 개별 기업이 아닌 공통 영향요인으로서 경제적, 기술적, 정치적, 자원·생태적, 사회문화적 환경 순으로 주요 구성요인들을 정리해보기로 한다.

경제적 환경 요인

경제적 환경은 국민경제조건과 국제경제조건으로 나눠볼 수 있다. 국민경제조건으로서 경제성장률, 경제인프라, 산업구조 변화, 벤처생태계 및 정부정책산업이 있다. 우리나라의 경제성장률은 내수뿐 아니라 수출경제와 밀접히 관련되어 있다. 또한 장기적으로는 성장잠재력과 관련된다. 경제인프라는 우선 사회기간시설(SOC)을 비롯하여 연관산업구조 등 다양한 요소를 품고 있다. 근래에 한진해운이 파산한 이후 국가 해운물류 인프라가 훼손되어 우리 기업들이 수출물류에서 큰 어려움을 겪는 것이 한 예이다. 벤처생태계는 창업을 원활히 할 수 있는 환경적 조건이다. 우리나라는 현재 대기업 중심의 혁신이 큰 비중을 차지하는 상황이다. 국가경제가 역동성을 갖기 위해서는 기술창업을 비롯하여 혁신가들이 창업을 원활히 할 수 있어야 한다.

국제경제조건에서는 글로벌 경기변동, 자유무역과 경제블록화, 환율 및 교역조건, 글로벌 자본시장, 글로벌 공급망, 그리고 미중무역분쟁을 들 수 있다. 우리나라는 글로벌 경기에 대한 민감성이 가장 높은 나라이다. 코로나 팬데믹 이후에 글로벌 경기의 급속한 회복을 주장하기도 하지만 경기예측이 쉽지 않다. 글로벌 시장의 통합으로 세계 경기의 변동성이 우리에게 직접 영향을 미치고 있다. 이러한 변동성에 대한 위험관리와 기회포착이 중요하다.

자유무역협정(FTA)과 지역경제블록화는 기업에게 큰 영향을 끼친다. 한미 FTA, 한-EU FTA 등 관세장벽이 없는 시장은 수출기업에게 큰 기회이다. 블록화된 지역경제권도 기회를 높여준다. 유로존의 시장 통합과 아세안 시장의 형성은 시장규모의 확대를 의미한다. 환율 및 교역조건은 거시경제상 수출입기업의 수익성에 직접 영향을 미치는 요소이다. 환율 변동성은 수출입기업에게 불확실성이다. 환율 헤징을 잘못해서 고통받는 기업들이 많다. 글로벌 자본시장은 기업의 자본조달에 큰 변화를 주고 있다. 김대중 정부의 국내 자본시장의 개방으로 해외 투자자들이 국내 기업에 직접투자비율이 크게 높아졌다. 글로벌 공급망은 1990년대부터 급격하게 확장되었다. 이로써 거대기업들은 대부분 기업 간 글로벌 협력체제로 주요 부품과 원자재를 공급받고 최적의 생산 및 판매 활동을 할 수 있었다. 그런데 지

〈표 5-4〉 경제적 환경 요인

국민경제조건	국제경제조건
• 경제성장률(내수와 성장잠재력) • 경제인프라 • 산업구조 변화 • 벤처생태계 • 정부정책 중점 산업	• 글로벌 경기변동 • 자유무역과 지역경제블록화 • 환율 및 교역조건 • 글로벌 자본시장 • 글로벌 공급망 • 미중무역분쟁

금 미국 등 여러 국가에서 자국의 제조업 경쟁력 강화를 위해 투자 확대와 리쇼어링(re-shoring)을 유인하는 정책을 추진하고 있어서 위협이 되고 있다. 리쇼어링은 해외 진출기업이 자국으로 회귀하는 것인데, 대표적으로 해외공장을 본국으로 이전하는 것이다. 리쇼어링의 주요 원인은 코로나 팬데믹으로 글로벌 공급망이 잘 작동되지 않는 이유도 있지만, 미중 간 무역분쟁을 계기로 자국산업 보호주의가 형성되는 흐름으로 인한 것이다.

마지막으로 큰 이슈는 미국과 중국 간의 무역 및 투자에서의 갈등으로 인한 글로벌 시장의 교란이다. 미국의 트럼프 정부에서 본격화된 미중무역분쟁은 우리나라 기업에게는 큰 위험요소이다. 바이든 정부도 정책을 이어받아 미중분쟁은 계속 진행되고 있다. 중국과 미국은 우리 기업의 양대 시장인데, 양자 간 선택을 강요받을 상황이 앞에 놓여 있어 큰 위협이 되고 있다. 당장 중국에 반도체 공장이 있는 삼성전자와 SK하이닉스도 불확실성에 직면하고 있다. 우리의 수출주도형 개방경제에서 글로벌 공급망과 자유무역체제가 흔들리면 큰 위협에 봉착하게 될 것이다.

한걸음 더

- 우리나라 정부도 리쇼어링 정책을 추진하고 있다. 주로 중국과 동남아시아에 진출해 있는 해외공장을 국내로 이전하는 것이다. 우리나라 기업의 입장에서 리쇼어링의 장점과 단점은 무엇일까 생각해보자.

기술적 환경 요인

기술적 환경은 경제적 환경과 밀접하게 관련되어 있다. 먼저 기술 자체의 진화 논리가 있으니 살펴보자. 우선 기술패권주의의 시대이다. 그러나 다변화되고 있다. 대부분의 기술은 이제 모방이 쉬워졌다. 전통적 기술이 보편기술처럼 정보와 지식이 광범위하게 유포된 측면도 있고, 기업의 흡수능력(absorptive capacity)이 높아진 점도 있다.[13] 기업들은 자기 기술을 지키기 위해서 보안을 강화하기도 하고, 인력의 유출을 막기도 한다. 특허권과 지적재산권은 불법적 기술이전을 막기 위한 장치이다. 합법적 방법으로는 기업들 간의 기술거래나 M&A 등이 있다. 과거에 비

13) 흡수능력(absorptive capacity)이란 새로운 정보와 기술의 가치를 인식하고 나의 것으로 동화시키는 기업의 조직화된 능력이다. 제15장 변화와 혁신의 경영에서 더 설명하였다.

〈표 5-5〉 기술적 환경 요인

기술패권주의 다변화	IT 발전과 IT산업의 급팽창
• 기술의 보편지식화 • 기술거래, M&A 등 기술이전 용이성	• 제2차 IT산업 시대의 도래 • ICT 인력의 노동시장
첨단기술산업의 팽창	**정보화의 진전**
• AI, NT, BT 등 관련 산업 발달 • 국가 R&D 정책 및 투자	• 기업의 디지털 변신 • 데이터 사이언스, 비즈니스 어낼리틱스

해 이러한 기술의 이전과 공유, 모방 등이 활발해진 시대이다. 다른 한편으로는 핵심적인 첨단기술과 혁신적인 비즈니스모델이 결합하여 강력한 경쟁력을 창출하는 시대이다. 새로운 형태의 기술패권주의가 시작되었다.

첨단기술에 해당되는 몇 가지 영역이 있다. 정보기술(IT)을 비롯하여 나노기술(NT), 바이오기술(BT) 등등의 미래에 직결되는 기술 영역이 있다. 이런 분야에서 관련 산업이 발달하게 된다. 특히 IT가 압도적이다. IT에 의한 산업구조의 변화는 이루 말할 수 없이 크다. IT산업의 급팽창은 국가경제의 미래에 직결된다. 우리나라도 IT산업의 선두주자는 역시 삼성전자이다. IT에 관한 기업들의 성장, 거기에 따른 통신분야의 제품 및 서비스 산업 등이 대표적이다. 그것에 의해서 인류의 삶에 효과를 봤고 그 시장이 엄청나게 커지고 있다. 또 정보기술은 경영의 정보화를 촉진하였고, 실시간으로 글로벌 생산운영을 가능케 해줬다.

기술발전은 정부에 의한 국가 R&D와 기업에 의한 민간 R&D에 의해서 이뤄진다. 국가 R&D는 기초기술 분야에 집중되어 산업화 전 단계의 기술 기반을 이룬다. 국가 R&D 정책을 주관하는 과학기술정보통신부는 구체적으로 12개 국가필수전략기술 분야를 선정하였다. 이는 반도체 · 디스플레이, 이차전지, 첨단 모빌리티, 차세대 원자력, 첨단 바이오, 우주항공 · 해양, 수소, 사이버보안, 인공지능, 차세대 통신, 첨단로봇제조, 양자 등이다. 아울러 이들 분야에서 정책투자 핵심 대상이 될 50개 중점기술과 세부 내용도 구체화했다(<표 5-6> 참조).

국가 중점 기술전략은 거의 모든 국가에서 추진되고 있다. 참고로 주요 국가의 기술육성전략을 보면 <표 5-7>과 같다. 중복되는 내용이 많으며 이들 기술은 대부분 4차 산업혁명에 관련된 것들이다. 새로운 시대가 다가오고 있음을 알 수 있다. 기업의 기술환경이 급격히 변화하고 있다.

기업은 기술환경의 변화를 적극적으로 받아들여야 한다. 신기술에 의한 신산

〈표 5-6〉 우리나라의 12대 국가전략기술과 50개 세부 중점기술 분야

분야	세부 중점기술
반도체 디스플레이	▸ 고집적·저항기반 메모리 ▸ 고성능·저전력 인공지능 반도체 ▸ 전력반도체 ▸ 반도체 첨단패키징 ▸ 차세대 고성능 센서 ▸ 프리폼 디스플레이 ▸ 무기발광 디스플레이 ▸ 반도체·디스플레이 소재·부품·장비
이차전지	▸ 리튬이온전지 및 핵심소재 ▸ 차세대 이차전지 소재·셀 ▸ 이차전지 모듈·시스템 ▸ 이차전지 재사용·재활용
첨단 모빌리티	▸ 자율주행시스템 ▸ 도심항공교통(UAM) ▸ 전기·수소차
차세대 원자력	▸ 소형모듈형원자로(SMR) ▸ 선진원자력시스템·폐기물관리
첨단 바이오	▸ 합성생물학 ▸ 유전자·세포 치료 ▸ 감염병 백신·치료 ▸ 디지털 헬스 데이터 분석·활용
우주항공 해양	▸ 대형 다단연소사이클 엔진 ▸ 우주관측·센싱 ▸ 달착륙·표면탐사 ▸ 첨단 항공가스터빈 엔진·부품 ▸ 해양자원탐사
수소	▸ 수전해 수소생산 ▸ 수소 저장·운송 ▸ 수소연료전지 및 발전
사이버 보안	▸ 데이터·AI 보안 ▸ 디지털 취약점 분석·대응 ▸ 네트워크·클라우드 보안 ▸ 산업·가상융합 보안
인공지능	▸ 효율적 학습 및 AI인프라 고도화 ▸ 첨단 AI모델링·의사결정(인지·판단·추론) ▸ 안전·신뢰 AI ▸ 산업활용·혁신 AI
차세대 통신	▸ 5G 고도화(5G-Adv) ▸ 6G ▸ 오픈랜(Open-RAN) ▸ 5G·6G 고효율 통신부품 ▸ 5G·6G 위성통신
첨단로봇 제조	▸ 로봇 정밀제어·구동 부품·SW ▸ 로봇 자율이동 ▸ 고난도 자율조작 ▸ 인간·로봇 상호작용 ▸ 가상제조
양자	▸ 양자컴퓨팅 ▸ 양자통신 ▸ 양자센싱

자료: 과학기술정통부 보도자료(2023.12.20).

업의 태동에 민감하게 대응해야 한다. 예를 들어, 어느 IT기업이 클라우드 컴퓨팅 서비스 사업을 할 수 있는 자원과 능력, 관련 업종의 사업 경험 등이 충분히 있다고 하더라도 신사업 기회를 포착하지 못할 수 있다. 아마존이 이 분야 사업을 개척하였을 때, 마이크로소프트는 늦지 않게 뛰어들어 후발자의 불리점을 크게 겪지 않고 큰 성공을 거둘 수 있었다. 그러나 IBM은 뒤늦게 따라가서 지금도 고전을 면치 못하고 있다. 스마트폰 시장을 연 애플에 대해 삼성전자가 빠른 모방과 추격으로 성공을 거둘 수 있었는데 비해, LG전자는 늦은 대응으로 실패하였다.[14)] 이

〈표 5-7〉 주요 국가의 기술육성전략

미국: 공급망 점검과 함께 10대 핵심기술 육성에 박차, 첨단기술 중심 기술동맹 강화

▸ (Endless Frontier Act) 10대 핵심기술 5년간 1,500억$ 집중투자, NSF내 기술혁신국 신설 등

구분	내용
10대 핵심기술 〈Endless Frontier Act〉	①인공지능/머신러닝/자율주행, ②고성능컴퓨터/반도체, ③양자정보과학, ④로봇/첨단제조, ⑤자연재해・인재방지, ⑥첨단통신/실감기술, ⑦생명공학/합성생물학, ⑧데이터관리/사이버보안, ⑨첨단에너지, ⑩첨단소재과학

중국: 14차 5개년 규획(規劃), 7대과학기술 + 8대산업 집중 연구개발투자 연 7% 이상 확대

구분	내용
7대 과학기술 8대 산업 〈14.5규획〉	[과학기술] ①인공지능, ②양자, ③집적회로, ④뇌과학, ⑤유전자・바이오, ⑥임상의학/헬스케어, ⑦우주・심해・극지탐사 [산업] ①신소재, ②대형운송수단, ③스마트제조/로봇, ④항공엔진, ⑤미래자동차, ⑥첨단의료기기/신약, ⑦북두위성항법시스템, ⑧농업기계장비

EU: 6대 전략기술 육성, 대미 공조

구분	내용
6대 전략기술	①원재료, ②배터리, ③의약품원료, ④수소, ⑤반도체, ⑥클라우드/엣지

일본: 대미 파트너십, 10대 핵심기술

구분	내용
10대 핵심기술	①인공지능, ②바이오, ③재료, ④양자, ⑤슈퍼컴퓨터, ⑥Beyond 5G, ⑦반도체, ⑧우주시스템, ⑨에너지・환경, ⑩건강의료

자료: 과학기술정통부 보도자료(2021.12.22).

〈표 5-8〉 기업의 대응전략

1. 신기술 관련 사업분야 개척, 제품개발 응용
   시장과 고객을 고려치 않은 Technology Push에 의한 제품개발은 위험
2. 신기술 관련 과업기술 채택
3. ICT 인력 등 전문인력 확보 및 개발
4. 기술혁신 조직문화 창출

처럼 기술과 시장과의 관련성을 스스로 개척하거나 경쟁자를 벤치마킹해서 빠르게 전략적 행보를 하는 것이 중요하다.

기술인력의 육성에 관련된 인력개발 정책도 굉장히 중요하다. ICT 인력은 정보통신기술(information and communication technology) 분야의 전문인력을 뜻하는데

14) 이 사례는 제6장 3절 사업부 경쟁전략에서 설명하였다.

〈표 5-10〉 자원 · 생태적 환경 요인

자원고갈의 위험	친환경경영 및 환경경제
• 에너지 자원의 고갈과 대체 • 자연자원의 유한성, 독점성 • 자원 인플레, 자원전쟁 가능	• 친환경 산업의 발전 • 산업구조의 변화 • 친환경 경영(그린마케팅, ESG경영)
환경위기 고조	**국제적 압력의 고조**
• 기후변화 위기의 분기점 • 환경오염과 외부비용 증가	• 국제무역 규제(그린라운드 논란) • 기후협약 등으로 탄소세 이슈

반을 주기도 하지만 환경피해로 인한 규제의 영역으로 대두되기도 한다. 자원환경과 생태적 환경은 중복되면서 고유의 이슈를 품고 있다.

먼저 자원환경을 보면 **자원고갈**과 **자원대체**의 두 가지 모습을 볼 수 있다. 이로써 전 세계 자원환경의 불안정성과 불확실성이 높아졌다. 석유, 석탄 등 화석연료를 비롯한 에너지 자원의 고갈과 동시에 신재생에너지 산업의 증가로 인한 자원대체 효과가 동시에 발생하고 있다. 화석연료 내에서는 석유를 대체하는 셰일가스와 셰일오일이 채굴기술의 발전으로 인해 중요한 대체재로 부각되었다. 연구에 따르면 셰일오일의 채굴비용이 낮아지고 사업 경제성이 높아져서 유가의 가격제한 효과가 80~100달러 수준에서 작용하고 있다고 한다. 앞으로 셰일오일의 채굴비용이 계속 낮아지면 유가의 상한선이 계속 낮아질 것이다.[15] 단지 셰일가스/오일 채굴 과정에서 환경오염이 발생한다는 논쟁이 있어서 다소의 변수가 되고 있다.

신재생에너지로 화석연료를 대체하는 것은 오늘날 지구적으로 중요한 과제이다. 신재생에너지는 화석연료가 발생시키는 환경오염과 지구온난화 문제를 해결하고자 하는 에너지 산업의 근본적인 패러다임 전환이다. 전기에너지 원천으로서 태양광, 조력 및 풍력발전 산업이 급부상하게 되었고, 운송/동력 연료로서는 수소연료, 전기동력 등의 대체수단이 부각되고 있다. 내연기관 자동차를 대신할 전기차와 수소차 개발이 자동차산업과 관련산업의 최고의 과제이다. 아래 기사에서 에너

---

15) 셰일가스와 셰일오일은 고체형태로 되어 있는데 광범위하게 북아메리카, 유럽일부지역, 중국의 북부 등 다양한 지역에 분포되어 있다. 과거에는 경제성이 없어서 셰일가스를 추출하지 않았는데, 이제는 기술발전에 따라서 셰일가스 추출이 가능해졌고 경제성이 천연가스 못지않은 정도로 좋아졌다. 2010년대 초반에 미국을 중심으로 엄청난 셰일가스/오일 붐이 일어났고 이는 유가 하락으로 이어졌다. 지속적인 유가 하락으로 셰일오일의 채산성이 떨어져 현재는 대부분 폐업 또는 중단 상태이다. 현재 전 세계 인플레이션 가능성으로 유가가 상승하였으나 코로나 팬데믹으로 셰일가스/오일의 생산이 재개되지 못하고 있다.

지자원의 전환과 친환경 사업의 동향을 잘 이해할 수 있다.

생태환경 보존에서 현재 가장 시급한 것은 기후위기 문제의 해결이다. 광범위한 탄소배출이 주요 원인이다. 우리 모두가 탄소 배출의 원인 제공자이지만, 특히 기업이 주요 원인 제공자이다. 국제적으로 탈탄소화가 계속 강화되고 있다. 주요국 정부는 파리협정에 따라 2050 장기저탄소 발전전략(LEDS)을 유엔에 제출하고 장기적 목표 달성을 위한 구체적 실행전략을 수립 중에 있다. 글로벌 기업들도 주요 전략 의제로 다루고 있다.

경영사례

저무는 석유 · 석탄 시대… 산업계 포트폴리오 대전환

오염주범 주홍글씨 벗는 산업계, 친환경 소재 넘어 암모니아까지 '탈탄소' 속도

전 세계의 탄소중립 시계가 빨라지면서 국내 산업계도 저탄소 경영 전환을 서두르고 있다. 제품 생산 출발점인 소재뿐 아니라 에너지원 · 설비 · 완제품까지 친환경 기술을 적용하겠다는 구상이다. 화석연료를 기반으로 한 기업은 전통 석유화학 부문의 매출 비중을 대폭 줄이거나 기술 확보를 위해 공격적인 M&A(인수 · 합병)와 JV(합작법인) 설립도 불사하겠다는 의지다. (중략)

국내 화학업계 1위인 LG화학은 앞으로 5년 동안 친환경 소재 개발에 3조원을 쏟아 지난 71년 동안 지켜온 '전통 화학기업 강자'로서의 체질을 근본적으로 바꾸겠다고 공표했다. 지속가능성이 없는 사업으로는 생존을 담보할 수 없다는 판단에서다. (중략)

친환경 원료를 안정적으로 수급하기 위해 국내 · 외 원료업체와의 JV도 추진하고 있다. SK 계열사의 친환경 사업 청사진은 소재와 재활용에 걸쳐 있다. SK이노베이션은 2030년까지 석유화학사업 부문에서 탄소 배출을 절반으로 줄일 계획이다. 석유화학 사업 자회사인 SK종합화학은 폐플라스틱에서 석유화학 제품의 원료인 납사를 추출할 구상이다. 이 과정에서 필수인 열분해 기술도 미국 '브라이트마크'와 협력해 확보해 뒀다. (중략)

기업들은 수소 사업도 활발하게 추진하고 있다. 수소는 산소와 반응시켜 에너지를 만들면서 물을 부산물로 만들어 친환경을 위한 필수 에너지원으로 꼽힌다. 골드만삭스는 2025년 세계 수소 시장이 12조달러(약 1경 3,600조원) 규모로 확대될 것으로 관측했다. 사업 특성상 탄소 배출이 많은 정유 · 석유화학 · 철강업계는 수소 사업으로 ESG(환경 · 사회 · 지배구조) 경영 보폭을 넓힐 수 있다. 롯데케미칼 친환경 사업의 핵심은 청정 수소 생산이다. 롯데케미칼은 여수 · 대산 · 울산 사업장에서 각각 5만 5,000톤 · 1만 1,000톤 · 2,000톤의 부생수소를 배출하는데 이를 활용해 2025년까지 블루수소 16만톤을 생산할 계획이다. 생산과정에서 탄소가 배출되지 않는 그린수소도 44만톤 생산한다. (하략)

[자료: 머니S리포트(2021.7.24)]

경영사례

美 기후 공시 의무화 강행… 국내 기업, 2025년부터 영향권

미국 증권거래위원회(SEC) 기후공시규칙은 미국 내 모든 상장사에 기후 리스크와 관련한 재무적 영향 및 온실가스배출량 등 기후변화 관련 정보 공시를 의무화하는 것을 골자로 한다. 규칙은 2021년 기후변화 대응 정책의 일환으로 논의되기 시작했다. 2022년 초안이 발표되고 2024년 3월 최종안이 채택됐다.

최종안은 미국 증권시장 내 모든 상장사에 적용되며, 대상 기업은 재무제표 주석, 정기보고서 및 증권신고서에 기후 관련 정보를 공시해야 한다. 적용 시기는 기업 규모, 공시 항목별로 다르다.

주요 공시 항목은 재무제표 주석에 기재하는 사항의 경우 재무 영향 및 지출 효과, 재무적 추론 및 기회 식별 등이며 정기보고서 및 증권신고서에 기재하는 사항으로는 기후변화 대응(개요 및 목적, 공개 규정, 위험 및 기회, 전략 및 사업모델, 거버넌스, 위험관리, 목표 및 공개 등), 온실가스 직간접 배출량 등이다.

미국에 주식을 상장한 국내 기업 10개사 중(포스코홀딩스, 한국전력공사, SK텔레콤, KT, KB금융지주, 신한금융지주, 우리금융지주, LG디스플레이, 그라비티, 쿠팡) 유동 시가총액 7억달러(약 9,650억원) 이상인 곳은 한국전력, LG디스플레이, 쿠팡 3개사다. 이들 3개사는 2026년부터 전년도 정보를 공시해야 하며, 이를 위해서는 올해 관련 정보를 준비해 2025년 정보를 수집하고 2026년에 이를 공시해야 한다. 그 외 기업은 2027년부터 2026년 정보를 공시해야 하므로 선제적으로 준비할 필요가 있다. (하략)

[자료: 한국경제(2024.5.5)]

우리나라는 높은 제조업 비중의 산업구조로 인하여 더 큰 비용이 발생하고 있다. 기업 및 산업계의 높은 부담 등으로 탈탄소화 추진이 쉽지 않은 상황이다. 우리나라는 2020년 기준으로 이산화탄소 배출량 세계 8위이고 석탄발전 비중이 36%이다. 위 기사에서처럼 여러 기업들이 수소 등 대체에너지 사업에 뛰어들고 있으나 기술적 제약이 큰 상황이다. 오염물질 배출을 거의 하지 않는 그린수소(수전해 수소)가 필요하나, 관련 설비비용이 높아 그레이수소와 블루수소에 비해 비용과 기술력 측면에서 열위에 있다. 앞서 국가기술전략에 포함된 기술 분야에서 정부와 기업 간 협력체제가 필요한 이유다. 기후위기는 기업이 만드는 외부불경제의 대표적인 영역이다. 저탄소경제의 탄소중립, 탄소배출권 등은 이제 기업윤리나 CSR 이슈를 넘어서 기업의 생존을 위해 풀어야 하는 경영과제가 되었다.

한걸음 더

- 기후위기는 지구보전의 최대 이슈이다. 탄소세와 탄소국경세에 대해 공부해보자.
- 우리나라 기업에게는 얼마나 큰 충격이 될까? 예를 들어, POSCO는 장래에 얼마나 큰 비용을 지불해야 할까?

사회문화적 환경 요인

사회적 및 문화적 환경 요인으로는 우선 고령화로 인한 인구구조 변화를 들 수 있다. 이에 대해서는 앞의 메가트렌드에서 설명하였다.

그다음으로는 사회가치 변화를 들 수 있다. 전통적, 유교적 가치가 퇴조하고 세대간 가치 차이가 커졌다. 세대 구분을 간단히 설명해보면, 베이비붐세대, X세대, Y세대(M세대), Z세대가 있다. 지금의 젊은 세대를 구성하는 M세대와 Z세대를 합하여 MZ세대라고 부르기도 한다.

MZ세대와 윗세대 간의 차이는 기업 내부에서 상하간의 의사소통과 업무수행에 많은 변화를 불러일으키고 있다. 인사관행에 있어서도 그렇다. 성과급 보상에 대한 개념 차이가 그 예이다.

세대 구분

베이비붐(Baby Boomers) 세대는 한국전쟁 직후 1950년대 초부터 1960년대 중반까지 출생한 세대이다. 전후 복구와 더불어 성인이 된 후에 산업화를 이루어낸 세대이다. 산업화 세대라고도 한다. 유교적 집단주의의 전통 하에 국가를 개인보다 우선시하고 한국 경제 성장에 주역으로 활동한 세대이다. 가난에서 풍요로 전환되는 세대이다. 우리나라뿐 아니라 전 세계적으로 2차대전 이후 세계경제 부흥의 기간을 베이비붐 세대가 이끌었다. 미국과 유럽은 베이비붐 세대를 1945~1964년 정도로 볼 수 있다.

X세대는 개인화된 세대이다. 우리나라와 미국 모두에서 1965~1980년 태생이다. 우리나라에서는 경제도약기와 부흥기에 어린 시절을 보낸 세대이다. 미국과 서구사회에서는 물질적 풍요 속에 성장한 세대로서 기존 세대와 갈등을 많이 겪은 세대이기도 하다. 기성세대가 이해하기 어려운 세대라는 뜻에서 미지수 X를 붙여준 세대이다. 처음으로 기성세대와 차별화를 추구한 세대로도 표현된다. 우리나라에서도 개인화된 라이프스타일을 가진 세대로 볼 수 있다. 혼자 즐기면서, 혼자 커피 마시면서, 좋은 음악을 듣거나 좋은 차를 타거나 하면서 매우 개인화된 방식으로 개인적 삶을 중시하는 세대로 알려져 있다. 청담동 세대라고도 한다.

Y세대는 M(밀레니얼)세대라고도 하는데 1981~1996년 태생이 해당된다. 매우 활동적이고 참여지향적인 세대로 알려져 있다. P(participation)세대라고도 하는데 모바일 기기를 통한 집합적 행동을 민첩하게 해내는 특성을 보인다. 홍대입구와 강남역 세대로 일컫기도 한다.

Z세대는 20세기 마지막 시기와 21세기에 태어난 세대로 1997년 이후 출생한 세대이다. 이 세대에 대해서는 아직도 많은 연구가 진행 중이다. 온라인과 모바일이 일상화된 세대이기 때문에 사회적 삶 자체가 기존 세대와 많이 다른 신세대이다. 가상세계(virtual world)에 익숙하고, 소셜 미디어에서 교류하고 소비도 한다. 디지털 DNA를 갖고 있다.

경영사례

MZ세대 "성과급 불공정"… 놀란 기업 "지급기준 손질"

"같은 회사인데 성과급 차이 너무 커"… "깜깜이 산정 방식, 투명한 공개를"

젊은 직원들 SNS 통해 불만 표출

LG전자, 새 성과급 기준 공개… SK이노 "주가 상승률 반영해 지급"

삼성전자 사장단, 직원 간담회 확대… 현대차, 경영-임금 실적 자료 배포

(기사 내용 생략)

[자료: 동아일보(2021.10.8)]

기본급의 1000% 더… 역대급 성과급에도 아우성

대기업 보너스 잔치, MZ세대 시끌

지난해 역대급 실적을 낸 삼성·LG·SK 등 주요 기업들이 사상 최대 수준의 성과급을 지급하고 있다. 해마다 1~2월, 전년 실적을 결산해 경영 성과급을 지급하는 일명 'IB(인센티브 보너스) 시즌'이 도래한 것이다.

삼성전자·SK하이닉스 등 주요 기업들이 연봉의 50%나 기본급의 1000%에 달하는 보너스를 지급하며 성과급 잔치를 벌이고 있다. 하지만 역대급 보너스 잔치에도 젊은 세대들 사이에서는 "경쟁사보다 부족하다" "회사가 낸 이익 대비 적다"는 불만이 나오고 있다. 상대적으로 적은 성과급을 받은 계열사나 사업부 직원들은 강력한 임단협 투쟁까지 예고하고 있다. 한 대기업 고위 임원은 "MZ세대들이 보상에 워낙 민감한 데다 SNS를 통해서 수시로 정보를 교환하고 있어 난감한 경우가 많다"고 말했다. (하략)

[자료: 조선경제(2022.2.11)]

〈표 5-11〉 사회문화적 환경 요인

고령화와 인구구조의 변화	여성의 사회참여 증대
• 세대간 인구집단 구성의 변화 • 노동 공급구조의 변화	• 젠더갈등 확산 • 노동시장 변화, 여성인력차별 이슈 • 남성중심 기업문화 극복과 소프트화
사회가치의 변화	**고학력화, 지식근로자 증대**
• 세대 변화와 가치 변화(MZ세대의 부상) • 유교적 전통가치의 퇴조 • 소비패턴, 라이프스타일, 근로의식 변화	• 노동시장 공급구조 변화(미스매치 이슈) • 관리자 리더십의 변화 필요

그다음으로 여성의 사회참여 증대로 인한 사회적 여건의 변화이다. 여성의 경제활동 참가율이 꾸준히 증가하고 있다. 이러한 상황에서 일차적 초점은 차별(discrimination) 금지에 놓여 있다. 아직도 여성에 대한 채용 및 임금, 승진 등의 처우에서 차별이 높은 실정이다. 여성인력의 증가는 노동력 변화에서 아주 중요한 현상이다. 특히 전문적 영역에서 여성인력이 엄청나게 증가하고 있다. 이제는 남성들만의 직무영역이라고 했던 영역까지 여성들이 들어오고 있다. 거꾸로 여성들만의 전유물이었던 직종에도 남자가 들어가고 있다. 남성간호사가 대표적인 예이다. 그러다 보면 거의 모든 작업장에 성별 측면에서 다양성이 커져가고 있다.

이런 상황이 기업에는 어떠한 영향을 미치게 되는가? 당장 승진, 경력개발 등에서 여성인력에 대해서 장애요인을 제거해주어야 한다. 또한 남성인력들의 의식구조에 대한 변화와 조직문화적인 측면에서 새로운 모습의 정립 등이 요구된다. 이는 기업의 변신을 필요로 한다. 남성중심 기업문화를 극복해야 한다. 그리고 작업장에서 새로운 문화를 창출하는 데 근로자 개인들도 민감성을 가지고 참여해야 한다. 특히 관리자들은 성차별에 관한 집중적인 교육과 훈련을 받아야 한다. 의사소통에서도 지나치게 상명하복식의 소통방식을 버릴 필요가 있다. 상대를 존중하고 일방적이기보다는 쌍방적인 의사소통이 이뤄져야 한다.

지식정보사회의 도래에 따라 노동력에서 중요한 변화로서 지식근로자(knowledge workers)가 중심이 되고 있다. 많은 직무에서 전문직화 추세가 이루어지고 있다. 노동시장에서 전문지식과 능력을 보유한 노동자의 공급이 증가하고 있는데 사회발전과 교육수준의 증가로 인한 것이다. 이로써 관리자의 역할에 변화가 일어난다. 지식근로자들이 전문가(professional)로서 스스로 계획하고 실행하고 또 평가도 할 수 있도록 권한 위양을 해주는 새로운 관리방식이 요구된다. 이는 MZ세대에 대한 관리방식과도 맥을 같이하는 것이다.

사회적 환경 요인이 기업에 미치는 영향이 확대되는 데는 사회적 행동주의(social activism)의 영향이 크다. 각종 비영리조직(NGO)과 시민단체들이 종업원과 소비자의 권리보호, 환경과 관련된 기업 감시 등에 관한 활동이 사회적 압력으로 작용할 수 있다. 새로운 세대, MZ세대들의 적극적 '목소리 내기(voice-making)'도 사회적 환경의 증가하는 영향력 요인의 하나이다.

한걸음 더

- 세대간 소비패턴의 차이를 알아보자. M세대와 Z세대의 소비에 어떤 차이가 있을까?
- 취업 현장에서 남녀간 차별 논쟁이 뜨겁다. 어떻게 생각하는가?
- 기업조직에서 세대간, 남녀간 차이로 인해 발생할 수 있는 갈등들의 내용을 생각해 보자.

부록

글로벌 빅테크 기업의 시대

거대기업의 탄생은 자본주의를 상징한다. 기업의 사회적 영향력이 그만큼 크고 사회변화를 주도하는 점이 있기 때문이다. 무엇보다도 가장 큰 현상은 이른바 글로벌 빅테크 기업의 시대이다. 기업가치 순으로 1위부터 11위까지 빅테크 기업이 9개를 차지하고 있다. Apple, MS, NVIDIA, Google, Amazon, Meta(Facebook), TSMC, Broadcom, Tesla 등이다. 이들은 산업의 틀을 바꾸고 있을 뿐만 아니라 우리의 삶 자체를 변화시키고 있다. 4차 산업혁명을 주도하고 있고 인류의 미래사회를 그려나가고 있다. 전통적으로 거대기업이 많았던 석유자원, 자동차, 금융, 제약 등의 분야에서는 사우디의 국영 석유회사 아람코가 6위, 미국의 투자회사 Berkshire Hathaway가 9위, 미국 제약회사 Eli Lilly가 12위를 차지하고 있다. Eli Lilly가 신약 전쟁의 승자가 되고 있다는 점에서 기술기업으로 볼 수 있다. 그리고 매그니피슨트7 기업에 포함되었던 전기차 회사 테슬라가 11위로 위상이 다소 낮아졌지만, 여전히 높은 순위에 있다. 테슬라는 전통적인 자동차회사가 아니라 신개념의 빅테크 기업이다. 이처럼 기술기업에 의해 주도되는 시대 전환이 진행되고 있다.

20위까지의 글로벌 거대기업을 산업별로 구분하여 보면, IT와 인터넷 분야의 테크 기업이 대부분 상위권으로 10개 기업이다. 그 외에 금융 3개 기업, 소비재 3개 기업, 전통소매 2개 기업, 자원 및 헬스케어 각 1개 기업이 있다. 신기술이 비즈니스 판도를 바꾸고 있다는 것을 알 수 있다. 자연스레 기존의 금융산업도 핀테크(Fintech)로 전환이 예상되고, 전통소매기업들도 온라인 소매를 병행하는 등의 비즈니스 모델의 변화가 예상된다. 주식가치가 미래세계를 예측해주는 주요 지표가 된다는 점에서 다가올 세상의 변화를 체감할 수 있다. 업종을 막론하고 기업들이 신기술을 어떻게 받아들이고 어떤 비즈니스 모델을 새로 창출할 것인지가 그 기업의 미래 운명을 좌우할 것이다.

<표 5A-1>에 제시된 기업들의 특징을 더 들여다보자. 우선 조직의 나이(업력) 측면을 보면, 브로드컴, 삼성전자, 월마트 등이 50년을 넘었다. 삼성전자가 짧은 역사에서 세계 초일류기업이 된 놀라운 역사를 가졌다. 그런데 세계 최고 가치의 상위 기업들이 대부분 1970년대 이후에 탄생되었는데, 상당수가 1990년대 및 2000년

〈표 5A-1〉 글로벌 빅테크 기업의 제원(2023~2024년 기준)

기업명	국가	창립년도 (조직나이)	산업분류	시가총액 10억불(순위)	매출액 10억불(순위)	종업원 수 (전 세계)	CEO (job title)	창업자 여부
애플	미국	1976(48)	소비재 전자	3,405.4 (1)	394.3 (8)	164,000	CEO & Director	×
MS	미국	1975(49)	소프트웨어 인프라	3,109.3 (2)	198.2 (30)	221,000	Chairman & CEO	×
엔비디아	미국	1993(31)	반도체	2,878.5 (3)	26.9 (n/a)	29,600	Co-Founder, CEO & Pres.	○
알파벳 (구글)	미국	1998(26)	인터넷 콘텐츠 및 정보	2,116.3 (4)	282.8 (17)	190,234	CEO & Director	○
아마존	미국	1994(30)	인터넷 소매	1,945.8 (5)	513.9 (4)	1,541,000	Pres, CEO & Director	×
메타 (페이스북)	미국	2004(20)	인터넷 콘텐츠 및 정보	1,211.0 (7)	116.6 (81)	86,482	Founder, Chairman & CEO	○
TSMC	대만	1987(37)	반도체	859.8 (9)	76.0(168)	73,090	Vice Chairman & CEO	×
브로드컴	미국	1961(63)	반도체	782.5 (10)	33.2(462)	20,000	Pres, CEO & Director	×
테슬라	미국	2003(21)	자동차	772.7 (11)	81.4(152)	127,855	CEO & Director	○
텐센트	중국	1998(26)	인터넷 콘텐츠 및 정보	433.0 (20)	82.4(147)	108,436	Co-Founder, Chairman & CEO	○
삼성전자	한국	1969(55)	전자, 반도체	403.1(20+)	234.1 (25)	270,372	Chairman, & CEO	×
월마트	미국	1962(62)	소매할인점	552.1 (14)	611.2 (1)	2,100,000	Pres, CEO & Director	×

주: 시가총액은 2024년 7월 31일 기준; 매출액은 회계연도가 기업별로 다르기 때문에 2022~2023년에 걸친 정규 회계연도 기준; 종업원 수 2023년 기준임. 시가총액 10대 기업 중 6위 Saudi Aramco(1793.0B), 8위 투자회사 Berkshire Hathaway(945.2B), 12위 제약회사 Eli Lilly(724.2B)는 생략하였음.

자료: Fortune 2023 Global 500, Yahoo Finance(finance.yahoo.com).

대에 창업되었다. 20대, 30대의 젊은 기업이라는 점이 놀라움을 불러일으킨다.

그렇다면 이들은 장수기업이 될 수 있을까? 지속가능한 기업일까? 세상을 지배하는 정도의 압도적인 기업이 될까? 이미 그 영향력이 거대하고 세상의 변화를 주도해 왔지만, 앞으로 더욱 지배적인 변화를 이끄는 주도자로 남을 수 있을까? 이들 기업의 미래를 시나리오로 그려보는 것도 좋은 경영수업이 될 것이다.

그다음으로 매출액을 보기로 한다. 매출액 순위는 2022~2023년 기준으로 글로벌 최대기업으로는 월마트 1위, 사우디 아람코 2위, 중국전력공사 3위, 아마존 4위 순이다. 위 표의 기업 중에서 월마트와 아마존을 제외하면 모두 매출액이 상대적으로 크지 않음을 알 수 있다. 기업이 이익 창출을 통해 주주 등의 이해관계자에게 가치를 주는 방식이 달라지고 있음을 보여준다. 고용 측면에서도 세계 1, 2위를 차지하고 있는 월마트와 아마존을 제외하면 마찬가지이다.

〈표 5A-2〉 세계 주요 기업의 주가 비교 (단위: 달러, 원, TWD)

기업명	2015	2017	2019	2021	2023	2024	9년간 주가 배수
애플	26.32	42.31	73.41	177.57	192.28	222.08	8.44
MS	55.48	85.54	157.7	336.32	374.67	418.35	7.54
엔비디아	0.83	4.84	5.88	29.41	49.52	117.02	141.00
구글	37.94	52.32	66.85	144.68	140.77	171.54	4.52
아마존	33.79	58.47	92.39	166.72	151.94	186.98	5.53
메타	104.66	176.46	205.25	336.35	389.34	474.83	4.54
TSMC	143	227.5	338	615	593	934	6.53
브로드컴	14.52	25.69	31.65	66.54	111.63	160.7	11.07
테슬라	16.00	20.76	27.88	352.26	248.48	232.07	14.50
텐센트	19.62	51.92	48.01	58.30	37.79	46.11	2.35
삼성전자	25,200	50,960	55,800	78,300	78,500	83,900	3.33
월마트	20.43	32.91	39.61	48.23	52.55	68.64	3.36

주: 주식분할 등 다양한 변화가 있었음. 모두 현재 주식으로 환산한 가격임. 주가는 해당 연도 12월 말 기준이고, 2024년 주가는 7월 31일 기준임. 삼성전자는 원화 기준, TSMC는 타이완달러(TWD) 기준임.
자료: Yahoo Finance(finance.yahoo.com), KRX KOSPI data.

마지막으로 최고경영진을 보면 창업자가 CEO인 경우가 5개 기업이다. 아마존의 창업자 제프 베조스가 근래에 물러났지만 영향력이 남아 있고, TSMC에서도 창업자의 영향력이 아직도 크다. 빅테크 기업들이 아직은 창업자의 카리스마 아래에 놓여 있다는 것을 알 수 있다. 젊은 기업이기도 하거니와 탁월한 창업자의 역할 아래에서 성장하였기 때문이다. 이를 보면 이들 기업이 창업자의 리더십 영향력이 완전히 없어진 이후까지 탁월한 기업으로 남을 것인지는 주요한 관심거리다. 애플의 성공을 보면, 유능한 CEO에게 승계되는 것이 관건이라는 것을 시사해준다.

<표 5A-2>에는 이들 기업이 얼마나 가파르게 성장해왔는지를 주가 상승으로 정리해 보았다. 2015년에서 2024년으로 9년 만에 엔비디아는 주가가 무려 141배 상승하였고, 애플과 MS는 8배 정도 올랐다. 반면에 삼성전자는 3.33배 상승하였다. 전통산업을 대표하는 월마트는 3.36배 상승하였다. 월마트는 주가가 2015년에 크게 하락하였기에 기저효과로 상승률이 높게 나타났다. 종합하여 보면, 미국의 빅테크 기업이 압도적 위상을 점하고 있다. 이른바 '기술기업의 시대'이다. 또한

미국 기업의 가파른 주가 상승을 보면 미국식 주주자본주의의 힘을 알 수 있다.

아래에는 이들 주요 기업에 대해 간단한 설명이 있다. 자료는 yahoo finance를 주로 참고하였다.

애플

전 세계적으로 스마트폰, 개인용 컴퓨터, 태블릿, 웨어러블 및 액세서리를 설계, 제조 및 판매한다. 다양한 관련 서비스도 판매하고 있다. 또한 이 회사는 스마트폰 라인인 iPhone을 제공한다. Mac, 개인용 컴퓨터 라인; 다용도 태블릿 라인인 iPad; 오버이어 무선 헤드폰인 AirPods Max; AirPods, Apple TV, Apple Watch, Beats 제품, HomePod 및 iPod touch로 구성된 웨어러블, 가정 및 액세서리. 또한 AppleCare 지원 서비스를 제공한다. 클라우드 서비스 스토어 서비스; 고객이 책, 음악, 비디오, 게임, 팟캐스트와 같은 디지털 콘텐츠와 응용 프로그램을 검색하고 다운로드할 수 있는 App Store를 비롯한 다양한 플랫폼을 운영한다. 또한 게임 구독 서비스인 Apple Arcade와 같은 다양한 서비스를 제공한다. 주문형 라디오 방송국으로 선별된 청취 경험을 사용자에게 제공하는 Apple Music, 구독 뉴스 및 잡지 서비스인 Apple News+; 독점적인 오리지널 콘텐츠를 제공하는 Apple TV+; 공동 브랜드 신용카드인 Apple 카드 및 현금 없는 결제 서비스인 Apple Pay 및 지적재산권에 대한 라이선스를 제공한다. 이 회사는 소비자와 중소기업에 서비스를 제공하고 정부 시장에도 진출해 있다. 앱스토어(App Store)를 통해 타사(중소 앱 업체) 응용 프로그램의 유통사업을 한다. 이 회사는 소매 및 온라인 상점과 직접판매를 통해 제품을 판매한다. 1977년에 설립되었다.

마이크로소프트

전 세계적으로 소프트웨어, 서비스, 장치 및 솔루션을 개발, 라이선스 및 지원한다. 생산성 및 비즈니스 프로세스 부문은 Office, Exchange, SharePoint, Microsoft Teams, Office 365 보안 및 규정 준수, Skype for Business 및 관련 CAL(클라이언트 액세스 라이선스)을 제공한다. Skype, Outlook.com, OneDrive 및 LinkedIn 조직 및 엔터프라이즈 부문을 위한 클라우드 기반 및 온프레미스 비즈니스 솔루션 세트인 Dynamics 365가 있다. Intelligent Cloud 부문은 SQL, Windows Server, Visual Studio, System Center 및 관련 CAL에 라이선스를 부여한다. 개발자를 위한 협업 플랫폼 및 코드 호스팅 서비스를 제공하는 클라우드 플랫폼인

Azure가 있다. 또한 고객이 Microsoft 서버 및 데스크탑 솔루션을 개발, 배포 및 관리할 수 있도록 지원 서비스 및 Microsoft 컨설팅 서비스를 제공한다. Microsoft 제품에 대한 교육 및 인증, Personal Computing 부문은 Windows OEM(Original Equipment Manufacturer) 라이선스 및 Windows 운영체제의 기타 비볼륨 라이선스를 제공한다. Windows 운영체제, Windows 클라우드 서비스 및 기타 Windows 상용 제품의 볼륨 라이선스와 같은 Windows 상업용 특허 라이선스; Windows 사물 인터넷 등이 있다. 1975년에 설립되었다.

엔비디아

전 세계적으로 비주얼 컴퓨팅 회사로 운영되고 있다. 그래픽과 컴퓨팅 및 네트워킹의 두 가지 사업부문이 있다. 그래픽 부문은 게임 및 PC용 GeForce GPU, GeForce NOW 게임 스트리밍 서비스 및 관련 인프라, 게임 플랫폼용 솔루션을 제공한다. 엔터프라이즈 디자인을 위한 Quadro/NVIDIA RTX GPU; 클라우드 기반 비주얼 및 가상 컴퓨팅을 위한 GRID 소프트웨어 인포테인먼트 시스템용 자동차 플랫폼이 있다. 컴퓨팅 및 네트워킹 부문은 AI, HPC 및 가속 컴퓨팅을 위한 데이터 센터 플랫폼 및 시스템을 제공한다. Mellanox 네트워킹 및 상호 연결 솔루션; 자동차 AI 조종석, 자율주행 개발 계약 및 자율차량 솔루션 등을 제공하며, 로봇 및 기타 임베디드 플랫폼용 Jetson이 있다. 이 회사의 제품은 게임, 전문 시각화, 데이터 센터 및 자동차 시장에서 사용된다. NVIDIA는 AI-on-5G Lab을 만들기 위해 Google Cloud와 파트너십을 체결했다. 1993년에 설립되었다.

구글

미국, 유럽, 중동, 아프리카, 아시아 태평양, 캐나다 및 라틴 아메리카에서 온라인 광고 서비스를 제공한다. 이 회사는 구글 서비스, 구글 클라우드(Cloud) 및 기타 사업부로 운영된다. 구글 서비스 사업부는 광고, Android, Chrome, 하드웨어, Gmail, 구글 드라이브, 구글 지도, 구글 포토, Google Play, 검색서비스 및 유튜브(YouTube) 등의 제품 및 서비스와 기술 인프라를 제공한다. Google Play 스토어에서 앱 및 인앱 구매 및 디지털 콘텐츠 판매를 하고 있으며, 핏빗(Fitbit) 웨어러블 기기, 구글 네스트 홈 제품, 픽셀폰 등 기기 판매도 하고 있다. 구글 클라우드 사업부는 기업 고객을 위한 인프라 및 데이터 분석 플랫폼, 공동작업 도구 및 기타 서비스를 제공한다. 기타 사업부문은 인터넷 및 TV 서비스는 물론 라이선스 및 연구개발 서비스를 판매한다. 1998년에 설립되었다.

▌아마존

북미 및 국제적으로 소비재 및 구독(subscriptions)의 소매 판매를 한다. 이 회사는 북미사업부, 국제사업부 및 AWS(Amazon Web Services)사업부를 운영하고 있다. 온라인 및 오프라인 상점을 통해 타사 판매자로부터 재판매를 위해 구매한 상품 및 콘텐츠를 판매한다. 이 회사는 또한 Kindle, Fire 태블릿, Fire TV, Rings, Echo 등의 전자장비를 제조/판매를 한다. 독립 저자와 출판사가 자신의 책을 Kindle Store에서 사용할 수 있도록 하는 온라인 서비스인 Kindle Direct Publishing을 제공한다. 미디어 콘텐츠도 개발 및 생산하고 있다. 그리고 일반 판매자가 웹사이트와 매장에서 제품을 판매할 수 있는 프로그램을 제공한다. 작가, 음악가, 영화 제작자, 기술 및 앱 개발자 등이 콘텐츠를 게시하고 판매할 수 있는 프로그램이 있다. 아울러 컴퓨팅, 스토리지, 데이터베이스, 어넬리틱스, 머신러닝 및 기타 서비스는 물론 광고, 퍼블리싱 및 디지털 콘텐츠 구독을 제공한다. 무료배송의 멤버십 프로그램인 Amazon Prime을 제공하며 이를 통해 영화 및 TV시리즈물 스트리밍을 하고 있다. 이 회사는 소비자, 판매자, 개발자, 기업 및 콘텐츠 제작자에게 서비스를 제공한다. 1994년에 설립되었다.

▌메타(페이스북)

전 세계적으로 모바일 장치, 개인용 컴퓨터, 가상현실 헤드셋 및 가정 내 장치를 통해 사람들이 친구 및 가족과 연결하고 공유할 수 있도록 하는 제품을 개발한다. Family of Apps와 Facebook Reality Labs의 두 사업부문으로 운영된다. Family of Apps 부문의 제품에는 사람들이 모바일 장치 및 개인용 컴퓨터에서 서로 연결, 공유, 검색 및 통신할 수 있는 Facebook이 포함된다. 사진, 비디오 및 개인 메시지를 공유하는 커뮤니티인 Instagram; 사람들이 플랫폼과 장치를 통해 친구, 가족, 그룹 및 기업과 연결할 수 있는 메시징 응용 프로그램인 Messenger 그리고 WhatsApp은 사람과 기업이 사적인 방식으로 통신하는 데 사용하는 메시징 응용 프로그램과 기타 서비스이다. Facebook Reality Labs 부문은 사람들이 언제 어디서나 연결되어 있다고 느낄 수 있도록 도와주는 증강 및 가상 현실 관련 소비자 하드웨어, 소프트웨어 및 콘텐츠를 제공한다. 이 회사는 이전에 Facebook,

Inc.로 알려졌으며 2021년 10월에 Meta Platforms, Inc.로 이름을 변경했다. 2004년에 설립되었다.

TSMC(Taiwan Semiconductor Manufacturing Company)

집적회로 및 비메모리 반도체를 제조 및 판매한다. 또한 고객 서비스, 계정 관리 및 엔지니어링 서비스를 제공한다. 이 회사는 북미, 유럽, 일본, 중국 및 한국의 컴퓨터, 통신, 소비자 및 산업 및 표준 부문의 고객에게 서비스를 제공한다. 1987년에 설립되었으며 본사는 대만 신주에 있다.

브로드컴

반도체와 인프라 소프트웨어 솔루션을 제공하는 기업이다. 복잡한 디지털 및 혼합 신호형 금속 산화물 반도체 기반 제품을 중심으로 다양한 반도체 장치를 전 세계적으로 설계, 개발 및 공급하고 있다. 셋톱박스 SoC(시스템온칩), 케이블, 디지털 가입자 회선 및 수동 광 네트워킹 중앙 사무실/소비자 구내 장비 SoC; 무선 근거리 통신망 액세스 포인트 SoC; 이더넷 스위칭 및 라우팅 맞춤형 실리콘 솔루션; 직/병렬변환기 애플리케이션 특정 집적회로; 광학 및 구리, 물리 계층 장치; 광섬유 부품 및 RF 반도체 장치 등을 제공한다. 기업 및 데이터 센터 네트워킹, 홈 연결, 셋톱박스, 광대역 액세스, 통신장비, 스마트폰 및 기지국, 데이터 센터 서버 및 스토리지 시스템, 공장 자동화, 발전 및 대체 에너지 시스템을 포함한 다양한 애플리케이션을 제공하고 있다. 1961년에 설립되었으며 캘리포니아주 팔로알토에 본사를 두고 있다.

테슬라

미국, 중국 및 국제적으로 전기자동차와 에너지 생성 및 저장 시스템을 설계, 개발, 제조, 임대 및 판매한다. 이 회사는 자동차 사업부와 에너지 생성-저장 사업부로 운영된다. 자동차 사업부는 직접 및 중고차 판매로서 Tesla 수퍼차저 네트워크 및 인앱 업그레이드를 통해 세단 및 스포츠 유틸리티 차량을 제공한다. 자동차금융 및 차량임대서비스(리스) 사업도 하고 있다. 이 사업부에서는 또한 비보증 판매 후 차량 서비스 제공, 중고차 판매, 소매 상품 및 차량 보험뿐만 아니라 자회사를 통해 제3자 고객에 대한 제품 판매도 하고 있다. 에너지 생성-저장 사업부는 주거민, 소상공인 및 산업 고객에게 웹사이트, 매장 및 갤러리를 통해 태양 에너지 생성 및 에너지 저장 제품의 설계, 제조, 설치, 판매 및 임대 및 관련 서비스를 제공한다. 유통경로 파트너 네트워크를 통해서도 제공한다. 또한 이 사업부에서는 에너지 제품 고객에게 보증기간을 포함하여 서비스 및 수리를 제공한다. 태양광 고객에게 다양한 금융 옵션도 제공한다. 이전에 Tesla Motors, Inc.로 알려졌으며 2017년 2월에 Tesla, Inc.로 이름을 변경했다. 2003년에 설립되었다.

텐센트

투자지주회사인 Tencent Holdings는 중국 본토 및 국제적으로 부가가치 서비스(VAS) 및 온라인 광고 서비스를 제공한다. 이 회사는 VAS, 온라인 광고, 핀테크 및 비즈니스 서비스, 기타 부문을 통해 운영된다. 온라인 게임과 소셜 네트워크 서비스를 제공한다. 핀테크 및 클라우드 서비스, 미디어, 소셜 등의 온라인 광고 서비스 및 기타 광고 서비스를 제공한다. 이 회사는 또한 제3자를 위한 영화 및 텔레비전 프로그램의 제작, 투자 및 배포는 물론 저작권 라이선스, 상품 판매 및 기타 활동에도 참여하고 있다. 또한 소프트웨어를 개발한다. 온라인 게임을 개발하고 운영한다. 정보 기술, 정보 시스템 통합, 자산 관리, 온라인 문헌 및 온라인 음악 엔터테인먼트 서비스를 제공한다. 이 회사는 RareStone Inc.와 전략적 협력을 통해 중국의 희귀질환 환자에 중점을 둔 서비스 생태계를 개발하고 있다. 1998년에 설립되었으며 본사는 중국 선전에 있다.

월마트

전 세계적으로 소매, 도매 및 기타 사업을 영위하고 있다. 이 회사는 Walmart U.S., Walmart International 및 Sam's Club의 세 부문으로 운영된다. 슈퍼센터, 슈퍼마켓, 대형 슈퍼마켓, 창고 클럽, 현금 및 휴대 상점, 할인점을 운영한다. 회원 전용 창고클럽; walmart.com, walmart.com.mx, walmart.ca, flipkart.com 및 samsclub.com과 같은 전자상거래 웹사이트가 있으며 모바일 상거래 애플리케이션을 갖고 있다. 26개국에서 54개의 배너로 약 11,400개의 매장을 운영하고 있다. 그 외에 다양한 전자상거래 웹사이트를 운영하고 있다. 이 회사는 이전에 Wal-Mart Stores, Inc.로 알려졌으며 2018년 2월에 Walmart Inc.로 이름을 변경했다. 1962년에 설립되었다.

REFERENCE 참고문헌

강효석 · 권석균 · 이원흠 · 조장연(1998), 『기업구조조정론』, 홍문사.

과학기술정통부 보도자료(2023.12.20).

과학기술정통부 보도자료(2021.12.22).

대한민국 정책 브리핑, https://www.korea.kr/special/policy

모하메드 엘 에리언 저, 손민중 역(2009), 『새로운 부의 탄생』, 한국경제신문사.

박영숙 · 제롬 글렌(2023), 『세계미래보고서: 2024-2034』, 교보문고.

클라우스 슈밥 저, 송경진 역(2016), 『제4차 산업혁명』, 메가스터디북스.

통계청, 2023 인구통계, https://kosis.kr/index/index.do

한국은행, 『기업경영분석』, 각년도 보고서, https://www.bok.or.kr

한국증권거래소, KOSPI 자료.

Duncan, R. B.(1972), "Characteristics of Perceived Environments and Perceived Environmental Uncertainty," *Administrative Science Quarterly*, 17(3), pp. 313-327.

James, R.(1997), "HR Megatrends," *Human Resource Management*, 36(4), pp. 453-463.

McKinsey(2024), *The State of AI in Early 2024: Gen AI Adoption Spikes and Starts to Generate Value*.

Milliken, F. R.(1987), "Three Types of Perceived Uncertainty about Environment: State, Effect, and Response Uncertainty," *Academy of Management Review*, 12(1), pp. 133-143.

Naisbitt, J.(1982, 1988), *Megatrends: Ten New Directions Transforming Our Lives*, Grand Central Publishing.

Schwab, K., Zahidi, S. & World Economic Forum, *The Global Competitiveness Report*(2020 Special Edition).

Yahoo Finance, finance.yahoo.com

PART ▸▸▸ 3

전반경영: 전략경영과 조직관리

제3부는 전반경영으로 전략경영과 조직관리를 다루고 있다. 전반경영은 모든 기능관리에 적용되는 선행적 개념과 실행이다. 기업 내 모든 종사원의 작업행동에 영향을 미치고 전반관리자(general manager)의 역할 영역이다.

6장은 기업 경영의 최상위 활동으로서 경영전략의 수립을 다루었다. 전략은 외부환경에 대응하고 기업 내 자원을 활용하는 장기적인 행동프로그램이다. 이에 따라 제4부의 기능분야에서 기능전략이 수립된다. 한편, 기능분야 전략이 수립되기 위해서는 조직의 구조가 확정되어야 한다. 7장의 조직의 구조와 운영에서 전략의 실행도구로서 전략적 조직화를 다루고, 기업의 경쟁력을 높여주는 조직화 방식을 다룬다. 8장은 리더십과 기업문화이다. 전략의 수립과 조직구조의 결정은 경영자의 리더십에 의한다. 경영자와 조직 내 수많은 관리자는 효과적인 리더십을 필요로 한다. 기업문화는 전략의 효과성을 높여주고 고성과를 가능하게 해주는 무형자원이다.

CHAPTER 06

경영전략의 수립

이 장의 구성

FUNDAMENTALS OF MANAGEMENT

이 장에서는 경영전략의 개념과 중요성, 그리고 그 내용을 공부한다. 구체적으로 전략의 수립과 실행의 방법과 과정을 살펴보고 그 결과로서 사업부 수준의 경쟁전략과 기업 수준의 다각화 전략을 알아보기로 한다.

- 경영전략은 무엇인가? 왜 중요한가?
- 외부환경에 전략적 대응을 어떻게 하는가?
- 사업부 수준의 경쟁전략은 어떻게 선택하는가?
- 기업전략에 의한 사업다각화는?

1. 경영전략의 이해

기업이 외부환경을 활용하고 시장경쟁을 이기는 데 장기적인 행동 프로그램이 필요하다. 이를 전략(strategy)이라 한다. 군사전략 등의 개념과 구별하기 위해 경영전략이라는 표현을 쓴다. 본 절에서는 경영전략의 개념과 전략 수립과 실행의 과정을 살펴보기로 한다.

1.1 전략의 개념과 특성

전략이란 무엇인가? 이하에서는 경영전략을 간단히 전략이라 칭하고 그 내용을 살펴보기로 한다.

전략의 개념과 주요 활동

전략은 기업의 외부 경영환경에 대응하여 기업 내부의 조직 자원과 능력을 이용하여 장기적 경영성과를 높이고 생존기반을 다지는 모든 활동의 집합이다. 경영학에서 전략의 개념은 1960년대 초반에 탄생하였는데, 초기의 전략경영학자들은 전략을 여러 개념으로 정의하였다. 대표적으로 경영사학자 알프레드 챈들러는 전략을 기업의 장기적 지향과 목표를 결정하고 이에 따라 계획을 수립하고 실행을 위해 자원을 할당하는 것이라 정의하였다. 달리 말하면 목표가 없거나, 단기적 목

〈표 6-1〉 전략의 개념

학자	전략의 개념
알프레드 챈들러 (A. D. Chandler)	기업의 장기적 지향과 목표의 결정, 행동방침(경로)의 채택 및 이러한 목표를 수행하는 데 필요한 자원 할당이다.
케네스 앤드류스 (K. R. Andrews)	전략은 기업의 목표와 목적을 결정하고, 이를 달성하기 위한 핵심적인 정책을 선택하여 사업의 범위를 규정하고 추진하는 것이다. 이로써 주주, 종업원, 고객 및 지역사회에 경제적/비경제적 기여를 하는 것이다.
제임스 브라이언 퀸 (J. B. Quinn)	전략은 조직의 목표, 정책 및 행동순서를 조직 전체로 통합해주는 패턴 또는 계획이다. 잘 수립된 전략은 예상되는 환경 변화, 경쟁자의 움직임을 기반으로 조직자원을 독특하고 실행가능한 형태로 정렬하고 할당하게 해준다.
마이클 포터 (M. E. Porter)	전략은 기업의 강점과 약점을 환경의 기회와 위협에 매칭시키는 것이다.
제이 바니 (J. B. Barney)	전략은 경쟁우위를 창출하는 것이다.
마이클 히트 (M. A. Hitt)	전략은 핵심역량을 활용하고 경쟁우위를 획득하기 위해 설계된 통합과 조정이 잘된 행동들의 집합이다.

표에 치중하는 것은 전략이 아니다. 반드시 장기계획이 수립되어야 하며 실행을 위한 기업 자원의 재배분이 필요하다. 그 외 몇몇 학자의 전략 개념을 <표 6-1>에 예시하였다.

이상을 보면 전략은 장기적 목표를 달성하기 위해 자원과 능력을 잘 구성해서 행동으로 전환시키고 경쟁우위를 창출하는 것으로 정의할 수 있다. 이 개념의 전략은 네 가지 활동의 흐름으로 정리할 수 있다.

첫째, 전략목표(strategic goal)의 설정이다. 어떻게 얼마큼 외부환경의 요구에 우리 기업이 부응하느냐를 구체화하기 위해 목표점을 설정한다. 예를 들어, 시장점유율 50%를 차지한다는 목표이다. 이런 목표를 전략적 차원에서 결정하는 것인데, 이는 아주 자잘한 목표가 아니고 1년간 또는 다년간의 전략적 목표이다. 그리고 더 장기적으로 기업이 달성하고자 하는 큰 목표와 지향점을 비전(vision)이라고 한다.

둘째, 전략계획(strategic plan)의 수립이다. 전략목표의 달성을 위해 무엇을 어떻게 해야 할지를 계획하는 것이다. 주요 내용으로는 기존사업의 재구성과 신규사업 진출, 시장경쟁 방식의 결정 등이다. 그리고 실행 프로그램(action programming)을 포함한다.

셋째, 자원배분(resource allocation)이다. 조직 내 자원을 어디에 어떻게 배분할

[그림 6-1] 전략활동과 전략적 성과

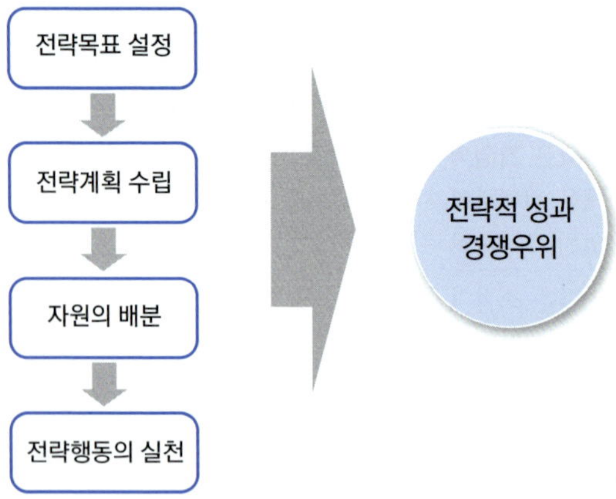

것인가의 문제이다. 이는 넓은 의미에서는 전략계획에 포함된다. 전략계획의 실행 방안으로서 자원배분 계획이 수립되고 이후 집행된다.

넷째, 전략행동의 실천(strategy implementation)이다. 조직에서 실제 전략적 행동을 이끌어내는 것을 말한다. 전략이 보고서 작업(paper work)에 그치지 않기 위해서는 구성원들이 자기의 역할을 알고 현장에서 전략을 실천해주는 주체가 되어야 한다. 전략의 목표와 계획과 자원의 집합체로서 기업이 사람의 행동으로 연결된다.

한걸음 더

- 나의 대학생활 4년간의 전략을 수립해보자.

전략적 성과와 경쟁우위

전략적 성과는 전략목표의 달성에 있다. 전략목표가 이미 전략적으로 선택된 목표이기 때문이다. 그리고 달성된 전략성과의 지속가능성이 중요하다. 즉, 수치로 제시된 전략목표의 달성에 더하여 성과가 지속될 수 있는 상황을 만드는 것이 중요하다. 이를 경쟁우위라고 한다. 경쟁우위(competitive advantage)는 경쟁자에 비해서 시장(산업) 평균 수익률보다 지속적으로 높은 수익률을 올릴 수 있는 힘이다.[1)]

1) 경쟁우위는 마이클 포터에 의해 최초 정의된 개념으로 이후 제이 바니 등에 의해 경영전략의 목표로 강조되고 있다.

경쟁우위는 한 기업이 다른 경쟁기업들보다 경제적인 가치를 더 많이 창출할 수 있는 것을 말한다. 경쟁우위의 크기는 그 기업이 창출할 수 있는 경제적 가치와 다른 경쟁기업들이 창출할 수 있는 경제적 가치의 차이이다.

어떤 기업은 경쟁우위를 확보하기 위해서 체계적인 노력을 하고 있고, 어떤 기업은 그냥 비즈니스를 하고 있다. 후자의 기업은 일시적으로 경쟁우위를 확보할 수 있지만 지속가능하지 않다. 전자의 기업은 경쟁우위를 확보했을 뿐만 아니라 그것을 지속적으로 확장시켜 나가고, 우세한 지위를 더 공고히 만들어가는 다양한 전략적 행동으로 경쟁우위가 지속가능하게 된다. 이를 지속적 또는 지속가능한 경쟁우위(sustainable competitive advantage)라고 한다. 이하에서는 주로 지속적 경쟁우위로 표현하였다. 기업은 지속적 경쟁우위를 확보해서 산업의 경쟁 게임 룰을 바꿔가면서 내게 유리한 경쟁 게임으로 전환시켜 나갈 수 있다.

한걸음 더

- 나의 경쟁우위는 무엇일까? 누구와 무엇을 경쟁하는가?
- 우리 회사(조직)의 경쟁우위는 무엇인가? 지속가능한 경쟁우위인가?

전략의 중요성과 전략마인드

기업은 전략을 통해 장기적 목표를 중심으로 전사적인 노력을 기울이고, 결과로서 이익을 얻는다. 반면에 전략이 없으면 기업은 표류(drifting)한다. 모든 자원과 능력과 열정을 투입해서 전략적 목표를 향해서 나아갈 때 경쟁의 힘이 나오게 된다. 또 목표만 있고 구체적인 계획이 없거나 자원의 집중적인 배분이 없으면 목표를 달성할 수 없다.

전략 부재로 인한 표류를 방지하기 위해서 잘 짜인 전략, 실행가능한 전략, 메시지가 명확한 전략이 필요하다. 전략은 외부환경과 기업조직의 **적합성(fit)**을 만들어가는 것이다. 그리고 환경은 계속 변화한다. 환경 변화의 흐름을 감지하고 그걸 따라가기 위해서 전략적으로 대응하지 않으면, 순간순간에 최선을 다하는 경영을 하더라도 전략적으로는 표류하게 된다. 우리의 운명을 파도에 맡겨버리는 것과 같다. 그리고 전략이 있음으로써 변화하는 환경에서 새로 부각되는 기회(opportunity)를 포착하고, 위협(threat)을 감지하고, 적시에 적절한 대응을 할 수 있게 된다. 전략마인드는 외부환경에 열려 있는 마음가짐이다.

환경이 바뀜으로써 새로운 기회가 생기면 재빠르게 진출해서 나의 것으로 만드는 **기회선점의 경영**은 전략적 준비성이 높은 기업들에게만 가능하다. 신생 사업에 먼저 진출한 기업은 늦게 진출한 기업보다 유리하다. 선발자가 확보할 수 있는 경쟁우위로서 선도기업우위(first-mover advantage)를 얻는 것이다. 선도기업우위는 선발자가 고객 기반을 먼저 확보하고, 고객들의 충성도가 높아져서 바뀌지 않는다든지, 사업경험이 축적되면서 생산기술이 심화되는 것 등과 같이 경쟁에 우세한 위치를 점하는 것을 말한다.

전략 의사결정의 특성

전략 의사결정(strategic decision-making)은 쉽게 번복할 수 없다. 전략적 결정을 내리고 실행을 하게 되면 이미 큰 변화가 진행되었기에 돌아가기가 어렵다. 일상적 의사결정과 다른 점이다. 전략적 의사결정은 결정적(critical)이고, 큰 비용(costly)이 들고, 경로의존적(path-dependent)이다.

전략적 의사결정은 결정적이다. 기업의 성패를 결정하는 큰 임팩트가 있다. 성공의 대가는 크고 실패의 대가는 가혹하다. 예를 들어, 해외시장에 진출해서 성공하면 기업이 도약하는 계기가 될 것이다. 반면에 실패하게 되면 그 비용은 이루 말할 수 없다. 해외진출에 대규모 자원이 들어가고, 그 자원은 한번 투입되면 소진되고 고착되는 매몰비용(sunk cost)이 된다.

전략은 한번 선택한 방향으로 계속 진행되는 경향을 갖는다. 이를 경로의존성(path dependence)이라고 한다. 경로의존성은 의사결정의 관점에서 과거의 선택이 미래의 선택을 제약하는 것을 말한다. 전략적 의사결정이 경로의존성을 가지는 이유는 매몰비용과 의사결정자의 몰입상승에 기인한다. 한번 결정된 전략을 성공시키기 위해 더 많은 자원이 투입되고 매몰비용은 더 커진다. 전략의 결정적 특성과 높은 비용으로 인한 현상이다. 몰입상승(escalating commitment)은 의사결정자들이 자신의 결정에 집착하여 잘못된 결정을 반복하는 것을 말한다. 전략적 의사결정은 최고경영자에 의한다. 이때 최고경영자는 자신의 결정이 옳았음을 입증하기 위한 강한 압박을 느낀다. 몰입상승이 발생하는 이유다. 특히 최고경영자가 견제받지 않는 권력을 가졌을 때는 몰입상승이 더 커지고 매몰비용이 증가하고 경로의존성이 고착된다. 이때 유연한 의사결정이 배제되면 전략적 실패가 커지고 기업의 생존이 위협받는 상황에 빠질 수 있다.

이상의 특징은 전략적 의사결정이 무모하고 과감하게 내려지기보다는 위험관리가 필요하고, 최고경영자의 선호나 직관으로 고독한 결단을 내리기보다는 최고

경영팀과 같은 집단지성의 결정이 되어야 한다는 것을 시사해준다. 전략 의사결정은 기업의 생존에 직결되고, 복잡한 변수에 의해 성공 여부가 결정된다. 전략의 결정과 실행의 과정에 내재한 위험을 통제하기 위해 경영자의 각성과 능력뿐 아니라 기업지배구조가 제대로 작동되어야 한다.

한걸음 더

- 주변에서 몰입상승의 현상을 찾아보자.

1.2 전략경영 프로세스

전략은 계획과 실행으로 구성된다. 계획과 실행이 장기간에 걸쳐 진행되는 전략은 가장 상위수준의 Plan−Do−See 프로세스이다.

전략의 계획

전략의 계획 과정(strategic planning process)은 외부환경과 내부자원의 분석에서 시작한다. 외부환경 분석은 일반환경 분석, 산업특성 및 산업구조 분석으로 이루어진다. 내부자원분석은 보유 자원과 능력의 전략적 가치를 분석하는 것이다. 이들 분석에 대해서 제2절에 설명하였다.

[그림 6-2] 전략경영의 프로세스

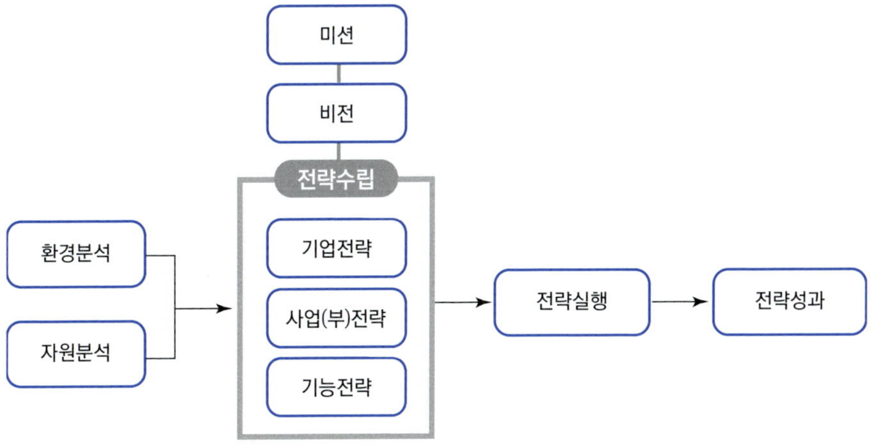

환경분석과 자원분석을 기반으로 전략을 수립한다. 이때 전략은 세 가지 수준으로 기업전략, 사업전략, 기능전략으로 구분되어 수립된다. 기업전략(corporate-level strategy)은 전체 회사 차원의 전략이다. 기업조직 전체의 사업구조와 자원배분에 관한 전략이다. 사업전략(business-level strategy)은 개별 사업단위 수준의 전략이다. 주어진 사업에서 어떻게 경쟁하여 성공할 것인가를 계획하는 것이다. 그래서 경쟁전략(competitive strategy)이라고 한다. 예를 들어보자. LG전자에서 TV시장에서 경쟁자와 어떻게 경쟁할 것인지를 전략으로 수립하고 실행하면 이는 경쟁전략, 즉 사업전략이다. 이때 범위를 넓혀 TV를 포함한 가전사업 전체 시장에서 어떻게 경쟁할 것인지는 다소 모호해진다. 왜냐하면 회사 입장에서 TV사업에 주력할 것인지, 세탁기사업에 주력할 것인지 등에 대한 전략이 필요하게 되는 것이다. 이는 TV사업 담당 조직에서 결정할 수 있는 사안이 아니다. 따라서 전체 회사의 입장에서 장기적인 성장계획으로 한정된 자원을 재배분하는 것이다. 이를 기업전략이라고 한다. 시장경쟁을 뛰어넘는 전략적 의사결정이 필요하기 때문이다. 사업구조 자체에 초점을 두고 전사 차원의 자원배분에 관한 전략이다.

기업전략과 사업전략은 구분되지만 서로 영향을 주고받는다. 성공적인 경쟁전략으로 시장에서 압도적 지위를 확보한 사업을 축소하는 것은 어리석기 때문이다. 그리고 신생산업에서 장기적으로 성공가능한 사업부문에 대해서는 전사 차원의 전략적 자원배분이 필요하다. 그리고 신생사업부는 경쟁전략을 수립하여 성공시켜야 한다. 반면에 이익을 많이 남기면서 성공적인 경쟁전략을 수행하는 사업이라도 쇠퇴산업에 해당한다면, 기업은 이익회수와 사업축소를 위한 장기적 전략으로서 기업전략을 수립해야 한다. 사업의 진입, 확대, 축소, 퇴출을 통해 전체 회사의 사업구성형태를 바꿔나가는 것이 기업전략이다.

이 차이를 정리하면 <표 6-2>와 같다. 기업전략은 사업구조 전략으로 사업구성 형태를 통해 범위의 경제성(economies of scope)을 만드는 데 목표를 두고 있다. 범위의 경제는 전체 사업들이 자원이나 능력 측면에서 공유되어 비용을 낮추거나

〈표 6-2〉 기업전략과 사업전략의 비교

기업전략	사업전략
• 어느 사업을 할 것인가 – Where to compete • 사업구조의 결정 • 범위의 경제성(사업 간 시너지) 확보	• 사업단위에서 경쟁을 어떻게 할 것인가 – How to compete • 경쟁방식의 결정 • 산업 내 경쟁우위 확보

가치창출력을 높이는 효과를 말한다. 사업전략은 경쟁방식을 선택하여 경쟁우위를 확보하는 데 목표를 둔다. 범위의 경제성과 경쟁우위에 대해서는 뒤에서 자세히 설명하기로 한다.

마지막으로 기능별 전략(functional strategy)은 마케팅, 생산, 재무, 인사 등의 기능 영역에서의 전략이다. 사업부 수준의 전략을 기능 수준에서 구체화시켜주는 전략이다. 예를 들어, 재무전략에서는 사업부 수준의 전략에서 필요한 재무자원의 조달과 투자에 관한 것이다. 이때 사업부 수준의 전략을 구현하기 위한 기능전략이 현실적 제약으로 어렵다면 사업부전략이 수정될 필요가 있다. 이처럼 이들 간의 관계는 일방적이기보다는 일정 정도의 쌍방적이어야 한다.

전략 수준(strategy level)은 예전에는 일방적인 것으로 간주되었다. 기업전략이 수립되면 그에 따라 하위의 사업전략이 수립되고 이를 구현하기 위해 기능전략이 수립되는 것이다. 그런데 이러한 일방적 관계가 전략의 허점이 될 수 있다. 실행성이 떨어질 수 있는 것이다. 하위전략을 수립해보고 현실성이 떨어지면 억지로 꿰맞추지 말고 상위수준의 전략을 수정하여 수준 간에 **정렬**(alignment)이 잘되어야 성공적인 전략이 될 수 있다.

SWOT 분석

전략수립을 위해 가장 기초적인 방법으로 SWOT 분석이 있다. 이는 환경의 기회(Opportunities)와 위협(Threats) 요인에 대해 기업이 보유한 강점(Strength)과 부족한 약점(Weakness)을 매칭시켜 전략적 대안(strategic alternatives)을 개발하는 것이다. TOWS 분석이라고도 한다.

SWOT 분석에서는 크게 네 가지 영역에서 전략 대안이 개발될 수 있다. 첫째는 기업의 강점과 환경의 기회를 연결시키는 경우로서 SO전략이 있다. 이는 기업의 성장전략에 직결되는 것으로 적극적인 자원투자를 해줄 수 있어야 한다. 두 번째는 ST전략이다. 환경변화에 의해 위협요인이 생기면, 이를 강점으로 잘 막아낼 수 있기에 구체적인 대응전략을 설계할 수 있다. 위협요인의 현실화 가능성별로 상황계획(contingency plan)을 세우고, 실제 상황이 발생하면 최적 대안을 선택하면 된다. 세 번째는 WO전략인데, 대부분 선택 대안의 수가 적다. 그렇지만 파악된 환경기회가 중요하고 기업의 사업구조 진화에 꼭 필요할 경우에는 방법을 찾아내야 한다. 약점을 보강할 수 있는 자원능력 강화 전략으로서 새로운 기술과 전문인력 등 신규자원을 확보하고 전략적 제휴 등을 통해 타기업의 자원과 능력

〈표 6-3〉 SWOT 분석에 따른 전략유형

	기회(Opportunity)	위협(Threat)
강점 (Strength)	SO전략 진취적인 성장전략	ST전략 상황계획의 대응전략
약점 (Weakness)	WO전략 자원/능력 강화 전략	WT전략 위기관리의 대응전략

을 접목시키는 방안이 있다. 마지막으로 WT전략이다. 이는 환경위협을 회피할 방안을 찾아봐야 하는 영역인데, 위협의 정도가 크고 회피가 용이치 않을 때는 위기관리 차원의 대응준비가 필요하게 된다. 구조조정과 기업 변신의 노력이 수반되어야 한다.

SWOT 분석에서는 다양한 조합의 전략적 상황을 고려하기 때문에 포괄적인 전략 대안이 나온다. 매우 합리적인 전략수립의 방법이다. 이 분석은 기업 전체를 넓은 시야에서 본다는 점에서 기업이 나아가야 할 미래의 목표로서 비전을 설정하는 데도 유용하다.

한걸음 더

- SWOT 분석을 통해, 나의 미래 비전과 목표 및 전략을 수립해보자. (SO전략이 가장 중요함)

전략의 실행

전략의 실행(strategy implementation)은 전사적인 움직임을 이끈다. 전략에 적합한 조직구조가 정렬되고, 필요한 자원을 배분해야 한다. 전략실행의 조직화는 사업단위에 조직단위를 일치시키는 것이다. 따라서 전략에 변화가 있을 때는 조직변화도 필요하게 된다. 전략과 조직의 정렬은 [그림 6-3]에 도시되어 있는 바와 같다. 달리 말하면, 전략은 조직을 통해 실행된다.

전략의 실행은 자원의 재배분을 필요로 한다. 예를 들어, 가전사업을 확대하면 인적자원과 재무자원의 더 많은 투입이 필요하다. 특히 인적자원은 질적 측면에서 전문인력 확보 등이 필요하게 된다. 생산운영과 마케팅 활동이 전략적 초점을 갖고 집중되어야 한다. 그래서 사업부조직이 사업전략의 실행주체가 된다. [그림 6-3]에서와 같이 하위기능을 통합하는 사업단위 조직이 필요하기 때문이다. 그래

[그림 6-3] 전략의 수준과 사업부제 조직구조

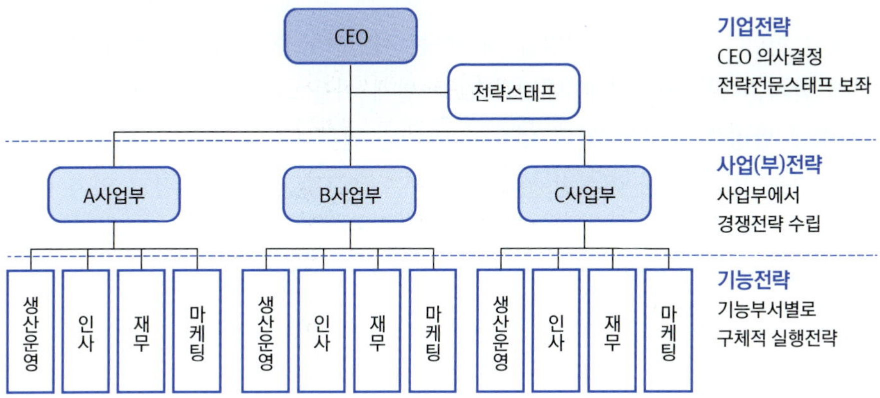

서 사업전략을 사업부전략이라고 한다.

전략의 실행은 기업문화와 리더십에도 연계되어야 한다. 기업문화와 적합성(fit)이 크면 구성원의 가치와 열망이 전략 실행에 녹아들어 큰 효과를 발휘할 수 있다. 경영자 리더십이 전략의 성공적 실행에 중요함은 두말할 나위 없다.

1.3 기업의 사명과 비전

기업은 존재목적과 경영이념을 반영하는 사명(Mission; 미션)과 조직의 목표지향과 구성원의 열망을 담은 비전(Vision)을 수립하여 장기적이고 미래지향적인 경영을 한다. 사명과 비전은 기업의 고유특성, 즉 개성(character)과 추구하는 가치를 보여준다. 그리고 미션과 비전에 정렬된 전략이 수립되고 실행된다.

기업의 사명(미션)은 경제적 조직으로서 어떤 방식으로 사회와 관계를 맺고 기여하고자 하는지에 대한 철학적 접근이다. 그래서 경영철학이나 경영이념으로 정의하기도 한다. 사명은 기업의 존재목적(purpose)을 반영한다. 경제적 가치와 사회적 가치를 어떻게 어떤 방식으로 창출할 것인지에 대한 선언이다.

사명은 쉽게 변하지 않는다. 대부분 창업정신을 담고 있기 때문이다. 그러나 기업이 성장하면서 규모가 커지고 사업영역이 확대되면 사회에 대한 임팩트도 커지고 그 내용도 변하기 때문에 당연히 사명도 변하게 된다. 또한 시대적 요구가 변하면 사명도 변화해야 한다. 우리나라 기업들이 새천년에 들어와서 국가를 위한 사명에서 인류 보편의 삶의 질과 복지에 관한 사명으로 바꾸었다. 예를 들어, 삼성그룹과 CJ그룹은 창업정신을 공유하고 있는데 그 내용은 "사업보국, 합리추구, 인재제일"이다. 여기서 경영이념을 대변하는 사업보국은 사업을 통해서 국가를 부강하게 받쳐준다는 의미인데, 예전과 달리 현재 이들 그룹 내 회사에서 국가 개념을 사명에 반영한 경우는 거의 없으며 대부분 인류보편의 행복과 문명에 초점을 두는 사명을 갖고 있다. 이처럼 기업의 사명은 추구하는 가치를 담고 있기 때문에 기업문화와 연관되어 있다.

비전(Vision)은 기업이 달성하고자 하는 목표의 상징적이고 축약적인 표현이다. 그리하여 미래의 바람직한 모습을 그려주는 것이다. 전략적 목표를 압축하고 있기 때문에 전략의 최상위 수준으로 볼 수 있다. 통상 전략을 수립할 때 이미 비전이 수립되어 있으므로 협의의 전략은 비전을 구체화하기 위한 계획으로 볼 수 있다. 비전은 함축적이고 열망(aspiration)을 담아야 한다. 가장 단순명료하고 전달력이 강했던 비전의 예를 들어보면, 현대자동차는 1990년대 중반에 'Global Top 10' 비전과 2000년대에는 'Global Top 5' 등의 비전으로 세계 최고의 자동차회사가 되고픈 열망의 수준을 표현하였다. 현대차는 2000년 9월 "2005년에 세계 5위의 품질을 확보하고, 2010년에는 5대 자동차업체로서 거듭나도록 하자"는 GT-5 (Global Top 5) 비전을 발표하였다. 이 비전은 강렬하고 함축적인 선언이어서 구성원 모두가 쉽게 이해하고 동기부여될 수 있었으며 고객과 협력업체 등 외부인들도 힘차게 뛰는 회사의 모습을 연상할 수 있었다. 실제로 현대자동차는 비전 달성을 위해 모든 능력을 기울여 전략을 추진하였고 놀라운 성과를 거둬 세계 10대 자동차기업의 위치를 돌파한 후 새로운 비전하에서 세계 5~6위의 글로벌 자동차 기업으로 우뚝 섰다. 현재는 '휴머니티를 향한 진보'라는 보편적 가치의 비전으로 세계 최고의 기업을 지향하고 있다. 진보를 강조한 데는 선두기업을 따라잡기보다는 이제 스스로 미래를 열어가겠다는 의지를 담고 있다. <표 6-4>에 현대자동차와 경쟁자인 GM의 미션과 비전이 있다.

두 회사의 미션-비전의 구성을 보면, 다소의 차이가 발견된다. 현대자동차의 경영철학(미션)에는 '도전과 창조'라는 정주영 창업회장의 철학이 보인다. 정주영 회장의 유명한 "이봐 해보기는 해 봤어?"로 상징되는 '도전정신과 실천의지에 의한 창조'라는 경영철학이 담겨 있다. 기업 비전에도 진보(progress)라는 표현을 담은 점이 눈에 띈다. 한편, GM은 미션의 가치를 비전에 함께 담아서 구성하고 있다. 이 비전에 사업전략과 CSR전략을 연계하여 제시한 점이 눈에 띈다. 충돌 제

〈표 6-4〉 현대자동차와 GM의 미션과 비전[2)]

현대자동차의 경영철학과 비전	GM의 비전
• Management Philosophy(미션) 창의적 사고와 끝없는 도전을 통해 새로운 미래를 창조함으로써 인류 사회의 꿈을 실현한다. • 기업 비전 휴머니티를 향한 진보(Progress for Humanity) 우리는 진보가 인류에 대한 깊은 배려와 맞닿아 있을 때 비로소 의미를 가진다고 믿습니다. 휴머니티는 우리를 하나로 만들고, 우리의 관계를 더욱 단단하게 해줍니다. 그리고 무엇에 힘을 쏟아야 할지 알려주며, 혁신을 향해 나아가야 할 지향점을 제시해줍니다. 이러한 원칙으로 우리는 관계를 더 강하게 하고, 서로를 공감하게 하여 더 가치있는 삶을 제공합니다. 우리는 인류를 위해 옳은 일을 하고자 존재합니다.	• Our Vision is a World With Zero Crashes, Zero Emissions and Zero Congestion.(우리의 비전은 충돌 제로, 배기가스 제로, 혼잡 제로의 세상을 만드는 데 있습니다.) "Our diverse team of 155,000 employees brings their collective passion for engineering, technology and design to deliver on this ambitious future. And the bold commitments we've made are moving us closer to realizing this vision." Electrification (전기차 혁신) Our new Ultium Platform can help put everyone in an EV, bringing the world to an all-electric future. Vehicle Safety (안전기술 혁신) Periscope is our holistic approach to engineering safety through a human lens. Path to Autonomous (자율주행 혁신) We're pushing transportation options beyond our wildest imaginations with autonomous vehicles. Social Impact (사회적 임팩트 경영) We are committed to becoming the most inclusive company in the world and we won't stop until we get there. - People, Environment, Community

로, 배기가스 제로, 혼잡 제로의 세상을 만들기 위해 전기차, 안전기술, 자율주행에서 완전한 혁신을 이루고 사회적 임팩트 경영을 한다고 구체적으로 명시하고 있다. 비전-전략의 연계성이 잘 드러나 있다.

기업의 전략적 행동을 이끄는 비전은 어떤 기능을 하는 것일까? 비전은 장기적으로 긴 기간 동안 부단히 노력해서 쉽게 달성될 수 없는 구성원의 꿈과 열망을 표현해주는 미래지향적인 높은 수준의 목표이다. 비전을 중심으로 경영전략과 기업문화가 정렬을 이루어 집중화된 힘으로 사업에 임하는 것이다. 비전은 기업경영의 구심점이 된다. 달리 얘기하면 비전이 없는 기업은 구심점이 없이 통상의

2) 각사 홈페이지 참조.

〈표 6-5〉 CJ그룹의 미션과 비전[3)]

미션	비전
ONLY ONE 제품과 서비스로 최고의 가치를 창출 • 미래 사회에 기여하는 방법 - 우리의 일상을 건강하고 즐겁게 - 전 세계인의 삶을 흥미롭고 아름답게 - 지구를 지속가능하게 • 미래 사회에 기여 - CJ 최고 인재들의 사명감(CJ 존재 이유)	건강, 즐거움, 편리를 창조하는 미래 라이프스타일 기업 - 건강, 즐거움, 편리 사업영역: 미래 라이프스타일 영역 - 창조 사업방식: 트렌드를 리딩하고, 초격차 능력으로 세계인의 새로운 삶을 디자인 - 미래 라이프스타일 기업 CJ의 지향점

경영에 머물고 있는 것이다.

비전에는 사업영역을 정의하고 그 사업을 통하여 궁극적으로 만들고자 하는 모습이 그려진다. CJ그룹의 사례를 보자. 이 그룹의 비전, "건강, 즐거움, 편리를 창조하는 미래 라이프스타일 기업"에는 사업의 구성이 표현되어 있다. 예를 들어, 식품과 제약 등의 사업을 통해 인류건강을 책임지는 등의 사업비전이 포함되어 있다. 그리고 창조와 미래의 가치가 담겨 있다. 이 그룹에서 가장 중시하는 초기 성공사례인 '햇반'이 그 아무도 생각할 수 없었던 창조이었기에 이를 그룹 구성원의 정신으로 강조하고 있다. "Only One 정신"이라고 한다. 이를 기업의 미션과 비전에 담았다.

일반적으로 기업의 비전체계는 미션－비전－전략 등의 순으로 수립된다. 즉, 비전을 중심으로 전략이 연계된다. 비전은 전략경영의 출발점이다. 비전을 통해서 경영자들이 전략적 의사결정을 내릴 수 있다. 비전을 중시하고 비전 달성에 매진하고 결과를 만드는 경영자를 비전형 리더(visionary leader)라고 한다. 비전이 수립되어 있지만 도외시하는 경영자는 통제형 관리자에 불과하다.

한걸음 더

- 우리나라 주요 기업의 홈페이지 내용으로 미션–비전–전략의 연계성을 평가해보자.
- 공공기관이나 대학의 홈페이지에서 비전체계를 찾아보자.
- 글로벌 기업의 비전체계를 파악해보자.

---

3) CJ그룹 홈페이지 참조.

2. 외부환경과 내부자원의 분석

불확실성하에서 효과적인 경영전략의 수립을 위해 외부 경영환경과 내부 경영자원에 대한 분석이 중요하다. 이를 위해 전략경영에서는 이론과 실용적 방법이 잘 개발되었다.

2.1 외부환경의 분석

경영환경의 중요성과 시대적 변화를 제5장에서 살펴보았다. 전략경영에서 환경 분석은 모든 프로세스의 출발이다. 이를 위해 두 가지 분석을 할 수 있다. 첫째는 일반환경 분석이고, 둘째는 산업에 집중하여 구조적 특성을 분석하고 기회와 위협을 분석하는 것이다.

일반환경 분석

거시 일반환경에 대한 분석은 5개 환경 영역으로 구분하여 정리할 수 있다. 모든 기업에 미치는 환경변화의 조긴이지만, 그 영향이 개별 기업별로 산업특성과 사업구성에 따라 차별화된다. 현대자동차와 아마존은 주요 일반환경 요인이 다르다. 같은 유통소매업이라도 전자상거래의 아마존과 전통 유통업의 월마트가 다르다. 따라서 기업은 일반환경 분석에서 자사에 중요한 환경요인을 찾아내야 한다. 그리고 이는 전략경영의 출발점이 된다.

<표 6-6>에는 온라인 서비스와 관련 제품 판매사업을 하는 구글과 전자상거래(e-commerce)와 클라우드 서비스 사업을 하는 아마존의 주요 환경요인을 정리하였다. 다양한 분석이 가능하므로 아래의 내용은 예시이다. 이 두 기업의 일반환경 요인에는 전체적으로 볼 때 기회요인이 위협요인보다 더 많은 것으로 파악된다. 새로운 시대에 적합성이 크기 때문으로 볼 수 있다. 그러나 빅테크 기업에게 정치적 환경은 전반적으로 위협으로 다가오고 있다. 그리고 사회문화 환경에서 새로운 라이프스타일과의 적합성이 커서 큰 기회요인을 발견할 수 있다. 그리고 두 기업 모두 자원이용과 환경오염에서 상대적으로 유리한 사업 구성을 갖고 있어서 생태적 환경의 변화와 압력이 경쟁자들에 비해서 유리하게 기회요인으로 작용할 수

〈표 6-6〉 구글과 아마존의 PESTE 환경요인(예시)

구글 (온라인 서비스, 제품)	아마존 (전자상거래, 클라우드 서비스)
• 경제적 환경 1. 주력 시장 국가의 경제적 안정(기회) 2. 광범위한 자유무역협정(기회) 3. 개발도상국의 급속한 성장(기회) 4. 온라인산업 경쟁심화, 유튜브 경쟁노출(위협)	• 경제적 환경 1. 주력 시장 국가의 경제적 안정(기회) 2. 글로벌 공급망 교란(위협) 3. 개발도상국의 가처분소득 증대(기회) 4. 전자상거래 산업의 경쟁 심화(위협)
• 기술적 환경 1. 개발도상국의 인터넷 인프라(기회) 2. 기업의 디지털 변신 추세(기회) 3. IT기술의 발달(기회) 4. 재생에너지 기술진보로 비용 절감(기회/위협)	• 기술적 환경 1. 전자상거래의 급속한 기술 노후화, 막대한 기술투자 지속 필요(위협/기회) 2. IT기술의 발달(기회) 3. 기업의 디지털 변신 추세(기회) 4. 증가하는 사이버 범죄(위협)
• 정치/법적 환경 1. 주력 시장 국가의 안정적인 정치 환경(기회) 2. 지적재산권 규제 강화(기회) 3. 고객 개인정보 이용 규제 강화(위협) 4. 글로벌 ICT 기업의 국제 조세 강화(위협)	• 정치/법적 환경 1. 주력 시장 국가의 안정적인 정치 환경(기회) 2. 전자상거래에 대한 정부 지원(기회/위협) 3. 고객 개인정보 이용 규제 강화(위협) 4. 동유럽 정치 불안정성(위협)
• 사회문화적 환경 1. 소셜 미디어 사용 증가(위협 및 기회) 2. 온라인 사용자의 다양성 증가(기회) 3. 고객 개인정보 이용 비판 고조(위협)	• 사회문화적 환경 1. 온라인 구매 습관 증가(기회) 2. 개발도상국의 소비(구매력) 증가(기회) 3. 저탄소 라이프스타일의 대중화(기회)
• 자원 · 생태적 환경 1. 생태환경 보존의 중요성 증가(기회) 2. 기후위기로 저탄소경제로 전환(기회) 3. 기업에 대한 환경보호 규제 강화(기회)	• 자원 · 생태적 환경 1. 생태환경 보존의 중요성 증가(기회) 2. 기후위기로 저탄소경제로 전환(기회) 3. 기업에 대한 환경보호 규제 강화(기회/위협)

있다. 마지막으로 동일한 환경요인이 기회와 위협이 되기도 한다.

거시 일반환경은 개별 기업이 통제할 수 없는 복잡한 변화의 세계이다. 이때 일반환경이 과업환경에 미치는 영향을 분석해서 환경변화의 영향을 더 명확하게 파악할 수 있다. 이를 <표 6-7>처럼 환경 임팩트 분석 매트릭스로 정리할 수 있다. 예를 들어, 경제적 환경의 변화로서 경기침체가 다가오고 있다면 과업환경의 구성집단인 이해관계자에게 어떤 영향이 미칠지를 보기로 한다. 우선 경기침체가 우리의 고객한테는 어떤 영향을 미칠까? 전체적으로 소비가 줄어들고 상대적으로 가격민감형 소비가 증가할 수 있다. 경쟁자들도 경기침체로 재무자원이 부족하게 될 것이고 생존을 위한 경쟁이 심화될 수 있다. 공격적 경쟁자가 늘어날 수 있다.

〈표 6-7〉 환경 임팩트 분석 매트릭스(예시)

	경제적 환경 (글로벌 경기침체)	기술적 환경 (IT기술 심화 발달)	정치/법적 환경 (글로벌 ICT기업 조세부과)	사회문화 환경 (소셜 미디어 사용 증가)	자원·생태 환경 (저탄소경제 전환 압력)
고객					
경쟁자					
주주					
종업원/노조					
공급자					
지역사회					
정부/해외정부					
채권자					

주주들한테는 어떤 영향을 미치는가? 주주들도 경제침체가 되면 소득원이 줄어들고, 기업의 이익이 감소될 것으로 예상되기 때문에 이익에 매우 민감해질 수 있다. 경영자에게 효율성에 관한 압력이 커질 수 있다. 종업원들에게도 임금과 고용 등에서 불안정성이 커질 수 있기에 사기나 업무몰입도의 저하가 예상된다. 이처럼 경기침체라고 하는 팩트가 이해관계자들에게 어떤 영향을 미칠지를 예측하는 것이 중요하다. 기업을 둘러싼 환경변화, 맥락적 조건의 변화 등이 미치는 영향 관계에서 경영의 주요 이슈가 발견된다.

한걸음 더

- 구글과 아마존의 기회요인과 위협요인을 정리해보자. 위의 내용이 적절한가?
- 우리나라 대표 제조업 기업인 포스코(POSCO)를 PESTE 환경요인으로 정리해보자.
  –포스코의 생산과정에서 관련된 기술, 생태 환경 등의 이슈에 주목해보자.

산업 분석

전략에 영향을 미치는 가장 중요한 외부환경은 경쟁이 이루어지는 장소, 즉 기업이 속한 산업이다. 산업의 특성을 분석하여 끊임없이 변화하는 기회와 위협 요인을 찾아야 한다.

산업 분석은 산업의 진화에 대한 분석과 산업의 구조적 특성에 대한 분석으로 나눠볼 수 있다. 산업진화 분석(industry evolution analysis)은 신생산업에서 성장산업, 성숙산업, 쇠퇴산업으로의 진화 단계에 따라 시장의 규모변화와 경쟁우위 원천의 변화 등을 분석하는 것이다. 예를 들어, 새로 부상하는 신생산업 단계와 시장이 확대되는 성장산업의 단계에서는 선도기업우위(first-mover advantage)가 중요한 경쟁우위가 된다. 성숙 단계에서는 과점기업의 지배하에 통합적 구조를 보여주는 통합산업(consolidated industry)이나 수많은 중소 규모의 기업들이 산재해 있어서 시장이 작게 쪼개져 있는 분할산업(fragmented industry)이 있다. 전자는 자동차 산업을 들 수 있으며 후자는 레스토랑 산업이 예이다. 산업의 특성에 따라 주요 전략적 이슈가 달라지고 선택된 전략의 유효성도 달라진다.

산업구조 분석(industry structure analysis)은 산업의 구조적 특성을 결정하는 환경요인이 기업의 수익성과 경쟁우위에 어떻게 영향을 미치는가를 분석하는 것이다. 대표적인 방법이 마이클 포터의 '다섯 가지 힘' 모형(five-forces model)이다. 이 모형에서는 다섯 가지 구조 요인이 경쟁을 제약하는 힘이 되어서 기업의 수익성에 영향을 미치는 것을 분석하고 있다. 이 다섯 가지 힘은 [그림 6-4]와 같다.

[그림 6-4] 환경 압력의 다섯 가지 힘[4)]

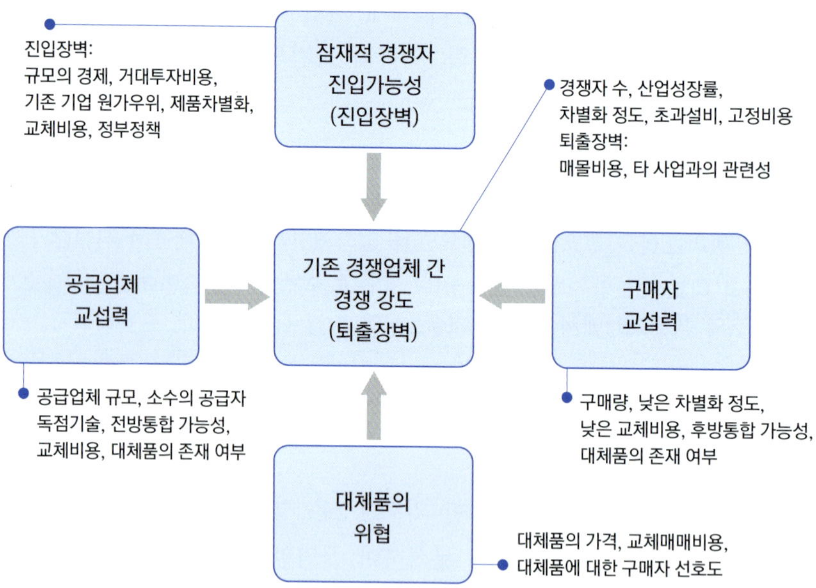

4) Porter(1980).

첫 번째 압력요인은 신규진입자의 위협(threats of new entrants)이다. 많은 새로운 경쟁자가 계속 시장에 진입하게 되면 산업 내 기존 기업들의 성과는 낮아지게 될 것이다. 산업의 진입장벽(entry barriers)이 높다면 신규진입자의 진입 위험이 줄고 잠재적 위협이 약화된다. 진입장벽은 진입비용을 높이는 산업의 구조적 특성이다. 진입장벽의 요인은 규모의 경제, 제품차별화, 기존 기업들의 원가우위, 정부에 의한 진입규제 등이다.

두 번째 압력요인은 공급업체의 교섭력(supplier's bargaining power)이다. 공급자들이 가격 또는 거래조건에서 협상력이 높으면 기존 기업들은 높은 가격을 지불하거나 불리한 조건의 거래를 할 수밖에 없다. 공급업체가 규모가 크고 독점적 기술을 갖고 있으면 교섭력이 높다. 소수의 공급자에 의해서 공급이 통제될 정도일 때도 교섭력이 높다. 또한 공급업체가 대체품의 영향을 받지 않을 경우에도 교섭력이 높다. 이런 모든 경우에 산업 내 기존 기업들의 성과는 낮아질 것이다.

세 번째 압력요인은 구매자의 교섭력(buyer's bargaining power)이다. 구매자의 교섭력이 높으면 기존 기업의 수익을 낮추는 위협을 준다. 구매자의 교섭력은 구매자가 소수일 때, 제품/서비스의 차별화가 되지 않을 때, 교체비용(switching costs)이 낮을 때, 구매자의 효용이 낮을 때에 높아진다. 이 경우 판매기업은 높은 이익을 얻을 수 없다.

네 번째 압력요인은 대체품의 위협(threats of substitutes)이다. 비행기 대신에 기차나 자동차를 이용할 수 있다면 비행기 가격을 일정 수준 이상으로는 받을 수 없게 된다. 판매가격에 상한선을 부여하는 것이다.

다섯 번째 압력요인은 기존 산업 내 경쟁강도(competitive rivalry)이다. 경쟁자가 많을수록, 제품의 차별화가 어려울수록, 산업의 성장률이 낮을수록 기업들의 이익이 낮게 된다. 기존 기업 간 경쟁은 앞의 4가지 힘이 강할수록 더 심해진다. 다섯 가지 힘은 독립적이기보다 서로 영향을 주며 위협을 높인다.

산업구조의 다섯 가지 힘이 약하면 기업은 풍부한 전략선택의 대안을 가질 수 있고 제약조건이 적어서 많은 기회에 노출된다. 특히 산업이 지속적으로 성장하는 상황이거나 일반환경 변화가 우호적인 이슈들을 발생시켜 기회의 창을 열어줄 때 그 효과는 더욱 커질 수 있다. 반면에 다섯 가지 힘이 너무 강하면 산업 평균 이익률(industry average profit)이 낮고 개별 기업의 전략선택의 폭이 좁아져서 경쟁우위 확보가 어렵게 된다.

매력적인 산업은 다섯 가지 힘이 약한 산업이다. 항공산업의 예를 들어보자.

경쟁자는 국내 및 해외의 항공사들이다. 경쟁이 치열할까? 경쟁자 수가 많고, 제품차별화가 잘 안 되기에 가격경쟁이 치열해진다. 잠재진입자의 위협부터 대체품의 위협까지 아래 표에 요약되어 있다. 종합하여 볼 때, 항공산업의 산업매력도(industry attractiveness)는 중하 정도로 평가된다. 높은 이익을 창출하기 어려운 산업이다.

〈표 6-8〉 항공산업구조 분석(여객사업, 화물운송사업)

구분	분석내용
진입장벽	시설비용(항공기 포함), 공항 게이트 확보, 정부규제
공급업체 교섭력	보잉사, 에어버스, 정유사, 식자재 공급자
구매자 교섭력	일반소비자의 가격민감도, 낮은 제품차별화
대체품	대체교통수단, 가상여행
산업 내 경쟁	다수의 경쟁자, 가격경쟁 심화

한걸음 더

- 산업구조 분석(다섯 가지 힘 분석)은 해당 업종의 평균 수익력을 결정한다. 따라서 창업할 때 반드시 고려해야 한다. 대학교 앞에 과일쥬스 전문점을 차린다고 하자. 수익성이 좋을까? 오래 지속할 수 있을까? 산업구조 분석을 해보자.

흔들리는 산업의 개념, 잠재적 진입자의 새로운 출현

산업 간 경계가 파괴되고 있다. 산업은 오랫동안 경쟁구조와 경쟁자를 결정하는 바탕이 되었다. 그런데 기술혁신에 의해 그 바탕이 흔들리고 있다. 구글의 경쟁자를 확정적으로 얘기하기 어렵다. 잠재적 경쟁자까지 포함하면 빅테크 기업 모두라고 할 수 있다. 애플, 마이크로소프트, 엔비디아, 아마존, 메타, IBM, 삼성전자, 디즈니 및 넷플릭스까지 모두 경쟁한다.

산업구조가 흔들리는 가장 대표적인 예로 전기차를 들 수 있다. 전기차 제조업이 자동차산업에 해당하는가? 아니면 전기전자산업에 해당하는가? 전기차 배터리는 단순 부품인가 아니면 전기차의 고유특성의 결정자인가? 기존 내연기관 자동차의 개념과 단절적인 특징이 많다. 경쟁력의 원천도 완전히 달라지고 있다. 이러한 모든 시장 및 기술의 변화는 기존의 자동차 업체에게 얼마나 큰 타격을 미칠까? 모든 것이 불확실해졌다.

경영사례

소니 · 혼다, 美 MS와 협력 전기차 만든다

완성차 업계 AI 기술 대거 적용, 소니 첫 전기차 '아필라' 공개

소니 · 혼다-MS, ADAS용 AI 공동개발

세계 최대 전자 · 정보기술(IT) 전시회인 CES 2024 개막을 하루 앞둔 8일(현지 시간) 글로벌 빅테크들도 인공지능(AI)과 미래 모빌리티 등을 중심으로 신기술들을 간판으로 내세웠다. 일본 소니와 혼다의 전기차 합작회사인 소니혼다모빌리티는 새 전기차 '아필라'를 공개한 데 이어 미국 마이크로소프트(MS)와의 협력도 공식화했다. (중략)

완성차 업계도 AI 대열에 합류했다. 폭스바겐은 완성차 업체 가운데 처음으로 오픈AI의 챗GPT를 제품에 탑재했다. 폭스바겐의 프레스 콘퍼런스 현장에는 챗GPT 기능이 탑재된 IDA 음성 비서가 들어간 폭스바겐 신형 골프 GDI, ID7 프로 등의 모델이 전시됐다. (하략)

[자료: 서울경제(2024.1.9)]

한걸음 더

- 소니와 MS는 전기차 시장에서 성공할 수 있을까? 토론해보자.

2.2 내부 자원-능력의 분석

기업의 내부적 강점과 약점을 분석하는 데는 보유자원의 전략적 가치를 평가하는 데서 출발한다. 이처럼 기업이 보유한 자원과 능력이 경쟁우위의 원천이 될 때 기업 성과가 높아진다는 관점을 자원기반 관점(RBV: Resource-based view)이라 한다.[5] 환경변화 압력과 산업의 특성이 기업의 수익성을 결정짓는다는 전통적 시각에 대응되는 관점이다. 환경의 새로운 기회를 선점하여도 기업이 적합한 자원과 능력을 보유한 경우에만 경쟁자의 위협을 이겨낼 수 있다. 그렇지 못한 경우에는 단기적 이익에 그치고 더 경쟁력이 좋은 기업에게 지게 된다. RBV에서는 지속적 경쟁우위가 기업 특유의 자원과 차별화된 능력에 뿌리를 둔 경우

5) 자원기반 관점을 처음 제시한 논문은 B. Wernerfelt(1984), "A Resource-based View of the Firm," *Strategic Management Journal*, 5(2), pp. 171-180.

에만 확보된다고 본다.

가치사슬과 경쟁우위

경쟁우위의 원천으로서 가치있는 자원과 능력을 찾기 위해서는 그 기업의 가치사슬을 분석하는 것이다. 가치사슬(value chain)은 기업이 가치를 창출하기 위한 일련의 연계된 활동들이다. 마이클 포터는 모든 기업에 공통적으로 적용될 수 있는 본원적 가치사슬(generic value chain)을 [그림 6-5]와 같이 제시하였다.

이 모형에서 가치활동은 기본활동 또는 본원적 활동(primary activities)과 지원활동(support activities)으로 나누어진다. 기본활동은 생산과 판매의 활동을 중심으로 전후의 자원의 흐름을 관리하는 활동을 포함한다. 지원활동은 인적자원, 재무자원, 정보자원 등을 관리하는 활동과 연구개발 활동을 포함한다.

RBV에서는 이들 가치활동에 관련된 자원을 세분하여 어느 자원이 차별적 경쟁력을 만들어줄 수 있는지를 분석한다.

[그림 6-5] 마이클 포터의 본원적 가치사슬[6]

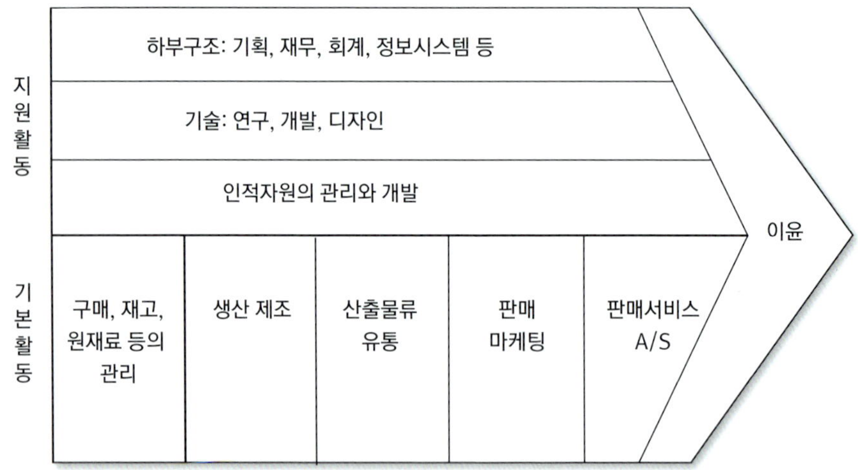

6) Porter(1985).

자원의 유형과 가치평가

RBV에서 자원(resource)은 기업이 전략을 수행하는 데 통제하고 이용가능한 유형자산 및 무형자산이다. 능력(capability)은 기업의 자원의 한 형태로 볼 수 있으며, 다른 자원을 최대한 활용할 수 있게 해주는 유무형의 자원이다. 기업의 자원과 능력에는 재무자원, 물적자원, 인적자원, 그리고 조직자원이 있다.

자원의 가치평가를 위해서 제이 바니(J. Barney)는 VRIO 모형을 개발하였는데, 다음 네 가지 질문으로 구성되어 있다.

〈표 6-9〉 RBV를 통해 내부 강점과 약점을 분석하기 위한 질문들[7)]

1. 가치(Value)에 대한 질문	기업이 소유한 특정 자원이 환경기회를 잘 이용하게 해주거나 환경위협을 중화시키도록 하는가?
2. 희소성(Rarity)에 대한 질문	그 자원이 소수의 기업에 의해서만 소유되고 있는가?
3. 모방가능성(Imitability)에 대한 질문	그 자원을 소유하고 있지 않은 기업이 자원을 획득하거나 개발하는 것이 어렵거나 큰 비용이 드는가?
4. 조직(Organization)에 대한 질문	가치있고, 희소하며, 모방하기 힘든 이 자원을 활용하기 위해 잘 조직화되어 있는가?

이 네 가지 질문을 통해 지속적 경쟁우위가 가능한지를 판단해볼 수 있다. 다음 <표 6-10>에 그 관계가 설명되어 있다.

이때 지속적 경쟁우위를 주는 자원과 능력이 그 기업의 강점이자 기업 특유의 역량이라고 한다. 기업의 특유역량(distinctive competence)은 경쟁자가 쉽게 따라하

〈표 6-10〉 VRIO 모형의 적용[8)]

자원이나 능력이…

가치 있는가?	희소한가?	모방이 힘든가?	조직에서 이용되는가?	경쟁적 시사점
아니오	–	–	아니요	경쟁열위
예	아니요	–	↑	경쟁등위
예	예	아니오	↓	임시 경쟁우위
예	예	예	예	지속적 경쟁우위

7) 신형덕 역(2020).

8) 신형덕 역(2020).

거나 모방할 수 없는 기업의 강점이다. 경쟁우위 구축에는 이 능력을 활용하는 것이 포함된다.

한걸음 더

- 1993년에 조선맥주 주식회사는 당사의 제품 크라운맥주를 대신하여 하이트맥주를 출시하였다. 하이트맥주는 '150미터 지하의 100% 암반 천연수'로 만들었다는 점을 내세웠다. 결과는 대성공이었다. 이 맥주의 성공으로 수십 년간 지속돼온 두산그룹 OB맥주의 시장지배가 종식되었고 급기야는 시장점유율 1위를 내주었다. OB맥주에 의존하던 두산그룹이 위기에 빠졌고 결국 두산그룹은 구조조정에 들어가게 되었다. 하이트맥주의 경쟁우위 원천인 '150미터 지하의 암반 천연수'는 지속적 경쟁우위를 줄 수 있었을까? VRIO 기준으로 평가해보자.

핵심역량 경영 이론

핵심역량(core competence)은 시장에서 기업을 가장 두드러지게 하는 자원과 기술의 조합이다. 기업 특유역량들에서 가장 효과적인 소수의 역량을 의미한다. 그 기업의 차별적인 역량으로서 강력한 경쟁력을 만들어주는 원천이 될 수 있다. 예를 들어, 혼다가 핵심역량인 엔진기술과 생산제조능력을 기반으로 오토바이, 잔디깍기기계, 자동차, 제트비행기 사업까지 진출해서 성공을 거둔 사례를 들 수 있다. 이처럼 핵심역량은 산업을 가로지르며 핵심적인 사업성공요인이 될 수 있다. 핵심역량에 기반을 둔 경쟁우위는 크고 지속가능하기 때문이다.

핵심역량 이론을 처음 제시한 프라할라드(C. K. Prahalad)와 하멜(G. Hamel)은 핵심역량을 "다양한 제조기법을 조정하고 복수의 기술을 통합하는 방법, 그리고 이를 조직화하는 능력"으로 정의하였다.[9] 그리고 이들은 기업의 최고경영진이 성장을 가능하게 하는 핵심역량을 식별, 배양 및 활용하는 능력에 따라 평가될 것이라고 보았다. 핵심역량은 다각화 전략에서 범위의 경제를 만들어내는 힘으로 작용한다. 핵심역량을 잘 발전시킨 기업으로 3M과 존슨앤존슨을 들 수 있다. 3M은 접착과 코팅 기술을 이용하여 수많은 관련제품을 만들어서 성공하였다. 존슨앤존슨은 의약품 개발과 마케팅에서 핵심역량을 심화시켜 왔다. 이로써 밴드에이드부터 아기용품, 각종 의약품, 수술봉합재료까지 광범위한 제품군을 생산하고 이를 효과적으로 시장에 전달하여 왔다. 이처럼 핵심역량은 제조기술에서부터 마케팅능

---

9) Prahalad & Hamel(1990).

〈표 6-11〉 핵심역량의 조건과 내용[10)]

조건	내용
지식에 초점	제품이나 기능 자체보다는 이를 가능케 하는 지식기반에 관련되어야 함.
유연적 진화	장기적 관점에서 점진적으로 축적되고 다양한 가치활동에 적용될 수 있도록 유연성을 가져야 함. 그렇지 않으면 핵심역량이 오히려 핵심관성이 되어 적응력을 약화시킬 수 있음.
집중적 관리	경영의 모든 에너지를 결집시켜 지속적 관리가 가능해야 함. 따라서 2~4개의 핵심역량을 선택할 수밖에 없음.
기업가치 창출	전사적 관점에서 실질적인 수익성과 경쟁력을 창출할 수 있어야 함.
고객가치 창출	고객의 욕구, 효용과 직접적인 관련성을 가져서 고객가치를 증대시킬 수 있어야 함.
조직에의 확산	특정 개인에 내재하기보다는 다수의 구성원에게 공유되고 확산되어 새로운 형태의 조직 역량으로 전환될 수 있어야 함.
수월성의 유지	경쟁업체의 모방 속도보다 더 빠른 역량축적을 통해 절대적 우위를 확보할 수 있도록 수월성(excellence)을 가져야 함.

력, 그리고 조직화능력 및 학습능력까지 다양한 자원과 능력의 조합으로 발전할 수 있다.

프라할라드와 하멜에 따르면, 기업은 2~4가지의 핵심역량을 식별하고 선택한 후에 이를 경쟁력으로 연결시키기 위해서는 여타의 관련자원을 재구축해야 한다. 즉, 핵심역량의 전략적 가치를 최대로 활용하기 위해 조직 내 모든 자원을 재구축하여 조직 전체 차원의 효율적 자원 가동력을 갖추어야 하는 것이다. 이를 위해서 생산, 인적자원, 재무통제 등 모든 관리시스템이 핵심역량 중심으로 재설계되어야 함은 물론이다. 많은 학자들은 이 외에도 핵심역량의 다양한 조건을 제시하고 있는데, 그 내용을 정리하여 <표 6-11>에 7가지로 정리하였다.

10) 강효석 외(1998) 참조.

3. 사업부 수준의 경쟁전략

기업의 수익률은 **산업매력도**와 **경쟁우위**에 달려 있다. 우선 산업구조에서 유리한 조건에 있는 기업들의 평균 수익률이 높다. 성장산업이거나 독과점 산업, 다섯 가지 힘이 약한 산업 등에서 기업들은 높은 수익을 낼 수 있다. 그리고 이 산업 내에서 경쟁우위를 확보하면 더 높은 수익을 낼 수 있다. 반면에 매력도가 낮은 산업, 예를 들어 쇠퇴산업에서 대부분의 기업들은 낮은 수익률을 보인다. 이 산업에서도 경쟁우위를 확보한 기업은 상대적으로 높은 수익을 얻을 수도 있다.

매력적인 산업에 뛰어든 기업 중에 더 높은 경쟁우위를 갖고 있으면 두 가지 효과가 결합되어 높은 성과를 거둘 수 있다. 이처럼 어느 산업에서 비즈니스를 할 것인가를 결정하는 것이 기업전략이고, 산업 내에서 어떻게 경쟁우위를 확보할 것인지에 관한 것이 사업부 전략이다.

사업부 전략의 유형

사업부 수준의 전략(business-level strategy)은 해당 산업의 경쟁구조에서 어떻게 경쟁할 것인가(how to compete) 또는 어떻게 경쟁에서 이길 것인가(how to win the competition)에 관한 전략이다. 따라서 이를 경쟁전략(competitive strategy)이라고 한다.

사업부 전략은 산업에 연계되어 있다. 산업구조가 산업 내 기업들의 평균 수익률에 영향을 미치는 것을 살펴보았다. 그리고 산업 내 개별 기업의 수익률은 경쟁전략의 효과성에 달려 있다.

경쟁전략은 원가선도전략(Cost Leadership Strategy)과 차별화전략(Differentiation Strategy)의 두 유형으로 나누어볼 수 있다. 이는 마이클 포터가 1980년의 『경쟁전략』이라는 책에서 가장 기본이 되는 전략이라는 뜻의 본원적 전략(generic strategy)의 유형으로 제시하였고 이후 1985년의 『경쟁우위』라는 책에서 경쟁력의 원천이

[그림 6-6] 기업의 수익률

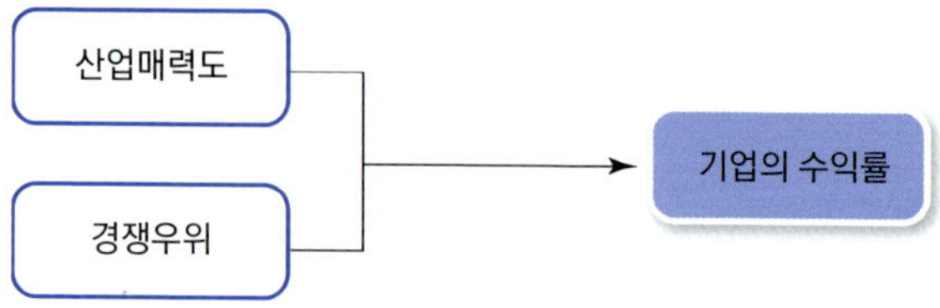

되는 원가우위(cost advantage)와 차별화우위(differentiation advantage)를 상세히 설명하였다. 이후 전략경영학자들에 의해 그 효과성이 검증되고 받아들여져서 오늘날에는 가장 일반적인 전략 개념이 되었다.

이 두 가지 본원적 전략에 더하여 기업이 시장경쟁에서 전체 시장을 대상으로 하지 않고 특정분야에 한정된 시장을 대상으로 집중할 수 있다. 이를 집중화전략(Focus Strategy)이라고 하는데, 아래 그림과 같이 원가선도전략 및 차별화전략과 결합될 수 있다.

원가선도전략은 경쟁기업보다 낮은 원가를 만들어서 우위를 만들고 낮은 가격으로 경쟁을 선도하는 전략이다. 원가와 비용 측면에서 경쟁자보다 훨씬 유리하기 때문에 가격경쟁을 하게 되면 경쟁자는 이익을 얻지 못하더라도 해당 기업은 이익을 남기게 된다. 이로써 경쟁에서 우위를 점하게 되는 것이다. 여기서 중요한 점은 만약 경쟁자도 원가를 낮출 수 있다면 경쟁우위는 일시적이고 곧 사라지게 된다. 따라서 낮은 원가를 경쟁자가 따라올 수 없을 정도로 선도할(leading) 수 있어야 한다. 낮은 원가의 원천이 경쟁자가 모방할 수 없는 요인이면 원가우위는 지속될 수 있다.

차별화전략은 제품과 서비스를 차별화하여 경쟁하는 전략이다. 경쟁업체 대비 우리가 특별히 잘할 수 있는 요소를 활용하여 구매자들에게 더 높은 가치를 만들어서 경쟁하는 것이다. 차별화는 제품이나 서비스가 고객들에게 독특(unique)하다

[그림 6-7] 사업부 수준의 전략[11]

목표시장	고객가치의 기반: 낮은 가격	고객가치의 기반: 독특함
시장 전체	**원가선도전략** (Cost Leadership)	**차별화전략** (Differentiation)
좁은 시장영역	**집중화 원가선도전략** (Focused Cost Leadership)	**집중화 차별화전략** (Focused Differentiation)

11) Porter(1980, 1985) 참조. 원가선도전략은 'Cost Leadership Strategy'의 번역인데, 원가 측면에서 경쟁력을 갖지 못한 원가열위자(cost follower) 개념에 대응된다. 학자에 따라 저원가전략, 원가우위전략, 비용우위전략 등으로 번역하기도 한다.

고 인식(perceived)되어야 한다. 이러한 인식으로 고객들은 추가적인 가격(premium price)을 지불할 용의가 있기 때문에 가격경쟁을 피할 수 있다. 차별화전략에서도 경쟁자가 차별화 요소를 쉽게 모방할 수 없어야 차별화우위가 지속될 수 있다. 그리고 차별화 요소가 얼마나 매력적인가에 따라 추가이익의 크기가 결정된다.

경쟁우위는 비용우위와 차별화우위의 두 가지가 있다. 기업은 이 두 요소 중에서 선택을 해야 한다. 왜냐하면 경쟁자가 모방할 수 없을 정도로 회사의 모든 자원과 능력을 집중하여 경쟁우위가 지속・심화되도록 노력해야 하기 때문이다. 대체효과(trade-off)가 있는 것이다. 대충 노력하여 경쟁우위를 얻을 수 없으며 헌신적 노력의 결과이다.

기업은 경쟁우위를 지속가능하게 만들기 위해 전체 시장이 아닌 특정 시장에 집중해야 할 경우가 있다. 경쟁우위의 원천이 특정 시장에 한정되는 것이거나, 경쟁우위를 지속시키기 위해 투입되어야 할 자원과 능력이 전체 시장을 대상으로 하기에는 기업규모가 작은 경우 등 다양한 원인이 있다. 이때 특수한 시장에 초점을 맞추는 **집중화전략**을 택한다. 예를 들어, 의류시장에서 임산부들을 위한 특수시장에 집중할 수 있다. 시장이 작기 때문에 소규모 기업에게 맞는 전략이다. 이 한정된 특수시장에서 원가우위를 추구할 수도 있고, 차별화우위를 추구할 수도 있다.

경영사례

삼성・LG 펄펄 나는데 '탱크주의' 대우전자가 아쉬운 이유

덥다. 습도도 높아서 체감 온도와 불쾌지수는 더 올라간다. 게다가 코로나19가 재확산하면서 재택근무가 부쩍 늘었다. 방마다 에어컨 없으면 이 찜통더위를 어떻게 버틸까. (중략)

그런데 이럴 때 생각나는 회사가 있다. 대우전자다. 가성비(가격 대비 우수한 성능)가 아쉬워서다. 요즘이야 '자동차가 전자제품 된다'고 하지만 1990년대는 전자제품이 막 복잡다단해지기 시작한 시대다. LG전자(당시 금성사)는 '기술의 상징'을 내세웠고, 삼성전자는 '첨단기술의 상징'으로 맞대응했다. 그러면 LG는 '최첨단기술의 상징'으로 또 치고 나갔다.

이렇게 첨단을 자랑하던 시기에 대우전자는 '탱크주의'를 마케팅 슬로건으로 내걸었다. 1993년이다. 필수 기능에 충실하면서, 튼튼하게 만들겠다는 뜻이다. 당시 배순훈 사장이 TV 광고에 등장해 "2000년까지 쓸 수 있는 튼튼한 제품을 만들겠다" "불량이 확인되면 교환・환불해 준다"고 약속했다.

묻지도 따지지도 않고 기본에 충실하겠다는 전략이다. 요즘으로 따지면 통화 품질 갖추면서 요금은 확 줄인 '알뜰폰' 같은 상품이다. 속내는 첨단기능이나 품질, 디자인 등에서 삼성 · LG에 밀리는 대우의 생존전략이기도 했다.

때마침 출시한 공기방울 세탁기는 공전의 히트를 기록했다. 대우전자는 핵심 기능에 집중하는 마케팅에다 경쟁사보다 10~15%가량 저렴한 가격경쟁력을 더해 LG · 삼성과 더불어 '가전 3사'로 자리매김했다.

하지만 1999년 대우가 좌초하면서 시련이 닥쳤다. 주인도 두어 차례 바뀌었지만, 대우일렉트로닉스(2002년) → 동부대우전자(2013년) → 대우전자(2018년) → 위니아대우(2019년) → 위니아전자(2020년)로 이름만 다섯 번 바뀌었다. 지난해 매출은 5,347억원인데, 영업적자가 204억원이다. 새 주인인 대유그룹은 지난해부터 '대우' 브랜드를 쓰지 않는다. 국내 사업은 주로 위니아딤채가 맡고 있다. (하략)

[자료: 중앙일보(2021.7.25)]

한걸음 더

- **대우전자의 '탱크주의'는 원가선도전략의 대표적인 사례이다. 그룹 해체라는 외생적인 요인이 없었다면 대우전자의 경쟁전략은 가전산업에서 계속 성공할 수 있었을까? 토론해보자.**

전략유형별 경쟁우위의 원천

원가선도전략의 경쟁우위는 어디서 나오는 것일까? 생산기술과 규모의 경제, 학습의 경제, 그리고 기업 특유의 비용절감 관련 자원과 능력 등으로 인한 비용우위(원가우위)이다. 생산기술은 전문화된 생산공정과 단순화된 제품설계로 구현되면 비용우위를 낳을 수 있다. 기업 특유의 비용절감 능력은 아주 싸게 좋은 물건을 공급할 수 있는 공급자들을 확보한다든지, 장기공급계획을 확보하는 것이 예이다. 정유회사 에쓰오일이 지배주주인 사우디아람코에서 낮은 가격으로 안정적인 원유공급을 받는 것은 기업 특유의 자원과 능력에 의한 것이다.

원가선도전략에서 경쟁우위의 지속가능성이 만들어지기 위해서는 비용우위의 원천이 기업 특유의 자원과 능력에 기반하고 VRIO 기준에 적합해야 한다. 그리고 조직의 운영과 기업문화, 종업원의 참여로 뒷받침이 되어야 한다. 종업원을 비용통제 대상으로 하거나, 경영진과 특정 집단만 노력하고 조직 전체 구성원이 함께하는 조직문화적 바탕이 없는 경우에는 지속가능하지 않게 된다.

원가선도전략의 위험요인은 기술, 제품 및 시장의 변화에 있다. 비용을 낮출 수 있는 공정기술에서 새로운 기술이 출현하면 위기에 빠진다. 경쟁업체가 신기술

〈표 6-12〉 경쟁우위 획득방법과 위협요인

구분	원가선도전략	차별화전략	집중화전략
획득방법	규모의 경제 학습곡선의 효과 투입요소 비용의 통제 단순화된 제품설계 전문화된 생산공정	제품 차별화 －품질, 기능, 디자인, 서비스 이미지 차별화	한정된 시장에서 특화된 원가우위 또는 차별화우위의 집중적 전개
위협요인	기술변화 제품변화 시장변화	경쟁사의 모방 시장기호의 변화	집중대상 시장/고객기반의 축소/소멸

을 채택하여 더 낮은 비용을 만들어낼 수 있게 되기 때문이다. 제품에서의 변화, 시장에서의 변화 역시 마찬가지다. 고객들의 저가 제품에 대한 선호가 없어지거나, 그 시장 기반이 와해되는 경우에 위험에 빠진다. 비용우위의 원천은 대부분 매몰비용이 크고, 탄력적 변화가 어려운 자원과 능력에 해당하기 때문이다.

차별화전략의 경쟁우위는 어디서 나오는가? 제품 차별화와 이미지 차별화를 통한 차별화우위다. 제품 차별화는 제품의 품질, 기능, 디자인 등에서 경쟁업체 제품에 비해서 더 높은 독특한 가치를 만드는 것이다. 그리고 높은 질적 서비스를 제공하는 것도 제품 차별화에 해당한다. 이미지 차별화는 좋은 브랜드이미지를 창출하여 고객들이 추가비용을 지불하게 하는 것이다.

차별화우위의 지속가능성을 위해서는 차별화 요소가 기업 내 고유의 자원과 능력에 의한 것이어야 한다. 탁월한 기술력에 의해서 높은 품질을 만들어낼 수 있다든지, 마케팅 능력이 탁월하다든지, 강력한 효과를 창출할 수 있는 특유의 유통구조를 가지고 있다든지, 높은 고객충성도를 만드는 특별한 자원이 있어야 한다.

차별화전략을 채택하기 위해서는 차별화를 가능하게 해주는 창의적이고 새로운 생각을 끊임없이 하는 인력이 필요하다. 구성원들이 창의성을 발휘할 수 있는 조직 내 지원시스템과 후원적 리더십이 필요하고, 창의적 기업문화가 뒷받침되어야 한다.

차별화전략의 위험요인은 경쟁자가 성공적으로 모방하는 경우이다. VRIO 기준이 와해되는 경우이다. 고객들의 기호가 바뀌어서 해당 제품에 충분한 매력을 느끼지 못하는 경우에도 위험하다. 그래서 차별화전략에서는 기업 스스로가 끊임없이 변화하면서 고객의 기호 변화를 받아들이거나 새로운 고객의 기호를 창조하는 것이 중요하다. 차별화전략의 기업은 변화와 혁신 능력을 갖춰야 한다.

집중화전략의 경쟁우위는 한정된 시장에서 비용우위나 차별화우위를 확보하는 것이다. 한정된 시장을 대상으로 하기 때문에 더욱 낮은 비용상 우위를 확보하거나 더욱 특화된 차별화우위를 만들어야 한다. 위협요인은 타깃이었던 한정된 시장 자체가 축소되거나 소멸되는 것이다.

LG전자의 휴대폰 사업의 전략적 실패

LG전자가 2021년 7월 31일 휴대전화 사업을 공식적으로 종료했다. 1995년 휴대전화 사업을 시작한 지 26년 만에 사업 철수를 단행했다. LG전자가 휴대폰 사업에서 실패하게 된 이유는 스마트폰 시장에서 누적된 적자를 감당하기 어려웠기 때문이다. 시장점유율 반등이 사실상 어렵다고 판단한 것도 주요 이유다. 아래 기사를 보자.

경영사례

LG전자의 휴대폰 사업 철수

LG전자가 2021년 7월 31일 휴대전화 사업을 공식적으로 종료했다. LG전자의 휴대폰 사업이 사양길에 들어선 직접적인 계기는 스마트폰으로의 전환에 실패하였기 때문이다.

애플은 2007년 전 세계 시장에 MP3와 인터넷 기능을 탑재한 아이폰을 처음 선보였고 이는 휴대폰 시장의 완전한 변화를 가져왔다. 아이폰 인기에 놀란 삼성전자는 아이폰3GS 출시 이듬해인 2010년 안드로이드를 탑재한 '갤럭시S'를 급하게 내놨다. 성공적인 변신을 하였고 세계 휴대폰 시장의 양강 구도를 형성하게 되었다. 반면에 LG전자는 2009년에도 '뉴초콜릿폰'과 '프라다폰2' 등 피처폰으로 대응했다. 당시만 해도 LG전자는 노키아, 모토롤라, 삼성 등과 함께 세계시장의 선두그룹에 해당하는 휴대전화 회사였다. '초콜릿폰(2005년)'과 '프라다폰(2007년)'이 세계적으로 메가히트(대성공)를 치면서 2008년과 2009년 각각 1조원의 영업이익을 거뒀다.

뒤늦게 2010년에 출시한 LG전자의 첫 번째 스마트폰 '옵티머스'는 잦은 고장으로 소비자 불만이 잇따른 데다 부품 조달마저 원활하게 이뤄지지 못했다. 첫 번째 스마트폰 이미지가 중요했지만 안착에 실패했다.

"애플도 안 하고 삼성도 안 한 것에 집착"

LG전자는 'G시리즈'로 재기에 나섰다. G시리즈는 LG전자의 공격적인 투자에 힘입어 소비자에게 제대로 된 선택지처럼 보였다. 특히 2014년 출시된 'G3'는 LG전자 스마트폰 중에선 처음으로 누적 판매량 약 1,000만대를 기록해 최대 실적을 올렸다. 앞서 출시한

'G2'가 물밑에서 소비자들에게 호평을 받은 것이 G3의 성공으로 이어졌다는 게 전문가들의 설명이다. LG전자 휴대전화 사업본부는 그해 3,161억원의 영업흑자를 기록했다.

하지만 과도한 차별화에 집착한 탓에 소비자들로부터 다시 멀어지기 시작했다. 2013년 'G플렉스'라는 상하로 구부린 폰을 내놨다. 삼성이 디스플레이를 좌우로 구부린 스마트폰을 내놓자 이에 대응한 것이다. 2015년 LG전자의 적자 행진의 신호탄이었던 'G4'가 나왔다. 다른 회사가 시도하지 않았던 천연가죽 디자인을 채택했다. G시리즈와 구별한 V시리즈는 첫 제품부터 기기 결함 논란에 휘말렸다. V10은 전원이 스스로 꺼지고 켜지고를 반복하는 '무한부팅' 논란이 일었다. 급기야 LG전자는 세계 최초 모듈형 스마트폰 'G5'를 내놨다. 그러나 모듈 사이 틈이 벌어지는 유격현상이 발생했다. 듀얼 스크린을 앞세운 V50 씽큐, 스위블(회전하는)폰 LG 윙 등의 시험적 모델도 소비자들의 공감을 얻는 데 실패했다.

LG전자 초콜릿폰

LG전자 'G플렉스'

LG전자 휴대전화 사업부는 'G4'가 나왔던 2015년 2분기부터 적자를 기록한 이래 23분기 연속 영업손실을 냈다. 누적 손실 규모만 5조원에 달한다. 스마트폰 판매량도 2015년 5,970만대를 정점으로 하락세다. 2019년 연간 3,000만대 밑으로 내려왔다. 시장조사기관 스트래티지애널리틱스(SA)에 따르면 지난해 3분기 기준 LG전자 스마트폰 판매량 순위는 9위, 점유율은 2.2%에 그쳤다. (하략)

[자료: 한국경제(2021.7.31) 기사 (부분 편집)]

LG전자가 시장경쟁에서 채택한 차별화전략은 초기에는 큰 성공을 거뒀다. 초콜릿폰과 프라다폰이 히트를 친 것이다. 그러나 이러한 성공은 스마트폰으로의 전환을 머뭇거리게 했고 피처폰(일반폰)에 더 집착하는 결과로 이어졌다. 스마트폰 시장으로 진입을 시도한 시점에 대부분의 시장이 선발자인 애플과 기민한 추격자인 삼성에 의해 빠르게 점거되고 있었다. 이후 LG전자는 또다시 차별화전략을 채택하여 여러 제품을 출시하였으나 시장의 주목을 얻지 못하고 실패를 거듭하게 되었다. 제품 자체의 품질 문제는 상황을 더욱 악화시켰다. 고객의 수용성을 얻지 못하는 차별화전략이 위험하다는 것을 잘 보여주는 사례이다. 차별화의 원천에서도 제품의 기능이나 디자인에 중점을 두었는데, 품질의 차별화가 선행되었어야 했다는 평가다. 이 사례는 경쟁전략에서 기업이 취해야 할 행동의 여러 모습을 보여준다.

애플에 의한 2007년 1월 스마트폰의 등장은 비즈니스 역사상 가장 큰 사건 중 하나이다. 인류의 라이프스타일에 극적인 변화를 가져다준 사건이었고, 기업의 혁신이 낳은 가장 큰 경영성과의 기록으로 남을 만한 사건이었다. 이렇게 큰 사건임에도 당시 주요 기업들의 전략적 대응은 느렸다. 당시 시장을 장악하고 있던 노키아도 늦은 대응과 제품력 부족으로 실패의 길로 들어서게 되었다. 1998년 노키아는 미국 모토롤라를 제치고 세계 1위의 휴대전화 제조업체로 등극했다. 이후 2007년 말에는 세계 휴대폰 시장의 40%를 육박하는 점유율을 기록했고, 핀란드 수출물량의 20%, 핀란드 국내총생산(GDP)의 약 25%를 차지할 정도로 엄청난 공룡기업으로 성장했다. 노키아가 핀란드이고 핀란드가 노키아라는 말이 회자되었다. 혁신의 상징이었던 노키아는 휴대폰 시장의 선도자가 된 이후로 저가제품으로 시장을 지배하는 경로를 채택하였다. 원가선도전략을 채택한 것이다. 이는 혁신의 유전적 코드를 억제하였고 피처폰에서도 경쟁력을 잃어가는 계기가 되었다. 또한 스마트폰 시장에서도 애플과 삼성에 밀려서 쇠락의 길을 걷게 되었다. 결국 노키아는 휴대전화 사업에서 철수를 결정하였고 2013년에 마이크로소프트에 인수되어 동사의 모바일 사업부문으로 편입되었다. 2023년에 세계 스마트폰 시장점유율은 판매량 기준으로 애플(20.1%), 삼성전자(19.4%), 샤오미(12.5%), 오포(8.8%), Transsion(8.1%) 순으로 후발주자인 중국 기업 3개가 3~5위를 차지하였다.

한걸음 더

- LG전자 휴대폰 사업의 철수는 전략적으로 옳은 결정인가? 오히려 늦은 결정인가?
- 세계 1위의 노키아 휴대폰 사업이 실패하게 된 원인을 알아보자.
- 삼성전자의 빠른 추격은 왜 가능했는가? 삼성전자 스마트폰 사업의 미래를 그려보자. 이상의 내용을 토론해보자.

4. 기업 수준의 전략

4.1 기업전략의 효과성과 사업구조 평가

기업 수준의 전략(corporate-level strategy)은 전사적 수준의 전략이라고 불리기도 하는데 회사 전체 차원에서 사업의 구성형태를 결정하는 것이다. 사업의 진출과 철수, 신규 시장의 진출, 사업 간 결합효과 등 기업 차원의 사업구조 전략에 해당한다. 기업전략에는 수직적 통합, 다각화 전략, 해외시장 진출 전략 등 크게 세 가지가 있다.

기업전략의 결과로 여러 개의 사업을 가진 다중사업기업(multi-business firm)이 된다. 해외지역 진출이 전 세계 시장에까지 이뤄지면 글로벌 기업이 된다. 자동차 회사와 같은 단일사업기업(single-business firm)이 글로벌 기업이 되기도 하지만, 대부분은 다중사업기업의 모습을 띤다.

다각화 기업 제너럴일렉트릭(GE)의 운명

다중사업기업의 대표적인 회사로는 미국의 복합사업체(Conglomerate)인 제너럴일렉트릭(GE)이다. 복합사업체 또는 콘글로머리트라는 용어는 몇 개의 사업으로 구성된 정도가 아니고 수십 개의 다양한 사업구성을 가진 회사를 말한다. 미국에서는 일부 거대기업이 추구하는 비즈니스 모델이다. 20세기 말까지 20여 년간 CEO로서 잭 웰치가 주도한 GE의 확장은 사업 포트폴리오를 다각화하는 것이 위험을 완화하는 효과적인 방법으로 간주되던 시기에 일어났다. 한 산업이 침체기에 있을 때 다른 산업이 번성할 수 있기에 기업의 영속성을 보장해주고 더 높은 성과를 창출할 수 있다고 보는 것이다. 이에 GE는 2000년대 초까지 금융, 에너지, 가전, 소비재, 인프라, 미디어, 산업솔루션 등의 사업분야에 수십 개의 사업을 가진 복합사업체로 성장하였다. 잭 웰치의 재임 20년간 이 회사의 주식시장가치는 120억달러(1981년)에서 4,100억달러(2001년)까지 증가되어 세계 최고의 기업이 되었다.

GE는 사업 포트폴리오를 다양화하여 1990년대 후반 시장가치를 최고 5,940억 달러까지 늘렸지만 이후 20년 동안 기업가치의 지속적 하락을 경험하였다. 새 천년이 시작되면서 닷컴 붕괴와 2008년 이후의 경기침체로 촉발된 손실을 입으면서 전략적 방향을 바꾸었다. 2001년 CEO 자리를 승계한 제프리 이멜트 회장은 신경제 시대에 발맞춰서 사업 포트폴리오 구성을 바꾸는 사업구조 변화를 도모하였고 과도하게 다각화된 사업체 운영에 어려움을 겪고 일부 사업을 축소하였다. 그 결과 2010년대 중반까지 GE는 디지털산업기업으로 변모하였으며 신경제 중심의 사업구조를 갖게 되었다. 이멜트 회장은 재임 16년간 시대 변화에 맞춰 GE의 사업구조를 성공적으로 재편한 경영인으로 평가받고 있다. 하지만 재임기간 주가와 주주수익률에서는 시장 평균을 밑도는 성적으로 어려움을 겪었다.

이멜트의 후임으로 GE 헬스케어 부문 대표였던 존 플래너리가 CEO로 2017년에 취임하였으나 15개월 만에 전격 경질되고, 사외이사인 로렌스 컬프가 2018년에 CEO로 취임하였다. 이후 기업 변신을 계속 추진하고 있다. 이 회사의 가치는 2021년 말 현재 1,200억달러로 잭 웰치가 이끌던 시기의 최고 가치의 5분의 1에 해당한다.

경영사례

"세계 초일류 기업 GE의 변신"

125년 역사 GE, IT 접목해 첨단 디지털 기업으로 재탄생

헬스케어 등 미래사업육성… 美 제조업 부활의 선봉장

토머스 에디슨이 발명한 백열전구에서 시작된 125년 역사의 글로벌 제조 대기업 '제너럴일렉트릭(GE)'이 소프트웨어 능력을 강화한 디지털 회사로 다시 태어났다. 16년의 임기를 마치고 8월 1일 최고경영자(CEO)에서 물러난 제프리 이멜트 회장(회장직은 연말까지 유지)이 GE를 그렇게 바꿨다. 이멜트는 GE를 지금까지와 전혀 다른 종류의 기업으로 바꿨다. 사물인터넷으로 기계를 연결해 생산성을 향상시키는 '디지털 산업 기업'이 현재 GE의 모습이다.

GE 사업구조 개편

사업 매각 · 인수	
매각	**인수**
플라스틱, 가전 보험, 미디어 산업솔루션 소비자금융	생명과학, 신재생에너지 디지털, 항공 전자 유전 서비스 엣지(edge) 컨트롤 적층제조기술 분산전력/그리드
글로벌 진출 확대	
2000년 80개 국가 해외매출비중 40%	2016년 180개 국가 해외매출비중 60%

GE는 '디지털 제조업'에 뛰어들었고, '산업용 인터넷 운영체제(OS)'를 개발해 보급했다. 산업인터넷 분야에서 개인용 컴퓨터(PC) 운영체제 윈도 같은 산업용 인터넷 운영체제 '프레딕스'를 개발해 기계가 생산해내는 엄청난 양의 데이터를 처리하고, 다른 기업에도 제공하고 있다.

이멜트가 전임 잭 웰치 회장에게서 넘겨받은 GE는 백색가전과 금융, 미디어에 걸쳐 있는 회사였다. 이멜트는 수익성이 낮거나 핵심 제조업과 관련 없는 사업 부문을 과감하게 정리하고, 신규 사업을 추가해 영역을 확장했다. 방송사 NBC 유니버설 지분도 컴캐스트에 매각했다. 가전은 중국 하이얼에 매각했다. 기업 리스 사업을 제외한 금융 부문과 플라스틱 사업도 매각했다.

매각해서 얻은 자금으로 이멜트는 풍력발전 부문을 인수하고, 재생에너지 부문을 육성했다. 석유·가스 업체와 생명과학 업체를 인수했다. 그 결과 에너지·항공·헬스케어 등 미래지향적인 기업으로 변신했다. 2008년에 GE의 매출액 중 절반은 금융업과 NBC 방송 등 서비스업에서 나왔다. 하지만 지난해엔 90% 이상이 전력, 헬스케어, 항공, 석유·가스, 에너지 등 제조업 부문에서 발생했다.

잭 웰치 시대와 비교하면 'GE'라는 이름만 같고 사업 내용은 완전히 다른 수준이다. 이멜트는 월스트리트저널 인터뷰에서 "물려받은 회사의 3분의 2 정도를 매각한 것 같다"고 했다. (하략)

[자료: 이코노미조선, 220호(2017.10.9)]

GE는 2021년 11월 9일에 항공, 의료 및 에너지에 중점을 둔 3개의 사업영역으로 기업분할을 발표했다. 기업분할로 GE헬스케어(GE Healthcare), GE항공(GE Aviation), 그리고 GE Digital과 GE Power & Renewable Energy 사업의 통합 비즈니스 회사로 나뉜다. 최종적으로 GE는 항공사업을 맡게 된다. 로렌스 컬프 CEO는 성명에서 이 회사의 해체는 회사의 "결정적인 순간"이며 분할된 3개 회사별로 "산업특유의 다이나믹스"에 맞게 투자전략을 조정할 수 있게 될 것이라고 말했다. 이러한 기업분할의 근거는 투자자, 직원 및 고객을 위해 더 나은 가치를 창출하려는 데 있다고 강조하고 있다. 각 사업별로 장기적 성장기회를 찾아가고 각자 운영효율, 자원배분, 재정유연성 등을 만들겠다는 것이다.

GE는 왜 이러한 기업분할을 선택하였는가? 수년간의 노력에도 불구하고 GE의 기업가치는 제대로 회복되지 못하고 있다. 사업 측면에서 획기적인 수익력 회복이 잘 안 되고 있을 뿐 아니라 자본시장에서도 낙관적 평가가 드문 편이다. 전문가들은 GE의 기업분할 결정을 **콘글로머리트형 다각화 기업**의 시대가 끝났다는 신호로 보고 있다. 두 가지 주요 요인이 이러한 추세를 주도하고 있다. 첫째, 자본시장에서 GE와 같이 고도로 다각화된 기업의 가치를 평가하기가 어렵다. 둘째, 기업에서도 더 이상 방대한 포트폴리오를 관리하는 데 적합한 리더십과 경영진을 찾기가 어려운 것이다. GE의 CEO 승계에서의 시행착오는 이를 반영한다.[12] 복합사업그룹의 대기업이 계속 번성하는 중국과 인도와 같은 국가에서는 반드시 그렇지는 않지만, 미국에서는 이 비즈니스 모델이 더 이상 유효하지 않다고 볼 수 있다. GE는 기업분할 이후에 시가총액이 1.7배 이상이 되었다.

〈표 6-13〉 다각화기업 GE의 시가총액 변화

기업분할 이전	기업분할 이후 2024년 6월 말
1981년 120억달러	GE Aviation 1,740억달러
2001년 4,100억달러 (세계 1위)	GE Healthcare 326억달러 (2022년 12월 상장)
2021년 1,200억달러	GE Digital (미상장, 기업가치 산정 제외)
2022년 기업분할	합계: 2,066억달러

대기업집단 사업구조의 평가

우리나라의 경우에는 어떠할까? 콘글로머리트형 다각화 기업의 성과에 대해서 우리나라는 특유의 대기업집난과 개별 그룹사의 이중적 사업구조로 인하여 평가가 다소 복잡하다. 재벌형 대기업집단은 전형적인 콘글로머리트형 다각화 사업구조를 갖고 있다. 2024년 4월 기준으로 4대그룹의 계열사를 보면 삼성그룹 63개, SK그룹 219개, 현대차그룹 70개, LG그룹 60개이고 사업구성은 GE보다 훨씬 더 다양하다. 공정거래위원회 대기업집단 순위로 10대그룹의 전체 계열사 수가 845개이고, 이는 지난 2년간 70개 이상 증가한 수치이다.[13] 계열사 수는 계속 늘고 있다. 또한 계열사들도 다각화된 사업을 갖고 있다. 이처럼 이중적 사업구조로 되어 있어서 그룹 전체로 보면 사업이 실로 다양하다.

우리나라 대기업집단은 비효율적인 사업구성을 갖고 있는가? 미국과의 차이는

---

12) GE의 CEO 승계 프로그램은 세계적으로 명성이 높았었다. 잭 웰치 회장의 승계가 성공적이었고, 제프리 이멜트 회장의 승계도 성공사례로 알려졌었다. 그러나 이멜트 회장의 경영성과가 회의적이 되고, 이후의 승계에서도 혼란이 지속되었다. 이는 승계 프로그램의 문제가 아니라 GE의 비즈니스 구성형태가 미국의 현재 경쟁시장과 자본시장에 적합성이 떨어지는 것으로 해석해볼 수 있다.

13) 공정거래위원회 자료(2022.4.30 & 2024.4.30 기준).

무엇일까? 자본시장의 압력 수준이 다르다. 미국에서는 기업이 자본시장에서 자본조달을 받는데 유리한 사업구조를 가져야 한다. 자본시장이 효율적일 경우 투자자들은 경영성과가 투명하게 드러나는 기업을 선호할 것이다. 소유와 경영이 분리된 상황에서 경영진들이 경영성과를 자본시장에서 정확히 평가받기 어렵다면, 자본시장이 기업지배구조로서 제대로 기능하지 못하는 것이 된다. 이와 달리 우리나라에서는 경영성과의 평가가 소유경영자의 진퇴에 영향을 미치지 못하기 때문에, 복합기업의 불투명성이 별 문제가 안 된다. 또 다른 차이는 대기업집단 경영체제 자체에서 비롯된 것이다. 다각화 기업의 장점은 복수의 사업으로 위험분산 효과가 있다는 것이다. 그룹 차원에서 다각화로 위험이 분산되기에 그룹 차원과 계열사 차원의 위험분산이 결합하여 그 효과가 더욱 커진다. 이로써 계열사 기업들이 독립법인이지만 실제 현실에서는 계열사 간 가치이전이 가능해진다. 계열사들이 적자사업이 생기더라도 보험을 든 효과를 누리는 것이다. 이때 그룹의 울타리에서 서로 보호받는 이점을 각 계열사의 주주들이 인식하고 수용하면 그룹경영체제는 자본시장의 지원을 받는 셈이다. 그렇지만 잘하는 계열사의 주주이익이 훼손된다는 점은 여전히 이슈가 된다.

사업포트폴리오 평가와 사업구조 전략

기업은 전체 사업의 구성형태(포트폴리오: portfolio)를 평가하고 최적의 사업구조를 구축하기 위해 다양한 기업전략을 채택하여야 한다. 사업포트폴리오 평가에는 대표적으로 BCG 매트릭스와 맥킨지 매트릭스가 있다.

BCG 매트릭스는 Boston Consulting Group(BCG)에 의해 개발된 분석기법이다. 기업이 보유하고 있는 사업(부) 단위를 상대적 시장점유율(relative market share)과 시장성장률(market growth)이라는 두 축을 설정하여 [그림 6-8]처럼 매트릭스 형태로 좌표를 설정하고 도시하는 기법이다. 여기서 X축인 상대적 시장점유율은 해당 사업의 경쟁자 구도에서 선도기업(1위 기업) 대비 시장점유율이다. 단, 업계 1위인 경우에는 2위 사업자 대비 비율로 산정한다. 예를 들어, XYZ사의 B사업(TV사업)의 매출액이 업계 1위로 2위인 경쟁자 대비 1.4배이면 매트릭스 왼쪽에 위치한다. 그리고 TV사업 전체의 연간 시장성장률이 2%이면 낮은 편이므로 B사업은 왼쪽 아래칸에 위치하게 된다. 이때 상대적 시장점유율의 기준선은 일반적으로 1.2 또는 1.0을 기준으로 하며 시장성장률은 10% 정도의 기준으로 한다. 그리고 사업단위 원의 크기는 매출액의 크기를 나타낸다.

[그림 6-8] XYZ사의 BCG 매트릭스

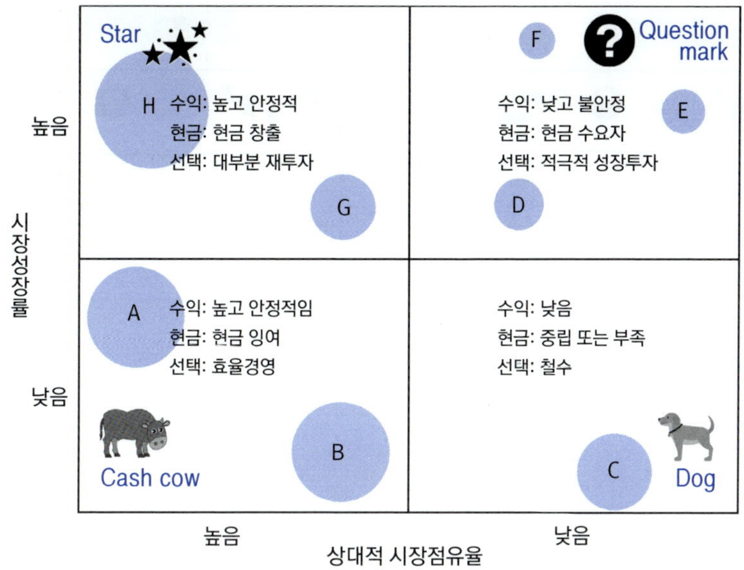

BCG 매트릭스에서는 4가지 유형이 구별된다. 캐쉬카우(cash cow) 비즈니스는 시장점유율에서 1위 사업자이어서 이익을 많이 남기고 있고 성장성이 낮기 때문에 재투자를 거의 하지 않는 상황이다. 따라서 현금잉여가 크게 만들어지기 때문에 현금창출자이다. 도그(dog) 비즈니스는 시장성장률이 낮은 산업에 있고 경쟁에서 지고 있는 현금고갈의 사업단위이다. 의문부호(question mark: ?) 비즈니스는 지금은 시장점유율이 낮은 후발주자이지만, 높은 성장률의 산업에 있으므로 적극적인 성장투자를 해볼 만한 사업이다. 스타(star) 비즈니스는 높은 성장산업에서 업계를 선도하고 있는 사업이다. 이는 선도기업 이점으로 경쟁우위를 확보하고 있으며 높은 이익과 성장을 동시에 실현하고 사업이다. 지속적인 성장을 위해 현금수요가 큰 사업이기도 하다.

위 [그림 6-8]에서 보면, XYZ사는 총 8개 사업을 갖고 있으며, 캐쉬카우 비즈니스와 스타 비즈니스에서 큰 규모의 사업을 갖고 있다. 또한 도그 비즈니스는 보통 규모의 사업 하나뿐이고, 장래성이 큰 의문부호 비즈니스가 3개나 있어서 현금투자를 필요로 한다. 이때 캐쉬카우 비즈니스가 커서 풍부한 현금창출이 되고 있으므로 이 현금을 D사업, E사업 및 F사업에 적극 투자하면 장기적으로 큰 성공을 거둘 수 있을 것으로 추정된다. 또한 스타 비즈니스들이 시장성장률이 낮아져

[그림 6-9] 사업과 현금(투자) 흐름의 성공과 실패 경로

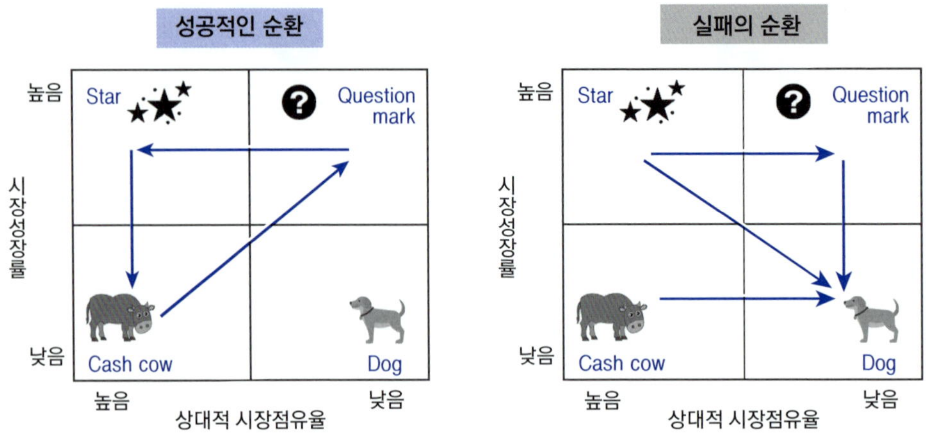

서, 즉 성숙산업이 되면 더 이상 재투자를 하지 않아도 되는 캐쉬카우 비즈니스가 된다. 이상의 현금이동과 사업 재구성이 바람직한 모습인데, 다음 [그림 6-9]에서 왼쪽의 경우이다. 반면에 각 사업이 모두 경쟁에서 지게 되면서 매트릭스 오른쪽으로 이동하게 되고, 시장성장이 정체되면 모든 사업단위가 도그 비즈니스가 될 수 있다. 이는 실패의 순환 흐름이다.

BCG 매트릭스에 의한 사업포트폴리오 분석은 기업 전체 차원에서 사업구조의 건강성을 평가하는 것이다. 즉, 스타 비즈니스가 많으면 이상적이지만 캐쉬카우 비즈니스도 필요하다. 현금창출로 의문부호 사업들의 투자를 확대할 수 있기 때문이다. 어떤 기업은 모든 사업단위가 캐쉬카우와 도그 비즈니스에만 치우쳐 있는 경우가 있다. 이는 기업의 미래를 어둡게 하는 사업구조이다. 따라서 고성장의 신

〈표 6-14〉 BCG 매트릭스 분석의 기대효과

• BCG 매트릭스에 의한 사업포트폴리오 분석은 상대적 시장점유율과 시장성장률에 따라 각 분면에 배치된 사업부의 적절성 등 사업구조의 내부균형에 대해 파악할 수 있음.
• 과거의 포트폴리오와 현재의 포트폴리오를 비교함으로써 각 사업부가 움직이는 방향과 속도를 파악할 수 있고 이를 바탕으로 미래를 예측할 수 있음.
• 기존의 주요 경쟁기업의 사업포트폴리오 도표와 자사의 도표를 비교, 분석함으로써 경쟁기업의 미래의 전략적 변화를 예상할 수 있음.
• 각 분면별로 사업부들이 가진 비중을 파악함으로써 자사의 재무적 상황에 대한 통찰력을 얻을 수 있음.

규사업에 뛰어들어 의문부호 비즈니스를 만들고 적극적인 시장경쟁을 할 필요가 있다. 그래도 성공할지는 말 그대로 의문부호이기 때문에 높은 수준의 전략적 변신이 필요하다. BCG 매트릭스 분석의 특징과 기대효과를 <표 6-14>에 정리하였다.

맥킨지 매트릭스(McKinsey Matrix)는 사업단위들이 시장에서 차지하고 있는 경쟁지위(competitive position)와 산업매력도(industry attractiveness)라는 기준에 의하여 전체 사업의 구조를 파악하고, 이에 의거하여 사업단위의 매각, 유지, 집중투자 등의 자원배분 전략을 구축하기 위한 것이다.

일반적으로 산업매력도는 시장의 규모, 성장률, 수익률, 자본집약도, 기술안정성, 경쟁강도, 경기변동성 등의 지표를 복합적으로 평가하여 산정하며, 시장에서의 경쟁지위는 시장점유율, 품질・기술・비용 면에서의 경쟁우위, 상대적 생산성과 수익성 등의 복합지표로 평가한다. 한편 그림에서 원의 크기는 해당 산업의 전체 시장규모를 나타내며 음영의 파이 부분은 자사 사업단위의 상대적 비중, 즉 시장점유율을 나타내준다.

아래의 그림과 같이 사업단위들을 평가한 이후 패배자군에 해당하는 사업들을 매각 또는 청산을 통해 철수하고, 이익창출자 및 평균사업에 대해서는 강력한 내부통제에 의한 수익력을 높이고, 승리자 및 의문부호 사업군에 해당하는 것에 대

[그림 6-10] 맥킨지 매트릭스

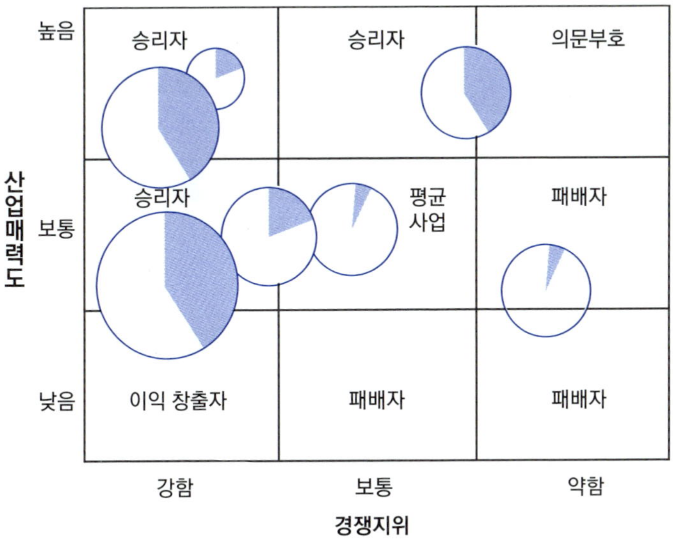

해서는 성장전략을 추구하여 전체적인 사업포트폴리오를 양호하게 구성하고자 하는 것이다. 그러나 유동성과 수익성 측면에서 큰 위기를 맞고 있는 경우에는 승리자 사업군을 제외한 모든 사업을 철수하고 잔여사업에 대해 자원집중도를 획기적으로 높이는 의사결정을 내릴 수도 있다.

맥킨지 매트릭스는 전사적인 사업구조 전략의 방향을 제시해준다는 장점에도 불구하고 여러 가지 한계점을 갖고 있다. 그중 첫째는 산업매력도와 경쟁지위의 지표들이 주관적이어서 평가하는 데 자의적인 판단이 지나치게 허용될 수 있다는 점이다. 앞의 BCG 매트릭스와는 달리 X축과 Y축을 구성하는 기준들이 애매모호하여 사업 간 비교가능성을 해치기도 한다. 둘째, 산업매력도를 결정하는 요소들이 장래 어떻게 변할지에 대한 정보를 담고 있지 못하다는 점이다. 따라서 산업매력도를 보다 체계적으로 평가하기 위해서는 마이클 포터의 산업구조분석 방법을 이용하는 것이 더 좋다. 셋째, 경쟁지위에 대한 평가가 지나치게 복합적이고 결과적인 측면에 초점이 맞추어져 있기 때문에 경쟁지위를 개선할 수 있는 방법에 대한 정보가 없다. 특히 장기적 관점에서 자사 사업단위의 경쟁지위가 어떻게 변할지에 대한 정보가 전혀 반영되어 있지 않다. 따라서 각 사업단위에서의 경쟁력의 원천에 대한 체계적인 평가가 필요하다. 가치사슬에 따른 자원-능력 분석은 이를 보완해준다. 넷째, 각 사업 간 전략적 시너지가 고려되지 않고 있다. 기업 내 사업

[그림 6-11] 맥킨지 매트릭스에 의한 전략 선택

산업매력도 \ 경쟁지위	강함	보통	약함
높음	**선도와 수성** 최대한 성장투자 경쟁력 유지 노력	**성장투자** 선도자에 도전 선택적 경쟁력 강화 취약부문 보완	**선택적 성장투자** 강점이용 전문화 약점보완책 모색 성장가망 없으면 철수
보통	**선택적 성장투자** 유망시장 집중투자 경쟁대응 능력배양 생산성 향상을 통한 수익성 강화	**선택적 수익관리** 수익성 높고, 위험 적은 부문에 집중투자	**제한적 확장, 회수** 위험이 적은 확장 모색, 투자제한 및 영업합리화
낮음	**유지, 초점조정** 단기수익 위주 관리 매력부문에 집중 현위치의 방어	**수익성 경영** 수익성 좋은 사업의 위치 방어 제품 고급화 투자 최소화	**사업전환, 철수** 적절한 시점에 매도 고정투자 및 추가투자 회피

들은 상호 간에 상당한 시너지를 공유하고 있는 것이 일반적이다. 이는 후술하는 다각화 전략에서 범위의 경제성으로 설명하겠다.

사업포트폴리오 평가의 문제점

사업포트폴리오 분석은 사업구조의 적합성을 평가하기 위한 출발점일 따름이다. 즉, 이 분석을 통해 사업의 경제적 가치와 전사적 사업구성상의 문제점을 진단하기 위한 것이지, 분석결과에만 의거하여 특정 사업의 퇴출과 신규사업 진출을 결정하는 게 아니다.

시장점유율이 높은 사업단위와 기업이 핵심역량을 보유하고 있는 사업단위와 항상 일치하는 것은 아니다. 시장에서의 현재의 지위가 곧 그 사업단위의 가치를 설명해주는 것이 아니다. 각 사업단위의 가치는 장기적인 지속적 경쟁우위에서 나온다.

또한 개별 사업단위의 가치 이상으로 중요한 것은 사업단위 간 시너지로 인한 전체 기업가치의 증대이다. 예를 들어, 맥킨지 매트릭스에서 실패자로 분류된 사업단위의 역량이 승리자로 분류된 다른 사업부문에 핵심적인 기술이나 노하우의 연계성을 가지고 있을 수 있다. 이 경우 실패자 사업을 매각하게 되면 전체 기업의 가치를 크게 저하시키는 결과를 낳게 된다. 기업의 가치는 개별 사업단위의 가치들의 단순 총합이 아니며, 사업들 간 시너지, 조정, 자원배분의 결과로서 형성되는 것이다. 따라서 개별 사업단위의 자원과 역량이 어떻게 결합되어 활용되는가가 매우 중요한 기업가치 창출의 수단이 된다. 이러한 점에서 자원-능력 분석을 통해 발견된 역량을 평가하고, 사업 간 시너지에 의한 범위의 경제성을 평가하여 기업전략을 결정하는 것이 합당하다.

4.2 수직적 통합과 다각화 전략

기업전략으로 수직적 통합과 다각화 전략에 대해 알아보자.

수직적 통합

수직적 통합(vertical integration)은 가치사슬의 흐름 속에서 연관 사업에 진출하는 것을 말한다. 전방의 사업에 진출하는 것을 전방통합(forward integration)이라고

하고 후방의 산업에 진출하는 것을 후방통합(backward integration)이라고 한다. 예를 들어, 정유회사가 전방의 석유화학사업에 진출하고 나아가서 플라스틱, 화학섬유까지 진출하면 전방통합으로 수직계열화가 된 것이다. 반대로 원유운송 및 원유시추 사업에 진출하면 후방통합이 이루어진 것이다.

수직적 통합은 크게 두 가지 측면에서 효과를 가진다. 첫째는 조달 또는 판매 측면에서 혜택을 얻는다. 전방통합의 경우에는 자사 제품의 구매처에 해당하기 때문에 안정적 판매의 효과를 거둘 수 있다. CJ제일제당이 자사 제품을 이용하는 외식업체 체인을 운영하는 예를 들 수 있다. 후방통합의 경우에는 원자재 또는 부품의 조달처이기 때문에 투입요소 조달에 있어서 일정한 정도의 구매를 확보하는 일종의 안전판 역할을 할 수 있다. 예를 들어, 자동차회사가 엔진 또는 주요 부품을 생산하는 회사를 직접 운영하면서 복수의 납품관계를 만드는 것이다. 이 경우에 공급업체의 교섭력을 약화시킬 수 있다. 일본의 자동차회사들이 많이 쓰는 공급 계열 시스템이다. 전기차회사 테슬라가 핵심부품인 2차전지 배터리를 직접 생산하려고 애쓰는 이유는 일부는 직접 조달하고 나머지를 외부 배터리회사로부터 조달받는 방법으로 공급자 통제력을 강화하기 위한 것이다.

두 번째 효과는 지속적 경쟁우위를 창출하기 위한 것이다. 이는 주로 후방통합의 경우에 해당하는데, 만약 특정의 공급자가 가치있고 희소성이 있으며 모방하기 어려운 자원과 능력을 가지고 있다면, 이 기업을 인수합병하여 지속적 경쟁우위를 창출할 수 있다. 그러나 이 경우에 해당 공급자는 여러 기업에게 매력적인 인수대상이 될 수 있으므로 값비싼 대상이 될 수 있다.

이상의 효과를 얻는 데 반하여 수직적 통합은 대가가 있다. 가장 큰 비용은 전략적 유연성의 상실이다. 전략적 유연성(strategic flexibility)은 기업이 전략이나 조직 차원에서 변화를 시도할 때 그 비용이 얼마나 큰가이다. 전략과 조직의 변화 시 비용이 높을 때 유연성의 정도가 낮다. 수직적 통합의 정도가 높으면 사업 간에 서로 결속이 되어 전략과 조직의 변화가 어렵게 된다. 수직적 통합의 효과는 과업활동의 결합에 있기 때문이다. 관련 산업이 침체에 빠질 때 모든 사업단위가 위험에 빠질 수가 있는데 이 경우에 어느 단계의 사업도 탈출이 어렵게 된다. 따라서 수직적 통합은 전략적 유연성을 적정하게 유지할 수 있는 수준이 적합하다.

경영사례

SK그룹의 수직적 통합과 다각화 전략

국내에서 수직적 통합으로 성장한 대표적인 대기업집단은 SK그룹이다. 그룹의 성장 역사를 간단히 요약하여 보기로 한다.

SK그룹은 1953년 선경직물로 출범하였다. 이후 선경화학섬유를 신설하는 등 여러 섬유업체를 인수 또는 신설하다가 후방통합의 일환으로 석유화학 사업으로 진출하였다. 1974년 오일쇼크를 겪고 1975년에 제2창업 선언으로 석유에서 섬유에 이르는 산업의 수직계열화 목표를 천명하였다. 1980년 대한석유공사 인수와 1982년 유공해운을 신설하면서 비디오테이프 등 생산기업 SKC를 포함하여 수직계열화를 완성하였다. 그 외에도 여러 비관련 다각화 사업으로 진출하였으나 SK그룹은 기본적으로 수직통합으로 성장한 대기업집단이다.

그룹의 2차 성장기

1990년대부터는 그룹 차원에서 다각화에 주력하였으며 1994년 SK텔레콤(구 한국이동통신) 인수, 2012년 SK하이닉스 인수를 통해 비관련 다각화 사업인 통신과 반도체에 진출하였다. 그리고 이들 사업의 관련 분야로 관련다각화를 추진하여 급격한 성장을 이루어 2022년에 국내 2위의 대기업집단으로 성장하였다. 현재는 에너지·화학과 정보통신·반도체 사업군이 양대 축으로 되어 있다. 2020년 전후로는 제약·바이오 사업 분야에 인수합병, 분사, 신규창업 등의 방법으로 진출하고 있다. 이처럼 SK그룹은 국내에서 가장 빠르게 사업다각화를 진행시킨 대기업집단이다.

종합하면 SK그룹은 전반 시기에는 수직적 통합 전략으로 성장하였고 후반 시기는 다각화 전략으로 성장을 이끌었다. 또한 SK그룹은 과감한 인수합병으로 성장한 대표적인 대기업집단이다.

한걸음 더

- SK그룹의 성장과정을 수직적 통합과 다각화로 구분하여 분석해보자.
- SK그룹의 M&A 성과에 대해 평가한 자료를 수집하여 읽어보자.

다각화 전략

다각화 전략(diversification strategy)은 사업을 다각적으로 전개하는 것이다. 예를 들면, 반도체회사가 성장전략으로 자동차, 사무용품제조업, 항공운수업까지 진출하면 다각화 정도가 높다. 광의의 다각화는 수직적 통합을 포함한다. 수직적 통합의 기업도 여러 다른 사업을 보유한 것이기 때문이다. 앞에서 사례로 제시한 GE

[그림 6-12] 다각화의 수준과 유형

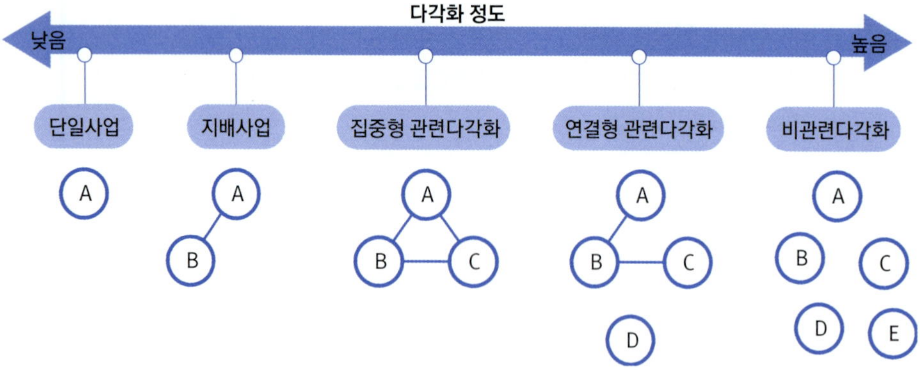

는 미국에서 다각화 정도가 가장 높은 회사이다. 기업이 성장하면서 신규사업에 진출하는 다각화는 가장 보편적인 전략이다.

다각화는 기업성과에 결정적 영향을 미친다. 이에 다각화의 유형과 그 효과에 대한 연구가 진행되어 왔다. 다각화의 정도와 방식에 따라 여러 유형으로 구분하여 볼 수 있다. 우선 낮은 수준의 다각화 기업으로 2가지 유형이 있다. 중심사업(core business)에서 약간의 다각화를 하였으나 미미한 정도이어서 중심사업 매출의 비중이 95% 이상인 기업을 단일사업기업(single business firm)으로 본다. 점차 다각화 사업의 비중이 높아져서 중심사업의 비중이 70~95% 정도인 경우를 지배사업기업(dominant business firm)이라고 한다. 단일의 중심사업이 지배적인 상태라는 의미이다. 그다음으로 다각화가 많이 진전되어서 어느 사업부문도 70% 이상의 비중을 차지하지 못하고 여러 사업의 비중이 높아서 다각화의 수준이 높은 기업들에는 관련다각화(related diversification) 기업과 비관련다각화(unrelated diversification) 기업이 있다. 관련다각화는 2가지로 나눌 수 있는데 첫째는 집중형 관련다각화(related-constrained diversification) 기업인데, 모든 사업이 제품, 기술, 또는 영업, 유통에서 관련되어 있거나 자원을 공유하는 경우이다. 다음은 연결형 관련다각화(related-linked diversification)의 기업인데 사업들 중 일부만 서로 연결되어 있고 나머지는 관련성이 없는 경우이다. 이는 관련다각화와 비관련다각화가 혼재된 모습이다. 마지막으로 비관련다각화 기업에는 사업들 간에 연관성이나 공통성이 거의 없는 기업이다. 관련다각화의 경우보다 대체로 다각화 정도가 더 높은 기업들이 보여주는 사업구성의 모습이다. 다각화 유형의 전형적인 모습을 [그림 6-12]에 도시하였다.[14]

다각화 기업의 경영성과

다각화와 기업성과에 대한 연구에서 가장 빈번히 논쟁이 된 것은 관련다각화와 비관련다각화의 성과 비교이다. 그리고 성과 논쟁의 근거가 되는 다각화의 효과성의 원천에 대해서 간단히 살펴보기로 한다.

기업 다각화는 복수사업에서 범위의 경제성(economies of scope)이 있을 때 경제적 가치를 가진다. 범위의 경제성이란 다각화 기업의 사업범위 내에서 공동의 활동영역에서 비용효율과 가치잠재력이 커지는 것을 말한다. 예를 들어, 가치사슬의 투입활동에서 공동 구입이나 공동의 재고관리시스템, 생산활동에서 공동 부품 사용, 공동의 품질관리시스템, 판매활동에서 공동 판매촉진, 공동의 유통경로 이용 등이 좋은 예이다. 특히 차별적인 기술이나 무형자산이 있을 때 이를 여러 사업에서 이용할 수 있게 되면 그 효과는 더욱 클 것이다. 마지막으로 재무적인 측면에서 사업의 변동성이 교차되면서 위험분산 효과가 있을 수 있다. 이같은 범위의 경제성이 커지면 사업별로 독자적인 기업으로 남아 있는 경우보다 더 큰 경제적 가치가 창출될 수 있다. 이를 범위의 경제성이라고 한다.

범위의 경제는 기업들이 왜 다각화를 통해 신규사업에 진출하는지를 설명해준다. 주주의 대리인으로서 경영자가 다각화를 통해서 기업가치를 높일 수 있다면 주주들의 지원을 받을 것이고 자신의 경영자 지위가 지속될 수 있다. 다각화되지 않은 기업으로 남은 경우와 다각화되어서 범위의 경제를 보여주는 기업의 경우가 [그림 6-13]에 도시되어 있다. 그림에서 보듯이 자본시장에서 투자자들은 각자의 사업을 영위하는 3개의 기업에 투자하기보다는 3개의 사업을 갖고 있는 범위의 경제성이 높은 하나의 기업에 투자하기를 선호할 수 있다. 더 큰 경제적 가치가 더 높은 투자수익률로 돌아올 수 있기 때문이다.

그렇다면 관련다각화와 비관련다각화 중에서 어느 유형이 범위의 경제성이 더 클 것으로 기대되는가? 관련다각화에서 사업 간 공유가 많으므로 범위의 경제성이 더 클 것으로 기대된다. 비관련다각화는 독자성을 가진 사업들이 한 기업의 울타리 안에 있으므로 범위의 경제가 적을 것으로 기대된다. 반면에 범위의 경제성의 특수형태인 재무적 위험의 분산효과는 비관련다각화가 더 클 수 있다. 사업의

---

14) 다각화 유형을 분류하고 이들 유형별로 경제적 성과가 다를 것이라는 명제를 검증한 최초의 연구자는 리차드 러멜트(R. P. Rumelt)이다. 그의 박사학위 논문을 출간한 다음의 책에서 연구결과가 제시되었다. Rumelt, R. P.(1974), *Strategy, Structure, and Economic Performance*, MA: Harvard University Press.

[그림 6-13] 범위의 경제와 기업가치

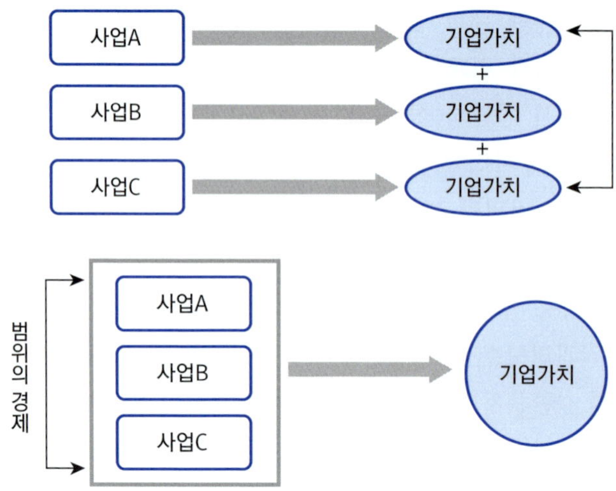

이질성이 커서 산업 간 경기흐름이 다르게 움직일 가능성이 크고 그로 인해 이익과 손실의 사이클이 사업 간에 다르게 움직이면 재무위험이 분산된다. 그리고 사업 간 관련성이 정도의 문제이지 완전한 비관련성을 갖는 사업은 많지 않다. 비관련다각화 기업은 대체로 가장 많은 사업을 보유한 유형이다. 사업 간 관련성에 제약되지 않고 진출하기 때문이다. 만약 비관련다각화 기업이 계속 매력적인 산업에 진출한다면 그 긍정적 효과도 클 것으로 기대할 수 있다. 최소한 경영노하우와 효과적인 관리시스템의 공유라도 가능할 것이기 때문이다. 이상의 이유로 비관련다각화가 무조건 낮은 성과를 보일 것으로 보기는 어렵지만, 전략경영학자들의 연구에 따르면 관련다각화 기업이 대체로 더 높은 성과를 보여주고 있다.

경영사례

카카오의 다각화

카카오는 국내 대기업(시가총액 10조 이상 기업) 중 두 번째로 계열사가 많은 곳이다. 공정거래위원회에 따르면 2024년 4월 30일 기준으로 SK그룹의 계열사 219개에 이어서 카카오는 128개 계열사를 보유하고 있다(제3장의 〈표 3-7〉 참조). 카카오 계열사 수는 2018년 71개, 2019년 97개, 2020년 118개, 2022년 136개로 급격히 증가하였다. 이후 2024년에 다소 감소하였다. SK그룹이 지난 2년 동안 186개에서 219개로 증가한 것에 비교하면 의미있는 변화로 볼 수 있을 것이다. 주요 사업으로는 카카오톡 플랫폼 사업을 기반으로 엔터테인먼트, 게임, 금융, 모빌리티 등 다양한 분야에 공격적으로 확장하고 있다. 계열사들의 사업영역이 골프연습장 운영업, 광고대행업, 외국어학원, 인쇄물 출판업, 오디오물 출판업, 온라인 교육학원, 운동용품 및 자전거 소매업, 의복소매업 등까지 확장되어, 중소기업 사업영역에 진출하고 있다. 골목상권 침해 논쟁이 커진 이유다. 아래의 신문기사를 보자.

사업 확장만 폭주하는 카카오… 컨트롤타워부터 갖춰라

"카카오는 사업 확장만 보고 폭주하고 있어요. 총체적으로 조직체계를 점검해야 할 때입니다."

전문가들은 카카오가 사업 확장 템포를 조절하면서 계열사 간 소통체계를 구축하는 데 집중해야 한다고 입을 모은다. 이 같은 구조적 리스크가 결국 카카오 성장에 장애물이 될 것이라는 판단에서다. 결국 거대 그룹사로 변모한 카카오가 장기적 경쟁력을 갖기 위해서는 컨트롤타워가 필요하다는 지적이다. 혁신을 위한 '자기주도성'으로 대표되는 '카카오스러움'만으로는 130여 개에 달하는 계열사가 유기적으로 움직이기 어렵다는 시각이다.

[자료: 머니투데이(2021.9.6)]

카카오의 사업확장

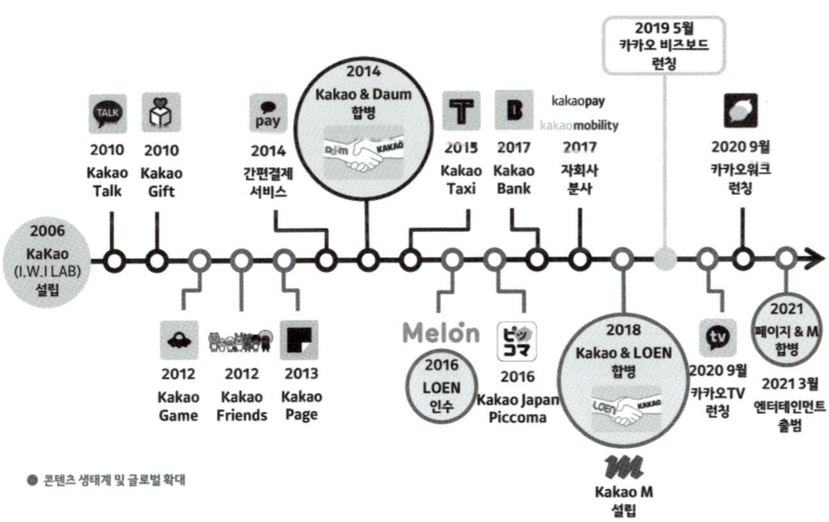

한걸음 더

- 카카오의 다각화는 어떤 유형에 해당하는가? 카카오의 다각화 전략의 기대성과는 무엇이라 생각하는가? 카카오는 대기업집단처럼 컨트롤타워가 필요한가? 토론해 보자.

REFERENCE 참고문헌

강효석 · 권석균 · 이원흠 · 조장연(1998), 『기업구조조정론』, 홍문사.

신형덕 역(2020), 『전략경영과 경쟁우위』, 시그마프레스(원서: Barney, J. B. & Hesterly, W. S., *Strategic Management and Competitive Advantage*).

Andrews, K. R.(1971), *The Concept of Corporate Strategy*, Homewood, IL: IRWIN

Chandler, Jr., A. D.(1969), *Strategy and Structure: Chapters in the History of the American Industrial Enterprise*, MA: MIT Press.

GE Investor Relations, https://www.ge.com/investor-relations

Porter, M. E.(1980), *Competitive Strategy: Techniques for Analyzing Industries and Competitors*, New York: Free Press.

Porter, M. E.(1984), *Competitive Advantage: Creating and Sustaining Superior Performance*, New York: Free Press.

Prahalad, C. K. & Hamel, G.(1990), "The Core Competence of the Organization," *Harvard Business Review*, 90(May-June).

Quinn, J. B.(1978), "Strategic Change: Logical Incrementalism," *Sloan Management Review*, Fall, pp. 7-21.

Rumelt, R. P.(1974), *Strategy, Structure, and Economic Performance*, MA: Harvard University Press.

Vinopal, C.(2021), "What Does GE's Breakup Say About the Future of Conglomerate Business Models?," *Quartz Publications*(November 10).

Wernerfeldt, B.(1984), "A Resource-based View of the Firm," *Strategic Management Journal*, 5(2), pp. 171-180.

CHAPTER 07

조직의 구조와 운영

이 장의 구성

FUNDAMENTALS OF MANAGEMENT

이 장에서는 기업이 조직으로서 여러 활동을 구조화하고 운영하는 모습을 다루고 있다. 조직관리에 관한 이론적 관점과 조직설계의 방법과 효과에 대해서 설명하였다. 기업조직의 기능을 높이고 가치활동의 효과성을 높이기 위한 조직화의 다양한 방법이 소개되었다. 환경변화가 커진 오늘날 적합한 조직의 구조와 운영에 대해서도 다루었다.

- 조직관리란 무엇이고 왜 중요한가?
- 조직구조 설계의 주요 변수와 방법을 알아보자.
- 경영전략의 실행 도구로서 사업부제 조직을 알아보자.
- 현대 기업이 갖춰야 할 조직구조 특성을 알아보자.

1. 조직관리의 이해

역사적으로 조직은 항상 있었다. 개인과 사회를 매개하는 중간 단위로서 조직이 존재해 왔고, 그 조직 속에 사람들은 몸을 담고 사회적 삶을 산다. 근대 이후부터 사회가 다원화되자 여러 사회조직이 탄생하였다. 이에 조직의 목적과 기능에 대한 연구가 중요해졌다. 특히 기업조직의 발전은 조직목표 달성에 효과적인 조직관리의 필요를 불러일으켰고, 조직학의 급속한 발전을 가져왔다. 조직관리의 조직화 개념과 조직설계의 이론적 관점을 살펴보기로 한다.

1.1 조직관리의 영역과 조직화의 개념

조직관리의 의의와 영역, 조직화의 개념과 의미에 대해서 알아보기로 하자.

조직관리의 의의와 영역

조직관리는 조직목표 달성을 위해 가장 효과적인 조직을 만드는 것이다. 조직은 각자의 목표를 갖고 있다. 예를 들어, 병원조직을 설계할 때 의료업무의 수행과 치료의 효과를 높일 수 있는 조직을 만드는 것이다. 기업조직의 경우에는 경제

[그림 7-1] 조직관리의 두 영역

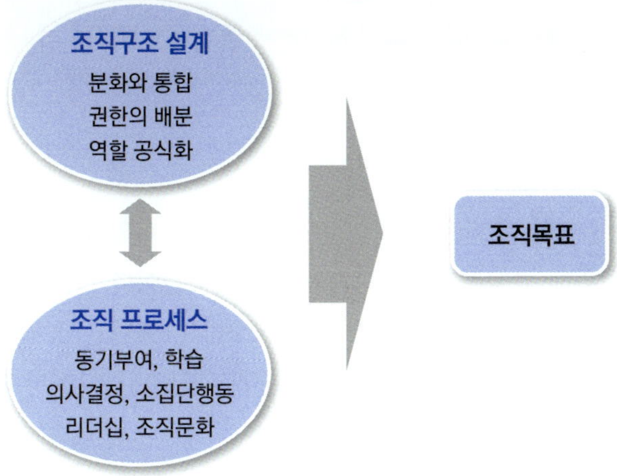

적 가치를 창출하는 데 가장 유리한 조직을 설계하는 것이다. 효율성과 효과성이 높은 조직을 만드는 것이다. 조직유형별로 조직목표가 다르므로 조직관리는 효율성보다 효과성에 더 집중한다. 조직의 효과성 제고를 위한 조직관리는 [그림 7-1]에서 보는 바와 같이 두 영역으로 구성된다.

조직관리에 대해 경영학 내에서는 조직행위론(OB: Organizational Behavior)과 조직론(OT: Organizational Theory)이 있다. OB는 미시조직관리로서 조직 내 프로세스에서 조직구성원의 행동 측면에 초점을 두고 있다. 조직에 대한 행동적 접근(behavioral approach)이다. 이는 심리학과 사회심리학을 기반으로 하여 조직 내 개인행동, 집단행동 등을 다룬다. 구체적으로는 작업자로서의 내적 심리상태와 개인특성요인인 자아개념, 자신감, 동기부여, 학습과 성장, 집단행동으로서 의사결정과 협동, 집단과 조직 전체 수준의 리더십과 조직문화 등이 있다. OT는 거시조직관리로서 구조적 접근(structural approach)이 중심이 된다. 조직구조의 설계와 운용에 대한 내용이 주를 이룬다. 본 장에서는 구조적 접근의 조직설계를 주로 다루었다. 또한 OT에서는 조직이 외부 거시환경과의 상호작용에서 생존하고, 성장하고, 변화하는 현상을 다룬다. 이 내용은 전략경영 분야에서 기업 내부에 관한 연구에 영향을 미치기도 하였고, 조직의 변화와 혁신의 연구에 영향을 미쳤다. 조직의 변화와 혁신은 본서의 마지막 장에서 다루었다.

한걸음 더

- 다양한 사회조직의 목표를 생각해보자.
  -병원, 정부, 종교단체, 비영리조직(자선단체 등), 사회적기업, 정당 등

조직구조의 조직화

기업 경영의 중요한 과제는 조직의 구조를 잘 짜서 일과 사람과 자원을 담고 조직목표 달성을 위해 효율성과 효과성을 창출하는 것이다. 이렇게 조직의 구조를 만드는 것을 조직화(organizing)라고 한다. 조직화라는 표현은 조직이 고정적이 아니라 유동적이라는 뜻이다. 목적에 맞게 설계하고 구축하는 것이고, 조직을 바꿔야 할 때는 다시 설계하고 구축하는 것이다.

조직의 구조에 따라서 전체 과업이 단위별로 분담된다. 조직이 분업의 체계가 되는 것이다. 따라서 과업의 내용이 변하거나 분업의 방식을 바꿔야 할 때는 조직구조도 변해야 한다. 과업기술의 진화, 신규사업의 진출, 외부환경 변화 등 다양한 요인에 의해 새로운 조직화가 필요하게 된다.

조직은 사람을 담는 그릇이다. 조직구조에 따라서 사람들이 배치되어 역할을 맡고 권한과 책임이 부여된다. 이렇듯 조직은 일과 사람을 매칭시켜주는 기능을 한다. 소속조직의 특성에 따라서 구성원들의 '일터의 삶(work life)'이 달라진다. 조직이 어떤 형태로 운영이 되느냐, 어떤 구조를 가지게 되느냐에 따라서 조직구성원들의 작업공간의 크기와, 함께 일하는 부서원들이 달라진다. 또 협력하는 부서가 달라지고, 권한의 크기와 역할의 내용이 달라진다. 그리고 동기부여도 달라진다. 일터에서의 삶 자체가 조직구조에 의해 규정된다고 봐도 과언이 아니다.

조직은 각종 자원을 담는 그릇이 되기도 한다. 재무적 및 물적 자원이 조직구조에 의해 배분되어 조직의 가치창출 활동으로 이어진다. 기업의 경우에는 생산과 판매 활동을 위한 자원배분이 조직의 구조를 따른다. 따라서 기업조직에서 자원배분의 가장 효과적인 형태로 조직화를 하는 것이 주요한 경영과제가 된다. 특히 조직의 구조는 자원배분을 통해 전략 실행의 기본 토대를 제공해준다.

1.2 조직설계의 이론적 진화

조직의 설계에 대한 관점은 학자들에 의해 네 번의 변화를 거친다. 경영학에서 조직에 대한 논의는 일반 사회조직을 대상으로도 하지만 주로 기업을 대상으로 한다.

조직설계의 내부적 관점

초기의 조직학자들은 조직 내부의 구조에 관심을 집중하였다. 조직에서 과업을 어떻게 나누고 과업을 수행하는 담당자로서 사람의 역할이 어떻게 부여되는지에 대해 주목하였다. 20세기 전에 자본주의의 초기에는 기업조직의 규모는 대부분 작았고 생산과정의 조직화도 단순하였다. 그러나 20세기에 이르러 대량생산체제로 인하여 기업규모가 커지고 생산과정이 복잡해지자 과업과 자원의 효과적 관리를 위한 조직화의 이슈가 등장하였다. 이에 대규모화되는 기업을 어떻게 설계할 것인가에 대한 조직이론가들이 등장했다.

〈표 7-1〉 페욜의 조직의 원리

원칙	내용
분업	과업을 세분화하여 전문적인 지식과 기술을 습득하게 한다.
권한과 책임	관리자들은 명령할 수 있는 권한을 가진다. 권한과 책임이 일치해야 한다.
규율	규칙을 준수하고 일을 처리해야 한다.
명령의 일원화	하위자는 오직 한 명의 상사로부터 명령과 지시를 받아야 한다.
지휘통일	지휘는 통일되고 일관성이 있어야 한다.
개인이익의 일반이익에 종속	조직의 목표는 개인의 목표에 우선한다. 종업원들은 조직의 일원이다.
집중화	최고경영자에게 권한이 집중된다. 그러나 규모가 커지면 권한이 위양되어 단위조직별로 중심점이 있어야 한다.
종업원의 보상	급여와 지급방법은 공정해야 한다.
위계	모든 인원은 누구에게 보고해야 하는지를 알아야 한다.
질서	장비나 사람은 맞는 장소에 잘 위치해야 한다.
공평	상사가 하위자를 대할 때는 존중하고 공정하게 대우해야 한다.
종업원의 안정	능률은 안정적 노동력에 의해 증진된다.
주도성	계획을 고안하고 실천하는 데는 주도성 발휘가 요구된다.
단결	인원은 분산되어서는 안 되며 협조적인 노력의 모습으로 단합되어야 한다.

프랑스의 앙리 페욜(Henri Fayol)은 조직관리의 14가지 원칙들을 정리하였다.[1] 주요 원칙을 보면, 조직에서 종업원은 명확한 명령과 보고 체계에서 권한을 가진 관리자의 지시를 받으며 분업화된 업무를 수행한다. 페욜이 제시한 조직의 원리를 <표 7-1>에 요약하였다.

조직설계의 가장 중요한 연구 중 하나는 독일의 사회조직학자인 막스 베버의 조직이론이다.[2] 그는 근대사회의 거대조직에 적합한 관료제조직(Bureaucracy)을 제시하였다. 관료제조직에서는 관리자의 주관적 판단에 의해 결정을 내리고 업무를 수행하는 데서 오는 불확실성과 불안정성을 없애기 위해 규칙과 절차(rules and procedures)가 명확하게 정해진다. 이를 공식화(formalization)라고 한다. 또한 과업을 분업화하여 전문가를 양성하고 업무능률을 높인다. 조직의 계층에 따라 권한과 책임을 구체적으로 정해줘서 개인의 재량을 최소화한다. 이렇게 조직관리를 비개인화(impersonalization)하여 관리자와 종업원이 누구인가와 관계없이 업무의 연속성과 조직의 안정성을 만들어준다. 개인의 선호나 이익에 따라 좌지우지되지 않는 것이다. 이 같은 관료제조직은 서비스의 안정적 제공이 필요한 정부 공공조직이나 대기업과 같은 경제적 조직에 적합하다고 보았다. 베버의 관료제 특성은 <표 7-2>에 제시하였다.

〈표 7-2〉 베버의 관료제조직의 특성

관료제의 7가지 특성	• 규칙과 절차 • 과업의 분업화 • 권한의 계층화 • 기술전문인 양성 • 직위와 소유의 분리 • 비개인화 • 문서화된 의사소통과 기록

1) Fayol(1949).

2) Weber(1947).

규칙과 절차 및 비개인화의 효과

관공서에 가서 서류를 발급받거나 민원상담을 할 때, 담당자와의 연줄에 따라서 더 좋은 서비스를 받는 것이 정당한가? 아니면 규칙과 절차에 따라 모두가 동일한 수준의 서비스를 받는 게 정당한가?

기업에서 관리자나 업무담당자의 선호나 취미에 따라서 협력업체 관계가 달라지는 게 바람직한가? 정치지향성에 따라 차별적인 부하관계를 보이는 관리자가 좋은 리더가 될 수 있는가?

조직설계의 상황조건 관점

기업의 조직화에서 개방시스템의 관점이 도입되면서 외부환경의 영향이 중요하게 고려되었다. 제5장 경영환경의 변화에서 개방시스템 관점의 중요성을 이미 설명하였다. 이 관점이 조직설계에 적용되어 1960~70년대에 상황조건이론(contingency theory)의 부흥을 가져왔다. 외부환경의 특성에 맞게 조직구조가 적합성(fit)을 가져야 높은 성과를 얻게 될 것이라는 이론적 관점이다. 조직이론가 번스와 스토커(Burns & Stalker)에 따르면 외부환경의 복잡성과 변동성이 커지고 있어서 이에 적응하여 생존하고 성장하기 위해서는 적응성이 높은 유연한 조직이 되어야 한다는 것이다. 이를 생명체와 같이 스스로 변화하는 조직이라고 해서 유기적 조직(organic organization)이라고 한다. 반면에 안정적 환경에서는 기계처럼 잘 설계된 조직이 적합하다고 해서 이를 기계적 조직이라고 한다. 기계적 조직(mechanic organization)은 앞서 안정적 환경에서 조직설계의 원칙에서 제시되었던 페욜과 베버의 조직의 모

〈표 7-3〉 유기적 조직과 기계적 조직[3)]

	유기적 조직구조	기계적 조직구조
적합한 환경	동태적 환경	안정적 환경
작업의 분업화	낮음	높음
커뮤니케이션	충고, 자문	명령, 지시
권한의 위치	능력과 기술을 가진 곳	조직의 최고층에 집중
갈등해결 방식	토론, 기타의 상호작용	상급자의 의사결정
정보의 흐름	상하로 자유로움	제한되고 하향적
공식화	낮음	높음

3) Burns & Stalker(1961).

습과 유사하다. 이 두 유형의 조직에 대해서는 <표 7-3>에 요약하였다.

상황조건 관점의 연구는 조직설계에서 외부환경이 중요하다는 점을 강조해주었을 뿐만 아니라 조직구조가 다양하게 설계될 수 있다는 점을 일깨워줬다. 로렌스와 로쉬(Lawrence & Lorsch)는 조직의 분화(differentiation)에 주목하면서 외부환경 특성에 따라 조직분화의 정도가 달라진다고 보았다.[4] 또한 분화가 많이 되면 활동의 조정과 통합이 그만큼 더 어렵고 복잡해지므로 통합(integration)의 장치와 노력이 더 많이 요구된다고 보았다. 즉, 분화와 통합의 수준은 함께 높거나 함께 낮아야 한다. 복잡성이 큰 환경에서는 더 높은 수준의 분화와 통합이 필요하고 안정적인 환경에서는 낮은 수준이 적합하다. 외부환경과 조직 내부의 특성이 매칭되어야 잘 적응할 수 있기 때문이다.

이상의 관점을 따르면 환경변화가 커지는 시대에는 잘 짜여진 기계적 조직보다는 다소 느슨하게 짜여지고 유연하게 운영되는 유기적 조직, 높은 수준의 분화와 통합기제를 가진 조직이 필요하게 된다. 이후 조직학자들의 고민은 조직구조의 경직성을 어떻게 유연화 할 수 있을까에 집중되었다.

조직설계의 전략적 관점

한편 1960년대에 경영전략 개념이 탄생하면서 전략-조직의 관계에 관심이 높아졌다. 전략경영학자들에 의해 전략과 조직이 함께 움직여야 성공할 수 있다는 주장이 만들어졌다. 대표적으로 경영사학자인 알프레드 챈들러(A. D. Chandler)의 연구를 들 수 있다. 챈들러는 『전략과 구조』(*Strategy and Structure*)라는 책에서 1960년대 미국을 이끄는 대표기업들을 조사하면서 기업 성장에 따른 사업구조 다변화에 따라 조직구조를 사업부제로 변화시켜 정착시킨 것을 발견하였다. 이 사례들에서 성공적인 경영자들은 다각화 전략에 따라 조직구조를 과감하게 개편하여 전략-조직을 일치시켰고, 이에 높은 경영성과를 일궈냈다는 것을 상세히 설명하였다. 이때부터 다각화 기업의 비즈니스 사업부제 조직이 주목을 받았다. 전략경영학자들은 다수의 연구를 통해 기업조직의 전략적 관점의 변화가 시대적 흐름이라고 주장하였다.[5]

---

4) Lawrence & Lorsch(1967).

5) Chandler(1962) 연구 이후에 학자들은 이 새로운 형태의 다중사업조직(Multi-divisional Organizational Form)이 지배적인 산업사회가 올 것이라는 의미에서 "M-form Society"라는 용어를 만들기도 하였다.

챈들러의 연구는 두 가지 점에서 크게 주목을 받았다. 첫째는 기업들이 전략을 변경하면 조직을 변화시켜 양자를 일치하게 해야 한다는 점이다. 이는 "**조직구조는 전략을 따른다!**(Structure follows strategy!)"는 유명한 명제를 낳았다. 둘째, 경영자의 가장 중요한 리더십은 전략변화에 따라 조직변화를 성공시키는 의지와 역량에 있다. 전략－조직－리더십이 모두 연계되어 있는 것이다. 이후 전략경영학자 리차드 러멜트(R. Rumelt)는 다각화의 여러 유형을 구분하면서 각 유형과 조직구조가 일치되는 기업들이 높은 성과를 보인다는 실증결과를 보여주었다.[6] 다각화의 유형별 경영성과의 차이에 대해서는 앞의 제6장 4절에서 설명하였다.

조직은 전략의 성공에 필수적인 요소임을 알 수 있다. 특히 조직구조는 전략과 연계되어 설계되고, 기업의 전략적 변화가 필요할 때 그 성패의 중요한 요인으로 조직변화의 성공여부를 들 수 있다. 조직 속에 안착된 과업구조와 자원배분을 변화시키는 것은 쉽지 않은 도전과제이다.

▎조직설계의 고성과 관점

상황조건이론과 전략적 관점은 조직이 여러 방식으로 조직화되어야 한다는 점을 강조해준다. 1980년대에 이르러 외부환경이나 전략과 무관하게 조직 자체의 특성에 의해 높은 성과가 나올 수는 없는지에 대한 질문이 던져졌다. 여기서는 외부환경과의 적합성, 전략과의 적합성이라는 개념을 뛰어넘는 조직 자체의 경영적 가치를 논하는 것이다. 이에 본 장의 4절에서는 조직의 유연성과 혁신성을 높이는 방법들을 다루고 있다. 또한 좋은 조직은 높은 성과를 가져온다는 명제를 구현하기 위해 이뤄진 대표적인 연구로서 조직문화(organizational culture)의 성과창출력에 대한 것이다. 조직문화는 제8장에서 다루었다.

이 네 번째 질문은 가치적으로 중요하다. 조직은 근로자의 삶의 마당이고 경계이다. 조직의 높은 성과는 유연한 조직구조와 공동체적 조직문화에서 구성원의 몰입과 헌신이 활성화된 결과이다. 좋은 조직이 작업장 삶의 질을 높이고 그 결과로 성과를 높일 수 있다.

<표 7-4>에는 지금까지 살펴본 조직설계의 네 관점을 요약, 정리하였다.

---

6) Rumelt(1974).

〈표 7-4〉 조직설계의 네 관점

내부적 관점	상황조건 관점
• 내부 효율과 안정성 • 수직적 위계와 질서 • 규칙과 절차	• 환경 적응의 조직 • 환경-조직구조 합치 • 분화와 통합
전략적 관점	**고성과 관점**
• 환경 적합성의 전략 • 전략-조직구조 합치 • 전략 실행	• 조직 고유의 효과성 • 조직구조-조직구성원 합치 • 헌신과 몰입, 조직문화

조직학의 발전

조직은 여러 사회과학 분야에서 연구해오고 있는 대상이다. 조직이론 또는 조직학으로 정립되어 왔으며, 이론발전의 주요 기여는 사회학, 정치학, 경제학, 경영학, 행정학 등에서 종합과학적 접근으로 이뤄지고 있다. 경영학에서는 실천학문의 입장에서 기업조직을 주로 연구하고 있지만, 비영리조직과 공공조직에 이르기까지 다양한 조직을 포함하여 경영조직이론을 발전시켜오고 있다.

2. 조직구조의 설계

2.1 조직설계의 변수

조직구조를 설계하는 데 기준이 되는 기본요소가 있다. 이 요소들이 조직의 모습을 어떻게 변화시키는지를 알아보자.

조직설계의 차원

조직의 설계는 크게 분화와 통합의 두 차원으로 볼 수 있다. 분화는 조직 전체의 일(과업)을 나누는 분업의 구조를 짜는 것이고, 통합은 분업화된 단위조직을 연결시켜주어 협력구조를 만드는 것이다. 조직의 분화는 수평적 분화와 수직적 분화로 구성된다. 이 같은 관계가 [그림 7-2]에 나와 있다.[7)]

[그림 7-2] 조직설계의 방법

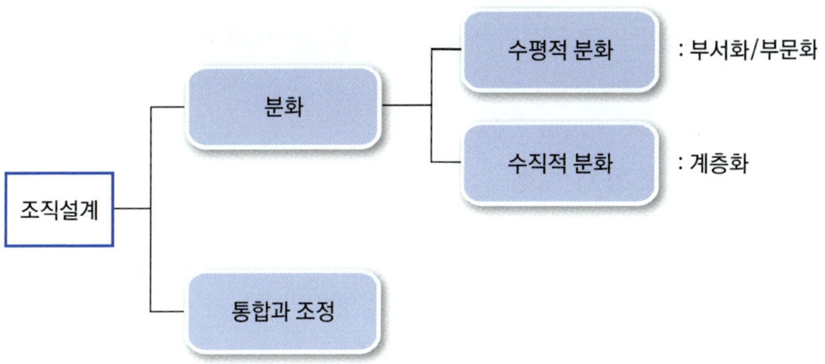

조직을 설계하는 데 첫 번째 작업은 분화(differentiation)이다. 어떻게 조직을 쪼갤 것인가이다. 분화의 첫 과정은 수평적 분화인데 분업의 원리처럼 조직 전체의 일을 단위조직으로 나누는 것이다. 결과로서 여러 단위조직, 즉 부서(department)가 만들어진다. 부서가 만들어진다는 의미의 부서화(departmentalization)라는 용어를 쓰기도 한다. 부서가 만들어지면, 종업원(구성원)은 부서 내에서 밀접한 상호작용을 하고 협동을 하면서 부서의 목표 달성을 위해 노력한다. 그리고 부서 간 목표의 조정과 통합으로 조직의 목표를 달성하기 위한 협력적 관계를 만들게 된다. 수평적 분화의 4대 기준으로 기능, 제품, 고객 및 지역이 있다.

수직적 분화는 수평적으로 나눠진 부서를 유사한 업무와 지식, 기능을 중심으로 그룹핑(범주화)하여 관리하는 조직의 위계(organizational hierarchy)를 만드는 것이다. 단위조직을 관리단위로 묶는 작업이므로 분화라는 표현이 어색할 수도 있으나 관리범위에 따라 하나의 계층이 생기므로 조직을 수직적으로 나눠준 것과 동일하게 되어, 이를 수직적 분화라고 칭한다. 수직적 분화에 따라 조직의 여러 관리계층이 생기므로 이를 계층화(layering)라고 한다. 수직적 분화의 주요 기준은 관리통제범위와 권한-책임 관계이다.

조직의 분화에 대응하는 것이 통합(integration)이다. 조직 전체의 목표 달성을 위해서는 분화된 활동이 통합되어야 한다. 분화가 많이 된 조직일수록 통합의 노력이 더 많이 필요함을 로렌스와 로쉬의 상황조건이론 연구에서 알아본 바 있다. 당연히 분화가 별로 없으면 통합과 조정을 할 것도 없다. 조직이 세분화되어 있으

7) 본 절에서는 로렌스와 로쉬의 분화와 통합의 개념을 적용하여, 조직설계의 주요 개념과 이슈, 방법과 기준, 그리고 조직설계의 결과로 나타나는 조직의 형태에 대해서 상세하게 설명하고자 한다.

면 정교한 통합의 장치가 필요하게 된다. 당연히 지나친 조직분화는 통합의 어려움 때문에 조직 전체 목표 달성에 방해가 될 것이다. 그리고 외부환경에 적합성이 떨어지는 분화와 통합도 조직성과에 부정적 영향을 미치게 될 것이다. 통합의 방식은 4절에서 주로 논의하였다.

수평적 분화의 네 가지 기준

조직분화에서 수평적 분화의 기준에는 네 가지가 있다.

첫째는 기능(function)에 의한 분화이다. 경영의 하위 기능에 따라 분화되어 생산운영부서, 영업마케팅부서, 자금경리부서 등이 만들어지는 것이다. 기능영역이 확장되면 새로운 부서가 만들어진다. 해외시장에 진출하는 경우에 세분화해서 해외영업부서를 별도로 만들 수 있다. 정부조직에서도 마찬가지다. 예를 들어, 미국 정부에서도 국무부(Department of State), 국방부(Department of Defence), 재무부(Department of Treasury) 등으로 기능별로 분화를 하고 있다. 우리나라 정부도 부서(정부부처)가 기능으로 조직화되어 있다. 이처럼 기능의 분화로 전체조직을 부문화 할 수 있다. 기능은 지식과 기술의 전문성을 반영한다. 그리고 기능에 관련된 자원을 보유하고 활용한다. 막스 베버가 강조한 것처럼 기능적 분화는 동일한 지식과 기술의 학습과 훈련을 가능케 해주어 전문성을 높여준다.

둘째는 제품(product)에 의한 분화이다. 제품(군)에 따라 부문을 만드는 것인데, 화장품사업부, 의류사업부 등이 그 예이다. 이때 화장품사업 내에 제품개발, 구매, 생산, 판매 기능을 수행하고 의류사업부도 독자적으로 제품개발, 구매, 생산, 판매의 기능을 수행할 수 있다. 이러한 제품별 부문화는 제품별로 산업의 구조나 시장경쟁 조건이 다를 수 있어서 이에 대응하기 위한 조직화의 방법이다.

셋째, 고객(customer)에 의한 분화이다. 고객에 따라 부문을 만드는 것인데 오늘날 증가하고 있다. 시장에서 고객의 협상력이 높아지고 고객의 선호가 빠르게 변하는 추세에 대응하기 위한 조직화의 방식이다. 예를 들어, 은행에서 기업고객사업부와 개인고객사업부로 나누는 것이다. 이때 기업고객에 특화된 니즈에 부합하는 정책과 고객관리를 할 수 있다. 개인고객사업부는 일반인을 대상으로 적합한 예금과 대출 상품을 개발할 수 있다. 실제로 은행은 일반소비자금융과 기업금융사업으로 부문화되어 있다.

넷째, 지역(geographic location)에 의한 분화이다. 제품이나 서비스의 지역적 분산이 큰 비즈니스에서 많이 채택되는 조직구조이다. 통신사업이 대표적인 예이다.

호남지역본부, 영남지역본부 등의 부문이 있다. 거대기업에서도 시장이 글로벌 지역에 확산되어 있을 때에 지역단위의 조직화를 한다. 애플재팬이 그 예이다.

이상의 네 가지 기준 중에서 필수적인 조직화는 기능이다. 어느 기업이든 기능부서는 있다. 반면에 제품, 고객, 지역 등의 조직분화 기준은 전략적 선택이다. 이들은 비즈니스 특성과 연계되어 있으며 전략 수립과 실행의 거점 또는 주체로서 조직단위가 된다. 비즈니스 특성과 전략에 연계된 점에서 사업부(division) 또는 사업단위(business unit)라고 한다. 가전제품사업부, 기업고객사업부, 유럽지역사업부 등이 그것이다. 후술하는 사업부제에서 자세한 특징을 설명하였다.

한걸음 더

- 내가 소속된 조직들의 조직구조를 네 가지 기준으로 살펴보자.
- 대학의 학생회나 동아리는 모두 기능식으로 조직화되었다. 혹시 그 외 기준(예: 고객)으로 조직화는 가능할까?

관리통제범위와 계층구조

수직적 분화는 계층화라고 하였다. 조직의 계층의 수는 관리범위(SOM: span of management) 또는 통제범위(SOC: span of control)에 의해 결정된다. 관리범위는 한 사람의 관리자가 관리 또는 통제하는 하위자의 숫자를 말한다. 관리범위의 크기에 따라 조직 계층의 수가 달라져서 [그림 7-3]에서처럼 고층구조(tall structure)와 평면구조(flat structure)가 된다.

[그림 7-3]에서 고층구조는 관리통제범위의 평균이 2.0이고, 평면구조에서는 평균 4.0이다. 관리범위가 커지면 평면구조로 바뀐다. 이 두 조직의 차이는 무엇일까?

첫째, 관리범위가 넓으면 관리자의 전체 숫자가 적다. 그림의 두 조직 모두에서 일선부서의 감독자는 16명이다. 평면구조를 보면 일선감독자(first-line supervisor)를 관리하는 중간급의 관리자(manager)가 4명에 불과하고 최상위에 최고경영자(top management) 1명이 있다. 중간관리자급 이상이 5명에 불과하다. 반면에 고층구조에서 중간관리자급 이상이 총 16명이다. 관리업무의 총량이 지나치게 많고 관리자에 대한 보상비용이 매우 클 것이라는 점을 쉽게 알 수 있다. 실제로는 더 큰 차이가 있을 것이다. 현장의 단위조직에서도 두 조직은 일선감독자의 관리범위가 다를 것이기 때문이다. 고층구조에서 한 명의 일선감독자가 10명을 관리하고 평면구

[그림 7-3] 관리범위와 조직구조

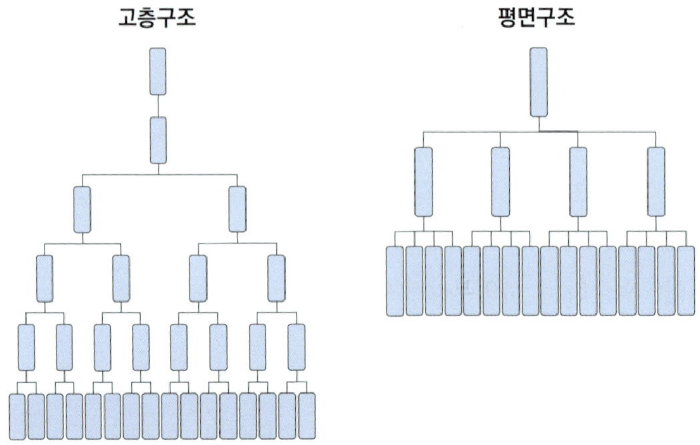

조에서는 20명을 관리하고 있다면, 실제로는 오른쪽의 평면구조가 훨씬 더 큰 규모의 회사인 것이다. 따라서 총 인력 대비 관리자 비율에서 큰 차이가 있다.

둘째, 사업 현장에서의 목소리가 최고경영자에게 전달되는 단계가 다르다. 수직적 조직구조에서는 일선감독자부터 최고경영자까지 의사소통(보고)에서 5단계를 거쳐야 하고, 평면구조에서는 2단계를 거친다. 일반적으로 평면구조가 의사소통에 더 우호적이라고 평가된다. 의사소통 단계가 너무 길면 보고전달에 많은 시간이 걸리고 보고내용이 왜곡될 수 있다. 의사소통뿐 아니라 의사결정에도 영향을 미친다. 현장의 이슈에 대해 정확하고 생생한 정보에 의거하여 빠른 의사결정을 내려야 하는 데는 평면구조가 유리하다. 반면에 업무의 복잡성이 크고 위험관리가 중요한 경우에는 수직적인 고층구조가 상대적으로 안전할 수 있다. 관리감독이 충분하기 때문이다.

오늘날 현장경영과 속도경영이 중시되는 상황에서 대체로 평면구조의 조직이 더 바람직하다. 수평적 조직은 수직적 조직의 경직성을 약화시키고 수평적 협력을 강화해주는 효과가 있다. 부서 내 및 부서 간 통합의 흐름이 더 원활해질 수 있다. 그러나 지나친 관리범위 확대는 관리소홀의 위험을 높인다. 관리범위의 결정은 사업의 특성, 과업기술의 난이도, 인적 전문화 정도 등의 다양한 요인을 고려하여 결정해야 한다.

위계적 특성이 많았던 한국 기업에서 과거에는 평균적으로 9단계의 다단계층의 위계조직이었다.[8)] 1990년대 경영혁신운동기에 평면구조의 조직으로 의도적인 변화를 시도했고 결과적으로 성공하였다.

평면조직구조의 조건

평면구조에서는 관리자의 관리범위가 넓기 때문에 담당자들 스스로 알아서 일할 수 있게끔 권한과 책임을 하부로 많이 넘겨주어야 한다. 이를 담당자 개인이 재량과 권한을 가지고 수행능력을 키워가는 **임파워먼트**(empowerment)라고 한다.

또 한 가지 방법은 업무를 표준화하고, 규칙과 절차를 아주 엄격하게 해서 구성원들이 그대로 지켜서 수행하게 할 수 있다. 그러면 관리의 필요가 적어지니까 관리자가 많은 사람을 관리할 수 있다. 과거에는 이게 가능했다.

그러나 오늘날에는 규칙과 절차를 많이 만들고, 공식화의 정도를 높이는 방식은 평면구조에 적합하지 않다. 시장과 고객이 빠르게 변화하고, 사회적인 요구가 다양해졌기 때문에 현장업무 담당자의 재량적 판단과 신속한 대응이 많이 필요하다. 따라서 담당자를 규칙과 절차에 가두기보다 재량권을 주고 실행능력을 키우는 임파워먼트가 더 효과적이다. 이때 업무담당자의 능력과 전문성이 중요한 요건이 된다. 재량적 판단에 의한 업무수행이 위험하거나 낮은 성과로 이어지지 않아야 하기 때문이다. 그리고 관리자의 역할도 통제보다는 코칭과 지원이 중심이 되어야 한다. 종합하면, 평면구조의 조건은 조직운영방식에서 임파워먼트와 자율성 부여, 구성원의 능력과 전문성 개발, 관리자의 코칭형 후원적 리더십 등이다.

2.2 권한의 배분과 통제

조직의 수평적 분화와 수직적 분화가 결정되면 구성원이 맡는 업무와 역할이 결정된다. 이에 업무 의사결정과 역할 수행을 위한 권한과 책임이 배분되어야 한다.

역할 부여와 권한-책임의 배분

조직 내 각각의 지위와 담당업무에서 조직구성원이 수행할 역할(role)을 정하고 권한(authority)과 책임(responsibility)을 부여해야 한다. 예를 들어, 생산기능의 관리자 계층에 위치한 사람, 즉 생산관리자의 역할과 권한 및 책임을 정하는 것이다. 역할이란 지위(status) 또는 직위(position)를 가진 사람에게 기대되는 행동과 일의 집합이고 관계적 특성이다. 부모 역할, 영업팀장 역할 등이다. 부모의 역할은 사회

8) 신유근(1996) 참조.

[그림 7-4] 조직화에 의한 역할과 권한-책임의 배분

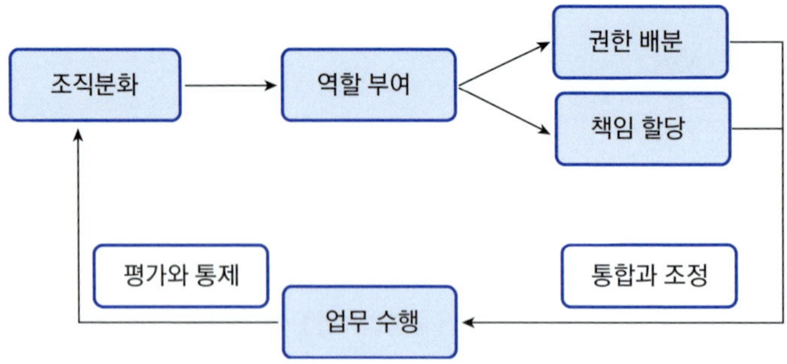

규범에 의해 일반화되어 있지만, 조직의 직위인 영업팀장의 역할은 기업별로 조직화의 방식에 따라 달라진다.

[그림 7-4]에는 조직화의 과정이 도시되어 있다. 조직분화에 의해 역할이 규정되면 각각의 직위에서 권한과 책임이 부여된다. 그리고 분화된 과업활동의 통합을 위한 조직화가 필요하다. 이로써 분화와 통합의 조직화에서 업무수행이 이뤄진다. 그리고 업무수행의 바람직한 결과 여부에 대한 평가가 피드백되어서 조직분화에 다시 영향을 미친다. 조직이 성장하거나 환경이 변하게 되면 기존의 조직화에 의한 업무수행이 더 이상 효과적이지 않을 수 있다. 이 경우 수행결과를 보고 새로운 조직화를 할 수 있다.

일반적으로 권한은 계층화에 따라서 배분된다. 조직의 최고경영자에게 권한이 집중된 것을 집권화(centralization)라고 하고 하위계층에 권한이 위양되어 있는 경우를 분권화(decentralization)라고 한다. 집권화된 조직은 최고경영자의 강력한 통제와 규율에 따라 일사분란하게 움직일 수 있다. 분권화된 조직에서는 현장의 관리자들이 직접 의사결정을 내리고 실행할 수 있어서 현장 대응성이 빠를 수 있다.

권한 배분을 계층화 정도와 관련지어 보면, 일반적으로 고층구조보다 평면구조에서 현장에 더 많은 권한의 분산이 이뤄진다. 관리범위가 넓으므로 담당자에게 재량을 주고 현장 상황에 직접 대응하게 해주고 관리자는 행위의 결과에 대해서만 평가와 통제를 하는 게 적합하다. 업무수행 과정의 감독은 최소화하고 특별한 상황에 대해서만 개입하는 것이 효과적이다. 이를 결과통제(output control)라고 한다.

역할 수행에는 책임이 부여된다. 그리고 권한에는 책임이 따른다. 부모 역할에는 자녀를 건강히 키우고 훌륭한 사회인으로 성장하게 도와줄 책임이 있다. 조직에서도 마찬가지이다. 조직분화로 역할 공간이 정해지면 책임이 부여된다. 가장 중요한 책임은 업무를 제대로 수행하며 기대된 성과를 창출하는 것이다. 이처럼 역할과 책임은 하나의 구성체이다. 그래서 조직구성원이 '역할과 책임(R&R: roles and responsibilities)'에 대한 명확한 인식을 갖는 게 중요하다. 기업 현장에서 가끔 "당신의 R&R은 무엇인가?"라는 질문을 던지는데, 이는 역할인식을 강화하고 수행책임에 대한 의식을 고취하기 위한 것이다. 조직구성원이 자신의 역할과 책임을 다할 때 조직의 목적이 효과적으로 달성될 수 있다. 선행조건은 물론 기업 상황에 적합한 조직화이다.

한편 책임이 주어지는 만큼 권한이 있어야 한다. 이를 '권한-책임 등가의 원칙'이라고 한다. 권한은 적고 책임만 크면 역할 수행이 어렵다. 조직의 하위계층에서 흔히 발견되는 현상이다. 반면에 상위계층에서는 권한은 많은데 책임은 지지 않는다는 비판을 받는다. 조직의 위계적 특징에서 비롯되는 것이다. 기업조직의 권한은 지배권에서 비롯되고 조직의 상층부에 집중되는데 현업의 필요에 의해 권한이 하위로 위양된다. 이때 현업의 책임만큼 권한이 위양되지 않는 경우가 허다하다. 이 경우 업무수행자는 책임을 다하지 않는 회피나 태만 행위를 하게 될 것이다.

권한과 책임이 현업에 많이 위양될수록 조직이 민주화된다. 조직화로 부여된 역할의 크기만큼, 또는 그 이상의 권한을 가질 때 조직구성원은 재량의 영역에서 자신의 특성을 살릴 수 있고 조직은 다양성을 품게 된다. 그리고 자기책임 하에 조직에서 기대하는 결과 창출을 위해 노력할 수 있다.

권한(authority)과 권력(power)

권한은 정당화된 권력(legitimized power)을 말한다. 대통령의 권력은 무한할 정도로 크다. 이 중에서 대통령의 직책과 역할에서 정당하게 사용할 수 있는 권력을 권한이라 한다. 헌법과 법률에 의해서 권한이 정의된다. 대통령이 초법적 권력을 행사하면 국가와 사회가 혼란에 빠진다. 이처럼 어느 지위와 직책을 맡은 자가 수행하는 권한은 공식화된 범위에 한정된다. 조직에서 권한을 넘는 권력의 행사는 조직의 건강성을 해친다.

한걸음 더

- 우리나라 오너 경영자들은 한정된 권한을 행사하고 있을까?
- 권한 외 권력을 많이 행사하는 사람을 리더라고 할 수 있을까?

분권화와 임파워먼트

조직은 권한이 본부에 집중되어 있는가, 현장에 분산되어 있는가에 따라 집권화된 조직과 분권화된 조직으로 구분하여 볼 수 있다. 조직에서 권한의 주요 내용은 의사결정권한과 결재권한, 업무수행 범위의 크기, 수직적 및 수평적 영향력의 정도 등이다. 집권화된 조직은 CEO를 중심으로 조직 상층부의 경영진에 권한이 집중되어 있다. 따라서 현장에서의 자율적 결정이 제한되어 있다. 분권화된 조직은 현장에서 자체적으로 결정을 내리고 필요한 자원을 자유롭게 쓰면서 문제해결과 고객대응을 한다. 이러한 상황에서 업무담당자에게 권한과 책임을 크게 해주는 것을 임파워먼트(empowerment)라고 한다. '힘을 불어넣어준다'는 뜻이다. 분권화 조직과 집권화 조직의 장단점은 <표 7-5>에 정리되어 있다.

오늘날에는 현장에서 수없이 많은 변동적인, 전혀 예측하지 못하는 일들이 많이 발생한다. 현장중심의 경영을 위한 분권화된 조직이 더 적합하다. 구성원들이 변동적인 상황에서 즉각 대응하고 문제해결을 하기 위해서는 권한이 커야 한다. 위에 일일이 다 보고하고 지시를 받고서 그 문제를 해결하려면 이미 늦고, 그 고객은 경쟁자에게 넘어간다. 현장에서 실제 문제를 잘 알고 있는 사람들의 전문성을 키워줘서 적시에 문제해결을 할 수 있게 해줘야 한다.

〈표 7-5〉 집권화와 분권화의 선택

	장점	단점
집권화	• 최고경영진의 통제가 용이함 • 효율성이 높음 • 현장인력의 업무가 단순하고 반복적일 때 유리함	• 고객대응이 느림 • 현장의 즉각적 문제해결이 어려움 • 현장인력의 사기저하 가능성
분권화	• 고객 욕구에 잘 적응함 • 종업원에게 많은 권한이 위임됨 • 현장의 의사결정이 신속함 • 현장업무가 복잡하고 전문성이 필요할 때 유리함	• 경영진의 통제력 약화 • 전사 차원의 통합이 어려움 • 현장인력 역량 부족시 혼란

통합(integration)과 조정(coordination)

조직분화에 따라 부서별로 각자의 업무를 수행한다. 이때 부서의 목표와 업무 활동을 조정하고 통합하여 조직 전체의 목표를 달성하도록 해줘야 한다. 이에는 3가지 방식이 있다. 첫째는 **관리적 접근**이다. 협력부서 간에 공동목표를 부여해주면 두 부서의 업무가 조정되고 통합된다. 부서 간 인적교류와 직무순환도 효과적이다. 서로의 이해가 높아지고 입장을 공유하게 되어 협력이 잘된다. 관리자의 통합과 조정의 역할을 강화하는 것도 한 방안이다. 그리고 업무담당자를 두 부서에 이중소속으로 하면 연결자 역할을 해줄 수 있다. 그 외에 규칙과 절차를 협동 중심으로 공식화하는 것도 방안이 된다. 이에 대해서 4절에서 설명하였다.

둘째, **구조적 접근**이다. 통합과 조정을 전담하는 부서를 운영하는 것이 효과적이다. 기획조정부서가 대표적인 예이다. 각 부서의 대표가 참여하는 위원회를 운영하는 방식도 있다. 그 외에도 조직구조를 혁신적으로 설계하여 수평적 협력과 자원-정보의 흐름을 원활하게 하는 방법들이 있다. 이에 대해서도 4절에서 설명하였다.

셋째, **통제의 방식**이 있다. 이는 업무수행 과정과 결과에 대한 통제방식으로 부서 간 협동과 공동목표 달성을 촉진하는 것이다. 통제방식에는 과정통제와 결과통제가 있다.

〈표 7-6〉 통합과 조정의 3가지 방식

구분	내용
관리적 접근	공동목표 부여, 인적교류와 직무순환, 관리자의 통합/조정 역할, 이중소속 담당자, 규칙과 절차의 공식화
구조적 접근	통합부서 창출, 위원회제도, 수평조직화의 여러 방법들
통제의 방식	과정통제, 결과통제

한걸음 더

- 단과대학 내의 두 개 학과가 서로 자기 입장만 주장할 때, 어떤 조정 메커니즘을 만들 수 있을까?
- 기업에서 생산부서와 영업부서가 갈등이 잦다. 왜 그럴까? 갈등을 조정하고 업무 활동이 잘 통합되어 높은 성과를 내게 할 방법은 무엇인가?

과정통제(process control)와 결과통제(output control)

관리과정의 계획－실행－평가/통제(P-D-S) 사이클에서 마지막 단계는 수행결과를 평가하고 통제를 가하는 것이다. 그런데 통제 메커니즘은 과정통제와 결과(산출물)통제가 있다. 과정통제란 상급자가 업무수행 과정에 일일이 개입하고 관여해서 통제하는 것이다. 그러면 결과에 대한 책임을 상사가 져야 한다. 실무자들이 수행에서 잘못한 게 있겠지만 결과에 더 큰 영향을 미치는 것은 상사의 관여에 의한 것이다. 반면 결과통제는 수행결과의 산출물을 평가하고 통제를 가하는 것이다. 이는 상사가 수행과정의 관여도를 낮추고 맡기는 것이다. 이는 업무담당자에게 재량을 주고 자율과 책임을 주는 것이다. 그리고 결과에 대해 구체적인 보상과 조치를 통해 업무수행의 바람직한 행동을 유인하는 간접통제의 방식이다.

과정통제는 집권화 조직에 해당하고, 결과통제는 분권화 조직에 적합하다. 임파워먼트가 결과통제의 선행조건이다. 물론 과정통제와 결과통제 모두 강하게 하는 경우를 제외하곤 말이다. 두 가지 통제를 모두 하는 조직은 말 그대로 감옥 이미지의 조직이다(숨막히는, 기죽는 등등). 평가의 기준을 명확히 하고 통제를 가하면 전사적 통합이 가능해진다.

조직은 자율과 통제를 모두 필요로 한다. 오랫동안 한국 기업들은 자율과 통제를 이분법적으로 접근하면서 자율보다는 통제를 선호해왔다. 압축성장의 시대에는 이러한 경영방식이 효과적이었다. 과정통제란 조직구성원 또는 단위조직의 가치창출 활동이 진행되는 과정에 통제권한을 가진 경영자 또는 관리자가 직접 개입하는 것이다. 반면에 결과통제는 가치창출 활동의 과정에의 개입을 최소화하고, 가치창출 결과에 대한 평가에 의거하여 통제하는 것이다. 새로운 시대에 요구되는 경영은 '과정의 자율'이 '결과의 최적화'를 이끌어내는 방식이 되어야 한다. 지식, 창조성, 속도가 경쟁력이 되는 시대에는 구성원들이 상황적합적 행동경로를 스스로 판단하여 결정하고, 필요한 자원을 직접 조달·활용할 수 있는 자율권한이 필요하다. 이러한 자율권한 행사에 대한 결과책임(accountability)을 통해 조직 전체의 자율적 통제가 이루어져야 한다.

한걸음 더

- 나의 부모님은 나에게 과정통제를 하시는가, 결과통제를 하시는가?
- 나는 훗날 자녀에게 과정통제를 더 할까, 결과통제를 더 할까?
- 기업에서 과정통제와 결과통제의 전제조건은 무엇이 있을까 토론해보자.

3. 조직의 형태

조직형태(organizational form)는 조직의 전체적인 특성이 잘 구조화된 모습을 말한다. 조직의 첫 번째 분화에 의해 조직 전체의 운영이 가장 크게 영향을 받는다. 이때 분화의 기준이 무엇인가에 따라 조직형태는 크게 기능식 조직, 사업부제 조직, 혼합형 조직 3가지로 구분된다.

3.1 기능식 조직

조직화에서 최초 분업의 원리는 기능적 분화로 적용된다. 기업 경영의 기본 기능인 생산과 판매 조직의 분화와 자원배분의 기능인 재무와 인사 기능이 그것이다. 이처럼 기능영역에 따라 전문화된 조직구조를 기능식 조직(functional organization)이라고 한다.

기능식 조직은 최고경영자인 CEO에 직접 보고하는 부서장이 기능부문의 책임자이다. [그림 7-5]에서 보듯이 인사, 재무, 경영정보 기능을 총괄하는 관리부문장이 있고, 연구개발부문, 생산무분, 영업부문 등으로 부문화되어 있다. 기능식 조직은 과업분화의 개념에 가장 충실한 조직이다. 기능적 분화는 초기자본주의 이래 기업의 역사와 함께하고 있다. 반복적 과업수행으로 인한 숙련도 증가와 기능분야별 직무훈련으로 기능적 전문성이 강화된다는 특징을 갖고 있다. 기업규모 측면에서 중소기업과 중견기업에 가장 적합하다.

국내 중견기업인 소비재 제조업체의 실제 조직구조 사례로 [그림 7-6]에 나타난 조직 부문화를 보면 사장의 직접 보고라인에 연구개발 기능의 연구소를 포함하여 5개 기능부문이 있다.[9] 전형적인 기능식 조직이다. 그리고 전사 스태프로 기획실이 있어서 기능식 조직에서의 부서 간 협력관계를 조정하고 통합해주는 기능을 맡고 있다. 이 회사는 생산과 영업이 중심이 되는 전형적인 제조업체인데 생산조직이 커서 별도의 생산부문장이 없었고 3개 공장장이 CEO에게 직접 보고하는 체제이었다. 그러나 CEO 통제범위의 수가 너무 컸고 공장 간 생산량과 생산일정의 조정 니즈가 커져서, 생산부문을 신설하여 부문 내 조정기능을 강화하였다.

---

9) 실제 사례에서 공장입지를 변경한 조직도이다.

[그림 7-5] 기능식 조직구조

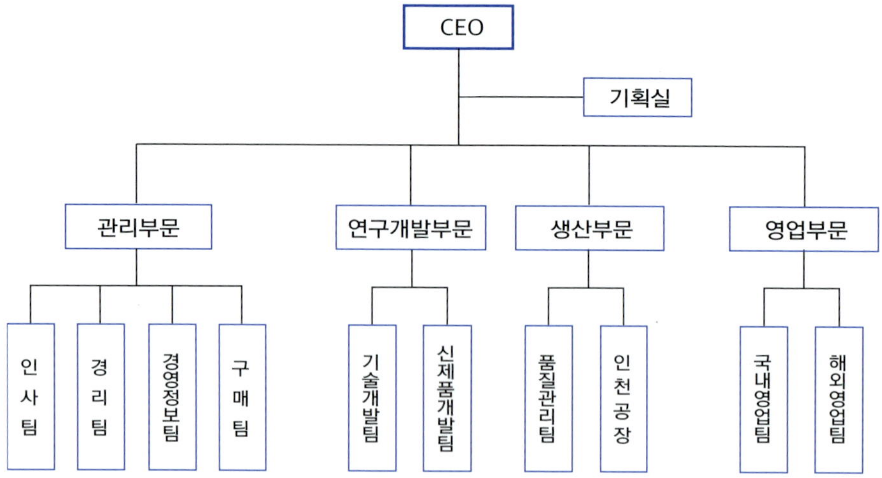

[그림 7-6] 국내 중견제조업체의 조직구조

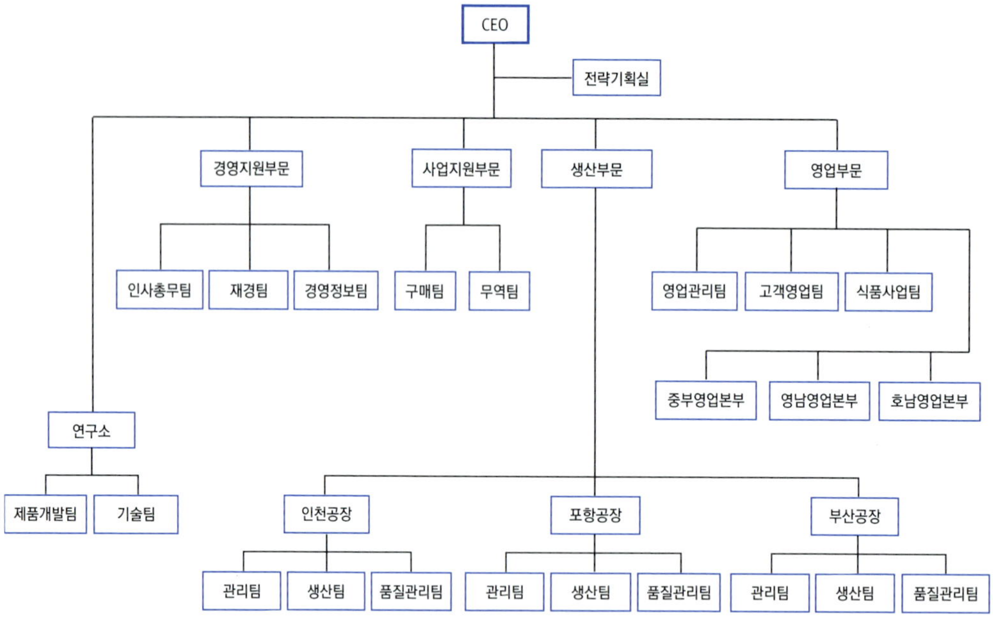

기능식 조직의 장점은 기능적 전문성의 강화이다. 부서목표가 기능적 성과를 높이는 데 집중되기 때문에 구성원들은 기능분야의 과업지식과 과업기술을 습득하는 데 전념하게 된다. 기능의 전문성이 심화되고 분업이 업무특성에 따라 잘 되었다는 점에서 아담 스미스의 분업이론과 막스 베버의 관료제이론에 가장 적합된 유형의 조직이다. 기능식 조직은 대부분의 중소규모 기업, 단일사업기업의 조직화 방식이다. 그리고 다각화된 대기업에서도 전문성이 중요한 경우에는 기능식 조직화를 채택하기도 한다. 중후장대형 사업이나 장치산업에서 단일 제품라인을 갖고 있는 경우에는 기능식 조직을 채택한다. 정유회사의 예가 그것이다.

기능식 조직의 단점은 기능부서 간 장벽이 생길 수 있다는 점이다. 생산, 영업, 인사, 재무 분야의 종사자들이 서로 자기 부서의 입장만 생각하기에 업무수행에서 갈등이 커질 수 있다. 전문지식과 관점의 차이 때문에 부서 간 의사소통이 어려울 수 있다. 분업체제이므로 통합을 위한 협동이 더 중요한 조직이다. 반면에 기능부서 간 이해관계의 차이와 의사소통 부족, 갈등의 증가로 인해 협동이 방해될 수 있다. 또한 부서 간 협력체제가 약화되어 환경변화에 대한 민첩한 공동대응에 실패할 수도 있다.

세계 최고 기업가치의 애플도 기능식 조직을 채택하고 있다. 주요 이유는 기능적 전문성과 제품혁신 능력을 축적하고 발휘하는 데 적합하다고 보기 때문이다. 이 경우 기능식 조직의 단점을 최소화할 수 있는 구조적 장치와 기업문화, 경영진 철학 등이 조화를 이뤄야 한다.

경영사례

애플의 혁신형 조직구조 운영 사례

애플은 하드웨어, 소프트웨어, 서비스를 혁신한 회사로 잘 알려져 있다. 이러한 혁신 덕분에, 스티브 잡스가 복귀한 해인 1997년 종업원 수 8,000여 명, 매출 70억달러(약 8조원) 규모에서 2019년 종업원 수 13만 7,000명, 매출 2,600억달러(약 300조원) 규모로 성장했다. 하지만, 그 이면에 상대적으로 잘 알려지지 않은 것이 애플의 혁신 성공에서 중요한 역할을 해 온 조직구조 및 관련된 리더십 모델이다.

잡스가 애플에 다시 돌아왔을 때 애플은 비슷한 규모와 사업범위를 가지고 있는 여타 회사들의 전통적인 조직구조를 가지고 있었다. 애플은 사업부로 나뉘어 있었고, 각 사업부는 자체 손익에 대해 책임을 지고 있었다. 전반관리자(general manager)들이 매킨토시 상품 그룹, 정보기기 부문과 서버 상품 부문 등을 운영했다. 분권화된 사업부서가 일반적으로 그렇듯, 관리자들은 서로 경쟁했는데 특히 이전가격(transfer price)을 두고 다투곤 했다. 기존의 전통적인 관리방식이 혁신의 숨통을 조이면서, 잡스는 CEO로 복귀한 첫해에 전 사업부의 전반관리자들을 같은 날 모두 해고했고, 전사를 하나의 손익관리체계로 개편했으며, 사업부별 별도로 운영되던 기능부서들을 하나의 기능조직으로 통합했다.

애플의 기능별 조직체계

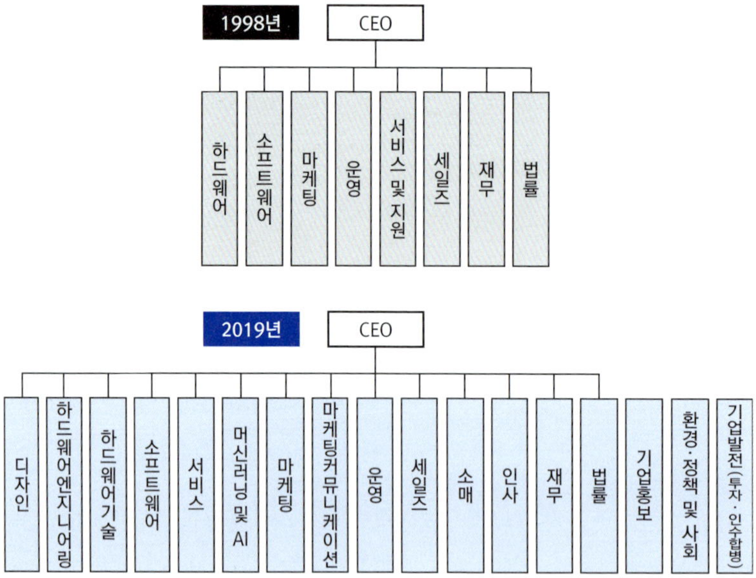

획기적인 점은, 오늘날 애플이 1998년 대비 매출 면에서 약 40배 커지고 훨씬 더 복잡해졌음에도 불구하고, 여전히 그 구조를 유지하고 있다. 애플이 기능별 조직구조를 고수한 이유는 끊임없는 혁신을 위해서이다. 애플은 한 분야에서 가장 많은 전문지식과 경험을 가진 사람들이 해당 분야의 의사결정권을 가지고 있어야 한다는 근본적인 신념을 가지고 있다. 아래의 두 가지 이유 때문이다.

첫째, 애플은 기술 변화와 파괴적 혁신의 속도가 빠른 시장에서 경쟁하기 때문에 파괴적 혁신의 주체가 되는 기술에 대한 깊은 지식을 가진 사람들의 판단과 직관에 의존해야 한다. 전반관리자보다는 기능전문가에 의지하게 되면, 이렇게 던진 승부수가 결실을 볼 가능성이 커진다. 둘째, 투자 성과와 리더의 성과를 평가하는 가장 중요한 기준이 단기적 이익과 비용이라면 최고의 상품을 제공하겠다는 애플의 의지는 흔들리게 된다. 재무팀은 엔지니어링팀의 상품 로드맵 회의에 참여하지 않고, 엔지니어링팀은 가격 결정에 관여하지 않는다. 애플이 기술이나 기능의 개발에서 비용과 매출을 고려하지 않는다는 말이 아니다. 전통적인 조직구조를 가진 기업과는 다른 방식으로 결정한다. R&D 리더들은 결정의 순간에서 총비용과 가격 목표를 일률적 기준으로 사용하기보다, 사용자들에게 줄 수 있는 혜택을 비용 측면의 고려사항들과 비교해서 검토한다.

의사결정자들이 단순히 수치화된 목표의 달성 여부에 대해 주로 책임을 지는 전반관리자가 아니라 담당 분야에 깊은 지식을 가진 사람들인 경우, 비용과 사용자 경험에 창출되는 부가가치 사이에서 적절한 균형점을 더 잘 찾을 수 있다. 전통적인 사업부별 조직의 기본 원칙은 '책임'과 '통제 권한'을 일치시키는 것이지만, 기능별 조직의 기본 원칙은 '전문지식'과 '의사결정권'을 일치시키는 것이다. 따라서, 애플의 조직체계와 애플이 창출하는 혁신 사이에는 뚜렷한 연관 관계가 있다.

[자료: 포돌리 & 한센, 하버드비즈니스리뷰(번역), 2020, 11-12월, pp. 83-92]

한걸음 더

- 애플이 계속 성장해도 기능식 조직이 유지될 수 있을까?
- 기능식 조직의 단점을 어떻게 극복할 수 있을까?

3.2 사업부제 조직

조직의 첫 번째 분화가 제품, 고객, 지역 등의 기준으로 된 조직은 사업부제 조직(divisional organization)이다. 이 조직에서는 사업부의 하위 분화에서 기능부서가 만들어진다. 전형적인 사업부제 조직의 모습을 [그림 7-7]에 도시하였다.

사업부제 조직은 다중사업 조직구조(multi-divisional structure)이다. 특히 사업부 수준의 전략경영을 위해서 사업부제 조직이 필요하다. [그림 7-7]의 기업은 제품사업부제를 채택하고 있다. 제조업체에서 자주 발견되는 모습이다. 기능식 조직을 채택한 기업이 다각화를 하게 되면 전략-조직의 적합성이 떨어져서 사업전략의 실행이 어려워진다. 전략과 조직 간의 갭을 줄이기 위해 사업부제 조직으로 바뀌게 된다. 전사수준의 전략을 실행하기 위해서 전략기획스태프 조직이 CEO 직속으로 유지된다. 이때 CEO와 스태프조직을 합쳐서 본사 또는 본부(HQ: headquarters)라고 한다.

사업부는 자체 내부에 필요한 모든 기능영역을 포함하고 있으므로 사업추진에서 자기완결적인 조직이다. 각각의 사업부가 마치 독립적인 회사처럼 운영되어 외부환경과 경쟁시장에 탄력적으로 대응할 수 있다. 사업부 제품별로 산업의 사이클, 제품의 사이클이 현저히 다를 때 사업부제는 독자성을 더 가지게 된다. 사업부를 회사 내 회사라고 말하는 이유이다.

[그림 7-7] 제품사업부 조직구조

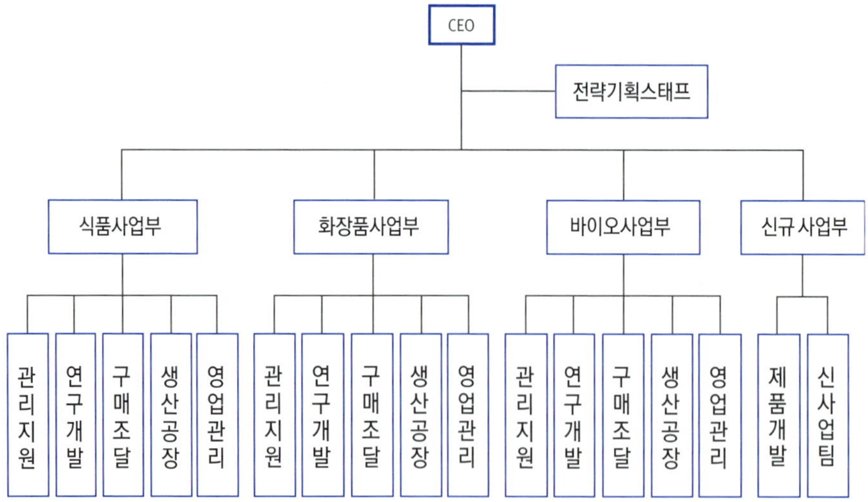

사업부(division, business unit)는 독자적인 수익 단위로서 경영의 성과책임을 지게 된다.[10] 이를 이익책임단위(profit center)라고 하는데 회계를 독립적으로 할 수 있는 한 단위가 된다는 뜻에서 독립채산제라고도 한다. 사업부 내 기능영역의 활동이 사업에 집중되기 때문에 성과창출에서 조직적 장애가 없으며, 사업성과가 잘 드러난다. 따라서 사업부제에서 사업부장과 구성원은 성과에 민감하게 된다.

사업부를 책임지는 사업부장은 전반관리자(general manager)이다. 전반관리자는 기능관리자에 대응하는 개념으로서 특정 기능을 맡지 않고 여러 기능을 아우르는 관리자이다. 전반관리자의 역할은 기능영역을 잘 통합하여 경영성과를 만드는 것이다. 통합자 역할이 중요하다. 기업에서 대표적인 전반관리자는 CEO이다. 기업 내 모든 기능영역의 자원과 역량을 통합하여 조직성과를 창출하는 역할을 수행하기 때문이다. 기능식 조직과 달리 사업부제 조직에서는 전반관리자가 많다. CEO와 사업부장 모두가 전반관리자이다. 기능관리자는 사업부 내 하위 기능관리를 책임지는 구조이다. 이러한 조직에서 하위의 기능관리자들은 경력 성공을 위해서 기능적 전문성보다는 리더십을 키워서 전반관리자가 되고자 노력하게 된다.

사업부제의 단점으로는 기능적 전문화가 약화될 수 있다. 기능이 사업의 하위 개념으로 되기 때문이다. 사업부를 가로지르는 기능부서 간 교류가 사실상 없으므로 정보, 지식 및 과업기술의 공유와 축적이 어려워질 수 있다. 특히 기업규모가 아주 크지 않을 때는 기능전문화의 인력들이 여러 사업부에 흩어지게 되어 전문지식과 정보의 축적이 어려워진다. 그리고 인력운용과 자원이용 면에서도 규모의 경제를 잃어버릴 수 있다.

사업부제 조직화

사업부제 조직화에는 전제조건이 있다. 사업부를 운영해야 할 만큼 다각화 수준이 높아야 한다. 사업부가 두 개만 있을 때 기업들은 기능식 조직으로 운영하는 경우가 많다. 기능 내 포함된 두 사업의 기능 간 조정과 통합의 장치를 강화해서 갈등과 혼란을 줄이고, 기능식 조직의 장점을 살리고자 하는 것이다. 그러나 기능부문 내에서 복수의 여러 사업을 조정하고 시장경쟁에 대응하는 것은 어렵다. 특히 사업 간의 이질성이 커지면 사업부제 조직이 전략 실행을 위해서 더욱 필요하게 된다.

---

10) 사업부의 영어 표현은 조직분화의 관점에서는 division, 전략적 관점에서는 사업부가 산업에 직접 연결되어 있기 때문에 business unit로 쓴다.

사업부제의 조건을 정리하여 보면, 다각화의 수준이 높고, 사업별로 시장조건, 기술조건 등의 측면에서 이질성이 클 경우에는 사업부 조직화가 필요하다. 또한 사업부 단위로 독자적으로 운영, 즉 이익책임단위로서 운영이 가능한 관리시스템이 필요하다.

경영사례

고객사업부제와 지역사업부제 조직

고객사업부제는 고객 중심의 조직화를 통해 고객지향성과 시장대응성을 높이기 위한 것이다. 예를 들어, KT(구 한국통신)는 1995년에 제품사업부 조직을 고객사업부 조직으로 변경하였다. 통신서비스 제품별로 되어 있는 시내전화(제품)사업부, 시외전화(제품)사업부, 국제전화(제품)사업부 및 데이터통신(제품)사업부를 기업고객사업부와 개인고객사업부로 전환하였다. 기업고객사업부에서는 중앙집중형으로 전국의 대기업 고객을 직접 관리하면서 맞춤형 서비스를 제공하도록 하였고, 개인고객사업부는 지역거점으로 중소기업고객과 개인고객에 대한 서비스를 제공하였다. 통신사업의 지역적 분산을 고려해보면 지역사업조직이 필요하다. 여기서 대기업 중심의 기업고객은 지역적 분산보다 중앙에서 직접 서비스를 하는 게 비용과 서비스의 질 측면 모두에서 더 효과적이었다. 이로써 기존의 영업과 시설유지 중심의 지역사업본부가 개인고객사업부에게 소속되는 변화를 맞게 되었다.

이상의 조직개편은 영국의 BT(영국통신)의 조직화를 본딴 것인데, BT에서 시작된 고객사업부제 도입은 서비스업종에서 전 세계적 유행을 불러일으켰다. 대표적으로 은행을 비롯한 금융서비스 업종은 고객사업부를 중심으로 운영되고 있다. 우리나라에서도 IMF 이후에 대다수 금융기관에서 고객사업부를 도입하였다.

사업부제는 조직분화의 형태이기도 하지만, 조직의 통합에 의한 경우도 많다. 예를 들어, 20세기 중후반까지 세계 최대의 자동차회사였던 GM은 여러 개의 자동차회사가 인수합병되어 탄생한 회사이다. 이에 여러 회사들이 독자성을 유지하고 사업부제로 운영되었다. 캐딜락, 뷕, 쉐보레, 올즈모빌, 래피드트럭 사업부 등이다. 대공황 이후 경제 회복과 번영이 시작되자 소비자들이 다양한 자동차를 원하게 되었고, 당시 최소의 모델로 엔지니어링의 수월성을 추구하던 포드차를 외면하게 되었다. 이로써 GM이 미국 1위 기업이 되었다.

우리나라 기업으로는 두산그룹의 예를 들 수 있다. IMF 직후에 두산그룹은 구조조정을 통해 계열사를 통합하여 ㈜두산을 출범시켰다. 이때 각 계열사들은 사업부(BU: business unit) 단위로 독립채산제를 유지하고, 유사한 사업을 묶어서

[그림 7-8] ㈜두산의 사업부제 조직구조(1998년)

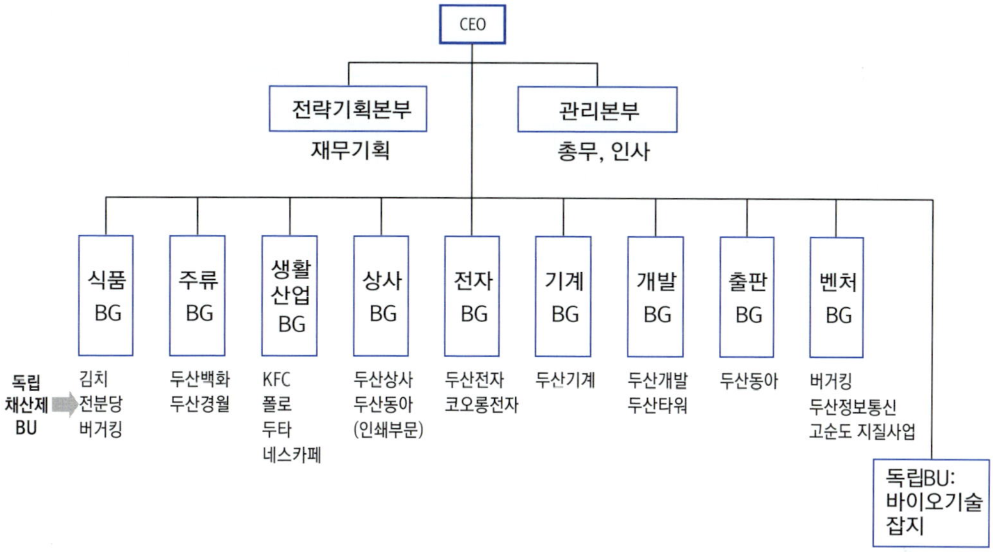

사업그룹(BG: business group)이라는 조직단위를 설정하였다. 당시 출범한 ㈜두산의 조직도는 [그림 7-8]과 같다.[11]

한걸음 더

- 다중사업의 중견기업이 사업부제를 채택하면 득보다 실이 클까?

3.3 혼합형 조직

혼합형 조직(hybrid organization)은 기능식 조직과 사업부제 조직을 혼합한 구조이다. 기능의 중심은 생산과 영업이다. 혼합형 조직은 생산 또는 영업 기능 중 하나를 통합해서 부문으로 관리하고 나머지를 사업부제로 운영하는 것이다. 다각화 기업의 사례를 [그림 7-9]에 도시하였다.

11) 1998년 9월 1일, 두산상사㈜, 두산경월㈜, 두산백화㈜, 두산개발㈜, 두산동아㈜, 두산기계㈜, 두산전자㈜, 두산정보통신㈜, OB맥주㈜의 식품부문 등 9개 회사와 일부 계열사 매각 후 잔여사업을 통합하였다.

[그림 7-9] 혼합형 조직구조

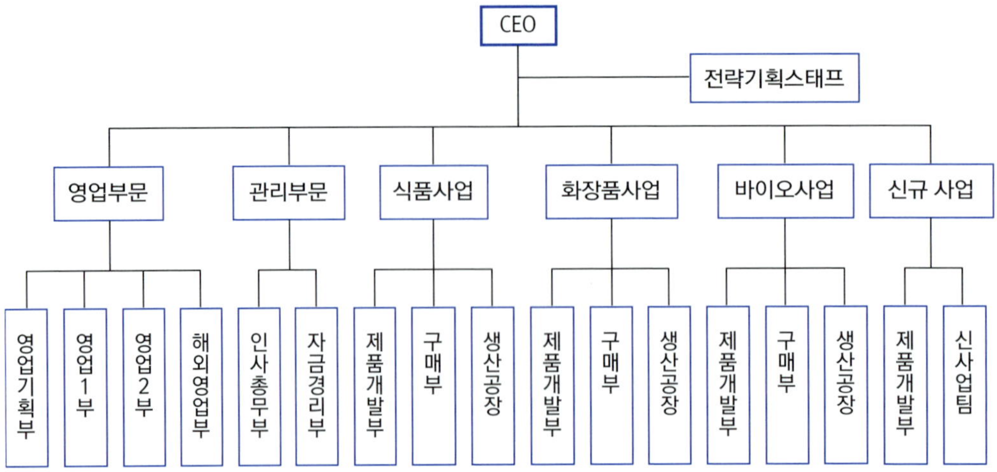

그림의 예에서 영업부문과 관리부문이 통합되어 있고 생산기능과 관련 기능들의 집합으로 제품사업부가 조직화되었다. 이 경우에 영업부문에서는 4개 사업부의 판매와 마케팅을 책임진다. 관리부문은 인력과 재무를 총괄해서 사업부를 지원한다. 현실의 세계에서 자주 볼 수 있는 조직구조이다.

영업부문을 통합시킨 이유는 영업력을 강화하기 위해서다. 이 회사 제품이 유통망 중심의 영업이어서 유통기업과의 협상력을 높이기 위한 목적일 수도 있고 물류비용을 절감하기 위해서일 수도 있다. 영업에서 자원공유와 비용절감 효과가 큰 **범위의 경제**가 있으면 이 부문을 통합하여 시너지를 만드는 것이다.

혼합형 조직에서 특정 기능부문을 사업부에 맡기지 않고 묶었다는 것은 그 기능의 자원과 역량을 집중시켜야 되는 경우이다. 그러므로 관련다각화 기업은 혼합형 조직구조를 많이 채택한다. 반면에 비관련다각화의 기업은 대체로 사업부 간 독립성을 강화하는 순수 사업부제를 채택한다. 앞의 ㈜두산의 경우에 사업 간 시너지가 힘들고 독립채산제로 운영되기 때문에 혼합형 조직을 택하지 않고 순수사업부제를 채택하였다. 그러나 GM의 경우에는 사업부 간 시너지와 전사 차원의 범위의 경제성 추구가 필요한 상황이었다. 그래서 혼합형 조직으로 운영된다.

산업별로 혼합형 조직이 가장 전형적인 조직구조가 되는 산업으로 건설업을 들 수 있다. 우리나라 대형 종합건설업체는 모두가 혼합형 조직이다. 그 이유는 건설 수주와 영업, 관리와 장비 등은 모두 공통으로 수행하고 실제 생산(시공)과

〈표 7-7〉 조직형태별 장단점

조직형태	장점	단점
기능식 조직	• 각 기능별 규모의 경제 획득 • 기능적 전문성의 심화 • 기술개발과 역량축적이 용이 • 기능목표 달성에 유리 • 소품종 (대량)생산에 효과적	• 환경변화 대응이 느림 • 최고경영자의 의사결정 부담 과다 • 기능부문 간 상호조정이 어려움 • 조직의 혁신성이 약화될 가능성 • 기능부서 이기주의의 가능성 • 조직목표에 대한 제한된 시각
사업부제 조직	• 사업별 환경특성 차이가 클 때 적합 • 사업별 성과책임 명확화 • 사업부 내 기능 간 조정이 용이함 • 다각화 수준이 높은 기업에 적합 • 대규모 기업에 적합	• 기능부서의 규모의 경제 상실 • 기능 전문성의 약화 • 사업부 간 동일기능영역의 분절 • 사업부 이기주의의 가능성 • 사업부 간 지식/정보/자원의 공유가 어려움
혼합형 조직	• 사업의 차별적 특성과 기능 전문성을 동시에 반영 가능 • 조직 전체 목표와 사업부 목표의 조화 가능 • 사업부 내 조정과 사업부 간 조정의 활성화 가능	• 부서 간 의사소통과 협동에서 혼란이 발생할 소지 • 사업부와 통합기능부문 간 갈등과 파워게임 가능성 • 기능부문 이기주의와 사업부 이기주의의 충돌 가능성

관련 기능에서 건축사업부, 토목사업부, 공장건설사업부, 원전건설사업부 등으로 운영해야 하기 때문이다. 이처럼 산업 특성이 조직형태를 결정하는 경우가 많다.

이상 세 가지 조직형태의 장단점을 요약하면 <표 7-7>과 같다.

한걸음 더

- 위 세 가지 조직형태의 장단점을 공부하고 토론해보자.
- 영국 BBC방송과 미국의 ABC방송은 혼합형 조직에 가깝고, 우리나라 공영방송은 대부분 기능식 조직이다. 조직 효과성에 어떤 차이가 있을까?

4. 통합지향의 수평조직화

통합의 기능을 강화해서 구조적 경계를 허물어야 한다. 또한 조직의 유연성을 높여 환경변화에 대한 적응력을 강화해야 한다. 통합을 강화하는 방법으로는 조정 메커니즘을 도입하는 방법과 조직구조를 수평조직화하는 방법이 있다.

4.1 조정 메커니즘 도입

수직적 분화의 체계에서 부서/부문 간 조정이 중요하다. 조정(coordination)은 수직적(vertical) 조정과 수평적(horizontal) 조정으로 구분된다. 수직적 조정은 관리자 역할에 의해 부서 간 통합과 조정을 이끌어내는 방식이고, 수평적 조정은 당사자 간의 교류와 의사소통으로 통합과 조정을 추진하는 것이다.

수직적 조정의 방식

수직적 조정에는 위원회(committee) 조직화를 이용하는 방식과 전담통합자(integrating manager) 역할의 방식이 있다.

위원회는 별도의 부문조직을 신설하지 않고 부서를 가로지르는 통합을 이루는 중요한 기구이다. 예를 들어, 기술경영위원회를 만들어서 회사 내 제품기술에 관련된 부서책임자들이 함께 의논하고 의사결정을 내릴 수 있게 된다. 또한 필요시 기술관련 부서 외의 전략, 영업, 재무 등의 책임자들이 기술경영위원회에 함께 하면서 회사의 신기술 투자에 관한 의사결정을 내릴 수 있다. 이처럼 다양한 수준에서 위원회를 신설하여 부서 간 협동과 조정을 원활히 하고 더 효과적인 의사결정을 내릴 수 있다. 기업에서 가장 높은 수준의 위원회는 전사총괄위원회(steering committee) 또는 전략조정위원회(strategic coordination committee)이다. 여기서는 회사의 최고경영진이 모여서 전체 차원의 중요한 의제의 심의와 의사결정을 내릴 수 있다. CEO 혼자서 의사결정을 내리기 어려운 의제가 많은 경우에 효과적인 의사결정 기구가 된다. 그 외에도 윤리경영위원회, 고객만족위원회 등 다양한 부서의 참여가 요구되는 분야에 위원회 방식이 효과적이다. 이 같은 위원회 운영은 수직적 속성을 가진 기업조직에서 매우 유용한 통합과 조정의 방법이다. 그러나

[그림 7-10] 위원회 조직의 구성체계

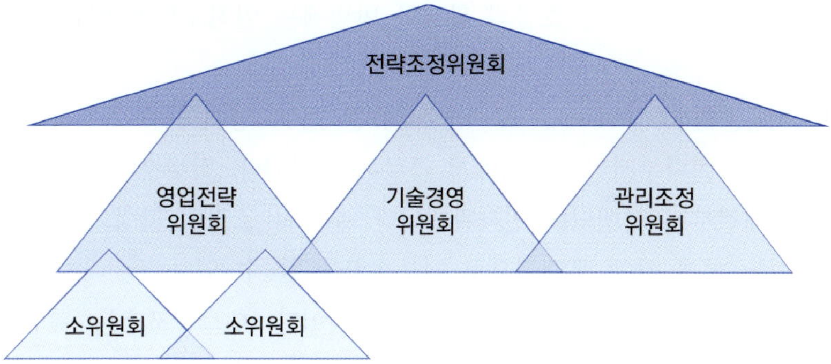

위원회의 수가 지나치게 많거나, 권한이 과도하게 되면 공식적 조직구조에서 부여된 역할과 책임에 혼선을 가져다주기도 한다. 따라서 적정한 위원회의 운영이 필요하다. 잘 정렬된 위원회 조직을 [그림 7-10]에 도시하였다.

전략조정위원회의 기능(예)

- CEO의 전략수행업무 지원
- 주요 전략계획의 감독 · 승인
- 주요 사업프로젝트의 감독
- 사업부문 간 업무조정
- 영업전략위원회, 기술경영위원회, 관리조정위원회 등 하부위원회 활동의 조정 · 통합

전담통합자 방식은 조직의 경계를 가로지르는 공식적인 책임자를 임명하여 통합과 조정의 수준을 높이는 것이다. 소비재 제품의 세계 최대 기업인 프록터앤갬블(P&G)에는 브랜드 관리자(BM: brand manager) 제도가 있는데, 브랜드 관리자는 조직의 각 부문에 흩어져 있는 제품기술과 디자인, 시장조사, 조달, 생산, 유통, 판매 등의 기능을 조정하고 통합하는 역할을 수행한다. 이는 수많은 제품이 있어서 조직의 구조적 기능분화가 각 브랜드의 특성을 지키고 효과적인 시장대응을 하기가 어려운 상황에서 조직의 틀을 흔들지 않고 조직을 가로지르는 통합을 만드는 방식이다. 브랜드 관리 외에도 다양한 목적의 전담통합자 제도를 운영할 수 있다.

한걸음 더

- 기업에서 윤리경영위원회의 멤버십을 가상적으로 구성해보자.

수평적 조정의 방식

수직적 구조에서 수평적 흐름의 활성화 방법에는 인적교류와 연결자 임명 등이 있다.

첫째, 직무순환(job rotation)으로 인적교류를 하는 방식이다. A부서 구성원이 일정 기간 동안 협력부서인 B부서에서 근무하는 것이다. 직무순환은 한국과 일본 기업에서 오래전부터 시행되는 인사관행이다. 수평적 조정의 활성화를 위해서 협력관계에 있는 부서 간에 우선적으로 직무순환을 할 수 있다.

둘째, 태스크포스(task-force)를 활용하는 방법이다. 태스크포스는 특정 과업을 수행하기 위해 소집되며 과업이 완수된 후에는 해체되는 한시적 임시조직이다. 이는 대부분 여러 기능부서에서 참여하여 해당 과제에 대한 종합적 해결을 모색하기 때문에 팀 구성 특성에서 다기능팀(cross-functional team)이 된다. 다양한 기능부서의 다른 관점과 이해관계를 통합하여 문제를 해결하는 가장 좋은 방법의 하나이다.

셋째, 연결자 역할(liason role)의 방식이다. 부서 간 협력 니즈가 크고 상호이해의 간극이 큰 부서 간에 양쪽 부서에 공동으로 소속되는 연결자를 임명하여 수평적 협력을 강화하는 방법이다.

이상의 방법으로 조직 내 부서 간 협력이 잘되고 정보와 자원의 흐름이 원활한 조직이 되고자 하는 것이다. 조직분화의 기본 원칙이 지켜진 상황에서 조직의 수직적 경직성을 극복하고자 하는 것이 수평적 조정이다. 부서 간 경계를 넘어서는 수평적 교류와 협동의 조직을 개념적으로 도시하면 [그림 7-11]과 같다.

[그림 7-11] 수평적 무경계 조직화 개념도

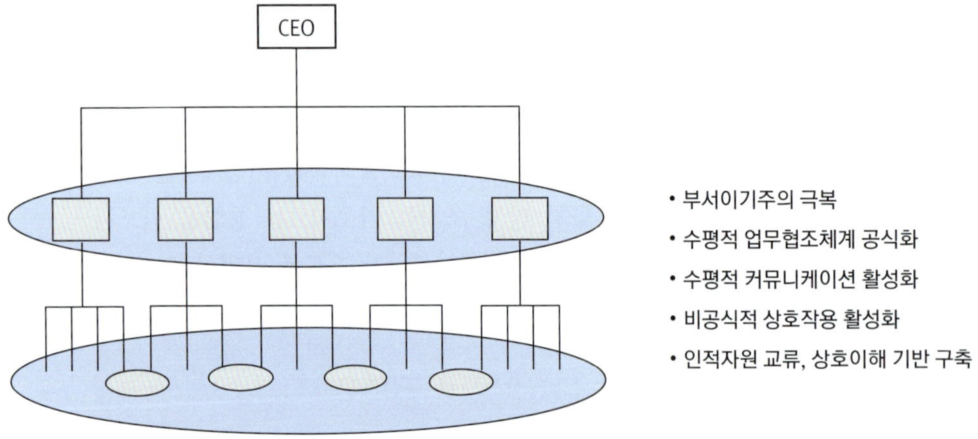

한걸음 더

- 부서 간 체육대회는 정보와 자원의 수평적 흐름에 도움이 될까?
- SK그룹은 캔미팅 제도를 도입하여 부서 간 담당자들의 업무 외 미팅을 권장하고 있다. 어떤 효과가 있을까?

4.2 구조적 접근

조직구조적 접근으로는 매트릭스 조직의 설계와 네트워크 조직화를 들 수 있다.

매트릭스 조직

매트릭스 조직(matrix organization)은 조직구성원이 두 개의 부서에 소속되어 운영되는 조직이다. 전형적인 매트릭스 조직은 [그림 7-12]와 같이 사업부와 기능부서를 동시에 조직구조로 적용하는 것이다. 이는 앞서의 혼합형 조직보다 더 진전된 결합방식이다. 사업 또는 기능 중 어느 기준의 조직분화도 사업 간 및 부서 간 협동과 공유자원 활용에 있어서 한계가 있으므로 이를 극복하기 위한 조직화의 방식이다. 따라서 사업부 간 협력체제가 많이 필요한 경우에 채택할 수 있는 조직이다. 수직적 통합이나 관련다각화의 경우에 채택을 고려해볼 수 있는 조직이다.

[그림 7-12] 매트릭스 조직

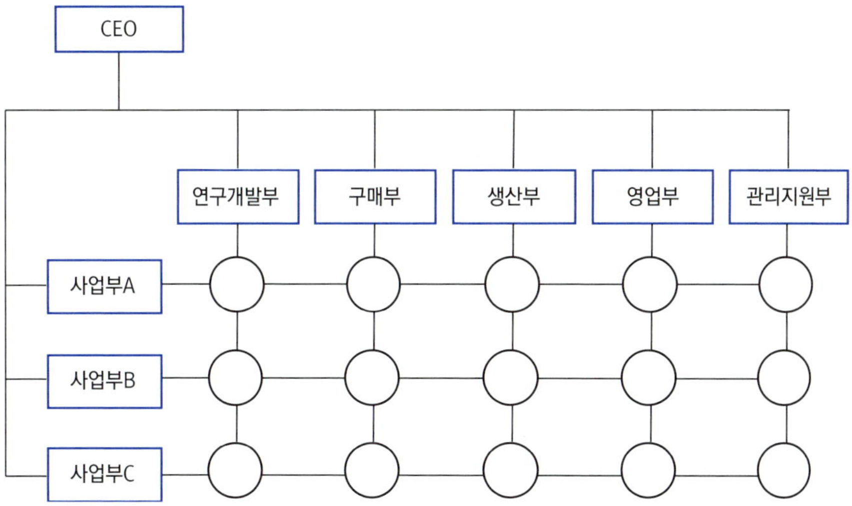

이 조직에서 종업원은 사업부 관련 업무와 기능부서 관련 업무를 함께 수행하게 된다. 역할에서 혼란이 있을 수 있다. 반면에 사업관점과 기능관점 모두에서 업무를 수행하기 때문에 조직 내 부서이기주의를 극복하고 통합과 조정이 활성화될 수 있다. 업무수행에 있어서 사업부장의 지시와 기능부서장의 지시를 동시에 받게 되기 때문에 복수상사제도(two-boss system)라고 일컫기도 한다. 두 명의 상사가 있기 때문에 지시의 충돌이 발생할 수 있어서 페욜이 주창한 명령일원화(unity of command) 원칙을 어기는 것이기도 하다. 또한 종업원의 업무성과에 대해 누가 평가해야 할 것인가 등의 인사권한의 충돌도 발생할 수 있다. 조직운영에 있어서 갈등과 혼란이 있을 수 있다. 매트릭스 조직에서 관리자와 종업원 모두 조직운영 과정에서 시행착오를 통해 통합과 조정의 노하우를 습득하고 실천할 필요가 있다.

매트릭스 조직은 제품사업부제에서도 적용되지만 지역사업부제에서 자주 활용된다. [그림 7-12]에서 사업부A, B, C가 유럽지역사업부, 북미지역사업부, 아시아지역사업부 등이 될 수 있다. 이를 글로벌 매트릭스 조직이라 한다.

또 다른 유형으로서 [그림 7-13]과 같이 한시적 조직인 프로젝트단위를 기준으로 구조화할 수 있다. 이 경우는 회사 전체 차원의 중장기 프로젝트가 사업 비중이 큰 경우에 해당한다. 대규모 수주프로젝트 또는 개발프로젝트의 경우에 가능하다. 이 경우 종업원은 특정 프로젝트가 완수되면 새로운 프로젝트가 시작될 때까지 기능부서에만 소속되어 업무를 수행하게 된다. 보잉사처럼 항공기 특정 모델(예: 보잉 777 프로젝트)의 개발 및 생산에서 수년이 걸리는 회사에 적합한 형태이다.

[그림 7-13] 매트릭스-프로젝트 조직

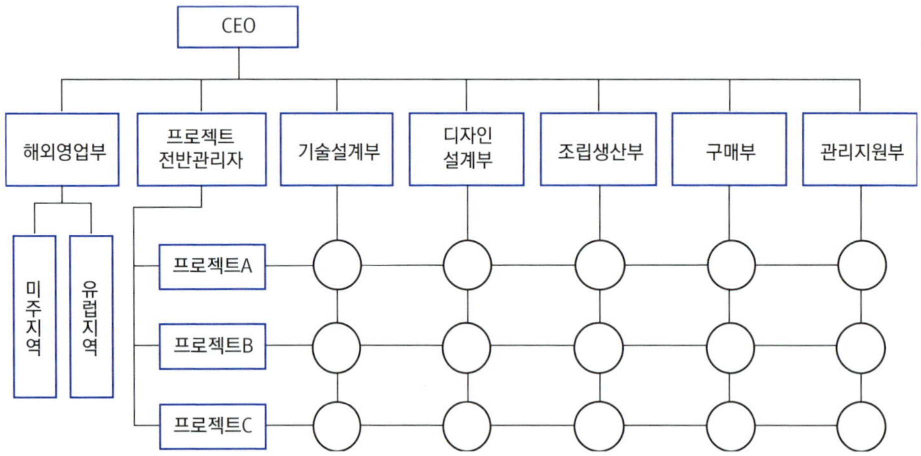

[그림 7-14] 네트워크 조직

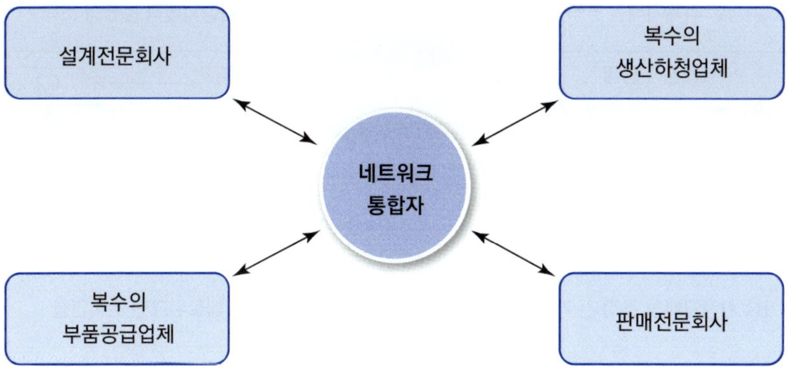

네트워크 조직화

네트워크 조직(network organization)은 기업 간 협력 네트워크로서 전체 가치사슬이 운영되는 조직집단을 말한다. 기업 간 시장거래로 이뤄지는 공급-구매의 관계가 기회주의 위험에 노출되면 시장거래의 내부화가 이뤄짐을 앞의 거래비용이론에서 살펴보았다. 네트워크 조직은 시장거래와의 조직위계의 장점을 모두 살리기 위해 준(準)시장거래를 이용하는 조직화의 방식이다. 네트워크 조직에서 기업 간 거래는 [그림 7-14]에서와 같이 상당한 기간 동안 고정된 거래관계의 멤버십 형태로 운영된다.

위의 그림에서 볼 수 있듯이 네트워크 조직은 업무위탁자인 네트워크 통합자(network integrator)를 중심으로 가치사슬상의 제반 활동을 개별 전문회사들이 분담하여 맡고 있다. 여기서 네트워크 통합자는 네트워크 전체에 걸친 작업의 흐름을 조정하고, 나아가서 네트워크 전체의 가치를 극대화하기 위한 전략을 수립하게 된다. 반면에 개별 전문회사들은 통합자에 의한 가치창출이 커질수록 자기 분야의 전문성을 강화하기 위해 더욱 적극적인 투자를 하게 된다.

네트워크 조직화를 추구하는 주요 목적은 두 가지로 요약될 수 있다. 첫째, 기업조직이 거대화, 관료화됨에 따라 관리 및 조정비용이 크게 증대하게 되자, 조직을 더욱 분화시켜 소기업화하고 조직내부거래를 시장거래로 전환하는 것이다. 조직이 슬림화될수록 업무성과에 대한 측정이 용이하고 이에 따른 성과 보상이 정확히 이루어질 수 있기 때문이다. [그림 7-15]에서 보면 C는 조직 내 가치활동 흐름에 어느 정도의 시장거래 개념을 도입한 조직이다.[12] 이러한 기업이 별도의

[그림 7-15] 네트워크 조직의 진화과정

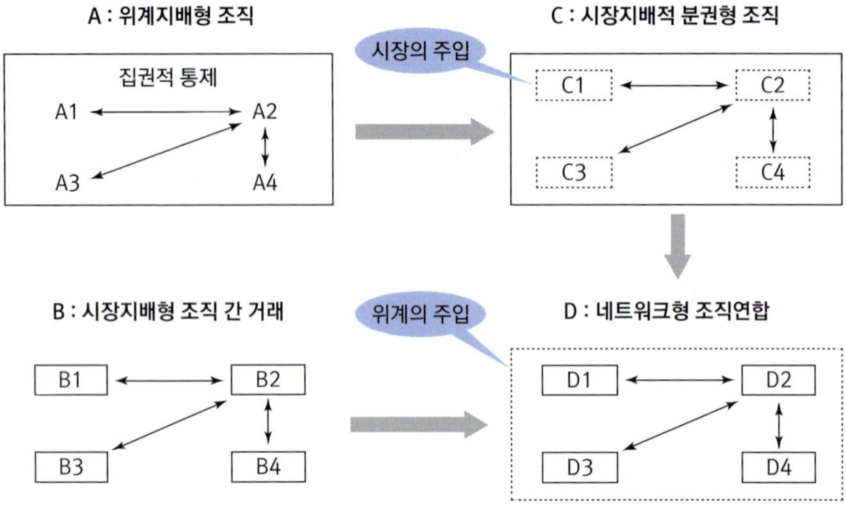

* 주: 실선=기업의 합법적 경계, 점선: 준(準)경계

회사로 독립하면서 아웃소싱 관계를 형성하고 아웃소싱이 대폭 확대되면 D와 같은 네트워크 조직이 된다.

둘째는 자사가 보유한 핵심역량에 집중하고 여타의 활동은 시장거래에 맡김으로써 자원배분의 집중도와 활용도를 극적으로 제고하려는 목적이다. 기업이 보유한 자원으로부터 얻을 수 있는 이익을 극대화하려는 것이다. 이는 위의 그림에서 B와 같은 시장에서의 각각의 조직은 D의 형태와 같이 위계적인 질서를 갖는 하나의 자치적인 기업 형태로 전환되는 것을 말한다. 물론 시장 내의 조직을 통합하여 하나의 위계조직을 만드는 것이 아니라, D1, D2 등의 독립적인 조직들은 자신들의 기존 업무를 수행하지만, 하나의 공동 목표가 설정되면 이 목표를 위해 독립적이던 조직들이 서로 융합하여 점선과 같은 준(準)자치적인 조직으로 활동하는 것이다.

시장거래에 의한 계약관계는 대부분 단기적이고 각 당사자들은 자사의 이익만을 극대화하고자 노력하기 때문에 공동협력체제를 구축하기가 어렵다. 따라서 시장거래에서의 원활한 협력관계를 유지하기 위해서는 외부업체와의 거래에 따른

12) C조직과 같이 자율적 성과단위의 하부조직이 서로 거래관계를 맺는 조직운영 형태를 내부네트워크 조직이라고 한다.

교섭, 조정 등과 같은 계약관계의 보호장치가 필요하며 이에 따른 상당한 비용이 수반된다. 그러므로 거래당사자들 간의 공동협력체제가 기업가치 창출에 결정적인 영향을 미칠 때는 어느 정도의 안정적인 거래관계를 형성하기 위해 상호규제를 허용하는 준시장거래가 필요하게 된다. 특히, 거래당사자들이 상당한 정도로 자원특화(asset specificity)를 위한 투자를 함으로써 창출되는 가치가 매우 클 때는 더욱 그렇다. 이에 거래당사자들은 어느 정도의 위계적 지배를 서로 용인하는 것이다.

오늘날 정보기술의 발달은 네트워크 조직화의 효과를 배가시켜주고 있다. 정보기술을 이용한 관리시스템은 네트워크를 구성하는 회사들 간의 의사소통을 원활하게 해줄 뿐만 아니라 상호 모니터링도 쉽게 해주기 때문이다. 그러나 이 같은 관리시스템을 도입하는 것뿐만 아니라 공동목표의 상호일치성을 확보하는 것이 중요하다. 다시 말해, 공동의 목표에 대한 몰입의 정도가 높을수록 서로에 대한 기회주의적 행동을 제거하기 위한 상대방의 모니터링 비용을 감소시킬 수 있고 공동체의식에 따른 협력적 가치창조에 노력하게 되기 때문이다.

네트워크 조직의 대표적 기업으로서 세계 최대 신발회사인 나이키를 들 수 있다. 이 회사의 신발과 의류 제품을 생산하는 기업들은 동남아시아 등 전 세계 43개국에서 100여만 명 정도의 생산인력을 갖고 있다. 반면에 나이키의 종사자 수는 2023년 말 기준으로 83,700명에 불과하다. 나이키는 제품개발의 일부 전문기능, 판매전략, 경영전략 등 핵심기능만을 직접 수행하고 나머지 대부분의 기능은 협력회사들에게 위탁되어 있으며, 본사는 이들의 조정, 통합 및 (수평적) 통제의 기능을 담당하고 있다. 나이키는 대부분 베트남과 인도네시아에 생산기업들을 갖고 있다. 나이키의 주요 생산업체로서 재외한국인 경영의 해외기업(한상기업)이 많은데, 베트남의 태광비나와 인도네시아의 KMK글로벌스포츠그룹이 대표적이다. KMK글로벌스포츠그룹은 1989년 아디다스 · 리복 주문자상표부착생산(OEM)을 시

KMK글로벌스포츠그룹의 나이키 신발 생산공장 전경

작으로 1995년 세계적인 나이키 브랜드의 OEM을 25년간 하고 있다. 그 외에도 컨버스, 헌터 등 세계적인 브랜드의 풋웨어를 제조하고 있고 종업원 2만여 명, 연매출 2억 5,000만달러의 대규모 기업이다.

네트워크 조직은 짧은 기간의 단발성 시장거래를 지양하고 장기적 협력관계를 통해 높은 수준의 기능과 품질을 추구한다. 본사(네트워크 통합자)의 입장에서는 자사의 핵심 역량을 집중하여 브랜드 명성을 지켜나가고 협력기업들 입장에서는 안정된 거래관계에 의해 비즈니스 성장을 도모할 수 있다. 본사의 통제는 산출통제(output control)에 의하지만 필요시 과정통제(process control)를 병행하면서, 비용과 품질을 유지해나간다. 네트워크 조직은 하나의 회사가 아니라 다수 기업의 연합체이지만 서로 **느슨하게 결합된 시스템**(loosely-coupled system)으로 작동한다. 이로써 조직 위계의 통제력과 시장거래의 유연성을 동시에 확보하는 것이다.

한편, 네트워크 조직화는 위와 같은 대규모 조직에서뿐만 아니라 소규모 조직에서도 자주 활용된다. 독특한 디자인이나 핵심적인 제조기술만 보유하고 그 외의 가치활동은 모두 전문가 네트워크를 활용하려는 경우에 자주 이용된다. 대표적인 산업으로는 출판, 영화, 패션, 바이오기술 산업처럼 평상시 가치활동의 완결된 조직이 필요하지 않은 경우에 적합하다. 예를 들어, 영화산업의 경우에 영화 프로젝트가 시작되면 제작사와 감독을 중심으로 네트워크 조직화가 이루어지며 촬영과

[그림 7-16] 영화산업의 네트워크 구조: 제작에서 유통까지[13)]

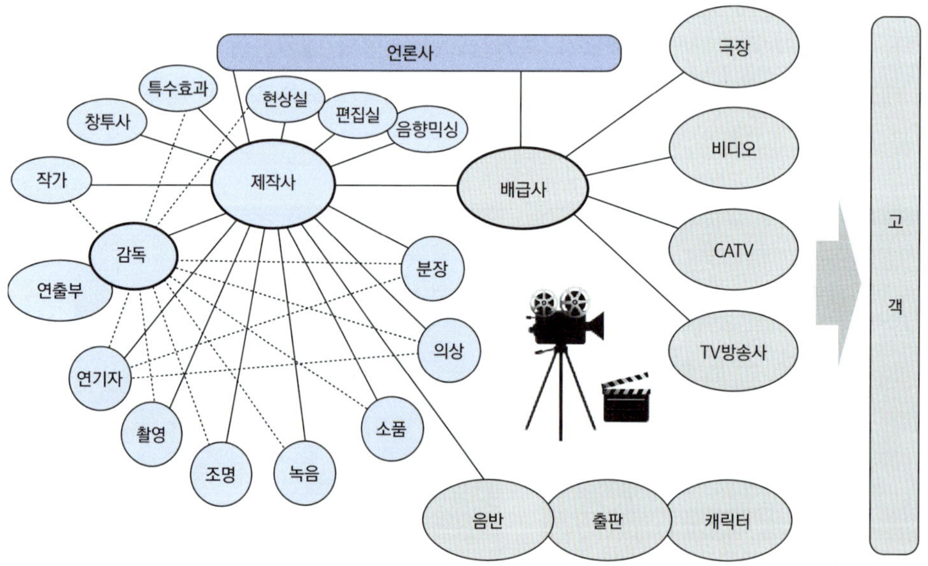

배급이 끝날 때까지 네트워크 관계가 유지되었다가 이후에 해체된다. 이때 경쟁력은 네트워크 통합자인 제작사가 감독을 섭외하고 함께 유능한 전문가조직들을 시행착오 없이 얼마나 빠른 시간에 참여시켜 네트워크 조직화를 완수하느냐에 달려 있다.

영화산업은 출발부터 고위험 고수익의 벤처적인 특성을 띠어 왔다.[14] 자본과 벤처사업가가 일찍부터 분리되어 왔으며 최근에는 창투사의 참여로 이러한 특성이 가속되었다. 다양한 전문적 참여자가 네트워크로 연결되어 있으며, 프로젝트를 중심으로 가상조직(virtual organization)의 형태로서 움직이고, 프로젝트가 완성되면 조직은 해체된다.

4.3 팀제 운영

팀(team)은 조직 내 작업집단으로서 팀 내 개인보다 팀원 공동의 작업이 중심이 된다.[15] 한국 기업에서는 1980년대 중반부터 도입되었고 오늘날에는 일반적인 조직운영 단위가 되었다. 우리나라에서는 미국 기업과 달리 개인별 직무를 한정하지 않고 선후배, 동료가 함께 작업하는 게 일반적이었기 때문에 1990년대에 팀제는 빠르게 정착되었다. 그래도 한국 기업의 전통적인 수직적 조직특성으로 인하여 진통이 있었다. 부과체제(부장－과장 라인의 수직적 조직체계)를 허물고 팀장－팀원의 단순화된 계층으로 수평조직화가 진행되자, 정서적으로 그리고 실질적으로 상당한 충격이 있었다. 집단주의 문화와 공동체적 가치로 인해 팀의 개념이 쉽게 수용된 데 비해, 팀제 성공의 열쇠인 임파워먼트와 자율경영의 단계에서는 어려움이 있었던 것이다.

팀제의 핵심적인 특징은 **유연한 과업배분**(flexible work assignment)과 공동의 **협동작업**(collaboration)에 있다. 개인의 성과가 잘 드러나지 않으므로 모두가 협동성의 **팀워크**(teamwork)를 보여야 한다. 성공요인을 보면 다음과 같다.

첫째, 팀 구성원은 주도적인 리더십을 발휘한다. 과업수행에서 서로 수시로 대화하여 업무를 조정하면서 협동의 효과를 높여야 한다. 리더십이 한 사람의 독점적

---

13) 조남신(2000).

14) 조남신(2000).

15) 권석균 외(2021) 참조.

전유물이 아니고 함께 나눠 가지는 것이다. **공유된 리더십**(shared leadership)이다.

둘째, 팀 성과에 대한 **결과책임**(accountability)이 강조되고 공유된다. 업무수행 과정이 유연하고 협동 참여자가 수시로 바뀌므로 개인의 성과가 포착되지 않는다. 이에 무임승차(free riding)의 가능성이 높으므로 팀의 종합적인 결과책임을 팀 구성원 모두가 공유해야 한다.

셋째, 팀원들의 활동이 팀의 **공동목표**(shared goal)를 지향한다. 결과책임이 팀 성과에 있듯이 업무수행도 팀 목표에 집중된다. 개인의 목표가 아예 없거나 있더라도 팀 목표의 하위에 놓이는 것이다. 그리고 팀의 목표를 달성하는 데 발생하는 여러 문제들을 그때그때 풀어가면서 협동을 한다.

자율관리팀

팀제는 이미 자율성이 높은 조직단위이다. 업무담당자들이 자율적으로 과업을 수행하고 부서 내 및 부서 간 협동을 자발적으로 수행한다. 이에 팀과 팀 구성원에 점점 더 많은 권한이 부여되고 재량성이 커지게 되면 결국 스스로 관리하는 팀이 될 것이다. 이러한 정도로 자율권한이 커진 팀을 **자율관리팀**(self-managing team)이라고 한다. 이는 오늘날 유연조직화의 중요한 방안이 된다.

그러면 어떤 영역에서의 자율성이 부여되는가? 전형적인 자율영역은 크게 두 가지로 업무의사결정(task decision-making)과 자원의사결정(resource decision-making)의 영역이 있다. 업무의사결정의 주요 영역은 과업할당 및 일정계획수립에서부터 외부고객과의 관계 업무, 구성원 훈련계획 등이다. 그리고 팀의 생산(과업)목표 수

[그림 7-17] 팀제 기반의 자율적 의사결정 영역

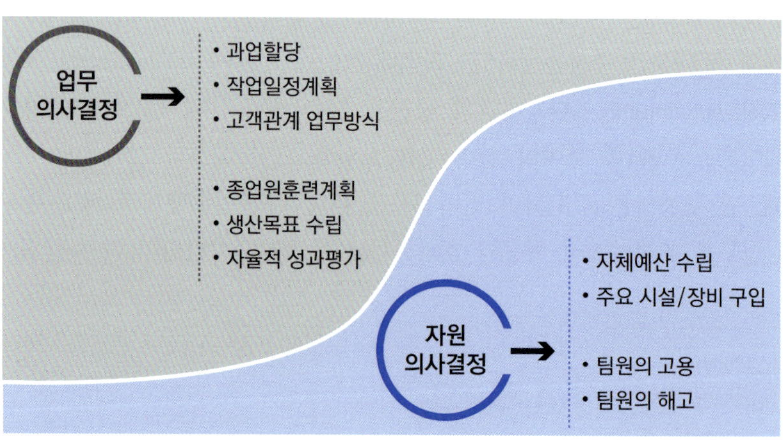

립에서 성과평가에까지 자율의 영역으로 가져갈 수 있다. 과거처럼 목표를 할당받는 게 아니고 팀 스스로 목표를 설정하고 그 달성 정도에 대해 평가하는 것이다.

자원의사결정 영역에서는 자체적으로 예산(budgeting)을 수립하고 실행하는 권한에서 시작한다. 예산의 권리를 어디까지 가질 것인가는 상대적이지만 그 자체로 파격적이다. 그리고 필요한 시설과 장비에 대한 구입 의사결정을 할 수 있는 권한이 있다. 또한 인적자원에 대한 권한으로서 팀원을 채용하고 해고하는 권한도 가질 수 있다. 팀의 자율영역에 대해 요약하면 [그림 7-17]과 같다.

팀 자율성은 업무의사결정의 권한을 위양하는 것에 더하여 부서운영에 필요한 자원을 직접 관리하는 권한까지 부여할 때 획기적으로 강화된다. 팀 단위의 자율성 확대는 자율경영이 조직의 하부단위에까지 확장됨을 의미한다. 조직 분권화의 최소, 최종 단위인 팀에 자율권한이 주어지면 조직 전체에 자율경영이 구현될 수 있다.

팀제의 효과적 운영

팀제는 어떻게 효과적으로 운영할 수 있을까? 팀제의 중요한 특징은 팀원들이 과업 수요에 탄력적으로 대응하는 것이다. 이로써 고객만족을 이끌어내거나 시장 기회에 적절히 대응할 수 있다. 그렇게 하다 보면 혁신성도 효율성도 높아진다. 혁신성은 고객의 요구에 집중한다든지 환경요구에 최적의 행동을 발견해나가는 새로운 시도에서 발현된다. 효율성은 유휴인력이 없이 모두가 탄력적으로 과업 수요에 대응하는 데서 온다.

팀제에서는 과업의 변동성과 함께하면서 지식과 노하우의 충돌이 이루어지면서 새로운 능력이 개발될 수 있다. 더 많은 학습의 기회가 주어지고 종업원의 참여도와 자아개입도가 높아진 데 따른 것이다. 또한 업무 선배와 후배가 함께 작업을 하면서 자연스레 현장 훈련이 진행된다. 오늘날에는 지리적 공간을 뛰어넘는 가상 팀도 가능해졌다. 정보기술의 발전에 의해 지역적 분산에도 불구하고 팀원들의 활발한 상호작용이 가능해진 탓이다.

그러나 팀제에는 단점이 있다. 주요 원인은 개인의 과업책임과 성과결과에 대한 가시성이 약화되는 데에 있다. 누가 잘해서 업무성과가 좋아졌는지 식별이 어려워지면서 특히 고성과자의 작업동기가 떨어질 수 있다. 자신의 업무능력과 업무성과가 잘 드러나지 않고 제대로 측정되지 않기 때문이다. 팀제의 전형이라 할 수 있는 스포츠팀을 연상해보면, 스포츠 경기에서는 잘하는 사람과 못하는 사람이 식별된다. 관중들과 관계자들이 그들의 경기를 지켜보고 있기 때문이다. 그런데 직장에서

〈표 7-8〉 팀제의 장 · 단점

장점	단점
• 과업수요 탄력적 대응	• 고성과자 동기저하 가능성
• 효율성, 생산성 개선	• 성과연계 보상의 공정성 하락
• 공동작업의 창조성과 혁신	• 팀의 하향평준화 가능성
• 종업원 학습과 훈련 효과	• 과도한 집단지향과 동료압력
• 종업원 참여도 및 주인정신	• 전문성 약화
• 다국적 가상(virtual) 팀도 가능	• 문화적 부적합성(미국 기업)

대부분의 팀 직무 수행은 지켜봐주는 외부인이 없다. 이 경우 팀원들은 서로의 기여를 상당히 잘 인지하지만 개인적 이해관계 때문에 제대로 인정해주지 않을 수 있다. 팀 과업의 변동성으로 인하여 생기는 모호성 때문에 주관적 판단의 왜곡이 가능하다. 결과적으로 성과기여와 보상의 연계성이 약화되어 공정성(equity)이 훼손될 수 있다.

일을 잘할 수 있는 사람이 열심히 일하지 않게 되면 결국 팀 성과는 하락하고 나머지 팀원들의 동기도 저하된다. 시간이 지날수록 팀의 성과가 지속적으로 하락하게 된다. 팀 성과의 하향평준화가 나타나면 여러 갈등이 표출되고 결국 팀제는 실패할 것이다.

그다음으로는 과도한 집단지향의 문제가 있다. 협동이 중시되고 구성원 간의 응집성이 과도하게 형성되면 개인의 독특함을 발휘하기가 어려워진다. 동료들의 압력이 창의성 발휘를 억제하게 된다. 또한 업무수행에서 일 자체에 전념하고 더 잘하는 것보다 협동적 노력이 더 중요하기 때문에 각자 일(직무)의 전문성을 쌓는 데 소홀해질 수 있다.

이상의 이유로 팀제를 설계할 때에는 신중할 필요가 있다. 외견상 팀제가 좋은 것으로 간주되지만 실제로는 부정적 효과가 더 클 수 있다. 미국 기업에서는 팀제로 전환한 후 조직 전체의 성과와 생산성이 떨어진 경우가 많다. 개인주의 사회에서 문화적 적합성이 떨어지기 때문이다. 한국 기업에서도 오늘날 개인주의적 가치의 종업원이 크게 늘었기 때문에 팀제의 단점을 보완하고자 적극 노력해야 할 것이다.

한걸음 더

- 학습동아리 또는 동호회에서 팀제 운영을 연습해보자. 팀장과 팀원의 역할과 과업을 설계해보자.

시대사적 전환의 시기에 기업은 불확실성에 놓여 있다. 조직의 적응력과 대응이 중요한 시점이다. 조직화의 3가지 주요 조건으로 1) 환경의 요구와 환경변화에 대응력이 높은 조직화, 2) 전략의 실행을 성공시킬 수 있는 조직화, 3) 혁신과 학습이 활발하여 변화하는 상황에서 문제해결이 잘될 수 있는 조직화가 필요하다. 이 3가지 조건 중에서 1)과 3)을 위해서 조직의 역동성이 높아져야 한다. 과거에 안정적인 환경 속에서 기업이 움직였다면, 지금은 변동성이 심하고, 불확실성이 높은 시대에 살고 있다. 그런 점에서 조직도 그에 대응할 수 있는 조직 내의 역동성(dynamism)이 존재하지 않으면 환경에 적응할 수 없고, 성과를 만들어낼 수 없다. 21세기형 조직은 과거에 비해 훨씬 더 역동성이 높아야 된다. 아래에는 조직설계의 고성과 관점에서 새로운 시대의 조직의 모습을 상징하는 대표적인 키워드를 정리하였다.

새로운 시대의 조직을 대표하는 키워드

- 환경변화에 탄력적으로 대응하는 유연한 조직(flexible organization)
- 조직 내 부서 간 경계, 조직 간 경계가 없는 조직(boundaryless organization)
- 분권화되고 자율성이 높은 권한위임의 조직(empowered organization)
- 정보의 공유 및 지속적 학습능력을 가진 학습조직(learning organization)
- 조지 간 수평적 협력과 교환의 관계가 안정화된 네트워크 조직(network organization)

REFERENCE 참고문헌

권석균 · 이병철 · 양재완(2021), 『인적자원관리』, 시대가치.

신유근(1996), 『한국의 경영』, 박영사.

조남신(2000), "영상벤처 사례: 영화세상의 전략, 조직 및 경영자", 『전략경영연구』, 3(1), pp. 85-108.

조엘 포돌니(Joel M. Podolny) & 모르텐 한센(Morten T. Hansen), "애플의 혁신형 조직체계", *Harvard Business Review*, 2020. 11-12월호, pp. 83-92.

Burns, T. and Stalker, G. M.(1961), *The Management of Innovation*, London: Tavistock.

Chandler, A. D.(1962), *Strategy and Structure*, MA: MIT Press.

Fayol, H.(1949), *General and Industrial Management*, translated by C. Storrs, London: Sir Isaac Pitman.

Lawrence, P. R. and Lorsch, J. W.(1967), *Organization and Environment: Managing Differentiation and Integration*, MA: Harvard Business School.

Rumelt, R. P.(1974), *Strategy, Structure, and Economic Performance*, MA: Harvard University Press.

Weber, M.(1947), *The Theory of Social and Economic Organizations*, translated by A. M. Henderson & T. Parsons, New York: Free Press.

CHAPTER 08

리더십과 기업문화

이 장의 구성

FUNDAMENTALS OF MANAGEMENT

이 장에서는 기업에 필요한 관리자의 리더십을 다루었다. 조직목표 달성을 위해 구성원의 노력을 이끄는 데 관리자 리더십은 중요하다. 관리자 역할과 다양한 리더십 이론을 통해 기업에 바람직한 리더십을 알아보자. 본 장의 두 번째 주제는 기업문화이다. 기업문화는 구성원의 자발성을 이끌어내는 데 리더십 못지않게 중요한 무형자산이다. 기업이 조직수준에서 품고 있는 조직문화 개념을 통해 기업의 문화적 힘과 역량을 공부하기로 한다.

- 관리자의 리더십 역할을 공부하자.
- 성공적인 경영자의 특성과 행동을 알아보자.
- 기업문화의 기능과 관리방안을 공부하자.
- 성공기업의 조직문화경영을 탐색해보자.

1. 관리자와 리더십

기업은 수많은 리더를 필요로 한다. 최고경영자에서부터 작업현장의 감독자에 이르기까지 다양한 조직 내 계층에서 리더의 역할을 수행하는 관리자가 있다. 기업조직에서 발휘되는 리더십의 여러 모습을 살펴보자. 좋은 리더가 되는 것이 기업의 관리자로서, 경영자로서 갖춰야 할 필수 요소이다.

1.1 관리자 역할과 리더십

조직의 계층화에 따라 역할이 부여된다. 기업에서 관리계층은 [그림 8-1]에서처럼 일선관리층(first-line management), 중간관리층(middle management), 최고경영층(top management)으로 구분된다. 일선관리층은 현장감독자(supervisor)라고도 불리며 생산현장의 경우에는 반장, 조장, 주임 등이고 사무직에서는 과장, 팀장 등이다. 중간관리층은 기업의 규모가 커짐에 따라 조직구조상 부서장, 부문장, 본부장 등의 계층이 있다. 이들 계층별 역할은 대체로 비슷하고, 전략적 역할을 중심으로 하는 최고경영층과 구별된다. 단지 사업부제 조직구조에서는 사업부장이 위계상으로는 중간관리층에 해당하지만 전반관리자(general manager)로서 사업전략을 책임

[그림 8-1] 관리계층과 역량믹스

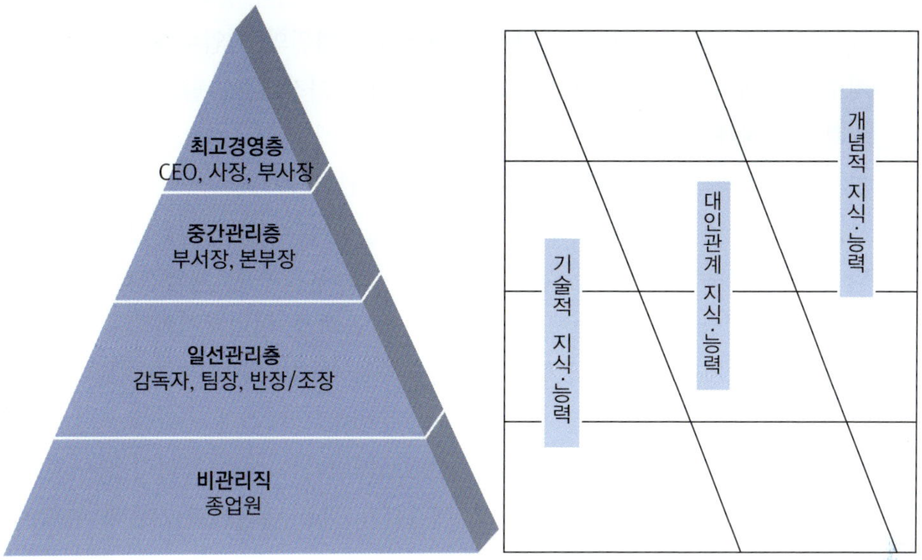

지고 사업부 내 기능들을 통합적으로 관리하기 때문에 최고경영자의 역할과 유사하다.

관리자의 역할이 다르므로 요구되는 지식과 능력이 다르다. 먼저 3가지 능력 유형을 보자. **기술적 지식/능력**(technical knowledge and skills)은 과업기술에 대한 지식과 숙련도를 일컫는다. 이는 현업담당자의 직무수행을 직접 감독하고 필요시 지도하고 코칭하는 데 필요한 역량이다. **대인관계 지식/능력**(interpersonal knowledge and skills)은 대인간 관계를 통해서 협업하고 공동의 문제를 해결하는 데 요구되는 지식과 능력이다. 이는 의사소통, 동기부여, 갈등해결, 협상 등에 관한 지식적 기반과 경험, 자질 등의 관련 역량이다. **개념적 지식/능력**(conceptual knowledge and skills)은 계획과 조직화, 문제 인식과 분석 능력, 의사결정, 조정과 통합의 능력 등에 해당한다.

관리자가 된다는 것은 단순히 규칙에 따라 타인을 규제하는 게 아니고, 영향(influence)을 미쳐서 움직이게 하는 것이다. 관계기술 능력이 필요한 이유다. 또한 과업수행에 대한 구체적인 지시와 감독을 위해서는 해당 분야의 업무를 읽어낼 수 있는 지식과 능력이 필요하다. 그리고 관리자는 조직 전체의 목표달성을 위해 구성원을 이끄는 역할 수행자이다. 따라서 넓은 시야와 조직 상황을 이해할 수 있는 인식능력과 지식기반이 요구된다. 그런데 이러한 지식과 능력이 관리계층별로 다르게 요구된다. 계층별 역할에 따른 지식과 능력이 다르게 구성되는 것을 관리자 역량믹스(competency mix)라고 하는데, [그림 8-1]과 같다.

일선관리층의 감독자와 팀장은 현장에서 종업원의 과업수행을 직접 감독하고 지도하기 때문에 과업에 관련한 기술적 능력이 가장 많이 필요하다. 그리고 현장 인력을 독려하고 동기부여한다는 점에서 대인관계능력도 중요하다. 그러나 개념적 지식과 능력의 필요는 상대적으로 적다. 중간관리자는 단위부서의 성과책임을 지므로 과업 관련 기술적 지식 및 능력과 더불어 부서 내 구성원에 대한 동기부여와 갈등조정 등 대인관계능력이 균형되게 필요하다. 또한 경영전략의 실행단위로서 부서를 이끌기 위해서는 최고경영층과의 소통과 협력부서와의 조정과 통합을 위한 개념적 지식과 능력이 중요하다. 세 가지 능력의 균형이 요구된다. 최고경영층은 세상의 변화 트렌드를 읽고 미래를 준비하고 비전과 전략에 집중하여야 한다. 이를 위해 사고의 지평을 넓힐 수 있는 개념적 지식과 능력이 요구된다. 또한 다양한 이해관계자의 복잡한 요구를 해결하기 위한 대인관계 기술과 능력이 필요하다.

리더십 훈련과 자기계발의 중요성

조직의 위계계층별로 필요역량이 다르다는 것은 '좋은 리더가 되기 위해서 새로운 리더십 역량을 끊임없이 배우고 습득해야 한다'는 것을 의미한다. 계층별 리더십 역량이 단절적이지 않으므로 현 단계의 역량은 다음 단계 리더십의 기반이 된다. 그렇지만 관리계층별 역할에서 큰 변화가 있기 때문에, 직책 승진으로 새 역할을 맡기 전에 충분한 사전학습과 실행학습이 필요하다. 기업에서는 계층별 리더의 필요역량을 업의 특성에 맞게 정의하고, 리더십 훈련에 애쓰고 있다. 리더십 개발을 위한 적극적 투자, 현장에서의 리더십 훈련 활성화, 리더십 개발 프로그램에 참여 기회 등이 어우러질 때 리더십이 살아있는 조직이 된다. 개별 구성원들도 훌륭한 리더가 되기 위한 여정을 만들어갈 수 있어야 한다.

1.2 리더십의 개념과 효과성

리더십에 대해 광범위한 연구가 있다. 실증적 연구, 또는 사례연구, 다양한 형태의 연구가 있다. 행동과학(Behavioral Science)에서 체계적 연구가 시작되었다.

리더십의 개념

리더십이란 무엇인가? 초기 학자들의 리더십 개념 정의를 살펴보자.

〈표 8-1〉 리더십의 개념[1)]

학자(저서)	리더십 정의
Ralph Stogdill (*Handbook of Leadership*)	“리더십은 목표지향적인 집단활동에 참여하는 사람들 간의 상호작용 과정이다.”
Paul Hersey (*The Situational Leader*)	“리더십은 다른 사람 또는 집단의 행동에 영향을 미치려는 일정한 시도이다.”
Warren Bennis & Burt Nanus (*Leaders: Strategies for Taking Charge*)	“관리자는 일이 올바르게 처리되도록 하며, 리더는 올바른 일을 하도록 이끈다.”
John Kotter (*The Leadership Factor*)	“리더십은 비강제적인 수단을 통하여 일정한 방향으로 집단을 움직이게 하는 과정이다.”
John Gardner (*On Leadership*)	“리더십은 리더가 제시한 목표 또는 리더와 그의 부하들이 공유한 목표를 추구하도록 한 개인 내지 팀이 집단을 유도하는 설득과 모범의 과정이다.”

학자들에 의한 리더십 개념을 보면 몇 가지 중요한 특성이 보인다. 공동목표지향(shared-goal orientation), 영향력(influence), 자발성(비강제성, voluntariness), 장기적 이익(long-term interest), 설득과 모범(persuasion and exemplar) 등이다. 이를 보면 리더십은 리더 개인의 목표와 이익을 추구하는 것이 아니며, 강제성이나 일방적 주도 등으로 이뤄지지 않는다.

리더십은 자신의 목표가 아닌 공유된 공동목표를 위해서 노력하게끔 이끄는 힘이다. 리더가 자기의 목표를 달성하기 위해서 부하들을 이끈다면 이는 이미 리더십의 기본적인 출발점이 잘못된 것이다. 이는 특히 창업기업가들이 유의해야 하는 부분이다. 창업자는 기업의 성공으로 엄청난 이득을 얻는다. 모든 이익이 개인으로 귀속될 때, 창업자의 리더십은 생명력을 잃는다. 전문경영자는 대리인(agent)으로서 리더십을 발휘할 때 자신의 자리보전이나 높은 보상을 위해 구성원을 닦달하지 않아야 한다. 리더십은 상대에게 영향(influence)을 미치고 움직이게 하는 것이다. 구성원들의 자발적 노력(voluntary efforts)을 이끌어내는 것이다. 강압적으로 수동적 움직임을 만드는 게 아니다. 리더십이란 조직의 역할과 권한에 따라 일

---

1) Bolman & Deal(1991) 참조 및 보완하였음.

상적 명령을 집행하는 것 이상의 결과를 만들어내는 힘이다. 리더십은 통상의 성과를 뛰어넘는, 기대 이상의(beyond-expectation) 성과를 창출하는 힘이다. 또한 리더십은 현재 상황을 극복하고, 미래지향의 변화를 이끌어나가는 영향력이다. 변화를 이끌어내는 역동적인 힘이다. 리더십의 핵심 개념을 나타내주는 키워드를 요약하면 아래와 같다.

리더십의 핵심 개념

- 공동목표지향(shared-goal orientation)
- 영향과 변화(influence and change)
- 자발성(비강제성, voluntariness)
- 장기적 이익(long-term interest)
- 설득과 모범(persuasion and exemplar)
- 현재상황의 극복(overcoming the status-quo)
- 비전(visionary)과 미래지향(future orientation)

리더십이 살아 있는 조직과 그렇지 않은 조직에 큰 차이가 있다. 공식적인 직위로 관리자 역할이 부여되더라도, 위 요건의 리더십이 발휘되지 않는 조직이 많다.

한걸음 더

- 리더십에 관한 책 한 권을 읽고 리더십에 대해서 깊이 생각해보자.

리더십의 효과성

리더십이 발휘되었을 때 얻고자 하는 효과(결과)는 무엇으로 결정되는가? 리더십의 효과성을 결정하는 변수는 [그림 8-2]에서처럼 리더와 부하의 특성과 행동, 그리고 조직과 집단의 상황과 과제특성이다. 여기서 강조되는 것은 리더만이 중요한 게 아니라는 점이다.

리더십은 일방적이지 않고 쌍방적인 작용에서 이루어진다. 부하의 특성과 행동이 중요한 이유다. 또한 부하들한테 적용되는 리더십의 여건, 상황적 조건들이 중요하게 영향을 미친다. 이러한 내용이 리더십 특성이론, 리더십 행동이론, 리더십 상황이론으로 발전되었다. 부하의 특성과 행동이 중요시되는 리더-부하 관계이론, 부하에 초점을 둔 팔로워십(followership) 이론 등이 발전되었다.

[그림 8-2] 리더십 효과성의 결정요소

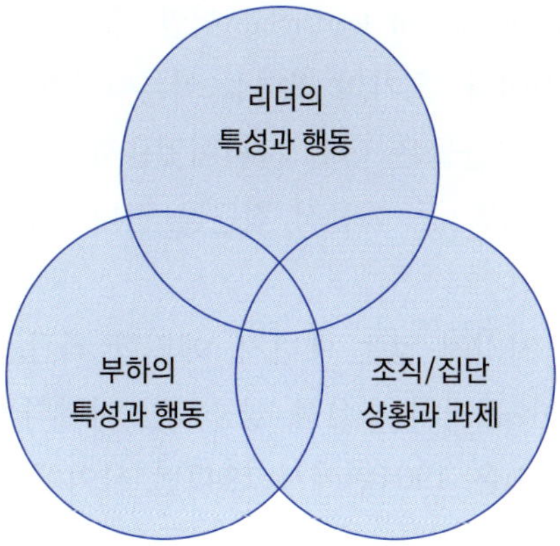

좋은 리더가 되기 위해서는 부하의 특성과 행동을 볼 줄 알고, 함께 적합성을 찾아가는 능력이 필요하다. 그리고 상황적 요구를 읽어내는 능력이 필요하다. 경영자들에게는 기업의 전략적 상황을 제대로 읽고 구성원을 참여시키는 능력이 필요하다. 관리자에게는 과업특성을 파악하고 부하들과 상호작용으로 문제를 해결해가는 능력이 필요하다. 리더가 혼자 하는 게 아니기 때문이다. 자신이 직접 일을 처리하고 부하들을 보조역할에 머물게 하는 관리자는 리더십이 부족한 것이다.

2. 리더십 이론과 경영자 리더십

리더십은 수많은 연구가 진행되어 왔다. 이 역사를 살펴보고, 이어서 특별한 리더인 경영자의 역할과 리더십을 탐색해보기로 한다.

2.1 리더십 이론의 발전

리더십 이론은 대부분 행동과학적 연구에서 진화되었다. 이는 주로 조직 수준보다는 집단 수준의 상황에서 연구되었다는 한계를 가지지만, 높은 이론적 구조를 보여주고 있다. 초기의 리더십 특성이론에서부터 후기의 변혁적 리더십까지 축약하여 살펴보기로 하자.

리더십 특성이론

리더십 특성이론(Trait theory of leadership)이란 좋은 리더, 효과적인 리더의 고유한 특성이 있다는 관점이다. 초기의 리더십 이론이지만 오늘날에도 시사점이 크다. 우리는 흔히 위대한 인물들은 어떤 사람이었을까를 본다. 출생에서부터 성장배경, 경험, 성격, 행동, 업적 등 복합적 접근을 한다. 이처럼 특성이론은 리더의 개인적 속성을 강조한다.

초기 리더십 이론은 지치지 않는 에너지, 예리한 직관, 비범한 선견지명, 강력한 설득력과 같은 특별한 능력의 소유를 성공적인 리더의 자질로 보았다. 1948년 랄프 스톡딜(Ralph Stogdill)은 1904년에서 1947년 사이에 출판된 124개의 연구와 설문조사에 대한 리뷰를 발표했다. 선행 연구자들은 주도성(initiative), 사회적 지배력(social dominance), 끈기(persistence)와 같은 특성을 효과적인 리더의 일반적인 자질로 확인했지만, 스톡딜의 분석에서는 리더십 자질의 일반 목록을 발견하지 못했고 연구들 간에 서로 일치하지 않는 점이 많다는 것도 발견하였다. 스톡딜은 “사람은 어떤 특성들을 소유하는 것만으로 리더가 되는 것이 아니고, 리더의 개인특성이 추종자의 특성, 활동 및 목표와 관련성이 있어야 한다”고 결론지었다. 그래도 이후의 연구자들은 높은 성과의 리더가 가진 내적 욕구나 특성을 계속 발견하였다.

이처럼 리더의 특성과 조직성과의 관계가 명확하게 설명하기 어려운 점에 대해서, 일부 학자는 균형(balanced)의 리더십으로 설명하기도 한다. 어느 한 특성이 높고 낮음에 의해 리더십 효과성이 결정되는 것이 아니라 여러 특성의 균형된 조합이 성과를 만들어낸다는 것이다. 예를 들어, 변화와 혁신에 대한 열망은 연속성 및 예측가능성에 대한 요구와 균형을 이루어야 한다.

리더십 특성이론의 초기 연구는 성격 특성과 지능 등에 더 초점을 맞췄지만 후기 연구는 대부분 리더의 내적 동기와 신념, 대인관계 기술 등에 더 비중을 두

효과적 리더 특성의 대표적인 예

- 성취욕구(need for achievement)
- 권력욕구(need for power)
- 자신감(self-confidence)
- 감정적 성숙성(emotional maturity)
- 위험선호(risk-taking)와 주도성(initiative)
- 결정능력(decisiveness)과 단호함(assertiveness)

었다. 그리고 리더의 특성을 관리자 직책에 대한 역할 요구와 연관시켜 효과성을 보게 되었다. 앞서의 관리자 계층별 역량믹스는 이러한 예이다.

한걸음 더

- 주위에 좋은 리더로 알려진 사람들을 위 특성요인으로 평가해보자. 어느 특성이 가장 많이 발견되는가?

리더십 행동이론

리더십 행동이론(Behavioral theory of leadership)은 특성이론의 한계에서 출발하였다. 리더의 인적 특성보다는 리더의 행동에 초점을 둔다. 리더의 어떤 행동이 동기유발, 협동성, 목표지향 등을 높여주는가에 주목한다. 효과적인 행동이 찾아지면 위대한 인물이 아니더라도 그 행동을 배우고 실천하면 되는 것이다. 주로 리더 위치에 있는 관리자의 행동을 연구하여 차원으로 정리하였다.

초기 연구는 민주적 리더십과 전제적 리더십의 비교였다. 민주적 리더십(democratic leadership)은 의사결정 과정에 관리자와 종업원이 함께 참여하는 데서 시작된다. 참여적 리더십(participative leadership)이다. 함께 토의하고 상대의견에 경청하고 합의 또는 다수의 의견으로 결정하는 방식이다. 전제적 리더십(autocratic leadership)은 관리자가 독자적으로 결정을 내리고 종업원은 명령과 지시에 따르는 관계이다. 신속한 결정이 내려지고, 실행에서도 주저함이 없이 신속하다. 소방대원들의 화재진압과 같은 위기상황에서는 부하들의 절대적 복종이 요구되는데, 이때 효과적인 리더십이다. 주저함이 없이 과업을 배분하고 협동의 방식을 결정해야 하기 때문이다. 민주적 리더십과 전제적 리더십은 상대적이다. [그림 8-3]에서처럼 관리자가 권한을 행사하며 일방적으로 지시하는 경우와 부하의 참여로 함께 수행하는 정도를 볼 수 있다. 그리고 부서원에게 완전한 자유와 재량을 주는 방임적 리더십도 있다.

다수의 연구에 따르면 전제적 리더십과 민주적 리더십은 모두 단기적으로는 유사한 성과를 내지만 장기적으로는 민주적 리더십이 더 유효하다. 그래도 특별한 상황에서는 전제적 리더십이 더 효과적일 수 있다는 주장도 계속 있다.

리더의 행동 스타일과 그 효과에 대한 연구들이 1940년대부터 1960년대까지 다수 이뤄졌는데, 대표적인 연구가 [그림 8-4]에 제시된 오하이오대학팀의 리더십 행동 스타일 연구이다. 이 연구에서는 리더의 1,000여 개의 행동을 통계적 방법으

[그림 8-3] 전제적-민주적 리더십 스펙트럼

로 두 개의 차원으로 압축하였다.

첫째는 과업주도(initiating structure)로서 리더가 목표를 달성하기 위해 자신과 부하의 업무를 구조화하는 정도이다. 둘째는 배려(consideration) 차원으로 리더가 구성원에게 공감과 배려를 하면서 좋은 인간관계를 유지하는 것이다. 연구결과로서 이 두 차원에서 높은 수준의 행동을 보인 리더가 집단성과와 구성원 만족이 높았다.

이 연구의 의의는 리더의 배려행동과 과업행동이 상호대체적인 1차원이 아니고 상호독립적인 2차원이라고 본 것이다. 즉, 높은 배려와 높은 과업주도의 행동이 바람직한 리더십이고, 과업집단(팀)을 이끌기에 적합하다는 것이다.

[그림 8-4] 리더의 행동 스타일

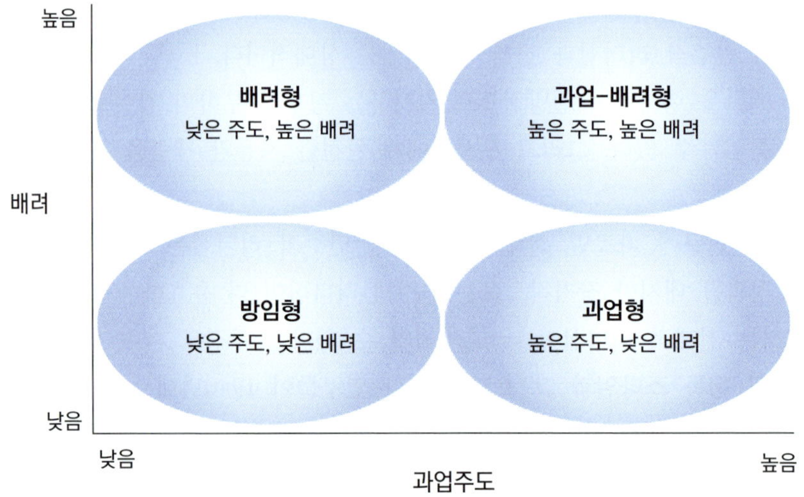

리더십 행동 연구의 기여점은 리더십 개발 훈련의 영역을 열어준 것이다. 과업관리의 스킬과 행동, 관계관리의 스킬과 행동은 얼마든지 훈련될 수 있다. 이제 비범한 특성을 갖고 태어나거나 성장하지 않았더라도, 리더십 훈련으로 좋은 리더가 될 수 있다. 멋지지 않은가!

리더십 행동의 진단과 훈련

"저는 우리 부서의 과업은 잘 이끌어가는데, 부하들과 좋은 관계를 구축하는 데 어려움을 겪고 있습니다." "저는 일이 중요하지 동료나 후배와 좋은 관계를 유지하는 게 중요하지 않다고 생각합니다." 이렇게 말하는 사람은 과업주도형 리더가 되기 쉽다. 더 훌륭한 리더가 되기 위해서는 부하나 동료와 좋은 관계를 만들기 위해 배려와 공감의 스킬을 습득하고 실천하는 것이 필요하다. Y축의 능력을 키워주는 것이다.

반면에 어떤 리더는 동료관계, 상하관계가 좋다. 부서원들이 좋아한다. 그런데 "팀장님, 이 일은 어떻게 해야 돼요?"라고 물으면, "글쎄, 그거 나도 잘 모르겠는데, 알아서 잘해보면 어떨까? 난 믿어." 이러한 배려형 리더한테는 과업주도의 능력을 키워주는 것이 필요하다.

이처럼 리더 행동을 진단하고, 리더십 개발계획을 수립하여 코칭하는 리더십 훈련 프로그램이 탄생하게 되었다. 이제 더 이상 위대한 인물만 연구할 필요가 없게 되었다.

한걸음 더

- 주위에 민주적 리더십과 전제적 리더십을 발휘하는 리더들을 찾아보자.
- 나의 리더십을 리더 행동의 두 차원으로 평가해보자.

리더십 상황이론

리더십 상황이론(Situational theory of leadership)은 리더십 효과성의 범위에 대한 제약조건을 부여한다. 지금까지는 보편이론이었다. 좋은 리더 특성 또는 행동은 어느 상황이든지 유효하다고 보았다. 상황이론은 그렇지 않다. 상황에 따라 행동을 조절해야 한다. 또는 상황에 적합한 특성을 가진 리더를 택해야 한다. 어떤 상황이 중요한가? 크게 두 가지다. 부하특성과 조직상황이다. 조직상황에는 비즈니스 상황도 있고 조직 자체의 특성에 의한 상황도 있다.

대표적으로 허시와 블랜차드(Hersey & Blanchard)의 연구를 소개하기로 한다. 실무 현장에서 가장 유용한 모형이다. [그림 8-5]에서 보듯이, 부하들의 과업수행

[그림 8-5] 부하 상황에 따른 최적의 리더십 유형

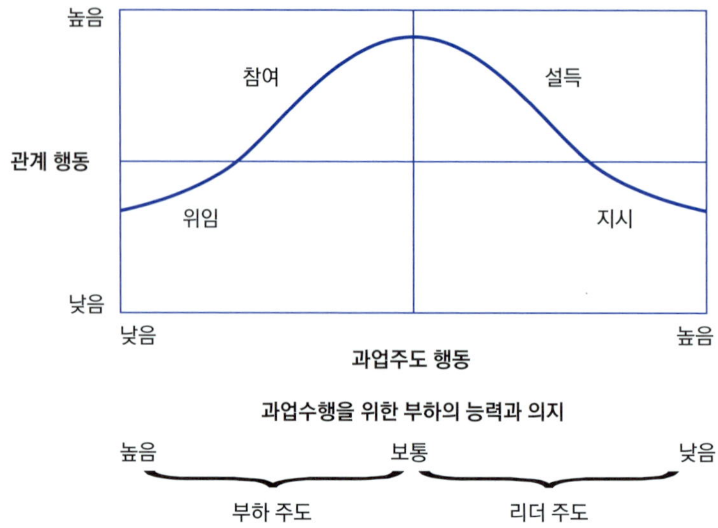

의 역량과 의지가 상황변수로 도입되었다.

이 모형에 따르면, 부하의 역량과 의지가 낮은 수준일 경우에는 **지시적**(directive) **리더십**이 효과적이다. 부하의 재량에 맡길 수 없기 때문이다. 부하들이 점차 실력이 늘고 의지도 커지면, 지시형 리더행동이 적합하지 않게 된다. 일일이 지시하면 다시 수동적이 될 수 있으므로, 이때는 설득과 지도를 병행하는 **코치형**(coaching) **리더십**이 적합하다. 그래서 주어진 문제, 이미 알려진 문제는 스스로 알아서 해결하게 하고, 새로운 문제를 자꾸 발굴해서 새로운 과업의 상황에서 그 문제를 풀어나가는 것을 가르쳐 주고 실행해보게 하고, 마치 운동에서 코치가 하는 방식으로 지도해서 능력을 키워주는 것이다. 다음 단계는 부하의 역량과 의지가 중간을 넘어서 상당히 의욕적으로 일을 잘하는 경우이다. 이때는 코치가 되기보다는 함께 문제를 해결하고 의사결정을 분담하는 **참여형**(participative) **리더십**이 적합하다. 마지막으로는 **위임형**(delegation) **리더십**이다. 부하 스스로 상황을 주도할 수 있게 한다. 과업뿐만 아니라 관계 측면에서도 최소화된 서로 호의적 감정을 유지하면서, 모든 것을 맡기는 리더십이다. 부하의 역량과 의지가 매우 높은 경우에는 위임형 리더십이 가장 좋다. 이것은 방임형 리더가 아니다.

한걸음 더

- 동아리(동호회) 회장에게 어떤 리더십이 가장 적합할까?
- 스타트업 창업자에게 가장 적합한 리더십은 무엇일까?

리더-멤버 관계와 팔로워십의 효과

리더십이 효과를 발휘하는 데는 부하(멤버)와의 관계가 중요하다는 연구들이 계속 나오게 되었는데, 크게 두 가지를 들 수 있다. 첫째는 리더-멤버 교환(LMX: Leader-Member Exchange)이론이고 다른 하나는 추종자 또는 팔로워십(Followership) 이론이다.

리더-멤버 교환이론은 그렌(Graen)이라는 학자에 의해 주창되었는데, 리더십은 리더와 추종자 간의 관계 특성에 의해서 좌우된다는 것이다. 엄격한 관리자의 경우 부서구성원과의 관계에 소홀할 수 있다. LMX이론에 따르면 이 관리자는 리더십을 제대로 발휘할 수 없다. 상사-부하 간의 폭넓은 사회적 교환관계가 형성될 때 리더십은 발휘되고 효과를 만들어 낼 수 있다. 또한 상사-부하의 관계에서 '1 : 다수'의 집합적 관계도 있지만, '1 : 1'의 개별적 교환관계 형성이 더 중요하다. 1 : 다수의 관계는 평균적 리더십(average leadership)이다. 모두에게 똑같이 영향을 미치기 때문이다. 1 : 1의 관계는 맞춤형 리더십이다. 리더와 부하 간의 상호 신뢰와 존경, 공동운명 의식이 강할 때 1 : 1의 리더십은 큰 효과를 낼 수 있다. 공식적 역할 범위 내에서 제한된 상호작용으로 상하관계를 유지하는 관리자가 의외로 많다. LMX이론은 관리자가 좋은 리더가 되기 위해서 어떤 노력을 해야 하는지에 대해 시사점을 준다.

팔로워십 이론은 팔로워(follower) 자체에 초점을 둔다. 팔로워의 특성은 가치, 신념, 능력, 태도, 행동스타일 등을 포함한 넓은 개념이다. 예를 들면, 동조를 잘하는 부하가 있고, 비판을 잘하는 부하가 있다. 그렇다면 동조적인 부하는 좋고 비판적인 부하는 나쁜가? 그렇지 않다는 것이다. 역지사지로 보면, 본인이 계속 주장하면 주관이 뚜렷한 것이고 부하가 계속 주장하면 고집이 센 것이다. 이상하지 않은가? 마찬가지로 리더 본인이 상사에게 직언을 하면 훌륭한 보좌이고, 나의 부하가 상사인 나에게 직언하면 반항하는 것인가? 자기중심적 사고이다. 비판적인 추종자가 실제로는 독립적 사고를 잘하고, 새로운 관점에서 미처 리더가 생각하지 못하는 혁신적 아이디어를 제시할 수 있는 능력을 갖춘 부하일 수가 있다. 부하들의 특성에 맞게끔 대응하는 리더십이 실행되려면 팔로워에 대한 깊은 이해가 필요하다. 팔로워가 리더한테 미치는 영향에 집중하는 것이 팔로워십 이론이다. 리더십과 팔로워십이 만나서 시너지를 이룰 때 그 효과는 증폭될 것이다.

한걸음 더

- 1 : 다수의 리더십이 일반적인 군대조직에서 1 : 1의 리더십은 가능할까?
- 비판적인 구성원(동료 또는 부하)을 어떻게 대해야 할까?

변혁적(변화지향) 리더십

변화의 시대에 리더십의 역할이 중요하게 되었다. 이에 리더십 학자들은 변화를 성공시키는 리더의 특성과 행동을 고찰하고 이를 변혁적 리더십(transformational leadership)이라고 칭하였다.[2] 변혁적 리더십은 리더 특성이론과 행동이론, 그리고 상사-부하의 관계에 초점을 둔 이론의 주요 관점을 분석하고 통합해서 강력한 변화의 힘을 만들어내는 리더십 유형으로 결론지은 것이다. 어떤 리더십일까?

변혁적 리더는 강인한 신념과 카리스마로 부하를 이끌고 상황을 변화시키는 리더이다. 리더 본인이 리더로서의 자질과 덕목을 갖추기도 했지만, 비전과 공동가치로 팔로워들을 감동시키고 신뢰를 얻고 헌신을 이끌어내고 강력한 영향력을 행사하는 데 초점이 있다.

변혁적 리더는 크게 네 가지 요소를 갖고 있다. 첫째는 **카리스마**(charisma)이다.[3] 이는 리더의 특성요인에 해당하는 것이다. 카리스마는 매력과 끌림의 원천이다. 카리스마의 중요한 원천은 리더가 가지고 있는 가치와 신념, 성공의 역사 속에 보여준 의미있는 업적이다. 그리고 타협 없는 고결함이 존경과 매력을 만들어준다. 카리스마는 리더-부하 간의 감정적 연결(emotional ties)을 창출해주는 힘이다. 이상을 카리스마 리더십(charismatic leadership)이라고 한다. 둘째는 **비전공유**(vision sharing)다. 미래를 내다보면서 모두가 열망하는 비전을 제시하고 구성원과 공유하는 것이다. 현재가 아닌 더 좋은 미래를 지향하는 것이다. 변혁적 리더는 비전으로 향하는 열망을 이끌어내야 한다. 변화는 그만큼 어려운 것이기 때문이

---

2) Bass(1985, 1990). 변혁적 리더십의 개념은 번스(J. M. Burns)가 처음 언급하였고 바스(B. M. Bass)에 의해 체계화되었다.

3) 카리스마는 막스 베버에 의해 제시된 개념으로 한 개인이 보통사람들로부터 구분되는 어떤 자질을 뜻한다. 이는 예외적인 힘이나 능력을 부여받았다고 인정되는 개인특성이다.

〈표 8-2〉 변혁적 리더십과 거래적 리더십의 요소

변혁적 리더십	카리스마	개인이 가진 독특한 자질에 의해 강함 매력을 느끼게 해 줌. 영향력의 원천으로서 부하들과 감정적 연대감을 줌
	비전 제시와 공유	미래지향의 사고와 목표의식을 줌
	지성적 자극	분석력과 통찰력을 제고하고 영감을 불러일으켜 줌
	개인적 배려	상대를 특별한 개별적 존재로 보면서 이해하고 배려함
거래적 리더십	적절한 보상	합리적 교환관계의 구축, 성과평가에 따른 보상
	예외 관리	제도와 룰에 의한 통제, 예외 상황에서만 직접 개입

다. 이를 비전적 리더십(visionary leadership)이라고 한다. 셋째는 **지(성)적 자극**(intellectual stimuli)이다. 부하들에게 끊임없이 지적인 자극을 주어서 새로움을 접하고 학습을 이끌어내는 리더행동이다. 지성적 자극으로 사람들은 영감(inspiration)을 받고 스스로 주도적인 학습과 판단을 할 수 있게 된다. 능동적이고 주도적인 팔로워가 되는 것이다. 넷째는 **개인적 배려**(individual consideration)이다. 팔로워를 주도적인 한 존재로 보고, 1 : 1의 리더십으로 대하는 것이다. 이로써 강한 신뢰의 관계가 만들어진다.

이러한 변혁적 리더십에 대응되는 개념은 거래적 리더십(transactional leadership)이다. 통상적인 교환관계의 공정한 리더십을 일컫는다. 거래조건을 만들고 그에 따라 동기부여하고 업적을 내게 이끄는 합리적이고 다소 소극적인 리더십이다. 이에 반해 변혁적 리더십은 변화를 맞이하며 새로운 상태를 만드는 적극적인 리더십이다. 기업에서 거래적 리더십은 중요하다. 경제적 교환관계가 기본이 되기 때문이다. 그러나 기업이 변화의 시기를 맞이할 때 변혁적 리더십의 요구가 커진다.

한걸음 더

- 내 주위에 변혁적 리더가 있는가?
- 기업에서 변혁적 리더십의 4요소가 가능할까? 변혁적 리더십을 발휘한 경영자의 예를 찾아보자.

2.2 리더의 역할과 리더십 모델

리더십 이론에서 제시하는 좋은 리더의 모습은 모든 기업에 적용될 수 있다는 인식에 바탕을 둔 것이기에 일종의 보편이론으로 볼 수 있다. 리더십 상황이론도 그 자체로는 일반론이다. 부하특성이나 과업특성 등 미시적 환경 변수에 따른 리더십 적합성을 논하고 있을 따름이다. 그러나 현실의 세계에서 리더십 효과성은 보다 상위의 맥락적 요소인 경영환경, 경영전략, 조직구조와 운영체계, 기업문화, 구성원 특성 등에 의해 영향을 받는다. 이에 기업 특유의 리더십 모델을 채택하고 있다.

리더십 모델의 의미와 중요성

리더는 슈퍼맨이 될 수 없다. 좋은 리더기 되기 위한 모든 노력을 일상적으로 하기에는 어려움이 크다. 조직 내 각 리더들이 어떻게 행동해야 높은 조직성과를 창출할 수 있는지에 대한 논리적 구조를 만들 필요가 있다. 이를 가치제안 또는 가치명제(value proposition)라고 한다. 조직 내 모든 관리자가 리더십 모델에 집중해서 리더십을 발휘해주면 기업가치가 높아질 것이라는 인과관계를 설정해주는 것이다.[4]

리더십 역할은 전략적 선택이다. 모든 걸 다 잘하는 리더가 훌륭한 리더가 아니다. 특정의 영역에 더 집중화된 노력을 해주는 것이 더 좋은 효과를 발휘하기 때문에, 전략적 선택이 필요하다. 따라서 가치명제를 명확히 해야 한다. 어떤 리더행동이 어떻게 회사의 성과를 높이는지에 대해 관리자와 구성원 모두에게 충분한 설명을 해줄 수 있어야 한다. 그리고 수용되어야 한다. 리더십 수용성(leadership acceptance)이 리더십의 힘이다.

리더십 모델은 지속가능한 경쟁우위를 창출하고, 지속가능한 성과를 위한 것이다. 리더십 모델이 설정되면 리더 스스로가 끊임없이 리더십 모델의 능력과 행동을 끊임없이 학습하고, 훈련하고, 실행해야 한다. 결국에는 조직에 그러한 리더가

4) 마케팅에서 가치제안은 고객의 니즈를 충족하기 위한 요소들의 집합으로서 고객가치를 높이는 것이다. 리더십 모델의 가치제안은 리더행동을 통해서 종업원 가치와 기업가치를 높이는 것이다. 원래 제안 또는 명제(proposition)는 A와 B의 인과관계를 규정한다. 가설(hypothesis)보다 상위의 개념적 관계를 말한다. 리더십 모델의 리더행동(A)이 모든 관리자에 의해 실천되면, 종업원 가치와 기업가치(B)가 높아질 것이라는 가치명제가 바탕이 되어야 리더십 모델이 의미가 있다.

많을 때 집합된 힘이, 조직 전체의 힘이 되고, 조직의 특성이 되고, 조직이 추구하는 성과가 정렬될 수 있다.

리더십 모델의 필요성

- 리더십 효과의 극대화
- 리더의 학습과 성장
- 부하의 수용과 예측가능성
- 리더역량을 조직역량의 핵심으로 함
- 지속가능한 경쟁우위와 성과 창출

리더십 모델의 운용

리더십 모델의 운용 사례를 보자. CJ그룹의 경우에는 경영전략과 기업문화에 강하게 연계된 리더십 모델을 갖고 있다. [그림 8-6]에서 보듯이 CJ그룹의 리더들은 첫째, 비전을 제시하고 적합한 전략을 수립하여야 한다. 나아가서 이를 구성원과 공유할 수 있어야 한다. 둘째, 구성원들이 자신의 역량을 발휘하게 해주고 학습과 개발을 지원해주어야 한다. 셋째, 현재에 안주하지 않고 미래지향의 변화를 추구하며 도전하는 변화주도자가 되어야 한다. 마지막으로 기업문화의 핵심가치를 실천하고 구성원들에게 전파하는 역할을 해야 한다.

[그림 8-6] CJ 리더십 모델

비전공유의 리더(Being Visionary)

각각의 영역에서 명확한 비전과 전략을 수립하고 구성원들과 함께 공유합니다.

역량개발의 리더(Empowering others)

구성원들이 잠재 역량을 최대한 발휘하고 개발할 수 있는 기회를 제공합니다.

변화추진의 리더(Being a Change agent)

미래의 성공을 위해 변화를 리드하고 실천합니다.

가치실천의 리더(Being a Role Model)

항상 CJ 핵심가치(CJ Values)를 모범적으로 실천합니다.

〈표 8-3〉 GE의 리더십 모델

ABCD 리더
• **A**uthenticity(진정성) －Trustworthy(신뢰성, 신뢰가치)
• **B**oundarylessness(무경계성) －Revitalization(조직 혁신/활성화) －Outward(외부지향) －Networking(조직 내 · 외부 네트워킹)
• **C**ompetency(역량) －Confidence(자신감) －Heightening(고양시키기, 임파워먼트)
• **D**irection(방향 제시) －Envisioning(비전과 전략)

CJ그룹에서는 모든 관리자들이 이 네 가지 리더행동을 적극적으로 실행하여야 한다. 그리고 정기적으로 구성원들의 의견조사를 통해 리더행동을 평가하고, 이를 당사자에게 피드백을 해준다. 또한 네 가지 역할의 수행능력을 개발하기 위한 **리더십 행동학습**(action learning)[5] 프로그램을 도입하여, 주요 관리자의 리더십 개발에 전력을 다하고 있다.

GE에서는 모든 리더들이 솔선수범하고, 역량을 보여주고, 가장 효과적인 형태로 영향력을 발휘할 수 있어야 한다. 리더의 역량을 개발하기 위해 체계적인 리더십 개발 프로그램을 갖고 있는데, <표 8-3>의 ABCD 리더십 모델을 채택하고 있다.

애플에서 리더는 깊은 전문지식, 디테일에 대한 집중, 협력적 자세로 토론하려는 의지 등의 3가지 자질을 가지고 있어야 한다. 이는 애플의 조직구조와 운영체계의 특성에 정합성을 가질 뿐 아니라 전략적 관점에서도 경쟁력 창출의 근간이 전문성에 있음을 명확히 하는 것이다. 전문성과 혁신의 기업으로서 애플의 속성을 강화하는 리더십 모델이다. 아래 내용은 애플의 리더십 모델에 대한 설명이다.

5) 행동학습이란 실천적 상황에서 훈련하고 배우는 것이다. 리더십 행동학습의 전문화된 훈련기법이 있다.

경영사례

애플의 리더십 모델

애플은 스티브 잡스가 기능별 조직구조를 도입한 이후 수석부사장 이하 전 직급의 관리자들은 다음의 3가지 자질을 가지고 있어야 한다. 애플 조직체계의 근간이 된 리더십 모델이다.[6)]

(1) 깊은 전문지식

애플은 전문경영인을 관리자로 고용하지 않는다. 전문가가 전문가를 이끄는 회사이다. 하드웨어 전문가들이 하드웨어를 관리하고, 소프트웨어 전문가들은 소프트웨어를 관리한다. 전문경영인을 관리자로 고용하는 것보다 각 분야의 전문가를 훈련시켜 잘 관리하도록 만드는 것이 더 쉽다는 이유 때문이다. 애플의 소프트웨어 애플리케이션 비즈니스를 이끌고 있는 로저 로스너(Roger Rosner)를 보면 쉽게 이해할 수 있다. 전기공학을 전공한 로스너는 경영과는 거리가 먼 엔지니어였지만, 규모가 작은 여러 소프트웨어 회사에서 엔지니어링 이사로 일한 경험에서 얻은 깊은 전문지식을 바탕으로 사업부를 이끌고 있다.

(2) 디테일에 대한 집중

애플에 구석구석 스며들어 있는 하나의 원칙은 “리더는 본인 3단계 아래 직급까지 담당하는 조직의 디테일을 알아야 한다”는 것이다. 조직 상단에서 기능의 경계를 넘나들며 신속하고 효과적으로 의사결정을 하는 데 디테일이 매우 중요하기 때문이다. 관리자들은 고위 리더들에게 보고와 관련된 전체 경위와 전개과정을 설명하고, 리더들은 엑셀의 각 칸, 프로그램 코드 한 줄 한 줄, 혹은 각 제품의 테스트 결과 등까지 파고들어 질문한다.

(3) 협력적인 태도로 토론하려는 의지

애플에는 수백 개의 전문가 팀들이 있고, 이 중 10여 개 팀이 신상품의 단 한 가지 핵심 구성요소를 만들기 위해 협업해야 하는 경우가 있다. 예를 들어, 인물모드가 있는 듀얼 카메라를 만들기 위해 40개 이상의 전문가 팀들의 협력이 필요했다. 여러 팀들이 의견을 조율하는 상황에서 필요한 것은 협력의 자세로 토론에 임하는 것이다. 이런 자세는 다양한 기능에 속한 직원들이 다른 의견을 제시하고, 반대하고, 아이디어를 주장하거나 거절하고, 또 서로의 의견을 더욱 발전시켜 최고의 솔루션을 만들 수 있게 한다.

종합하자면, 애플의 리더들은 전문지식을 가지고 디테일을 깊숙이 파고들 수 있어야 하고, 토론에서 열린 마음으로 상대의 전문성을 받아들여야 한다. 이는 애플의 운영방식에 큰 영향을 미친다. 애플의 직원들은 일반적 관리자보다 더 나은 지침과 멘토링을 해주는 전문가들 밑에서 일하기 때문에 만족도가 높다. 또 모두가 원하는 분야에서 생애 최대의 업적을 이루기 위해 노력할 수 있다.

확장 시기의 리더십

회사가 성장하고 새로운 시장과 신기술 분야에 진출하면서 조직운영과 리더십 모델도 진화가 필요하게 되었다. 1997년부터 꾸준히 성장을 해온 애플은 당시 1만 7,000명이던 직원 수가 2019년 기준으로 13만 명으로 늘어났으며, 부서별 리더들의 수도 50명에서 96명으로 증원되었기 때문이다. 고위리더 한 명이 담당해야 할 디테일의 수와 범위가 너무 커져서 이를 제한하려면 고위리더의 수를 대폭 확대해야 하고 그렇게 되면 이제까지 잘 이루어지던 협력을 유지할 수 없게 되었다.

이에 지난 5년간 애플 관리자들의 3가지 리더십 모델을 더 발전시켜 재량적 리더십(discretionary leadership)이라는 모델을 만들었다. 그리고 이를 애플 부사장과 고위리더 대상의 신규교육 프로그램에 반영하였다.

이 모델에서는 디테일과 전문지식의 정도에 따라 일을 담당업무, 학습업무, 위임업무로 나누고 업무가중치를 다르게 매긴다. 리더들은 애플에 가장 큰 가치를 창출하기 때문에 디테일에 모든 관심을 쏟아야 할 활동이 어떤 활동인지를 결정할 수 있어야 한다. 이러한 활동 중 일부는 리더의 기존 핵심 전문지식에 속하기도 하고(이 활동은 리더가 계속 담당), 다른 활동의 경우 리더는 새로운 전문지식을 학습해야 하기도 한다. 리더의 관심이 덜 필요한 활동은 다른 직원에게 이관할 수 있다(해당 직원이 전문가가 아닌 경우, 리더는 교육 혹은 위임함).

재량적 리더십 모델에 따라 리더들은 효율적으로 업무를 진행할 수 있게 됐고, 이는 애플이 큰 규모임에도 기능별 조직구조를 유지하는 데 기여하고 있다.

종합하면, 리더십을 통해서 전략과 조직의 효과성을 높일 수 있다. 이 경우 리더 각각의 능력에 의존하기보다는 조직 전체 차원에서 리더십 모델을 통해 집중된 힘을 만들어야 한다. 그리고 이 모델은 기업문화와 인적자본의 특성과도 어울려야 한다. 조직 성장의 역사에서 누적적으로 축적된 힘이 강력한 경쟁력을 만들 수 있다. 위 기업들의 사례는 이를 보여준다.

2.3 경영자 리더십(멀티플레이어 경영자)

경영자는 어떤 역할을 수행하는 것일까? 일선감독자, 중간관리자와 다를까? 성공적인 경영자는 어떤 모습일까?

---

6) 조엘 포돌리 & 모르텐 한센(2020)을 참조 요약하였음.

[그림 8-7] 경영자의 다중역할

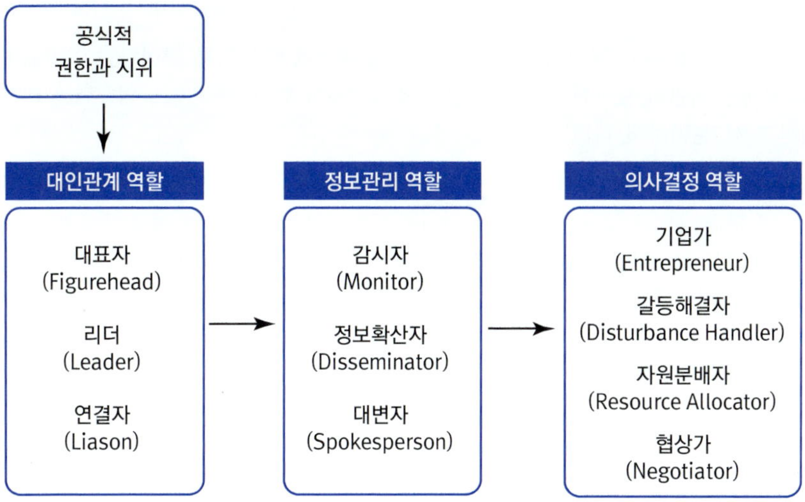

경영자의 역할

고전적인 연구로서 경영자의 다중역할(multi-roles)을 가장 잘 설명한 헨리 민쯔버그(H. Mintzberg)의 연구를 소개하기로 한다.[7] 민쯔버그는 실제 현장에서 관리자들의 일정을 조사해보고 다음과 같은 3가지 카테고리에서 10가지 역할을 수행하고 있음을 발견하였다. 공통적으로 관리자(manager)라는 표현으로 조사를 하였지만 주요 초점을 CEO와 상위 경영진(executives)에 둔 연구이다. [그림 8-7]에 제시된 것처럼 경영자는 조직의 공식적 권한과 지위에 의해 대인관계 역할, 정보관리 역할, 그리고 의사결정 역할을 수행한다. 이들 역할은 서로 연결되어 있다.

경영자의 다중역할

대인관계 역할(Interpersonal roles)

공식적인 권한에서 직접 발생하는 관리자의 역할은 기본적인 대인관계에 관한 3가지 역할이 있다. 첫째는 대표자(figurehead) 역할이다. 조직의 대표로서 의례적 의무를 수행해야 하거나 순방 고위 인사들을 맞이해야 한다. 최고경영자들은 접촉 시간의 12%를 의식과 접견 업무에 보냈다. 수신 메일의 17%는 인사문제와 요구사항에 관한 것이었다. 대인

7) Mintzberg(1975).

관계 역할과 관련된 의무는 일상적인 것들이어서 진지한 의사소통이 거의 없고 중요한 의사결정이 필요하지 않다. 그렇지만 조직의 원활한 기능에 필요하며 무시할 수 없다.

두 번째는 리더(leader) 역할이다. 모든 관리자는 직원에게 동기를 부여하고 격려해야 하며, 어떻게든 개인의 요구와 조직의 목표를 조화시켜야 한다. 관리자의 영향력은 리더 역할에서 가장 분명하게 나타난다.

세 번째는 연결자(liason) 역할이다. 관리자는 조직위계상 수직적 명령 관계의 외부에 접촉을 유지한다. 관리자들은 부서 내 부하직원들과 보내는 시간만큼 동료 및 다른 사람들과 시간을 보낸다. 이 연구에서 CEO는 44% 시간을 외부사람들과 보냈고 48% 정도를 부하들과, 그리고 7% 정도를 이사회와 외부 수탁기관과 보냈다.

정보관리 역할(Informational roles)

리더로서 관리자는 모든 직원에게 공식적이고 쉽게 접근할 수 있다. 또한 연결자로서 부하직원이 종종 액세스할 수 없는 외부 정보에 노출된다. 다른 관리자들과도 정보를 교류한다. 이러한 방식으로 관리자는 강력한 정보 데이터베이스를 개발하게 된다. 정보처리는 관리자 작업의 핵심 부분이다. 정보관리 역할에도 3가지가 있다.

첫째, 감시자(monitor) 역할이다. 관리자는 정보를 찾기 위해 지속적으로 환경검색(environmental scanning)을 하며 연결자 역할의 상대와 부하들을 탐문한다. 이 정보의 대부분은 개인 연락처 네트워크의 결과이다.

둘째, 정보확산자(disseminator) 역할이다. 관리자는 부하직원이 접근할 수 없는 특별한 (권위의) 정보를 일부 부하직원에게 직접 전달한다. 부하직원이 서로 쉽게 연락하지 못할 때 관리자는 정보를 서로에게 전달할 수 있다.

셋째, 대변자(spokesperson) 역할이다. 이 역할에서 관리자는 일부 정보를 부서 외부의 사람들에게 보낸다. 사장은 조직의 대의를 위해 로비하기 위해 연설을 하거나, 감독자들은 공급업체에 제품 수정을 제안한다. 또한 대변인으로서 모든 관리자는 조직단위의 통제에 영향력 있는 사람들에게 정보를 제공하고 만족시켜야 한다. CEO는 수많은 영향력을 처리하는 데 많은 시간을 할애한다. 이사와 주주에게는 재정에 대해 조언을 해야 하고, 소비자 그룹에게는 회사가 사회적 책임을 다하고 있음을 확신하게 해줘야 한다. 그리고 정부관리에게는 조직이 법을 준수하고 있다는 사실에 만족하게 해줘야 한다.

의사결정 역할(Decisional roles)

정보는 의사결정의 기본 투입요소이다. 경영자는 조직단위의 의사결정 책임자이다. 의사결정자로서 역할은 네 가지로 설명된다.

첫째, 기업가(entrepreneur)로서 역할이다. 경영자는 끊임없이 새로운 아이디어를 찾고 개발 프로젝트를 시작한다. CEO들은 다수의 (수많은) 프로젝트를 동시에 감독한다. 신제품 개발부터 프로세스 혁신, 공중관계 캠페인, 현금 재무상태 개선, 취약 부서 개편, 해외 부서의 사기저하 문제 해결, 컴퓨터 운영체제 통합, 다양한 인수합병 등이 포함된다.

둘째, 갈등해결자(disturbance handler) 역할이다. 파업이 임박했거나, 주요 고객이 파산하거나, 공급업체가 계약을 파기하는 등 상황이 발생하면 경영자들의 적극적인 개입이 필요하게 된다.

셋째, 자원분배자(resource allocator)의 역할이다. 전략에 따라 회사의 자원을 분배하는 결정을 내린다. 경영자는 또한 조직구조를 설계하고 작업을 분할하고 각 단위조직에 필요한 자원을 배분한다.

마지막으로 협상가(negotiator) 역할이다. 경영자는 협상에 상당한 시간을 할애한다. 축구팀 감독이 강력한 슈퍼스타와 계약을 맺듯이, 경영자는 노조의 파업 문제를 협상한다. 협상은 경영자의 직무에서 없어서는 안 될 부분이다. 경영자만이 조직 자원에 대해 실시간으로 결정할 수 있는 권한을 갖고 있기 때문이다.

민쯔버그가 현장에서 관찰한 경영자의 다중역할을 보면, 첫째, 경영자의 역할이 복잡하고, 바쁘고, 힘들다는 것이다. 역할 영역의 3분야를 확인하였고, 세부적으로 총 10가지의 복합적 역할이 있다. 특정의 능력에 편향되어서는 경영자 역할 수행이 어렵다는 것을 보여준다. 둘째, 경영자의 시간관리(time management)의 이슈이다. 여러 역할 수행에 많은 시간을 뺏기기 때문에, 정작 회사에 가장 중요한 의사결정에 집중할 수 없다. 바쁜 일정의 혼란 속에서 중요한 결정을 즉흥적으로 직감에 의존하여 내리기 쉽다. 셋째, 주의의 관리(attention management)가 필요하다. 한정된 시간에 경영자가 어디에 관심을 보이는지에 의해 조직구성원들은 영향을 받는다. 경영자가 사소한 일에 주의를 기울이면 구성원은 사소한 일에 빠져버린다. 반대로 경영자가 비전과 어젠다에 집중하면, 구성원은 비전 달성과 어젠다 해결에 매진하게 된다.

한걸음 더

- 디지털 시대의 경영자 역할에 어떤 변화가 있을까? 경영자의 10가지 역할 중에서 어느 역할이 오늘날 더 중요해졌을지 토론해보자.

경영자의 특성과 자질

CEO를 대상으로 하는 일련의 연구로 쿠즈와 포스너(Kouzes & Posner)의 조사 결과를 보면, 훌륭한 경영자의 특성으로 정직성(honesty), 미래지향(forward-looking), 영감(inspiring), 유능함(competent)이 꼽히고 있다.[8] 이러한 4가지 요소는 타고난 게 아니라 행동으로 보이는 것이므로 리더십 행동요인에 가깝다.

이 연구들에서 미국의 존경받는 경영자들의 특성을 조사하였다. 조사방식으로는 미국의 주요 CEO들한테, 자기가 존경하는 CEO들의 특성을 체크하도록 하였다. 1995년도 조사에서 복수 응답의 퍼센티지로 나온 결과를 보면, 정직성이 88%, 미래를 내다보는 비전이 75%, 영감을 주는 힘이 68%, 유능함이 63%로서 다른 요소들을 압도하였다.

미국의 존경받는 CEO 특성[9]

"거의 모든 조사에서 정직이 다른 리더십 특성보다 더 자주 선택된다. 정직은 리더십에 절대적으로 필요하다. 사람들이 전투에 참가하든 회의실에 참가하든 기꺼이 누군가를 따르려면, 먼저 그 사람이 자신의 신뢰를 받을 만한 사람인지 확인하기를 원한다. 그들은 지도자가 되려는 사람이 진실하고 윤리적이며 원칙이 있다는 것을 알고 싶어한다.

리더는 방향 감각과 조직의 미래에 대한 관심이 있어야 한다. 리더는 자신이 어디로 가고 있는지 알아야 한다. 그들은 다른 사람들에게 미지의 세계로의 여행에 함께 가자고 요청할 때 목적지를 염두에 두어야 한다. 사람들은 방향이 없는 사람을 따르기를 꺼린다.

사람들은 역동적이고 고양되고 열정적이며 긍정적이고 낙관적인 지도자를 존경한다. 리더는 꿈을 공유하고 그것을 달성하기 위해 다른 사람들이 함께 일하게 할 수 있게 해준다. 리더는 꿈을 전달하여 사람들이 목표를 위해 열심히 일하도록 격려할 수 있어야 한다.

리더는 실적을 보여줘야 한다. 유능한 리더가 존경받는다. 리더가 능력 있는 사람으로 보이려면 모범을 보이고, 영감을 주고, 도전하고, 가능하게 하고, 격려하는 행동을 보여주어야 한다."

이 4가지 기준으로 화제의 경영자 일론 머스크를 평가해보자. 아래에 그에 대한 정보를 정리하였다.

---

8) Kouzes & Posner(2010).

9) Kouzes & Posner(2011).

경영사례

테슬라 CEO 일론 머스크

성공적인 경영자는 무엇이 다른가? 아니 달라야 하는가? 테슬라의 일론 머스크는 위의 4가지 특징을 가지고 있는가? 어떤 행위가 테슬라의 성공에 영향을 미쳤는가? 살펴보자.

타임지는 2021년 올해의 인물로 테슬라와 우주탐사기업 스페이스X의 설립자이자 최고경영자(CEO)인 일론 머스크를 선정했다. 타임은 머스크가 우리 행성(지구)을 구하고 거주할 새로운 행성을 갖는 열망을 지니고 있다고 소개했다. 에드워드 펠선설 타임 편집장은 "2021년에 머스크는 단순히 세계 최고 부자로 부상했을 뿐 아니라 우리 사회의 거대한 변화를 보여주는 가장 부유한 사례였다. 영향력을 보여주는 지표로 머스크만큼 영향력이 큰 사람은 지구는 물론 지구 밖에서도 거의 없다"고 평가했다. 아울러 "머스크는 실존적 위기에 해결책을 만들어내고, 기술 거물 시대의 가능성과 위험성을 구체화했으며, 사회의 가장 대담하고 파괴적인 변화를 이끌어냈다"고 선정 이유를 밝혔다.

테슬라 모터스의 CEO인 일론 머스크는 페이팔, 스페이스X 그리고 테슬라 모터스 등 각종 벤처기업을 성공적으로 창업했을 뿐 아니라, 로켓 제작 및 전기자동차 배터리의 비용절감 등 각 기업의 비즈니스 프로세스 상에서 뛰어난 혁신을 이끌어내며, '혁신의 아이콘', '벤처 창업의 아이콘'으로 주목받고 있다. 일론 머스크는 전쟁 중인 우크라이나의 통신 및 인터넷 서비스 지원을 위해 스타링크 서비스 시스템을 연결해주기도 하였다.

일론 머스크는 테슬라 설립 이래, 리더로서 다양한 역할을 수행해왔다.[10] 가장 중요한 점은 원대한 비전을 제시하고 실행방안을 구축하여, 직원들이 열정을 다해 일하도록 한 것이다. 그다음은 그가 통찰력을 바탕으로 테슬라가 나아가야 할 구체적인 방향을 제시했다는 것이다. 소프트 경쟁력의 강화, 대규모 R&D 투자를 통한 기술표준 선점, 디자인 역량과 브랜드 가치의 강화, 창조경영 등이 그것이다. 또한 일론 머스크는 구체적인 전략적 의사결정에 관여하여 직접 결단을 내리고 변화를 진두지휘하고 있다. 이와 같이 일론 머스크는 리더로서 다양한 역할을 수행했지만, 그의 리더십을 특징짓는 것은 원대한 비전과 끊임없는 도전을 통해 조직을 이끌어가는 '변혁적 리더십'과 사업의 본질과 시대 흐름을 꿰뚫는 통찰력을 바탕으로 테슬라가 나아가야 할 전략적 방향을 제시하는 '통찰 리더십'이다. 무엇보다도, 변혁적 리더십은 미래의 비전을 제시하고 구성원들로부터 신뢰를 확보하여 기대 이상의 결과를 얻게 하는 것이다.

일론 머스크는 탁월한 경영자인가? 그는 경영자로 불리기를 거부한다. 스스로를 엔지니어라고 한다. 일론 머스크는 리더인가? 어떤 리더인가?

그에 대해 항상 논란도 많다. 자주 트위터를 통해 파격적인 발언을 쏟아내면서 시장을 좌지우지하고 있기 때문이다. 2018년 8월 머스크는 자신의 트위터에 "테슬라 주식을 모두 인수해 비공개 회사로 전환하겠다"고 올려 미국 증권거래위원회(SEC)로부터 사기 혐의로 제소되기도 했다.

한걸음 더

- 일론 머스크의 리더십을 평가해보자? 그는 정직한가? 미래지향적인가? 영감을 주는가? 유능한가?
- 그는 팀경영을 하고 있는가? 거침없는 행위와 즉흥적(일탈적) 의사결정을 내리는 독단의 리더인가?

조직의 성공에 있어서 경영자의 역할이 중요하다. 경영자는 매우 다양한 역할을 수행한다. 그렇다면 어떻게 다양한 역할을 조화시킬 수 있을까? 멀티플레이어로서 경영자는 비전과 전략과 조직의 리더이어야 한다. 비전을 제시하고 조직구성원 개인 및 집단에 영향을 미치는 역할을 함께 수행해야 한다. 아래의 4가지로 정리해볼 수 있다.

1. 비전과 가치의 주입
2. 경쟁우위와 성과 창출
3. 변화와 생존기반의 강화
4. 윤리와 도덕성, 사회적 책임

한걸음 더

- CEO 역할과 성과기여에 대해서 토론해보자.

---

10) 이민재 · 정진섭(2016).

3. 기업문화와 조직문화 경쟁력

3.1 기업문화의 개념과 기능

기업에도 문화가 있는가? 기업문화는 조직 단위에서 형성되는 것인가? 예를 들어, SK텔레콤의 독특한(고유한) 문화가 있는가? 통신업계의 일반적인 기업문화인가? 한국 기업의 공통된 문화인가? 아니면 SK그룹의 문화인가?

기업문화의 정의와 공유된 특성

기업문화의 정의를 보자. 기업문화(corporate culture)는 구성원들에게 공유되고, 받아들여지는 함축된 특성으로서 조직 고유의 모습을 띤다. 구체적으로 기업문화는 공유된 가치, 신념, 태도, 관행 및 행동(shared values, beliefs, attitudes, practices, and behavior)이다.

기업문화의 요소

- 함께 추구하는 공유가치(shared values)
- 공동으로 보유하고 있는 공유신념(shared beliefs)
- 공통적으로 보여주는 공유태도(shared attitudes)
- 일하는 방식의 공유관행(shared practices)
- 공통적인 패턴의 공유행동(shared behavior)

공유가치(shared value)의 예를 들어보자. A사가 정직이라는 공유가치를 가지고 있다면 이는 조직구성원 모두가 모든 이해관계자에게 정직을 최우선의 가치로 응대하는 것이다. 즉, 최고경영자에서부터 일반 종업원에 이르기까지 정직이라는 공유가치가 의사결정의 기준이 되고 업무행동의 바탕이 된다. 가치는 보편성을 갖고 있어서 대상과 시점에 따라 변하지 않는다. 정직한 경영을 하는 기업이다. 이처럼 기업 전체의 공통 특성이 된다.

한편 태도는 대상 특유의 것이다. 따라서 공유태도(shared attitude)는 대상별로 다르게 적용된다. 예들 들어, 고객에게는 존중과 섬김, 공급자에게는 지원과 상생, 종업원들은 열정과 협동의 태도를 중시할 수 있다. 이러한 태도가 조직문화 요소가 되기 위해서는 모든 구성원이 공유된 태도를 보여줘야 한다. 여기서 덧붙일 점은 고객존중의 태도가 모든 구성원에게 받아들여지고 내재화되어 어느 상황에서도 고객존중을 하면, 이를 공유가치라고 할 수 있다. 태도가 보편성을 갖게 되어 공유가치가 된 것이다.

신념은 가치와 태도가 구현될 때 그 효과에 대한 믿음을 말한다. 예를 들어, 고객존중을 하게 되면 결국 고객의 구매행동이 강화되고 고객충성도가 높아질 것이라는 신념이다. 이러한 신념을 구성원들이 공유하게 되면 가치와 태도가 행동으로 표출될 가능성이 높다. 기업 구성원의 공유신념(shared belief)에서 가장 중요한 것은 성과신념(performance belief)이다. A사의 구성원 모두가 정직의 가치를 실행하는 것이 회사의 높은 성과로 이어진다는 신념을 공유하게 되면, 이는 강력한 실행력의 조직문화 가치가 된다. 일반적으로 신념은 태도보다는 보편성의 가치에 더 관련되어 있다. 따라서 공유신념은 공유가치의 효과성을 뒷받침해주는 역할을 한다.

공유관행(shared practice)은 조직의 역사에서 루틴화된 것이다. 관행의 대표적인 예는 일처리 방식이다. 회사 내의 모든 사람이 일하는 방식이 같다면, 이는 공유된 관행에 해당한다.

공유행동(shared behavior)은 이처럼 공유된 가치, 신념, 태도, 관행 등에 의해 발현되어 패턴으로 드러나는 행동이다. 행동은 겉으로 발현된 것이기에 외부인들에게도 가시적이다. 기업문화가 외부인에게 인지되는 것이다. 공유행동은 구성원들끼리도 서로 지각하고 평가하는 기준이 된다. 공유된 행동은 가장 강력한 문화적 표현이다.

한걸음 더

- 열심히 공부하면 좋은 성적이 나오는가? '행복은 성적순이 아니다'는 말을 믿는가? 이 두 질문에서 성과신념의 개념을 찾아보고, 신념이 내 행동에 미치는 영향을 생각해보자.
- 나는 공유된 가치와 신념을 갖고 있는가? 누구와 공유하고 있는가?

기업문화 = 조직문화

이처럼 공유되어 있으므로 조직구성원의 개인특성이 아닌 집합적 수준의 조직단위의 특성이 된다. 그렇다면 이는 개별 기업의 특성일까 아니면 산업이나 국가의 영향에 의한 것일까? 만약 이 공유 특성이 해당 기업에만 적용되고 다른 기업과는 다르다면 개별 기업의 조직문화(organizational culture)를 얘기할 수 있다. 예를 들어, 삼성전자에서 일처리 방식이 현대차에서의 일처리 방식과 다르다면, 이는 삼성전자라는 조직 차원의 문화적 속성이 된다. 두 기업 모두 한국 문화의 영향권에 있음에도 불구하고 차별화되었기 때문에 국가와 사회 차원이 아닌 기업 단위에서 나타나는 문화적 현상이 있는 것이다. 실제로 삼성의 문화와 현대의 문화가 다르다고 한다. 한국의 사회문화에 영향을 받았지만, 기업조직 고유의 문화를 발전시킨 것이다.

조직문화의 유사개념으로 조직분위기(organizational climate)가 있다. 조직문화와 달리 조직분위기는 가변적이다. 태도에서 비롯된 것이고, 깊이 공유된 패턴의 태도이기보다는 한시적으로 나타나는 집단적 태도에 가깝다. 어느 부서에 가면 사람들이 항상 웃는다는 등 분위기를 얘기한다. 배려형 리더는 부서원들과의 인적 터치를 통해 부서 분위기를 항상 밝게 만들 수 있다. 단지 이 분위기가 관리자의 리더십에 영향받은 것이기에, 관리자가 떠날 때까지 한시적인 현상일 가능성이 크다.

반면에 조직문화는 안정적이고 쉽게 변하지 않는 공유된 가치와 신념으로서 태도와 행동에 영향을 미친다. 그리고 새로운 멤버가 오면 사회화를 통해서 문화규범이 주입(infusion)된다. 조직문화는 매우 안정적(stable)이고 지속적(continuous) 특성을 갖고 있다. 일시적인 분위기라든지 특정 개인이 주도하는 어떤 현상이 아니다. 그런 점에서 조직문화는 조직 차원에서의 집합성을 가지고 있다.

한걸음 더

- 우리 학교(조직, 회사)의 문화적 특성을 적어보자.

조직문화의 네 가지 기본 기능

조직문화의 기본 기능을 아래 4가지로 볼 수 있다([그림 8-8] 참조).[11]

첫째, 조직 정체성(organizational identity)을 만들어준다. 삼성의 문화와 현대의 문화가 다르다면 뭔가 느낌이 다르다. 삼성에 다니는 구성원들은 옷가짐도 다르고, 자세도 다르고, 현대에 다니는 구성원들은 씩씩하고, 도전적이라든지 등등이 조직의 이미지와 속성을 보여준다. 전체 집합적으로 보면 '아, 삼성이 저런 회사구나'라고 하는 어떤 모습을 보여준다. 이 정체성은 외부인들한테도 보여지고, 스

11) Kreitner & Kinicki(2012).

[그림 8-8] 조직문화의 4가지 기능

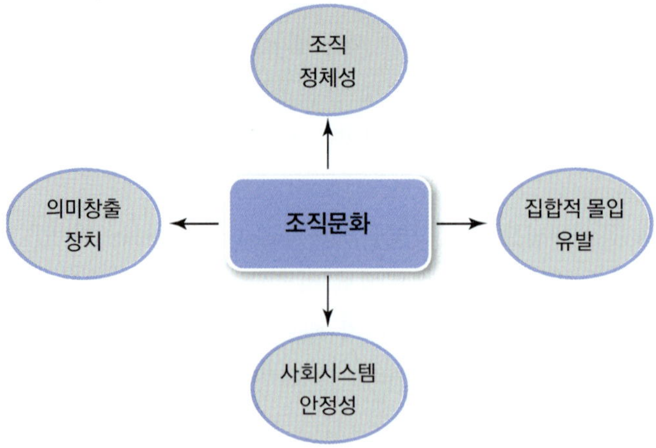

스로도 그렇게 느끼는 것이다.

둘째, 집합적 몰입(collective commitment)을 만들어준다. 공유하고 있는 가치에 의거하기 때문에 어느 상황에서든 우선순위의 행동기준을 갖게 된다. 예를 들면, 신뢰의 조직문화를 가지고 있다면, 사실 모든 구성원들이 신뢰라는 가치를 가장 중요시 여기고, 태도형성과 행동선택에서 우선적 기준이 된다. 구성원 간 상호신뢰, 고객의 신뢰 등에 우선순위를 부여하고, 함께 몰입된 결속의 행동을 보여준다.

셋째, 조직문화는 외부적 자극의 해석과정에 영향을 미치는 의미창출 장치(sense-making device)로 역할한다. 문화적인 속성에 따라서 외부적인 자극을 해석하는 방식이 달라진다. 예를 들면, 열정과 도전의 문화를 가지고 있는 회사의 종사원들은 극적인 환경 변화가 발생하면, 위협요인을 보면서도 기회요인을 찾으려 노력할 것이다. 새로운 기회로 보고 더 노력을 할 것이다. 한 사람이 아니고 모든 조직구성원들이 그런 성향을 보이는 것이다.

마지막으로 조직문화는 사회시스템 안정성(social system stability)을 준다. 구성원의 일부가 빠져나가고 새로운 사람이 들어와도 신규 참여자가 조직문화를 배우고 체질화하면서 문화적 전승이 이루어진다. 이로써 조직이 안정화되고 지속성을 보인다.

조직문화가 강하면 이 네 가지 기능이 잘 작동된다. 그 기업의 모습이 명확하게 이해관계자들에게 잘 전달되고, 상호작용 관계의 예측가능성을 높여준다. 조직 내부적 효과도 크다. 조직문화의 발현을 통해서 구성원들끼리 서로서로 받아들이고, 묻기도 하고, 관찰하고 느끼면서 또다시 해석하고 그래서 의미를 창출하게 되고, 다시 이해를 공유한다. 이렇게 순환적으로 조직문화는 계속 진화한다. 조직문화는 시간이 지나면서 일반적으로 훨씬 더 강해진다.

지배적 문화와 하위문화

기업의 지배적 문화(dominant culture)가 있다. 지배적인 문화가 그 기업의 강력한 모습을 보여주고 대내외적으로 사람들한테 지각이 된다. 시장에 메시지를 전달해준다. 반면에 하위문화가 있다. 대표적으로 직종별 문화가 있다. 연구개발부문의 문화, 생산현장의 문화, 영업마케팅 쪽의 문화, 관리부문의 문화 등이 다르다. 기능분야별 구성원의 전문지식과 능력이 다르고 분야가 다르고 과업 내용과 특성이 다르기 때문이다. 이렇게 한 조직 내 서로 다른 문화를 하위문화(sub-culture)라고 한다. 하위문화는 문화적 다양성을 만들어준다.

하위문화가 어느 정도 허용되어야 하는가, 하위문화는 전체 조직의 문화와 어떻게 조화되어야 하는가 등의 문제에 봉착하게 된다. 하위문화의 순기능은 각 분야별 전문성과 응집성을 높여준다는 것이다. 반면에 의사소통과 협동의 과정에서 방해요인이 되기도 한다.

한편 다각화 기업에서 사업부별 하위문화가 있을 수 있다. 특히 M&A를 통해 인수된 사업부의 경우에는 하위문화의 이질성이 클 것이다. 조직의 역사가 다르고, 산업과 비즈니스 특성이 다르기 때문이다. 이 경우 전체 조직문화와 사업부 문화의 통합 이슈가 등장한다. 문화적 통합이 가능할까? 문화가 쉽게 관리되는 것이 아니기 때문에, 많은 시간과 노력이 필요하게 된다.

> 전사 차원의 지배적인 문화와 하부 단위조직 간의 하위문화와의 관계가 어떻게 되어야 가장 이상적일까? 조직의 정체성 측면에서 지배적 문화가 더 중요하다고 볼 수 있다. 지배적인 문화가 하위문화를 품는 방식이 좋다. 오늘날 탁월한 문화경쟁력을 보여주는 기업들은 지배적 문화와 하위문화 간의 조화가 잘 이뤄지고 있다.

3.2 좋은 기업문화 만들기

바람직한 기업문화를 어떻게 만들고 지켜나가야 할까? 경영의 성과를 높여주는 기업문화는 어떤 것인가? 이러한 문제들에 대해서 살펴보자.

핵심가치 선택과 기업문화운동

조직문화 경영의 출발점은 핵심가치(core values)의 선택이다. 핵심가치는 원하고 추구하는 가장 바람직한 가치를 말한다. 강한 기업문화는 핵심가치 중심으로 형성된다. 핵심가치가 구성원들 간에 공유되고 실행될 때 기업은 문화적 정체성을 강하게 드러낸다. 약한 문화는 경쟁력을 만들어주지 못한다.

핵심가치는 비즈니스 특성, 조직의 역사와 창업정신, 시장경쟁의 방식, 이해관계자 특성 등에 적합한 가치로 선택된다. 공유신념이 뒷받침되어야 하기 때문이다. 핵심가치의 실현이 조직목표 달성과 경영성과 제고에 기여하는 논리, 즉 가치명제가 제시되어야 한다. 그리고 구성원에게 설명하고 수용되어야 한다.

핵심가치는 소수로 선택된다. 그래야 조직의 정체성이 명확해지기 때문이다. 또한 소수의 핵심가치에 집중할 때 조직구성원 모두의 실천력이 커진다. 핵심가치의 수는 기업의 규모에 따라 다소 다르지만 대체로 3~7개 정도이다.

다음의 사례를 보자. CJ그룹은 2000년에 6개의 핵심가치를 선정하고 그룹 전체의 기업문화운동의 중심으로 삼았다. CJ그룹에서는 모든 경영진, 관리자 및 일반구성원에게 핵심가치(CJ 6 Values)를 전파하고, 설득하고, 공유하였다. 특히, 가치명제(value proposition)를 명확히 하고 구성원들에게 적극적으로 설명하고, 참여와 실천을 독려하는 데 많은 시간과 자원을 투입하였다. 워크숍과 토론회 등이 주요 방법이다. 이로써 조직구성원의 의사결정과 업무수행의 주요 기준이 되었다. 10여 년간의 끊임없는 노력으로 CJ의 문화적 가치가 축적되었고, 순기능의 조직문화 경쟁력이 크게 높아졌다. 대내외에도 널리 알려져 그룹의 이미지를 크게 높여줬다. 이후 2010년대에 이르러 그룹의 핵심가치를 계열사 자율로 업(業)의 특성에 맞게 전환하여 기업문화의 연속성과 변화를 동시에 추진하고 있다. 아래는 CJ 제일제당의 핵심가치와 행동원칙이 예시되어 있다. 목적가치를 확대하여 핵심가치로 정하였고, 이전의 행동가치를 행동원칙으로 변환하였음을 볼 수 있다.

[그림 8-9] CJ그룹의 핵심가치 관계도(2000년대)

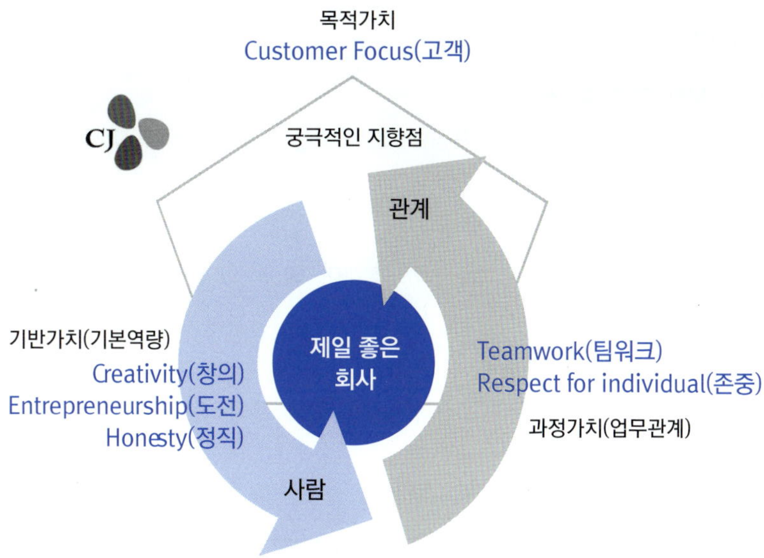

경영사례

CJ제일제당의 핵심가치와 행동원칙(현재)

➢ Core Values(핵심가치)

인재 : 일류인재, 일류문화

ONLYONE : 최초·최고 차별화

상생 : 생태계 조정 공유가치

➢ Principles(행동원칙)

정직, 열정, 창의, 존중

또 다른 예로 현대자동차의 핵심가치는 5가지이다. 자동차업체의 특성을 반영하고, 글로벌 기업으로서 요구되는 행동가치를 반영하고 있다. 이처럼 소수의 핵심가치에 집중하여 수용성과 실천력을 높이는 게 중요하다.

경영사례

현대자동차의 핵심가치

➢ CUSTOMER(**고객 최우선**)

최고의 품질과 최상의 서비스를 제공함으로써 모든 가치의 중심에 고객을 최우선으로 두는 고객 감동의 기업문화를 조성한다.

➢ CHALLENGE(**도전적 실행**)

현실에 안주하지 않고 새로운 가능성에 도전하며 '할 수 있다'는 열정과 창의적 사고로 반드시 목표를 달성한다.

➢ COLLABORATION(**소통과 협력**)

타 부문 및 협력사에 대한 상호 소통과 협력을 통해 '우리'라는 공동체의식을 나눔으로써 시너지효과를 창출한다.

➢ PEOPLE(**인재 존중**)

우리 조직의 미래가 각 구성원들의 마음가짐과 역량에 달려 있음을 믿고 자기계발에 힘쓰며, 인재 존중의 기업문화를 만들어간다.

➢ GLOBALITY(**글로벌 지향**)

문화와 관행의 다양성을 존중하며, 모든 분야에서 글로벌 최고를 지향하고 글로벌 기업 시민으로서 존경받는 개인과 조직이 된다.

한걸음 더

- 국내외 관심있는 기업의 핵심가치를 조사해보자.

기업문화의 유지와 전승

기업문화를 어떻게 계속 유지하고, 발전시켜갈 수 있을까? 여기에는 세 가지 메커니즘이 있다.

첫째, 조직구성원의 집합적 특성을 지키는 것이다. 기업문화의 출발점은 구성원들의 참여와 행동이다. 인력의 채용과 선발시스템이 매우 중요하다. 우리 회사가 열정의 기업문화를 추구하고 있는데, 열정이 부족한 사람을 뽑으면 안 된다. 예를 들어, 소극적이지만 꼼꼼하고 차분해서 일을 잘할 수 있는 사람은 조직특성에 맞지 않는다. 개인과 조직 간의 적합성(person-organization fit)이 조직문화의 유지와 전승에 중요하다. 인력 채용의 중요한 기준이 된다.

둘째, 회사 경영진이 조직의 핵심가치를 중요시하고 실천해야 한다. 기업의 경영에서 기업문화를 최우선 순위로 지켜야 한다. 탁월한 기업은 조직문화 경쟁력을 가지고 있다. 당연히 경영진의 선임과 구성에 있어서 기업문화에 적합한 사람을 확보하는 것이 매우 중요하다. 뿐만 아니라 경영진의 평가시스템에서도 이런 부분을 강조하는 것이 매우 중요하다.

셋째, 조직사회화(organizational socialization)의 중요성이다. 신입 구성원이 회사에 들어오게 되면, 그들에게 조직에서 중요시하는 가치와 규범을 내재화시켜주고, 조직의 일원이 됨을 정서적으로도 느낄 수 있게 해주는 일련의 과정이 매우 중요하다.

조직사회화

조직사회화는 조직외부에 있던 사람들이 조직 내 규범과 가치, 일하는 방식 등 조직문화에 적응해가는 과정이다. 신입사원이 입사하게 되면 문화적 충격을 느낀다. 조직생활이 기대와 다르기 때문이다. 조직사회화는 이러한 자신의 기대와 조직의 기대의 갭을 줄여가는 과정이다. 문화적 적응뿐만 아니라, 회사와의 교환관계를 형성하는 과정이다. 조직사회화는 입사 직후의 적응에 중요하게 영향을 미치지만, 장기적으로 회사 만족도와 성과에도 큰 영향을 미친다.

고성과 창출의 기업문화

어떤 기업문화가 높은 성과를 만들어낼까? 기업문화는 조직성과와 관련이 있을까? 다수의 연구에 따르면, 강하고(strong), 적합하고(fit), 적응성(adaptive) 있는 문화가 장기적으로 경제적 성과를 높여준다. [그림 8-10]에는 이 세 관점이 제시되어 있다. 이러한 3가지 요건이 충족된 기업문화의 성과창출은 장기적이고 지속가능하다.

첫째, 기업문화는 강해야 한다. 강한 기업문화는 공유도, 수용도, 실천도가 높은 문화이다. 강한 기업문화는 구성원들의 목표일치성과 동기부여 수준을 높여준다. 강한 기업문화에서는 관리자와 종업원들이 일관된 행동기준과 비즈니스 방식을 공유한다. 그리하여 종업원들을 동기부여하며 명확하면서도 효율적인 조정과 통제의 과정을 만들어낸다. 강한 기업문화는 조직구성원의 행동에 대한 효과적인 통제의 기제이다. 또한 종업원 행동의 예측가능성을 높이고, 과정통제와 감독의

[그림 8-10] 높은 경영성과 창출의 기업문화 특성

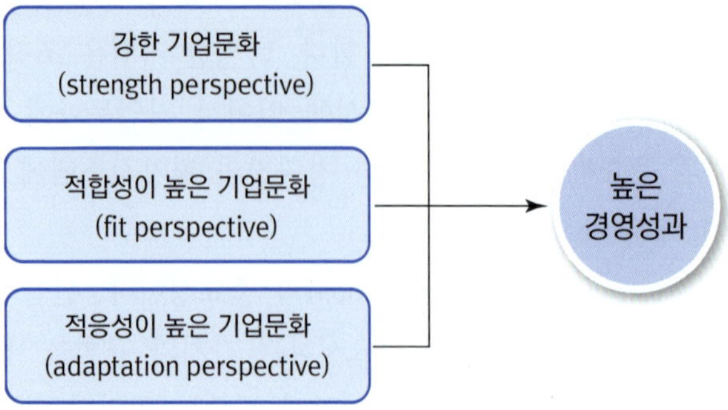

필요성을 줄여준다. 협업하는 동료 간 예측가능성뿐만 아니라, 고객을 비롯한 이해관계자들에게도 예측가능성을 높여준다. 이로써 신뢰 자원이 축적된다. 강한 기업문화가 높은 성과를 내는 이유다.

둘째, 적합성이 높은 기업문화는 기업의 외부환경 요구와 전략적 상황에 효과적인 대응을 가능하게 해준다. “세상에 단 하나의 좋은 기업문화는 없다(There's No One Best Culture!)”라는 말이 있다. 예를 들어, 전자업체에게 바람직한 조직문화와 섬유업체에게 바람직한 조직문화가 다르다. 비즈니스 상황에 따라서 적합한 최적의 문화가 달라진다. 실제로 많은 벤처기업들이 비즈니스 모델은 좋지만, 적합성이 낮은 기업문화로 인해 어려움에 봉착하는 경우가 많다. 따라서 창업자의 개인적 신념보다, 업(業)의 특성에 더 적합하고 벤처기업 정신을 북돋울 수 있는 문화를 양성해야 한다. 창업자들이 바람직한 기업문화를 처음부터 만들어가야 지속적 성장이 가능해진다.

셋째, 적응성이 높은 기업문화이다. 기업이 성장하거나 시장환경이 달라지면 기업은 문화적 적응성을 보여야 한다. 그렇지만 문화를 바꾸는 것이 어렵다. 조직문화는 교체할 수 있는 게 아니고, 점차 진화하는 것이다. 조직문화 학자들의 추천은 소수의 핵심가치를 보편적이고 적용성이 높은 가치로 선택하고, 시대의 흐름에 따라 핵심가치의 적용방식을 달리 하는 것이다. 그러기 위해서는 핵심가치 수가 많아지면 안 된다. 소수의 가치를 타협 없이 지켜나가는 것이 기업문화 경쟁력의 원천이다.

좋은 문화와 나쁜 문화 이야기

일반적으로 좋은 문화는 어떤 문화일까? 자유롭고 구성원의 기를 살려주는 문화, 혁신과 창의가 넘치는 문화, 구성원이 학습하고 성장하는 문화 등 좋은 문화는 여러 유형이 있다. 새로운 시대의 기업들은 활력이 넘치는 자유와 창의, 도전의 문화를 지향한다. 예로서 아마존은 기업문화를 다음과 같은 문장으로 함축적으로 표현하고 있다.

> "우리는 개척자 회사이다. 과감한 베팅을 하는 것이 우리의 임무이며, 고객을 대신하여 발명함으로써 에너지를 얻는다. 성공은 확률이 아닌 가능성에 의해 측정된다. 오늘날의 개척자들에게 아마존 외에는 건설하고 싶은 곳이 지구상에 없는 이유가 바로 그것이다."

아래 <표 8-4>에는 빅테크 기업의 핵심가치가 요약되어 있다. 모두가 개방성과 속도, 대담함과 도전을 얘기하고 있다. 그리고 미래를 지향하는 창조정신을 강조하고 있다.

우리나라에서 특별히 주목하는 문화요소가 있다. 전통적인 수직적 조직문화를 극복하고 수평적 조직문화를 구축하고자 하는 것이다. 이는 세대가치가 변하는 과정에서 특히 중요한 문화요소이다. 아래 조사 자료를 보면 확연하다.

〈표 8-4〉 빅테크 기업의 기업문화 특성

구글의 문화	테슬라의 문화
Openness (개방성) Innovation (혁신) Excellence that comes with smartness (탁월함) Hands-on approach (실용) Small-company-family rapport (가족적인 관계)	Move Fast (속도) Do the Impossible (불가능에 도전) Constantly Innovate (혁신) Reason from "First Principles" (근본원칙의 사고) Think Like Owners (주인의식) We are ALL IN (원팀의 팀워크)
아마존의 문화	**페이스북의 문화**
Boldness (대담함) Customer obsession (고객집착) Peculiarity (독특한 관점의 발견) Ownership (주인의식)	Be Bold (대담함) Focus on Impact (결과 집중) Move Fast (속도) Be Open (개방성) Build Social Value (사회적 가치)

경영사례

'수직적인 조직문화'… 입사 후회하는 회사 유형 1위

직장인들이 입사한 것을 가장 후회하는 회사 유형은 꼰대가 많고 수직적인 조직문화를 지닌 회사였다. 잡코리아가 직장인 611명을 대상으로 '입사가 후회되는 회사 여부'에 대해 조사한 결과, 직장인 중 93.9%가 '입사 후 후회한 회사가 있다'고 답했다.

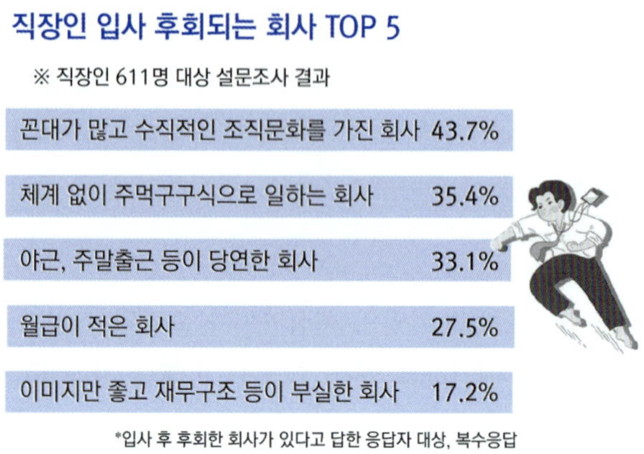

[자료: 잡코리아 리서치(2019.6.28)]

수평적 조직문화를 만들기 위해 많은 노력을 기울여 성공한 대표적인 기업으로 CJ그룹의 사례를 설명하고자 한다. CJ는 삼성그룹으로부터 독립한 이래 지속적으로 권위적이고 위계적인 문화를 타파하기 위해 노력해왔다. 이에 유연문화(flexible culture) 운동으로 결실을 맺었다. 개방적이고 유연한 조직문화를 형성하기 위해, 1999년에 <표 8-5>의 4개 제도를 도입하여 적극 실천하였다.

실제 이 제도의 시행으로 CJ그룹은 크게 변화하였다. 세간의 화제가 되었고, 추후 다수의 국내 기업들이 이 제도들을 자사에 맞게 수정하여 도입하였다. CJ그룹의 베스트프랙티스로 알려지게 되었다. 그룹 이미지가 유연하고 개방적인 회사로 되어, 특히 당시 신세대들에게 큰 인기를 끌게 되었고, '입사하고 싶은 기업' 조사에서 항상 최고의 기업 중 하나가 되었다.

〈표 8-5〉 CJ그룹의 유연문화 제도(2000~2010년)

제도	내용	도입 목적
'님' 호칭 사용	직책/직급 호칭 철폐 예) "김영진 부장님" 대신에 "영진님", "이재현 회장님" 대신에 "재현님" 호칭	• 권위적 문화 타파 • 구성원에 대한 존중의식/파트너십 강화 • 상하 간 커뮤니케이션 활성화 • 협력의식 강화
플랙서블 타임제	유연한 출퇴근시간 제도 8시, 9시, 10시 출근 중 선택	• 획일적/형식적 문화 타파 • 업무 효율성 제고 • 개인의 직무만족도 제고
근무복장 다양화	양복 대신에 자유복장 근무 단, 근무분위기를 해치는 지나친 자유복장은 피함	• 획일적 문화 타파 • 구성원들의 개성 존중 • 창의적/유연한 조직분위기 조성
토론방/대화방 운영	토론방: 그룹 전체 구성원 참여의 자유토론방 (인트라넷 온라인) 대화방: 그룹회장과 직접 소통하는 공개적인 대화방 (인트라넷 온라인)	• 구성원 간 커뮤니케이션 활성화 • 구성원-회사 간 커뮤니케이션 활성화 • 구성원들의 건전한 경영참여문화 뒷받침

3.3 기업문화와 사회문화

개별 기업 차원에서 기업문화를 어떻게 형성하고 경영할 것인가에 대해 알아보았다. 그런데 기업문화는 개별 조직의 문화, 즉 조직문화로 있기도 하고 한 국가의 경영방식을 결정하는 사회문화의 영향으로 만들어지기도 한다.

국가별 문화 차이에 의해 기업의 모습이 달라지는 것에 대한 연구는 글로벌화가 본격 진행되던 1980년대 초반에 시작되었다. 하나의 연구 흐름은 미국 기업이 배우고자 하는 일본적 경영방식(Japanse Management Style)에 대한 연구이었고, 다른 흐름은 전 세계에 진출한 글로벌 기업을 통해 국가 간의 문화가치(cultural values)의 차이를 알아보는 연구이다. 전자는 다수의 일본경영에 대한 연구가 있으나 대표적으로 오우치(W. Ouchi)의 Z이론을 들 수 있다. 후자로는 호프스테드(G. Hofstede)의 국제문화비교 연구가 있다.

오우치의 Z유형 경영방식

오우치(W. Ouchi)의 Z이론(Theory Z)[12]은 사회문화의 영향에 의해서 기업문화와 경영방식이 차별화되었다는 이론이다. 그리하여 일본과 미국의 문화적 차이에

[그림 8-11] Z유형 문화와 경영관리 특성

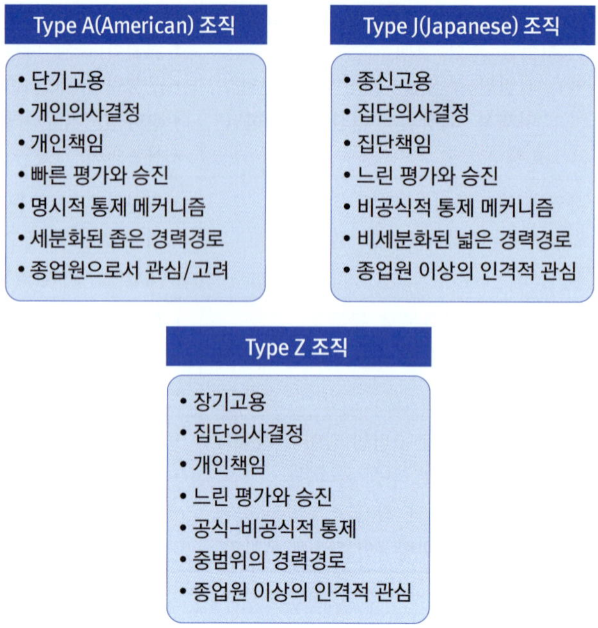

의해서 다르게 나타나는 점을 정리하여, 미국 기업의 경영방식을 A유형(American type), 일본 기업의 경영방식을 J유형(Japanese type)이라고 명칭하였다. 그리고 이 두 가지 경영방식을 혼합한 Z유형의 경영방식을 당시 경쟁력 약화를 보이던 미국 기업들에게 제안하였다. Z유형이 미국의 사회문화적 배경에서 A유형의 대안이 될 수 있을 것으로 기대했다.

A유형과 J유형의 경영관리 방식은 미국의 개인주의와 가족중심의 생활방식에 비해서 일본의 집단주의와 공동체중심의 생활방식에 의한 것이다. 사회문화가 기업에 투영되어 경영관리의 방식을 규정하게 되었다. 그런데 오우치는 당시 미국 기업의 경쟁력이 떨어지고 있는데 미국의 문화적 배경에서 수용가능한 새로운 경영방식이 있다고 보고, 이를 Z유형 관리방식으로 제안하였다. 먼저 장기고용으로 직업안정성과 회사에 대한 소속의식을 높이고, 미국과 일본 방식을 개인주의 문화에서 잘 접합하면 매우 효과적인 경영이 가능하다고 보았다. 의사결정의 리스크를 줄이고 실행 당사자의 참여를 높이기 위해 집단의사결정을 채택하되 결과에 대해서는 관리자 개인이 책임을 지고, 공식-비공식의 통제를 균형있게 하는 것이다.

12) Ouchi(1981).

A유형과 J유형의 요약 설명

미국 기업과 일본 기업의 경영관리에서 가장 큰 차이는 단기고용(short-term employment)과 종신고용(life-time employment)의 관행이다. 이는 종업원의 회사에 대한 충성도(loyalty)에서 큰 차이를 만들어낸다.

의사결정 패턴을 보면 미국 기업에서는 관리자가 개인적 의사결정(individual decision-making)을 내리고 결과에 대한 100% 책임을 진다. 반면에 일본 기업에서는 관리자와 구성원이 함께 이슈를 검토하고 토론하면서 집단의사결정(collective decision-making)을 내리고 결과에 대해서도 공동으로 책임을 진다.

통제의 방식에서 미국 기업은 명시적 구조와 제도에 의거하는 반면 일본 기업은 집단규범과 동료의식 등의 비공식성에 의거한다.

인사관리 측면에서는 단기고용의 미국 기업에서는 매년 실적을 평가하여 보상과 승진을 결정하고, 종신고용의 일본 기업에서는 입사 후 평균 7년 정도의 기간 동안 누적적으로 업적을 평가하여 능력을 파악하고 승진여부와 경력 트랙을 결정한다.

경력경로에서도 미국 기업은 기능적 전문화의 세분화된 경력경로(specialized career path)를 밟아나가는 데 비해 일본 기업에서는 직무순환(job rotation)을 통해 여러 기능분야의 넓은 경력경로(general career path)를 밟게 한다.

인적자원 개발의 초점이 미국 기업에서는 기능적 전문성(functional expertise)을 중시하고, 일본 기업에서는 자사 특유의 지식과 기술(firm-specific knowledge and skills)을 중시한다.

마지막으로 미국 기업에서는 종업원이 노동을 제공하는 영역에서만 관심과 배려를 제공해주는 부분적 고려(segmented concern)에 비해서 일본 기업에서는 종업원에게 전인격적 관심과 배려를 해주는 총체적 고려(holistic concern)를 해주는 종업원 관계의 패턴을 보인다.

인사 측면에서는 느린 평가와 승진, 중범위의 경력경로, 그리고 종업원 관계에서 폭넓은 교류와 관심을 보여주는 것이다.

작금의 시대에 미국 기업이 Z타입 경영을 받아들였다고 보기 어렵다. 그렇지만 다수의 미국 기업들이 일본 기업의 독특한 경영방식을 보면서 참고하여, 미국적인 방식으로 여러 경영혁신을 추진하였다.

사회문화와 조직문화의 영향 관계

오우치의 이론을 따르면 기업문화는 따로 없고, 국가 간 다른 사회문화가 기업경영에 투영되는 것이다. 과연 그럴까? J-Type 경영방식이 일본 기업들의 공통적

[그림 8-12] 사회문화와 조직문화가 경영방식에 미치는 영향 관계

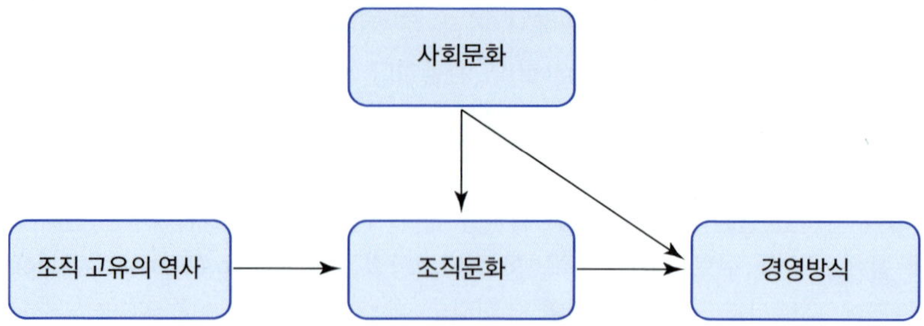

인 속성이기는 하지만, 개별 기업은 고유의 기업문화를 갖고 있다. 그러므로 사회문화의 영향으로 나타나는 공통분모와 개별 기업문화에 의한 차별점이 합쳐져서 기업 고유의 경영방식이 만들어지는 것이다. 토요타의 경영방식(Toyota Way)은 전자회사 소니의 경영방식(Sony Way)과 다르고, 같은 자동차산업에 있는 혼다의 경영방식(Honda Way)과도 다르다.

[그림 8-12]에서처럼 기업이 사회문화를 일부 받아들이고, 독자적인 고유한 의지적인 노력으로 조직문화를 만들 때 이를 반영한 경영방식은 어느 기업도 모방할 수 없는 형태로 진화할 것이다. 기업들이 자기만의 '고유한 경영방식(Way)', 예를 들어, 삼성의 경영방식(Samsung Way), 두산의 경영방식(Doosan Way) 등을 개발하여 대내외적으로 전파하고 효과성을 창출하려는 노력이 이루어지고 있다. 아래에는 LG그룹의 경영방식이 도시되어 있다.

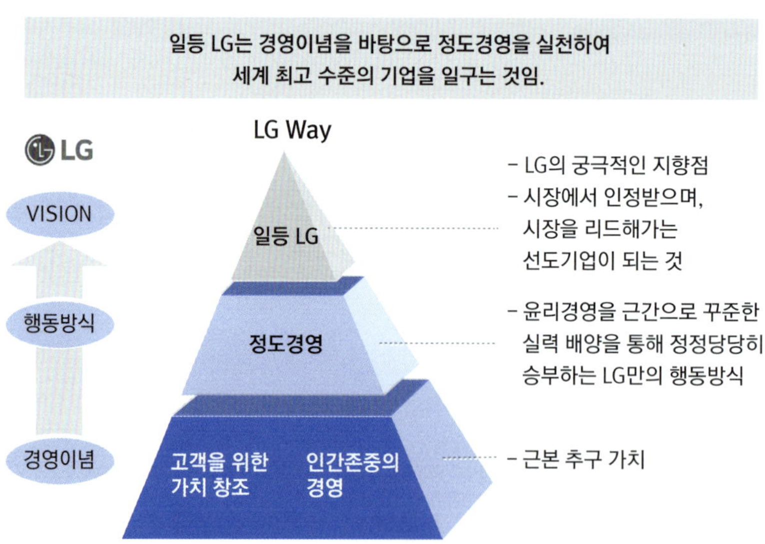

호프스테드의 문화가치와 기업문화

호프스테드(G. Hofstede)는 국가별 문화 차이를 문화가치(cultural values)라는 개념을 통해 규명하였다. 오우치와 반대의 접근법이다. 호프스테드는 글로벌 기업 IBM의 전 세계 현지법인과 지사에 근무하는 현지인 종사원들의 태도와 행동을 조사하여 국가별 차이를 보이는 주요 특징으로 권력격차, 개인주의–집단주의, 불확실성 회피, 남성성–여성성 등의 네 차원을 귀납적으로 도출하였고, 이들을 문화가치라고 정의하였다.[13] 오늘날에는 문화가치 차원에 따른 국가별 차이가 국제경영 분야의 주요 연구주제 중 하나이다. 이후 호프스테드는 동료 학자들과 여러 연구를 통하여 문화가치의 차원을 <표 8-6>에서처럼 계속 늘렸다.[14]

호프스테드의 여섯 가지 문화가치 차원은 이런 면에서 서로 다른 문화권 내의 차이점을 이해하는 과정에 큰 도움을 줄 수 있다. 이런 측면에서 호프스테드는 문화를 마음의 소프트웨어(software of mind)라고 정의하고 있다. 물론 인간의 행동은 컴퓨터의 소프트웨어처럼 항상 같은 결과를 도출하지 않지만, 기본적인 틀을 이해하는 것은 글로벌 기업의 현지국가 구성원의 행동을 심층적으로 이해하는 데에 큰 도움이 될 수 있다.

이러한 국가 간의 차이가 <표 8-7>에 정리되어 있다. 몇몇 국가만 선별하였지만 차원별로 각 국가 간 차이점을 비교해 보면, 같은 상황에서의 서로 다른 행

〈표 8-6〉 호프스테드의 문화가치 차원

차원	내용
권력격차	상사와 부하 간의 지위나 정당성의 차이를 느끼는 정도
개인주의 vs. 집단주의	구성원들이 자신을 먼저 개인으로, 아니면 집단의 구성원으로 정의하는가의 정도
남성성 vs. 여성성	단정적, 경쟁적, 성공지향적 가치관 vs. 인생의 균형, 관계지향적 가치관
불확실성 회피	불확실성을 가능한 한 배제하고 구조화하려는 정도
장기지향성 vs. 단기지향성	인내와 절약을 통한 미래를 중시 vs. 체면 유지와 사회적 의무를 만족시키는 현재를 중시
관용 vs. 절제	기본적이며 자연적인 인간의 욕망을 비교적 자유롭게 표출하도록 허용 vs. 욕망을 엄격한 사회적 규율로 억제함

13) Hofstede(1984).

14) 권석균 외(2021) 참조.

〈표 8-7〉 국가별 호프스테드 문화적 차원

국가	권력격차	개인주의	남성성	불확실성 회피	장기적 관점	관대
한 국	60	18	39	85	100	29
미 국	40	91	62	46	26	68
일 본	54	46	95	92	88	42
중 국	80	20	66	30	87	24
영 국	35	89	66	35	51	69
독 일	35	67	66	65	83	40
프랑스	68	71	43	86	63	48
스페인	57	51	42	86	48	44
브라질	69	38	49	76	44	59

동을 이해하는 데 중요한 요소가 될 수 있다.

3.4 한국의 기업문화

한국의 기업들이 가지고 있는 공통적인 문화적 요소는 무엇일까? 앞서 국가 간 비교 관점에서 한국 기업의 문화적 가치가 다름을 알 수 있었다. 한국 기업의 문화적 특성을 알아보자.

한국의 전통문화의 영향

오우치와 호프스테드의 연구의 자극을 받아서 국내에서도 한국의 전통문화가 기업에 어떻게 영향을 미쳤는지를 연구하였다. 학자들은 한국의 가장 중요한 전통문화 특성으로서 유교적 집단주의가 기업조직에 투영돼서 공동체적인 집단주의 문화와 위계중심의 권위주의 문화를 낳았다고 보았다.[15] 유교문화는 위계적인 상하관계가 명확한 문화이다. 권력격차가 큰 문화이다. 한국의 경영자들은 위계적 권위에 의해 작업집단에 강한 영향을 행사하였으며 신속한 실행력을 보일 수 있었다. 그러나 위계주의는 지나친 권위주의로 조직의 경직성을 가져오기도 했다.

한국의 집단주의는 우리의식(we-ness)과 연결되어 공동체주의를 낳았다. 우리의

15) 신유근(1996) 참고하였음.

식은 단순히 함께하는 것이 아니고 함께 소유하는 것까지 확장된 의식이다. '우리나라'와 같이 '우리회사'에도 공동체적 애착이 담겨져 있다. 조직에 대한 몰입이 강한 이유다. 보상구조에 의한 것보다 집단적 소속의식으로 인해 회사에 대한 기여의지가 높고 헌신과 협동작업이 중시된다.

반면에 부정적 측면은 폐쇄적 집단주의와 연고주의의 위험이다. 폐쇄적 집단주의는 배타성을 낳는다. 지나친 응집성으로 인해 개방성이 없어지고 선택적으로만 정보가 유입되어 올바른 대응을 할 수 없게 된다. 우리가 아닌 남을 배척하는 것, 다름에 대해 거부하는 것들이 집단의 다양성을 떨어뜨리고 결과적으로 혁신을 저해할 수 있다. 연고주의는 혜택의 기회를 우리끼리만 나누는 것이다. 혈연, 지연, 학연 등의 친소관계가 공정한 분배의 기준에 우선한다. 잘못된 우리의식이다.

기업문화는 순기능과 역기능의 양면성을 갖고 있다. 그러므로 기업문화를 경영해야 한다. 흔히 악성문화라고 일컫는 요소를 줄이고 바람직한 희구, 열망이 담긴 문화를 만들어가야 한다. 선순환적인 사이클을 만들어내기 위한 노력이 필요하다.

기업문화 변화의 시기

한국의 기업문화는 두 번의 변화시기를 겪었다. 첫째는 1987년 민주화가 시작되자 기업들도 기업문화 변화의 필요를 느끼기 시작하였다. 세계화의 시기와 맞물려서 그 필요가 더 컸다. 전통문화의 영향을 벗어나고자 하는 노력이었다. <표 8-8>의 인재상을 보면 우리나라 기업들이 어떤 조직문화를 희구하였는지 이해할 수 있다.

두 번째 변화의 시기는 1997년 IMF 외환위기 때부터다. 합리성, 개인주의, 서구적 합리와 성과주의 요소들이 더 강해졌다. 미국식 경영방식을 적극 수용하면서 시장의 원리, 경쟁, 차등, 개인주의, 능력주의 등이 확산되었다.

한국적인 전통문화에서 새로운 시대에 아직도 경쟁력을 발휘할 수 있는 요소가 있을까? 오우치가 미국 기업에 제안한 것처럼 한국 기업에게도 A타입과 전통의 K타입을 결합하여 새로운 통합의 기업문화를 만들어내면, 세계적인 기업문화 경쟁력을 가질 수 있을 것이다.

〈표 8-8〉 1995년 당시의 LG그룹 주요 그룹사의 인재상[16]

그룹사	인재상	그룹사	인재상
LG전자	• 미래에 도전하는 행동인 • 창조성이 풍부한 전문인 • 개성을 발휘하는 조직인 • 생활문화에 공헌하는 국제인	LG반도체	• 국제적 감각과 힘을 갖춘 세계인 • 사회적 책임을 다하는 윤리인 • 창조적으로 행동하는 학습인 • 팀워크를 중시하는 조직인 • 세계 최고의 반도체 전문가
LG통신	• 도전하고 성취하는 사람 • 혁신하고 진취적인 사람 • 능력있는 국제화된 사람	LG정유	• 주인의식이 투철한 진취적인 행동인 • 부단히 노력하는 세계 제1의 전문가 • 전사이익을 지향하는 협조자
LG카드	• 장기적 안목을 가지고 일관성 있게 업무를 추진하는 행동인 • 고객의 요구에 능동적으로 대처하는 책임감 있는 전문인 • 폭넓은 시야를 바탕으로 합리적으로 조직활성화를 이루는 협조적 조직인	LG증권	• 책임의식을 가지고 고객서비스에 철저한 최고의 금융인 • 영업근성을 가지고 이익창출에 솔선하는 최고의 지식인 • 넓은 시야와 국제적 감각을 가지고 자기계발에 매진하는 최고의 전문인

16) LG그룹 각사 자료 및 LG인화원(1995).

REFERENCE 참고문헌

권석균 · 이병철 · 양재완(2021), 『인적자원관리』, 시대가치.

신유근(1996), 『한국의 경영』, 박영사.

이민재 · 정진섭(2016), "혁신기업, 테슬라 모터스의 패러독스 경영", 『전략경영연구』, 19(1), pp. 1-24.

조엘 포돌니(Joel M. Podolny), 모르텐 한센(Morten T. Hansen)(2020), "애플의 혁신형 조직체계", 하버드비즈니스리뷰(*Harvard Business Review*), 11-12월호.

CJ그룹 리더십 및 기업문화 자료.

LG인화원(1995), 『LG반도체 21C 인재상 정립 및 육성체계 수립』.

LG그룹 기업문화 자료.

Bass, B. M.(1985), *Leadership and Performance beyond Expectations*, New York: Free Press.

Bass, B. M.(1990), "From Transactional to Transformational Leadership: Learning to Share the Vision," *Organizational Dynamics,* 18(3), pp. 19-31.

Bolman, L. G. & Deal, T. E.(1991), *Reframing Organizations*, San Francisco, CA: Jossey-Bass.

Hofstede, G.(1984), *Culture's Consequences: International Differences in Work-related Values.* London: Sage.

Kouzes, J. M. & Posner, B. Z.(2011), *Credibility: How Leaders Gain and Lose It, Why People Demand It*(revised ed.). Hoboken, NJ: Wiley.

Kouzes, J. M. & Posner, B. Z.(2010), *The Truth about Leadership: The No-fads, Heart-of-the-Matter Facts You Need to Know*, San Francisco, CA: Jossey-Bass.

Kreitner, R. & Kinicki, A.(2012), *Organizational Behavior*, New York: McGraw Hill/Irwin.

Mintzberg, H.(1975), "The Manager's Job: Folklore and Fact," *Harvard Business Review*, 53(4), July-August, pp. 49-61.

Ouchi, W. G.(1981), *Theory Z: How American Business Can Meet the Japanese Challenge*, Reading, MA: Addison-Wesley.

Schein, E. H.(2010), *Organizational Culture and Leadership*(4th ed.), San Francisco, CA: Jossey-Bass.

Stogdill, R.(1948), "Personal Factors Associated with Leadership: A Survey of the Literature," *Journal of Psychology*, 25, pp. 35-71.

PART ▸▸▸ 4

경영의 기능관리

경영의 기능관리는 경영학을 구성하는 본체이다. 기능분야에서 구체적인 현장 연구가 이루어지면서 경영학이 급속 발전하게 되었다. 실제 경영학과의 교과목을 보면 대부분 기능관리 영역에 포함된다. 방대한 경영학적 지식을 구성하는 이론, 과학적 기법, 발견적 지식, 노하우 등이 담겨 있는 지식창고라 할 수 있다. 이를 최대한 압축하여 소개하려다 보니 요약형의 설명이 주를 이룬다. 전문용어와 개념도 많이 나온다. “In a nutshell” 작업의 어려움이다. 그럼에도 제4부를 통해 전체 경영학적 지식의 본체에 대한 종합적인 이해가 높아지기를 기대한다.

제4부의 학습(강의) 방법

학부 수업에서는 제4부 기능관리를 전체적인 흐름과 주요 개념 및 활동을 중심으로 학습하기를 권한다. 상급 학년에서 각 기능분야의 세부 교과목을 수강하기 때문이다. 그 대신 각 기능영역이 앞의 1, 2, 3부와 어떻게 연계되는지, 특히 경영전략과 조직관리와의 연계성, 회사 전체 관점의 가치창출 기여 등에 관심을 기울이고, 통합적 시각을 갖는 것이 더 중요하다.

반면에 경영자, 관리자 및 일반독자의 경우에는 제4부를 꼼꼼히 공부하는 것이 기업경영 전체를 압축적으로 이해할 수 있는 지름길이 될 것으로 본다.

CHAPTER 09

생산운영관리

이 장의 구성

FUNDAMENTALS OF MANAGEMENT

이 장은 기업의 기본적 가치활동으로서 생산운영관리에 관한 내용이다. 생산운영관리는 경영학의 역사와 함께 발전하였을 정도로 기업의 가치창출 과정에 풍부한 방법론을 제공해주고 있다. 1절에서는 생산운영관리의 발전과정과 기능, 생산운영의 전략을 설명하였다. 2절에서는 생산운영의 관리 프로세스에서 발전된 경영기법들을 소개하였다. 3절에서는 오늘날 중요성이 더 커진 품질관리와 공급사슬관리를 설명하였다.

- 생산운영관리의 주요 가치활동을 알아보자.
- 생산계획과 관리 프로세스를 알아보자.
- 품질관리의 방법들을 알아보자.
- 공습사슬관리와 글로벌 공급망에 대해서 알아보자.

1. 생산운영관리의 이해

생산운영관리는 경영의 기초를 이루는 가치활동 영역이다. 기업의 탄생이 생산기능의 조직화에서 시작되었듯이 생산현장의 관리는 경영의 중심이었다.

1.1 생산운영관리의 발전

자본주의 발전은 기업의 생산활동에 의한 것이다. 생산기술과 생산공정, 그리고 노동의 관계가 초기 기업경영의 주요 과제이었다.

노동과 기계의 결합으로 생산이 되다

산업화가 본격 진행되던 초기 자본주의에서 기업의 생산활동은 노동자의 육체적 노동이 약간의 기계화된 생산공정에 투입되는 방식이었다. 이렇게 기계와 노동의 결합이 이뤄지는 기업의 모습을 후세의 학자들은 인간-기계 시스템(man-machine system)이라고 하였다. 점차 기술이 발전하여 기계설비가 고도화되고 생산성이 높아지는 생산혁명이 발생하였다. 기계가 중심이 되고 노동이 보조하는 상황이 진전되었다. 노동은 세분화되고 기계설비에 통합되어 생산성이 높아졌다.

산업화 초기에는 만드는 것이 경영 그 자체였다. 생산관리의 시대였다. 생산관리의 발전은 경영학의 발전 역사와 함께한다. 경영학의 시발점으로 인정되는 프레데릭 테일러(Frederick W. Taylor)의 과학적 관리법과 대량생산방식의 기원이 된 포드시스템에 대해서 살펴보자.

과학적 관리와 (작업의) 표준화

산업화 초기에는 노동을 합리화하여 생산시스템에서 작업흐름이 설계되고, 노동을 보유한 근로자의 작업행동을 주입(fitting)시키는 것이 주요 과제였다. 과학적 관리(scientific management)는 이를 가능하게 해주었다. 과학적 관리의 출발점은 과업의 합리적 관리에 있다. 아담 스미스의 분업의 원리에 이론적 바탕을 두고 작업자가 담당하는 과업 단위를 세분화하여 설정하게 되는데, 이 시기에 직무(job) 개념이 태동하게 되었다.[1]

과학적 관리법은 작업자들의 과업을 분석하여 단위로 쪼개고 생산의 흐름에 투입하는 합리적 작업관리 방법이다. 당시 중구난방의 생산현장 관리를 합리적 방법으로 생산성을 높이려는 목적에서 고안되었다. 산업의 발달로 미숙련 노동자들이 대거 산업현장으로 진입하자 그들을 손쉽게 교육하여 투입하려는 목적도 있었다. 이를 위해 작업의 단위를 되도록 반복적이고 표준화된 형태로 설계해야 했는데, 시간-동작연구(time and motion study)가 이용되었다. 작업동작(motion), 예를 들어 망치로 철판을 두드리는 동작에 걸리는 시간을 계산하여 총 작업시간을 계산하였다. 노동자의 작업범위의 폭을 작게 만들면 작업동작이 표준화되기 때문에 이러한 시간-동작연구가 유용하게 적용된다. 이로써 생산공정에 투입될 노동의 단위를 정확히 계산해냈다. 이 결과물로 작업수행의 표준화 지침을 만들어서 노동자를 공정에 투입하였다. 이 방식으로 가능한 표준 생산목표도 계산하여 정할 수 있게 된다. 노동자들이 목표를 달성하는 정도를 측정하고 성과에 따라 급여를 지급하는 인센티브제가 만들어졌다.

1) 인적자원관리의 근간이 되는 직무(job)의 개념이 이때 탄생하였다. 이에 대해서는 제12장에서 설명하였다.

과학적 관리의 적용으로 성공한 포드시스템

위대한 엔지니어이자 기업가인 헨리 포드(Henry Ford)는 자동화 생산공정을 설계하여 기계생산성을 획기적으로 높였고, 생산공정의 흐름에 투입되는 노동에 과학적 관리법을 적용하였다. 포드차의 유명한 컨베이어시스템(conveyor system)은 자본주의 발전의 원동력이 된 대량생산시스템(mass production system)을 완성한 세계 최초의 사례이자 쾌거이었다. 전 세계의 기업가들이 포드자동차의 컨베이어시스템을 견학하고 자사 업종에 맞게 자동화된 대량생산시스템을 구축하였다. 현대적인 의미에서 벤치마킹을 한 것이다.

포드의 컨베이어시스템은 모든 작업을 단순작업으로 분해하여 분해된 작업의 소요시간을 거의 동일하게 하여 일정한 속도로 이동하는 컨베이어로 전체 공정을 연결하여 작업을 수행하는 것이다. 노동자의 작업은 극대화된 노동시간 분화를 바탕으로 한다. 기계화된 공정의 흐름에 노동자의 작업을 완벽하게 꿰맞추는 생산방식이다. 이때 생산공정에 노동을 맞추기 위해 테일러의 시간-동작연구가 시행되었다. 그리고 감독자는 스톱워치 방식으로 노동자의 작업행동을 감독(감시)하였다.

포드차는 컨베이어시스템에 의한 대량생산으로 자동차의 원가를 낮추고 판매가격을 파격적으로 인하할 수 있었다. 원가 하락은 학습의 효과(learning effects)에 의한 것인데, 이에 대해서는 뒤에서 설명하기로 한다. 이러한 생산방식을 포드시스템(Ford system)이라고 한다. 포드시스템은 자본주의의 폭발적인 성장을 촉진하였다.

경영사례

포드차 모델 T 이야기

포드 컨베이어시스템과 노동자 작업의 모습

포드 모델 T(Ford Model T)는 1908년부터 1927년까지 포드자동차에서 대량생산시스템으로 만든 자동차이다. 미국의 자동차 시대를 열었다고 평가되는 모델 T는 1908년부터 1927년까지 19년 동안 무려 1,500만대가 판매되었다. 헨리 포드는 미국의 대중들이 모두 자동차 문명의 혜택을 누려야 한다는 신념을 갖고 있었다. 따라서 일반 노동자나 서민들도 구매할 수 있는 낮은 가격의 믿을 만한 자동차를 팔겠다는 뜻을 세웠다. 당시 미국의 고급 자동차는 2,000달러에서 3,000달러 정도에 판매되고 있었는데, 모델 T의 가격은 850달러에 불과했고 이어 1920년대에는 300달러까지 떨어졌다. 포드 공장에서 일하는 노동자도 수년간 저축을 하면 모델 T 자동차를 살 수 있다고 격려하였다고 한다.

이전까지 자동차는 노동자들이 소규모 팀을 짜서 하나씩 만들었다. 자동차는 한자리에 있고 노동자들이 교대로 와서 작업하는 시스템이었다. 포드는 1913년에 컨베이어 벨트 생산방식을 도입하였고, 이는 제조과정의 자동차가 컨베이어를 타고 이동하면서 노동자는 제자리에서 작업하는 시스템이다. 컨베이어시스템의 도입으로 1914년 포드자동차는 경쟁사가 66,000여명의 직원으로 연간 28만대 정도를 생산하는 것에 비해, 13,000명의 직원으로 30만대의 차량을 생산할 수 있었다.

포드는 노동자에게 파격적으로 높은 급여를 지급했다. 1914년 그가 채택한 하루 8시간 근무하고 '일당 5달러'를 지급하는 정책을 세웠는데, 당시 철강공장 노동자들이 하루 12시간 일하고 1달러를 받았다고 하니, 시급 기준으로 약 7.5배를 더 준 셈이다. 포드의 고임금정책으로 전국에서 노동자들이 몰려들었다. 포드사는 모델 T라는 단일 모델을 생산하였고, 성능과 색상 등에서 단일 형태를 유지하였다. 여러 모델을 생산하면 생산비가 증가하여 가격이 비싸질 수밖에 없었기 때문이다.

과학적 관리의 파급효과와 일본 기업의 생산혁명

1차 세계대전 이후에 과학적 관리는 노동자의 생산성을 증대시키기 위한 작업공정 설계를 위해서 산업공학(IE: industrial engineering)으로 진화되었다. 피터 드러커에 따르면 "과학적 관리와 그리고 그 후계자인 산업공학은 세계를 휩쓴 단 하나의 미국 철학이었다."[2] 제1차 세계대전 동안 과학적 관리는 미국을 휩쓸었고, 1920년대에 들어서서 서유럽을 휩쓸었고, 그 뒤 일본에 채택되기 시작했다.

그 효과는 두말할 나위 없이 획기적인 생산성 증가이다. 제2차 세계대전의 승인(勝因) 중 하나로 피터 드러커는 과학적 관리의 성공적인 정착으로 인하여, 획기적으로 높아진 미국의 (독일과 일본에 비해) 2배 정도 높은 생산성을 들고 있다. 이와 같이 과학적 관리의 기본 철학과 방법론은 오늘날까지 지속적으로 영향을 미치고 있다.

일본의 제조업체에 의한 생산성과 품질혁신은 데밍(W. E. Deming)과 쥬란(J.

---

2) Drucker, P.(1999), *Management Challenges for the 21st Century*(역서: 『21세기 지식경영』, 이재규 역, 한국경제신문사, 2002).

Juran)의 품질관리 기법을 일본식 집단주의 문화에 접목시킨 것이다. 이는 과학적 방법을 통계적 접근으로 품질에 적용한 것이다. 기업의 품질경영에 대해서는 뒤에서 설명하기로 한다.

1.2 생산운영관리의 기능

생산운영관리는 생산관리와 운영관리를 합친 표현이다. 제조업 중심의 산업구조에서는 생산관리가 기업의 기본적 가치활동이었다. 서비스산업의 비중이 커지면서 운영관리가 중요하게 되고, 이에 제품과 서비스의 산출에 관한 생산운영관리가 되었다.

생산운영과 판매의 본원적 활동

만들어서 파는 과정이 기업의 기본(본원적) 활동이다. 이를 가치사슬에서 기본활동 또는 본원적 활동(primary activities)이라고 한다. [그림 9-1]에서 보듯이 생산운영관리는 투입-생산제조-산출에 이르는 핵심활동이다. 자동차회사를 예로 들면 투입활동은 자동차 부품회사들로부터 조달받는 부품을 조립공장까지 이동시키는 물류작업을 말한다. 이 경우 물류비용을 줄이고 적시 조달을 위해 대부분의 공급업자들이 조립공장 근처에 위치한다. 철강의 경우에는 직접 운송받고, 그 외에 필요한 에너지원과 물도 비용절감을 위해 적절한 시설배치를 통해 조달한다. 생산제조활동은 조립공장에서 실제 투입요소의 변환이 이뤄지는 활동이다. 재료뿐 아니라 노동이 투입된다. 산출활동은 제품과 서비스를 시장으로 이동하는 것이다. 자동차의 경우에 울산공장에서 생산된 자동차를 화물운송으로 미국시장으로 배송하는 것이다. 이를 자동차회사가 직접 할 수도 있고 물류전문회사에 아웃소싱할 수도 있다. 현대자동차의 경우에는 현대글로비스가 담당하고 있다. 오늘날 서비스업이 지배적인 시대가 됨에 따라 전통적인 제조(manufacturing)도 서비스 운영(operation)까지를 포함하는 개념으로 확장되었다. 이에 생산관리는 생산운영관리로 바뀌었다.

또한 생산운영활동을 지원하는 주요 가치활동으로서 구매조달(procurement)과 연구개발(R&D: research and development)을 들 수 있다.[3] 구매조달관리는 투입 원자재와 부품을 효율적으로 확보하는 것이고, 연구개발은 생산기술을 발전시켜서

[그림 9-1] 가치사슬과 경영의 하부관리 기능

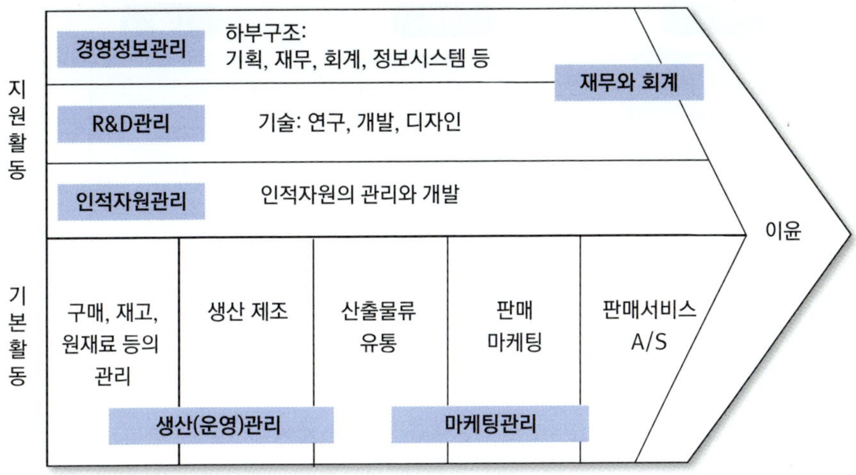

제품설계와 공정설계에 적용하는 것이다.

생산운영시스템의 구조

기업에서 생산운영시스템은 가장 안정적인 모습을 띤다. 제조업의 경우에는 조직의 가장 안쪽에 위치하고 있으며 거대한 공장설비를 비롯하여 인력과 자본이 투입되고 생산기술이 적용된다. 이에 조직 외부로부터 원자재와 부품을 조달하고 안정된 생산일정계획 하에서 생산공정이 진행된다. 이 변환과정에서 애초에 계획했던 산출결과를 얻기 위해서 편차를 측정하고 피드백하여 필요한 만큼 수정을 가하는 순환의 과정을 거친다. 피드백을 통한 통제가 잘 이뤄져야 최종 산출의 질적 및 양적 목표달성이 가능해진다. 제품과 서비스는 순수한 형태로 존재하기도 하지만 대부분 결합의 형태로 산출된다. 예를 들어, 레스토랑에서는 제품으로 음식을 만들어서 서비스를 결합하여 판매한다. 이때 음식 생산과 고객서비스에서 동시에 변환 프로세스가 공존한다.

종합하면, 아래 세 가지로 요약할 수 있다. 첫째, 생산운영관리는 조직의 물적·인적자원을 투입하여 변환의 생산활동을 통해 최종 산출물을 생산하는 가치활

---

3) 과거에는 생산인력의 비중이 컸기 때문에 인사관리와 밀접히 연관되어 있었다. 생산 목표와 계획에 따른 생산인력의 수요 및 활용에 관한 인력계획(manpower planning)이 중요하였다. 오늘날에는 블루컬러의 비중이 축소되고 지식근로자 중심이 되어 생산관리와 인사관리의 연관성이 줄었다.

[그림 9-2] 생산시스템 모델

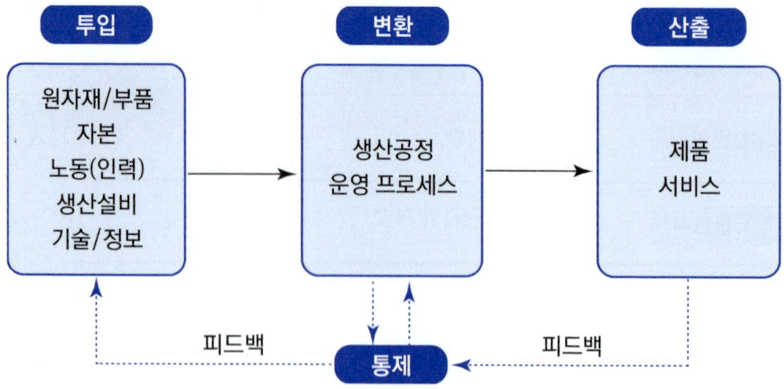

동의 과정을 관리하는 것이다. 둘째, 생산시스템은 기업의 **핵심구조**(core structure)를 구성한다.[4] 시장에서 가장 먼 기업 내부에 해당한다. 생산공정의 안정된 흐름이 생산성을 결정한다. 셋째, 종래의 제조업의 생산을 대상으로 하는 생산관리(Production Management)에서 제조업의 제품 생산뿐 아니라 서비스업에서 서비스제품의 창출 과정을 포함하는 생산운영관리(Production and Operations Management)로 발전하였다.

생산운영관리의 주요 영역과 관련 기능

생산운영관리를 여러 방식으로 구분할 수 있겠으나 대체로 [그림 9-3]과 같이 네 영역으로 나눠볼 수 있다. 첫째, 전체 생산규모에 대한 전략적 결정과 생산기술을 적용한 제품설계와 생산공정설계이다. 여기에는 설비계획을 포함한다. 둘째, 실제 제조(manufacturing)가 이뤄지는 생산공정의 관리이다. 여기서는 생산방식의 선택, 생산일정계획, 재고관리 등이 포함된다. 셋째, 품질관리 활동이다. 생산운영의 전 과정에서 제품과 서비스의 품질을 높이기 위한 관리 활동이다. 넷째, 공급사슬관리다. 이는 생산활동의 투입요소로서 원자재와 부품의 조달(procurement)에 관한 것인데, 비즈니스 흐름에서 생산공정에 선행하는 구매활동에 관련된다. 생산운영활동이 안정화되어야 생산성이 만들어지기 때문에 부품과 원자재의 조달도 안정적으로 이뤄져야 한다. 일회성 시장거래 방식의 조달이 아니고 장기적 거래에

4) 핵심구조라는 용어는 조직학자 톰슨(Thompson)에 의한 것으로, 조직의 맨 안쪽에서 안정된 형태로 유지되면서 조직을 안정화시켜주는 구조를 표현한 것이다.

[그림 9-3] 생산운영관리의 주요 영역

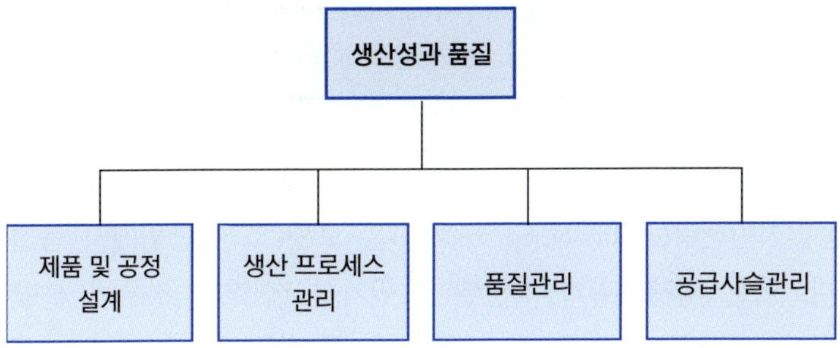

의한 조달이다. 이로써 공급자와의 거래관계가 중요한 이슈가 된다. 단순한 구매 활동이 아니고 공급자관계(supplier relationship)에 의한 조달이고 한 공급자가 아닌 여러 공급자와의 복합적 관계가 중요하게 된다.

이상의 방법을 통하여 생산관리의 목표를 달성한다. 생산관리의 목표는 전략적 목표와 정렬이 되어야 하지만 고유의 목표를 갖고 있는데 생산성과 품질이다. 생산성은 최소의 투입으로 비용절감을 하고 더 많은 산출물, 제품과 서비스를 만드는 것이다. 모든 생산시스템에서 기본적으로 적용되는 목표이자 기준이다. 또한 불량제품을 최소화하고 고품질의 제품과 서비스를 생산해야 한다. 높은 생산성과 품질을 만들기 위해서 제품과 공정의 설계에서부터 생산운영활동이 유연하고 적시에 수행되어야 한다.

1.3 생산운영전략과 생산성

포스코에서 생산운영의 전략과 관리는 얼마나 중요할까? 가장 중요하다고 할 수 있다. 철강업종의 특성상 생산 프로세스가 비즈니스 프로세스 전체에서 차지하는 비중이 크다. 비용 측면에서도 생산비용이 전체 비용에서 차지하는 비중이 크다. 또한 소재산업이기 때문에 기업고객 중심이어서 안정적 판매의 계약적 관계로 판매된다. 따라서 산출물의 질적 요건 및 가격조건이 경쟁력의 원천이 된다. 이 모든 요소들이 생산운영 프로세스에 관련되어 있다. 이렇듯 많은 '기업 대 기업(B2B: business-to-business)' 사업의 제조업체에서는 생산운영의 전략적 가치가 더욱 크다.

경영전략과 생산운영전략

생산운영전략은 사업부전략의 하위수준이다. 따라서 사업부의 경쟁전략에 따라 생산운영의 중심축이 달라진다. 생산운영에서는 기본적인 생산운영전략이 있다. 이 전략이 경쟁전략과 연계된다. 기본적인 생산운영전략은 아래 두 가지에 집중한다.[5)]

첫째, 품질기반전략(quality-based strategy)은 모든 조직 단위에서 품질에 집중하는 전략이다. 이는 경쟁전략과 직결된다. 원가선도전략의 경우에 불량품 관리가 중요하게 된다. 생산성과 직결되기 때문이다. 이로써 비용을 낮추고 품질의 안정성을 높일 수 있게 된다. 반면 차별화전략의 경우에는 차별화 포인트에 해당하는 제품성능(product performance)에서의 품질에 집중한다. 기본적으로는 고품질 전략을 채택하여야 하고, 제품성능에서도 차별화를 가져다주는 요소에 높은 기술수준으로 생산할 수 있어야 한다. 그리고 이 모든 노력은 조직 전 구성원이 함께할 때 효과가 있다. 뒤에 품질경영에서 다루기로 한다.

둘째, 시간기반전략(time-based strategy)은 개발, 조달, 생산, 배송, 판매 등 프로세스상의 다양한 가치활동의 소요시간을 단축하는 데 집중하는 전략이다. 특히 개발과 생산에 적용되는 효과가 크다. 시장경쟁이 시간과의 싸움일 때가 많다. 신제품 개발과 출시에서 더욱 중요하다. 벤처기업의 경우에도 개발시간과 생산시간의 단축은 사활의 이슈이다.[6)] 그리고 시간은 곧 비용이다. 예를 들어, 건설공사에서 시공기간 단축은 비용절감과 직결된다. 결과적으로 가격경쟁력의 원천이 된다. 원자재 조달비용, 생산설비 및 자재이용 비용, 재고관리비용 등 생산 프로세스에서 광범위한 비용 감축 요인이 있기 때문이다. 이처럼 생산운영관리에서 생산 프로세스의 적시 운용은 기본적으로 중요한 생산성 목표의 하나이지만, 경쟁전략 측면에서 보면 원가선도전략에서 특히 전략적 정렬(strategic alignment)에 해당하므로 더욱 중요하다. 차별화전략에서는 시간 흐름의 단축보다는 프로세스의 통제기능을 강화하여 고품질에 주력하는 것이 적합하다.

생산운영전략에 따른 경쟁력은 지속가능하지만 변화가 어렵다. 경쟁력의 원천

---

5) 강종열 외 역(2022), p. 61.

6) 벤처기업에서 제품 아이디어를 구현하는 제품개발, 그리고 실제 생산체제를 구축하고 기대했던 산출물(제품과 서비스)을 만드는 기간 동안에는 수익(매출)과 이익이 창출되지 않는다. 따라서 이 기간 동안 소요되는 재무자원이 고갈되면 도산하게 된다. 개발과 생산 기간의 단축은 시장경쟁의 이유뿐만 아니라 재무적 자원운용의 이유로 인하여 기업의 성패를 결정하는 요인이다. 실제 다수의 벤처기업이 망하는 이유다. 자세한 내용은 제14장 벤처기업 경영에서 다루었다.

이 생산설비와 공정 전체에 녹아 있기 때문이다. 기업들이 전략을 쉽게 바꾸기 어려운 이유는 생산관리와 인적자원의 변화가 어렵기 때문이다. 마케팅, 재무 및 정보 관리 등에서의 변화는 상대적으로 쉽다. 상황변화에 따라 민첩하게 바꿀 수 있다. 그러나 기술이 녹아 있는 생산 프로세스의 전체를 바꾸지 않고는 경쟁력의 원천이 바뀌지 않는다. 그리고 생산 프로세스를 전체 바꾸더라도 경쟁력이 만들어지는 데는 일정 기간의 축적의 시간이 필요하다. 또한 매몰비용이 크기 때문이다. 전략이 바뀐다고 인적자원 전체를 바꾸는 것이 불가능한 것과 마찬가지이다. 경영우위가 조직 전체의 자원과 능력의 결합에서 나오는 것이므로 생산운영관리와 인적자원관리에서 정렬이 이뤄지는 것이 핵심이 된다. 달리 말하면 생산운영전략이 경쟁전략과 잘 정렬되어 추진되어야 경쟁우위가 창출될 수 있고 지속가능해진다.

생산성의 개념과 지표

생산운영관리의 주요 목표는 생산성(productivity)과 품질로 표현된다. 생산성은 생산에 사용된 투입물에 대한 산출물의 비율이다. 생산성은 경영의 효율성을 나타내주는 기본 지표이다. 경쟁전략에서 원가선도전략을 채택하는 경우에 특히 중요한 전략적 목표가 된다.

생산성에는 <표 9 1>에서처럼 투입요소별 요소생산성과 투입요소의 결합으로 산정되는 복합생산성이 있다.[7]

〈표 9-1〉 생산성 척도의 여러 유형

구분		산식	척도
요소생산성	노동생산성	산출물/노동	노동시간당 산출수량 노동시간당 부가가치 노동시간당 산출금액
	기계생산성	산출물/기계	기계시간당 산출수량 기계시간당 산출금액
	자본생산성	산출물/자본	투입금액 대비 산출수량 투입금액 대비 산출금액
복합생산성		산출물/(노동+기계) 산출물/(노동+자본)	복합투입요소당 산출수량 복합투입요소당 산출금액
종합생산성		생산된 제품과 서비스/ 모든 종합투입요소	종합투입요소당 산출수량 종합투입요소당 산출금액

7) 강종열 외 역(2022), pp. 65-67.

생산성 척도는 목적에 따라 선택하여 경영의 지표로 삼을 수 있다. 대부분 생산성 개선의 목표로 이용하므로 요소생산성(factor productivity)이 많이 활용된다. 생산성의 측정으로 경영자는 생산운영의 성과를 평가할 수 있고, 아울러 어느 부문에 개선이 필요한지를 파악할 수 있다. 예를 들어, 노동생산성 측정으로 생산인력의 숙련도와 학습효과를 측정할 수 있다. 노동생산성의 정체는 학습효과 증진의 방법 도입의 필요, 또는 기계 대체의 자동화 필요 등을 시사해준다. 복합생산성(multi-factor productivity)은 복수의 요소에 의한 생산성이고, 종합생산성 또는 총요소생산성(total factor productivity)은 모든 투입요소를 포함한 생산성이다. 대부분 단일요소생산성이 많이 이용된다.

한걸음 더

- 내가 하는 업무 또는 학업의 생산성을 정의하여 보자. 실적(성적)을 올리는 데 생산성은 중요한가?

학습의 효과와 프로세스 수율

생산의 누적적 경험은 학습의 경제(economies of learning)를 낳는다. 학습의 경제는 대량생산을 하다 보면 생산공정의 효율화와 기능공들의 숙련화가 이루어져서 단위당 생산원가가 낮아지거나 품질이 높아지는 효과를 말한다. 이때 생산원가

[그림 9-4] 학습곡선과 노동생산성

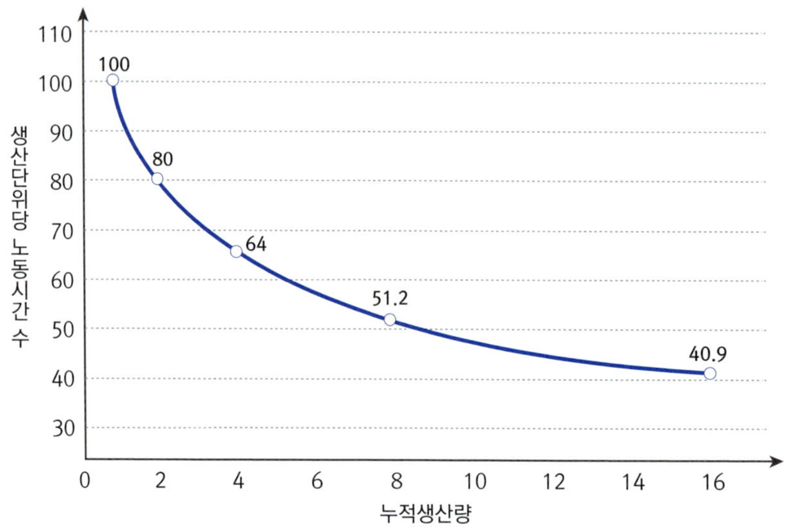

의 감소 효과가 생산경험의 양에 비례해서 일정 비율로 낮아지게 되는데, 이를 학습곡선(learning curve) 또는 경험곡선(experience curve)이라고 한다. [그림 9-4]에는 경험의 양을 반영하는 누적생산량(X)에 따라 단위당 노동시간(Y)의 단축 비율이 80%인 학습곡선이 도시되어 있다. 누적생산량이 두 배가 될 때마다 노동생산성이 20% 증가하는 경우이다. 대다수 산업에서 통상 학습비율은 70~90%로 알려져 있다.

많은 기업이 학습곡선을 중심으로 성공적인 생산(량) 전략을 구축했다. 제품의 누적적 생산이 두 배가 될 때마다 제품 원가가 공통 비율로 체계적으로 감소한다는 것은 간단하지만 강력한 개념이다. 학습곡선 관계는 회사의 생산량과 시장점유율을 높이면 경쟁업체보다 비용우위(cost advantage)가 커지기 때문에 생산계획에서 중요한 의사결정 사안이다.

자동차산업의 전략에 관한 흥미로운 연구로서 포드차 모델 T의 학습곡선 효과를 실증적으로 보여준 애버나디(W. Abernathy)의 연구를 살펴보자.8) [그림 9-5]에서 보듯이 모델 T의 가격은 누적생산량(X축)이 두 배가 될 때마다 차량 생산단가가 85% 비율로 하락하였다. 그리고 생산규모가 급격히 커지면서 누적생산량도 급증하였고, 차량 1대당 생산원가의 하락이 가속화되고 있었음을 알 수 있다. 그리고 차량 1대당 생산시간도 급속히 단축되었는데, 학습곡선 효과로 인한 것이었다. 종합하면, 모델 T에서 경험의 누적에 따른 학습효과로 생산성 증가가 가파르게

[그림 9-5] 모델 T의 가격하락: 1909~1923년(1958년 달러 가격 환산 기준)

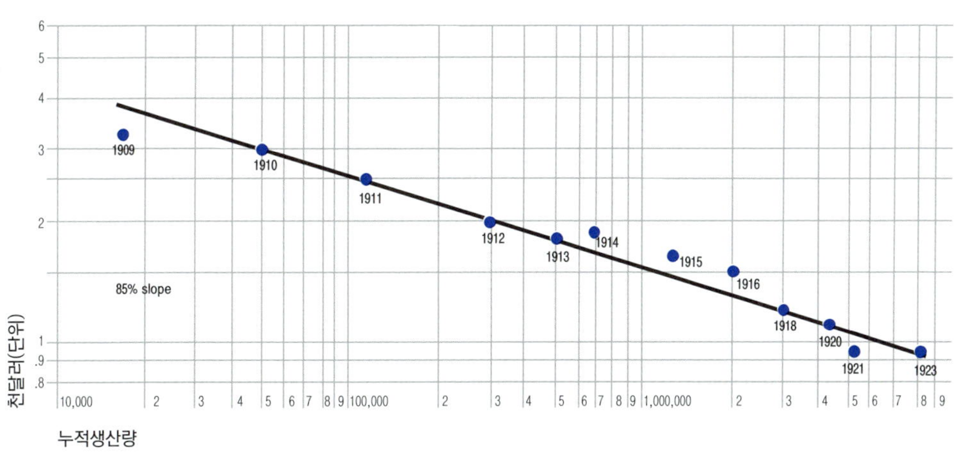

8) Abernathy & Wayne(1974).

진행되었다. 이로써 모델 T는 더욱 저렴한 가격으로 소비자에게 판매될 수 있었다. 자동차의 대중화가 가능하게 된 이유 중 하나이다.

생산성과 밀접히 관련된 다른 지표로 프로세스 수율(process yield)이 있다. 프로세스 수율은 원자재 투입량에 대한 양품(불량품이 아닌 산출물)의 비율이다. 장치산업이나 서비스산업에서 특히 유용한 지표이다. 반도체 생산에서 수율은 가장 중요한 생산성 지표이다. 반도체 수율은 웨이퍼 한 장에 설계된 칩(IC)의 최대 개수 대비 생산된 칩들 중 정상 작동하는 칩의 개수를 백분율로 나타낸 것으로, 결함이 없는 합격품의 비율이다. 즉, 투입한 수 대비 제조되어 나온 양품의 비율을 수율이라고 할 수 있는데, 수율이 높을수록 생산성이 향상됨을 의미하므로 반도체산업에서는 수율을 높이는 것이 중요하다. 하지만 반도체는 미세회로로 구성되기 때문에 공정 중 어느 한 부분의 결함이나 문제점이 제품에 치명적인 영향을 미칠 수 있다. 높은 수율을 얻기 위해서는 공정장비의 정확도와 클린룸의 청정도, 공정조건 등 여러 제반사항이 뒷받침되어야 한다. 삼성전자와 SK하이닉스가 메모리반도체 시장에서 강력한 경쟁력을 갖게 된 데는 고도의 설계기술과 경쟁업체 대비 높은 수율에 의한 것이다. 반면에 비메모리반도체(시스템반도체) 분야에서 삼성전자는 아직 경쟁자인 TSMC에 비해서 낮은 수율의 문제에 봉착해 있다.

기업에서 생산성은 시장에서 경쟁우위를 만들어준다. 생산성은 기술과 인력과 생산공정의 결합으로 나타나는 성과지표이다. 생산성 제고를 위해서는 생산성을 측정하고 공유하여 시스템 개선의 방법을 찾고 적절한 개선 목표를 설정하여 모든 구성원이 전력을 기울여야 한다.

경영사례

시스템반도체 1위 목표 세운 삼성전자… 4나노 수율 확보가 관건

2030년 시스템반도체 1위를 목표로 하고 있는 삼성전자가 난관에 봉착했다. 목표를 달성하기 위해서는 재정비가 필요하다는 지적이 제기된다.

10일 반도체 업계에 따르면 삼성전자는 파운드리(반도체 위탁생산) 분야에서 잇따르는 악재를 겪고 있다. 우선 최첨단 4nm(나노미터·1nm=10억분의 1m) 공정에서 원하는 만큼의 수율을 확보하지 못하고 있다는 점이다. 수율 확보가 시스템반도체 1위 목표를 달성하기 위한 삼성전자의 최우선 과제로 꼽히고 있다.

업계에서는 삼성전자의 4나노 공정 수율을 35% 수준으로 추정하고 있다. 파운드리(반도체 위탁생산) 글로벌 1위인 대만 TSMC의 4나노 공정 수율은 70%로 예상된다. 두 회사가 같은 양의 웨이퍼를 투입했을 때 삼성전자가 뽑아낼 수 있는 제품 수가 TSMC의 절반

수준이라는 의미다. (중략)

삼성전자는 전열을 가다듬고 4나노 공정의 안정적인 수율을 신속하게 확보하는 동시에 3나노 양산 일정에도 차질이 없도록 조치한다는 방침이다.

업계 한 관계자는 "TSMC도 최근 현지 언론을 통해 3나노 공정의 포문을 열 N3 공정의 수율 문제가 언급되고 있다"며 "따라서 3나노 공정 양산 전까지 수율을 얼마나 확보하는지가 앞으로의 파운드리 시장에서 핵심으로 떠오를 것으로 보인다"고 말했다.

[자료: 아주경제(2022.3.10)]

2. 생산운영관리의 프로세스

생산운영의 프로세스에는 제품설계와 공정설계, 생산용량계획, 총괄생산계획, 재고관리 및 자원관리가 있다. 이에 대해서 순차적으로 살펴보기로 한다.

2.1 제품 및 공정의 설계

제품설계와 공정설계는 생산 프로세스의 출발점이다. 이 과정에서 각각 제품기술과 공정기술이 적용된다.

제품기술과 공정기술

기업이 확보해야 하는 중요한 자원의 하나가 기술이다. 특히 하이테크산업이 중심이 되는 오늘날에는 더욱 그렇다. 기술은 제품기술과 공정기술로 나누어진다. 제품기술(product technology)은 제품의 개발과 설계에 관한 기술이다. 제품의 기능에서 다양하고 높은 수준을 만들어주는 기술이다. 공정기술(process technology)은 생산공정에서 생산성과 품질을 만들어주는 기술이다. 좁은 의미의 생산기술은 공정기술이다. 이 두 기술은 부분적으로 연계되어 있을 수도 있지만 다른 영역이다.

반도체의 예를 들어보자. 메모리반도체의 경우에 삼성전자, SK하이닉스, 마이크론테크놀로지 등 3사는 현재 최고의 (게이밍)메모리를 제공하는 DDR4를 설계하여 생산하고 있다. 메모리반도체에서는 제품기술은 시장경쟁의 성패를 좌우한다.

또한 이 회사들은 생산과정에서 불량품을 최소화할 수 있는 공정기술을 확보해야 한다. 메모리반도체의 생산성은 투입되는 웨이퍼에서 불량품 없이 얼마나 많은 칩을 생산하는냐에 달려 있기 때문이다. 이를 성공적으로 회수하는 칩의 숫자라고 하여 수율이라고 한다. 우리나라의 삼성전자와 SK하이닉스는 경쟁업체 대비 수율이 높아서 높은 이익을 얻고 있다. 이처럼 메모리반도체 분야에서의 성공 여부는 제품기술과 공정기술에서 모두 높은 수준을 확보하느냐에 달려 있다.

경영사례

한편 비메모리반도체(시스템반도체) 분야에서는 상황이 다르다. 앞에서 삼성전자가 시스템반도체 생산의 수율이 낮아서 어려움을 겪고 있다는 신문기사를 보았다.

먼저 시스템반도체의 산업구조를 살펴보자. 이 산업에서는 설계만 전문으로 하는, 공장이 없는 팹리스(fabless) 기업들이 있다. 이들은 산업별로 특화된 높은 수준의 제품(설계) 기술을 갖고 있다. 통신서비스분야의 퀄컴사, 모바일폰의 애플사, 컴퓨터GPU 제품의 엔비디아 등이 대표적이다. 이들 제품을 생산해주는 생산전문업체로 대만의 TSMC와 한국의 삼성전자, SK하이닉스, 미국의 마이크론테크놀로지가 있다. 생산공장 중심의 사업을 한다는 의미에서 파운드리(foundry) 업체라고 한다. TSMC는 비메모리(시스템반도체) 위탁생산업체로서 공정기술(process technology)을 심화 발전시켜 성공한 파운드리 시장의 선발업체이자 지배적 사업자다. 자본시장 시가총액으로는 세계 최대의 반도체 회사이다. 삼성전자는 메모리 생산공정에서 축적된 공정기술을 비메모리 생산공정에 이전시켜 TSMC의 아성에 도전하고 있다. 양사는 지금 최첨단의 나노기술을 이용하여 3나노 생산에 도전하면서 치열하게 경쟁하고 있다. 하나 덧붙일 것은 애플과 삼성전자의 관계이다. 초기에 애플은 비메모리 AP칩을 삼성전자에 위탁하여 생산했다. 그러나 모바일폰의 직접 경쟁자인 삼성전자에 제품설계기술이 유출될 것을 우려하여 TSMC로 전량 위탁생산을 맡기게 되었다. 애플의 입장에서 당연한 결정이었다. 삼성전자가 비메모리분야의 위탁생산 수주에 어려움을 겪는 이유다. 완제품 시장에도 진출해 있는 삼성전자에게 제품기술이 노출될 위험이 있기 때문이다.

이처럼 많은 첨단기술산업에서 기술경쟁이 곧 시장경쟁의 중심이 되어 있다. 제품기술이 제품차별화, 고성능화, 그리고 (설계에 의한) 고품질에 기여한다면, 공정기술은 주로 생산성과 (불량이 없는) 품질에 기여한다. 그리고 기업은 두 기술 모두에서 높은 경쟁력을 가질 수 있지만 현실적으로 어려운 경우가 많다. 이 경우에 경쟁전략에 따라서 기술전략이 선택되어야 한다. 또는 기술의 가능성에 따라 경쟁전략이 한정되어야 한다. 양자의 정렬이 필요하다.

첨단기술산업뿐 아니라 모든 제조업에서 제품기술과 공정기술이 중요하다. 기업에서 연구개발부문이 있는 경우가 많다. 예를 들어, 햇반으로 유명한 CJ제일제당에서 연구개발은 중요하다. 새로운 혁신제품이 계속 필요하기 때문이다. CJ식품연구소와 CJ바이오연구소라는 연구개발조직이 운영되고 있는 이유다.

한걸음 더

- 삼성전자는 시스템반도체 파운드리 사업에서 성공할 수 있을까? 기술과 전략 중에서 어느 것이 더 중요한 성공요인일까?

제품설계

제품설계(product design)는 고객의 니즈를 충족하고 시장경쟁에서 우월한 지위를 확보할 수 있는 제품과 서비스를 개발하는 것이다. 따라서 제품설계는 생산운영관리와 마케팅관리의 기능이 만나는 곳이다. 또한 경쟁전략이 제품과 서비스에 구현된다는 측면에서 전략계획이 투영되는 곳이다. 즉, 제품설계에 이어 모든 생산운영과 마케팅 기능이 수행되고 전략이 실현되므로 그 중요성이 매우 크다.

제품설계는 제품기술이 적용된다. 따라서 기업이 확보하고 있는 제품기술의 내용과 수준에 의해 영향을 받는다. 제품기술이 어느 정도 일반화되어 있는 산업에서는 제품설계는 전략과 마케팅의 관점에서 추진되는 신제품 개발의 영역으로 볼 수 있다. 시장과 고객에 대응하는 제품과 서비스가 만들어질 필요가 있기 때문이다. 반면에 제품기술이 첨단기술에 해당하고 생산체제의 구축이 시장경쟁의 중심이 되는 경우에는 전략과 연구개발 및 생산운영 관련부서의 주도하에 제품설계가 이뤄지고 공정설계와 연계되어야 한다.

제품설계의 제약조건은 제조능력(manufacturability) 또는 서비스능력(serviceability)이다. 즉, 기업 내부에 필요한 지식, 기술, 설비 등이 있어야 한다. 기업 내부에 자원과 능력의 필요조건이 갖춰져 있지 않을 때는 위탁생산을 하거나 부분적인 아웃소싱, 또는 전략적 제휴 등을 이용할 수 있다. 비메모리반도체 산업에서 애플, 퀄컴, 앤비디아 등 수많은 기업들이 설계기술로 자사의 산업에 필요한 반도체를 설계하고, 삼성전자와 TSMC가 위탁생산을 하는 것이 대표적인 예이다. 그리고 기업의 흡수능력이 클 때에는 중장기적으로 필요 자원과 능력을 확보해가는 것도 중요한 대안이 될 수 있다.

공정설계

공정설계(process design)는 효율적으로 제품을 생산할 수 있도록 생산공정을 계획하는 것이다. 공정설계 결과에 의해서 생산시스템의 공정형태, 생산단계, 가공방법과 기술, 기계장비, 인력 소요 정도 등이 정해지며, 결과적으로 생산성, 품질, 원가 및 시스템의 유연성 등이 좌우된다.

공정설계의 핵심은 공정생산방식을 정하는 것이다. 공정생산(process manufacturing)이란 물리적으로나 화학적으로 원재료와 부품을 변환(transform)시켜 산출물을 만드는 것이다. 예를 들어, 식재료를 섞어서 음식을 만드는 것이다. 수많은 전자부품을 조립하여 완제품인 TV를 만드는 것이다. 차체프레임, 200여 개의 디스켓, 엔진, 전장부품 등 수많은 부품을 조립하여 자동차를 만드는 조립공정(assembly process)이 대표적인 공정생산의 예이다.

공정생산은 제품수요와 생산기술에 의해 결정된다. 공정생산의 유형에는 연속공정과 단속공정이 있다. 연속공정(CM: continuous process manufacturing)은 오랜 생산 기간과 단계를 거쳐서 제품을 만드는 공정이다. 연속제조공정은 제조기간에 연속으로 투입한 원료와 혼합물을 통해 제품이 계속 만들어지도록 하는 생산법이다. 전체 또는 일부 제조공정에 적용이 가능하다. 이는 표준화된 제품의 대량생산에 적합한 공정형태이다. 화학제품, 자동차 등의 생산에서 컨베이어를 이용하여 연속공정을 도입하고 있다. 근래에는 제약산업에서도 생산 효율성을 높이고 제조비용을 절감하기 위해 연속공정의 도입 방안을 개발하고 있다.

단속공정(IM: intermittent process manufacturing)은 생산기간이 짧고 기계들이 서로 다른 제품을 만들기 위해 자주 바뀌는 공정이다. 제품의 생산 자체가 단속적으로 이루어지는 공정이고 소규모로 여러 제품을 번갈아 생산하거나 각 제품에 따라 다른 작업과정을 거쳐야 해서 가동이 자주 중단된다. 이는 다품종소량의 주문생산에 적합한 공정형태이다. 동일한 기계를 다른 제품을 생산하기 위해 자주 바꿔서 이용하는 것이다. 음식과 같이 생산기간이 짧기 때문에 같은 조리기구를 이용할 수 있는 것이다. 고객의 주문 변동에 대응할 수 있다는 장점이 있다. 오늘날 많은 제품 생산에서 단속공정이 이용된다. 컴퓨터, 로봇 및 유연 생산공정이 고객주문 상품을 대량생산 제품처럼 빠르게 생산할 수 있게 해주기 때문이다.

경영사례

"연속생산 시스템, 새로운 의약품 제조 표준 될 것"

현재의 의약품 제조방식인 '배치생산'을 대체할 새로운 표준으로 '연속생산(continuous manufacturing)'이 주목받고 있다.

지난 2일 의약품품질연구재단 주최로 온라인 개최된 '혁신제조기술 기반 의약품 개발' 컨퍼런스에선 국내외 전문가들이 연속생산의 장점과 가능성에 대해 공감대를 형성했다.

연속생산이란 원료의약품(API) 투입부터 혼합, 타정까지의 공정이 연속적으로 진행되는 제조방식을 의미한다. '연속제조공정' 또는 '연속공정' 등으로 불리기도 한다. 원료의약품 투입과 혼합, 타정 등의 공정이 각각 끊겨서 진행되는 현재의 배치생산 방식과는 대조적이다.

제약업계에선 연속생산의 가장 큰 장점으로 생산성 향상을 꼽는다. 전 공정이 자동으로 진행됨에 따라 생산비용을 절감할 수 있고, 수요에 맞춘 생산량 관리가 가능하다는 것이다. 그러면서도 물질의 순도는 기존보다 더욱 높아지는 것으로 알려졌다. 용매의 투입이 줄어들기 때문에 불순물 발생 가능성이 낮아지면서 동시에 친환경적이라는 장점도 있다.

특히 의약품에서 문제가 발생했을 때 더욱 유연하게 대처할 수 있다는 점에 일선 제약업체들은 주목하고 있다. 지금까지는 문제가 발생한 배치 전체를 폐기해야 했다. 그러나 연속생산에선 실시간 감시 시스템에 의해 문제가 발생한 시점의 의약품만 폐기할 수 있다. 피해규모는 적으면서 빠른 대처가 가능한 것이다.

이런 이유로 다국적제약사들은 앞나눠 연속생산 시스템을 도입하는 모습이다. 현재 일리아릴리, 얀센, GSK, 에자이 등이 연속생산 시스템을 도입한 것으로 전해진다. 미국 식품의약국(FDA)과 유럽의약품청(EMA), 일본 의약품의료기기종합기구(PMDA) 등 선진 규제기관에서도 연속생산의 도입을 적극 권장하고 있다. 수년 전부터 관련 전담조직을 운영하고 있다는 설명이다. 국제의약품규제조화위원회(ICH) 역시 관련 가이드라인을 마련 중이다. 현재 각국의 의견을 수렴하는 막바지 단계로, 최종 버전은 내년 11월 공개될 것으로 예상된다. (하략)

[자료: 데일리팜(2021.11.3)]

2.2 생산운영의 계획과 실행

생산운영관리는 계획이 매우 중요하다. 한번 결정된 생산계획에 따라 이후의 모든 공정이 결정되기 때문이다.

생산용량계획

생산용량(capacity)이란 공장에서 생산할 수 있는 최대 부하(최대 생산량)이다. 흔히 어느 산업에서 과잉생산용량(over-capacity) 문제로 기업들이 위기에 빠졌다는 얘기를 듣는다. 이는 산업 내 기업들의 최대 생산용량이 산업에 대한 수요를 초과하는 것을 말한다. 대표적으로 철강산업을 들 수 있다. 철강산업은 미국에서부터 1970년대에 과잉생산의 함정에 빠졌고, 이후 일본과 한국, 그리고 중국, 인도 등으로 철강 제조업체의 중심축이 이동하면서 전 세계적으로 과잉생산의 문제에 봉착하고 있다.[9] 이는 수요를 초과하는 공장 증설의 경쟁으로 인한 것이다.

철강산업의 예는 수요 예측에 따른 생산용량계획이 중요하다는 것을 보여준다. 과잉생산은 파멸적인 가격경쟁을 유발한다. 중국 철강업체들이 세계시장의 50%를 상회하는 점유율을 유지하는 이유도 저가 시장을 장악했기 때문이다. 나머지 철강업체들이 고전하는 이유와 같다. 과잉생산에도 불구하고 기업들이 계속 용량을 확

경영사례

"철강 공급과잉 해소 노력"… 29개 생산국 장관급회의 열려

코로나19에도 작년 공급과잉 규모 커져… "친환경 · 고부가화 필요"

29개 주요 철강 생산국이 글로벌 공급과잉 문제를 해결하기 위해 머리를 맞댔다. 산업통상자원부는 '철강 공급과잉에 관한 글로벌포럼(GFSEC)' 장관급 화상회의에 참석했다고 밝혔다. GFSEC는 철강 공급과잉 해소를 목표로 2016년 9월 중국 항저우에서 열린 주요 20개국(G20) 정상회의 합의에 따라 그해 12월 공식 출범한 협의체다. (중략)

세계 철강업계는 최근 수년간 생산능력이 수요를 초과하는 공급과잉에 시달리고 있다. 산업부에 따르면 세계 공급과잉 규모는 2016년 7억 7,900만t에서 2019년 5억 1,900만t까지 줄었다가 지난해 코로나19 상황에서도 5억 6,800만t으로 소폭 늘었다.

작년 기준 국가별 조강 생산능력은 중국이 11억 5,700만t으로 가장 많고 이어 인도(1억 4,300만t), 일본(1억 2,900만t) 등의 순이다. 한국은 7,800만t으로 6위를 차지했다. (중략)

이어 지난해 세계 경제가 유례없는 위기를 겪는 가운데서도 글로벌 조강 생산능력 확대로 인해 공급과잉 규모가 커져 우려스럽다며 이를 해소하기 위해 모든 국가의 협력이 중요하다고 강조했다. (하략)

[자료: 연합뉴스(2021.10.1)]

---

9) 일본에 이어서 한국은 1990년대 짧은 기간 주도적 위상을 갖게 되었으나, 1990년대 후반부터 중국이 급부상하여 세계 철강산업을 주도하고 있다. 중국은 풍부한 자원과 값싼 노동력, 그리고 경제성장으로 인한 풍부한 국내수요 기반을 앞세워 세계 철강시장의 주도권을 확보하였다.

대하는 이유는 경쟁의 악순환에서 기인한 바가 크다. 더 많은 생산을 통해 비용을 절감하고 판매를 늘려서 생존하기 위한 것이다. 철강산업에서 설비투자는 되돌릴 수 없는 매몰비용이기 때문이다.

생산용량은 전략적으로 결정되어야 한다. 회사 제품의 장기수요 전망이 중요하다. 생산설비의 용량을 탄력적으로 늘리고 줄이기 어렵기 때문이다. 따라서 산업성장단계, 성장의 속도, 경쟁자와의 능력, 자사의 기업전략 및 경쟁전략 등의 요소가 고려되어야 한다. 예를 들어 원가선도전략을 채택한 경우에 규모의 경제, 비용절감 등이 중요하므로 생산용량을 늘리는 것이 유리하다. 그러나 수요부진이나 판매부진으로 위험에 빠질 수 있다. 과잉생산이 되면 산출재고가 증가하고 생산을 줄이면 유휴설비가 늘어나서 단위당 생산비용이 급격히 높아지게 된다. 따라서 탄력적 생산이 가능한 업종과 그렇지 않은 업종에서 생산용량의 결정은 그 중요도가 달라진다.

생산용량소요 예측(production capacity forecasting)은 장기적인 수요와 시장전망을 반영하고 아울러 단기적인 수요변동에 대응하는 것이다. 단기적 사항은 계절적 수요변동, 불규칙 변동, 일시적 수요 등이다. 이러한 단기적 수요변동에 대응하기 위해 여유생산용량(capacity cushion)을 두기도 한다. 예를 들어 한국전력에서 7.5% 내외의 예비전력률을 유지하는 이유는 불규칙 변동이나 일시적 수요에 대응하기 위한 것이다. 공익사업(public utilities)의 특성상 누구나 혜택을 누려야 하기에 최대 수요를 대비하여야 한다. 그리고 전력부족으로 블랙아웃이 될 위험도 막아야 하기 때문이다. 그렇지만 예비전력률을 무작정 높게 가져갈 수 없다. 쓰지 않은 예비전력은 '버려지는 전기'가 되어 비용 상승으로 직결되기 때문이다. 일반 기업에서도 여유생산용량은 필요하다. 수요변동성에 대응치 못하면 고객의 신뢰를 잃을 수 있기 때문이다. 그러나 원가상승 요인이고, 설비투자는 매몰비용이 되므로 합리적으로 결정해야 한다.

생산방식의 결정

생산용량계획에 이어서 주요한 전략적 결정은 생산방식의 선택이다. 생산방식에는 직접생산과 아웃소싱에 의한 위탁생산 방식이 있다. 위탁생산방식은 주문자상표부착생산(OEM: original equipment manufacturing)과 제조자개발생산(ODM: original development manufacturing)이 있다. OEM은 제품의 디자인과 설계를 다 정해주고 생산제조만 위탁하는 경우이고 ODM은 생산자가 주도적으로 생산기술을 적용하도록 하는 것이다. 일반적으로 ODM 생산자가 더 높은 수준의 생산기술을 보유하고 있다. 비메모리반도체의 경우처럼 기술의 난이도가 높아서 위탁생산이 일반적 비즈니스 모델일 때도 있지만 대부분의 산업에서 위탁생산은 전략적 선택의 이슈이다. 삼성과 애플의 경우를 더 살펴보자. 삼성전자는 모바일폰의 생산공장을 갖고 직접 생산하고 있지만 애플은 공장이 없다. 대만의 폭스콘이 애플 제품의 위탁생산업체이다.

어느 쪽이 더 유리할까? 아래 기사에서는 삼성전자가 반도체, 디스플레이, 배터리 등 부품의 수직계열화를 통해 안정적인 부품 조달과 품질관리에 성공하면서 신제품 발표 주기를 앞당긴 점이 애플과의 경쟁에 유리하게 작용한다고 보고 있다.

경영사례

삼성 · 애플의 '엇갈린 방식'

내가 직접 만든다 vs 남이 만들어 준다. ODM 방식 한계로 아이폰5 생산 차질

삼성과 애플의 생산방식

삼성	항목	애플
자체 생산시설 보유 -제조능력 탁월	제조방식	폭스콘 등 외부에 위탁 -ODM(제조자개발생산) 방식
개발과 생산의 유기적 공조 -품질관리와 스피드에 강점	장점	원가절감에 용이 -공급망관리가 뒷받침돼야
공장과 생산이력 확보 위해 지속적으로 비용 투입	단점	개발과 생산의 괴리 우려 품질관리 리스크 노출
부품 수직계열화로 안정적 부품 확보 가능	기타	글로벌 부품 소싱에 주력

모바일 업계 양대 라이벌인 삼성과 애플은 스마트폰 생산방식에서 극명한 차이를 보이고 있다. 최근 애플이 아이폰5 수요를 따라가지 못할 만큼 제품 생산에 차질을 빚고 있는 것으로 알려져 외부 위탁에 의존한 생산방식의 한계를 드러냈다는 평가가 제기된다.

애플은 대만 폭스콘(공장은 중국)이라고 하는 '거대 공장'을 활용해 아이폰 전량을 제조자개발생산(ODM) 방식으로 만들어내고 있다. 자체 생산라인과 생산인력을 갖출 필요가 없어 원가절감이 용이하다는 게 최대 장점이다. 애플이 아이폰3GS와 아이폰4를 앞세워 고속성장한 2009~2010년만 해도 이러한 생산방식이 제대로 통하는 것으로 인식됐다. 삼성과 같은 전통적인 제조업체들이 애플의 ODM 방식을 접목하는 게 나은지를 놓고 고민할 정도였다.

하지만 애플이 아이폰5를 지난 9월부터 출시하면서 생산에 균열이 발생하기 시작했다. 궈타이밍 폭스콘 회장이 최근 "아이폰5에 대한 애플의 품질기준을 맞추기 어려워 이 제품 생산량이 애플의 실제 주문량을 훨씬 밑돌고 있다"고 실토한 게 이를 대변한다. (중략)

전자업계 관계자는 "삼성전자가 반도체, 디스플레이, 배터리 등 부품의 수직계열화를 통해 안정적인 부품 조달과 품질관리에 성공하면서 신제품 발표 주기를 앞당긴 점이 애플과의 경쟁에 유리하게 작용하고 있다"고 말했다. 삼성전자 고위 인사는 "자체 생산체제의 가장 큰 강점은 품질관리와 스피드"라며 "개발과 제조 인력이 협업해 시너지 효과를 내고 있고, 생산과정에서 감지된 품질 문제에 즉각 대응하면서 생산성이 더욱 높아졌다"고 설명했다.

결국 직접제조 경험이 없는 애플이 위탁생산을 통한 원가절감의 혜택을 한동안 향유하다가 '연간 1억대 생산' 체제를 맞아 제조능력에서 한계를 드러내고 있다는 게 전자업계의 대체적인 분석이다.

[자료: 매일경제(2012.11.15)]

위 기사는 직접생산방식의 장점을 잘 요약하고 있다. 그러나 어느 기업이 더 지속가능한 이익 창출이 가능할지 명확하지는 않다. 다음 기사를 보자.

경영사례

삼성 "설비투자 안 하고 돈 버는 애플 방식"으로

"장기적으로 애플처럼 설비투자를 많이 하지 않고 돈을 잘 버는 사업구조로 삼성을 바꿔 놓겠다." "삼성도 애플웨이로 간다." (중략)

이재용 부회장이 향후 삼성의 전략을 소개한 발언들이 나와 주목을 끈다. 가장 관심을 모으는 것은 이른바 애플웨이(Apple Way)를 따르겠다는 부분이다. 이 부회장은 "장기적으로 애플처럼 설비투자는 많이 하지 않고 돈을 잘 버는 사업구조로 삼성을 변화시키겠다"고 말했다.

애플의 경우 삼성전자보다 스마트폰 점유율은 낮지만 3배 이상 많은 영업이익을 올린다. 애플의 독특한 경영방식인 '애플웨이' 덕인데 가장 큰 특징은 이익을 많이 남기기 위해 직영 생산공장을 운영하지 않는다. 대신 아웃소싱 위주의 철저한 외주 생산시스템을 유지한다. 애플의 주력 상품인 아이폰의 경우 대만 업체인 폭스콘에게 대부분을 맡기는데 생산공장은 중국에 있다.

하지만 이런 '애플웨이'는 영업이익을 많이 남기는 데는 유리하지만 자국의 일자리 창출에는 도움이 되지 않는다는 비판을 받는다. 트럼프 정부 출범 이후 폭스콘이 일부 생산라인을 미국에 옮기기로 한 것도 그런 비판을 의식한 것이다.

이런 상황에서 핵심 부품 생산과 조립을 자체 공장에서 하는 삼성전자가 이 부회장

뜻대로 애플 방식을 따를 경우 국내 투자는 줄고, 국내 고용 인원은 크게 줄어들 수밖에 없다.

[자료: KBS뉴스(2017.6.22)]

이처럼 아웃소싱(outsourcing)을 통한 생산위탁이 더 효과적인지는 산업 특성, 생산업체의 역량, 아웃소싱의 조건과 양자 간 관계, 그리고 시장의 변화 등 다양한 요인에 의해 결정된다.[10] 현재까지 명확한 한 가지는 애플과 삼성전자 모두 자신의 생산방식을 유지하고 있다는 것이다. 왜 그럴까? 두 회사의 경쟁우위의 원천이 다르기 때문이다. 그리고 전략적 변화는 이를 해칠 수도 있기 때문이다.

한걸음 더

- 제7장에서 배운 네트워크 조직과 생산방식의 아웃소싱을 함께 묶어서 그 장단점을 토론해보자.

총괄생산계획

총괄생산계획(aggregate production planning)은 일정 기간, 대부분 회계연도 1년간 예상수요에 따라 제품별 생산량과 생산방법, 생산일정 등을 결정하고 월별 생산의 투입과 생산공정에 대한 계획을 수립하는 것이다. 생산용량계획이 중장기의 계획인 데 비해, 단기적인 연간 생산계획이다.

총괄생산계획에서 핵심은 어떻게 모든 제조공정을 적시에 차질 없이 진행시킬 수 있을까 하는 문제이다. 이는 곧 생산의 적시성과 효율성을 결정한다. 총괄생산계획을 수립하여 생산시설을 적절히 이용하고 비용절감을 할 수 있다. 시설의 과잉 또는 과소 이용으로 인한 비용 발생을 줄이고 수요변동에 탄력적으로 대응하도록 준비하여 원재료 및 노동력을 적시에 투입할 수 있고 생산활동에 차질이 없게 할 수 있다.

총괄생산계획은 기업의 경영전략과 연간 사업계획에 따른다. 적절한 타이밍에 적절한 규모의 제품과 서비스를 제공하여 시장경쟁에서 승리할 수 있게 해주는 것이다. 이때 생산량과 생산(완료)시간이 중요하다. 또한 여러 제품의 수요가 변동

---

10) 아웃소싱에서 장기간의 거래로 조직화되는 경우에 이를 네트워크 조직이라 하였다. 직접생산과 위탁생산의 선택은 해당 기업의 네트워크 조직화가 얼마나 효과적인지에 달려 있다.

〈표 9-2〉 총괄계획 수립 기법의 예

선형계획법	시뮬레이션 모형
• 투입요소의 비용과 제약조건을 이용하여 최적화를 계산함 • 시간의 흐름과 공간의 이동에서 선형적 변화를 가정함	• 다양한 조건 하에서 모형을 설정하고 컴퓨터를 이용하여 모형 타당성을 검증함 • 시행착오적인 휴리스틱을 컴퓨터로 찾아냄

할 때 여러 제품을 동시에 생산하는 생산부서의 입장에서 제품생산일정을 통합하여 총괄계획(aggregate planning)이 필요하게 된다. 총 설비와 총 생산인력이 단기적으로는 고정되어 있기 때문이다. 따라서 총 생산용량과 총 노동시간을 산정하고 각 제품의 생산 소요에 최적화된 계획을 산정해야 한다.

총괄계획 수립 기법에는 여러 가지가 있다. 대표적으로 선형계획(LP: linear programming)과 시뮬레이션 모형(simulation model)의 방법이 있다.

생산계획이 생산일정을 관리하는 데 유용하게 되기 위해서는 총괄계획을 분해(disaggregate)하여 주생산일정계획(MPS: master production schedule)을 수립하여야 한다. MPS는 전체 제품그룹이 아닌 개별 제품의 구체적인 생산수량과 생산시기를 나타내주는 일정계획으로서 통상 6~8주의 계획기간으로 구체화한다. MPS는 전체 생산용량의 범위 안에서 구체적으로 생산부서와 마케팅부서가 특정 제품에 대해 협의하여 적시에 제품을 시장에 제공할 수 있도록 한다. 또한 MPS에 의거하여 자재소요계획(MRP)이 수립되는데, 이는 후술하였다.

프로젝트 관리

생산운영의 특수한 형태로서 프로젝트가 있다. 주로 수주산업에서 프로젝트는 중심적인 생산운영의 영역이 된다. 건설, 조선, 항공기제작 등의 산업은 발주자의 요구에 따라 프로젝트를 구성하여 주문에 응하는 비즈니스 형태이다. 프로젝트(project)는 제한된 시간에 특정 목적으로 기대되는 산출물을 만들기 위해 설계되는 1회성 작업이다. 프로젝트는 짧은 기간 내에 특정 결과를 내야 하는 경우도 있고, 장기간에 걸쳐 복잡한 생산운영의 과정을 거쳐 다수의 참여자가 개입하는 경우도 있다. 전자의 예로는 선거유세 기획과 실행, 뮤직비디오 제작, 영화 제작, 웹페이지 개발 등을, 후자의 예로는 신도시 건설, 원전 건설, 유조선 제작, 우주선 제작 등이 있다. 프로젝트 관리(project management)는 프로젝트 기간 동안 생산운영과 자원배분에 대한 계획을 수립하고 실행하여 목표 산출물을 기한 내에 만드

[그림 9-6] 뮤직비디오 제작의 PERT 차트

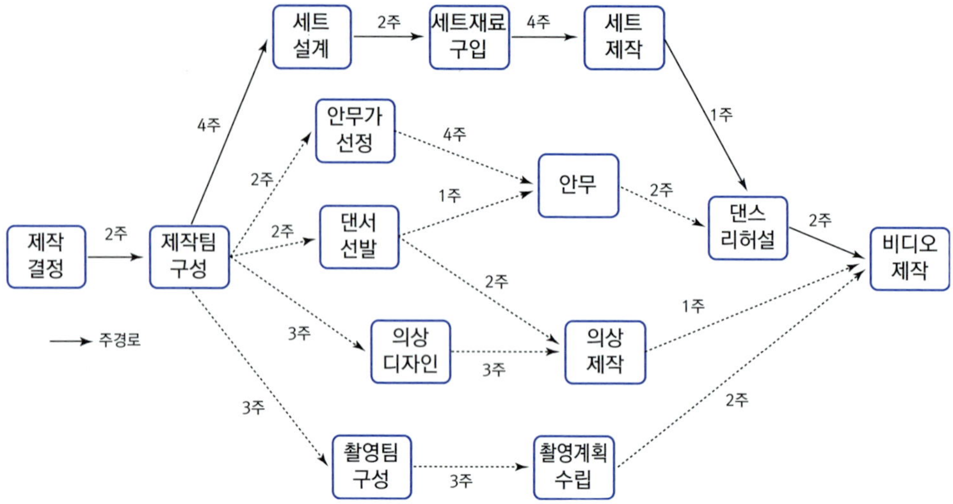

는 모든 과정을 말한다. 이때 기업은 보유한 자원-능력을 모두 집중하고, 기업 외부의 자원-능력을 네트워킹하여 목표물 산출에 전력을 다하여야 한다.

프로젝트 관리의 출발은 프로젝트별로 최적 일정계획을 수립하는 것이다. 이때 생산일정계획의 주요 기법인 PERT(program evaluation and review technique)를 이용할 수 있다. 이는 주어진 프로젝트를 완수하는 데 포함된 과업들을 분석하고, 각 과업을 끝내는 데 필요한 시간들을 추정하여, 전체 프로젝트를 완수하는 데 필요한 최소 시간을 파악하는 방법이다. 뮤직비디오 제작 프로젝트의 예를 들어보자. 프로젝트 제작 결정에서부터 비디오 제작까지 과업일정이 [그림 9-6]에 도시되어 있다. 그림에는 각 과업을 완수하는 데 걸리는 일정이 산정되어 있다. 이때 전체 일정에서 가장 오래 걸리는 경로를 파악하여 보면 실선 화살표의 일정으로 총 15주가 걸림을 알 수 있다. 이 경로를 주경로(critical path)라고 한다. 이 프로젝트를 가장 효율적으로 완수하기 위해서는 주경로의 작업을 최우선으로 하고 나머지 일정을 탄력적으로 정해가면 된다. 최소 시간에 제작을 마치는 것이 비용절감과 시장대응에 가장 유리하기 때문이다.

한걸음 더

- 좀 더 복잡한 예로서 영화 제작 프로젝트의 PERT 차트를 그려보자.

2.3 생산자원의 관리

생산성과 품질을 결정하는 주요 활동은 생산과정에 투입되는 자원을 효과적으로 관리하는 것이다.

재고관리

재고관리(inventory control)는 시장수요에 따른 생산일정에 탄력적으로 대응하기 위해 적정재고량을 유지하며 관리하는 것이다. 창고에 재고가 많으면 단지 관리비용이 많이 드는 것만이 아니고 부식되거나 훼손되어서 투입물의 질적 저하가 일어날 수 있다. 결과적으로 불량품이 발생하여 품질 저하와 비용 증가가 훨씬 더 커지게 된다. 이를 재고유지비용(holding cost)이라고 한다. 반면에 재고가 부족하면 생산공정이 지연되어 생산비용이 증가하고 납기 준수에 실패하게 된다. 이를 재고부족비용(shortage cost)이라고 한다. 따라서 적정재고의 산정과 유지가 중요하다. 한편 시장수요의 변화가 커진 오늘날에는 생산량과 생산일정의 변동성이 더 커져서 적정재고의 산정과 유지가 더 어렵다.

재고관리의 주요 의사결정 사안은 주문시기와 주문량이다. 적시에 주문하면 재고유지비용을 낮출 수 있다. 그러나 적시주문은 자칫 재고부족비용을 유발할 수 있다. 주문량에서도 비슷한 현상이 발생한다. 소량주문을 하면 재고유지비용을 줄이지만 재고부족비용이 커진다. 대량주문을 하면 반대가 된다. 이에 최적 주문을 위한 기법으로 경제적 주문량(EOQ: economic order quantity) 모형이 개발되었다. EOQ 모형은 주문의 크기와 빈도에 따라 달라지는 연간 총비용의 합계를 최소화하기 위해 최적의 주문량과 주문시기를 찾는 모형이다. 기업은 정기적으로 재고를 점검하는 재고조사시스템을 정비하고 운용하여, EOQ에 따라 주문시기와 주문량을 결정해야 한다. 이는 공급업자와 협력(collaboration)으로 이뤄져야 한다.

한걸음 더

- 지금 내 책상에는 재고가 많이 쌓여 있는가? 어떤 재고가 있는가? 재고를 줄일 수 있는 방법은? 내 책상의 재고를 정리해보자.

린 시스템과 적시재고관리(JIT)

린 시스템(lean system)은 최소한의 자원을 사용하여 어느 정도의 다양한 제품을 높은 품질 수준으로 대량으로 생산하는 방식이다. 린 시스템은 효율경영의 대명사인 토요타자동차에 의해 시작되었는데, 1990년대에 미국에서 체계화되고 미국과 전 세계에 전파되었다. 토요타는 생산과정에서 발생하는 모든 종류의 낭비를 제거하는 데 초점을 두었다. 이 생산방식은 GM과 토요타의 합작회사인 NUMMI의 성공으로 널리 알려지게 되었다.

경영사례

NUMMI(New United Motor Manufacturing, Inc.)

NUMMI는 1984년에 GM과 토요타가 GM의 캘리포니아 프레몬트 공장에 세운 합작회사이다. GM의 입장에서 당시 최악의 생산성을 보이고 있던 프레몬트 공장에 효율경영의 대명사인 토요타를 파트너로 하여 생산성을 높이려는 목적에서 설립한 회사이다.

이 회사에서는 80%가 넘는 해고 작업자들이 재고용되었고 사무직원은 현장지원업무로 전환되었으며, 생산성을 높이기 위해 소규모 팀들이 결성되고 훈련을 받았다. 성과를 측정하고 개선하는 노력이 모든 작업자에 의해 이루어졌고 1년 만에 생산성과 품질이 극적으로 개선되어 GM의 다른 공장을 앞지르게 되었다.

GM은 이 합작사에서 성공한 경험을 GM 내 다른 공장(사업부)들에 전파할 계획이었다. 초기에 Saturn 사업부 등 일부 사업부에 학습을 이전하여 어느 정도 성공을 거두기도 하였다. NUMMI는 GM의 경영진과 토요타의 경영진이 함께 공동 운영하였으나 초기 성공과 달리 계속 경영목표를 달성치 못하게 되어 우여곡절 끝에 2010년에 합작을 종료하였고, 프레몬트 공장은 테슬라에 매각되었다.

린 시스템에서는 품질, 유연성, 시간단축, 팀워크 등을 강조하면서 수평화된 조직구조로 운영된다. 린 생산방식의 작업자들은 전통적 방식(대량생산방식)에 비해 더 많은 활동을 하도록 요구되고 이들은 팀을 이루어 활동해야 하고 시스템을 운영하고 개선하는 데 적극적인 역할을 수행한다. 개인의 창의성보다 팀의 성공이 훨씬 중요하다. 린 시스템의 특징은 <표 9-3>과 같다.[11)]

린 생산방식에서는 적은 양의 재고로 시스템이 가동되므로 문제가 실제로 발생하기 전에 이러한 문제가 언제 발생할 것인가를 예상하여 계획을 통하여 미연

---

11) 강종열 외 역(2022), pp. 646-647.

〈표 9-3〉 린 시스템의 특징

낭비감축	린 생산의 모든 공정
지속적인 개선	모든 공정에서 개선을 위한 끊임없는 노력
팀 활용	공정개선을 위한 다기능팀(cross-functional team)
작업 셀	셀 작업배치로 수평적이고 쌍방적인 의사소통
높은 품질	품질개선을 위한 집중된 노력
재고 최소화	과잉재고는 낭비로 간주
신속한 생산운영 전환	공정을 중단하지 않으면서 장비의 유연성, 산출의 다양성 유지
린 문화	조직구성원 모두가 린 개념을 받아들이고 최선을 다해 실천함

에 방지하기를 강조한다. 그래도 문제가 발생할 수 있으므로 신속한 해결이 중요하다. 작업자들은 계획과 문제해결 단계 모두에 참여하고 있다.

적시재고관리(JIT: just-in-time) 시스템은 제품생산에 요구되는 부품 및 원자재를 필요한 시기에 필요한 수량만큼 조달하여 낭비적 요소를 근본적으로 제거하려는 생산시스템이다. 이는 불확실한 소요량에 대비하여 안전재고를 보유하는 개념에서 생산시스템 자체의 변화를 통해 재고를 최소화하는 데 목적을 두고 있다. 매일 또는 매시간 요구되는 자재를 소량으로 조달함으로써 재고를 최소화하는 것이다. 생산시스템 자체의 변화가 필요한 이유다. JIT시스템은 협력업체 공급이 많은 자동차산업에서 토요타를 중심으로 발전하였고 여러 산업에 확산되었다. 이후 미국과 전 세계의 제조업에 확산되었다. JIT시스템은 린 시스템의 한 부분으로 간주될 수 있다.

자재소요계획

자재소요계획(MRP: material requirement planning)은 부품과 원재료를 적절한 시기와 장소에서 쓸 수 있도록 생산재고를 관리하기 위해 쓰는 기법이다. 근래에는 컴퓨터 기반 시스템으로 발전하였다. MRP는 주생산일정계획(MPS)에 따라 필요한 부품과 원자재의 종류, 주문량, 주문시기 등을 결정하는 계획이다. MPS에 따라 어떤 최종 품목이 생산되고, 그 과정에서 언제 얼마만큼 자재(material)가 필요한지를 예측하고 조달계획을 마련하는 것이다.

3. 품질경영과 공급사슬관리

3.1 품질경영

품질(quality)은 생산운영관리의 중요한 목표이다. 기업이 품질에 눈뜨게 된 계기에서부터 전사적 품질경영까지 살펴보기로 한다.

품질관리 운동

품질에 대해 초기에는 생산의 결과로 보고, 생산 후 불량품을 찾아내는 것이 주 작업이었다. 품질관리는 생산공정의 마지막 단계에서 결과를 확인하는 게 아니라 생산의 시작에서부터 공정단계별로 품질에 초점을 둔 표준을 만들고 이를 관리하는 것이다.

일본 기업들은 품질관리를 위해 품질운동의 아버지라 불리는 데밍 박사의 데밍사이클에 의한 품질관리기법을 받아들였다. 데밍사이클의 단계는 PDCA, 즉 계획(Plan), 실행(Do), 검토(Check) 및 조치(Act)의 사이클을 따라서 잠재적인 결함을 미리 찾아내서 조치를 취하는 것이다. 또한 일본 기업들은 생산현장의 종업원들이 품질분임조(QCC: quality control circle) 활동으로 품질개선과 생산성 향상의 아이디어를 발굴하여 반영하였다. QCC는 원래 하루의 작업이 끝난 이후에 모여서 하는 비공식적 소집단 활동이었으나, 기업들이 이에 대해 지원을 하는 구조로 시행되었다. 일본식 집단주의의 발현으로 볼 수 있다.

품질의 개념

품질을 결정하는 기준은 제품과 서비스의 성능이 고객의 니즈와 기대를 충족하거나 초과하는 정도이다. 고객의 니즈와 기대는 여러 요소에 의해서 결정될 수 있으나 다음과 같은 차원으로 구성되는 것으로 볼 수 있다.

〈표 9-4〉 품질의 구성 차원[12)]

제품품질	서비스품질
• 성능(performance) – 제품의 주요 특성 • 심미성(aesthetics) – 외관, 느낌, 맛 • 부가적 특성(features) • 적합성(conformance) – 제품이 설계에 부합하는 정도 • 신뢰성(reliability) – 성능의 지속도 • 내구성(durability) – 제품의 수명 • 인지품질(perceived quality) • 서비스능력(serviceability) – 불만이나 수리의 처리 • 일관성(consitency) – 일정한 품질	• 편의성(convenience) – 서비스의 가용성 및 접근성 • 신뢰성(reliability) – 서비스를 믿음직하고 정확히 제공하는 능력 • 반응성(responsiveness) – 특수한 상황에서도 고객을 돕고 문제를 해결해주는 노력 • 시간(time) – 서비스 제공 속도 • 확신성(assurance) – 신뢰, 자신감의 전달 • 예의(courtesy) – 고객을 대하는 태도 • 일관성(consistency) • 기대(expectation) – 고객 기대 충족

좋은 품질의 이점은 제품과 기업에 대한 평판을 높여주고 높은 가격(premium price)을 책정할 수 있으며 고객의 만족과 충성도를 낳을 수 있다는 점이다. 품질은 불량률을 낮추기 때문에 생산성 증가로 이어진다. 그리고 판매가 확대되어 궁극적으로는 생산비용이 낮아질 수 있다. 반면에 품질 불량의 결과는 사업손실, 법적 책임, 생산성 저하, 생산비용의 증가로 이어진다. 특히 법적으로 제조물책임(product liability)에 봉착하게 되어 기업윤리 측면에서 기업이 큰 타격을 받을 수 있다.

전사적 품질경영

전사적 품질경영(TQM: total quality management)은 조직 차원에서 품질을 추구하는 것이다. TQM은 세 가지 접근법을 기본으로 한다.

첫째, 지속적 개선(continuous improvement)이다. 투입물을 산출물로 변환하는 프로세스에 관련된 모든 요소들을 지속적으로 개선하는 것이다. 품질은 단발성 노력이나 사후적인 검사로 가능한 게 아니라 끊임없는 지속적 개선의 노력으로 가능해지는 것이다. 일본 기업의 품질과 생산성에 집중한 끊임없는 개선을 카이젠(kaizen, 改善) 경영이라고 한다. 지속적 개선이 세계적으로 주목받게 된 계기이다.

둘째, 조직 내 모든 구성원의 참여(involvement of everyone)이다. 품질경영은 조직 내 품질관련부서(department of quality assurance)나 생산부문의 구성원만이 아니

12) 강종열 외 역(2022), pp. 390-391.

고 조직 전 구성원의 참여가 있어야 한다. 품질분임조와 같은 품질개선에 관한 팀 활동이 활성화되어야 하고, 모든 구성원이 품질에 대해 주의하고 문제해결에 집중하는 조직문화가 필요하다. 품질문제해결의 문화 또는 품질중시문화가 조직에 정착될 때 전사적 품질경영은 지속가능해진다.

셋째, 고객만족(customer satisfaction)의 목표이다. 품질은 고객의 니즈와 기대를 충족하는 정도로 정의된다. 따라서 고객의 기대를 정확히 파악하고 제품과 서비스에 반영하려는 부단한 노력이 요구된다. 기술적 우월성이나 기능의 복잡성을 추구하면서 고객의 기대와 무관한 산출물을 만드는 것은 품질경영의 올바른 노력이 아니다.

이상의 세 가지 기준 또는 원칙이 전사적으로 추진될 때 품질경영은 효과적일 수 있다. 그렇지만 TQM은 자회사 및 협력업체까지 해당한다. 토요타 품질경영의 비밀은 여기에 있다. 아래 기사를 보자.

경영사례

토요타 협력업체 공장에는 사무직관리자 · 품질검사 · 재고창고가 없다

日 토요타 협력社의 '3無경영'

한국 자동차산업은 앞이 보이지 않는다고들 한다. 하지만 일본은 분위기가 다르다. 토요타는 매 분기 사상 최대 실적을 기록 중이다. 토요타는 2010년 대규모 리콜 사태, 2011년 동일본 대지진 등 잇단 악재를 극복하고 최강의 자리를 지키고 있다. 그 비결에 대해 토요타에서 42년 근무한 오자와 게이스케 토요타엔지니어링 부사장은 "좋은 품질이 받쳐준 덕에 원가절감이 가능했다"고 했다.

토요타가 품질과 가격경쟁력을 동시에 확보할 수 있었던 것은 끊임없이 혁신한 덕이지만 또 다른 비결이 있다. 강력한 부품업체들이 있다는 점이다. 세계 최저 수준의 불량률을 기록하는 협력업체들은 일본 자동차산업 경쟁력의 강력한 인프라가 되고 있다. 완성차업체에 의존해 양적 경쟁에만 집중해온 국내 부품사들과는 다르다. 국내 부품사 대표들과 함께 토요타 협력사를 찾아 경쟁력의 비결을 살펴봤다.

토요타 협력업체의 불량률은 세계 최저 수준이다. 지난해 1,000억원의 매출을 올린 1차 협력사 미즈노철공소의 지난 8월 한 달간 평균 불량률은 0.022ppm(1ppm=0.0001%)이었다. 2차 협력사 미후네가 지난해 납품한 9,310만개 부품 중 불량 판정을 받은 제품은 48개에 그쳤다. 불량률이 2,000ppm을 웃도는 곳도 있는 현대자동차 1차 협력업체와는 비교할 수 없는 수치다. 지난주 방문한 일본 나고야시의 미즈노철공소와 토요타시의 미후네 공장에서 이런 품질력을 가능하게 한 힌트를 찾을 수 있다. 두 공장 모두에서 대학 출신 사무직관리자, 품질검수과정, 거대한 재고창고 등 세 가지가 없었다. (중략)

재고를 적게 가져갈 수 있는 배경은 토요타가 3개월 전 생산계획을 확정해주기 때문이다. 한 달 전 생산계획이 바뀌지 않을 확률은 99%, 두세 달 전 바뀌지 않을 확률은 80%다. 공정 내부에선 '간판 시스템'을 사용한다. 간판이라 부르는 손바닥 크기의 스티커에는 생산해야 할 제품 이름과 그림, 생산해야 할 양, 납품회사 이름이 적혀 있다. 생산 단위는 최대한 작게 나눈다. A사에 500개를 납품해야 한다면 50개가 적힌 간판 10개를 사용하는 식이다. 미후네 관계자는 "한국처럼 정확한 생산 지시 없이 하루 종일 생산한 제품을 일단 거대한 상자에 담는 식으로는 재고를 완벽하게 관리할 수 없다"고 지적했다.

[자료: 한국경제(2018.10.30)]

그렇다면 우리나라 자동차회사들은 어떻게 하고 있을까? 현대·기아차는 세계 최대의 자동차 시장인 미국에 진출한 지 35년 만에 2021년 매출에서 혼다를 제치고 5위 판매의 실적을 올렸다. 현대차와 기아는 합산해서 2021년에 미국에서 148만 9,118대를 판매해 역대 최대 기록을 새로 썼다. 전년 대비 판매량이 21.6%(26만 4,360대) 급증하였다. 1986년 엑셀을 수출하면서 미국에 진출할 당시 혼다와 브랜드 발음, 로고가 비슷해 '혼다 짝퉁이냐'는 취급을 받기도 했지만 당당하게 혼다(146만 6,630대)를 넘어섰다. 2023년에는 GM, 토요타, 포드에 이어서 4위로 올라섰다. 현대차 판매량은 870,370대, 기아 판매량은 782,451대로 합산 165만 2,821대, 시장점유율 11%를 차지하였다.

이 같은 성공은 현대·기아차가 20여 년간 매진해온 품질경영으로 인한 것이다. 현대차와 기아는 품질경영을 통해 글로벌 자동차기업으로 위상을 굳혔다. 아래에 그 내용을 정리하였다.

경영사례

현대·기아차의 품질경영 스토리

현대차는 1995년부터 가격경쟁에 의존한 시장경쟁에 한계를 느끼고 품질관리에 주력하기 시작한 것으로 알려져 있다. 그러나 본격적으로 품질경영을 시작한 것은 정몽구 회장의 취임 이후이다. 정몽구 현대·기아차 회장은 1999년에 취임하면서 '품질경영'을 제1의 경영목표로 내세웠다. 2002년 3월에는 본사에 품질총괄본부를 만들었고, 2003년 2월에는 북미 및 해외 품질조직을 신설해 정비와 품질 부문 전체를 관리하도록 했다. 그리고 매월 품질, 연구개발, 생산, 구매 임원이 모여서 품질회의를 하였고, 품질개선을 위해 여러 방안을 하나씩 점검했다. 최고경영자의 의지와 실행력으로 품질문화가 정착되게 되었고, 과거에 빨리빨리 저렴하게 만들려는 생산문화를 변화시켰다. 품질교육체계를 정립하여 품질대학을 만들고 글로벌 품질전문가를 양성하였다. 종업원들의 품질의식을 내재화시키려 노력하였고 이는 기업문화가 되었다. 이로써 잦은 파업에도 불구하고 품질의식의 루틴화로 인하여 품질을 유지할 수 있었다.

현대차는 2000년 9월 "2005년에 세계 5위의 품질을 확보하고, 2010년에는 5대 자동차업체로서 거듭나도록 하자"는 GT-5(Global Top 5) 비전을 발표하였다. 1999년에 시작된 미국시장에서의 '10년 10만 마일'의 품질보증을 현재까지 20년 넘게 유지하고 있다. 당시 포드와 GM이 3년·3만 6천 마일, 토요타가 5년·6만 마일을 보장하는 것과 비교해 파격적인 조치였다. 이제 현대·기아차의 '10년 10만 마일'은 품질에 대한 자신감의 상징이 됐다. 2008년에 현대·기아차는 창조적 품질경영 추진과 무결점 품질혁신활동을 통해 'GQ(Global Quality)-3355'를 달성하겠다는 선언을 하였다. 'GQ-3355'는 글로벌 제품품질은 3년 안에 세계 3위권, 브랜드 인지 품질은 5년 안에 세계 5위권 진입을 목표로 하는 것이다.

현대·기아차는 2000년 당시 북미에서 현대차 브랜드는 34위, 기아차 브랜드는 37위에 머물러 있었는데, 2013년에 세계 10위의 브랜드가 되었다. 이즈음부터 현대·기아차는 자동차 품질평가에서 높은 순위를 달성하기 시작했다. 2015년, 2016년에는 현대·기아차의 여러 브랜드가 1~5위권의 순위에 들게 되었다. 저가 자동차를 팔았던 현대·기아차가 이제는 품질로 세계시장을 이끌어가고 있다. 품질이 경쟁력이라는 것을 보여주고 있다.

[자료: 현대·기아차 비전 및 품질경영 관련내용 정리]

현대차·기아, 미국 '2022 최고의 고객가치상' 최다 수상

차종별 11개 부문 중 6개 수상, SUV선 5개 부문 모두 거머쥐어

현대자동차와 기아가 미국에서 '고객에게 최고의 가치를 제공하는 차' 타이틀을 석권했다. 현대차·기아는 미국의 권위 있는 시사주간지 'U.S.뉴스&월드리포트'가 발표한 '2022 최고의 고객가치상(Best Cars for the Money Awards)' 차종별 11개 부문에서 6개 부문을 수상하며 가장 많은 상을 받은 브랜드의 영예를 안았다고 23일 밝혔다.

최고의 고객가치상은 품질과 상품성뿐 아니라 신차와 중고차 가격, 유지비까지 평가해 종합적으로 우수한 차량에 주어지는 상이다. U.S.뉴스&월드리포트에 따르면 각 차량의 품질과 상품성은 자동차 전문매체들이 분석한 주행성능, 승차감, 안전성, 내장, 기술 및 편의사양, 연결성, 연비, 적재공간 등의 요소를 고려해 평가했다.

차량의 경제적 가치는 수리비, 연료비, 보험료 등 5년간 차량 유지에 들어가는 총비용과 현재 거래되는 중고차의 가격 등을 비교 평가해 산정했다. 현대차와 기아는 특히 SUV 분야에서 5개 부문 모두 최고의 차로 선정되며 경쟁사들을 압도했다. 중형(2-Row) SUV와 대형(3-Row) SUV 부문에서 각각 현대차 싼타페와 기아 텔루라이드가 수상했고, 준중형 SUV와 소형 SUV 부문에서는 현대차 투싼과 코나가 1위로 뽑혔다. (하략)

[자료: 매일경제(2022.1.23)]

한걸음 더

- 전기차로의 패러다임 전환을 앞두고 현대·기아차의 품질경영은 계속 경쟁력의 원천이 될 수 있을까?
- 탈 내연기관의 시대에도 현대·기아차의 경쟁우위는 지속가능할까?

ISO 9000과 ISO 14000 표준

국제표준화기구(ISO: International Organization for Standardization)는 제품과 서비스의 세계적인 표준을 제정하고 권장하고 있다. ISO 9000은 품질인증이다. ISO 9000 인증을 받기 위해서는 기업들은 품질절차를 문서화하고 현장평가를 받으며 일련의 조사과정을 거쳐야 한다. 인증을 위해서 기업들은 필수적으로 공정관리, 검사, 구매, 포장, 배송 등에서 품질기준을 통과해야 한다. 국제적으로 공급업체를 찾는 기업들은 ISO 9000 인증을 받은 기업을 선호한다.

ISO 14000은 환경관리 인증이다. 기업의 환경적 유해성을 평가하는 일련의 국제적 표준이다. 생산과정에서 환경오염을 확인하고 관리시스템이 잘 구축되어 운영되고 있는지를 평가한다. 구체적으로는 1) 경영시스템(management systems)에서 환경에 대한 책임이 통합되어 있는지, 2) 생산운영(operations)에서 자원과 에너지 소비가 적정하게 이루어지고 있는지, 3) 환경시스템(environmental systems)이 구축되어 배기가스, 오폐수, 기타 폐기물에 대한 측정, 평가 및 관리가 잘 되고 있는지를 평가한다.

품질인증과 환경인증은 생산자의 자격이기도 하지만 소비자(고객)에게 주는 메시지이다. 소비자와 생산자 간의 정보비대칭을 줄여서 소비자 피해를 방지하기 위한 것이다.

3.2 공급사슬관리

기업의 경쟁력과 품질은 자사의 자원과 능력뿐만 아니고 공급자의 능력과 자원, 그리고 공급자와의 관계에 의해서도 큰 영향을 받는다. 이에 공급자 관리가 중요하게 되었는데, 개별 공급자가 아닌 공급자 전체에 대한 전략적 접근이 필요하게 되었다.

공급사슬관리의 개념

공급사슬관리(SCM: supply chain management)는 공급과 수요의 관리적 통합을 목적으로 전체 공급사슬 전반에 걸친 비즈니스 관계를 전략적으로 조정하는 것을 말한다. 주요 활동은 원자재와 부분품의 구매와 조달, 변환 및 물류의 활동을 계획하고 조정하는 일이다.

공급사슬(supply chain)이란 공급업체로부터 자재를 구입하여 이를 중간재와 최종재로 변형시키고 이들 제품을 최종소비자에게 공급하는 데 관련된 모든 활동의 통합이다. 즉, 공급사슬이란 공급업체, 제조업체, 유통업체, 고객 사이의 모든 상호작용을 의미한다. 공급사슬은 제품/서비스가 공급사슬을 통해 진행할 때 가치가 부가된다는 가치사슬(value chain)과도 동의어로 사용된다.

SCM은 모든 공급사슬 내의 여러 활동들을 조정하고 통제하는 것을 의미한다. 공급사슬 내부의 자재, 제품, 서비스, 정보의 흐름을 총비용은 낮추면서 고객의 요구를 만족시키도록 관리하고 조정하는 것이다. [그림 9-7]에서처럼 기업의 가치사슬은 서로 연계되어 있다. 이때 다수의 공급자들과의 관계를 계획하고 변화시키고 조정하는 것이 SCM이다.

SCM의 중요한 측면은 흐름(flow)에 관한 관리이다. 세 가지 중요한 흐름은 제품과 서비스의 흐름, 정보의 흐름, 재무자원의 흐름이다. 제품과 서비스의 흐름은 공급자에서부터 고객으로의 이동은 물론 서비스 요구나 반품처리로 인한 역물류(reverse logistics)를 포함한다. 정보의 흐름은 예측 및 판매데이터 공유, 주문전송,

[그림 9-7] 가치사슬의 연계시스템

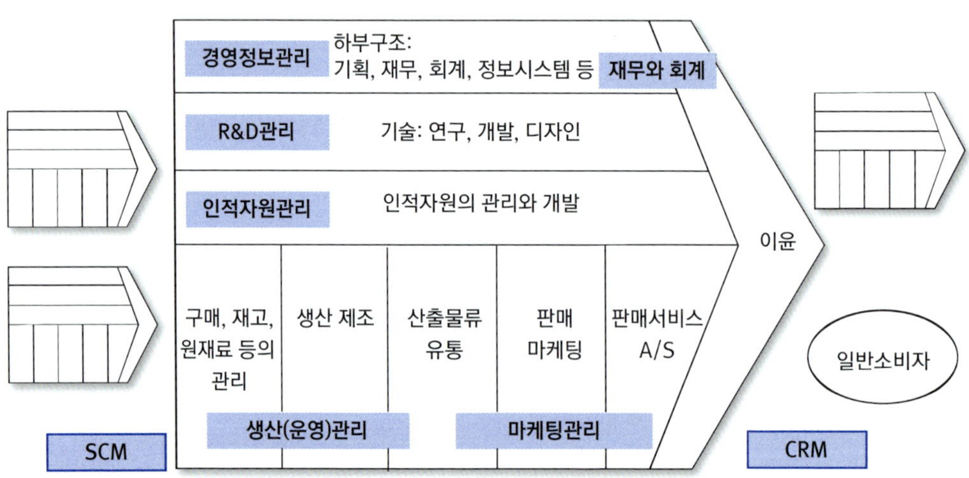

출하 및 물류이동 정보, 주문상태 업데이트 등을 포함한다. 재무의 흐름은 신용장 처리, 지불, 소유권처리 등 재무자원의 이동을 포함한다.

SCM은 전략적 가치를 높이는 데 기여할 수 있다. 공급자의 자원과 능력을 최적화하고, 필요시 지원과 투자를 통해 능력 강화를 통해 장기적 경쟁력을 높이는 것이다. 또한 공급사슬 전체의 투자수익률을 높이기 위해 직접생산과 아웃소싱의 비율을 조절할 수 있다. 의류업체 Zara는 SCM을 통하여 1주 두 차례씩 소량 제품을 자주 가져다 놓는 전략으로 성공을 거두었다. 소비자가 '다음 주' 상품을 기대하게 되었기 때문이다.

경영사례

자라의 '속도 우선 공급망관리(SCM)'

1975년 스페인 라 코루냐에서 문을 연 '자라(Zara)'는 2013년 87개 나라에 2,000개 가까운 매장을 가진 세계적 의류 브랜드로 성장했다. 이른바 SPA라 불리며 기획부터 생산・물류・유통을 직접 맡아 하는 패스트패션(Fast fashion) 산업의 대명사다. 지난해 105억 유로(약 15조 1,900억원) 매출을 올린 자라는 올해 110개 매장을 추가로 열었다. (중략)

비싼 공급망… '빠른 속도'에 중점 = 자라의 SCM은 의외로 단순하고 명료하다. 비용보다 속도를 중시한다. 광고를 거의 하지 않는 대신 그 돈을 생산과 물류에 쓴다. 세계 수천 개 매장 매니저는 1주일에 두 번 주문을 넣는다. 옷은 기차나 배보다 비행기나 트럭으로 신속하게 조달된다.

공장의 50%는 본사가 있는 스페인 혹은 근방에 위치했다. 대부분 의류회사가 주로 외주를 맡기는 디자인부터 창고관리, 유통과 물류를 직접 운영한다. 공장이 곧 물류센터다. 생산된 셔츠, 스웨터, 드레스가 지하 모노레일을 자동으로 지나 물류센터로 이동하는데 트랙 길이만 124마일에 달한다고 한다. 근처 협력업체 중 몇몇은 1975년 자라 설립 당시부터 함께 해 손발이 척척 맞는다. 포브스는 이렇듯 수직계열화로 묶인 생산-물류-유통 전략을 "사람들이 원하는 것을 만드는 힘"이라 표현했다. (중략)

소비자 반응 수시 수렴… '낡은 IT'로 최고 속도를 = 소비자 반응을 빠르게 감지해 반영하는 디자인부터 생산, 물류에서 매장까지 2주 내 도달하는 자라의 속도는 이미 정평이 나 있다. 200명 이상 디자이너가 연 3만개 의류 아이템을 내놓지만 재고회전율이 업계 평균값의 3~4배인 연 12회 이상이다. 안 팔리는 아이템이 10%에 불과해 의류업계 평균치인 17~20%의 절반 수준이다. 원하는 것을 제때 만드는 능력이 뛰어나다는 말이다. (하략)

[자료: 전자신문(2013.12.22)]

근래에는 공급사슬 '녹색화'를 추진하기도 한다. 제품의 재설계, 포장감소, 물류 최소화 등을 통해 환경불경제를 줄이고 '녹색(green)' 공급자를 선택할 수 있다. 이때 ISO 9000 및 ISO 14000 인증기업을 선정하는 것이 도움이 된다.

글로벌 공급사슬관리

다수의 산업에서 기업은 글로벌 공급망(global supply chain)에 연결되어 있다. 글로벌 네트워크 조직은 대표적인 예이다. 글로벌 공급사슬관리(Global SCM)는 전 세계 시장을 대상으로 최적화된 공급자관계를 구축하고 관리하는 것이다. 이는 기존의 SCM에 부가적인 복잡성을 가져다준다. 환율변동, 관세, 운송비용, 그리고 국제정치의 불안정성 등이다. 이와 같은 요인들 때문에 위험관리가 글로벌 SCM의 중요한 측면이 되었다.

애플의 생산방식이 아웃소싱을 통한 위탁생산방식임을 살펴보았었다. 이는 글로벌 공급망으로 얽혀 있다. 따라서 미중 간의 무역분쟁에서 비롯된 글로벌 공급망의 교란은 코로나 팬데믹 이후에 더 복잡한 상황으로 진전되었다.

경영사례

전 세계 잇는 부품 공급망의 위기

글로벌 기업 볼모로 한 '의리 없는 전쟁' 시작됐다

'Designed by Apple in California, Assembled in China' 애플의 모든 제품 뒷면에는 이 글귀가 붙어 있다. '캘리포니아에 있는 애플이 디자인하고 중국에서 조립했음.' 글로벌 공급망을 활용해 완제품을 만들어 파는 애플의 생산방식을 대표하는 문장이다.

실제로 애플의 아이폰은 세계 43개국에서 생산한 부품으로 완성된다. 시장조사업체 IHS마킷에 따르면 최신 스마트폰 모델 '아이폰 XS 맥스'의 부품 원가별 국가 비중은 한국(32.9%), 미국(30.7%), 일본(13.5%), 대만(2.1%) 순이다. 이런 식으로 제품을 생산하는 곳은 애플뿐만이 아니다. 세계 생산공장과 공급망구매 정보를 활용해 제조원가를 줄이고 생산성을 높이는 '소싱' 방식은 현대 기업경영의 상식으로 통한다.

그런데 2019년 이 글로벌 '상식'이 흔들리고 있다. 지난해 4월 도널드 트럼프 미국 대통령이 시작한 보호무역주의 신호탄은 미·중 무역전쟁을 넘어 한·일 통상 전쟁으로까지 이어지고 있다. 일본 정부는 7월 1일 한국 반도체 핵심 소재 3종(고순도 불화수소, 감광액, 플루오린폴리이미드)에 대한 수출 규제를 발표한 데 이어, 7월 24일 이후 한국을 화이트리스트(수출 절차를 간소화하는 우방국 명단)에서 제외할 계획이다. (중략)

경제 상황은 혼란스럽다. 얽히고설킨 공급관계 탓에 한쪽의 일방적인 승리로 끝날 가능성은 적다. 실제로 반도체 생산 핵심 소재인 감광액 수출 규제로 삼성전자의 생산 일정이 차질을 빚을 수 있지만, 동시에 일본의 무라타·히타치·교세라 등도 타격을 입을 수 있다. 삼성전자가 생산하는 스마트폰과 가전제품에 이들이 공급한 부품이 상당수 들어가기 때문이다.

애플 역시 마찬가지다. 삼성디스플레이·LG디스플레이로부터 납품받는 유기발광다이오드(OLED) 패널 생산의 핵심 소재는 플루오린폴리이미드다. 애플의 생산이 타격을 입으면 다른 부품처인 재팬디스플레이(JDI)·TDK·도시바·파나소닉 등의 매출에도 영향이 있다. 또 다른 한편에서 애플은 미·중 무역전쟁 장기화에 대비하기 위해 중국 생산량의 15~30%를 해외로 분산하는 작업을 진행 중이다. 복잡한 글로벌 공급망 관계를 단적으로 보여주는 사례다. (하략)

[자료: 조선이코노미(2019.7.22)]

한일 간 반도체 소재 공급망 분쟁의 사건

글로벌 공급망은 경제적 이유가 아닌 정치적 동기와 국제관계상의 분쟁으로 인해 뒤흔들려지는 경우가 많다. 미중 간의 무역분쟁으로 인한 관세 부과 및 기업 규제는 그 대표적인 사건이다.

우리나라의 경우에 반도체 산업에서 일본 소재기업의 소재공급이 중단되는 사태가 그 주요 예이다. 이는 한일 간 정치적 분생으로 인히여 글로벌 공급망에서 일본 정부가 국가전략 차원의 조치를 취한 사건이다. 당시의 신문기사를 보자. 주요 논점은 우리가 큰 위협에 처할 수 있으리라는 우려였다.

경영사례

日의존도 90% 넘는 화학·기계·車부품·비금속 '초비상'

현대경제연구원에 따르면 화학·기계·자동차 부품·비금속 등 48개 주요 수입 품목의 경우 지난해 기준 전체 수입액 중 일본 수입액이 차지하는 비중이 90%가 넘는 것으로 나타났다. 대기업 관계자는 "일본이 허가받으라면 모두 받아야 하고, 허가 여부는 '코에 걸면 코걸이 귀에 걸면 귀걸이'가 되는 상황"이라며 "일본이 비관세 장벽 무기를 통해 한국 기업 명줄을 쥐게 됐다"고 말했다. 기업들은 일본의 규제 범위와 방식에 따라 몇 달 안에 공장을 세워야 할지도 모르는 최악의 상황까지 우려하고 있다. 10대 그룹 임원은 "지난달 1일 일본 정부가 반도체·디스플레이 핵심 부품 수출 규제를 발표했을 때부터 가장 우려했던 일이 벌어졌다"고 말했다.

비상 걸린 한국 대기업

LG화학 · SK이노베이션 · 삼성SDI 등 국내 전기차 배터리 3사(社)는 지난달 말 율촌화학 · BTL첨단소재 등 국내 배터리 파우치필름 제조사와 접촉에 나섰다. 우리나라 배터리 제조사는 배터리를 감싸는 핵심 부품인 파우치 필름을 전량 일본 업체에서 수입해왔는데 화이트리스트 규제가 현실화하자 부랴부랴 국내외 생산업체와 접촉하면서 총력전을 펼치고 있는 것이다. 하지만 업체 관계자는 "제품 테스트를 해보니 국내 · 중국산은 품질이 낮아 대체가 사실상 불가능해 난감하다"고 말했다. 현재 전 세계에서 A급 파우치를 생산하는 기업은 일본 DNP와 쇼와덴코뿐이다. (중략)

반도체 · 스마트폰 부품 재고 확보 총력

일본의 대(對)한국 규제 강화에 가장 촉각을 곤두세우는 곳은 반도체 업계다. 이미 3대 핵심 소재 수출 규제로 한 방 얻어맞은 반도체 분야에서는 원판인 웨이퍼, 반도체에 회로를 그릴 때 필요한 마스크 등의 핵심 소재까지 수출이 규제될 가능성이 높다. 현재 일본의 신에쓰와 섬코가 웨이퍼 세계 시장점유율 57%를 차지하고 있다. 반도체 업계 관계자는 "삼성전자 · SK하이닉스 등이 일본 법인과 구매팀을 총동원해 일본이 어떤 소재를 추가 규제할지를 알아보고 있다"며 "일본산 외에 다른 소재 구입처도 찾고 있다"고 말했다. (하략)

[자료: 조선일보(2019.8.2)]

분쟁의 결과를 보면 부분적으로는 위기를 넘긴 상황이 전개되었다. 이를 계기로 우리나라에서도 소재 및 장비 산업의 중요성이 부각되었고, 특히 이를 담당하고 있는 코스닥 중소기업의 중요성이 크게 부각되었다. 이로써 반도체 소부장(소재, 부품, 장비) 산업이 발전할 수 있는 계기가 되었다.

한걸음 더

- 국가 간 정치적 및 경제적 분쟁, 그리고 코로나 팬데믹으로 인하여 글로벌 공급망의 위기가 모든 산업에서 발생하였다. 기업은 어떤 전략적 대응을 해야 할까?

REFERENCE 참고문헌

강종열 · 김길선 · 김태호 · 박경수 · 윤상흠 · 이순희 역(2022), 『생산운영관리』, 지필미디어(원서: W. J. Stevenson, *Operational Management*, McGraw-Hill).

이재규 역(2002), 『21세기 지식경영』, 한국경제신문사(원서: P. Drucker, *Management Challenges for the 21st Century*, 1999).

현영석 · 정규석(2014), "현대와 토요타의 품질 위기와 극복", 『한국품질경영학회지』, 42(1), pp. 91-110.

Abernathy, W. J. & Wayne, K.(1974), "Limits of the Learning Curve," *Harvard Business Review*, 52(September), pp. 109-119.

Spear, S. & Bowen, H. K.(1999), "Decoding the DNA of the Toyota production system," *Harvard Business Review*, 77(Sept.-Oct.), pp. 97-106.

▨ [추천 교재]

강종열 · 김길선 · 김태호 · 박경수 · 윤상흠 · 이순희 역(2022), 『생산운영관리』, 지필미디어(원서: W. J. Stevenson, *Operational Management*, McGraw-Hill).

CHAPTER 10

마케팅관리

이 장의 구성

FUNDAMENTALS OF MANAGEMENT

이 장에서는 기본(본원적) 가치활동으로서 마케팅관리를 다루었다. 기업의 형성이 생산과 판매의 조직화에서 비롯되었음을 제2장에서 살펴본 바와 같다. 마케팅 콘셉트는 판매의 개념에서 진화한 것이다. 기업이 시장을 대하고, 고객을 맞이하고, 경쟁자를 상대하는 원리와 철학과 방법이다. 1절에서는 마케팅 콘셉트의 진화와 마케팅전략을 공부한다. 2절에서는 마케팅관리의 4P에서 주로 계획에 해당하는 제품관리와 가격결정에 대해서 설명하였다. 3절에는 주로 실행에 해당하는 유통관리와 촉진활동을 다루었다.

- 마케팅관리의 주요 내용을 알아보자.
- 마케팅전략을 이해하자.
- 마케팅관리의 네 가지 도구인 제품, 가격, 유통, 촉진에 대해 알아보자.
- 새로운 마케팅 조류를 알아보자.

1. 마케팅 콘셉트와 전략

마케팅은 기업의 영업활동을 통하여 수익과 이익을 창출하는 핵심활동이다. 가치사슬에서 생산과 판매의 기본활동을 이루는 중심이다.

1.1 마케팅 콘셉트의 진화

만들어서 파는 과정이 기업의 기본활동이다. 그런데 시대의 흐름에 따라 만드는 것과 파는 것의 중요성과 방법에 변화가 생겼다. 생산활동에 변화가 있듯이 마케팅도 진화과정을 거친다.

생산의 시대에서 판매의 시대로

산업사회 초반에 기업은 생산에 집중하였다. 생산능력 부족으로 방대한 수요가 충족되지 못하던 시기이었기 때문에 생산량을 늘리면 더 많은 제품을 팔 수 있었다. 생산기술의 발전에 따른 대량생산시스템은 '생산의 시대'를 열어주었다.

대량생산을 통해서 기업은 자본주의 사회의 번영을 열어줬다. 생산기술, 생산시스템, 그리고 생산성의 시대에 판매에서 중요한 것은 유통물류와 상품재고의 관리였다. 경영목표도 생산목표에 초점을 두었다.

대량생산기술은 생산의 시대를 열어주었지만, 동시에 공급이 수요를 초과하는 일이 점차 생기기 시작하였다. 1920년대에 대량생산시스템이 완성되자 산업계 전반에서 기업의 공급능력을 어떻게 늘릴 것인가에서 생산제품을 어떻게 팔 것인가의 문제가 부각되었다. 1930년대부터 시장의 권력이 생산기업인 판매자로부터 소비자인 구매자로 이동하기 시작하였다. 판매자 시장(seller's market)이 구매자 시장(buyer's market)으로 바뀌게 되었다. 기업들은 판매방식과 제품 광고에 노력을 기울이게 되었다.

이 기간에 제품 개념이 탄생하였다. 제품을 잘 만들고 잘 알려야 팔린다는 인식이 생겼다. 생산의 효율성과 생산과정의 관리와 효율성에 놓인 초점이 '좋은 제품'의 판매로 이동한 것이다.

마케팅 콘셉트와 마케팅의 시대로

자본주의의 번영은 제2차 세계대전이 끝나고 다시 시작되었다. 전쟁이 없는 안정된 시기에 기업들은 경제적 활동에 집중하였고, 소비 측면에서도 제품과 서비스에 대한 수요가 폭발적으로 증가하였다. 전후세대인 베이비부머들이 출생하였고 이에 관련한 소비시장도 커졌다. **'소비의 시대'**가 온 것이다. 이때 기업들은 사업기회를 얻기 위해 소비자의 마음을 얻고 구매를 이끌어내는 방법을 찾아야 했다. 본격적인 시장경쟁의 시대가 도래하였다.

오늘날의 마케팅은 1950년대에 소비자의 필요에 대응하고 시장경쟁에서 이기기 위한 노력으로 시작되었다. 마케팅 콘셉트(marketing concept)가 생겼고, 이는 세 부분으로 구성된다.[1)]

① **소비자의 욕구 충족**: 사람들은 무엇인가를 원한다. 이를 필요 또는 욕구(needs)라고 한다. 마케팅은 이러한 소비자의 욕구를 찾아내고 충족시키는 활동이다.

② **고객의 만족과 가치**: 팔면 끝나는 게 아니다. 마케팅은 제품과 서비스를 구매한 고객이 만족할 수 있도록 해야 한다. 이로써 제품과 서비스에 대해 고

---

1) 안광호 외(2023), 정연승 외 역(2021) 참조.

객이 가치를 느껴야 한다. “당신이 만족할 때까지 우리는 만족하지 않습니다”라는 문구는 고객만족의 개념을 축약적으로 설명해준다. 고객의 만족과 가치를 위해서는 생산과 판매의 전 과정과 판매 후의 활동까지 통합된 조직적인 노력이 있어야 한다. 마케팅은 고객의 만족과 가치를 전달하는 과정의 통합된 활동이다.

③ **시장교환을 통한 가치 이전과 이익 달성**: 판매자와 소비자는 시장(market)에서 만난다. 소비자(consumer)는 기업의 제품과 서비스를 구매하면서 고객(customer)이 된다. 마케팅은 소비자가 시장에서 구매행동을 통해 적절한 가치를 획득하게 돕는 활동이다. 이로써 자사 고객의 가치를 높여준다. 기업이 시장경쟁을 통해 이익을 얻듯이 고객도 가치를 얻어야 한다. 마케팅은 기업의 경제적 이익과 고객의 가치를 치환하는 것이다.

이상을 종합하여 보면, 전통적인 판매(selling)의 개념이 잘 계획된 생산과정으로 만들어진 제품과 서비스를 시장에 가져다가 파는 것인 데 비해, 마케팅(marketing) 콘셉트는 고객의 욕구를 충족시키는 시장을 찾아내고 고객이 필요로 하는 제품과 서비스를 만들어서 파는 것을 의미한다. 판매가 ‘내부에서 외부로(inside-out)’ 이뤄지는 활동이라면 마케팅은 ‘외부에서 내부로, 그리고 다시 외부로(outside-in and inside-out)’ 이뤄지는 활동이다. 마케팅 개념의 도입으로 기업의 내부지향성이 외부지향성으로 변화하게 되었다.

마케팅의 확장: 고객가치중심 마케팅

마케팅의 가장 큰 특징은 고객 중심성이다. 판매자의 시대에는 고객의 중요성이 크지 않았다. 그에 비해 마케팅 콘셉트에는 고객이 중심에 있다. 1950년대부터 1980년대까지 계속 진화된 마케팅 콘셉트는 1990년대에 이르러 고객에 더 비중을 두고 확장되었다. 고객가치 지향의 마케팅 시대가 되었다.

고객가치중심 마케팅은 고객중심적 철학을 바탕으로 두고 고객가치 실현을 위해 마케팅의 하부 활동들을 정렬시키고 통합하는 마케팅 활동이다. 마케팅의 중심에 고객과 시장이 있다.

고객관계에 특별히 주목하여 관리하는 것을 고객관계관리라고 한다. 고객관계관리(CRM: customer relationship management)는 고객 중심으로 구매활동과 니즈를 파악하고 제품과 서비스를 더 적합하게 제공하여 고객의 충성도를 만들고, 장기적

[그림 10-1] 판매 개념과 마케팅 개념의 비교2)

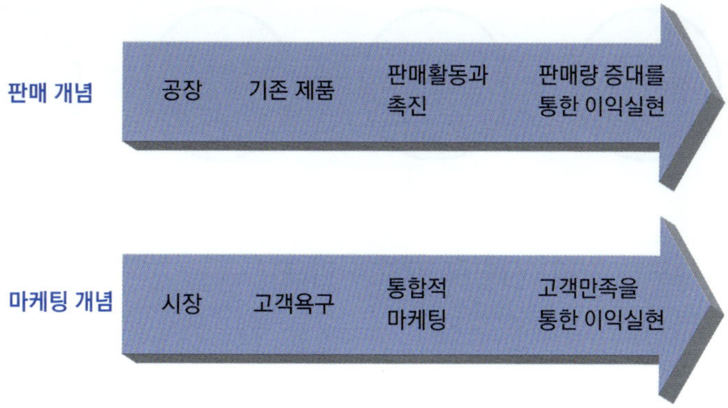

고객관계를 형성하는 마케팅 활동이다. CRM은 고객의 만족을 높이고 불만족을 능동적으로 처리하는 데 조직적으로 대응하는 것을 포함한다. 오늘날 IT기술과 데이터사이언스의 발달은 고객관계관리의 새로운 지평을 열어주고 있다.

고객관계 구축의 근간은 고객가치와 고객만족이다. 만족하고 가치를 얻은 고객은 충성고객이 되고, 충성고객의 반복된 구매로 기업은 수익을 얻는다. 고객이 구매한 제품을 통해서 느끼는 고객가치는 반복적인 구매의 유인이 된다. 고객가치(customer value)는 제품과 서비스로부터 얻게 되는 모든 편익(benefit)과 지불해야 하는 비용(cost) 간의 차이로 정의될 수 있다. 고객가치를 경쟁사의 제품과 서비스와 비교하여 상대적 개념으로 정의하는 경우가 있는데,3) 그 이유는 시장에서 고객은 항상 여러 기업의 제품 중에서 선택할 수 있으므로 가치를 상대적 비교에서 느끼는 것으로 본다. 고객만족(customer satisfaction)은 제품의 효능(성능)이 구매자의 기대에 일치하는 데서 오는 심리적 상태이다. 제품성능이 기대보다 좋으면 고객만족이 커지고 이는 재구매 의지를 높여준다.

---

2) 정연승 외 역(2021), p. 33.

3) 코틀러는 '지각된 고객가치(customer-perceived value)'를 중시하고, 특정 기업의 제품-서비스에 대한 편익과 비용의 차이를 경쟁사의 제품-서비스와 비교·평가한 것으로 정의하고 있다. 그런데 경쟁사와 비교한 지각이 고객가치에서 정말 중요할까?

[그림 10-2] 마케팅 개념의 진화

마케팅의 새로운 가치: 사회적 가치의 마케팅

새로운 시대에 마케팅 개념은 계속 진화하고 있다. 마케팅의 대가인 필립 코틀러(P. Kotler)는 기업의 사회적 책임이 마케팅에 반영되어야 한다고 보고, 사회적 마케팅 개념을 제안했다. 사회적 마케팅 개념(societal marketing concept)은 소비자 욕구, 기업의 목표, 소비자와 사회의 복리 간에 균형을 맞추어 마케팅 의사결정을 내려야 한다는 사고이다. 사회적 마케팅 개념은 소비자의 만족 및 가치와 사회의 복리를 일치시키려는 노력이다. CSR 활동과 CSV 경영은 사회적 마케팅의 기준이 된다.

한걸음 더

- 사회적 마케팅의 예를 찾아보자.

1.2 마케팅 전략과 계획

마케팅은 시장 접점의 활동이다. 따라서 마케팅전략은 기업의 경영전략 실행의 가장 강력한 프로세스가 된다.

마케팅전략과 경영전략

마케팅전략은 전사적 수준의 기업전략과 사업부 수준의 경쟁전략에 따라 수립된다. 마케팅전략(marketing strategy)은 경영전략에 따라 정의된 목표에 모든 마케팅 활동을 통합하여 고객가치를 창출하는 과정이다. 구체적으로는 어떤 고객을 대상으로(시장세분화와 목표시장의 선택) 어떻게 차별화된 시장제공물(market offerings)을 개발할 것인가(차별화와 포지셔닝)를 결정하는 것이다. 시장제공물은 고객의 욕구를 충족시키기 위해 시장에 제공하는 제품, 서비스 및 정보와 경험의 조합을 말한다. 마케팅전략의 수립자는 전체 시장범위를 파악하고 시장을 분석하여 유사한 특성을 가진 세분시장으로 구분하여 목표시장을 선택하여야 한다. 그리고 선택된 목표시장에서 고객들을 경쟁사보다 더 잘 만족시키고 더 큰 가치를 제공하는 방법을 고안해야 한다. 기업은 마케팅전략에 의거하여 4P(제품, 가격, 유통, 촉진)로 구성되는 통합적 마케팅 프로그램을 설계하게 된다.

마케팅전략의 프로세스

마케팅전략의 프로세스는 흔히 STP라고 부르는 시장세분화(market Segmentation), 표적시장 선정(market Targeting), 시장 포지셔닝(market Positioning)으로 구성된다.

시장세분화는 전체 시장을 비슷한 특성을 가진 사람들로 이루어진 그룹으로 구분하는 것이다. 전체 고객을 대상으로 하여 어느 누구에게도 충분한 만족을 주지 못하는 것보다는, 특정 고객집단별로 시장을 구분하여 각각의 시장에서 더 높은 수준의 가치와 만족을 제공하려는 것이다. 마케팅은 고객에 대한 철저한 이해에서 출발해야 한다.

시장세분화는 여러 기준으로 가능한데 그 방법은 <표 10-1>에 요약되어 있다. 각 세분시장이 기업의 마케팅 활동에 유사한 반응을 보인다면 시장세분화에 의한 마케팅 프로그램을 개발할 수 없다. 따라서 세분시장(market segment)은 기업의 마케팅 활동에 대해 유사한 반응을 보이는 집단으로 정의되어야 한다.

〈표 10-1〉 시장세분화의 변수

세분화	내용
지역적 세분화 (geographic segmentation)	• 시장을 지역에 따라 구분하는 것 • 주요 기준 : 국가, 국제지역, 도시권, 인구밀도(도시, 교외, 지방), 기후차이
인구통계학적 세분화 (demographic segmentation)	• 시장을 의미있는 인구통계변수로 구분하는 것 • 주요 기준 : 나이, 생애주기, 세대, 성별, 소득, 교육수준
심리특성에 따른 세분화 (psychographic segmentation)	• 시장을 라이프스타일과 개성으로 구분하는 것 • 주요 기준 : 라이프스타일, 가치관, 신념, 관심분야
행동적 세분화 (behavioral segmentation)	• 시장을 소비자의 행동특성에 따라 구분하는 것 • 주요 기준 : 사용상황(usage occasions), 사용률(usage rate), 추구 편익(benefit), 충성도(loyalty), 태도 등

표적시장 선정(시장표적화)은 각 세분시장의 매력도를 평가하여 특정의 표적시장(target market)을 선택하는 것이다. 표적시장은 하나 또는 복수의 세분시장을 포함한다. 첫 단계인 세분시장의 평가에서는 세분시장의 성장률과 규모, 경쟁구조, 기업의 목표와 자원－능력에 대한 분석이 이뤄져야 한다. 전략경영의 산업구조 분석, 산업매력도 평가 등과 유사한 방법들을 세분시장에 적용하여 분석한다. 두 번째 단계는 표적시장을 선택하여 차별적 마케팅전략을 수립한다. 차별적 마케팅(differentiated marketing)은 선택된 여러 세분시장을 공략하기 위해 각 세그먼트별로 서로 다른 제품들을 설계하는 것이다.[4] 세분시장의 특성에 따라 제품과 마케팅을 변화시켜 기업은 각 세분시장별로 더 높은 고객가치를 제공하고 더 많은 수익을 얻을 수 있게 된다. 한편 기업은 세분시장별로 차별적 접근이 큰 효과를 거두기 어렵다고 판단되면, 세분시장 간 차이를 무시하고 전체 시장을 대상으로 하는 비차별적 마케팅(undifferentiated marketing) 전략을 선택할 수 있다. 한편 기업은 작지만 수익성 있는 시장의 특정 부분을 찾아서 집중할 수 있는데, 이를 틈새 또는 니치 마케팅(niche marketing)이라고 한다.

기업은 경쟁자에 비해서 더 높은 가치와 더 큰 만족을 제공할 수 있는 시장을 선택해야 한다. 그러기 위해서는 세분시장의 특성도 중요하지만 자사의 경쟁우위 원천에 대한 평가가 함께 이루어져야 한다. 전략의 자원기반이론(RBV)이 주는 교훈은 자사의 내부에 자원－능력을 보유하지 않고는 경쟁자보다 장기적으로 더 높은 가치를 제공할 수 없으며 일시적으로 그러하더라도 지속가능하지 않다는 것이다. 매력적인 세분시장을 발견하더라도 기업 내부에 적합한 자원－능력이 없으면 경쟁우위 확보가 어려워진다. 한정된 자원으로 경쟁우위를 얻을 수 없는 시장에 진출하는 것은 비전략적이다.

시장 포지셔닝은 표적시장의 소비자에게 경쟁사와 비교하여 어떤 가치의 제공물을 제공할 것인지를 결정하는 것이다. 경쟁사보다 더 매력적인 제공물이어야 하므로 표적시장 선정단계에서 이미 포지셔닝 관련 의사결정이 내려져 있어야 한다. 포지셔닝은 말 그대로 시장에서의 위치이다. 가격경쟁과 차별화경쟁에서 어느 위치에 자리잡을 것인지를 의미한다. 경쟁사와 명확히 구분되는, 자사의 강점을 살

---

4) differentiated marketing의 번역인 '차별적 마케팅'은 '마케팅의 차별화'와 용어상 혼란이 있을 수 있다. 세분시장별로 다른 마케팅을 한다는 의미이므로 '세분시장별 구분 마케팅'이라는 뜻이다. 반면에 '비차별적 마케팅(undifferentiated marketing)'은 '세분시장 비구분 마케팅'이라는 의미이다. 비차별적 마케팅의 일환으로, 세분시장을 구분하지 않고 전체 시장에 대해 강력한 제품 차별화전략(differentiation strategy)을 택한다면 기업은 큰 수익을 얻을 수 있다.

린 포지셔닝이 효과가 있을 것이다. 경쟁전략 측면에서 마케팅의 힘이 잘 발휘되는 경우는 비용우위(cost advantage)보다 차별화우위(differentiation advantage)일 것이다. 이때 마케팅의 차별화(differentiation)는 탁월한 고객가치를 창출하기 위해 시장 제공물들을 경쟁사와 차이가 나도록 인식하게 하는 것으로 정의할 수 있다. 고객이 독특하다고(unique) 느끼지 않으면 효과가 없다. 고객의 지각이 중요하다(Perception matters!). 기업은 포지셔닝이 결정되면 목표소비자들에게 적극적으로 알려야 한다. 마케팅 프로그램이 포지셔닝전략을 뒷받침해야 한다.

한편 경쟁전략(사업부전략)에서 **차별화전략**(differentiation strategy)은 고객이 지불하는 추가가격(premium price)이 차별화 포인트를 만드는 데 들어가는 추가비용(additional cost)보다 더 클 때 차별화우위(differentiation advantage)가 있다고 보고 선택된다. 만약 추가가격이 추기비용보다 낮으면 차별화열위(differentiation disadvantage)가 있다고 정의한다. 또한 차별화우위가 내부 자원 - 능력에 기반하여 지속가능한(sustainable) 것이 중요하다. 마케팅 관점과 전략경영 관점 모두 중요하게 고려되어야 한다.

포지셔닝전략은 표적시장의 소비자에게 적합한 가치제안을 만들고 소비자의 마음속에서 경쟁제품 대비 명확한 위치를 만들어주는 것이다. 이때 가치제안(value proposition)은 브랜드가 차별화되고 고객에게 소통되어 전달되는 가치에 대한 함축적 표현이다. 기업이 포지셔닝에서 이기기 위해 사용할 수 있는 가치제안으로서 [그림 10-3]과 같은 다섯 가지 유형이 있다.[5] 예를 들어, 지위와 고상한 라이프스타일을 상징하는 명품들의 가치제안은 "더 비싸게 더 많은 혜택을(more for more)" 제공하는 방식이다.

마케팅 믹스의 개발과 실행

마케팅전략이 수립되면 기업은 마케팅 믹스를 구체적으로 계획해야 한다. 마케팅 믹스(marketing mix)는 4P로 일컬어지는 네 가지 마케팅 도구를 결합하는 것으로 마케팅전략을 성공시키기 위한 전술이다. 4P는 제품(product), 가격(price), 유통(place), 촉진(promotion)이다. 기업이 좋은 제품을 만들어도 가격이 적절하지 않으면, 또는 제품에 맞게 경쟁가격을 설정하지 않으면 팔리지 않을 것이다. 네 가지 관리요소들이 통합적으로 관리되어야 하는 이유이다.

---

5) 정연승 외 역(2021), pp. 242-244. 코틀러 외 저자들의 다섯 가지 가치제안이 잘 정리되어 있다.

[그림 10-3] 경쟁이 가능한 기본적인 다섯 가지 가치제안

혜택 \ 가격	더 비싼 가격	같은 가격	더 싼 가격
많음	더 비싸게 더 많은 혜택을	같은 가격으로 더 많은 혜택을	더 싼 가격에 더 많은 혜택을
같음			더 싼 가격으로 같은 혜택을
적음			훨씬 싼 가격으로 더 적은 혜택을

마케팅의 네 가지 도구는 표적시장의 고객에 따라 일관되게 구성되어야 한다. 효과적인 마케팅은 모든 마케팅 믹스의 구성요소를 잘 결합한 통합적 마케팅 프로그램(integrated marketing program)으로 구현하여 고객의 가치를 높이고 경쟁자 대비 높은 이익을 실현해야 한다. 기업의 마케팅역량 자체가 지속가능한 경쟁우위의 원천이 된다.

마케팅관리의 영역으로 일컬어지는 4P의 여러 내용과 기법은 실용학문으로서 마케팅을 대변해줄 만큼 광범위한 지식의 집합이다. 다음의 2절과 3절에서 4P의 내용을 축약해서 살펴보기로 한다.

[그림 10-4] 마케팅 믹스

한걸음 더

- 여행상품을 기획하여 판매한다고 하자. 표적시장을 선정하고 4P를 구성해보자. 그리고 본 장을 다 공부한 후에 위 작업을 다시 시도해보자.

2. 제품관리와 가격결정

이 절에서는 마케팅관리의 주 영역인 4P 관리에서 가장 전략적 의사결정에 해당하는 제품 및 서비스 개발과 가격결정 전략에 대해서 살펴보고자 한다.

2.1 제품과 서비스의 관리

마케팅관리의 출발은 제품을 정의하는 것이다. 제품관리는 오늘날 서비스산업이 크게 발달하여 제품과 서비스의 관리가 되었다.

제품과 서비스의 개념

제품(product)은 고객들의 욕구를 충족시킬 수 있는 대상물이다. 제품은 유형재(tangible product)이지만 물리적 속성만이 아니라 심리적 가치를 함께 품고 있다. 예를 들어, 맥도널드 햄버거를 사서 먹는데 미국문화와 맥도널드 브랜드의 이미지를 함께 구매하는 것이다. 이처럼 제품은 생산자와 소비자의 관점 모두에서 봐야 한다. 서비스(services)는 무형적이고 물리적으로 소유할 수 없는, 가치있는 활동과 편익을 말한다. 호텔, 항공, 통신 서비스 등이 그 예이다.

기업은 시장제공물(market offering)로서 제품과 서비스를 공급하는데 이 제공물은 대부분 제품과 서비스의 결합이다. 예를 들어, 고급 외식업체는 맛있는 음식을 제공하고 식당분위기와 고급서비스를 제공한다. 제품과 서비스가 결합된 모습이다. 한편 일반 음식업체는 맛있는 음식을 제공하지만 간단한 서비스를 제공하는 것에 그친다. 같은 외식업에 있지만 시장제공물의 구성방식이 다르고, 고객의 욕구충족 방식이 다르다. 또한 순수한 유형제품(pure tangible product)으로 치약, 비누, 휴지 등 일상용품이 있다. 이들 제품에는 서비스 기능이 거의 없다. 순수한 서비스(pure services)로는 금융서비스, 택배서비스 등이 있다. 이 양극단 사이에 유형제품과 서비스의 구성비율이 다양한 시장제공물이 있다.[6] 기업은 시장제공물을 통해 소비자의 욕구를 충족하고 경험을 만들어준다.

제품과 서비스의 차원

제품의 구성에는 세 차원이 있다. 가장 기본적인 것으로는 핵심편익(core benefit)으로서 제품의 본원적(본래적) 기능에 해당한다. 비누를 사는 이유는 씻기 위한 것이다. 제품 본래의 정의에 해당한다. 자동차나 오토바이를 구매하는 이유는 자율적인 이동성을 얻기 위한 것이다. 모빌리티 제품의 본원적 기능에 해당한다.

실제제품(actual product)은 제품의 편익을 실현하기 위한 물리적 요소들의 집합을 말한다. 제품의 성분, 구성물, 디자인(형태), 품질, 포장(패키징) 등이다. 제품 브랜드의 특성을 결정하는 요소들이고 브랜드명도 포함된다. 기업은 여러 유형의 제품을 만들고 서로 다른 브랜드를 시장에 제공한다. 소비자들이 할리데이비슨(Harley-Davidson) 오토바이를 구매할 때 이동편의성을 확보하기 위해서만 사는 것이 아니다. 이 제품의 고유한 특성과 브랜드 가치 및 이미지를 사는 것이다. 할리데이비슨 오토바이는 마초 이미지의 강한 남성성과 활동성을 보여주는 제품이다.

확장제품(augmented product)은 제품의 부가적 기능으로서 배달과 설치, 신용공여, 보증, 사용법 안내, 애프터서비스 등이다. 오래 쓰는 제품이나 서비스의 경우에는 구매 후 서비스가 중요하다. 자동차 보증 프로그램은 좋은 예이다. 소비자들은 종종 확장제품 요인으로 구매를 결정하기도 한다.

제품관리의 중요한 의사결정은 제품의 속성을 어떻게 만들 것인가의 문제다. 제품의 편익(benefits)은 품질, 기능, 스타일, 디자인, 패키징 등 다양한 요소에 의해 전달된다. 제품품질(product quality)은 품질수준과 품질의 일관성으로 판단된다. 품질수준은 제품성능(product performance)을 말한다. 성능품질(performance quality)이라고도 하는데 고급자동차, 고급시계 등은 우수한 성능품질을 자랑한다. 그러나 고가제품이기 때문에 단지 소수의 고객들을 목표로 하는 제품들이다.

기업은 표적시장 고객의 욕구와 경쟁자를 고려하여 품질수준을 결정해야 한다. 품질 일관성은 제품불량이 없는 것을 말한다. 고객이 기대하는 제품과 서비스의 효능을 일치시키는 것을 말한다. 가성비 제품은 가격 대비 성능품질이 좋다는 의미도

6) 마케팅에서 제공물 또는 시장제공물이라는 용어를 많이 쓰는 이유는 대부분 제품과 서비스의 결합 형태로 시장에 제공되기 때문이다.

[그림 10-5] 제품의 세 가지 차원[7]

있지만, 품질의 일관성이 높아서 기대를 충족시킨다는 의미이다. 품질은 고객의 가치를 만들어주는 가장 중요한 요인이다. 앞 장에서 품질경영을 살펴보았는데, 기업은 전사적 차원에서 품질을 중시하고 높은 품질을 만들기 위해 노력해야 한다. 품질 외에도 제품의 기능성을 비롯하여 다양한 제품특성을 구성하여 제품 고유의 이미지를 만들 수 있다. 개별 제품의 고유한 브랜드 의사결정은 후술하였다.

한걸음 더

- 주변에 있는 낯익은 제품을 정하고 위 세 가지 차원으로 분석하여 목록을 만들어보자.

제품과 서비스의 종류

제품과 서비스는 크게 소비재와 산업재로 구분된다. 소비재(consumer products)는 최종소비자가 개인의 소비를 위해 구입하는 제품과 서비스이다. 산업재(industrial products)는 추가적인 가공을 위해 생산자에게 제공되는 제품과 서비스이다.

이때 판매자와 구매자의 거래관계에 따라 '기업 대 소비자(B2C: business-to-consumer)' 사업과 '기업 대 기업(B2B: business-to-business)' 사업이 구분된다. 소비재를 판매하는 기업은 대부분 B2C 사업을 하게 된다. 반면에 산업재를 판매하는

---

7) 정연승 외 역(2021), p. 254 그림을 일부 변경하였음.

기업은 B2B 사업을 한다. 여기서 다소 미묘한 이슈가 있다. 예를 들어, 잔디깎기 기계를 판매하는 K사와 L사가 있다고 하자. K사는 일반소비자에게 판매하고 있으며, L사는 조경사업 업체에게 판매하고 있다. 이 경우 K사는 B2C 비즈니스, L사는 B2B 비즈니스를 하는 것이다. 이처럼 같은 제품이라고 하더라도 비즈니스 유형에 따라 마케팅 활동이 달라진다. 일반적으로는 고객의 유형에 따라 제품의 특성과 구색을 다르게 구성하는 게 일반적이다. 그리고 한 기업이 일반소비자와 기업고객을 동시에 상대하기도 한다.

소비재와 산업재의 구분

소비재에는 일상 생활용품에 해당하는 **편의품**(convenience goods), 제품특성을 고려해보고 간혹 구매하는 **선매품**(shopping goods), 제품의 독특한 특성이 있으며 소비자가 특별한 노력을 기울이는 **전문품**(specialty goods)이 있다. 이들 제품 유형에 따라 구매노력 정도, 구매정보 탐색, 구매빈도 등이 다르다. 대부분 상품가격에서도 차이가 크다.

산업재는 자재, 부품, 자본재로 구분된다. 자재(materials)는 생산의 투입물로서 가공정도에 따라 원자재(raw materials)와 구성원자재(component materials)가 있다. 철광석은 원자재이고 철강은 구성원자재이다. 부품(parts)은 최종제품을 만들기 위해 투입되는 것으로 물리적인 외형 변환이 안 되는 특성이 있다. 최종제품인 자동차를 만들기 위해 투입되는 자동차 범퍼나 타이어가 부품에 해당한다. 자본재(capital items)는 제품의 일부를 구성하지 않지만 생산공정에 투입되어 제품생산을 돕는 설비품(installation)과 보조장비(accessory equipment)를 말한다.

브랜드 관리

제품의 구성에서 세 차원의 요소들을 어떻게 가져갈 것인지가 중요하다. 개별 제품에 대한 의사결정을 브랜드 관리로 총칭할 수 있다. 브랜드(brand)는 특정 제품이나 서비스를 소비자에게 인식시키고 정체성을 부여하여 경쟁제품과 구별되게 해주는 명칭과 상징물의 집합체이다. 브랜드는 소비자의 제품 및 제품효능에 대한 지각과 느낌을 상징한다. 브랜드를 통해 소비자에게 제품과 서비스의 품질과 지위와 무형적 가치를 전달한다. 브랜드명이 가지는 힘이다. 이에 기업들은 브랜드의 명성을 유지하기 위해 애쓴다. 브랜드는 일반적으로 여러 수준으로 설명되며, 기본적인 물리적 속성이 기반을 형성하며, 그 기반에는 브랜드의 영혼 또는 핵심과 함께 유형적 이점, 정서적 이점, 브랜드 개성 특성이 있다. 효과적으로 관리된 일부 브랜드의 경우 100년 이상 수명을 갖고 있다. 그리고 해당 브랜드가 회사명으로 되어 있는 경우가 많다. 아래의 브랜드는 그 예이다.

오랜 수명의 브랜드와 출시 년도					
리바이스	1850년	하이네켄	1864년	코카콜라	1886년
필 립 스	1891년	펩시콜라	1898년	니 베 아	1911년
보 잉	1916년	아디다스	1920년	맥도널드	1937년

브랜드 관리(brand management)는 강력한 브랜드를 구축하여 브랜드 가치를 높이는 활동을 말한다. 브랜드 관리에는 브랜드 포지셔닝, 브랜드 네이밍, 브랜드의 믹스(브랜딩) 등의 활동이 있다. 브랜드에 기여하는 것은 브랜드전략과 브랜딩만이 아니다. 성공적인 브랜드는 효과적인 브랜딩(branding)에 더하여 고객이 인식하는 부가가치를 결합한다. 브랜딩은 기업의 경쟁전략의 핵심적인 위치를 차지한다.

브랜드 가치(brand equity)는 브랜드의 인지도와 브랜드 선호도 및 충성도 등의 무형적 가치를 의미한다. 브랜드 가치는 브랜드명(brand name)이 명기되면 나타나는 고객의 긍정적 반응을 이끌어내는 힘으로 볼 수 있다. 브랜드명이 없는 제품과 브랜드가 식별되는 제품 간에 고객이 보이는 반응의 차이가 브랜드의 힘의 크기이다.

경영사례

이마트 노브랜드

이마트는 2015년에 파격적으로 노브랜드 매장을 개설하였다. 소매 매장과 피자, 햄버거 등의 판매점포까지 운영하고 있다. 노브랜드 매장에서는 브랜드명이 없는 이마트 자체상품을 낮은 가격으로 판매하고 있다. 이러한 제품을 원래 유통업체가 직접 조달하는 자체상품(private brand)이라고 한다. 사실은 노브랜드가 아니라 유통업체 브랜드인 것이다. 생산자 브랜드에 대응하는 개념으로 판매자 브랜드라고도 한다.

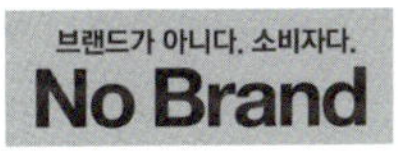

〈노브랜드 광고 문구〉

기업 수준의 브랜드 효과

브랜드 가치는 재무적으로 평가되기도 한다. 소비자가 브랜드에 대해 갖는 느낌과 브랜드와의 구매 의도 등을 재무적으로 평가하는 것은 쉬운 일이 아니다. 그렇지만 높은 브랜드 가치는 기업에게 경쟁우위를 가져다준다. 이에 개별 제품보다는 기업 수준에서 브랜드 가치를 평가하기도 한다. 기업 브랜드(corporate brand)는 해당 기업의 이름이 가져다주는 고객에 대한 긍정적 반응의 크기라 할 수 있다.

기업의 브랜드 가치는 마케팅 관점에서도 중요하지만 인수합병 등의 전략적 의사결정에서도 중요한 자료가 된다.

경영사례

글로벌 기업의 브랜드 가치 평가

아래에는 브랜드 가치 평가기관인 Brand Finance의 평가에 따른 글로벌 기업의 브랜드 가치가 나와 있다. 시가총액 기준의 기업가치 4대 기업인 애플, 마이크로소프트, 구글, 아마존의 기업브랜드 가치가 아주 높게 평가되고 있다. 특히 애플의 브랜드 가치는 5,165억달러인데, 이는 동사 기업가치의 15.5% 비중을 차지하고 있다. 브랜드 가치의 크기를 말해준다. 애플의 브랜드 가치는 전년 대비 74% 급증하였다. 마이크로소프트와 구글도 2023년에 비해 급증하였다. 우리나라 기업으로는 삼성전자가 높은 순위를 차지하고 있다. 20위 이내에 미국 기업과 중국 기업을 제외하고는 우리나라의 삼성, 독일의 벤츠와 도이치텔레콤이 있다. 아래 순위에는 없지만, 엔비디아(NVIDIA)의 브랜드 가치가 전년 대비 163% 급상승하였다.

2024	2023	Logo	Name	Country	2024	2023
1 ↑	2		Apple		$516,582M	$297,512M
2 ↑	4		Microsoft		$340,442M	$191,574M
3 =	3		Google		$333,441M	$281,382M
4 ↓	1		Amazon		$308,926M	$299,280M
5 ↑	6		Samsung Group		$99,365M	$99,659M
6 ↓	5		Walmart		$96,842M	$113,781M
7 ↑	10		TikTok/Douyin		$84,199M	$65,696M
8 ↑	14		Facebook		$75,716M	$58,971M
9 ↑	11		Deutsche Telekom		$73,321M	$62,928M
10 ↓	7		ICBC		$71,828M	$69,545M
11 ↓	8		Verizon		$71,754M	$67,443M
12 ↑	15		State Grid Corporation of China		$71,145M	$58,846M
13 ↑	26		Instagram		$70,443M	$47,439M
14 ↓	12		China Construction Bank		$65,604M	$62,681M
15 ↑	18		Starbucks		$60,669M	$53,432M
16 ↑	17		Agricultural Bank Of China		$60,398M	$57,691M
17 ↓	16		Mercedes-Benz		$59,436M	$58,797M
18 ↓	9		Tesla		$58,272M	$66,207M
19 ↑	35		Oracle		$53,099M	$39,574M
20 ↓	13		Home Depot		$52,768M	$61,053M

자료: BRAND FINANCE GLOBAL 500, 2024.

참고로 2015년 브랜드 가치 평가를 보자. 아래에서 보듯이 삼성그룹이 2위로 애플을 추격하는 위치에 있었다. 삼성이 그동안 선전하였지만 2020년대에 순위가 하락한 점이 아쉽다. 반면에 아마존의 상승이 가파르다. 흥미로운 점은 맥도널드, GE, 코카콜라, IBM 등의 기업이 20위 내에 있었으나, 이들 기업은 2020년대에는 더 이상 상위권에 들지 못하고 있다. 소비재 기업이나 전통 제조기업보다 신기술의 빅테크 기업이 주도하는 새 시대의 흐름을 읽을 수 있다.

2015	2014	Logo	Name	Country	2015	2014
1 =	1		Apple		$128,303M	$104,680M
2 =	2		Samsung Group		$81,716M	$78,752M
3 =	3		Google		$76,683M	$68,620M
4 =	4		Microsoft		$67,060M	$62,783M
5 =	5		Verizon		$59,843M	$53,466M
6 ^	7		AT&T		$58,820M	$45,410M
7 ^	9		Walmart		$56,705M	$44,779M
8 =	8		Amazon.com		$56,124M	$45,147M
9 ^	23		McDonald's		$52,909M	$26,047M
10 v	6		General Electric		$48,019M	$52,533M
11 ^	13		China Mobile		$47,916M	$31,845M
12 =	12		Coca-Cola		$35,797M	$33,722M
13 v	10		IBM		$35,428M	$41,514M
14 v	11		Toyota		$35,017M	$34,903M
15 =	15		Wells Fargo		$34,925M	$30,242M
16 ^	17		BMW		$33,079M	$28,962M
17 v	14		T (Deutsche Telekom)		$31,108M	$30,607M
18 ^	19		Volkswagen		$31,025M	$27,062M
19 v	18		Shell		$30,716M	$28,575M
20 ^	27		Walt Disney		$30,698M	$23,580M

자료: BRAND FINANCE GLOBAL 500, 2015.
https://brandirectory.com/rankings/global/table

제품믹스 및 제품라인 관리

기업의 제품구성은 사업부 단위에서 이루어진다. 사업부는 그 자체로 독립적이기 때문에 제품믹스와 제품라인에 대한 의사결정은 사업부 내에서 이루어진다. 예를 들어, CJ제일제당의 식품사업부에는 가정간편식사업 등 6개 사업제품군이 있다. 사업제품군별로 다수의 제품브랜드가 있으며, 동 브랜드에 한 개 또는 여러

〈표 10-2〉 CJ제일제당 식품사업부의 제품구성

사업제품군	제품브랜드
가정간편식사업	비비고(만두, 양념장, 장류, 김치), 햇반, 고메제품들
육/수산식품사업	더건강한(햄, 소시지, 어묵, 크랩), 맥스봉, 스팸
조미소스사업	다시다, 해찬들, 다담
건강식품사업	BYO유산균, 한뿌리(홍삼음료)
스위트너/제분/유지사업	설탕, 밀가루, 식용유
김/디저트/스낵사업	비비고 김류, 쁘띠첼

자료: CJ제일제당 홈페이지.

개의 제품이 포함되어 있다. 이처럼 복잡한 제품구성을 갖고 있는데 사업, 제품라인, 제품 등의 개념이 혼재되어 있음을 알 수 있다. <표 10-2>에는 CJ제일제당 식품사업부의 사업 및 제품의 구성이 요약되어 있다.

한편 CJ제일제당은 BIO사업부문을 갖고 있는데 하위 사업부로 식품아미노산사업, 식품조미소재사업, 사료아미노산사업, 사료식물고단백사업, 사료생산사업, 축산사업이 있다. 이들 세부사업별로 다양한 제품이 구성되어 있고, 동남아시아를 비롯한 글로벌 생산거점을 갖고 있다.

제품구성에 대한 의사결정에서 가장 중요한 것은 제품라인의 결정이다. 제품라인(product line)은 제품의 기능이 유사하거나, 고객 또는 유통에서 유사해서 서로 밀접히 관련되는 제품들을 의미한다. 제품라인의 개념은 분석단위에 의해 영향을 받는다. 예를 들어, CJ제일제당 식품사업부에서 제품라인은 6개 제품사업군으로 볼 수 있다. 한편 가정간편식 사업단위에서 비비고, 햇반, 고메제품들 등 세계의 제품라인이 있는 것으로 볼 수 있다. 이처럼 기업은 전략운영의 사업단위에 따라서 다소 복잡한 제품구성을 갖는다. 제품의사결정에서 제품라인을 추가하거나 특정 제품라인을 철수(매각 또는 청산)하는 것은 전략적으로 매우 중요한 결정이다.

제품라인의 수와 제품의 종류를 결정하는 것에 관련된 개념으로 제품믹스가 있다. 제품믹스(product mix)는 제품 포트폴리오라고도 하며, 사업부에서 제공하는 제품들의 모든 집합을 말한다. 제품믹스의 넓이(product mix width)는 제품라인의 수를 의미한다. 제품라인의 추가 또는 철수의 의사결정은 동 제품라인의 수익성과 시장전망에 의한 것이기도 하지만, 전체 제품라인 수를 관리하여 자원배분을 적정 수준으로 유지하는 목적으로 제품믹스관리의 차원에서 결정될 수도 있다. 한편, 제품 포트폴리오 분석으로 접근할 때는 앞서 경영전략에서 이용했던 BCG매트릭스나 맥킨지 매트릭스 등의 사업 포트폴리오 분석을 제품수준에서 그대로 적용할 수 있다. 이로써 수익성과 성장성을 경쟁제품 대비 평가하여 장기적인 현금흐름과 이익창출의 제품구성을 만들 수 있게 된다. 아울러 장기적 관점의 분석에서 제품수명주기 분석이 유용하다. 이에 대해서는 후술하였다.

제품믹스의 길이(깊이)(product mix length)는 각 제품라인을 구성하는 품목의 총 수를 말한다. 제품믹스에서 길이를 얼마나 가져갈 것인지가 (두 번째) 중요한 의사결정이 된다. 동일 제품라인에서 품목 수가 너무 많으면 수익성이 약화되고 자사 제품 간 경쟁이 발생할 수 있고, 너무 적으면 시장기회를 경쟁사에게 빼앗길 수 있다. 제품라인의 길이 확장 방식에는 하향확장(downward stretch), 상향확장(upward stretch), 쌍방확장(two-way stretch)이 있다. 하향확장은 초기에 고품질의 고가제품을 출시하였다가 점차 저가제품을 출시하는 것이다. 스마트폰 업체 중에서 애플과 삼성전자가 고가제품을 중심으로 판매하면서 저가제품을 출시하는 것이 그 예이다. 상향확장은 중저가의 대중적인 제품을 출시하였다가 고가의 신제품을 출시하는 것이다. 스마트폰 업체에서 샤오미, 오포, 비보 등의 회사들이 저가제품으로 시장기반을 다지고 축적된 기술을 이용하여 고가제품(프리미엄 모델)을 출시하고 있다. 현대자동차가 세계시장에 중저가 자동차를 출시하여 진출한 후 오늘날 제네시스와 같은 고급자동차를 제공하는 것도 좋은 예가 된다. 쌍방확장은 고가와 저가의 신제품을 동시에 추가하는 것이다.

제품수명주기의 관리

제품관리에서 주요 고려사항으로 제품수명주기가 있다. 제품수명주기(PLC: product life cycle)는 제품이 시장에 출시되면 판매가 증가하다가 시간의 흐름에 따라 시장의 상황과 매출이 변하면서 일정한 수명을 갖는 것을 말한다. 전형적인 PLC는 [그림 10-6]과 같다. PLC는 해당 제품의 산업 사이클과 함께하면서 형성되기도 한다.

모든 제품이 수명주기 단계를 거치는 것은 아니다. 어떤 제품(군)은 도입기를 넘기지 못하고 시장에서 퇴출될 수도 있으며, 어떤 제품은 긴 성장기를 가질 수도 있다. 제품수명주기는 패턴을 보여주지만 단계별 기간은 보여주지 않는다. 제품별로, 제품이 자리잡은 산업별로 시간의 개념이 다르기 때문이다. 전통산업의 특정 제품들은 오랜 성숙기를 거치는 경우가 있다. 토요타의 유명한 브랜드인 캠리는 1979년에 출시되었으며 1990년대 이래 지금까지 미국에서 판매순위 최상위권을

[그림 10-6] 전형적인 제품수명주기 단계

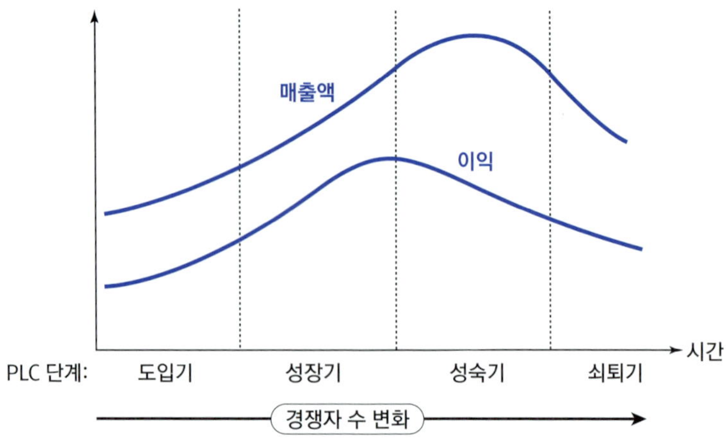

기록하고 있다. 앞으로 전기차 시대가 되어도 캠리가 신제품 형태로 출시되어 현재의 시장지위를 유지할 수 있을까? 아니면 쇠퇴기에 들어설까?

기업은 제품수명주기에 따라 시장대응을 위한 경쟁방식을 변화시켜야 하는데, 이를 반영하여 마케팅전략도 변화시키고 마케팅 믹스를 재구성하는 것이 효과적이다. 제품수명주기 단계별 시장 특성과 마케팅관리에 대한 상세한 설명은 생략하였다.

2.2 신제품 개발

제품과 서비스의 관리에서 중요한 특별 과제는 신제품 개발이다. 그리고 신제품은 출시 후 수명주기를 갖는다. 이에 대해 알아보자.

신제품 개발의 전략

기업은 지속적으로 신제품을 출시하여야 한다. 기존 제품에만 의존하면 장기적으로 수익성이 줄게 된다. 제품에는 수명이 있기 때문이다. 신제품은 기업의 혁신성과 성장성을 결정한다.

신제품 개발(new product development) 능력은 조직의 고유한 역량이다. 3M과 구글의 사례에서 보듯이 조직 차원의 관리지원과 자원투입이 중요하다.

경영사례

3M과 구글의 신제품 개발

가장 유명한 것이 3M의 10%, 15%, 30% 원칙이다. 3M의 모든 사업부는 최근 1년 이내의 신제품과 서비스가 매출의 10% 이상이어야 하고, 최근 4년 이내의 신제품과 서비스가 매출의 30% 이상을 달성해야 한다. 또한 직원들은 업무시간의 15%를 새로운 관심분야에 쓸 수 있다. 신제품이 이 회사의 성장동력인 것이다.

3M의 혁신 방법론은 구글의 20% 타임제로 이어졌다. 구글의 직원은 업무시간의 20%를 새로운 실험에 투입하여 아이디어를 찾고 구글 상품으로 개발할 수 있게 해준다. 구글과 관련된 아이템이면 무엇이든 상관없고, 자신의 아이디어를 정기 미팅에 발표하고, 게시판을 통해 동참할 동료를 모집하여 팀을 이루고 연구하면 된다. 구글은 3M을 벤치마킹하여 자사의 혁신문화를 위한 베스트프랙티스로 만들었다.

신제품은 어떤 것인가? 간단치 않은 질문이다. 신제품의 개념에 따라 기업의 신제품 개발 관리가 잘 정의될 수 있다. 앞에서 제품이 여러 차원으로 구성됨을 보았다([그림 10-5] 참조). 이 차원에서 새로움이 추가되면 신제품이라 할 수 있다. 달리 말하면 신제품에는 여러 유형이 있으므로 신제품 유형관리가 필요하다는 뜻이 된다. 예를 들어, 변화된 포장패키징으로 인해 고객들이 새로운 제품으로 받아들일 수 있다. 특히 고객 커뮤니케이션을 일치시켜 전달되는 새로운 포장패키징은 제품을 재포지셔닝하는 데 효과적일 수 있다. "시장에서 새롭다고 받아들이는 것은 모두 신제품이다(So long as it is perceived to be new, it is new)"는 광의의 접근이 필요하다. 아래 사례를 보자.

경영사례

BMW Mini의 재포지셔닝[8)]

Mini는 자동차산업에서 가장 확고하고 성공적인 제품 브랜드 중 하나이다. 1959년 출시 이래 2001년에 성공적으로 재출시되기 전까지 400만 대 이상 판매되었다. Mini는 영국에서 설계 및 제조되었다. 이 자동차는 1959년 영국의 Leyland Motor Corporation에서 출시되었다. Mini는 1994년 BMW가 Rover Group을 인수할 때까지 영국 소유였다. 나중에 그룹의 많은 부분을 매각했지만 BMW는 Mini를 유지했다. 1999년 Mini는 탄생 40주년을 맞았고 Autocar는 이를 세기의 자동차로 선정했다. Mini 자체는 2000년에 생산이 완전히 중단될 때까지 원래 출시와 상대적으로 변화가 없었다. 2001년에 New Mini와 Mini

Cooper(BMW에서 설계 및 제조)가 출시되었다. 2001년에는 25,000대 판매에서 2006년에는 200,000대 이상이 판매된 성공적인 프로젝트였다.

BMW사는 Mini를 재포지셔닝한 것일까? 연구에 따르면 BMW 신제품은 Mini 제품 빌드 품질을 소구점으로 한 자동차 가격을 바꾸면서 브랜드의 기능적 매력을 재포지셔닝하였다. 이전 브랜드의 강점인 스타일리쉬한 점을 살려 재미있고(fun) 스포티한(sporty) 이미지를 바탕으로 하는 미니의 매력은 더 강화된 것으로 평가되었다. 제품의 상징적 가치에 주력한 결과이다.

오래전부터 신제품 개념에는 다른 의견이 있었다. 기술지향의 신제품과 시장 및 고객지향의 신제품에 차이가 있다. 아래 표의 세 가지 경우를 보자.

신제품 A	스낵 제조업체는 베스트셀러 스낵을 위해 더 큰 크기의 새로운 팩을 출시하였다. 이 회사의 소비자 조사에 따르면 가족용 팩은 표준 크기 팩의 기존 판매를 잠식하지 않고도 추가 매출을 창출할 수 있다.
신제품 B	전자회사에서 새로운 대형 OLED를 출시했다. 기존의 OLED 제품을 더욱 발전시켰고 이제 훨씬 더 가볍고 큰 화면의 버전을 제공할 수 있게 되었다.
신제품 C	제약회사는 위궤양 치료를 위한 새로운 처방약을 개발하였다. 8년의 연구실 연구와 3년의 임상시험 끝에 최근 정부 의료 당국으로부터 위궤양 치료제 신제품 출시 승인을 받았다.

표에 있는 세 가지 제품은 모두 이전에 존재하지 않았던 새 제품이다. 그러나 많은 사람들, 특히 기술자들은 제품 A에 새로운 기술이 포함되어 있지 않다고 주장한다. 마찬가지로 제품 B에는 성능과 구성을 발전시켰더라도 새로운 기술이 포함되어 있지 않다. 제품 C에는 새로운 특허 화학제제가 포함되어 있으므로 이것이 유일한 진정한 신제품이다. 그러나 마케터는 세 가지 제품이 모두 이전에 존재하지 않았기 때문에 새 제품이라고 본다. 또한 고객의 요구를 충족하고 원하는 제품을 제공하는 것이 제품의 과학적 혁신을 나타내는지 여부보다 더 중요하다. 브랜드 확장(brand extension)은 대부분 마케터의 입장에서 신제품이다.

제품개발협회(PDMA: Product Development and Management Association)의 연구에 따르면, 1995년 조사에서 기업들의 신제품 개발에서 10%만이 완전히 새로운 혁신적인("New to the world") 신제품이었다. 그리고 기업 입장에서 새로운("New

8) Simms & Trott(2007).

[그림 10-7] 신제품 포트폴리오 구성[9]

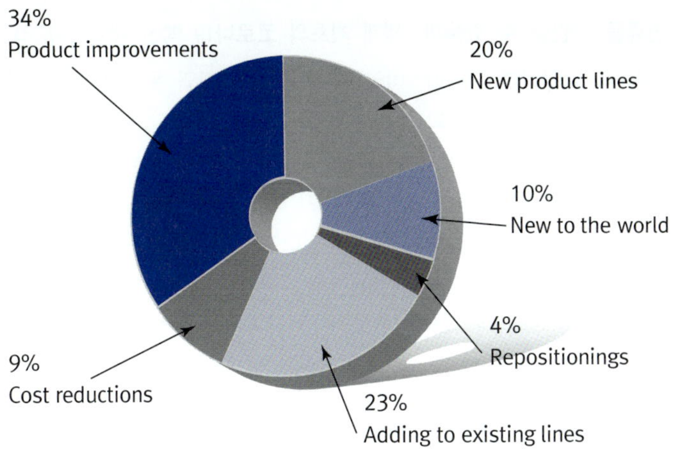

product lines") 신제품이 20%를 차지했다. 그 외 70% 신제품은 모두 기존의 제품 라인에 추가되거나 제품개선 정도의 변화를 담은 제품들이었다.

이러한 현상은 신제품 개발의 성공확률과 시장에서의 기대효과가 반영된 것이었다. 신제품 개발의 성공확률은 기업의 기술 능력에 해당하는 것이지만, 시장에서의 기대효과는 마케터의 관점이다. 고객의 가치에 중점을 두고 신제품이 계획되고 개발되고 출시되는 것이다. 시장과 고객에게 새롭게 받아들여지는 신제품이 더 중요하다는 것을 말해준다.

완전히 순수한 혁신제품, 세상에 없었던 제품을 개발하는 것은 역경을 이겨내는 지극히 힘든 과정이다. 성공 가능성도 낮으며, 투입 대비 이익을 얻을 수 있을지도 불확실하다. 그러나 기업의 힘은 혁신에 있다. 혁신을 통해서만이 마케팅에서 강조하는 소비자(고객)가치가 극적으로 높아진다.

9) Griffin(1997), p. 447의 표를 그림으로 바꿨음.

경영사례

이 백신이 인류를 구원할 수 있을까; 세계 최초의 코로나19 백신 개발 스토리

코로나19 백신이 가시화하고 있다. 미국 제약회사 화이자와 독일의 바이오엔테크가 코로나19 백신 물질을 공동 개발해 최근 미 식품의약국(FDA)에 긴급사용 승인을 신청했다. 화이자가 세계 최초로 미국 FDA에 신청한 것이다. 이 조처는 두 회사가 임상 3단계 코로나19 예방 효과가 95%에 이른다는 발표를 한 지 이틀 만에 나왔다. 화이자에 이어 모더나 또한 자사가 개발한 백신이 94.5% 효과가 있다고 발표하는 등 각국 제약회사들의 추격 발걸음도 분주하다. 통상 10년이 걸린다는 백신 개발이 1년이 채 안 돼 이뤄지는 전례 없는 속도전이다. 하지만 개발은 끝이 아니라 또 다른 시작일 뿐이다. (하략)

[자료: Economy Insight, 2020.12.1(Der Spiegel, 2020년 제44호 기사 번역)]

화이자 설득해 백신 개발… 흙수저 부부의 '99조 신화'

세계 최대급 제약회사인 화이자 부사장은 지난해 1월, 독일의 한 무명 바이오테크 기업 최고경영자(CEO)에게서 전화를 받았다. 내용인즉슨 "신종 코로나바이러스 감염증(코로나19) 백신을 같이 개발해보자"는 것. 전화를 받은 이는 화이자 부사장이자 백신 개발 수석책임자인 필 도르미처 박사였다. 그는 이 무명 기업인 겸 과학자의 제안을 단칼에 거절했다.

전화를 걸었던 이는 우구르 사힌(56) 박사. 당시엔 무명이었지만 지금 그의 회사, 바이오엔테크의 가치는 화이자 부럽지 않다. 바이오엔테크는 사힌 박사가 아내 위즐렘 튀레지(54) 박사와 함께 2008년 창업했다. 이들 부부 과학자는 결국 9개월 만에 백신 개발에 성공했다. 바이오엔테크의 성공 스토리도 화이자 등의 수많은 거절을 딛고 쓰여진 셈이다. (중략)

화이자의 필 박사는 왜 거절했을까? 그는 사힌 박사에게 "바이오엔테크가 보유한 mRNA(메신저리보핵산) 기술로 백신을 만든 전례가 없었던데다 사스(SARS · 중증급성호흡기증후군)와 메르스(MERS · 중동호흡기증후군)처럼 코로나19 역시 곧 끝날 것이라고 생각했다"고 말했다. 하지만 예상이 적중한 쪽은 필 박사가 아닌 사힌 박사였다. 결국 사힌 박사는 다시 한번 전화를 걸었고, 필 박사는 이번에는 "예스"를 했다.

곡절 끝 개발된 화이자-바이오엔테크 백신은 120여 개국에 14억 도즈가 팔렸다. 중국 자체 백신을 제외한 세계 최다 물량이다. (하략)

[자료: 중앙일보(2021.9.13)]

[그림 10-8] 신제품 개발의 프로세스

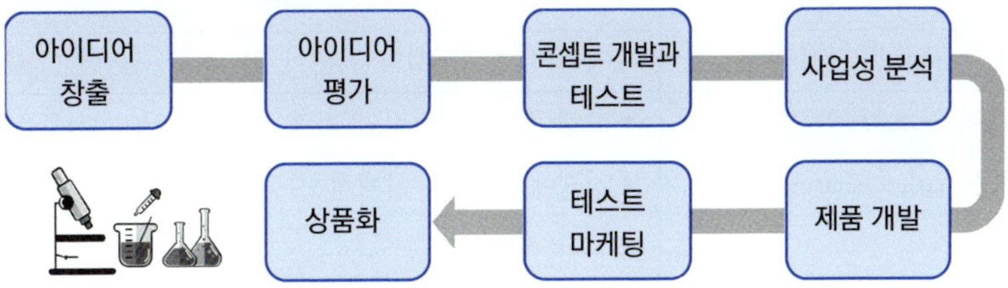

▍신제품 개발의 프로세스

신제품 개발은 긴 과정이다. 아이디어 창출(idea generation)에서부터 상품화(comercialization)에 이르기까지 여러 단계를 거친다. 그 과정은 [그림 10-8]과 같다. 상세 설명은 생략하기로 한다.

비즈니스 관점에서 볼 때, 제품혁신은 시장에서 자리를 잡고 고정될 때까지는 성공된 게 아니다. 신제품이 어떻게 론칭되는지, 고객이 수용하는지, 제품 개선을 위한 지속적인 노력 등에 달려 있다.

2.3 가격전략

가격결정은 제품출시에서 결정해야 하는 전략적 의사결정 사안이다.

▍가격결정의 의미와 목적

가격결정은 수익(revenue)에 직결된다. 제품과 서비스의 가치는 변하지 않지만 가격은 변화한다. 제품의 가치(Value), 가격(Price), 비용(Cost)에 따른 이익창출의 기본공식인 V−P−C 모델은 제1장에서 설명한 바 있다([그림 1-5] 참조).

V−P−C 모델에서는 가격이 단순히 시장에 의해 결정된다고 보았으나, 실제로는 기업의 가격정책에 의해서 영향을 받고, 경쟁사의 각종 마케팅과 가격 대응이 영향을 미친다. 아울러 경쟁전략과 마케팅 능력에 따라 판매량도 변한다. 기업의 가격결정의 동기와 목적은 <표 10-3>과 같이 정리될 수 있다.

〈표 10-3〉 가격결정의 목적

목적	내용
목표이익, 투자수익 달성하기	• 장기적 가격정책의 기준이 됨
소비자 끌어 모으기	• 고객 유인, 매력적인 가격 제공, 유인(미끼)상품
시장점유율(market share) 늘리기	• 경쟁에의 대응, 상대적 시장 확대
이미지 만들기	• 고가 제품 출시
사회적 목적 반영	• 경우에 따라서 CSR 목적 반영한 가격정책

가격결정의 기본적인 방법

가격결정 방법에는 원가기반 가격결정과 경쟁기반 가격결정이 있다. 그 외에 심리적 가격결정이 있다.

원가기반 가격결정(cost-based pricing)은 제품의 생산, 유통, 판매비용에 일정 수준의 마진을 더하여 가격을 결정하는 방식이다. 이를 원가마진 가격결정(cost-plus margin pricing)이라고도 하며, 상식에 부응하는 가격결정 방식이다. 손해를 보면서 팔 수 없기 때문이다. 여기서 이슈는 제품원가가 판매량에 따라 변한다는 것이다. 상품재고가 없다고 가정할 때 판매량은 생산량과 같다.

제품원가의 구성은 고정비(fixed costs)와 변동비(variable costs)이다. 이때 판매량과 관계없이 고정비는 일정하지만 변동비는 판매량에 따른다. 총원가는 목표판매량에서 고정비와 변동비를 합한 총액이다. 이를 판매량으로 나누면 제품단위당 원가가 나온다.

이때 두 가지 방법을 고려할 수 있다. 손익분기 가격결정(break-even pricing)은 특정 시일 내에 손익분기점에 도달하려는 목적으로 가격을 결정하는 것이다. 목표이익 가격결정(target return pricing)은 기업이 목표로 하는 만큼의 이익을 얻으려는 가격수준을 결정하는 것이다. 이는 당연히 가격과 판매예측이 뒷받침되어야 한다.

다음의 손익분기점 분석(break even analysis) 도표를 보자. 제품의 생산비용으로 고정비가 1억원, 단위생산당 변동비가 300원이면 총비용선이 결정된다. 만약 시장경쟁을 고려하지 않고 가격결정을 한다면 제품 한 개당 800원으로 가격을 정할 수 있다. 이때 20만개를 판매하면 총수입은 1억 6천만원이 된다. 총비용은 고정비 1억원에 총 변동비 6천만원(300원 × 20만개)을 합한 값, 1억 6천만원이 된다. 총수입과 총비용이 같아서 이익이 0이다. 이를 손익분기점이라고 한다. 한편, 목표이익이 5천만원이면 이 경우에 판매량이 30만대가 되어야 한다.

[그림 10-9] 손익분기도표와 가격결정

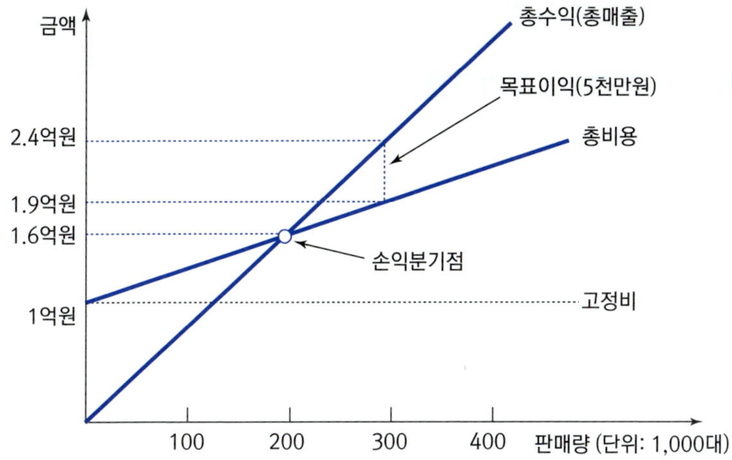

이 상황을 다시 거꾸로 돌려서, 제품가격을 800원으로 하고 현재의 시장경쟁 상황에서 20만대 판매에 얼마나 빨리 도달할 수 있을지를 분석하여 목표기간 내에 달성이 가능하다면 가격을 800원으로 하는 것은 손익분기 가격결정에 해당한다. 한편 목표 기간 내에 달성이 어렵다면 가격을 올리거나 낮추는 경우에 현재 시장경쟁하에서 판매목표량을 달성할 수 있는지를 예측하여야 한다. 그리고 가능성이 가장 높은 가격을 선택하면 된다.

한편, 목표이익 가격결정은 30만대 판매량이 언제까지 달성 가능한지 분석하여야 한다. 시장경쟁 상황에 따라 800원의 가격으로 목표달성 가능성이 달라질 것이다. 따라서 이 경우에도 가격과 판매량과의 관계를 분석 평가하여 결정해야 한다.

이상을 보면, 원가가산 가격결정이 쉽지 않음을 알 수 있다. 시장경쟁이 가격결정에 중요한 영향을 미치기 때문이다. 원가(비용) 개념이 생산자 입장에서는 중요하지만, 판매가 이루어지는 곳은 시장이기 때문에 시장경쟁을 고려할 수밖에 없다.

경쟁기반 가격결정(competition-based pricing)은 경쟁자들의 가격을 주요 기준으로 하는 것이다. 이 방식에는 동일 또는 유사한 제품에 대해 시장에서 경쟁자들이 채택하고 있는 평균 가격을 기준으로 하는 **시장가격에 따른 가격결정**(going-rate pricing)이 있다. 이때 시장가격을 기준으로 하되, 자사 제품의 차별화우위 또는 원가(비용)우위 정도를 고려하여 경쟁에 대응하는 가격정책을 실행할 수 있다. 차별화요소가 강할 경우에 시장가격보다 높게 제공하거나, 원가(비용)우위가 강할 경우에 시장가격보다 낮게 제공하여 판매수익을 높일 수 있다. 이러한 가격결정 방식은 원가를 기준으로 삼지 않는다.

신제품 가격전략과 PLC 가격전략

신제품 출시 때 가장 중요한 것의 하나는 가격이다. 초기 고가격전략과 시장침투가격전략 중에 선택할 수 있다. 초기 고가격 전략(market-skimming pricing)은 신제품이 제공하는 편익을 기꺼이 구매하려는 고객집단, 즉 조기수용자(early adopters)를 대상으로 가격을 높게 설정하는 전략이다. 고가격은 제품의 품질과 지위를 상징해주는 효과가 있다. 따라서 실제 제품의 품질과 이미지가 좋아야 하며 마니아 층이 있으면 더욱 효과적이다. 이로써 소량생산에 드는 초기의 높은 원가를 반영할 수 있다. 단지 이 가격정책으로 경쟁자의 진입을 자극하지 않아야 한다. 시장침투가격전략(market-penetrating pricing)은 처음부터 낮은 가격으로 빠르게 시장에 깊이 침투하려는 전략이다. 이로써 신속하게 시장점유율을 높여 경쟁자를 견제하는 목적이 있다. 판매량 증가에 따라 총원가가 하락하면 판매마진이 커지므로 빠른 매출성장은 그 자체로 수익성을 높여준다. 이 가격전략이 성공하기 위해서는 제품의 가격탄력성이 높아야 한다. 또한 낮은 가격이 경쟁자를 약화시켜야 하고 판매량 증가에 따라 생산 및 유통 비용 등의 감소 효과가 커야 한다. 물론 기업 고유의 비용우위에 따른 가격경쟁력이 가장 중요하다.

제품수명주기(PLC)에 따른 가격전략은 제품의 주기에 따라 가격을 변화시켜 가는 것이다. 초기 신제품 단계에서 도입가격(초기 고가격 또는 침투가격)을 점차 시장경쟁구도에 따라 가격을 변화시킨다. 성장단계에서는 독점적 지위를 확보하게 되면 소비자가 느끼는 지각된 가치(perceived value)에 근접한 가격을 책정하고, 경쟁자가 많아지면 경쟁기반 가격결정 방식을 채택할 수 있다. 성숙단계에 이르면 원가절감의 노력에 집중하고 원가기반 가격결정으로 바꾸거나 경쟁상황에 따라 경쟁가격을 유지할 수 있다. 쇠퇴단계에서는 충성고객에만 제공하는 적정가격으로 대응할 수 있다. 이처럼 제품수명주기의 단계별로 매출과 비용을 고려하여 시장상황에 대응하는 가격을 제공할 수 있다.

가격조정 전략

기업은 책정된 기본가격을 상황에 따라 조정하게 된다. 시장경쟁을 통해 수익을 창출하는 가장 기본적인 도구가 가격이기 때문에, 시장 및 기업의 상황에 따라

〈표 10-4〉 가격조정의 유형[10)]

유형	조정내용
할인 및 공제 가격결정	일찍 대금을 지불하거나 대량구매를 하는 등의 반응을 보인 고객들을 보상하기 위해 가격을 할인해줌
세분시장별 가격결정	고객, 제품, 구매자 위치에 따라 서로 다른 가격을 책정함
심리적 가격결정	심리적 효과를 얻기 위해 가격을 조정함
촉진 가격결정	단기적인 매출증대를 목적으로 일시적으로 가격을 인하함
지리적 가격결정	고객의 지리적 입지를 고려하여 가격을 조정함
동태적 가격결정	개별 고객과 상황의 특성에 맞춰 지속적으로 가격을 조정함
해외시장 가격결정	해외시장별로 수출가격 또는 현지가격을 조정함

가격을 조정하는 것은 경쟁의 관점에서 불가피한 일이다. 가격조정 전략으로 대표적인 7가지 유형을 <표 10-4>에 요약하였다. 상세한 설명은 생략하였다.

가격은 시장경쟁에서 기업이 소비자와 경쟁자에게 보내는 가장 강력한 메시지이다. 경쟁전략은 가격으로 표현된다.

3. 유통관리와 촉진활동

마케팅 4P의 후반부는 유통관리와 촉진활동이다. 본격적인 판매활동이 시작되는 것이다.

3.1 유통관리와 유통산업

유통은 구매자(소비자)에게 산출물을 전달하는 활동인데, 제품물류에 관련되어 있기 때문에 순수 서비스업에는 해당하지 않는 가치활동이라 할 수 있다.

10) 정연승 외 역(2021), p. 348.

유통의 의의와 가치창출

기업은 생산과 판매의 기능을 수행한다. 이때 판매를 직접 담당하기도 하고 판매전문기업에게 위탁하기도 한다. 기업의 판매활동은 기업을 매개로 하는 가치사슬 네트워크의 일부분으로 볼 수 있다. 이를 생산운영관리에서 공급사슬관리로 설명한 바 있다.

유통기능은 가치사슬에서 전방거래(downstream)의 가치활동에 해당하는데, 기업은 이를 직접 수행하기도 하지만 중간상이라고 하는 전문기업들과 거래로 해결하기도 한다. 중간상(intermediaries)은 유통업자라고 하는데, 생산자(제조업체)와 구매자(소비자 또는 기업고객)를 연결하면서 독자적인 가치활동을 하는 기업이다. 오늘날 유통의 전문화로 생산기업의 유통관리를 대체하게 되었다.

유통채널(channel of distribution)은 생산자에서 소비자에 이르는 유통과정에서 활동하는 중개인, 도매상, 소매상들로 구성되어 있다. 중개인(brokers)은 연결서비스만 제공하고 제품을 직접 보유하지 않는다. 배달업체, 부동산중개인 등이 있다. 도매상과 소매상은 상품을 직접 보유하고 판매하는 것을 가치창출의 기본활동(primary activities)으로 하는 유통업자이다. 도매상(wholesalers)은 최종소비자에게 판매하지 않고 소매상이나 기업고객에게 판매하는 중간상이다. 소매상(retailers)은 주로 최종소비자에게 판매하는 중간상이다.

중간상의 가치창출

중간상이 어떤 가치를 창출하는가? 중간상은 생산자와 구매자 간의 거래의 수를 획기적으로 줄여준다. 이를 교환 효율성이라 한다. 도매상의 예를 들어보자. 6개의 생산자가 있고 6명의 소비자가 있으면 이들 간의 교환관계 수는 총 36개가 된다(이른바 직거래시장의 복잡성이 있다). 그런데 중간상이 있으면 생산자와 중간상의 거래 수 6개, 그리고 중간상과 소비자의 거래 수가 6개이어서 총 12개의 교환관계가 형성된다. 시장거래에서 복잡성이 줄어들었다. 생산자 입장에서 보면 6개의 거래가 1개로 줄어들었다. 생산자의 입장에서는 단 하나의 거래에만 집중하면 되는 것이다. 소비자의 입장에서도 6개가 1개로 줄어서 같은 효과를 가진다([그림 10-10] 참조).

전체적으로 볼 때 시장교환의 효율성이 크게 늘었다. 생산자와 소비자의 수가 많아질수록 효율성은 급격히 증가한다. 여기서 생산자와 소비자의 직거래가 많은 비용을 수반하는 경우에 효율성은 더욱 커진다. 생산자와 소비자가 물리적으로 멀

[그림 10-10] 중간상의 역할과 교환효율성

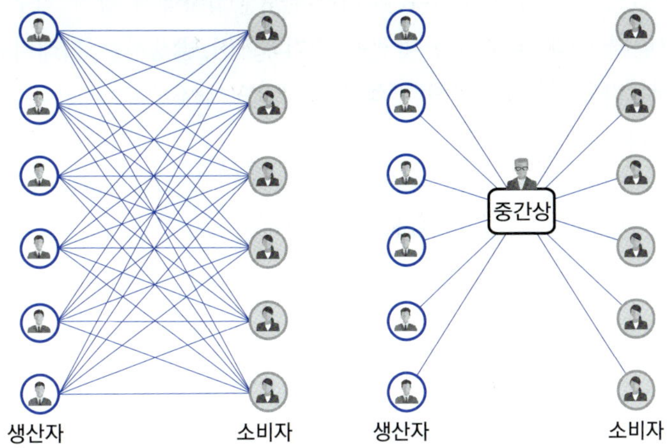

리 떨어져 있거나 지역적 분산이 큰 경우가 그것이다. 정보탐색비용과 역선택 등 거래비용(transaction cost)이 크게 줄어들 뿐만 아니라 물리적 측면의 물류비용(logistics cost) 등에서도 큰 절감이 이루어진다. 중간상의 효용과 가치가 큰 것이다.

중간상이 창출하는 효용(utility)은 다섯 가지가 있다. 이를 간단히 정리하면 아래 표와 같다. 종합하면 중간상은 생산자인 기업과 구매자인 다른 기업 또는 일반 소비자들과의 거래를 효율화할 뿐만 아니라 구매자(소비자)에게 다양한 효용을 제공한다.

〈표 10-5〉 중간상이 창출하는 효용

효용	내용
시간(time) 효용	제품을 필요로 할 때 구매가 가능하도록 준비됨
장소(place) 효용	원하는 장소에서 구매할 수 있게 해줌
소유(posession) 효용	소유권 이전 과정을 도와주고, 확인(인증)해줌
정보(information) 효용	정보의 쌍방향 흐름을 만들어서 정보비대칭을 줄여줌
서비스(service) 효용	판매 후 서비스를 통해 제품 사용을 도와줌

중간상의 가치 vs. 비용 논란

중간상의 가치와 비용에 대해서는 항상 논란이 있다. 소비자의 입장에서 유통비용이 실제 제품의 가치에 비해 너무 크다고 느끼는 것이다. 소비재는 생산비용에 더하여 항상 유통비용이 추가된다. 달리 말하면 생산업자 마진에 유통업자 마진을 더하여 값을 지불하는 것이다. 소비자가 유통업자에게 항상 의구심을 보내는 이유이다. 그런데 이때 유통업자 마진이 직거래에서 발생하는 거래비용과 물류비용을 합한 것보다 크면 중간상의 가치는 중간상의 비용으로 바뀐다. 의구심이 타당한 것이 된다.

중간상의 가치에 대해 가장 논란이 되는 예로는 농산물 유통이다. 생산자인 농민이 중간 유통업자에 비해 경제적 약자인 전형적인 상황에서 중간상이 시장의 교환가치를 대부분 차지할 위험이 있다. 농산물의 유통비용에는 유통업자 마진도 있지만 물류비용과 유통업자의 창고 등 시설비용과 인건비의 비중이 크다. 그래도 일반 소비자는 생산자(농민)도 아닌 유통업자가 더 많은 돈을 번다는 게 왠지 부당하다고 느낄 것이다. 중간상의 가치에 대해 찬반이 엇갈린다.

경영사례

농민이 봉인가, 농산물 유통비 대폭 낮춰라

농축수산물의 과도한 유통비용 논란은 어제오늘 일이 아니다. 과거 정부가 유통단계를 축소하겠다고 의지를 밝혔지만, 정작 중간 단계에서 발생하는 고비용은 여전하고 생산자와 소비자만 계속 피해를 보고 있다. (중략)

소비자가 시장에서 농산물을 1,000원에 구입했다면, 그중 418원이 중간상들에게 돌아갔다는 계산이다. 무와 배추는 더욱 심각한 것으로 나타났다. 김장 때 쓰는 무는 유통비용이 80%에 달했고, 배추는 77%였다. 양파도 72%가 중간 유통상에게 돌아가는 비용이었고, 당근, 상추의 유통비용도 60%를 훌쩍 넘겼다. 정부와 대기업 유통업체들이 선진 유통구조를 만들어 생산자와 소비자 모두가 피해보지 않도록 하겠다고 말을 앞세웠지만 현실은 전혀 딴판으로 돌아가고 있는 셈이다.

[자료: 전북일보(2014.11.12)]

경쟁 막힌 도매시장, 규제 풀어라

공정위 – 규제학회 도매시장 규제개선 심포지엄, 도매법인 · 중도매인 지정제 및 역할고정 도마 위

김성준 교수 "농안법은 기한 다했다" 사망선고

(기사 내용은 생략)

[자료: 한국농정신문(2020.7.19)]

오늘날에는 중간상이 아닌 중개업자로서 중개와 물류를 담당하는 기업이 많아졌다. IT기술을 활용한 새로운 비즈니스 모델이다. 음식주문시장이 대표적인 예이다. 소비자들에게 편의성의 가치를, 생산자(식당)에게 주문판매의 길을 열어주었지만, 점차 독점력을 갖게 된 중개업자의 적정 중개마진에 대한 논란이 있다.

경영사례

'배민' 배달료 1,000원 이상 오른다… 자영업자들 "엎친 데 덮친 격"

"배달비 최소 1,000원 이상 올라" 업주들 "음식값 올릴 수밖에…"

배민 "요금 현실화한 것일 뿐"

배민은 지난 22일부터 '단건 배달' 서비스인 '배민1'의 수수료 체계를 개편했다. 단건 배달은 한 번 배달할 때 1개의 주문만 처리하는 방식으로, 일반 배달보다 배달비는 조금 더 높지만 배달이 빨라 인기였다. 원래 배민1은 배달 1건당 중개이용료 1,000원, 배달비 5,000원을 받았다. 이 중 배달비는 보통 '식당 2,000원, 손님 3,000원'처럼 자영업자가 총액을 재량껏 나누도록 돼 있다. 배민은 앞으로 배달하는 음식값에 비례해 중개이용료를 정하는 것을 골자로 한 새 요금제 3가지를 도입했다. 예컨대 이 중 가장 많은 자영업자가 선택한 '기본형 요금제'는 '중개이용료는 음식 값의 6.8%, 배달비 6,000원'이다.

자영업자들은 새 배민 요금제를 두고 "전체 배달료가 최소 1,000원 이상 무조건 오른다는 뜻"이라고 지적한다. 서울 관악구에서 수제 햄버거집을 운영하는 노모(48)씨는 새 배민1 요금제로 주문을 받을 경우, 1만 6,000원짜리 햄버거 세트 1개를 팔면 그중 배달비와 중개이용료만 6,700원이라고 했다. 노씨는 "재료비와 각종 고정지출을 빼면 햄버거 한 세트 팔고 1,000원이 남는다"면서 "손님들은 배달비 오른 게 다 자영업자들이 많이 남기려고 그러는 줄 알고 있어서 답답하다"고 했다. 지난 23일 오후 5시쯤 서울 강남구의 한 음식점에서 만난 사장 양모(60)씨는 "배달비가 1,000원 오르면 나로선 수익 4분의 1이 날아가는 셈이라 부담이 크다"고 했다. (하략)

[자료: 조선일보(2022.3.27)]

이상을 보면 중간상에 대해 상당한 비판이 있음을 알 수 있다. 중간상이 생산자 또는 소비자의 이익을 빼앗아간다는 불신이 있다. 그러나 중간상은 생산자와 소비자 모두의 가치를 증진시키면서 자신의 이익을 만드는 효율적 시장기구이다. 중간상 자체의 존재가치의 문제가 아닌 독점과 경쟁의 문제인 것이다. 유통의 방식에 대해서 논란이 큰 만큼 유통산업의 규모도 크다. 새로운 형태의 중간상은 소규모 생산자들에게 판로를 열어주고 소비자들도 그 혜택을 얻게 된다. 중간상이 창출하는 공급자 및 소비자의 가치이다. 아래 기사는 그 예를 잘 보여준다.

경영사례

"쿠팡이 키웠다"… 1,200억 '잭팟' 터뜨린 기업

쿠팡 vs. LG생건 싸움에… 쿤달, 폭풍성장. "쿠팡 중소 브랜드 키우는 것으로 맞대응"
고래 싸움에 복 터진 스타트업들, 맞춤형 향 샴푸·보디워시 판매, 3년 만에 매출 20배… 1,200억, 오가닉K는 세제 판매 500% 급증

개인 맞춤형 향(香)의 샴푸, 보디워시를 판매하는 쿤달(법인명 더스킨팩토리)은 2016년 창업한 스타트업이다. 평균 연령 29.1세의 '쿤달리안'들이 지난해 거둔 매출은 1,200억원에 달한다. 2017년 55억원 규모에서 3년 만에 20배의 폭풍 성장세를 보였다.

스타트업 쿤달의 대약진 비결은 맞춤형 향만이 아니었다. 업계에선 핵심 요인 중 하나로 '고래 싸움'을 꼽고 있다. 거대 유통채널로 급부상한 쿠팡의 가격 인하 요구에 퍼스널케어(개인 뷰티·위생용품) 시장의 1등인 LG생활건강이 납품을 거부하면서 신생 브랜드에 기회가 생겼다는 것이다. 쿤달은 쿠팡에서 트리트먼트 1위, 샴푸 2위(14일까지 올해 누적 판매량 기준)를 달리고 있다.

e커머스 올라 타 급성장한 스타트업

샴푸, 보디워시, 치약과 같은 생활용품은 대기업의 텃밭이나 다름없었다. 화학제품을 만들 수 있는 대형 생산라인을 갖춰야 하는 데다 판매처를 뚫기도 만만치 않아 중소기업이나 스타트업에는 난공불락으로 여겨졌다. 유통업계 관계자는 "이마트 등 대형마트는 주로 신선식품에 초점을 맞추다 보니 생활용품이나 가공식품류는 제품력이 검증된 대기업 제품을 공급받아 왔다"고 말했다. 게다가 LG생활건강, 아모레퍼시픽, 농심, 동서식품 등 '스테디셀러'를 보유한 대기업은 대리점이라는 자체 유통망도 갖고 있다.

e커머스(전자상거래) 업체의 위상 강화는 이 같은 오랜 업계 관행에 균열을 냈다. 쿠팡은 '소비자를 위한 최저가 판매'를 내세워 뷰티 대기업에도 가격 인하를 요구했다. 이에 반발한 LG생활건강은 쿠팡을 공정거래위원회에 제소하고 모든 제품 공급을 중단했다. LG생활건강의 공급 중단에 쿠팡은 제품력을 갖춘 신생 업체 발굴로 맞대응했다. 치열한 '고래 싸움' 덕분에 신생 업체에 기회가 생긴 셈이다. 헤어케어 시장의 쿤달뿐 아니라 2014년 설립한 중소기업 오가닉K가 세탁 및 주방세제 분야에서 대기업 아성에 도전할 수 있는 배경이다. 오가닉K는 온라인 플랫폼에 힘입어 지난해 매출이 전년 대비 500% 성장했다. (하략)

[자료: 한국경제(2021.7.14)]

한걸음 더

- 중간상에 대한 긍정적 관점과 부정적 비판을 토론해보자.

기업의 유통경로의 설계

기업의 입장에서 판매의 방식에는 직접판매와 중간상을 이용한 판매가 있음을 알아보았다. 기업은 전략적으로 어떤 방식이 더 많은 가치를 만들어낼 수 있는지를 평가하고 유통경로(distribution channel)를 선택해야 한다.

우선 유통업자와 거래방식에는 유통집약도에 따라 집약적 유통(intensive distribution), 전속적 유통(exclusive distribution), 선택적 유통(selective distribution)이 있다. 세 가지 방식의 특징은 <표 10-6>에 요약되어 있다. 전속적 유통을 채택하는 경우에 기업은 전문 판매점을 전방통합하여 자회사로 보유할 수도 있다.

기업이 직접판매할 경우에는 판매조직을 자체적으로 만들게 된다. 최근에 기술의 발달에 따라 무점포 소매(nonstore retailing)가 많아졌는데 기업이 직접판매로 많이 채용할 수 있는 방식이다. 특히 중소기업은 제품판매에서 새로운 유통채널을 열기 위해 무점포 소매를 이용할 수 있다. 무점포 소매에는 전자소매, 텔레마케팅, 다이렉트 판매, 다이렉트 마케팅 등이 있다. 전자소매(electronic retailing)는 인터넷을 통해 최종소비자에게 제품과 서비스를 직접 판매하는 것이다. 빠르게 정착되는 방식이며 개인사업자 또는 중소기업에게 유용한 수단이다. 다이렉트 판매(direct selling)는 소비자들이 있는 장소를 직접 방문하여 판매하는 것이다. 다이렉트 마케팅(direct marketing)은 생산자를 최종소비자에게 직접 연결하는 모든 활동을 포함한다. 다이렉트 마케팅은 다이렉트 메일, 카탈로그 판매, 온라인 마케팅 등을 모두 포괄한다. 판매자와 소비자 간의 쌍방형 소통의 기술이 발달하여 더 확산하고 있는데, 특히 코로나 팬데믹으로 급격히 확산되었다.

도매상과 소매상을 이용한 시장거래 형태의 판매에 대응하여 유통경로의 수직계열화(vertical marketing system) 방식이 있다. 대표적으로 프랜차이즈 시스템

〈표 10-6〉 유통집약도에 따른 비교[11]

	집약적 유통	전속적 유통	선택적 유통
방식	가능한 한 많은 점포	한 지역에 하나의 점포에 전속판매권 부여	한 지역에 제한된 수의 점포들에게 판매권 부여
통제	낮음	매우 높음	높음
제품유형 (소비재)	편의품 (치약, 세제 등)	전문품 (고급패션상품, 자동차)	선매품 (가전제품, 구두 등)

11) 안광호 외(2023).

(franchise system)이 있는데, 이는 본사인 프랜차이저(franchisor)가 가맹점(franchisee)에게 일정 기간 상표, 상호 및 영업방식과 노하우를 사용하여 제품과 서비스의 판매할 수 있는 권리를 주고 그 대가로 프랜차이즈 가입비와 매출에 대한 로열티(royalty)를 받는 것을 말한다. 프랜차이저 기업의 입장에서는 판매조직에 직접투자를 하지 않고 매출을 높일 수 있기 때문에 투자위험을 분산시키고 매몰비용을 줄일 수 있게 된다. 전속 유통을 유지하면서 급속한 성장을 할 수 있는 방식이다. 가맹점은 본사기업의 명성과 기술, 노하우 등을 바탕으로 시행착오를 줄이면서 영업을 할 수 있고 특히 일정 지역 내에서 전속판매권을 갖게 되어 경쟁에서 유리한 위치를 차지할 수 있다. 단점으로는 잦은 분쟁이 발생하고, 특히 본사의 급속성장전략으로 시장수요 포화상태를 맞이하면 동반 부실화될 수 있다는 점이다. 통제의 위험이 내재해 있다.

3.2 촉진활동의 관리

마케팅 믹스의 마지막 단계인 촉진활동의 관리에 대해서 알아보자.

촉진의 의의

촉진(promotion)은 타깃시장에서 제품을 상기시키고 정보를 제공하여(의미있는 스토리를 전달하여) 고객을 거래에 참여하도록 유인하는 모든 활동이다. 소비자에게 설득적 커뮤니케이션으로 구매하도록 동기를 부여하는 활동이다. 오늘날 촉진의 목표는 구매를 유인하는 것뿐만 아니라 고객관계 구축으로 확장되고 있다.

촉진믹스(promotion mix)는 고객가치를 설득력 있게 전달하고 고객관계를 구축하기 위해 촉진의 모든 도구를 조합하여 사용하는 것이다. 촉진은 광고(advertising), 홍보(public relations), 인적판매(personal selling), 판매촉진(sales promotion), 직접(다이렉트)마케팅(direct marketing) 등 다섯 가지 도구로 구성된다.

통합마케팅 커뮤니케이션(IMC: integrated marketing communication)은 모든 촉진기법을 일관되고 종합적인 방식으로 구성하여 소비자에게 전달하는 것을 말한다.

오늘날 소비자들은 마케터가 제공하는 정보에 의존하지 않고 능동적으로 정보를 수집하는 경향이 있다.

광고의 기능과 효과

광고(advertising)는 제품의 정보를 제공하고 소비자를 설득하는 비개인적(non-personal) 마케팅 커뮤니케이션이다. 비개인적 커뮤니케이션은 일대일 대면방식이 아닌 매체를 통한 다수의 소비자에게 메시지를 전달하는 것을 말한다.

기업은 엄청난 광고비용을 지불한다. TV, 신문 등 대부분의 매체가 광고수입에 의존한다. 전 세계 스포츠 시장은 광고수입으로 지탱한다고 해도 과언이 아니다. 기업들이 광고에 얼마나 많은 비용을 지불하는지, 기업들은 왜 광고에 집중하는지 아래 기사를 참고해보자. 광고의 효과가 기업들이 지불하는 광고비를 능가할까?

경영사례

올해 美 슈퍼볼 광고 1초당 2억 8,000만원에 팔려

미국 프로미식축구리그(NFL) 결승전 슈퍼볼 중계방송 광고가 역대 최고가에 팔린 것으로 나타났다. 7일 폭스비즈니스는 슈퍼볼 중계방송에 나가는 30초 광고가 최고 700만달러(약 84억원)에 팔렸다고 보도했다. 보통 미국 방송의 황금시간대 평균 광고비는 11만 5,000달러로 알려졌다. 올해 슈퍼볼 경기를 중계하는 NBC방송은 모든 광고가 다 팔렸다고 밝혔다. 단 한 번만 열리는 슈퍼볼은 미국에서도 1년 중 가장 시청률이 높은 방송이어서 광고주들은 거액을 지급하면서 광고를 내보내고 있다. 지난 2020년 조사에서 코카콜라와 펩시, 버드와이저, 밀러, 맥도날드 등 식음료 업체와 포드와 혼다, 토요타, 닷지 등 자동차 업체들이 슈퍼볼의 가장 큰 광고주로 나타났다.

[자료: 파이낸셜뉴스(2022.2.8)]

슈퍼볼, 보이지 않는 가치의 경제
30초짜리 광고 한편에 700만달러… 1984년 애플 광고 계기로 대전환

슈퍼볼 광고는 소문만큼 효과가 클까. 글로벌 미디어 브랜드 애드에이지(Ad Age)에 따르면 기업이 2024년 슈퍼볼에 30초짜리 광고를 하려면 700만달러가 든다. 슈퍼볼은 올해 광고로만 약 4억 8,500만달러를 벌어들였다. 1967년 제1회 슈퍼볼 때는 편당 광고비가 3만 7,500달러였다. 2024년 가치로 환산해도 31만달러로 현재 비용의 4%에 불과하다. 천문학적인 금액에도 여전히 기업은 슈퍼볼 광고 기회를 놓치지 않으려 한다.

슈퍼볼 광고 역사에서 가장 큰 족적을 남긴 사례는 1984년 애플이다. 퍼스널컴퓨터(PC) '매킨토시' 출시를 앞두고 창업자 스티브 잡스는 혁명적이고 기발한 광고를 원했다. 잡스와 광고팀의 모티브는 조지 오웰의 소설 '1984'였다. (중략)

이 광고에서 애플은 자신들을 기술로 개인의 자유를 드높이는 새로운 시대의 선봉장으로 정의했다. 광고는 미국 전역에서 즉각 반향을 불러일으켰다. (하략)

[자료: 내일신문(2024.3.15)]

〈표 10-7〉 메타플랫폼스(Facebook) 손익계산서

	Year Ended December 31			
	2023	2022	2021	2020
수익(매출액)				
광고	$131,948	$113,642	$114,934	$84,169
기타수익	1,058	808	721	657
앱(Apps) 수익총계	133,006	114,450	115,655	84,826
Reality Labs(자회사)	1,896	2,159	2,274	1,139
총 수익	$134,902	$116,609	$117,929	$85,965
영업이익(손실)				
Family of Apps	$62,871	$42,661	$56,946	$39,294
Reality Labs(자회사)	(16,120)	(13,717)	(10,193)	(6,623)
영업이익 총계	$46,751	$28,944	$46,753	$32,671

자료: Meta Platforms(Facebook) 홈페이지.

광고시장은 실로 크다. 오늘날 TV광고에서 광고의 축이 온라인, SNS 등으로 이동하고 있다. 세계 7위 기업가치의 메타에서는 페이스북과 인스타그램 등의 광고 수익이 총매출의 97.8%를 차지하고 광고 매출이익이 전사 영업이익의 100%를 차지하고 있다(<표 10-7> 참조).

광고는 촉진활동의 가장 강력한 수단이다. 좋은 광고는 높은 효율성과 효과성을 가져다 줄 수 있다. 그렇지만 광고의 효과를 측정하는 것은 전문적 지식을 요한다. 따라서 막연한 추정으로 광고효과를 부풀려 평가하면서 과도한 광고비용을 지출하는 것을 피해야 한다. 마케팅전략, 제품아이디어, 제품품질에서 성공을 거두고 지나친 마케팅 비용, 특히 광고비 지출로 곤경에 처한 아래 사례를 보면, 광고효과에 대해서도 효율성 개념이 중요함을 알 수 있다.

경영사례

컬러 골프공 대명사… 잘 나가던 볼빅, 결국 실패한 이유

'컬러볼 아버지' 문경안 회장 퇴진, 과감한 투자로 한때 시장 2위

해외수출로 1,000만弗 금자탑도, 과도한 마케팅으로 비용 '눈덩이'

3년 연속 적자… 결국 회사 매각

(기사 내용 생략)

[자료: 한국경제(2022.4.1)]

광고에서 또 중요한 점은 윤리적 기준을 지키는 일이다. 허위광고, 과장광고를 피해야 함은 물론이다. 현란한 속임수 기법(deceptive techniques)을 피하고, 의도가 없어도 소비자가 현혹될 수 있지 않은지를 평가해보아야 한다. 광고기술의 함정에 빠지지 않아야 한다.

한걸음 더

- 매력적인 광고는 오래 기억에 남는다. 자신이 지금까지 기억하는 오래된 광고가 있는가? 있다면, 실제 구매를 하였는가? 구매 여부의 이유를 생각해보자.

인적판매의 기능과 효과

인적판매(personal selling)는 일대일 대면접촉을 통해 촉진활동을 하는 것이다. 광고가 표적고객을 대상으로 하는 일방적인 메시지 전달에 의존하는 반면에 인적판매는 고객에 대한 맞춤형 정보교환을 쌍방적 의사소통 방식으로 하는 것이다. 인적판매 담당자들은 영업사원, 판매원, 에이전트, 거래처담당자 등으로 불린다. 세상에서 가장 오래된 직업 중 하나이다.

인적판매는 대부분의 B2B 거래를 성공시키기 위해서 이용하는 촉진활동 방식이다. 산업재는 반복적으로 구매되고 판매 후 전문서비스의 제공이 필요한 경우가 많다. 이에 인적판매가 선호된다. 인적판매에서는 판매원이 고객과 장기적인 관계를 맺고, 수시로 추가 서비스를 제공할 수 있다. 또한 새로운 기능의 신제품이 출시될 때 판매원이 역할이 중요하게 작용한다. 이처럼 판매원은 기업 대 기업의 거래에서 조직 간 관계(inter-organizational relations)를 맺는 가교 역할을 하기도 한다. 이때 판매원은 전문적 지식과 기능을 보유해야 한다. 세일즈 엔지니어는 판매지식과 기능뿐만 아니라 기술적 지식과 능력을 갖춘 사람을 말한다. 엔지니어에게 세

세일즈 엔지니어

세일즈 엔지니어는 고객들에게 자사의 상품과 서비스의 필요성과 사용방법은 물론 타사의 경쟁 상품과 비교점을 자신의 기술적인 능력을 발휘하여 설명하는 역할을 담당한다. 대부분의 세일즈 엔지니어는 엔지니어링 학사 학위와 엔지니어링 분야에서 일한 경력을 갖고 있는데 특정 분야 엔지니어링에 관련된 부분을 주로 담당한다. 예로 화학상품을 판매하는 세일즈 엔지니어들은 화학공학을 공부한 사람들이, 비즈니스 소프트웨어 혹은 정보 시스템을 판매하는 세일즈 엔지니어들은 컴퓨터 엔지니어링을 공부한 사람들이 대부분이다.

일즈 훈련을 시키는 것이 인력확보의 방법이다. 대부분의 기업고객 대상으로 하는 IT 비즈니스에서는 제품의 전문지식을 갖춘 판매원이 판매를 담당하고 있다.

B2C 비즈니스에서도 전문성이 요구되는 제품과 서비스의 판매에서 판매원의 역할이 중요하다. 이때는 소비자들이 제품 관련 지식이 부족하므로 제품정보를 자세히 전달해야 한다. 전문적 지식을 갖춘 판매원이 중요하다. 특히 경쟁사 제품과 비교하여 설득적 커뮤니케이션이 중요하다. 또한 전문품이나 고관여상품(high-involvement product)의 판매에서 중요하다. 자동차, 보험 등이 대표적인 예이다.

기업은 인적판매를 위해 영업조직을 구축하고 영업사원관리(sales force management)를 한다. 영업조직은 기업의 일선조직이다. 기업이 시장을 만나는 접점이다. 영업조직과 마케팅 기능(마케팅 전략과 기획, 브랜드 관리, 시장조사 등)이 협업을 하면서 가치창출 활동을 하는 것이 중요하다. 영업조직은 대부분 사업부제 조직구조에 따라 구축된다. 사업부 소속으로서 사업부 영업성과를 책임진다. 그리고 영업사원관리는 영업 관리자가 인사부서의 지원을 받아서 수행한다. 영업사원의 선발, 교육훈련, 인사평가(실적 및 고객관계), 인센티브 등이 중요하기 때문이다.

경영사례

자동차업계에는 영업인력이 많다. 현대자동차가 약 1.1만명, 기아자동차가 8천명 정도로 알려져 있다. 이들은 직영점과 대리점에 근무하고 있다. 영업사원은 일반적으로 성과연동 임금의 비중이 크지만, 현대차 직영점의 영업사원은 성과와 무관한 기본급 비중이 90%에 이른다.

영업사원은 기업과 고객을 연결해주는 중요한 연결자이다. 좋은 영업사원을 매개로 맺어진 고객은 기업의 큰 자산이 된다. 고객만족은 영업사원의 친절한 서비스와 효과적인 스킬에 달려 있다. 영업사원이 단기성과 중심으로 판매에 집착하는 것을 피하고 고객가치 중심의 소통과 영업을 할 때, 바람직한 고객관계가 구축된다. 고객관계관리는 영업현장에서 시작된다.

홍보의 기능과 효과

홍보(PR: public relations)는 일반공중과의 우호적 관계를 구축하는 목적으로 수행되는 촉진활동이다. 이 관계는 기업의 여러 이해관계자를 대상으로 한다. 대표적으로 투자자관계(IR: investor’s relation)는 투자자(주주와 채권자)에게 기업의 재무정보와 주요 투자안을 공시하고 설명회 개최 등의 적극적 관계 구축에 애쓰는 것이다. 또한 잠재적 투자자를 대상으로 기업 설명 및 홍보 활동으로 투자 유치에 도움되게 하는 활동도 포함한다.

오늘날 홍보의 대상은 다양하다. 산업 및 기업 정책을 수립하는 정부와의 관계, 대중의 태도에 영향을 미치는 언론매체와의 관계, 지역사회 관계, 기업이익단체 관계, 일반대중 관계 등이다.

기업은 공중 또는 이해관계자 관련 부서를 운영한다. 이해관계자별로 필요한 정보를 제공하고 관계유지 관련 업무가 많기 때문이다. 기업들은 보도자료(press release) 형태의 홍보를 많이 하고 있으며 그 효과도 좋다. 이 경우 촉진도구로서 홍보의 내용이 전체 마케팅전략 및 촉진믹스전략과 다를 수 있다. 홍보부서가 마케팅부서와 다르게 움직이는 경우이다. 통합마케팅 커뮤니케이션(IMC) 프로그램 내에서 광고와 홍보를 조화시키는 것이 중요하다.

판매촉진의 기능과 효과

판매촉진(sales promotion)은 소비자의 구매행위를 유인하거나 중간상의 판매를 장려하기 위해 인센티브를 제공하는 것이다. 판매촉진 활동은 소비자, 기업고객, 중간상을 대상으로 할 수 있다.

판매촉진은 여러 목표로 시행한다. 단기간에 집중적으로 판매를 올리기 위해서 하기도 하고, 고객 또는 중간상과의 관계 개선을 목적으로도 한다. 광고효과를 증폭시키거나 인적판매를 원활하게 하기 위한 보조 수단으로 쓰이기도 한다. 판매촉진도 IMC 프로그램의 일환으로 수행되어야 더 큰 효과를 얻을 수 있다.

〈표 10-8〉 판매촉진 기법

판매촉진 기법	세부 내용
소비자 판매촉진	샘플, 쿠폰, 가격할인패키지, 프리미엄 제공, 단골고객 보상 등
기업고객 판매촉진	컨벤션, 전시회, 카탈로그, 가격할인, 판매원패키지 등
중간상 판매촉진	가격인하, 공제, 반품보장, 무료제품 제공 등

다이렉트 마케팅의 기능과 효과

다이렉트 마케팅(direct marketing) 혹은 직접마케팅은 소비자에게 직접 접근하는 마케팅으로서 온라인, 소셜 미디어, 모바일 마케팅 등 디지털 마케팅이 중심이 된다. 과거에는 카탈로그 판매, 통신판매, 텔레마케팅 등이 해당되었으나 오늘날에는 온라인 사용의 급증으로 그 방식이 바뀌었다. 카탈로그 판매와 통신판매로 유명한 미국의 아웃도어 상품판매기업인 엘엘빈(L.L.Bean)은 아직도 카탈로그 판매를 시행하고 있다.

디지털 마케팅은 광고, 홍보 모두에 가능하다. 장점은 시간과 장소에 구애받지 않고 전 세계의 네트워크를 이용할 수 있다는 점이다. 디지털 정보탐색에 익숙한 소비자가 스스로 찾아오는 강점이 있다.

판촉믹스전략은 이상의 다섯 가지 촉진도구를 효과적으로 구성하는 것이다. 보다 상위의 개념인 마케팅전략과 4P를 잘 결합시킨 통합적 마케팅 프로그램의 일환으로 추진되어야 함은 물론이다.

REFERENCE 참고문헌

안광호 · 하영원 · 유시진(2023), 『마케팅원론』, 학현사.

안진환 역(2010), 『마켓 3.0』, 타임비즈(원서: P. Kotler, *Marketing 3.0: From Products to Customers to the Human Spirit*, John Wiley & Sons).

이찬원 역(2021), 『마켓 5.0』, 더퀘스트(원서: P. Kotler, H. Kartajaya & I. Setiawan, *Marketing 5.0: Technology for Humanity*, John Wiley & Sons).

이학식 · 임지훈 · 박종철(2023), 『마케팅』, 집현재.

정연승 · 박철 · 이형재 · 조성도 공역(2021), 『KOTLER의 마케팅 입문』, 교문사(원서: G. Amstrong, P. Kotler & M. O. Opresnik, *Marketing: An Introduction*, Pearson).

BRAND FINANCE GLOBAL 500, https://brandirectory.com/rankings/global/table

Griffin, A.(1997), "PDMA research on new product development practices: updating trends and benchmarking best practices," *Journal of Product Innovation Management*, 14(6), pp. 429-458.

Simms, C. and Trott, P.(2007), "An analysis of the repositioning of the "BMW Mini" brand," *Journal of Product & Brand Management*, 16(5), pp. 297-309.

▨ [추천 교재]

안광호 · 하영원 · 유시진(2023), 『마케팅원론』, 학현사.

정연승 · 박철 · 이형재 · 조성도 공역(2021), 『KOTLER의 마케팅 입문』, 교문사(원서: G. Amstrong, P. Kotler & M. O. Opresnik, *Marketing: An Introduction*, Pearson).

CHAPTER 11

회계와 재무관리

이 장의 구성

FUNDAMENTALS OF MANAGEMENT

이 장에서는 재무자원의 관리를 다루었다. 1절에서는 재무자원의 흐름을 수치화된 회계정보로 만들어주는 회계의 기능과 주요 영역을 소개하였다. 2절에서는 기업이 재무자원을 관리하는 과정인 기업재무관리의 주요 내용을 설명하였다. 3절에서는 기업이 자본을 조달하는 자본시장의 모습을 다루었다.

- 회계정보의 구성과 회계의 기능을 알아보자.
- 장기 재무계획과 단기 재무관리에 대해 알아보자.
- 자본구조에 대해 알아보자.
- 자본시장의 기능과 투자에 대해서 알아보자.

1. 회계와 재무자원

자본의 관리를 통해 기업의 이익이 창출된다. 회계는 자본을 수치로 표현한 정보이다. 재무의사결정의 투입정보가 되고, 외부 투자자에게는 투자정보가 된다.

1.1 재무관리와 회계정보

재무자원의 관리는 기업의 가치창출 활동의 중심이 되는 기능이다. 과거에는 생산과 판매가 중심이어서 재무자원의 관리는 대표적인 지원스태프 기능에 해당하였다. 그러나 오늘날에는 재무자원의 효과적 관리가 실제 기업가치에 직결되는 활동이 되었다.

[그림 11-1]과 같이 재무자원관리책임자(CFO: Chief Financial Officer)는 재무관리와 회계업무를 총괄하고 있다. 업종에 따라 다소의 차이는 있겠지만 기업의 재무관리자는 오늘날 전략계획에서 현장 생산 및 마케팅에 이르기까지 여러 기업활동에 깊이 관여하고 있다.

기업에서 재무분야 종사자에게는 전문적 역량이 필요하다. 재무담당 책임자인 CFO가 되려면 회계와 자금관리에서 전문성을 가져야 한다. 그래서 공인회계사(CPA: Certified Public Accountant), 공인재무분석사(CFA: Chartered Financial Analyst), 공인관리회계사(CMA: Certified Management Accountant) 등 전문직 인증이 발달하였

[그림 11-1] 재무관리와 회계 부서의 조직도

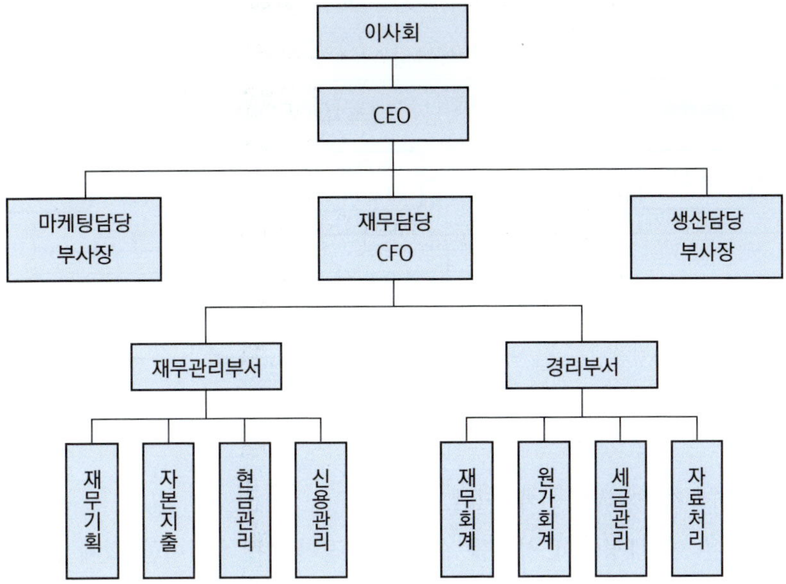

다. 미국에서는 SOX법 이후로 CFO가 되려면 특히 회계분야의 전문 능력이 필수 요건이 되었다.

기업은 자본집합체이다. 따라서 자본의 흐름을 면밀하게 관리하고 기록하여야 한다. 자본의 조달과 투자에서부터 이익창출에 이르기까지가 기업의 가치활동의 본연의 흐름이다.

재무관리와 회계정보의 흐름

재무활동은 재무계획에서부터 시작한다. 기업의 전략계획에 따라 자원배분(resource allocation)이 결정되면, 인적・물적자원의 계획과 함께 재무자원 계획이 수립되어야 한다. 그리고 재무자원의 계획이 전체 전략계획에 영향을 미치기도 한다. 기업의 재무관리자는 투자 효과성에 대한 전문적 평가를 할 수 있기 때문이다. [그림 11-2]에 기업의 재무활동과 회계활동의 흐름이 도시되어 있다.

전략에 따라 재무자원 수요가 발생하면, 내부 현금의 현황을 파악(피드백라인)하여 필요한 만큼의 자금조달이 이루어지고 그 결과로 자본구조가 결정된다. 이어서 투자의사결정으로 자본이 자산으로 변환되고 영업활동이 시작된다. 이 과정에서 매일매일의 현금관리가 진행된다. 영업의 비용과 손익이 발생하면서 최종 재무

[그림 11-2] 기업의 재무활동과 회계활동

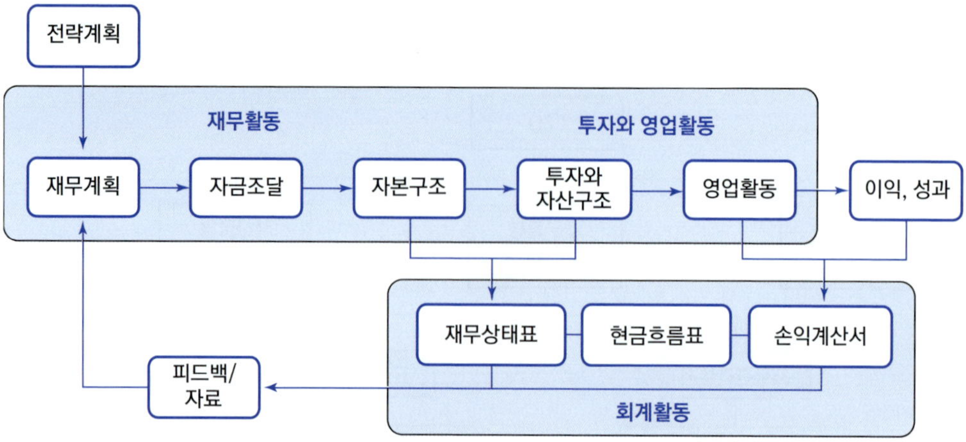

적 이익과 전략적 성과를 얻게 된다.

회계활동은 이 과정에서 정보를 수집하고 정리하여 유의미한 회계정보를 생산하는 것이다. 회계는 기업의 경제활동을 화폐단위로 측정하여 표준 양식으로 생산하여 정보이용자에게 제공하는 것이다. 이때 회계정보의 이용자는 조직 내에서는 경영자와 재무관리자 및 내부 관련업무 부서가 된다. 조직 외부에서는 주주와 채권자 등의 투자자들과 다양한 이해관계자이다. 그리고 정부도 과세 등의 목적으로 회계정보를 이용한다.

1.2 기본 재무제표의 구성

회계정보는 여러 재무제표로 정리된다. 재무제표(financial statements)는 일정 기간 동안 일어난 거래를 총정리한 회계표들이다. 기업의 재무 건전성과 안정성을 알게 해주는 회계정보를 담고 있기 때문에 주주(소유주), 채권자, 종업원, 거래업체, 정부(국세청) 등 모든 이해관계자들에게 중요한 관심사항이다. 주요 재무제표에는 재무상태표, 손익계산서, 현금흐름표가 있다.

재무상태표(대차대조표)

재무상태표(statement of financial position) 또는 대차대조표(balance sheet)는 특정 시점에서 자산의 구성, 투자 및 생산활동과 이에 소요되는 자금조달에 관한 정보를

〈표 11-1〉 재무상태표의 구성

자산	부채
유동자산	**유동부채**
현금및현금성자산	매입채무, 미지급금
매출채권, 미수금	단기차입금
재고자산 등	**비유동부채(장기부채)**
단기투자자산(주식, 채권)	장기차입금
비유동자산(고정자산)	회사채
유형자산	**자본**
토지, 건물	**자본금**
공장설비, 차량 등	**자본잉여금**
무형자산	주식발행초과금, 자기주식처분이익
특허권, 영업권 등	**이익잉여금**
투자자산	이월이익잉여금
자회사지분, 부동산	당기순이익
자산의 총계	부채와 자본의 총계

정리한 것이다. 재무상태표 기준일 시점에서 자산(asset), 부채(liability), 자본(equity)의 구성을 보여주고 있으며, <표 11-1>에서처럼 세부항목의 정보를 제공한다.

1) 자산의 구성

자산은 유동자산과 고정자산으로 구성된다.

유동자산(current asset)은 재무상태표일로부터 1년 내에 실현될 것으로 기대되는 유동성이 높은 자산이다. 현금(cash)과 12개월 내에 현금으로 전환될 수 있는 자산들이 포함된다. 유동자산은 현금, 외상매출금(accounts receivable), 재고자산(inventories), 단기투자자산에 해당하는 투자유가증권(investment securities)과 투자채권(investment bonds), 선급비용(prepaid expenses) 등이 있다. 선급비용은 영업활동에 투입될 용역을 구하면서 미리 지급한 금액으로서 선급임차료나 선급보험금 등이다.

고정자산(fixed assets) 또는 비유동자산(non-current assets)은 재무상태표일로부터 1년을 초과한 기간에 걸쳐 경제효익이 실현될 것으로 예측되는 자산이다. 비유동자산에는 유형자산, 무형자산, 장기투자자산이 있다. 유형자산은 토지, 건물, 시설, 기계장치 등이다. 무형자산은 특허권, 지적재산권, 상표권, 개발비, 영업권 등이다. 영업권(goodwill)은 영업상의 노하우, 기술, 명성 등으로 발생하는 기업가치인데,

자기 기업의 영업권은 회계상으로 인정되지 않는다. 장기투자자산으로는 투자목적의 부동산, 종속기업(자회사) 지분 등이 있다.

2) 부채의 구성

부채(타인자본)는 유동부채와 장기부채로 구성된다.

유동부채(current liabilities)는 1년 이내에 갚아야 하는 부채이다. 매입채무(외상매입금, accounts payable), 단기차입금(payables), 미지급금(accrued payables) 등으로 구성된다.

장기부채(long-term liabilities) 또는 비유동부채(non-current liabilities)는 1년 이상의 일정 기간 동안 갚지 않아도 되는 부채이다. 예를 들어 5년 후 갚아야 하는 장기차입금(long-term debts)이 그 예이다. 장기부채로 회사에서 발행하는 증서로 회사채(bond)가 있다. 회사채는 채권시장(bond market)에서 유통된다.

여기서 영업활동에서 현금흐름을 유지하는 데 중요한 유동자산과 유동부채의 차이를 순운전자본(net working capital)이라 한다. 유동자산이 유동부채보다 클 때 순운전자본은 양의 값을 가진다. 이는 앞으로 12개월 동안 사용할 수 있는 현금이 같은 기간 동안에 갚아야 하는 현금의 크기보다 크다는 것을 의미한다. 따라서 재무상태가 건전한 기업의 순운전자본은 항상 양(+)의 값을 갖는다.

3) 자본의 구성

자기자본(shareholder's equity)은 주주들이 권리를 갖는 자본이다. 주주들은 돈을 빌려준 채권자에게 지불하고 남는 잔여가치(residual value)에 대해서만 권리를 갖는다. 따라서 기업의 자기자본은 자산의 총가치에서 기업의 총부채의 가치를 뺀 값으로 정의된다.

총자기자본(equity) = 총자산(assets) − 총부채(liabilities)

자본에는 자본금(capital stock)과 자본잉여금 및 이익잉여금이 포함된다. 자본잉여금(capital surplus)은 자본의 납입 또는 자본의 수정 등 영업 이외의 자본관계에서 발생하는 잉여금을 적립한 것이다. 자기주식처분이익, 주식발행초과금, 감자차익 등이 있다. 이익잉여금(retained earnings)은 회사 내부에 유보한 과거 이익의 누적금액이다. 기업의 경상적인 영업활동, 고정자산의 처분, 그 밖의 자산의 처분 및 기타 임시적인 손익거래에서 생긴 결과로서 주주에게 배당금으로 지급하거나 자본으로 대체되지 않고 남아 있는 부분을 말한다.

한편, 기업의 자본구조에서 부채의 사용을 재무레버리지라고 부른다. 더 많은 부채는 재무레버리지(financial leverage)를 높인다. 이에 대해서는 후술하였다.

한걸음 더

- 항공사의 마일리지는 부채인가?

손익계산서

손익계산서(income statement)는 회계기간의 당기순이익 결정과정과 결과를 보고하는 재무제표이다. 수익과 비용을 추정하며 이익을 산정한다. 손익계산서는 특정 시점이 아닌 기간에 걸친 경제사건을 보고하므로 이익 측정에 사용되는 수익과 비용의 계정은 손익계산서만 구성하고 잔액이 다음 회계기간으로 이월되지 않는 임시계정(temporary accounts)이다.[1] 재무상태표는 자산, 부채, 자본 계정이 다음 회계기간으로 넘어가는 영구계정이다.

수익(revenue)은 영업활동(손익거래)에서 자산증가 또는 부채감소를 수반하는 자본증가 항목이다. 수익에는 매출액(sales), 영업외 수익(other revenue)으로 이자수익(interest revenue), 금융자산평가이익 등이 있다.

비용(expenses)은 영업활동(손익거래)에서 자산감소 또는 부채증가를 수반하는 자본감소 항목이다. 영업활동 비용으로 매출원가(cost of goods sold)와 판매와일반관리비(SG&A: selling, general and administrative expenses, operating expenses)가 있고, 영업외비용(other expenses) 항목으로 이자비용(interest paid)과 기타손실이 있다. 매출원가는 제품과 서비스를 생산하는 데 들어간 비용이다. 판매와일반관리비(판관비)에는 급여(wage), 감가상각비(depreciation expense), 통신비및잡비 등이 있다.

이익(income, profit)에는 영업이익, 법인세차감전이익, 당기순이익이 있다. 영업이익(operating income, operating profit)은 매출액에서 매출원가와 판관비를 차감한 것이다. 이는 기업이 제공하는 제품과 서비스로 창출하는 이익으로서 비즈니스를 얼마나 잘하고 있는지를 나타내주는 척도이다. 영업이익은 이자비용・법인세차감전이익(EBIT: earnings before interest and taxes)이라고도 한다. 법인세차감전이익(earnings before taxes)은 간단히 세전이익(texable income)이라고도 하며 기업의 과

1) 홍승범(2019), p. 75.

세대상 소득에 해당한다.

순이익(net income, net profit)은 기업의 최종 이익으로서 주주에게 배당(dividend)으로 지급되거나, 기업 내부에 유보되어 이익잉여금으로 적립된다. 순이익은 최종 산정되는 것이어서 일명 '바닥선 성과(bottom line performance)'라고도 한다.

아래의 <표 11-2>의 K사 사례를 보자. 우선 기간 개념을 보면, 회계연도 기간인 1월 1일부터 12월 31일까지 영업활동의 수익과 비용에 대한 기록이다. 이 회사는 매출액 787.5억원 규모의 벤처중소기업이다.[2] 전통제조업이 아니기 때문에 매출원가 비중이 상대적으로 낮은 편이고, 판관비가 높게 나타났다. 판관비 구성에서도 설비중심의 제조공장이 없어서 감가상각비가 적은 편이고 대부분 급여 항목으로 구성되어 있다. 지식벤처기업이어서 인건비 비중이 높은 편이다. 영업이익은 73.5억원이고 아직 성장 중인 기업이어서 영업이익률은 다소 낮은 편이다. 단기투자 금융이익과 이자비용이 모두 적은 편이어서 부채와 단기투자 유동자산이 적은 기업임을 알 수 있다. 재무건전성이 높은 기업으로 판단된다. 법인세비용은 동 규모의 세전이익에 대해서 우리나라 법인세 실효세율 17%를 가정하여 산정하여, 세후 당기순이익은 59.3억원이 되었다. 이 중 20억원이 주주에게 배당되어 배당성향은 33.75%이다. 배당성향은 순이익에서 배당금이 차지하는 비중을 말

〈표 11-2〉 K사 손익계산서(2021.1.1～2021.12.31) (단위: 백만원)

수익(매출액)	78,745
매출원가	(33,722)
매출총이익	45,023
판매와일반관리비	(37,676)
영업이익	7,347
금융수익	165
금융비용	(455)
기타이익	372
기타손실	(289)
법인세차감전순이익	7,140
법인세비용 (17% 가정)	(1,214)
당기순이익	5,926
배당 (배당성향 33.75%)	2,000
이익잉여금 증가분	3,926

주당순이익 592.6원 = (당익순이익 59.26억)÷(발행주식수 10,000,000주)

2) 수치를 약간 바꿨음.

한다. 배당 후 나머지 금액 39.3억원은 이익잉여금에 편입된다. 참고로 당기순이익을 발행주식수 천만주로 나누면 주당순이익(EPS: earnings per share)이 592.6원이 된다. 주당순이익은 3절에서 다시 설명하겠다.

우리나라에서 유가증권시장(KOSPI) 상장기업의 배당성향은 35~40% 수준이다. 아래 자료를 참고해보자.

경영사례

2023년 12월 결산법인(794사)의 70.3%인 558개사가 배당 실시, 연간 현금배당은 41.2조로 전년 대비 1.3조(3.3%) 증가

유가증권시장 상장사의 2023년 현금배당액이 41.2조원을 기록했다. 현금배당은 2014년에는 15.5조원에 그쳤으나 꾸준히 증가해 2020년부터 40조원대로 올라서서 현재까지 지속되고 있다. 평균 배당성향은 39.9%로 전년 36.1% 대비 3.8% 증가하였다.

[자료: 한국상장사협의회 보도자료(2024.5.7)]

배당성향은 10년 전에는 미국과 일본, 중국 등에 뒤졌지만 2023년에 이들 국가를 앞섰다. 최근 10년간 각국 배당성향을 보면 미국은 36.4%에서 37.1%로, 일본은 29.4%에서 36.2%로 높아졌고 중국은 32.4%에서 30.5%로 낮아졌다. (하략)

[자료: 한국경제(2024.5.20)]

한국, 미국, 일본의 배당성향 (단위: %)

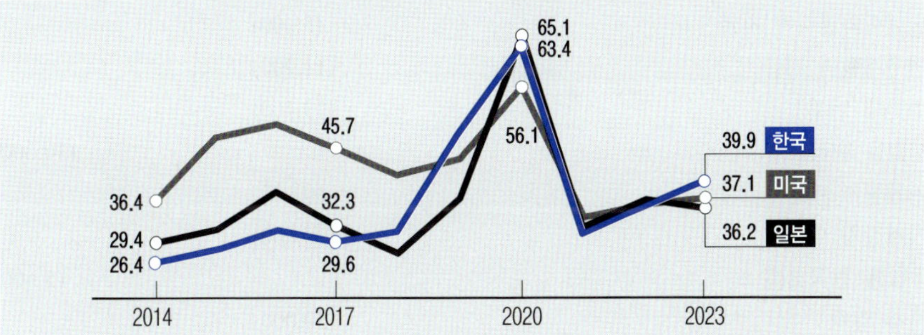

※한국은 유가증권시장 기준

자료: 한국상장사협의회, 한국자본시장연구원

한걸음 더

- 국가별 배당성향을 조사해보자.
- 코스닥 기업은 배당성향이 낮은데 그 이유는 무엇일까?

현금흐름표

현금흐름표(statement of cash flows)는 일정 기간의 현금의 원천과 현금의 사용을 요약한 표이다. 이는 현금유출입을 구성하는 주요 활동을 밝히고, 이 활동이 현금 증감과 잔액에 미치는 영향을 파악하기 위해 작성하는 회계보고서이다.

현금흐름표는 재무상태표, 손익계산서와 함께 기본 재무제표에 해당하는 회계보고서이지만 현금자산 하나에만 초점이 맞춰 있다. 현금흐름표에는 주요 경제활동을 영업활동, 투자활동, 재무활동으로 구분하여 기록한다. 영업활동은 주로 손익계산서에 반영되는 활동이며, 재고자산 증감과 재고자산의 매입·매출 활동에 의한 유동자산 및 유동부채의 증감도 포함된다. 투자활동은 유동·비유동(장기) 자산의 취득과 처분에 관한 현금유출입 활동이다. 재무활동에서는 유동·비유동(장기) 부채의 조달과 상환에 수반되는 현금유출입과 (자기)자본의 조달에 의한 현금유입 활동이 기록된다.

<표 11-3>에는 현금흐름표가 예시되어 있다.[3)]

〈표 11-3〉 현금흐름표(2021.7.1~2021.12.31) (단위: 원)

구분		
영업활동 현금흐름		₩105,600
고객으로부터의 현금수취	₩476,000	
공급자에 대한 현금지출	(341,000)	
판매비와관리비 지급	(5,000)	
연구개발비 지급	(11,000)	
법인세 납부	(13,400)	
투자활동 현금흐름		(30,000)
기계장치 매각	60,000	
기계장치 매수	(90,000)	
재무활동 현금흐름		(5,600)
사채 발행	30,000	
미지급금 감소	(50,000)	
보통주 자본금 증가	35,000	
배당금 지급	(20,600)	
현금및현금성자산의 증가		₩70,000
기초현금및현금성자산		120,000
기말현금및현금성자산		₩190,000

3) 홍승범(2019), p. 147 참조.

1.3 회계의 기능과 영역

회계(accounting)는 기업의 활동에서 재무적 사건과 거래를 기록, 분류, 요약하여 해석을 돕는 정보를 창출하는 것이다. 회계정보는 관리자들이 올바른 의사결정을 내리도록 기업의 재무상태와 운영성과를 제대로 평가하게 해준다. 또한 기업의 이해관계자들에게 기업의 경제활동과 관련한 재무적 정보를 보여주는 것이다. 기업회계에는 재무회계, 관리회계 및 회계감사가 있다.

재무회계(financial accounting)는 기업의 외부 이해관계자에게 정보를 제공하기 위한 회계이다. 재무상태와 손익활동에 대한 정확한 정보를 제공하고 기업 간 비교가 가능하도록 '일반적으로 인정된 회계원칙(GAAP: Generally Accepted Accounting Principles)'을 따른다. 이는 기업의 재무상태 및 경영성과 등에 대한 재무보고 시에 신뢰성과 비교가능성을 제고하기 위해 재무제표 등의 작성 시 따라야 할 기준 또는 원칙을 의미한다. 재무회계 정보는 연 1회 발표되는 연차보고서(annual report)로 외부 이해관계자에게 공시된다.

재무정보를 정확하게 관리하는 것은 기업에게뿐만 아니라 외부 이해관계자에게도 매우 중요한 일이다. 이에 회계전문가에 의해 자료가 작성되고, 외부 회계전문가에 의해 확인받는 감사의 과정을 거친다. 이때 공인된 회계전문가가 공인회계사(CPA: Certified Public Accountant)이다. 공인회계사가 반드시 지켜야 하는 일반회계기준(GAAP)에 맞게 재무제표가 작성되었다면, 정보이용자들은 그 정보가 회계전문가들이 합의한 표준 기준에 맞게 작성되었음을 기대할 수 있게 된다.

관리회계(managerial accounting)는 경영자의 내부 자원관리에 대한 의사결정을 도와주는 재무적 정보를 제공한다. 따라서 재무회계와 달리 관리회계의 정보는 경영자의 의사결정에 맞추어 탄력적으로 설계 및 운영된다. 기업활동을 계획하고 통제하는 데 필요한 정보를 산출하는 것이다. 관리회계는 생산, 마케팅 등의 다양한 기능을 수행하는 데 드는 비용을 책정하고 보고하며, 예산을 편성하고 주어진 예산 안에서 기업활동이 잘 통제되고 있는지를 확인한다. 특히 원가통제 활동에 필요한 정보제공이 중요하다. 재무회계 정보가 조직 전체 수준에서 관리되는 데 비해서 관리회계는 조직의 하위 단위별, 제품별, 시장별 단위에서 회계정보를 창출한다.

회계감사(auditing)는 내부감사와 외부감사가 있다. 내부감사는 내부 회계담당자가 적합한 회계절차와 재정보고가 이뤄지고 있는지를 확인하는 것이다. 외부감사는 독립적인 공인회계사가 재무제표의 정확성을 감사하고 평가의견을 제시하는 것이다. 연차보고서에 감사의견이 제시되며 주주총회에서도 감사의견이 보고된다. 우리나라에서는 '주식회사 등의 외부감사에 관한 법률'(외감법)에 의해 일정 요건에 해당하는 모든 회사가 외부감사인을 선임하고 외부독립감사를 받게 되어 있다. 예를 들어, 주식회사의 경우에 직전년도 말 재무제표를 기준으로 자산 120억원 이상 등 몇몇 규모 요건에 해당하면 외부감사를 받아야 한다. 외부감사를 받는 기업을 외감법인이라고 한다.

회계감사는 분식회계를 막는 중요한 장치이다. 분식회계(accounting fraud, make-up accounting)는 기업 경영자와 재무관리자가 재무 변화를 허위로 조작하는 비도덕적인 불법 행위이다. 미국의 엔론과 월드컴 사태, 그리고 국내 대우조선해양 사태에서 보듯이 분식회계는 비윤리적 행위로서 광범위한 이해관계자에게 큰 피해를 미치고 사회적으로 큰 충격을 준다. 회계감사자의 전문가윤리가 얼마나 중요한지를 알려준 사건이었다.

한국공인회계사회는 2006년 7월에 공인회계사 윤리기준을 제정하여, 공인회계사는 직무를 수행함에 있어 공익을 보호하기 위하여 이 윤리기준의 요구사항을 준수하여야 한다고 명시하고 있다. 윤리강령으로 1) 성실, 2) 공정, 3) 전문가적 적격성과 정당한 주의, 4) 비밀유지, 5) 전문가적 품위를 제시하고 모든 공인회계사가 준수하여야 한다고 선언하였다.

한걸음 더

- 관심있는 기업의 홈페이지에 가서 연차보고서를 찾아서 읽어보자.

2. 기업재무관리

이하에서는 기업에서 재무관리가 어떤 위치를 차지하고 어떤 기능을 수행하고 있는지를 살펴본다. 경영학 내에서 재무관리 전공 영역에서는 기업재무(corporate finance)뿐 아니라 금융시장과 자본투자를 다루는데, 이는 3절에서 별도로 다루었다.

2.1 재무관리의 영역과 목표

재무자원(financial resources)은 기업활동에서 언제 어떻게 투입되는가? 기업은 자본집합체이다. 기업의 핵심자원을 관리하는 재무관리의 기능과 영역을 알아보자.

재무관리의 기능과 영역

기업의 재무관리자는 다음과 같은 세 가지 문제를 다루어야 한다.

① 어떤 장기투자를 해야 하는가? 기업전략에 따라 어떤 사업(부)에 더 많은 투자를 해야 하는지를 결정하게 되면, 재무관리자는 장기 재무계획을 세워서 사업구조 변화에 따른 재무자원의 재배분을 준비하여야 한다. 또한 사업부전략에서도 선택된 경쟁전략을 뒷받침하는 장기 및 단기 재무계획을 수립하여야 한다.

② 투자를 위한 장기자금을 어떻게 조달할 것인가? 직접자금조달과 간접자금조달 등 자금조달 방식을 결정해야 한다.

③ 고객으로부터 대금을 회수하고 공급자에게 대금을 지급하는 매일의 재무활동을 어떻게 할 것인가? 단기자금 운용과 매일매일의 현금흐름을 관리해야 한다.

위 문제를 다루기 위해 재무관리자는 [그림 11-3]과 같이 네 가지 영역에 대한 의사결정을 하고 실행해야 한다.

첫째, 기업의 장기재무계획을 수립하고 실행하는 것이다. 기업의 장기투자를 위한 계획 수립과 관리의 과정을 자본예산(capital budgeting)이라고 한다. 성장전략을 추구할 때 점포를 연간 몇 개씩 늘릴 것인지를 결정할 때 자본예산은 필수적이다. 이때 재무관리자는 비즈니스 전략을 실행하는 단계에 자본예산을 일방적으

[그림 11-3] 재무관리의 주요 영역

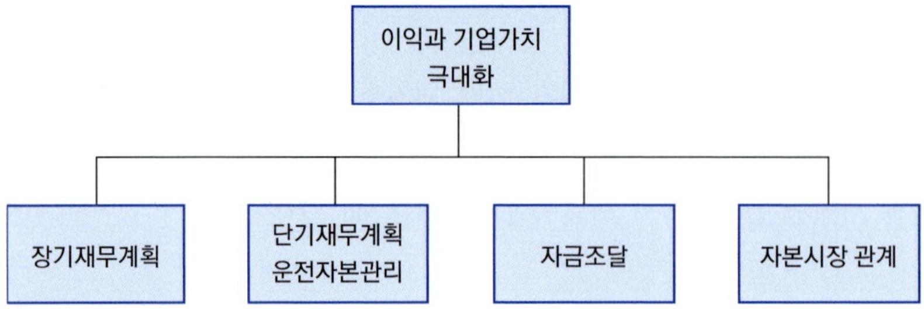

로 요구받는 게 아니고, 재무적 관점에서 효과성을 평가하고 비즈니스 전략 수립에 관여해야 한다. 자본예산에서 재무관리자는 투자에 들어가는 비용보다 더 많은 가치를 가져다주는 투자기회를 찾아내려 노력해야 한다. 기업전략 및 사업전략과 재무전략은 일방적 관계가 아니고 쌍방적이어야 한다.

둘째, 단기재무계획에 따른 운전자본의 관리이다. 운전자본(working capital)이란 기업의 단기자산(유동자산)과 단기부채(유동부채)를 말한다. 운전자본의 관리는 기업활동이 장애를 일으키지 않도록 충분한 재무자원을 보유하도록 매일매일 기업활동을 관리하는 것이다. 이는 현금의 유입과 유출에 관한 현금관리 활동을 포함한다.

셋째, 기업의 장기투자를 지원하기 위한 자금조달이다. 자금의 원천으로서 자기자본 또는 장기부채를 조달하게 된다. 이때 자기자본과 장기부채의 구성비율이 결정되는데 이를 자본구조(capital structure) 또는 재무구조(financial structure)라고 한다. 자본구조는 기업의 가치와 위험에 크게 영향을 미친다. 부채와 자기자본의 구성비율이 어느 정도가 최적인가를 결정해야 한다.

넷째, 자금조달이 이뤄지는 자본시장 관련 활동이다. 주식과 채권의 발행에서 증권시장을 잘 이용해야 한다. 그리고 기업의 주인인 주주를 위해서 주식가치를 높일 수 있는 활동을 하여야 한다.

재무관리의 목표

재무관리의 목표로 다음과 같은 것들을 들 수 있다. 회사의 재무상태를 개선하는 것과 이익과 성장을 얻는 데 관련된 목표들이다.

〈표 11-4〉 재무관리의 목표

- 생존과 재무건전성
- 재무적 곤경과 파산의 방지
- 이익극대화
- 수익의 안정적 증가 (적정이익의 추구)
- 주주가치 극대화
- 기업가치 극대화

재무건전성 유지와 재무적 곤경의 방지는 재무관리의 기본적인 목표에 해당한다. 흔히 기업 목표로 일컬어지는 이익극대화도 중요하다. 그러나 이익지표가 여러 개 있듯이 어떤 이익이 목표가 되어야 하는지 논란이 있다. 특히 단기이익의 극대화는 위험하다. 그렇다면 장기적 이익극대화 목표를 중시할 수 있다. 어느 정도 장기적 목표로 가져가야 하는가? 모든 기업은 궁극적으로 소멸한다. 혼란스럽기도 하다.

이에 대해 재무관리에서는 **주주가치 극대화**라는 목표를 강조한다. 주식회사의 재무관리자는 주주를 위한 의사결정을 해야 한다. 따라서 주주에게 좋은 결정이 어떤 것인지를 알아야 한다. 주주들이 재무적 이득을 얻기 위해 주식을 사는(즉, 투자를 하는) 것이기 때문에 주식의 가치를 증가시키는 의사결정을 함으로써 주주의 이해관계를 최대한 구현하여야 한다. 이익극대화보다 주가 상승의 자본이득과 배당소득을 높여주는 것이다.

그러나 이 주장에도 논란이 있다. 주식시장에서의 주가는 재무관리자나 CEO의 역할과 능력을 벗어나는 것이기 때문이다. 기업가치가 주주가치와 다를 수 있다. 주주가치에 궁극적으로 반영되는 **기업가치 극대화**가 기업의 재무관리 목표로 타당하다고 볼 수 있다. 기업가치에 대해서는 뒤에서 구체적으로 설명하였다.

2.2 재무계획과 재무비율분석

재무계획은 자금수요를 예측하고 운용계획을 세우는 것이다. 장기재무계획과 단기재무계획으로 나누어 볼 수 있다.

장기재무계획과 경영전략

장기재무계획(long-term financial planning)은 기업의 성장전략에 따른 자금수요를 예측하고 자금계획을 세우는 것이다. 이는 경영전략과 연계되어 있다. 전략에 따른 자원배분 계획을 세울 때 전략기획자는 재무관리자와 소통과 협업이 중요하다.

장기재무계획은 1년 이상 3년, 5년, 10년 이상까지의 기간 동안 발생할 수익과 원가, 비용에 대한 **장기재무예측**(long-term forecast)에 기반하여 **자본예산**으로 수립된다. 투자안이 결정되면 어떤 자금흐름이 관련되는지를 평가해야 한다. 투자안에 따른 기업의 현금흐름을 평가하고 자금수요를 확정하여 자본예산을 수립한다. 장기적으로 재무상태에 큰 변화를 미치는 투자안이나 기업인수 등의 전략적 결정에는 장기재무예측이 중요하며, 추정재무제표를 이용하기도 한다. 추정재무제표(pro forma financial statements)는 미래의 영업활동을 추정하는 재무제표인데, 투자안과 관련된 정보를 간편하고 이해하기 쉽게 요약해주는 수단이 된다. 총투자비용을 산정하고 예상되는 매출량, 매출단가, 고정비용과 단위당 변동비용 등을 추정하여야 한다.

투자안의 평가에서 중요한 것으로 손익분기점 분석이 있다. 손익분기점 분석(break-even analysis)은 판매량과 이익 간의 관계를 분석하는 것으로서 얼마나 빨리 손익분기점에 도착하는지를 알아보는 것이다. 손익분기점(break-even point)은 투자안의 순이익이 0이 되게 하는 판매량을 말한다. 즉, 총비용과 총수익이 동등한 지점을 의미한다. 기회비용이 지불되고 리스크 조정된 기대수익이 발생했지만 절대적 손실이나 순이익이 없는 것을 의미한다. 시간이 흐름에 따라 누적적 투자가 증가하기 때문에 손익분기점에 도달하는 시점을 예측하는 것이 매우 중요하게 된다. 손익분기점 이후부터 현금적자가 없어지고 현금잉여가 시작되기 때문이다.

손익분기점 도표는 앞 장에서 설명한 바 있으나 아래에 다시 도시하였다. 그림에서 보듯이 고정비 비율이 크고, 변동비 증가 속도가 느리면 손익분기점 이후 기업 이익의 흐름은 가파르게 증가한다. 이 경우 빠른 판매량 증가가 현금흐름상 유리한 전술이 된다. 고정비 비중이 큰 중후장대형 산업에서 매출규모를 빠른 시일내에 확대하려는 목적으로 과잉생산용량(over-capacity)의 함정에 빠지는 이유가 여기에 있다.

장기재무예측에 따라 자본예산이 수립되면 자금조달계획이 수립되어야 한다. 자금조달 방식에 따라 자본구조가 결정되기 때문에 복잡한 재무적 의사결정 이슈

[그림 11-4] 손익분기점

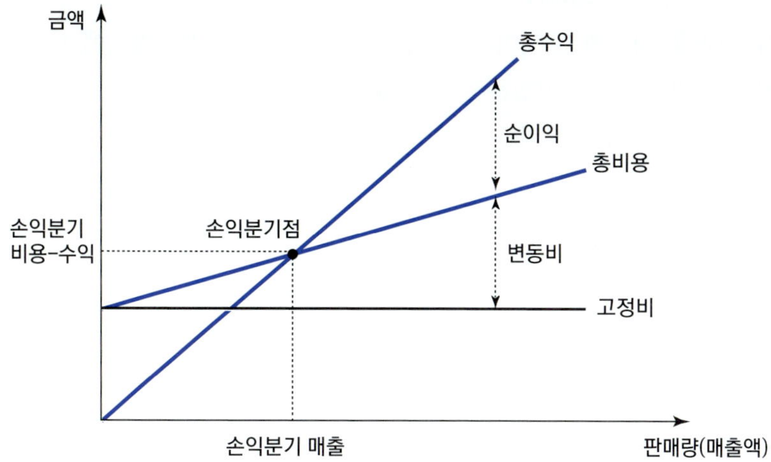

가 존재한다. 자본구조와 재무레버리지 정책에 대해서는 후술하였다.

단기재무계획과 유동자산관리

단기재무계획(short-term financial planning)은 단기재무관리를 위한 계획이다. 단기재무관리는 운전자본관리(working capital management)에 해당하는 것으로 1년 혹은 그 이내에 발생하는 현금유입과 현금유출에 관련되어 있다. 앞서 설명하였듯이 순운전자본은 유동자산과 유동부채의 차이다. 관련 문제들을 보면, 1) 대금지불을 위해 어느 정도의 현금을 보유하고 있어야 하는가? 2) 현금보유가 부족하면 단기적으로 얼마나 빌려야 하는가? 3) 어느 정도의 외상매출을 해야 하는가? 등이다.

현금흐름추정(cash flow forecast)은 미래현금의 유입과 유출을 매월 또는 매분기별로 예측하는 것이다. 예상 판매수익, 원가와 비용 등을 발생시기별로 고려하여 현금의 원활한 흐름을 유지하도록 해야 한다.

단기재무관리의 초점은 유동자산관리에 있다. 재무 유동성을 유지하여 영업활동의 흐름이 막히지 않도록 해야 한다. 현금부족으로 대금결제가 어려워져 부도가 날 위험을 관리해야 한다. 후술하는 **유동성 비율**은 기업의 단기지급능력을 나타내 주는 척도로서 유동자산관리의 지침이 된다.

이처럼 재무계획을 세우는 데 자사의 재무활동에 대한 분석이 이뤄져야 한다.

가장 기본적인 정보를 재무비율 분석에서 얻을 수 있다. 재무비율(financial ratio) 분석은 기업의 재무제표(financial statements)에서 주요 항목 간의 비율을 통해 재무 건전성과 성과를 평가하는 것이다. 전통적인 분석이지만 재무활동에 대한 기본정보를 만들어준다. 실무와 기업분석 통계에서도 가장 많이 이용되는 개념이다. 이하에서는 여러 측면의 재무비율을 설명하였다.

유동성 비율: 단기지급능력 척도

유동성 비율(liquidity ratios)은 기업이 단기에 과도한 압박을 받지 않고 자신의 부채를 지불할 능력을 갖고 있는가를 나타내준다. 유동성 비율에는 유동비율, 당좌비율, 현금비율 등이 있다.

유동비율(current ratio)은 유동자산을 유동부채로 나눈 것으로 단기유동성을 나타내준다. 유동자산과 유동부채가 12개월 내에 현금으로 전환 가능한 자산과 부채이기 때문이다. 채권자, 특히 단기채권자에게는 유동비율이 높을수록 위험이 낮다. 유동비율이 적어도 1 이상이 되어야 하고, 2 이상이면 안전한 것으로 판단된다. 반면에 유동비율이 지나치게 높으면 유동성은 풍부하지만 현금과 기타 유동자산을 비효율적으로 사용하고 있다는 의미도 된다. 기업이 장기적인 부채 조달의 여력이 충분하다면 유동비율이 낮은 것이 나쁘지 않다. 유동비율의 적정수준은 업종평균에 비춰서 결정할 필요가 있다. 또한 자사의 전년도 수준과 비교하여 유동비율의 변화를 추적하는 게 중요하다.

당좌비율(quick ratio)은 유동자산에서 재고를 제외하여 산정한 비율이다. 재고는 부식, 손실, 진부화되어 쉽게 가치를 잃어버릴 수 있다. 현금으로 재고를 구입하였다 하더라도 잘못된 재고관리로 인한 비용이 숨겨져 있는 경우가 많다. 재고가 현금에 비해 유동성이 떨어지고, 환금성도 낮다는 것을 감안하여 재고를 제외한 유동비율, 즉각적인 현금화 중심의 당좌비율을 사용한다. 재고를 쉽게 현금화하기 어려운 업종에서 더 중요하다. 일반적으로 당좌비율이 1 이상이면 현금흐름에 무리가 없을 것으로 판단한다.

현금비율(cash ratio)은 보조 지표로 활용된다. 풍부한 현금보유는 단기채권자에게 관심사항이다. 그러나 현금보유가 풍부하면 비즈니스 활동에 이용되지 않는 재무자원이 과다하다는 의미도 된다. 일정 수준의 현금이 더 적합하다.

재무레버리지 비율: 장기지급능력 척도

재무레버리지 비율(financial leverage ratios)은 기업의 장기지급능력을 측정하는 비율이다. 이에는 총부채비율, 부채자본비율(또는 부채비율), 장기부채비율이 있다. 또한 레버리지 비율은 아니지만 장기지급능력을 측정하는 지표로서 이자보상비율이 있다.

총부채비율(total debt ratio)은 모든 종류의 만기를 갖고 있는 모든 채권자에 대한 채무를 고려한 총부채를 총자산으로 나눈 비율이다. 전체 자산에서 부채가 차지하는 비율이다. 어느 정도가 적합한 것인지에 대해서는 재무구조 전략과 건전성의 판단에 따른다. 총부채비율이 높으면 기업의 총자산이익률이 낮을 때 감당해야 할 이자비용의 부담이 커진다. 반면에 기업의 총자산이익률이 높을 때는 고정비용인 이자비용을 차감하고 남는 순이익이 크기 때문에 투자자에게 높은 이익(자기자본이익률)을 가져다준다. 이를 재무레버리지 효과라고 한다. 즉, 수익률이 높은 사업 또는 산업에서는 부채비율이 높을수록 자기자본이익이 커진다. 따라서 부채 조달을 늘리더라도 공격적인 성장전략을 추구하면 긍정적인 레버리지 효과를 얻을 수 있다. 이면에서는 재무리스크가 커지더라도 말이다.

부채자본비율(debt to equity ratio)은 부채비율이라고도 한다. 이는 부채 총액을 자기자본 총액으로 나눈 것으로 총부채비율의 다른 계산법이다. 기업이 갖고 있는 부채의 상대적 비율을 잘 표현해주고 있어서 자주 이용된다. 부채비율이 1 이상이면 부채가 자기자본보다 많은 것이므로 '남의 돈으로 사업한다'는 의미도 된다. 부채비율이 1 이상이면 레버리지 효과가 급속도로 커진다.

경영사례

앞의 제5장 경영환경 변화에서 한국의 상장기업 평균 부채비율이 1997년에는 451.2%까지 올라갔었고, 외환위기가 닥치자 일시에 모든 기업들이 위기상황으로 내몰렸다고 설명한 바 있다. 기업의 낮은 수익력으로 자기자본 조달이 어렵고, 소유경영자들이 기업지배력 상실을 우려해 자기자본 확대를 꺼려한 점이 맞물려서 부채비율이 계속 높아진 것이다. 이에 외부충격으로 IMF 외환위기가 오자 마이너스 레버리지 효과로 인하여 연쇄도산의 위험에 처하게 되었다. 그리고 상호출자 및 순환출자 구조가 합쳐져서 계열사들이 공동으로 부실화되는 상황을 맞게 된 것이다.

장기부채비율(long-term debt ratio)은 단기부채를 제외한 자산총액에서 장기부채가 차지하는 비율이다. 단기부채는 항상 변하기 때문에 안정적 부채비율을 반영하지 못한다고 보는 것이다. 또한 기업의 외상매입금(매입채무)은 재무구조의 문제라기보다는 해당 업종에서의 거래관행을 반영하는 점이 많기 때문이다.

이자보상비율(interest coverage ratio)은 기업이 자신의 이자지불 의무를 얼마나 잘 이행할 수 있는지를 측정하는 지표이다. 이자보상배율(TIE ratio)이라고도 한다. 이자보상배율이 3.0이면 수익창출로 이자를 3번 갚을 수 있다는 의미이다. 이자보상배율이 0.7이면 사업을 통해 이자를 다 갚을 수 없다는 뜻이 된다. 실질적으로 마이너스 수익력을 갖고 있는 경우이다. 이자비용의 절대금액이 아닌, 이자를 갚을 수 있는 능력을 보여주는 지표이다.

활동성 비율: 자산관리 효율성 척도

활동성 비율(activity ratios)은 기업이 자산을 얼마나 효율적으로 사용했는지를 나타내준다. 자산활용비율(asset utilization ratios)이라고도 한다. 활동성 비율은 모두 회전율로 측정된다. 재고자산회전율, 고정자산회전율, 총자산회전율이 있다. 회전율이 높을수록 자산이용의 효율이 높아져서 이익이 커진다. 식당에서 테이블당 바뀌는 손님이 많을수록, 즉 회전율이 높을수록 수익이 많아지는 원리이다.

재고자산회전율(inventory turnover ratio)은 매출원가 대비 재고자산의 비율이다. 해당 연도에 매출원가가 900억원이고 연간 평균 재고가 300억원이면 재고자산회전율은 3.0이다. 이는 1년에 재고자산을 세 번 정도 판매했다는 것을 의미한다.[4] 회전율이 높을수록 산출 재고가 원활하게 판매되고 있음을 말해준다. 재고자산회전율이 산업평균보다 낮은 경우는 판매가 부진한 제품이 많을 가능성이 있다. 회전율을 높이도록 노력해야 한다. 유통업에서 재고자산회전율이 특히 중요하다.

고정자산회전율(fixed asset turnover ratio)은 매출액을 순고정자산으로 나눈 값이다. 고정자산이 얼마나 잘 사용되고 있는지를 나타내준다. 고정자산회전율이 1.2이라는 것은 고정자산 1,000원당 매출이 1,200원이 발생했다는 것이다. 고정자산이 큰 업종에서 회전율이 낮다. 따라서 기업수준의 전략에서 산업별로 고정자산회전율이 낮은 사업에 많이 진출하게 되면 전체적으로 자산효율이 떨어질 수 있다. 한편 사업부 수준의 경쟁전략에서는 고정자산회전율이 높은 기업이 가격경쟁에

---

4) 재무비율분석에서 재고자산은 대부분 판매를 앞둔 산출(output) 재고를 뜻한다. 생산운영관리에서 주요하게 다루는 투입(input) 재고는 대부분 회계에서 생산비용에 기 산입된다.

경영사례

신세계와 이마트

일반적으로 이익마진이 적더라도 **재고자산회전율**이 높으면 박리다매가 가능해진다. 유통업계에서는 재고자산회전율이 특히 더 수익률에 직결된다. 같은 신세계그룹에 해당하는 두 유통업체를 비교해보자.

고급 백화점인 신세계가 가격경쟁 제품 중심의 이마트보다 제품판매당 이익마진이 당연히 크다. 그렇지만 재고자산회전율이 신세계백화점은 매년 평균적으로 6.0 정도이고 이마트는 11.5 정도이다. 회전율이 대략 2배 정도 차이가 난다. 매장이 효율적으로 이용되고 있으며 판매제품의 회전이 빨라서 제반 비용이 낮아진다.

2021년 결산 재무제표에 나타난 두 회사의 경영실적 지표를 비교해보면 명확해진다. 영업이익률은 신세계가 8.19%인데 이마트는 1.27%이어서 신세계의 영업마진이 훨씬 크다. 매출액순이익률(ROS)은 신세계 6.16%, 이마트 6.37%로 비슷하다. 이어서 투자 대비 수익성 지표를 보면 신세계가 ROE 8.54, ROA 2.94이고 이마트는 ROE 16.25, ROA 5.93에 이른다. 이마트가 재고자산 이용 효율이 더 높기 때문에 나타나는 결과이다.

더 유리할 수 있기 때문에 원가선도전략이 효과적일 수 있다.

총자산회전율(total asset turnover ratio)은 매출액을 총자산으로 나눈 값이다. 기업의 총자산이 얼마나 잘 사용되고 있는지를 나타내준다. 고정자산이 커서 고정자산회전율이 낮더라도 총자산회전율은 높을 수 있다. 예를 들어, A항공사가 고정자산회전율 1.2이고 총자산회전율 0.9이고, B제조사가 고정자산회전율 1.4이고 총자산회전율 0.7일 수 있다. 이 경우 A항공사가 B제조사보다 고정자산 투자는 크지만 총자산을 더 효율적으로 사용하고 있다.

수익성 비율: 이익창출 효율의 척도

수익성 비율(earnings ratios)은 기업의 최종 성과 지표인 순이익에 대해서 투입요소 대비 효율을 측정하는 지표이다. 재무의사결정과 투자에서 가장 많이 이용되는 지표로서 매출액, 자기자본, 총자산 대비 순이익률이 있다.

매출액순이익률(ROS: return on sales)은 판매에 있어서 이익마진을 나타내준다. 매출액순이익률이 높으면 좋지만, 판매를 늘리기 위해서 판매가격을 낮추면 ROS는 낮아져도 순이익은 더 커질 수 있다. 이 경우 투자자본 대비 이익률이 높아질 수 있다. 매출액 300억원에서 순이익 60억원이면 ROS는 20%가 된다. 가격을 내려서 매출액 500억원이 되고 순이익이 75억원이 되면 ROS는 15%가 된다. 영업 활동의 효율성을 나타내주는 중요한 지표이다.

총자산순이익률(ROA: return on assets)은 총자산 대비 이익의 비율이다. 1,000억원 총자산에서 앞에서처럼 매출액 300억원, 순이익 60억원이면 ROA는 6%가 된다. 그런데 판매가격을 낮춰서 매출액 500억원, 순이익 75억원이 되면 ROA는 7.5%가 된다. ROS는 낮아졌지만 ROA는 높아졌다.

자기자본이익률(ROE: return on equity)은 자기자본 투자금액 대비 이익의 비율이다. 레버리지 효과의 영향을 크게 받는 이익률 지표이다. 이자율이 3%인 경우, ROA가 더 크기 때문에 부채비율이 높으면 ROE가 더 커진다. 순이익 60억원인 경우에 자기자본이 500억원이고 타인자본이 500억원이면 ROE는 12%이고, 자기자본이 400억원이고 타인자본이 600억원이면 ROE는 15%가 된다. 즉, 부채비율이 100%인 경우보다 부채비율이 150%인 경우에 더 높은 ROE를 얻게 된다. ROE는 순이익의 최종지표이다. 주주의 이익 증가, 즉 주주의 투자가치를 나타내주는 지표로서 특별한 의미를 갖는다.

〈표 11-5〉 재무비율 분석

유동성 비율	활동성 비율
• 유동비율 $= \frac{\text{유동자산}}{\text{유동부채}}$ • 당좌비율 $= \frac{\text{유동자산} - \text{재고}}{\text{유동부채}}$ • 현금비율 $= \frac{\text{현금}}{\text{유동부채}}$	• 재고자산회전율 $= \frac{\text{매출원가}}{\text{재고}}$ • 고정자산회전율 $= \frac{\text{매출액}}{\text{순고정자산}}$ • 총자산회전율 $= \frac{\text{매출액}}{\text{총자산}}$
재무레버리지 비율	**수익성 비율**
• 총부채비율 $= \frac{\text{총자산} - \text{총자기자본}}{\text{총자산}}$ • 부채비율(부채자본비율) $= \frac{\text{총부채}}{\text{총자기자본}}$ • 장기부채비율 $= \frac{\text{장기부채}}{\text{장기부채} + \text{총자기자본}}$ • 이자보상배율 $= \frac{\text{이자 및 법인세 차감전 이익}(EBIT)}{\text{이자}}$	• 매출액순이익률(ROS) $= \frac{\text{순이익}}{\text{매출액}}$ • 자기자본순이익률(ROE) $= \frac{\text{순이익}}{\text{총자기자본}}$ • 총자산순이익률(ROA) $= \frac{\text{순이익}}{\text{총자산}}$ • EPS(주당순이익) $= \frac{\text{순이익}}{\text{발행주식수}}$

2.3 자금조달과 자본구조

재무관리는 기업의 자금을 조달하고 관리하는 것이다. 자금조달의 원천에 대한 의사결정이 출발점이 된다. 기업은 자사의 소유권을 팔거나 영업활동으로 이익잉여금을 늘림으로써 필요 자금을 모을 수 있다. 그래도 자금이 부족할 때는 외부에서 조달해야 한다.

자금조달의 방식

기업은 자금조달의 방식으로 부채 자금조달(debt financing)이나 자기자본 자금조달(equity financing)을 선택할 수 있다. 이 선택에 따라 기업의 재무구조와 건전성이 결정되고 자본비용이 달라지기 때문에 매우 중요한 재무전략의 결정이다. 자본비용에 대해서는 후술하기로 한다.

기업이 자금을 빌릴 때는 기간 개념에 따라 단기자금조달과 장기자금조달로 구분된다. 단기자금조달(short-term financing)은 1년 이내에 만기가 도래하는 자금을 빌리는 것이며 유동부채에 해당한다. 장기자금조달(long-term financing)은 1년 이후에, 예를 들어 2~10년 후에 만기가 도래하는 자금을 빌리는 것으로서 비유동부채에 해당한다. 자기자본 자금조달은 주식을 발행하여 투자금액을 유치하는 것이다. 이는 갚을 필요가 없는 자금이기 때문에 단기 또는 장기라는 기간 개념이 해당하지 않는다.

단기자금조달에는 여러 방법이 있는데, 가장 중요한 것으로 매입채무와 은행차입이 있다.

매입채무(account payables)는 재화나 서비스를 구매하고 즉시 지불하지 않아서 발생하는 부채이다. 신용거래(trade credit)에 의해 발생하는 것으로, 가장 값이 싼 단기자금조달 방식이다. 매입채무의 대표적인 것으로 외상매입금과 지급어음이 있다. 외상매입금은 지급을 연기받은 금액을 의미하고, 지급어음은 매입대금을 지불할 기한을 명시한 증서이다. 지급어음은 법적 구속력이 있기 때문에 기한 내에 대금을 지급하지 않으면 부도처리가 된다. 흔히 "어음을 막지 못해서 부도가 났다"는 말을 듣는데, 현금부족으로 지급어음의 변제에 실패했다는 뜻이다.

은행차입(bank loan)은 가장 일반적인 방법이다. 만기가 1년 미만인 단기차입금과 1년 이상인 장기차입금이 있다.

투자의사결정과 자본예산

자금조달은 투자안에 의해 규모와 방식이 결정된다. 투자의사결정은 어떤 기준에 의할까? 첫째는 경영전략에 의한 의사결정이다. 이에 대해서는 전략경영에서 이미 설명한 바 있다. 둘째는 순수히 재무적 기준에 의한 것이다. 투자안에서 재무적 순이익이 가능한 것인지가 의사결정 기준이 된다. 이 기준에 의해 투자의 효과가 긍정적으로 평가되면 자본예산이 수립된다. 자본예산(capital budgeting)은 기업의 장기투자를 계획하고 관리하는 것이다. 자본예산에서 재무관리자는 투자비용보다 더 많은 가치를 만들어주는 투자기회를 찾아내고자 한다. 이 방법으로 가장 많이 쓰이는 방법은 다음의 순현가법이다.

순현가 또는 순현재가치(NPV: net present value)는 투자비용과 투자로 인하여 미래에 발생할 현금흐름을 현재가치로 평가하여 비교하는 방법을 말한다. 이때 투자비용보다 미래 현금수입의 현재가치가 더 클 때 이 투자안은 순현가(NPV)의 값이 양(+)이 된다. 투자가치가 있는 것이다. 이때 현재가치를 계산할 때 일정한 할인율을 적용하는데, 가장 쉬운 방법은 은행이자율이다. 이 투자안에 투자하지 않고 은행에 맡기면 이자를 받는다. 따라서 투자안의 미래 현금흐름이 은행이자보다 커야 NPV가 0보다 크다고 할 수 있다. 일종의 기회비용 개념이 들어 있는 것이다. 이자율보다 더 적절한 할인율에는 자본비용이 있다. 이 투자안이 이자율 할인에 의해 0보다 큰 현금을 가져다준다고 하더라도, 더 좋은 투자안에 투자하는 것보다 낮은 가치를 만들어주는 것이다. 따라서 자금을 투자할 수 있는 여러 대안을 고려하여 기대되는 평균수익률을 본 투자안의 평가에서 할인율로 적용하는 게 타당하다.

순현가의 계산을 예를 들어 설명하기로 한다. XYZ사가 5년 계약의 조건으로 인천공항공사에 차량주차서비스 사업을 고려한다고 하자. 이 사업의 기대수익은 세금을 납부한 금액으로 연간 1,000만원이고, 은행이자율 또는 자본비용은 10%이다. 이때 현금흐름 유입의 현재가치는 아래와 같다.

$$\begin{aligned}\text{현재가치} &= 1{,}000\text{만}/(1+0.1) + 1{,}000\text{만}/(1+0.1)^2 + 1{,}000\text{만}/(1+0.1)^3 \\ &\quad + 1{,}000\text{만}/(1+0.1)^4 + 1{,}000\text{만}/(1+0.1)^5 \\ &= 909.09 + 826.45 + 751.31 + 683.01 + 620.92 \\ &= 3{,}790.78\text{만원}\end{aligned}$$

이 사업의 투자비용이 총 3,000만원이고 영업활동비용 외에 투자비용이 발생하지 않는다고 하면, 투자안의 순현가(NPV)는 아래와 같이 양의 값을 갖는다. 투자가치가 있는 것이다.

$$\text{NPV} = 3{,}790.78\text{만원} - 3{,}000\text{만원} = 790.78\text{만원}$$

자본비용과 자금조달의 결정

자기자본이나 부채(타인자본)로 조달된 자금을 사용하면서 지불하는 대가를 자본비용(cost of capital)이라고 한다. 자본비용은 재무관리에서 가장 어려운 개념 중의 하나이다. 그러나 이 비용에 의해 자본조달 방식에 대한 의사결정을 내리게 되므로 중요한 개념이다. 자본비용은 투자자들이 자금이 사용될 투자안에서 기대하는 수익률, 즉 요구수익률(required rate of return)의 개념이다. 다른 투자안에 투자하면 얻을 수 있는 이익을 포기하는 대가로 이 투자안에 투자하는 것이므로 일종의 기회비용 개념에 해당한다.

종합하면, 자본비용은 자금의 원천(source of funds)에 의해서가 아니라 자금의 사용(use of funds)에 의해 결정된다. 자본비용에는 자기자본의 자본비용(자기자본비용)과 부채의 자본비용이 있다. 이해를 돕기 위해 부채의 자본비용부터 설명하기로 한다.

부채의 자본비용(cost of debt)은 기업이 새로운 부채를 조달하려 할 때 채권자들이 요구하는 수익률이다. 은행에서 장기대출을 받게 되면 은행이자율이 자본비용이 되고 회사채를 발행하면 채권의 만기수익률이 자본비용이 된다. 기존에 발행한 회사채에 대해서는 일정 시간이 흐르면서 가격이 변하였으므로 현재 채권시장(bond market)에서 유통되고 있는 채권가격에 따른 이자율을 자본비용으로 보아야 한다. 2년 전에 만기 5년, 이자율 10% 조건으로 1,000만원의 채권을 발행했는데, 이 채권이 현재 1,078만원에 거래되고 있다. 이 경우 현재가격으로 자본비용을 다시 산정해보면, 만기가 3년 남아 있으므로 다음과 같이 계산할 수 있다.

$$\begin{aligned} 1{,}078\text{만원} &= 100\text{만원}/(1+k) + 100\text{만원}/(1+k)^2 + 100\text{만원}/(1+k)^3 \\ &\quad + 1{,}000\text{만원}/(1+k)^3 \\ k &= 0.07 \end{aligned}$$

위 산식에 의해 부채의 자본비용은 7%가 된다. 이때 기업이 부담하는 법인세를 감안하면, 자본비용은 세율만큼 낮아진다. 이자비용은 법인세 절감이 되므로 법인세율을 20%라고 가정하면 7% × (1 − 0.2) = 5.6%가 최종 자본비용이 된다.

자기자본비용(cost of equity)은 자금조달이 주식발행을 통해 이루어질 때 주주들의 기대수익률로 정의된다. 자기자본은 기업이 곤경에 처하거나 부도가 날 경우에 잔여청구만 가능하므로 일반적으로 부채의 자본비용보다 높다고 볼 수 있다. 그리고 사업의 변동성이 커서 주가의 변동성도 클 경우에 변동성 위험을 반영해야 한다. 흔히 체계적 위험이라고 하는 베타(β)계수를 조정하는 것이다. 자기자본비용의 계산은 생략하기로 한다.

기업의 자본구조를 반영하여 전체 사업의 자본비용을 산정하는데, 이를 가중평균자본비용이라고 한다. 가중평균자본비용(WACC: weighted average cost of capital)은 자본조달 원천별 자본비용을 각각이 차지하는 구성비율로 가중평균을 한 비용이다. 계산식은 아래와 같다.

가중평균자본비용 = 타인자본비용 × 타인자본비율 × (1 − 법인세율)
+ 자기자본비용 × 자기자본비율

예를 들어 설명해보자. 기업의 타인자본비용은 8%, 자기자본비용은 10%이고 법인세율은 20%라고 하자. 총자본 100억원에서 회사채 발행과 은행대출을 통한 타인자본이 70억원이고, 주식 발행을 통한 자기자본이 30억원이라고 할 때 가중평균자본비용은 아래와 같이 계산된다.

WACC = 8% × (70억/100억) × (1 − 0.2) + 10% × (30억/100억) = 7.48%

기업마다 자본과 부채를 다르게 구성하고 있다. 자본구조가 다른 것이다. 이때 기업의 자본구조에 따라 기업 전체의 가중평균자본비용(WACC)이 달라진다. 기업이 자금조달의 방식을 선택할 때 WACC와 자본구조에 따른 재무위험을 동시에 고려하여야 한다.

이상의 자본비용은 재무의사결정에서 매우 중요한 기준이 된다. 기업의 모든 투자안은 자본비용을 초과하는 이익을 창출하여야 한다.

자본구조와 재무레버리지

장기자금조달은 두 가지 기준에 의해 결정된다. 하나는 자본비용이고, 다른 하나는 재무레버리지를 가져다주는 자본구조이다.

기업은 자기자본과 부채의 비율을 어떻게 결정지을까? 자본구조에 대한 의사결정은 기업가치 극대화의 관점에서 이루어진다. 앞에서 WACC를 구할 때 자본구조는 이미 주어진 것으로 간주했었다. 그런데 장기자금조달 방식에 따라 자본구조가 변화될 때 기업의 자본비용이 어떤 영향을 받는지 알아야 한다.

재무레버리지(financial leverage)는 기업이 부채에 의존하는 정도를 말한다. 이때 기업의 자본구조에서 부채의 비율이 높아질수록 기업의 영업이익에 의해 ROE가 변하는 정도가 커진다. 이를 재무레버리지 효과라고 한다. 좀 더 쉽게 이해하기 위해서 일단 법인세를 무시하고 생각해보자. 기업의 영업이익률이 높으면 고정되어 있는 이자율로 이자비용을 지급하고 남는 금액이 커진다. 이때 부채비율이 높을수록 영업이익률과 이자율의 간극이 커져서 자기자본의 이익률이 훨씬 커진다. 반면에 영업이익률이 이자율보다 낮으면 역 레버리지 효과가 발생한다. 이 경우에는 부채비율이 높으면 순이익은 급격히 줄고 심지어 마이너스가 될 수 있다. 영업손실이 아닌데도 말이다. 이상의 설명에서 이자율 대신에 WACC를 적용해서 재무레버리지 효과를 평가해보면 된다.

기업의 목표 논쟁과 기업가치

우리는 기업의 목표를 이익극대화로 보는데 여러 논란이 있음을 알고 있다. 우선 이익의 개념이 다양하다. 영업이익, 세전 순이익, 세후 당기순이익 등이 있고 영업과 투자의 효율성을 나타내주는 이익지표로 영업이익률, ROS, ROA, ROE 등이 있다.

영업이익률과 ROS는 사업을 얼마나 잘하고 있는가를 보여주고, ROA와 ROE는 투자를 얼마나 잘하고 있는지를 보여준다. 이는 협력업체와 잠재적 투자자 등의 이해관계자들에게 중요하다. 그러나 재무적 투자자들에게는 기본적으로 ROA와 ROE가 관심사안이다. 채권자의 입장에서 ROS가 중요하지만 주주의 입장에서는 ROE가 더욱 중요하다. 이처럼 이익극대화는 여러 이해관계자들에게 다른 가치로 인식된다.

기업의 목표를 주주이익 극대화로 한정시키면 ROE가 핵심이 된다. 기업의 목표가 ROE를 높이는 것이 된다. 이로써 재무관리의 목표는 주주가 보유한 주식의 주당 가치를 극대화하는 것이 될 수 있다. 그리고 비(非)주식회사의 경우에는 소유주 지분의 시장가치 극대화를 하는 것이다.

그런데 이 경우에 두 가지 문제가 생긴다. 주당 현재가치는 주식시장에 의해 형성된다. 첫 번째 문제는 주식가격이 기업의 수익성(ROE)에 의해서만 높아지는 것이 아니며 기업의 성장성에 의해서도 높아진다는 것이다. 기업의 성장성은 재무관리자의 노력이 아니라 CEO를 비롯한 최고경영진에 의한 성장전략의 성공에 달려 있다. 두 번째 문제는 만약 주식시장이 효율적이지 않다면 기업이 주주가치 제고를 위해 아무리 좋은 경영성과를 내더라도 주가에 반영되지 않는다는 것이다. 주식시장은 기업의 경영자나 재무관리자가 통제할 수 있는 것이 아니다. 그리고 효율적이지 않을 수도 있다. 효율적 자본시장(efficient capital market)에서는 현재의 시장가격이 모든 이용가능한 정보를 반영한다. 효율적 자본시장 가설(EMH: efficient market hypothesis)에서는 기업이 성공가능성이 높은 신제품의 판매가 공개되면 곧바로 주가에 반영된다고 본다. 그러나 실제 주식시장이 그만큼 효율적일까? 우리나라 주식시장은 상대적으로 눈에 보이지 않는 리스크 요인이 많아서 비효율적일 수 있다. 자본시장 발달의 정도가 높은 미국의 주식시장에 비해서 비효율성이 더 클 것이라고도 추정할 수 있다.

종합하면, 주당 시장가치를 높이는 것이 기업재무의 목표라고 하기에는 제약조건이 많다. 자본시장에 반영 여부를 떠나서, 기업이 경제적 부가가치를 높이는 기업가치 자체를 재무관리의 목표로 하는 것이 더 타당하다. 기업가치를 높인다는 것은 주주의 부가 증대된다는 것이다. 경영자는 경영의사결정을 내릴 때 항상 기업가치를 증대시키는 것을 기준으로 삼아야 한다.

기업가치와 EVA 경영

기업가치를 높이기 위해서는 모든 투자에서 경제적 가치가 순증가의 효과를 내야 한다. 즉, 경제적 부가가치(EVA: economic value added)가 양(+)이어야 한다. EVA는 어떻게 계산될 수 있을까? 투자안별로 볼 때, EVA는 영업이익에서 자본비용을 차감한 것이다. 기업 전체로 볼 때는 아래 수식으로 간단히 볼 수 있다.

EVA = 세후영업이익 − WACC

EVA는 당해 연도 영업활동을 통해 이익을 남겼을 때 자본비용을 차감하고도 경제적 가치가 순증했는가를 판단하는 기준이다. 즉, 기업의 경제적 가치가 실질적으로 증가하였는가를 나타내준다.

실제 적용사례를 보면, 우리나라 기업에서는 EVA 기준에 의한 경영이 1990년대 후반에 도입되었다. 일찍부터 EVA 경영을 가장 강력하게 전 그룹 차원에서 실행하고 있는 기업은 삼성그룹이다. 오늘날에는 EVA 기준으로 경영평가와 성과보상을 실시하는 기업이 많아졌다. EVA 경영에 대한 아래 기사들을 참고해보자.

경영사례

부서 실적 따라 이익분배… 삼성 전 계열사 'EVA기법' 전격 도입

삼성이 전체 계열사의 최고경영자와 사업부 등 단위조직별 경영실적을 개별적으로 측정해서 이익을 배분하는 EVA(경제적 부가이익) 경영방식을 도입한다. 국내에선 포스코 등 일부 대기업이 회사 전체의 경영실적을 측정하고 높이기 위해 EVA경영방식을 도입한 적은 있지만 개별 단위조직과 최고경영자 개개인의 실적에 따른 보상을 위해 이 제도를 도입하기는 이번이 처음이다.

EVA는 투자자본수익에서 가중평균자본비용을 뺀 초과 수익을 의미하는 것으로 투자자본의 효율성, 현금흐름, 기업의 실질 수익성을 모두 보여줄 수 있는 유용한 경영지표다.

삼성은 일단 투자자본의 평균비용을 14%로 적용키로 했으며 실세금리의 움직임을 감안해 계열사별로 이자율을 탄력적으로 조정하기로 방침을 정했다. 초과수익 중 20%를 임직원들에게 배분키로 했다. (중략)

삼성은 연봉제 스톡옵션(주식매수청구권)에 이어 이익배분제 도입을 위한 평가방식을 최종 결정함에 따라 보상체제를 완비하게 됐다. EVA에 따른 이익배분을 이해하기 위해 A라는 영업팀이 1백억원의 투자자본으로 50억원의 당기순이익을 올렸을 경우를 예로 들어보자. 이 경우 투자자본 1백억원에 따른 자본비용은 14억원. 따라서 해당 부서는 당기순이익 50억원에서 14억원을 차감한 36억원의 20%인 7.2억원의 이익을 갖게 된다.

물론 사업부문 및 단위조직이 이익을 배분받기 위해선 연초에 계획한 목표를 초과 달성해야 한다고 삼성측은 설명했다. 설혹 특정 부서의 EVA가 0 이상을 기록했어도 목표에 미달하면 이익배분을 받지 못한다는 것이다. EVA 평가가 현실적으로 곤란한 비영업조직에 대해서는 회사 전체의 EVA를 따져 일정 비율을 이익배분방식으로 지급하는 방식으로 관련 임직원의 사기를 북돋우기로 했다. (하략)

[자료: 한국경제(2000.3.22)]

SK하이닉스 '성과급 체제' 대전환, PS기준을 EVA에서 영업이익으로 변경

SK하이닉스는 이천 본사에서 중앙노사협의회를 열고 성과급(PS) 제도 개선 및 우리사주를 구성원들에게 지급하기로 하는 등 노사 합의를 이루었다고 5일 밝혔다.

SK하이닉스는 지난해 영업이익 5조원을 달성하는 등 신종 코로나바이러스 감염증(코로나19)에도 불구하고 호실적을 거뒀다. 그러나 임직원들에게 지급되는 PS가 2019년 지급된 '미래 성장 특별 기여금'과 동일한 규모인 기본급의 400%를 PS로 지급한다고 공지했었다. 연봉의 20% 수준을 성과급으로 제공한다는 것이다. 이에 영업이익이 2배 가까운 성장을 기록했음에도 PS 비율이 2019년과 동일하게 적용되면서 SK하이닉스 임직원들은 이해할 수 없다는 입장이었다. (중략)

먼저 SK하이닉스는 PS(초과이익 분배금) 산정의 기준 지표를 기존 EVA(경제적 부가가치)에서 영업이익과 연동하는 것으로 변경하여 내주에 구성원과 소통할 예정이다. 그동안 EVA 기준이 모호하고 불투명하다는 구성원들의 불만이 있었다. 노사는 수치가 명확하게 공개되는 영업이익을 통해 PS 예측 가능성을 높이고자 했다. (하략)

[자료: 뉴스투데이(2021.2.5)]

신경영 31주년 날 삼성전자노조 첫 연가 투쟁

삼성전자 최대 노조인 전국삼성전자노동조합(전삼노)은 파업에 나섰다. 7일 전삼노에 따르면 노조원은 이날 연가를 쓰는 형태로 파업에 돌입했다. (중략)

삼성전자 사측과 전삼노는 1월부터 교섭을 이어갔으나 입장차를 좁히지 못했다. 이후 노조는 중앙노동위원회의 조정 중지 결정, 조합원 찬반투표 등을 거쳐 쟁의권을 확보했다.

전삼노는 성과급 지급 기준을 기존 EVA(경제적 부가가치)가 아닌 영업이익을 기준으로 삼을 것과 함께, 사측이 대화에 전향적으로 나설 것을 요구하며 지난달 29일 파업을 선언했다. 공교롭게도 이들이 연가 파업을 나선 7일은 이건희 삼성전자 선대회장이 1993년 6월 7일 독일 프랑크푸르트 켐핀스키호텔에서 "마누라와 자식만 빼고 다 바꾸라"는 신경영 선언을 발표한 지 31주년 되는 날이다.

[자료: 비즈니스포스트(2024.6.7)]

한걸음 더

- EVA 기준에 의한 경영평가와 성과보상에 대해 갑론을박이 있다. 이에 대한 자료를 찾아서 공부해보자.

3. 자본시장과 투자

3.1 자본시장과 주식-채권의 발행

기업은 자본시장을 통해 자금을 조달한다. 자본시장의 유형과 주식 및 채권의 발행에 대해 알아보자.

자본시장과 금융시장

자본시장(capital market)은 기업의 장기자금을 조달하는 시장이다. 가장 넓게는 장기대출시장을 포함하는 장기금융시장이라고 할 수 있으나, 통상 주식과 채권이 거래되는 증권시장으로 보면 된다. 증권시장(securities market)은 주식과 채권이라는 증권을 거래하는 시장이다. 증권시장은 주식을 거래하는 주식시장(stock market)과 채권을 거래하는 채권시장(bond market)으로 구분된다. 증권시장은 증권을 통해 자금의 수급이 이루어지는 직접금융시장을 말한다.

자본시장보다 상위 개념은 금융시장이다. 금융시장(financial market)은 경제적 거래에서 화폐가 거래되는 모든 시장을 말한다. 금융시장은 거래되는 금융상품의 만기나 특징, 거래 단계 및 거래 장소 등을 기준으로 여러 유형으로 분류된다. 일반적인 분류 방법 중 하나가 만기에 따른 분류인데 만기가 1년 미만인 금융상품이 거래되는 시장을 단기금융시장, 1년 이상의 금융상품이 거래되는 시장을 장기금융시장이라고 한다. 단기금융시장에서는 증권이 아닌 돈이 거래되므로 화폐시장(money market)이라고 부르기도 한다. 화폐시장은 임금 등 인건비, 원자재 구입비 등 운전자금 같은 단기자금을 공급하는 데 비하여, 증권시장은 공장 건설이나 기계 설비자금 등 장기자금을 조달해주는 역할을 해주는 자본시장이다. 덧붙일 것은 이들 용어는 명확히 구분되어 사용되는 게 아니고, 종종 더 넓거나 좁은 의미로 쓰이면서 혼용되기도 한다.

증권시장의 기능

증권시장은 크게 1차 발행시장(primary market)과 2차 유통시장(secondary market)으로 나누어져 있다. 발행시장은 새로운 증권을 발행하여 기업이 자금을 조달하는 시장인데, 처음으로 대중에게 증권을 판매하게 된다. 이때 특히 최초 주식

발행에 대해 이해하는 것이 중요하다.

기업이 처음으로 대중을 상대로 주식을 발행하여 판매하는 것을 기업공개(IPO: Initial Public Offering)라고 한다. 기업공개 이후에는 유통시장에서 투자자들 간에 거래가 이루어진다. 기업공개를 한 기업을 상장회사라고 하는데 주식시장에 등록된 회사라는 뜻이다. 일단 상장거래가 된 후, 주가가 높아졌을 시에 추가적인 주식발행을 통해 자금조달을 할 수 있다.

증권거래소는 투자자를 보호하기 위해 기업공개를 엄격히 심사한다. 기업의 재무 안정성이 일정 수준 이상이 되어야 투자자들이 적은 위험으로 투자할 수 있기 때문이다. 우리나라 주식시장에는 유가증권시장(KOSPI market)과 코스닥(KOSDAQ)이 있는데, 양대 시장의 IPO 기준이 다르다. 유가증권시장의 상장기준이 더 까다롭다. 코스닥에서는 벤처기업 성장을 돕기 위해 상대적으로 완화된 요건으로 상장을 허용하고 있다.

한걸음 더

- 유가증권시장과 KOSDAQ시장의 IPO 요건을 조사해보자.

주식발행을 통한 자기자본 조달

주식(stocks)이란 기업의 지분 소유권이다. 주식보유만큼 일정 지분의 소유권을 행사할 수 있다. 주식이 발행될 때 주당 할당된 가격이 있다. 이를 액면가(par value)라고 한다. 기업의 자본금 계정은 액면가의 합산 금액이다. 그런데 주식시장에 상장하는 IPO 시점이나 이후 유통시장에서 거래되는 가격이 액면가와 무관하게 기업가치에 의해 형성되므로 액면가는 회계장부상 금액으로 남아 있을 따름이다.

주식보유의 주주에 대한 보상으로 배당금(dividends)이 지급된다. 배당금은 현금이나 추가적인 주식의 형태로 지급되는 기업수익의 일부분이다. 배당금은 통상 회계연도 마감의 1년마다 지급되는데, 요즘에는 년 2회의 반기배당, 또는 년 4회의 분기배당을 실시하는 기업도 생겨나고 있다. 미국의 배당기업은 분기배당이 더 일반적이다. 미국에서는 기업별로 회계연도가 다르게 되어 있어서, 개인들이 분산투자와 분기배당을 통해서 생활자금을 마련할 수 있게 되어 있다.

주식발행을 통한 자금조달의 이점은 다음과 같다.

첫째, 주주는 기업의 주인이기 때문에 경영성과의 수혜자이다. 반면에 기업은 곤경에 처하더라도 투자금을 갚을 필요가 없다. 경영위기에서도 기업 내부에 그만큼의 현금이 유지되어 위기극복을 위한 자금이 되는 것이다.

둘째, 주식으로 조달된 자금을 기업활동에 재량적으로 쓸 수 있다. 배당 지급 여부와 배당금액의 결정은 법적 의무사항이 아니다. 기업은 이사회의 결정에 따라 수익의 일부 또는 전부를 이익잉여금으로 축적하여 향후 투자를 위한 재무자원으로 활용할 수 있다. 이때 현금이 필요한 주주는 배당 여부에 관련없이 기업가치에 의해 형성되는 주가로 주식을 매각할 수 있다.

셋째, 주식발행으로 자본금이 늘어나기 때문에 부채비율이 낮아진다. 따라서 추후 필요시에 더 늘어난 금액으로 부채자금조달(debt financing)을 할 수 있게 된다. 결과적으로, 부채비율이 재무건전성을 해치지 않는 정도까지 장기자금조달 규모가 커지는 효과가 있다.

반면에 불리한 점도 있다. 배당금은 세후에 지급되기 때문에 기업 입장에서 세금감면 효과가 없다. 그리고 신규주주들의 참여로 기존주주들이 상대적으로 불이익을 받을 수 있다. 기업에 대한 영향력이 약화되기 때문이다. 특히 지배주주의 경우에 신주 발행을 꺼릴 수 있다. 우리나라 대기업집단이 고도성장기에 주식발행을 억제하고 부채를 조달하거나 상호출자와 순환출자를 많이 하게 된 데는 이러한 이유가 있다. 오너경영자들이 기업지배권을 잃어버릴 위험이 있었기 때문이다. 이러한 두려움은 지배주주의 지위를 지키려는 상황에 있는 미국 기업에서도 마찬가지이다. 대표적인 예로서 구글의 모회사인 알파벳을 들 수 있다. 이 회사에서는 주식이 세 종류로 나눠져 있다. 클래스A주식은 의결권이 있는 반면에 클래스C주식은 의결권이 없다. 클래스B주식은 1주당 의결권이 10배로 되어 있는데, 이를 **차등의결권 제도**라고 한다. A주식과 C주식은 주식시장에서 거래되고 있으며, B주식은 비상장된 주식이다. 공동창업자 래리 페이지와 세르게이 브린의 기업지배력(경영권)을 유지하려는 목적에서 황금주(B주식)가 발행되었으며, 동시에 종업원에게 스톡옵션을 주기 위한 목적으로 의결권이 없는 주식(C주식)이 발행되었다. 우리나라에서는 의결권이 없는 주식으로는 우선주(preferred stock) 발행이 가능하다. 우선주는 의결권이 없는 대신 보통주보다 이익배당 우선순위가 높다. 우리나라에서도 차등의결권 제도의 도입이 추진되고 있는데 비판적 의견도 있다.

경영사례

창업자는 1주식, 의결권 10표… '주주평등' 둑에 생긴 균열

구글이 미국 증시에 상장한 것은 2004년이었다. 증시(나스닥) 상장을 위한 기업공개 당시 구글은 차등의결권(복수의결권) 제도를 채택했다. 일반 주식('클래스A')의 10배 의결권을 지니는 '클래스B' 주식을 발행해 이를 창업자인 래리 페이지, 세르게이 브린, 에릭 슈밋이 나눠 보유하는 식이었다. '창업가팀이 장기적이고 혁신적인 전략을 추진하는 데는 차등의결권이 필수적'이라는 이유를 들었다. 구글의 차등의결권 채택은 당시 자본시장에 형성돼 있던 큰 흐름을 바꾼 변곡점의 사건으로 꼽힌다.

구글이 물꼬 돌린 '차등의결권'

이른바 '잘 나가는' 테크 기업(정보기술, 플랫폼 기반의 거대 기술 회사)들 상당수가 뒤를 따랐다. 외국 기업들도 차등의결권에 매력을 느껴 미국 증시에 상장하는 사례가 이어졌다. 중국의 알리바바가 2014년 당시 차등의결권을 허용하지 않은 홍콩 증권거래소 대신 뉴욕 증권거래소에 상장한 것은 그 흐름 속에 있다. 제이 리터 교수(미 플로리다대학)의 기업공개(IPO) 데이터를 인용해 재구성한 통계를 보면, 2020년 미국에서 기업공개를 한 165개 업체 중 차등의결권 구조를 가진 곳은 32개로 19.4%를 차지했다. 42개 테크 기업 중 차등의결권 기업은 18개로 42.9%에 이른다.

법적으론 미국기업이지만 주 사업장을 한국에 둔 쿠팡도 올해 3월 미국 증시에 상장함에 따라 국내에서 차등의결권을 둘러싼 논란이 불거지고 가열됐다. 쿠팡 창업자인 김범석 이사회 의장이 일반 주식의 29배에 이르는 클래스B 주식을 보유한 것으로 알려진 뒤 차등의결권을 금지하고 있는 경직적인 국내 법체계 탓에 우량한 기업을 미국 증시에 뺏겼다는 식의 비판이 나왔다. (중략)

국회 산업통상자원중소벤처기업위원회는 2일 '벤처기업 육성에 관한 특별조치법' 개정안을 의결했다. 비상장 벤처기업 창업주의 지분율이 30% 미만일 경우 10배의 의결권을 지닌 주식을 발행할 수 있도록 하는 내용이다. 창업주의 의결권 강화로 경영권을 쉽게 방어할 수 있도록 해 장기투자를 이끌겠다는 취지다. (중략)

이 법안은 비상장 벤처기업에 한정된 것이긴 해도 주식 1주당 의결권은 1개로 같다는 상법(제369조 1항)의 대원칙 '1주 1표'에 균열을 내는 내용이다. (하략)

[자료: 한겨레신문(2021.12.4)]

한걸음 더

- 벤처기업 차등의결권 제도 도입의 법안개정이 2022년 1월에 무산되었다. 관련 논란을 조사하고, 토론해보자.

채권발행을 통한 타인자본 조달

채권(bond)은 특정인이 기업 또는 정부에 돈을 빌려줬다는 증서이다. 기업이나 정부가 채권을 발행하면 투자자가 이를 구매하는 것이다. 채권발행자는 정해진 기간 동안 정기적으로 이자를 지급하고 만기가 되면 원금을 갚아야 한다. 최초 발행의 채권의 원금을 채권의 액면가라고 한다. 채권은 양도가 가능하고, 채권의 거래가 이루어지는 채권시장이 있다.

채권의 이자율(interest)은 액면가에 고정되어 있어서 액면이자율(coupon rate)이라고 한다. 채권의 정해진 이자율은 변하지 않지만, 채권의 가격은 채권시장에서 변한다. 따라서 채권가격이 떨어지면 채권을 구입한 자는 더 높은 이자율을 얻게 된다. 채권가격의 변동요인은 후술하였다.

채권에는 기업이 발행한 회사채(corporate bond)가 있고 정부가 발행한 국채(government bond)가 있다. 일반적으로 회사채보다 국채가 장기부채가 더 많다. 정부가 보증하는 것이어서 위험이 적기 때문이다. 각 국가의 정부는 국채를 발행하여 정부재정의 부족분을 메우고 있다. 우리나라 정부에서도 국채를 발행하고 있다. 국고관리기금으로 발행되어 국고채라고 한다. 미국은 국채 발행을 미국 재무부(U.S. Dept. of Treasury)가 발행하기 때문에 영어로 "Treasury Bond"라고도 한다.

기업이 채권발행으로 장기자금을 조달하는 데 장점이 있다. 첫째, 채권 보유자는 주인이 아니기 때문에 기업경영의 주요 안건에 대해 투표권이 없다. 기업경영의 독립성이 유지되는 것이다. 둘째, 채권은 일시적인 자금조달 방법이다. 채권의 만기가 길더라도 한시적이고, 주식은 영구적이다. 기업의 입장에서 채권자는 한시적인 이해관계자이다. 필요시 이해관계를 종료하면 된다. 셋째, 채권에 대한 이자 지급은 법인세 감면 효과를 가져다준다.

채권발행의 불리점도 있다. 반드시 상환해야 하고, 기업이 재무적 곤경에 처할 때 채권의 이자와 원금상환은 치명적인 타격이 될 수 있다. 또한 기업의 부채비율을 높이기 때문에, 지나치게 많은 채권발행은 위험이 큰 재무레버리지를 낳을 수 있고 기업신용도에도 부정적인 영향을 미칠 수 있다.

3.2 자본시장과 투자자 가치

자본시장은 거래를 통해 투자자들이 이익을 실현하는 곳이다. 투자자 가치의 직접적 표현인 주가의 형성과 영향요인에 대해 알아보자.

주식시장과 투자자관계(IR)

주식시장은 매우 중요하다. 기업은 주식시장에서 자기자본을 조달한다. 또한 기업의 주인인 주주가 경제적 이익을 실현하는 곳이다. 기업이 주식시장의 큰 변동성을 관리할 수는 없지만 기존 주주의 이익보호를 위해 다각적인 노력을 기울여야 한다. 앞에서 삼성그룹의 EVA경영의 성과지표에서 주가관리가 포함되어 있음을 보았다. 주주(투자자)를 위한 가치창출이 기업 경영의 핵심목표이기 때문이다.

주주는 채권자와 달리 기업의 주인으로서 영구적인 이해관계자이므로 더욱 중요하다. 주주를 위한 주식시장 활동을 하게 되는 이유이다. 올바른 공시활동과 주주관계 활동을 통해 주주가치를 높이도록 해야 한다. 기업가치를 잘 반영해주는 경영지표를 만들어주는 것 등도 중요하다. 또한 기업은 자체적으로 투자자로서 주식시장에 참여하기도 한다. 이하에서는 주식시장에서 반영되는 기업가치에 대해 알아보기로 한다.

기업의 시장가치 척도

시장가치 척도는 주식시장의 투자지표로서 기업의 시장가치를 반영해주는 측정지표이다. 다음과 같은 다양한 지표가 있다.

주당순이익(EPS: earnings per share)은 1주당 순이익으로 주식가치를 반영한다. 주가순이익배수(PER: price-earnings ratio)는 현재 주가를 EPS로 나눈 값이다. 주식시장에서 주가가 EPS의 몇 배로 형성되어 있는지를 측정하여 주식가격의 고평가 또는 저평가 여부를 나타내준다. EPS와 PER은 주식투자에서 중요하게 이용되는 지표이다. 삼성전자의 2021년 EPS는 5,777원이고, 동년 12월 30일의 주가인 78,300원 기준으로 PER은 13.55이었다. 매년 이익의 크기가 현재와 같다면 13.55년 동안에 현재의 주가만큼의 이익을 벌 수 있다는 뜻이다. 애플은 2021년 말 기준으로 PER이 29.54이었다.

PER이 높으면 주식이 고평가되어 있다고 한다. 반면에 기업이 성장하고 있다고 보기도 한다. 기업의 미래가 밝으면 현재 이익이 크지 않더라도 미래가치가 현재 주가에 반영된다. 따라서 PER이 높게 된다. 일반적으로 성장주식의 경우에 PER이 높다고 한다. 애플이 삼성전자보다 PER에서 2배 이상 높은 것을 고평가된 것으로 볼 수도 있고 미래 사업전망이 2배 더 좋다고 할 수도 있다. 이처럼 PER이 주식의 시장가치를 평가하는 데 중요한 척도이지만, 그 높고 낮음에 대한 해석이 다를 수 있다.

삼성전자 PER이 2023년 말 결산 후에 급격히 높아졌다. 2023년 반도체 사업부문의 큰 적자로 인하여 2023년 EPS가 2,131원으로 급락한 때문이다. 한편 2023년 말 주가는 크게 떨어지지 않고 2년 전 수준과 비슷한 78,500원이어서 PER은 36.84가 되었다. 투자자(주주)들이 삼성전자의 미래이익이 회복될 것으로 기대하고 있다고 할 수 있다. 한편 애플의 2023년 말 주가는 192.53달러, EPS는 6.13달러로 PER은 31.40이었다. 이로써 양사의 PER이 역전되었다.

EPS와 PER은 측정시점이 다르다. EPS는 결산시점에 확정된 수치이고, PER은 매일매일의 주가에 따라 변동된다. 따라서 기업이 주주를 위해 적극 노력해야 하는 것은 EPS를 크게 하는 일이다. 매일매일의 주가는 자본시장의 투자자가 결정하는 것이기 때문이다.

주가순자산비율(PBR: price-to-book ratio)은 주가를 BPS(주당순자산가치)로 나눈 것이다. 주가가 1주당 순자산의 몇 배로 매매되고 있는가를 표시하며 PER과 같이 주가의 상대적 수준을 나타낸다. 이때 순자산가치는 회계상 가치에 해당한다. PBR이 1이면 현재 주가가 기업의 순자산가치와 같게 형성되어 있다는 것이다. 업종에 따라 다르지만 일반적으로 PBR이 0.7 이하이면 크게 저평가되었다고 본다. 반면에 장치산업이고 미래 성장성이 낮은 기업은 대체로 PBR이 낮다.

시장가치의 주요 척도

- $\text{EPS(주당순이익)} = \dfrac{\text{순이익}}{\text{발행주식 수}}$
- $\text{PER(주가순이익배수)} = \dfrac{\text{주가}}{\text{주당순이익(EPS)}}$
- $\text{PBR(주가순자산비율)} = \dfrac{\text{주가}}{\text{주당장부가치}}$

〈표 11-6〉 한국 상장기업의 주가수익률 지표

	PER		PBR		배당수익률	
	22년 2월 말	24년 6월 말	22년 2월 말	24년 6월 말	22년 2월 말	24년 6월 말
KRX 300	11.45	20.42	1.14	1.09	2.09	1.74
KOSPI	12.32	18.75	1.10	1.00	1.89	1.78
KOSDAQ	33.37	104.64	2.15	1.89	0.46	0.55
KRX 자동차	9.46	6.53	0.70	0.74	1.56	2.95
KRX 반도체	16.85	184.92	2.39	2.57	0.62	0.71
KRX 헬스케어	60.92	146.20	4.35	3.60	0.17	0.22
KRX 건설	11.24	12.32	0.94	0.57	1.27	1.43
KRX 은행	5.34	6.22	0.47	0.46	3.02	4.71
KRX 증권	3.47	8.66	0.58	0.47	4.17	3.69
KRX 경기소비재	20.99	12.59	1.34	0.84	0.76	2.38
KRX 필수소비재	10.99	20.10	1.17	1.00	1.96	2.03
KRX 미디어-엔터	12.06	90.30	2.93	1.55	0.42	1.55
KRX 정보기술	16.25	141.82	1.96	2.05	1.20	0.75

주) KRX 300: 한국증권거래소 300개 주요 종목, KOSPI: 유가증권시장 상장기업 평균,
KOSDAQ: 코스닥시장 상장기업 평균, KRX: 한국증권거래소 상장종목 평균.

<표 11-6>에는 한국증권거래소 데이터로 평가된 PER, PBR, 그리고 주당 배당수익률이 요약되어 있다. 논의를 위해서 본서에서 이전에 제시하였던 2022년 2월 말 기준의 수치와 현재의 2024년 6월 말 수치를 비교하여 제시하였다. 비교 시점인 2년 4개월 사이에 PER이 KOSPI 시장과 KOSDAQ 시장 모두에서 크게 높아진 것을 알 수 있다. 2024년 6월 말 주가가 고평가되었다고 볼 수도 있다. 반면에 상장기업들의 이익이 크게 하락한 데 비해서 주가가 상대적으로 덜 하락하였음을 감안해보면, 투자자들이 향후 기업들의 이익이 회복될 것으로 믿는다는 것으로 해석할 수도 있다.

한편 KOSPI 시장의 상장기업들에 비해서 KOSDAQ 시장의 상장기업들의 PER과 PBR이 모두 높게 나타나고 있다. 벤처기업 중심의 시장이어서 주가가 현재의 이익과 투자자산보다 미래가치를 더 크게 반영하고 있기 때문이다.

그리고 산업 간에 PER 값이 크게 차이가 나는 것을 볼 수 있다. 거대설비를 갖추고 있는 전통산업, 성장이 정체한 산업에서 기업들의 주가가 순자산가치에 비

해서 낮게 형성된다는 것을 보여준다. 이로써 PER과 PBR을 특정 기업에 대한 투자지표로 쓸 때는 동종산업 내 비교가 더 유효하다는 것을 알 수 있다.

한국과 미국의 주식시장 비교

한국과 미국의 주식시장 동향을 파악해보기 위해 한국의 KOSPI 지수와 미국의 S&P 500 지수를 비교하였다.

주가로 본 한국경제는 1997년 외환위기로 큰 충격을 받은 후에 구조조정을 거쳐 1999년 말까지 극적 반등을 하였다. 경제위기를 넘기면서 21세기 새로운 시대에 대한 희망이 커졌기 때문이다. 특히 이 시기에 벤처중심 경제로의 전환에 대한 낙관적 전망이 커져서 코스닥시장은 폭발적으로 성장하였고 주가도 크게 올랐다.[5] 그러나 닷컴기업으로 일컬어진 인터넷 기업들이 몰락하면서 위기를 만났고, 이후 이를 극복하고 1차 대세상승기를 맞이하였다. 그리고 글로벌 금융위기로 2차 충격을 겪었다. 이후 10여년의 회복기 및 완만한 상승기를 보냈다. 이후 2020년 코로나19 팬데믹 충격을 겪으면서 큰 조정을 받은 이후에 다시 대세상승 3기가 진행되었다. 2021년 후반기부터 조정기에 들어섰는데, 러시아의 우크라이나 침공으로 세계경제의 불안정성이 커지면서 조정기가 지속되었다. 세계경제 하락세에 영향을 받아서 2022년 6월 말에 2,332.64포인트까지 하락하였다. 이후 점진적인 상승추세로 돌아서서 2024년 6월 말 기준으로 2,797.82까지 회복하였으나 이전의 고점인 3,300포인트와는 상당한 차이가 있다. 이로써 다시 대세상승기에 들어선 것인지는 아직 분명치 않다고 할 수 있다.

주가로 본 미국 경제는 1990년대 10년간 상승을 거치고 2000년대 10년간 위기를 반복하였고, 2010년대에 들어서 10년간 다시 대세상승기를 보냈다. 이후 2020년 코로나19 팬데믹 충격을 겪으면서 큰 조정을 받은 이후에 다시 대세상승 3기가 진행되었다. 주가상승의 원인은 첫째, 코로나 위기의 기간 동안 막대한 통화량 증가로 인한 것이고, 둘째, 코로나 팬데믹과 4차 산업혁명의 결합으로 신경제가 급속히 발전하였기 때문이다. 그런데 2022년에는 팬데믹 이후 유동성 장세가 끝나면서 주식시장의 조정기간이 시작되었다. 특히 전 세계 인플레이션과 러시아의 우크라이나 침공으로 인한 불안정성 때문에 글로벌 경제의 위기 시나리오가 제기되었다. 이로써 2022년 6월에 S&P 500 지수가 3,785.38까지 하락하였다. 이

---

5) 코스닥시장의 주가지수 변동 추세는 제14장 벤처의 경영에서 다루었다.

[그림 11-5] 한국 KOSPI 종합지수의 추세

KOSPI 종합지수: 1991.1 ~ 2024.6		
분기점	주가지수	추세
1991. 1.	696.0	주가는 IMF 직전까지 큰 변동 없음
1997. 6.	745.40	주가하락 시작과 금융위기 발생, IMF 구제금융 시작
1998. 9.	310.32	구조조정 기간 중 최저점
1999.12.	1,028.07	금융위기 극복, 닷컴 붐
2001. 9.	479.68	닷컴버블 붕괴
2008. 5.	1,852.02	대세상승 1기 마감
2009. 2.	1,063.03	글로벌 금융위기 충격
2019.12.	2,197.78	회복기 마감
2020. 3.	1,754.64	코로나19 충격
2021. 7.	3,305.21	대세상승 2기 고점
2022. 2.	2,648.80	러시아의 우크라이나 침공
2022. 6.	2,332.64	국제분쟁 후 저점
2024. 6.	2,797.82	회복 후 상승 중

후 미국 경제의 회복력에 힘입어 상승추세로 전환하여 2년간의 급속 상승기를 맞이하였다. 2024년 6월 말 현재 미국의 S&P 500 지수와 NASDAQ 종합지수는 전대미문의 상승을 보여주고 있다. 이 같은 상승세가 어디까지 진행될 것인지에 대해서는 여러 엇갈린 의견이 있지만, 현재까지의 미국 주식시장의 상승이 놀랄만한 기록임에 틀림없다.

[그림 11-6] 미국의 S&P 500 지수의 추세

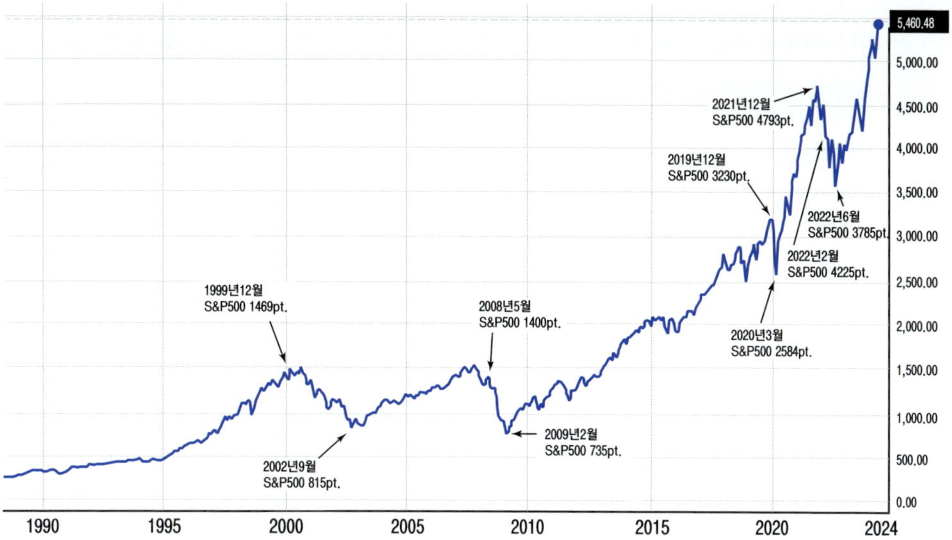

S&P 500 지수: 1990.1 ~ 2024.6		
분기점	주가지수	추세
1990. 1.	329.08	주가 본격 상승 추세
1999.12.	1,469.25	아시아금융위기 충격 없음, 닷컴 붐
2000. 8.	1,517.68	대세상승 1기 마감
2002. 9.	815.28	닷컴버블 붕괴
2008. 5.	1,400.38	회복기
2009. 2.	735.09	금융위기 충격 하락
2019.12.	3,230.78	대세상승 2기 마감
2020. 3.	2,584.59	코로나19 충격
2021.12.	4,793.06	대세상승 3기 고점
2022. 2.	4,225.50	러시아의 우크라이나 침공
2022. 6.	3,785.38	국제분쟁 후 저점
2024. 6.	5,460.48	회복 후 상승 중

한국과 미국의 주식시장 추세를 보면 미국시장의 성장세가 훨씬 더 크다는 것을 알 수 있다. 더 큰 성장을 해야 하는 우리나라가 미국에 비해 주식시장 측면에서 보면 그러하지 못하다. 여기에는 여러 원인이 있다. 그중 하나의 원인은 우리나라 기업이 주식시장을 소홀히 한다는 점이다. 주주에 대한 의무를 소홀히 하는 것과 같다. 오너 중심의 기업지배구조도 문제가 된다. 오너들의 이익과 가치가 주

식시장의 주가와 일치하지 않기 때문이다. 사실상 소액주주의 가치에만 직결되는 주가가 외면받는 이유가 된다. 주식시장은 자본주의에 대한 신뢰를 반영한다. 우리나라에서 자본주의에 대한 신뢰가 약한 게 아닐까? 경제주체 간에 신뢰자산의 축적이 필요한 시기이다.

REFERENCE 참고문헌

강효석 · 권석균 · 이원흠 · 조장연(1998), 『기업구조조정론』, 홍문사.

강효석 · 조장연 · 이원흠(2009), 『기업가치평가론』, 홍문사.

박원규 역(2019), 『Ross의 재무관리』, 맥그로힐에듀케이션코리아(원서: S. A. Ross, R. W. Westerfield & B. D. Jordan, *Fundamentals of Corporate Finance*, Mc-Graw-Hill, 2019).

이명호 · 신현길 · 이주헌 · 정인근 · 조남신 · 조장연 · 김귀곤 · 김솔(2014), 『경영학으로의 초대』, 박영사.

홍승범(2019), 『IFRS 기초회계학』, 시대가치.

Yahoo Finance 자료, https://finance.yahoo.com/

▨ [추천 교재]

박원규 역(2019), 『Ross의 재무관리』, 맥그로힐에듀케이션코리아(원서: S. A. Ross, R. W. Westerfield & B. D. Jordan, *Fundamentals of Corporate Finance*, Mc-Graw-Hill, 2019).

홍승범(2019), 『IFRS 기초회계학』, 시대가치.

CHAPTER 12

인사관리와 정보시스템

이 장의 구성

FUNDAMENTALS OF MANAGEMENT

이 장에서는 인적자원과 정보자원의 관리를 다루었다. 1절에서는 인적자원의 관리로서 인사시스템의 구조와 전략적 인적자원관리를 설명하였다. 2절에서는 인사관리의 프로세스로서 4대 활동영역에서의 주요 이론과 이슈를 설명하였다. 3절에서는 정보자원 관리를 위한 정보시스템의 기능과 유형을 설명하였다.

- 인적자원의 중요성과 전략적 가치를 평가해보자.
- 인력의 확보와 인재육성의 시스템을 알아보자.
- 경제적 교환관계를 결정짓는 성과평가와 보상시스템을 알아보자.
- 정보시스템의 기능과 기술진화에 따른 정보시스템 변화를 알아보자.

1. 인사시스템과 인사전략

기업은 자본의 집합이자 사람의 집합이다. 자본과 사람은 기업의 가치활동에서 기본적인 투입요소이다. 인적자원의 관리가 중요한 이유다.

1.1 인사관리의 발전

인사관리는 어떤 역사적 발전과정을 거쳐 왔는지를 시대별로 5단계로 구분하여 설명하기로 한다.

과학적 관리와 인간공학적 접근의 시대

경영학이 정립되는 시기에서부터 인적자원의 경영은 핵심 이슈였다. 경영의 과학화와 더불어 인적자원에 대한 접근도 **과학적 관리**(scientific management)가 그 중심을 이루었다. 과학적 관리의 시대에 대해서는 생산운영관리의 역사에서 다루었으므로 구체적인 설명은 생략하기로 한다.

생산 효율화를 위해 분업의 원리가 적용되고, 작업 단위로서 직무(job)의 개념이 탄생하였다. 직무는 작업장의 합리화를 위해서 이른바 3S의 형태로 표준화(standardization), 단순화(simplification), 세분화(specialization)하여 설계되었다. 노동자들이 학습하기 쉽고 생산공정의 틀에 노동을 투입하기 위한 목적이었다. 그리하여 산업현장으로 밀려들어오는 수많은 비숙련노동자들이 빠르게 생산공정에 투입될 수 있었다. 이 시기에 인사관리가 탄생하였고, 노동생산성이 획기적으로 높아졌다. 하지만 단순반복적인 업무로 노동자들의 직무(로부터) 소외가 커지기도 하였다. 고임금에도 불구하고 포드사 노동자들이 나중에 쟁의행위를 하게 된 연유도 여기에 있다. 또한 장시간 근로와 노동착취도 산업화 초기의 고질적 이슈이었다.[1)]

한걸음 더

- 초기 산업화 시대의 자동화 못지않게 4차 산업혁명 시대에 또 다른 자동화가 시작되고 있다. 노동의 소외가 다시 오는 것일까? 토론해보자.

인간관계운동과 행동과학적 접근의 시대

대공황 이후 1930년대부터 인간의 태도와 감정을 소중하게 여기고, 사람의 행동을 복합적 관점으로 관리하려는 움직임이 시작되었다. 인간관계운동(human relations movement)이라고 일컬어지는데, 노동자들의 경제적 욕구 이외에도 심리적 및 사회적 욕구와 가치 충족을 동시에 고려하는 접근법이 발생한 시대이다. 이 시기에는 호손실험(Hawthorne experiment) 연구를 비롯하여 행동과학(behavioral science) 연구가 붐을 이루었다. 행동과학은 인간의 행동을 과학적으로 연구하고자 여러 학문이 합쳐진 분야이다. 여기서는 인간의 가치, 욕구, 감정 등의 존중을 통한 생산성 제고에 역점을 기울이게 되었다. 이후 인간관계운동은 산업 전반에 걸쳐 확산되었다.

직무에서도 변화가 생겼다. 초기자본주의에서 직무세분화를 통한 직무－인간 적합성 추구를 하였다면, 이제 좁은 범위의 단순화된 노동을 요구하는 직무는 더 이상 효과적이지 않게 되었다. 그리하여 직무를 좀 더 복잡하고 다양하게 재구성하는 노력으로서 직무설계(job design)와 직무관리(job management)가 중요하게 등장하였다. 노동자들이 성장함에 따라 일(직무)의 구조를 그에 맞추는(Job-Fitted-to-Person) 동향이 만들어졌다.

또한 인간관계가 발생하는 가장 인접한 작업환경으로서 작업집단의 중요성이

---

1) 찰리 채플린의 1936년 영화 ≪모던 타임스(Modern Times)≫는 산업화 초기 노동자의 삶을 잘 표현해주고 있다.

부각되었다. 작업집단 내 근로자들 간에 형성되는 동료관계, 집단규범, 상호작용 및 협동 등이 중요하게 되었으며, 이로써 개인으로서만이 아닌 집단의 일원으로서 작업자의 작업동기와 행동에 대해 관심이 높아지게 되었다.

각종 인사활동들이 체계화되었고, 합리적 도구와 방법론이 개발되었다. 특히 1940년대 제2차 세계대전에서 초급장교의 충원을 위한 각종 선발 및 평가 기법, 훈련 및 개발 기법 등이 활발히 개발되었다.

인권운동과 개방체계 접근의 시대

인권운동의 시대인 1960년대에 인적자원의 관리에 중대한 변화가 시작되었다. 인권운동은 미국을 중심으로 시작되었다. 존 에프 케네디와 마틴 루터 킹으로 대변되는 인권운동시기의 획기적인 산물로서 제정된 1964년의 미국 시민권법(Civil Rights Act)이 제정되었다. 이 법은 미국의 인사관리에 중요한 제약조건을 부여함과 동시에 그 발전에 기여하였다. 초점은 고용에서 차별(discrimination)의 금지이다. 작업장에서 성별, 인종, 민족, 종교에 따른 차별이 금지되었다. 이 시기에는 인사관리가 기업의 경제적 성과보다는 사회적 문제를 해결하는 쪽으로 더 치우치게 된 점도 있다.

경영자의 주요 관심은 어떻게 하면 고용에 관한 법적 분쟁에 휘말리지 않을 것인가에 집중되었고, 인사부서는 이러한 경영자의 관심에 부응하는 이른바 법적 규제 준수에 인사기능의 초점을 둘 수밖에 없었다. 법과 사회의 복잡한 요구에 부응하는 이른바 "규제 준수(compliance)"의 시대가 되었다.

사회적 간섭과 규제가 높아짐에 따라 인적자원관리는 이제 외부환경과 끊임없이 상호작용하는 하나의 개방체계(open system)로 변화하게 되었다. 실제로 이 시기에 인적자원의 운영을 위한 전 영역에 걸쳐서 큰 영향을 받게 되었고 변화가 촉발되었다. 그리고 이 시기는 인권운동의 영향뿐만 아니라 사회 전반에서 기업을 비롯한 사회조직의 운영에 관여도가 증가하는 시기였다. 조직설계에서 상황이론(contingency theory)이 발전한 것과 맥을 같이 한다.

인사관리는 이 시대에 이르러 개방적 특성을 갖게 되었다. 그러나 대부분 외부환경의 압력에 반응하거나 순응하는 데 더 비중을 두고 있었고, 아직 능동적으로 외부환경의 기회를 발굴하여 인적자원 가치를 높이고 기업의 경쟁력을 높이는 데는 미치지 못하고 있었다.

세계화와 전략적 접근의 시대

인적자원(HR: human resources)의 개념이 정착한 시기이다. 1980년대 시작된 글로벌화는 기업들에게 국가 간 경제의 장벽을 없애주어 글로벌 시장을 열어주었다. 동시에 기업 간 경쟁이 세계시장에서 전개되어 글로벌 기업과 지역기업 모두 첨예한 경쟁의 위협에 노출되었다. 기업 경영에서 전략경영이 중요하게 부각되었다.

사회규제에의 대응과 기본적인 생산요소로서 인력을 관리하는 과거의 관점과는 달리 인적자원을 통한 기업경쟁력 창출에 큰 관심이 일어났다. 이 시기에 전략적 자원으로서 사람의 중요성이 강조되기 시작했고, 인사관리는 인적자원관리(HRM: human resource management)로 일컬어졌다. 이하에서는 인사관리와 인적자원관리를 혼용해서 쓰기로 한다.

왜 이런 현상이 일어나게 되었을까? 그 이유는 종래의 다양한 경쟁우위 원천이 그 효력을 잃게 된 데 있다. 오늘날 제품 및 서비스 기술의 보편화, 경쟁의 격화, 정보의 일상화 및 정보보안의 불가능성 등등으로 인해 기업의 차별적 역량(distinctive competencies)의 원천이 수량적으로 부족해졌을 뿐만 아니라 그 지속가능성(sustainability)도 낮아졌다. 달리 말하면 인적자원 기반의 경쟁우위는 다른 어떤 요소를 기반으로 한 경쟁우위보다 지속가능성이 더 높은 시대에 와 있다는 것이다. 이로써 1980년대 후반부터 90년대까지 전략적 인적자원관리(SHRM: strategic human resource management)가 정착하게 되었다. 이에 대해서는 후술하였다.

신경제와 가치적 접근의 시대

정보화, 지식기반사회, 창조성 경제 등으로 일컬어지는 신경제의 도래로 인해 인적자원의 자원적 가치가 더욱 높아졌다. 이에 경영의 주요 과제로서 사람을 통한 경쟁력 창출이 부각되었다. 대체로 1990년대와 2000년대로 볼 수 있다. 이때부터 고성과 작업조직(high performance work organization)에 대한 연구가 진전되었고, 이는 전략적 인적자원관리와 함께 인적자원을 통한 경쟁력 창출의 근간을 이루게 되었다. 특히 인력관리 측면에서는 무엇보다도 구성원의 자율과 창의를 고양시켜 조직의 혁신성을 제고하는 데 역점을 기울이게 되었다.

이러한 흐름은 자연스레 인적자원을 고정된 가치로 보면서 잘 이용하는(써먹는) 데 초점을 둔 전통적 경영 관점으로부터 인적자원의 가치를 확장시켜서 더 높은 효과성을 달성하는 데 초점을 둔 학습과 성장의 관점(learning & growth perspective)으로 전환시켜주었다. 즉, 종업원의 업무역량 및 조직역량 개발에 전력을 다하고 그 결과로 종업원의 업무성과와 조직목표 달성을 높이는 것인데, 이것이 곧 역량주의 인적자원관리(competency-based HRM)이다.

가치지향 인적자원관리(value-based HRM)는 기업의 이념과 핵심가치, 조직특성 등에 적합성을 갖는 인적자원의 가치를 정의하고 그 가치를 높이고자 하는 제반 인사활동을 말한다. 첫 번째 특징으로는 기업의 핵심가치(core values)와 인적자원에 관한 기본원칙이 상호 조화되어 있으며 이에 모든 인사 방침과 관행들이 정렬되어 있다. 두 번째로는 인사 철학과 원칙이 인간존중, 학습과 성장, 자아실현, 공정성과 정의 등 인간 본연의 가치와 맥을 같이하는 내용으로 구성되어 있다.

한걸음 더

- 오피스 없는 회사, 재택근무와 이동사무실에서 일하는 근로자, 공간적으로 분산된 협동작업. 미래 작업장의 모습이다. 이러한 변화에도 자율과 창의, 학습과 성장, 존중과 공정성의 가치가 인사관리의 주요 가치로 남을 수 있을까? 토론해보자.

1.2 인사관리의 시스템

인적자원관리는 조직구성원을 조직의 목표 달성을 위한 인적자원으로 보고 그 기여를 만들어가는 하나의 변환 과정이다. 즉, 조직목표 달성 과정에서 인적자원을 투입하고, 여타의 조직 자원과 결합하여 변환시키고, 희구하는 양적 및 질적 산출물을 만들어내는 일련의 활동 과정을 인적자원관리로 정의할 수 있다. 이러한 의미에서 인적자원관리는 일종의 시스템이다.

인적자원관리는 어떻게 구성된 시스템일까? [그림 12-1]에서처럼 사뭇 복잡한 투입-활동-산출의 시스템이다. 시스템에서는 하위 구성요소들이 유기적으로 상호 연관되어 있고 그들의 상호작용에 의해 전체 인적자원관리의 특성이 규정된다.

인사시스템의 구성요소에서 그 중심이 되는 것은 인사의 4대 기능 영역으로 구성된 인사활동 시스템이다. 그 첫째는 필요한 인적자원을 외부 노동시장에서 채용하거나 조직 내부의 인력 운용을 통해 공급받는 활동으로서 인적자원 확보시스템이다. 둘째는 필요 인력을 훈련시키고 육성해주는 인적자원의 개발시스템이다. 셋째는 필요 인력을 투입하여 성과 행동을 유인하고 관리하는 활용시스템이다. 마지막으로 성과에 대한 적정한 보상을 제공하여 장기적으로 공정하고 효과적인 교

[그림 12-1] 인사시스템의 구성[2)]

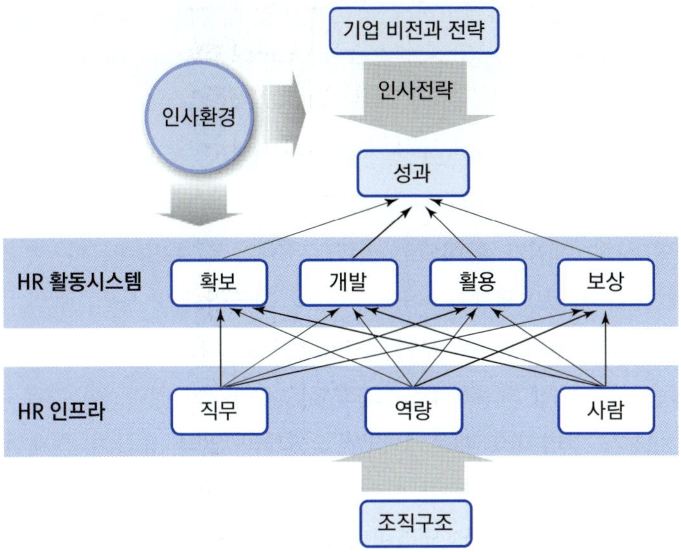

환관계를 만들어주는 보상시스템이다. 이상의 4개 시스템이 상호 유기적으로 연계성을 맺고 인적자원을 기업의 가치활동에 통합시키는 것이 곧 인적자원관리이다.

인적자원의 4대 활동 시스템을 구축하고 운용하는 데 그 기반이 되는 시스템이 필요하게 된다. 종업원이 수행해야 하는 일(과업)의 전체 구조를 설계해야 하는데 이것이 곧 직무시스템이다. 과업의 구조가 설계되면 그 틀 안에서 인력의 투입과 활용이 이뤄지므로 인사활동 시스템의 기반이 된다. 오늘날에는 직무시스템의 경직성을 극복하기 위해 인적역량 기반의 인사활동 시스템이 도입되기도 한다. 이를 역량주의 인적자원관리라고 한다.

직무와 역량의 시스템은 인사관리의 기초가 되는 일(과업)과 사람(역량)의 매칭을 결정짓는 그릇이다. 직무와 역량의 기준에 의하여 인사활동을 전개하는 체계적 접근에 비하여 전통적으로 한국 기업에서는 사람 기준의 인사관리를 시행하여 왔다. 이는 기반시스템이 별도로 구축되지 않고 사람 중심의 인사기준을 바탕으로 인사활동 시스템을 운용하는 방식이다. 그리고 이보다 더 기본적인 것으로 조직구조가 있다. 조직구조의 변화는 직무와 역량의 체계를 변화시키고 사람의 구성을 바꿔준다. 이로써 인사활동도 변하게 된다.

---

2) 권석균 외(2021), p. 45.

유연조직화와 인사시스템 변화

새로운 시대의 조직은 환경변화에 탄력적으로 대응하는 유연조직(flexible organization)이다. 유연조직은 조직이 수평화되고 탄력적인 인력운영이 결합하면서 완성된다.

조직이 수평화되면 조직계층의 축소로 관리계층도 줄어들고 직급의 수도 줄어들게 된다. 직급이 단순화되면 인사관리에 다양한 변화가 수반된다. 우선 동일직급 내 임금의 상하 범위가 확대되고, 임금 단계의 수가 줄어든다. 우리나라의 직급제도를 예를 들어 설명해보자. 어느 회사의 직급단계가 사원, 주임, 대리, 과장, 차장, 부장으로 구성되어 있고, 부장도 1급, 2급, 수석부장 등이 있다고 하자. 이 회사에는 상층부의 임원 계층들을 제외하고도 8등급이 있다. 이 경우 직급단계별로 임금의 기초가 달라지기 때문에 적어도 8개의 임금 등급이 존재한다. 그런데 직급구조조정이 이뤄져서, 예를 들어 사원, 대리, 과장, 부장 등 4등급으로 축소되면 임금 등급의 수도 줄어든다. 그러면 4개의 임금 등급 내 인원이 많아지기 때문에, 당연히 등급 내 임금의 하한선과 상한선의 폭이 넓어질 수밖에 없다. 이러한 제도를 광대역(broad-banding) 임금시스템이라 한다. 한국 기업에서 1990년대 후반부터 오늘날에 이르기까지 지속적으로 직급단계의 축소와 임금의 광대역화가 진행되고 있는 추세이다.

이때 주요 이슈는 광대역 임금밴드 내에서 종업원들의 임금 차이를 어떻게 결정할 것인가이다. 개인의 성과와 업무수행능력을 평가해서 반영하겠지만, 공통적으로 직급에 따른 임금 결정이 약해진다. 한국 기업은 직급과 임금이 연동되어 평준화되어 있었기 때문에, 직급 내 개인 간 임금편차가 커지는 것은 상당한 충격으로 다가온다. 이것이 유연조직화의 효과이다.

인사평가나 보상 결정에서도 변화가 생긴다. 종업원들의 직무배치나 과업할당이 자주 변하는 상황에서 그들의 업무수행 하나하나를 따라다니면서 평가하기 쉽

〈표 12-1〉 유연조직의 인사관리 특성

계층축소와 수평화	• 직급구조조정과 직급단순화 • 광대역 임금체계
인적자원의 탄력적 배치	• 인적 전문화 역량 중심의 인력 운용
팀제조직의 정착	• 팀(조직) 평가 및 보상의 문제
결과통제 중시	• 성과(결과) 지표를 통한 업무수행 및 업적 평가

지 않다. 성과를 포착하기도 어렵다. 그래서 인적 전문화 역량을 중시하고 업무수행보다는 업무결과(실적) 중심으로 평가하게 된다. 전문화 역량이 높은 사람들은 일일이 지켜보지 않아도 작업의 결과물인 성과를 포착하기 쉽기 때문이다. 따라서 인력 운영의 주요 방침이 변하게 된다.

이상에서 보듯이 유연조직은 메가트렌드 환경변화에 따른 조직의 새로운 모습이지만 인사시스템의 변화가 수반되어 있다. 조직과 인사는 서로 큰 영향을 미친다.

1.3 전략적 인적자원관리

전략적 인적자원관리(SHRM: strategic human resource management)는 기업의 경쟁우위를 창출하는 원천으로서 인적자원을 전략적으로 활용하는 것이다. 전략적 인적자원관리는 인사기능상의 자체 목표를 추구하기보다는 기업 전체의 관점에서 전략적 목표를 지향한다. 그리하여 궁극적으로 기업의 경제적 가치를 제고하는 데 목적을 둔다.

과거에는 성과기준으로서 직무 자체에서 비롯되는 업무성과로 표현되어 미시적인 관점이었다. 그러나 SHRM에서는 회사의 전략적 목표를 반영하는 성과에 초점을 둔다. 회사의 큰 목표이자 열망인 비전과 이 비전을 구현하는 전략적 목표에 인사관리가 통합된다. 즉, 인적자원의 관리에서도 전략적 성과(strategic performance)를 추구하는 것이다.

경영전략과 인사전략의 매칭

경영전략과 인사전략의 정렬이 먼저 이뤄져야 하고 이어서 인사전략에 따른 하위 인사기능의 정렬이 이뤄져야 한다. 그러므로 인적자원관리에서도 인사전략이 도입되어야 한다. 인사전략이 없는 경우에는 전체 인사기능 활동을 묶어주는 구심점이 없기 때문이다. 경영전략과 인사전략의 매칭은 전략의 수준별 매칭에 해당한다. 즉, 전사 차원의 기업전략과 사업부 수준의 경쟁전략이 수립되면, 인사기능을 비롯하여 재무, 마케팅, 생산운영, 경영정보 등 모든 기능영역과의 정렬이 이뤄져야 한다. 이 중 인사전략은 인적자원을 대상으로 하는 것이므로 특별히 더 장기적이고 사람의 주도성을 인정하는 관점에서 이뤄져야 한다. 인적자원은 단기적으로 변화시킬 수 있는 것이 아니다. 달리 말하면 경영자가 일방적으로 결정하고 곧바

[그림 12-2] 경영전략과 인적자원관리의 정렬

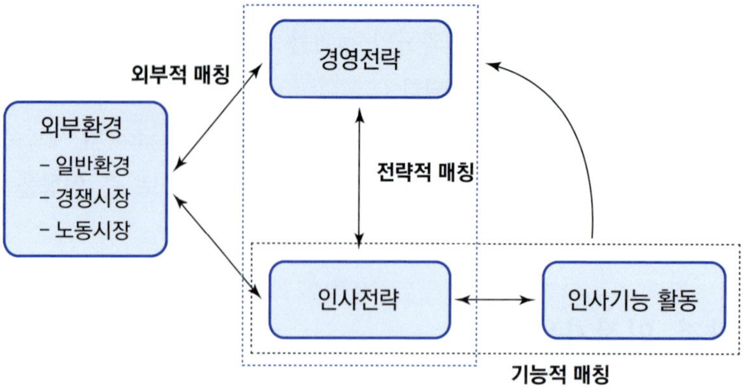

로 실행할 수 있는 관리영역이 아니기 때문에 전략적 정렬이 더욱 중요성을 갖는다. 또한 인적자원의 전략적 구성과 운용은 여러 요인에 의해 영향을 받는다. 주어진 조건과 현상이 복잡한 경영행위의 영역이다. 경영전략과 인사전략의 전략적 매칭(strategy matching)은 이러한 복잡성과 장기적 특성을 품을 때에 효과를 얻을 수 있다.

인사전략과의 매칭을 만들어내는 데 특히 큰 영향을 미치는 또 다른 요인은 노동시장이다. 기업의 경영전략에 영향을 미치는 일반환경 변화와 시장경쟁 요인뿐만 아니라 인사전략에 영향을 미치는 독자적인 노동시장이 존재하는 것이다. 이로써 외부환경과의 매칭이 특별히 더 중요하게 부각된다.

인사전략과 인사기능 활동의 정렬

인사전략이 선택되면 인적자원관리의 하위기능 활동들을 그에 매칭하여 정렬시켜야 한다. 전략에 따른 필요 인적자원이 정의되고 그에 따라 인력 확보의 전략이 수립되고 세부 충원 프로그램이 설계된다. 인력 개발에서도 전략적 기준이 마련되어야 하고 훈련 프로그램이 설계되고 운영된다. 인력 활용의 단계에서도 인적자원으로 구현하고자 하는 전략적 성과를 정하고 이에 따른 성과관리 방안이 마련된다. 보상에서도 전략적 성과에 따른 인센티브가 명확히 규정되어야 함은 말할 나위 없다. 이처럼 모든 인사기능의 활동이 인사전략에 잘 정렬되어야 한다. 이를 앞의 전략적 매칭에 대응하여 기능적 매칭(functional matching)으로 표현하였다.

여기서 주목해야 할 점은 인사의 여러 기능 활동이 전략을 중심으로 일관되게 정렬되어서 결과적으로 하나의 구성형태를 이루게 된다. 기능 활동들이 각자 개별적으로 최선의 방법으로 목표와 실행이 진행되는 것이 아니라 서로 잘 어우러지는 형태의 구성을 갖게 된다는 것이다. 인적자원의 확보시스템, 개발시스템, 평가시스템, 보상시스템 이것이 일관되게 어울림이 있어야 된다. 이를 인사의 묶음효과(bundling effects)라고 한다. 인적자원관리는 각 요소들이 한 묶음으로 되지 않으면 그 효과가 크지 않다. 서로 각자의 효과가 분절되어 서로 상쇄되어져서 그다지 극적인 효과가 나타나지 않는다. 즉, 전략에의 정렬 못지않게 중요한 것은 인사활동들이 집약적 효과를 내는 번들링(bunldling)을 해주는 것이다.

이상의 설명을 요약하면, 전략적 인적자원관리는 경영전략과 인사전략의 정렬을 만드는 전략적 매칭(strategy matching), 경영전략과 인사전략 모두 외부환경요인과의 정합성을 만드는 외부적 매칭(external matching), 그리고 인사전략에 인사의 모든 하위기능이 정렬되고 통합되는 내부적인 기능적 매칭(functional matching) 등 세 가지가 구현되는 것을 말한다.

경쟁전략 유형과 인적자원 구성형태

이상의 논의는 다른 전략유형에서도 찾아볼 수 있다. <표 12-2>에는 마이클 포터의 경쟁전략과의 정합성을 갖는 인적자원전략과 인사기능 활동을 정리해놓은 것이다.

원가선도전략에서는 전략의 초점이 비용우위(cost advantage)를 낳는 효율성과 전사적 비용통제이다. 그러기 위해서 인사전략에서는 장기적 관점에서 안정적인 형태로 인적자원계획을 가져가야 된다. 왜냐하면 상당한 시간을 가지고 균질화된 인력을 육성해서 좀 더 높아지는 품질, 좀 더 높은 비용효율을 가져가야 되기 때문이다. 새로운 인력들이 단기적으로 자주 들어와서 변동성을 높이고 새로운 생산방식을 도입하는 실험적 행동이 원가선도전략에서는 적합하지 않기 때문이다. 그리고 이러한 비용선도전략에 적합한 인사기능 활동들이 있는데 한 예로 '내부승진 우선'을 들 수 있다. 이는 승진자리가 있을 때 외부충원을 최소화시키고 기업 내부에서 승진 사다리를 올라가면서 그 자리를 채우는 것이다. 종업원들이 조직 내에서 자신의 미래 경력을 개발해가면서 조직의 업무에 대한 숙달도를 높이고 경험을 충분히 쌓으면서 나아갈 때 조직 전체의 비용효율이 높아진다는 것이다.

차별화전략에서는 조직 전체의 활동에서 창의와 혁신이 적극 수용되고 발휘되

〈표 12-2〉 경쟁전략과 인적자원관리

경쟁전략	전략 초점	인사전략	인사기능 활동
원가선도 전략	• 효율성 • 안정성 • 비용통제	• 장기적인 인력계획 • 기존 인력 내에 필요 기능, 숙련 구축 • 직무세분화 및 전문화	• 내부승진 우선 • 광범위한 훈련개발 • 좁은 범위의 구체적 기능(숙련)을 보유한 인력 확보와 활용 및 보상
차별화전략	• 창의와 혁신 • 마케팅과 시장지향 • 권한위임, 자율	• 단기적 시각의 인력수급 계획 • 필요역량 외부조달 • 유연한 직무구조 및 탄력적 인력 배치 활용	• 외부채용 중심 • 창의성 훈련과 혁신사례 공유를 통한 인적자원 개발 • 넓은 범위의 응용 역량을 보유한 인력의 확보와 육성, 그리고 활용과 보상

며 특히 조직이 시장에 열려야 하고 마케팅 기능이 강조된다. 이에서 구성원의 개방성과 능동적 실험행동이 권장되어야 한다. 이에 적합한 인사기능으로 새로운 인력의 유입이 자유로운 외부채용 중심의 확보시스템이 필요하다. 인적자원개발에서는 전반적 능력과 숙련도를 높여주는 광범위한 훈련보다는 구성원 개인의 창의성을 촉발시키는 행동기법과 조직의 창의성을 높이는 자율과 책임의 조직문화 개발 등에 한정한다. 그리고 직접 훈련보다는 구성원 간 지식과 정보의 공유를 통한 스스로의 개발에 더 비중을 둔다. 그 외에도 조직의 창의성을 높이는 다양한 노력이 인적자원관리의 주요 의제가 되어야 한다.

이상에서 보듯이 경영전략에 적합한 인적자원관리는 기업별로 다르게 나타난다. 경영전략과 인적자원관리의 전략적 매칭이 기업성과를 높여주는 것이다. 경영전략의 실행(implementation)이 인적자원관리의 적합성에 의해 완결된다.

2. 인사관리의 프로세스

이 절에서는 인사관리의 4대 기능 활동을 설명하였다.

2.1 인력확보: 충원과 고용관계

인력확보는 신규인력을 충원하는 것과 기존인력의 유지에 관한 것이다. 충원은 모집과 선발, 배치의 과정으로 구성된다. 인력유지는 고용관계로 표현된다.

충원: 모집과 선발의 과정

필요한 인적자원을 확보하는 것을 충원(充員, staffing)이라 한다. 충원은 말 그대로 인원을 채운다는 뜻이다. 이때 어떤 인재를 어떻게 뽑을 것인가를 결정해야 한다. 이를 위해 먼저 충원되어야 할 직무 또는 직책에 적합한 인재상 및 인재요건을 정의하고 필요한 양적 및 질적 인력수요를 파악해야 한다. 그다음에 인력수요에 따른 충원의 규모와 방식을 결정해야 한다. 이때 내부충원과 외부충원, 고용관계 형태 등에 대한 전략적 결정이 필요하게 된다. 우리 회사에 적합한 충원전략을 수립하는 것이 중요하다.

그리고 충원전략이 결정되면 목표 노동시장을 정하고 회사와 수행직무에 대한 정보를 효과적으로 전달하고 모집(recruiting) 활동을 수행한다. 이후 지원자 풀에서 적합한 인재를 골라내는 선발(selection) 활동이 이루어진다.

전략적 충원의 첫 단계로서 기업은 자신에게 필요한 인재상을 명확히 파악하여야 한다. 모든 기업이 '똑똑하고 능력 있는' 인재들을 원하고 있지만, 자신의 조직에 적합한 '능력'의 개념을 명확히 이해하고, 측정할 수 있는 기업은 많지 않다.

직무 적합성과 조직 적합성의 선택

모집의 전략적 판단인 적합성 여부는 크게 두 가지로 나누어서 접근할 수 있다. 첫 번째 접근방법은 직무 수행에 필요한 **지식·기술·능력**(KSA: knowledge, skills & abilities)을 기준으로 하는 것이다. 이러한 접근방법이 직무 적합성(PJF: person-job fit)의 기준이다. 또 하나의 접근방법은 각 기업이 특성으로 지니고 있는 가치관이

[그림 12-3] 충원의 적합도 모형

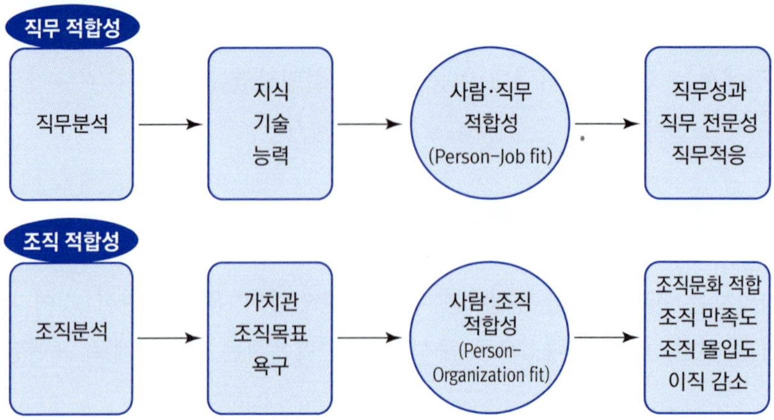

나 목표에 따른 적합성을 판단하는 조직 적합성(POF: person-organization fit) 기준이다. 일을 중심으로 뽑을 것인가, 회사를 중심으로 뽑을 것인가의 선택을 말한다.

어느 기준을 적용할 것인가는 개별 기업의 전략적 상황에 따라 달라질 수 있을 것이다. 우선 인적자원전략의 장/단기적 관점에 따라 기준이 달라질 수 있다. 장기적 관점이란 일단 구성원을 뽑으면 특별한 상황 변화가 일어나지 않는다면 오랫동안 일할 기회를 제공하는 것을 의미한다. 즉, 장기적 관점이 커질수록 조직 적합성이 중요한 비중을 차지할 것이며, 단기적 관점이 중요하다면 직무 적합성이 강조될 것이다. 과거 1970~80년대 우리 기업들은 빠른 성장을 이룰 수 있었다. 성장이 지속적으로 기대되는 상황에서는 우수한 인재들을 유지하는 것이 중요하다. 대기업들은 공개채용이라는 제도를 활용하여 대규모의 신입사원들을 선발하였다. 지속적으로 성장하는 조직 속에서 인적자원들은 다양한 직무를 맡을 가능성이 높았다. 따라서 직무 적합성보다, 20여년 이상 장기적으로 우리 조직에 적합한 사람이냐를 파악하는 조직 적합성이 중요한 기준으로 적용되었다. 그러나 1990년대 IMF 위기를 거치면서 대기업들도 대규모 인력 구조조정을 하게 되었다. 그 이후 기업과 개인 모두 장기적 고용에 대한 암묵적 가정이 깨질 수밖에 없었다. 인적자원에 대한 고용 안정성의 가정이 고용 유연성으로 패러다임의 변화가 이루어지고 있다.

현실적으로 대부분의 기업은 상황에 따라 두 가지 적합도의 균형점을 찾기 위한 노력이 필요하다. 예를 들면, 신입사원 채용의 경우에는 사람-조직 적합성의 비중이 더 높아질 것이고, 경력사원 채용의 경우에는 사람-직무 적합성의 비중이 압도적으로 클 수 있다. 최근 한국 대기업들의 경력사원 채용 비중이 점차 증대되고 있다.

기업의 인재상 변화

인재상은 전형적으로 인력의 조직 적합성을 반영하는 것이다. 한국의 100대 기업의 인재상에서 변화를 보면 <표 12-3>과 같다.[3] 1980년대와 90년대 중반까지 한국 대기업의 전통적 인재상은 IMF 외환위기 이후에 큰 변화를 겪게 된다. 전통적인 성실과 근면의 인재상이 2000년대에 이르러 창의성과 전문성, 열정과 소통 등으로 바뀌게 되었다. 2010년대에는 자율의 전제조건인 책임의식과 글로벌 역량 등이 중요한 인재상으로 등장하였다. 우리 기업들이 시대적 흐름을 반영한 결과로 보인다.

〈표 12-3〉 100대 기업의 인재상의 변화

중요도	1995년	2000년	2008년	2013년	2018년	2023년
1	성실	창의성	창의성	도전정신	소통 · 협력	책임의식
2	근면	변화 적응력	전문성	책임의식	전문성	도전정신
3	조직에 충성	도전정신	도전정신	전문성	원칙 · 신뢰	소통 · 협력
4	상사에 복종	팀워크	원칙 · 신뢰	창의성	도전정신	창의성
5	팀워크	성실	소통 · 협력	원칙 · 신뢰	책임의식	원칙 · 신뢰
6	창의성	근면	글로벌 역량	열정	창의성	전문성
7	도전정신	조직에 충성	열정	소통 · 협력	열정	열정
8	변화 적응력	상사에 복종	책임의식	글로벌 역량	글로벌 역량	글로벌 역량

선발의 중요성

선발(selection)은 직무나 조직의 적합한 자격을 갖춘 사람을 선택하는 절차이다. 그런데 실제 적합한 사람을 뽑는 일은 쉽지 않다. 불확실성과 모호성 때문이다. 지원자가 가진 능력과 자격, 특징을 정확히 파악하는 것이 쉽지 않다. 선발도구의 개발이 지속적으로 중요하게 논의되는 이유이다. 또한 누구를 뽑아야 하는지 혼란스러운 경우가 많다. 선발기준이 명확하고 일관되어야 하는데, 현실에서는 쉽지 않다. 예를 들어, 단기적 이익을 만들어줄 사람과 장기적으로 회사에 큰 기여를 할 사람을 선택하는 것이 쉽지 않다.

---

3) 『100대 기업이 원하는 인재상 보고서』, 대한상공회의소(2013, 2023).

선발을 더욱 어렵고 중요한 과제로 만드는 것은 인적자원은 일단 선발이 되고 나면 회사가 일방적으로 관리할 수 있는 대상이 아니라는 점이다. 임의로 내보내거나 제약 없이 재배치할 수 있는 자원이 아니기 때문이다. 그래서 “좋은 훈련이 잘못된 선발을 보충해주지 않는다(Good training will not make up for bad selection)”고 한다. 달리 말하면 종업원 훈련을 아무리 잘하더라도 잘못 뽑은 사람의 문제는 해결이 안 된다. 그만큼 인력개발이나 인력활용에서 더 큰 비용을 지불하게 된다.

사회적 관점에서 볼 때, 선발과정에서 차별(discrimination)을 최소화하는 것이 매우 중요하다. 실제 고용차별의 대부분은 선발에서의 차별이다. 직무기준이나 전략적 기준과 사업상의 타당한 사유에 의하지 않는 기각(선발하지 않음)은 심각한 사회적 차별을 낳는다. 연고주의에 의한 선발이나, 사회적 계층 및 신분에 의한 채용 등이 그 대표적인 예이다. 왜곡된 선발 의사결정은 기업의 정당성을 해치고 노동시장의 효과성을 억제한다.

오리엔테이션과 입직관리

신입사원들의 효과적인 조직 적응을 위하여 시행하는 조직사회화 과정을 입직관리 또는 오리엔테이션(orientation)이라고 한다. 오리엔테이션은 조직의 문화적 양식과 관행, 조직의 목적과 가치를 전달하는 과정이다. 이 과정을 통하여 직무 수행에 필요한 지식·기술·능력(KSA) 등을 주지시키고 조직 진입에 따른 충격을 예방하고 조기 이직을 감소시킬 수 있다.

이러한 목적에 따라 오리엔테이션 프로그램은 신입사원들의 심리적 안정을 도모하면서, 조직의 역사, 리더십 스타일, 동료 및 상사들을 소개하게 된다. 오리엔테이션 과정의 설계와 시행에 있어서 중요한 기준들은 유용성과 유인력, 효과성이다. 따라서 규정집을 단순 강조하기보다는 쌍방적 의사소통과 효과적인 전달방법의 선택이 중요하다. 따라서 신입사원들이 수행할 직무에 대한 상황들을 현실적으로 전달하는 현실적 직무소개(RJP: realistic job preview)나 멘토링, 팀워크훈련 등이 유용하게 사용된다.

입직관리는 입사 초기에 상당기간 집단적으로 이루어지는 것이 일반적이다. 여러 주에 걸쳐 체계적으로 신입사원들에게 회사의 가치관과 기업문화, 역사와 바람직한 인재상을 전달한다. 이러한 집단적·회사주도적 오리엔테이션은 조직의 심리적 계약 기대사항을 명확히 전달할 수 있다는 장점이 있다. 반면에 신입사원 관점의 기대사항을 개인적으로 파악할 수 있는 기회는 제한적이라는 단점도 있다.

인력유지와 고용관계

우리나라 사람들은 신입사원으로 입사하면 얼마나 오래 근무할까? 평생직장이란 말이 있는데 그러할까? 우리는 이미 "이제 평생직장은 없다"고 알고 있다. 고용관계 특성을 간단히 알아보자.

경영사례

평생직장 옛말… 10년 새 근속기간 19년 9개월 → 15년 2개월

73세까지 일하고 싶은데… 주된 일자리 49세에 퇴직

"정년 연장 혜택 못 받는 사람 많아… 재취업 지원 필요"

살면서 가장 오래 근무한 일자리, 즉 주된 직장에서의 평균 근속기간이 최근 10년 사이 19년 9개월에서 15년 2개월로 짧아졌다.

일하려는 고령층은 늘어나는 추세지만, 정년 연장에도 불구하고 주된 직장에서 퇴직하는 나이는 젊어지면서 제2·3의 일자리를 찾아 전전하는 이들이 늘고 있다.

1일 통계청이 최근 발표한 2021년 5월 고령층 부가조사를 보면 55~64세 취업 유경험자가 생애 가장 오래 근무한 일자리에서 일한 기간은 평균 15년 2.1개월이다. 그만둘 당시 평균 나이는 49.3세로 쉰 살에 못 미친다.

성별을 나눠보면 남자는 18년 9.1개월을 일한 뒤 51.2세에, 여자는 11년 6.1개월을 일한 뒤 47.7세에 주된 일자리를 그만둔 것으로 나타났다.

10년 전인 2011년 5월 통계청 조사는 55~79세 취업 유경험자를 대상으로 한 것이라 차이가 있긴 하지만, 가장 오래 근무한 일자리의 평균 근속기간이 19년 9개월로 20년에 육박했다. 일자리를 그만둔 나이는 평균 53세였다. 당시 남자는 22년 10개월을 일한 뒤 55세에, 여자는 16년 9개월을 일한 뒤 51세에 그만뒀다.

2016년과 2017년에 걸쳐 단계적으로 '60세 정년'이 의무화됐지만, 주된 일자리에서의 평균 은퇴 시기는 더 빨라진 셈이다. (하략)

[자료: 연합뉴스(2021.8.1)]

한편, 기업이 위기에 처하게 되면 고용을 유지할 수 있을까? 우리나라 법에서는 기업이 경영상 위기에 처할 때 정리해고가 가능하게 되어 있다. IMF 이후에 정리해고법이 도입되었다. 그러나 실제로는 고용관계를 쉽게 청산하지 않는다. 미국과 한국의 고용관계에 차이가 있다. 아래 사례에서 보듯이 코로나19 감염 상황에서 미국 기업과 한국 기업은 큰 차이를 보였다.

경영사례

미국과 한국의 고용관계의 차이

미국은 2020년 3월 중반부터 코로나19 감염 확산이 본격화되었다. 통계자료를 보면, 3월 3주차에 신규 실업수당 청구가 330.7만명, 4주차 686.7만명, 4월 1주차 661.5만명, 4월 2주차 523.7만명, 4월 3주차 442.7만명으로 폭증하였다. 이는 이전에 주당 평균 20만건 정도에 그치던 것에 비하면 10배~30배까지 많아진 것이다. 그리하여 2020년 코로나 초기 9주간에 총 3,860만건의 실업수당 청구가 있었다. 반면에 우리나라는 2020년 3월 한 달 동안 실업급여 청구가 19.1만건으로 전년 대비 1.5배 수준에 불과하였다.

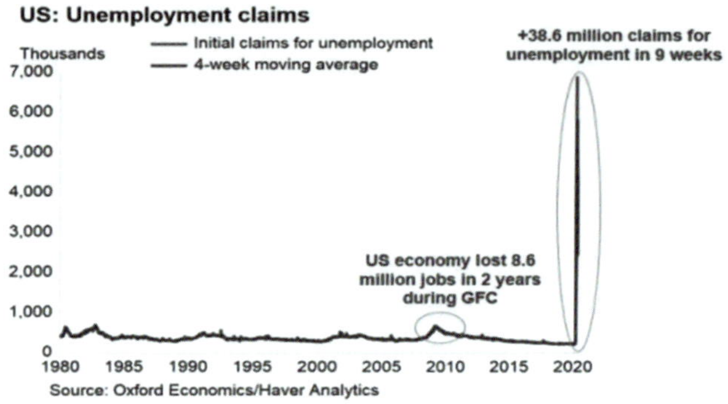

이상의 차이는 양 국가의 고용관계의 특성 차이로 인한 것이다. 미국은 고용 유연성이 높아서 종업원이 일을 할 수 없는 상태가 되면 곧바로 해고한다. 이는 미국 기업의 고용관계가 철저히 경제적 합리성에 의한 것이기 때문이다. 노동시장도 유연화되어 있어서 근로자의 이동이 잦다. 우리나라에서는 코로나19 유행으로 인한 대량해고가 일어나지 않았다. 기업의 인사관행도 그러거니와 고용보장의 법적 장치가 발달되어 있기 때문이다. 다만, 근로기준법의 적용을 받지 않는 소상공인(자영업자)들은 경영상 어려움으로 인해 고용을 줄였다.

〈표 12-4〉 한국의 노동시장 특성

항목		순위(141)	미국 순위
8th pillar: Labor market(노동시장 종합)		**51**	**4**
Flexibility(노동시장 유연성)		**97**	**3**
8.01	Redundancy costs (인력감축 해고 시 중복비용 등)	116	1
8.02	Hiring and firing practices (채용과 해고의 유연성)	102	5
8.03	Cooperation labor-employer relations (협력적 노사관계)	130	21
8.04	Flexibility of wage determination (임금결정기준의 유연성)	84	18
8.05	Active labour market policies (능동적 노동시장 정책)	20	13
8.06	Worker's right (근로자의 권리)	93	81
8.07	Ease of hiring foreign labour (외국인노동자 채용 유연성)	100	31
8.08	Internal labour mobility (기업 내부노동시장)	70	1
Meritocracy and Incentivization(능력주의와 인센티브)		**25**	**6**
8.09	Reliance on professional management (전문경영체제 의존도)	54	10
8.10	Pay and productivity (임금과 생산성)	14	5
8.11	Ratio of wage and salaried female workers to male workers (임금의 성평등)	59	39
8.12	Labour tax rate (근로소득세율)	55	29

자료: WEF, The Global Competitiveness Report 2019.

세계경제포럼(WEF: World Economic Forum)에 따르면[4] <표 12-4>에서와 같이 조사대상 141개 국가 중에서 우리나라의 노동시장 효과성(종합)은 51위, 노동시장 유연화 정도는 97위이어서 매우 낮은 수준이다. 하위요소를 보면 대부분 낮은 수준이다. 미국과 비교해보면 큰 차이가 있다.

한걸음 더

- 기업이 경영상 어려움에 처하면 종업원을 해고해야 하는가? 고용 유연성과 노동시장 유연화에 대해서 토론해보자.

---

4) 세계경제포럼(WEF)의 Global Competitiveness Report는 2004년부터 2020년까지 매년 발간된 국가경쟁력 분석 보고서이다. 2020년 코로나19 특별본을 제외하면 2019년 보고서가 마지막 자료이다.

2.2 인재육성과 경력개발

인재육성을 잘하는 회사는 매력적이다. 사람을 써먹지만 않고 계속 성장할 수 있게 해주는 회사, 멋있지 않은가? 이에 대해서 알아보자.

인적자원의 개발: 훈련개발과 경력관리

신입사원이 입사하면 조직과 직무의 적합성을 높이기 위해 훈련개발(T&D: training and development)이 실시된다. 또한 기존인력들도 업무기술 변화나 작업관계 변화에 의해 직무의 내용에 변화가 생기면 직무 적합성을 높이도록 훈련개발이 필요하게 된다. 또한 환경변화나 전략변화에 따라 조직구조와 직무특성이 변하면 새로운 KSA와 태도, 가치 등을 개발할 필요가 생긴다. 이처럼 조직 적합성과 직무 적합성을 높이기 위해서는 지속적인 훈련과 개발의 인사활동이 필요하게 된다. 장기적 관점에서도 기업은 인재를 육성하기 위한 프로그램이 필요하다. 핵심인재의 육성은 기업의 성공을 결정짓는 중요한 과제이다. 아래에 설명한 삼성그룹의 글로벌 지역전문가 육성 사례를 살펴보자.5)

경영사례

삼성의 글로벌 지역전문가 육성 전략

일찍이 1990년부터 시작된 삼성의 글로벌 지역전문가 제도는 삼성그룹의 인재육성 철학을 보여주는 대표적인 예이다. 당시 "세계 일류기업"이라는 진정한 글로벌 기업으로 도약을 시도하던 삼성은 내부적으로 글로벌 마인드를 지닌 인력이 절대적으로 부족하다는 것을 절감하고 있었다. 하지만 외부 노동시장에서 글로벌 능력과 삼성문화의 적응능력을 모두 갖춘 인재를 확보하는 것이 거의 불가능하였다.

이에 삼성은 필요한 인력을 자체적으로 육성하기로 결정하였다. 내부에서 선발된 젊은 인재들을 세계 각국에 1년 이상 파견하여, 그 지역에 대한 전문성을 개발하도록 한 것이다. 지역전문가로 파견된 인력들에게는 회사와 관련된 업무가 일체 부여되지 않았다. 학교나 연구소에 등록해야 할 의무도, 현지 지사에 출근할 의무도 없다. 단지 현지에서 현지인들과의 접촉을 통하여 현지 문화에 대한 이해도를 높이고, 인적 네트워크 구성을 하는 것이 임무로 부여되었다. 따라서 현지인들과 가까워지기 위한 다양한 노력들이 이루어졌다. 현지인들이 선호하는 장소와 식당, 놀이터 등을 수시로 확인하고, 주말에는 주요 관광지를 다니면서 현지인의 관점을 배우는 것이 이들의 과제였다. 보는 관점에 따라 일하는 것이

---

5) 권석균 외(2021), pp. 233-234.

아니라, "현지에서 놀고, 먹고, 구경 다니는" 한가로운 직무로 여겨지기도 하였다.

실시 초기에는 500명까지 선발된 인력들에게 각자 최대 50,000달러까지 활동비로 사용할 수 있게 해주었다. 이러한 막대한 투자가 과연 기업의 성과 향상에 효과가 있을 것인가에 관한 부정적인 지적들이 외부뿐 아니라 사내에서도 있었다. 하지만 당시의 최고경영층은 삼성이 진정한 글로벌 기업으로 거듭나기 위한 가장 기본적인 투자라는 전략적 관점을 장기적으로 유지하였다. 2014년까지 24년간 5,000여명의 지역전문가가 세계 80여개 국가에 파견되었고, 급여를 제외한 전체 비용은 약 1조원으로 추정되고 있다.

이러한 엄청난 인적자원 개발 투자는 과연 경영성과에 효과가 있는 것일까? 우선 1990년의 삼성의 위상과 현재를 비교하면 글로벌 기업으로 도약을 하였고, 글로벌화된 지역전문가들이 상당한 공헌을 한 것으로 볼 수 있다. "옛 소련이나 동남아시아, 아프리카 오지에서 홀로 1,000억원 이상의 연간 매출을 올리는 주재원의 상당수가 해당 지역의 지역전문가 출신이라는" 내부 평가도 있다. 2015년도 한 해의 삼성전자만의 영업이익이 26조원인 것을 비교하면 24년간의 1조원은 큰 비용이 아닐 수 있을 것이다.

하버드비즈니스리뷰(Harvard Business Review)는 지역전문가 제도를 삼성이 글로벌 기업으로 성장하는 데 큰 공헌을 한 주요 요인으로 지적하였다. "삼성은 지역전문가 제도를 통하여 미래에 진출할 시장에 대한 정보 습득을 하고 인적 네트워크를 장기적인 관점에서 구축했다. 이는 단기성과 위주의 서구 기업들에게 시사하는 바가 크다"고 평가하였다. 특히 삼성이 1990년대부터 진정한 글로벌 경쟁력을 지닌 기업으로 벤치마킹 대상으로 삼았던 GE는 삼성을 분석하면서, "10년 후를 내다보고 직원 한 명당 수억원을 투자하는 지역전문가 제도야말로 삼성의 경쟁력 핵심요인이다"라고 말하고 있다.

직무 내 훈련(OJT)

인재육성의 중요한 방법으로서 직무 내 훈련(OJT: on-the-job training)이 있다. 줄여서 직무훈련이라고 한다. 연수원이나 특정 장소에 가서 훈련을 받는 것이 아니라 작업현장에서 훈련이 이루어지는 것이다. 예를 들면, 특정 직무에 대한 경험이 없는 직원이 일을 직접 해보면서 옆에서 일하는 선배 직원에게 교육을 받는 것이 전형적인 OJT이다. OJT는 코칭, 멘토링, 인턴십, 직무순환 등의 다양한 형태로 이루어지고 있으며, 기업에서 이루어지는 교육훈련의 80%는 OJT 환경에서 이루어진다.

일을 하면서 동시에 교육이 이루어지는 OJT는 상사나 동료와 원활한 커뮤니케이션을 확대시킬 수 있으며, 비용과 시간이 절약될 수 있는 장점이 있다. 또한 교육이 구체적이며 현실적인 특성을 지니고 있다. 그러나 숙련도가 높다고 해서 반드시 효율적인 교육이 이루어지는 것이 아닐 수 있으며, 실제로 작업과 교육의 목표가 둘 다 제대로 이루어지지 않을 가능성도 있다. 또한 동시에 다수의 인원에 대한 훈련이 어렵다는 측면이 단점으로 지적되고 있다. 신입사원의 경우에 신입사원 교육이 끝나면 현장에 배치를 받는다. 이후 팀장의 지도나 부서 내 선배들에 의해 OJT가 진행된다. 입사 첫 1년에 종업원의 모든 능력개발이 이뤄진다는 말도 있다. 신입사원의 직무 내 훈련이 중요한 이유다.

코칭과 멘토링

다양한 OJT 방법이 적용되면서 코칭과 멘토링과 같은 방법의 효과가 인정되고 있다. 코칭(coaching)은 경험이 많은 상사가 부하에게 시행하는 것으로, 예시와 실습을 통한 일대일의 심층적인 학습을 제공하는 것이다. 상사가 부하에게 시행하는 코칭은 단기적이며 주로 직무와 관련된 KSA 향상에 집중되어 있다.

멘토링(mentoring)은 일반적으로 높은 직위의 상사와 경험이 적은 부하와의 장기적 일대일 관계 형성을 통하여 추가적 교육과 경력지도가 이루어지는 것이다. 코칭에 비하여 내용이 직접적이지 않으며 주로 장기적인 관점의 경력개발과 리더십에 대한 방향지시가 이루어진다. 효과적인 멘토링을 위해서는 멘토(mentor)와 멘토링의 대상인 멘티(mentee) 또는 프로테제(protege)의 관계가 자율적으로 설정되는 것이 중요하다. 멘토링의 관계는 직위의 격차가 크기 때문에 프로테제의 경우 관계지속을 원하지 않는 경우에는 부정적 결과에 대한 두려움 없이 쉽게 관계 단절이 일어날 수 있게 하는 장치가 꼭 필요하다.

경력개발

경력개발(CD: career development)은 개인들이 경력상 도달하고 싶은 미래의 지위인 경력목표(career goal)를 달성할 수 있도록 개인과 조직이 함께 참여하는 모든 활동을 의미한다. 개인이 미래의 특정 지위를 얻고자 한다면 조직이 요구하는 특정한 능력을 지녀야 할 것이다. 경력개발은 조직구성원과 조직이 함께 필요한 역량을 장기적으로 갖추어 나가는 과정이다.

경력(career)은 "한 개인이 직무를 통해 얻게 되는 일과 관련된 경험과 행동, 태도"로 정의된다. 다른 관점에서 보면 경력은 조직 내에서 맡게 되는 직무의 변화, 승진 등에서 발생하는 경험을 뜻하게 된다. 또한 여러 조직을 걸쳐서 갖게 되는 직무의 경로를 의미한다. 오늘날 같은 고령사회에서 경력을 잘 관리하는 일은 더욱 중요해지고 있다.

조직은 특정한 직위나 직무를 얻기 위해 필요한 과정과 단계를 설정하고, 구성원들은 이러한 단계들을 거치면서 특정 직위에 도달할 수 있게 된다. 이러한 경력상의 진행과정이 해당 개인의 경력경로(career path)이다. 개인의 경력목표에 부합하는 효과적이고 유용한 경력경로를 설계하도록 돕고 지원하는 일은 오늘날 기업의 책무이다. 경력개발은 현재의 조직과 미래의 잠재적 일터에서 불확실성을 극복할 수 있는 역량을 개발하는 것이다.

경력 유형: 무경계 경력과 다변형 경력

경력에는 여러 유형이 있다. 이 중 특징적인 것을 살펴보자. 무경계 경력(boundaryless career)은 1990년대 이후에 새롭게 등장한 경력 개념이다. 과거의 경력 개념은 한 조직 내에서의 수직적, 수평적 이동을 중심으로 개념화되었다. 그러나 지금은 개인의 경력을 한 조직의 경계 내에서만 정의하는 것은 문제가 있다. 무경계 경력의 개념은 조직의 경계를 뛰어넘어서 경력계획을 설계하고 경력개발을 해나가도록 해준다. 기업의 핵심인재는 조직의 경계를 쉽게 자주 넘어서는 경력 전개를 일상적인 상황으로 만들고 있다. 기업의 입장에서 기존의 경력개발과 다른 점은 종업원 경력이 회사 내에서뿐만 아니라 외부 노동시장에까지 연결해주게 된다는 점이다.

다변형 경력(protean career)은 무경계 경력과 같이 같은 조직 내에서의 경력 전개를 가정하지 않는 점은 동일하다. 다만, 무경계 경력이 주로 조직 경계를 넘어서는 것을 강조하는 데 비해, 다변형 경력은 경력 자체의 변화를 동시에 포함하고 있다. 예를 들면, 삼성전자의 마케팅관리자가 애플이나 구글의 마케팅 책임자로 옮기는 것은 무경계 경력으로 쉽게 이해할 수 있다. 그러나 삼성전자의 마케팅관리자가 경력을 바꾸어 벤처의 창업자가 되거나, 아니면 영화사의 제작자가 되는 것은 무경계 경력보다 다변형 경력의 개념으로 쉽게 설명이 될 수 있다. 다변형 경력에서는 경력개발의 주체가 조직이 아닌 개인이다. 개인주도적 경력개발은 지속적 학습에 의해서 본인의 책임하에 이루어지게 된다. 다변형 경력개발에서는 자기주도적 학습력(learn-how)이 중요하다.

한걸음 더

- 나의 경력개발계획을 세워보자. 변화하는 새로운 시대에 맞게 준비되어 있는가?

2.3 성과관리와 인사평가

인사 활용시스템에서는 실제로 어떻게 목표를 부여하고 과업을 할당하고 성과를 창출하게 하는가의 성과관리(PM: performance management)의 영역과 종업원 개인 또는 팀 수준에서 달성한 성과를 평가하고 여타의 인사활동에 연계시키는 인사평가(PA: performance appraisal)의 영역이 해당된다.

인사 프로세스와 성과관리

인사 프로세스가 도시되어 있는 [그림 12-4]를 보자. 인재가 확보되면 업무에 투입되고 목표를 부여받는다. 그리고 업무수행 후 업무성과를 평가받는다. 평가결과는 다음 업무수행의 자료로 피드백된다. 이 순환의 과정을 성과관리라고 한다. 한편 인적자원의 개발 프로세스 후에도 향상된 역량에 대해 평가가 이루어진다. 이 평가결과에 따라 추후 해당 인력의 추가 개발계획이나 경력개발계획이 만들어진다. 이를 역량관리라고 한다. 기업은 이처럼 인재의 활용과 개발에 대해 각각 체계적인 프로그램을 운영하게 되며, 이는 인적자원의 가치를 지속적으로 높이게 된다. 오늘날 광의의 성과관리로서 역량관리를 포함하여 통합적으로 운영하기도 한다.

효과적인 성과관리를 위해서는 종업원에게 과업과 목표를 부여하고 성과를 관리하는 성과관리시스템이 필요하다. 어떤 성과를 내야 하는지를 정확히 정의하고

[그림 12-4] 인사 프로세스와 성과관리 및 인사평가

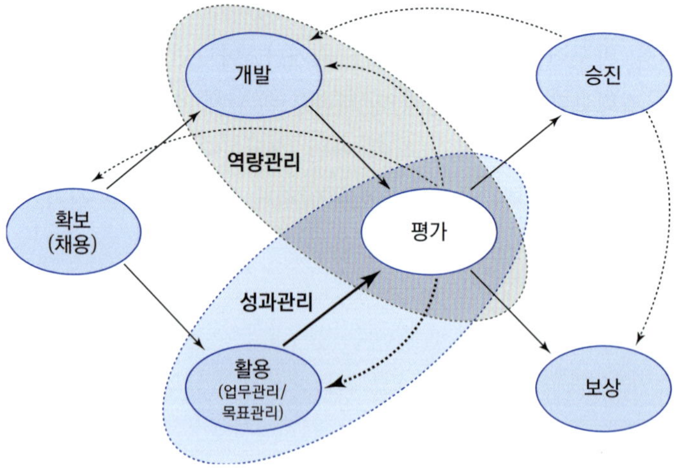

소통해야 한다. 그리고 업무수행의 성과에 대한 인사(업적)평가가 객관적이고 공정하게 이루어져야 한다.

성과관리시스템

성과관리시스템(PMS: performance management system)이란 경영목표를 달성하기 위해 조직의 계층과 단위별로 성과목표를 할당하고 서로 연계시켜 전사적으로 통합된 성과추구 행동이 이뤄질 수 있도록 관리하는 시스템이다. 각 부서와 팀이 각자 최선을 다하는 것이 조직목표 달성에 별다른 도움이 되지 않을 수 있다. 전사적인 통합과 조정이 잘 안 될 수 있기 때문이다. PMS는 전체 조직의 목표를 중심으로 통합적인 가치활동이 이뤄지게 하려는 시스템이다. 성과관리시스템이 경영전략의 실행을 위한 방법론이 되면서 전략적 성과관리시스템이 등장하였다.

SPMS 프로세스와 KPI

전략적 성과관리시스템(SPMS: strategic performance management system)은 중장기 전략에 근거하여, 조직의 성과영역과 기준을 정의하고 개인의 역량을 포괄적으로 고려한다는 측면에서 기존의 성과관리시스템의 연장선상에 있다고 할 수 있다. SPMS는 지표관리를 통한 전략적 초점(strategic alignment) 경영을 하기 위한 것이다.

전략적 성과관리의 프로세스를 [그림 12-5]에 도시하였다. 경영전략에 의해 전사목표가 결정되면, 이에 따라 부서 목표, 팀 목표 및 개인 목표가 순차적으로 결정된다. 이 과정에서 목표 위계(goal hierarchy)가 잘 정렬(alignment) 되는 게 중요하다. 그래야 하위 단위의 성과가 상위 조직의 성과로 이어질 수 있다. 이러한 과정을 전략적 목표설정(strategic goal-setting)이라고 한다. 이때 조직위계별 목표는 성과지표로 수치화된다. “측정할 수 없는 것은 관리될 수 없다”는 원칙이 적용된다.

이때 조직단위와 개인에게 부여되는 업무수행 성과의 지표를 핵심성과지표(KPI: key performance indicators)라고 한다. KPI는 비전－전략－목표－내부 프로세스를 관통하는 성과관리 지표이다. 비전과 전략의 구체화를 위하여 성공요인을 파악하여 성과지표로 개발한 것이다. KPI는 전략적 성과 중심의 경영을 정착시키는데 매우 중요하다. KPI는 조직의 모든 수직적 계층과 수평적 비즈니스 시스템상에서 성과를 측정할 수 있는 지표이다. 예를 들어, 전사목표는 CEO의 KPI로 전환된다. 연말이 되면 연초에 할당된 KPI에 의해 평가를 받고 그 결과에 따라 보

말할 나위가 없다.

보상의 기본원칙: 효과성과 공정성

1) 경쟁력(competitiveness)

필요한 인적자원을 확보하기 위해서는 조직이 경쟁력 있는 보상제도를 수립, 운영하는 것이 중요하다. 높은 수준의 임금은 뛰어난 지원자들을 채용할 수 있는 효과적인 유인책이 된다. 많은 조직은 경쟁사보다 높은 수준의 임금을 제공하여 우수한 인재를 유인하고, 이들을 이용한 핵심역량의 축적 및 활용을 통해 시장에서의 지속가능한 경쟁우위를 점하고자 노력한다. 따라서 우수한 인재의 획득은 조직의 경쟁력 향상의 밑바탕이 될 수 있다.

2) 전략적 적합성(strategic congruence)

종업원의 동기부여와 이를 통한 기업경쟁력 강화를 위해서는 전략적 적합성을 높게 유지하는 것이 무엇보다 중요하다. 이는 전략적 적합성이 높을 때에 조직이 시장에서 높은 성과를 낼 확률이 높아지고 이는 다시 종업원에게 긍정적인 영향을 주기 때문이다. 성과향상에 따른 추가이익이 발생할 때에 조직이 이를 종업원들과 공유할 수 있는 여력이 높아지고, 이는 종업원들을 동기부여시킬 수 있다. 또한 이는 종업원들에게 그들이 해왔던 업무행동을 지속적으로 유지시킬 수 있는 강화효과를 제공할 수 있다. 따라서 전략적 적합성을 통해 개인의 업무성공이 조직 전체의 성공으로 나타날 수 있는 환경을 조성하는 것은 매우 중요하다.

3) 공정성(justice)

조직이 노동시장 구성원으로서의 의무를 다하고, 종업원의 권리를 보장하기 위해서는 공정성 확립이 전제되어야 한다. 보상제도의 공정성 확립은 종업원들의 공정성 인식을 형성하는 가장 중요한 요인으로 알려져 있다. 종업원들의 공정성 인식은 종업원들의 일에 대한 만족과 조직에 대한 몰입과 헌신에도 중요한 영향을 미친다.

기업 내에서 공정성을 확립하기 위해서는 먼저 조직 외부의 요구에 부응할 필요성이 있다. 다시 말해서 고용관계에서 발생하는 임금에 관한 사회적, 법률적 요구를 만족시키는 것이 필요하다. 예를 들어, 최저임금제나 남녀 간의 임금 차별을 금지하는 법률 등을 성실히 이행하는 것은 매우 중요하다. 또한 근래 사회적인 문제로 인식되고 있는 '열정페이' 등에 편승하는 기회주의적 경영활동은 종업원들의 공정성 인식에 부정적인 영향을 줄 수 있다. 조직에 대한 외부적 요구와 더불어 내부적 요건을 충족시키는 것도 매우 중요하다. 내부적 요건은 임금의 지급에 있어 종업원 간의 차별이 발생해야 할 경우, 이에 대한 명확한 논리와 근거를 확립하고 이에 기반하여 임금제도를 집행하는 것을 지칭한다.

임금에 대한 법적 규제

임금은 회사와 종업원이 경제적 교환관계를 맺는 핵심 요인이다. 종업원에게는 노동의 대가일 뿐만 아니라 생활소득이 된다. 그래서 임금에 대한 법적 규제가 많은데 중요한 세 가지를 알아보자.

첫째, 동일가치 노동의 동일임금 지급 원칙이다. 이는 전통적으로 (한국뿐 아니라 미국을 포함한 다른 나라에서도) 동일한 업무를 수행하는 남성 근로자에 비해 여성 근로자의 임금이 낮게 책정되어 지급되어온 불공평함을 시정하기 위해 도입되었다. 우리나라에서는 「남녀고용평등과 일·가정 양립 지원에 관한 법률」(2007)에 따라 남녀 간의 동일노동 동일임금에 관한 법률이 제정되어 시행되고 있는 상황이다. 이는 미국에서 오래전에 제정되어 시행되고 있는 Equal Pay Act(1963)의 취지와도 일맥상통하는 것으로 볼 수 있다.

[그림 12-6] 한국의 시간당 최저임금 추이

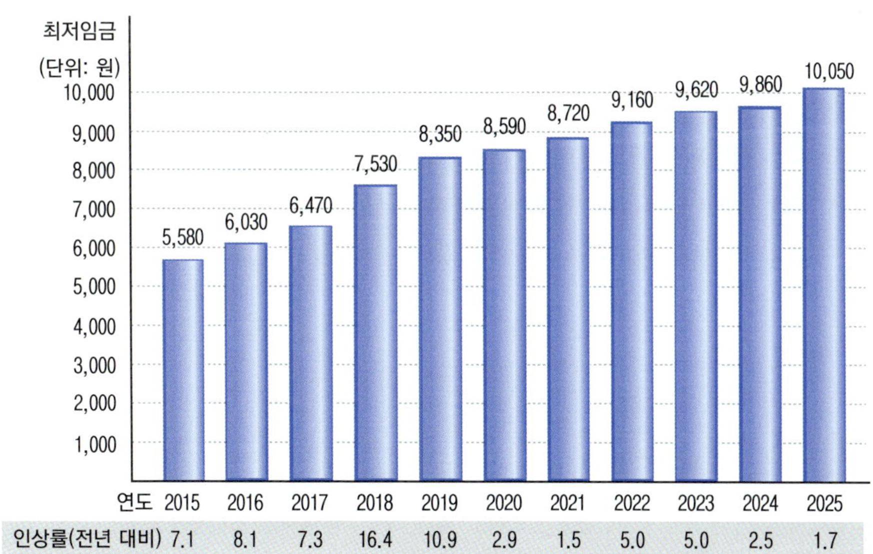

둘째, 최저임금제도이다. 최저생계비를 보장하기 위한 제도로서 각 국가가 법으로 규정하고 있다. 1894년에 뉴질랜드에서 최초로 시행되었고, 미국에서는 1938년에, 우리나라는 1986년에 도입되었다. 매년 최저임금위원회에서 결정한다. 최저임금위원회는 사용자위원 9인, 노동자위원 9인, 공익위원 9인으로 구성된다. 2024년도 최저임금은 시간급 9,860원이다. 이를 월급으로 환산할 경우 2,060,740원(1주 소정근로 40시간 근무, 월 209시간 기준)이며, 사업의 종류별 구분 없이 전 사업장에 동일한 최저임금이 적용된다. 한편 최저임금위원회는 2025년도 최저임금을 시간급 10,050원(월급 2,096,270원)으로 결정하였다. 우리나라에서는 근래 경제성장이 정체된 상황에서 최저임금이 가파르게 높아져서 중소기업과 소상공인의 인건비 압박이 커지고 있다.[6]

한걸음 더

- 최저임금 인상에 대한 여러 논쟁이 있다. 논쟁의 포인트를 알아보고, 기업의 관점과 노동의 관점에서 정리하고 토론해보자.

셋째, 법정근로시간 기준을 초과하여 근무하는 경우에 지급하는 초과근무(OT) 수당(연장, 야간, 휴일 근로수당)에 관한 법이 적용된다. 근로기준법에 따르면 노동자들은 업무량의 증가나 인력난에 따라 법정근로시간인 주당 40시간, 1일 8시간을 초과하는 근무에 대하여 연장근로수당을 청구할 수 있고, 22시 이후에 제공하는 근로에 대하여 야근수당을 청구할 수 있으며, 휴일근무에 대해서도 수당을 청구할 수 있다. 따라서 고용주는 일을 더한 시간에 해당하는 급여를 지급하고, 50% 가산급여를 지급해야 한다. 4인 이하의 소규모 사업장에 대해서는 50%의 가산급여 지급의무가 면제되어 있다. 미국의 경우에는 1938년부터 제정된 공정노동기준법(FLSA: Fair Labor Standard Act)에 의해 초과근무수당이 50%로 규정되어 있다. 독일과 일본은 초과수당이 25%로 되어 있다.

6) 미국이나 인도네시아처럼 지역적으로 평균소득 및 생활비 차이가 크고 주(州) 정부의 독립성이 큰 나라에서는 각 주별로 최저임금을 달리하고 있다. 우리나라에서는 소상공인 보호를 위해 업종별 최저임금을 차등화해야 한다는 논의가 있다.

[그림 12-7] 보상의 구성요소

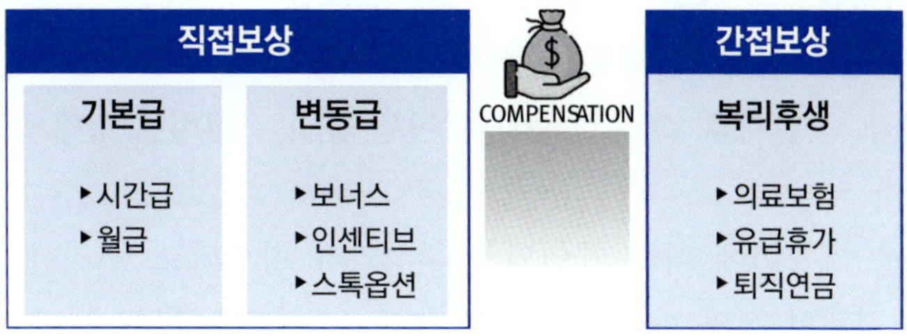

보상의 종류: 직접보상과 간접보상

보상에는 임금(pay)과 같은 직접보상(direct compensation)이 있고 복리후생(benefits)으로 지급되는 간접보상(indirect compensation)이 있다. [그림 12-7]에는 보상의 구성이 적시되어 있다.

직접보상은 기본급(base pay)과 변동급(variable pay)으로 구성된다. 기본급의 형태는 **시간당 임금**(wage)과 **월급**(salary)의 형태가 가장 일반적이라 할 수 있다. 이 두 형태의 기본급이 혼용되고 있지만, 실제는 서로 구별되는 개념이다. 시간당 임금은 실질적으로 일한 시간에 따라 임금을 지급받는 형태이며, 주로 생산직이나 단순 서비스직에서 많이 활용된다. 월급은 생산직이나 단순 서비스직보다는 사무직의 경우에 가장 흔히 사용되는 임금지급의 형태이다. 시급의 경우에는 실질적으로 일한 시간에 따라서 임금이 산정되는 데에 반해, 월급의 경우에는 종업원이 받게 되는 연간 임금에 연계되어 지급된다. 따라서 고용계약에 명시된 연간 임금을 12개월로 나누어, 실질적으로 근무한 기간에 대해 임금을 지급하는 형태이다.

변동급은 기본급 이외에 추가적으로 지급되는 임금을 지칭한다. 변동급에는 세 가지가 있다. **보너스**(bonus)의 경우는 흔히 기본급 이외에 추가적으로 지급되는 다양한 형태의 임금을 포괄적으로 지칭하기도 하며, 그 종류도 매우 다양하다. **인센티브**(incentive)는 주로 종업원 업무의 결과, 즉 성과에 연동되어 지급되는 변동급의 한 종류로서 흔히 성과급으로 지칭된다. **스톡옵션**(stock options)은 경영자 또는 종업원들이 주주가치를 높이도록 노력하게 해주려는 보상 방식이다. 종업원의 경우에는 실질적으로 주가에 영향을 미치는 직위에 한정하는 것이 좋다.

복리후생

복리후생(benefits)이란 "임금과 기본근로조건 이외에 추가적으로 기업의 부담하에 제공되는 편익"으로 정의될 수 있다. 구체적으로, 복리후생이란 고용주가 근로자와 그 가족들에게 삶을 영위하는 데에 필요한 기본적인 사항들을 충족하여 안정적인 삶을 유지할 수 있도록 임금이나 제수당 등의 직접적인 보상 이외에 의료서비스, 연금, 산업재해, 그리고 휴가와 여행 등의 간접적인 형태로 지급하는 보상을 지칭한다.

복리후생을 제공함에 따라 개인의 업무성과가 향상되고, 이러한 개인의 성과 향상은 조직 전체의 성과 향상으로 이어진다는 철학이 바탕이 된다. 기본적인 삶을 유지하기 위해 필요한 요소들이 충족될 때에 직원들이 신체적·정신적으로 안정되고 고성과를 창출할 수 있는 능력이 유지될 수 있다. 또한 이러한 기본적인 사항을 충족시켜주고자 하는 조직의 노력에 따라 종업원들의 조직몰입이 향상되고 높은 수준의 동기부여 및 바람직한 업무태도가 형성되어 결근율과 이직률이 낮아지는 효과가 있다.

사실 복리후생 프로그램은 종업원의 권리이며, 그에 따라 고용주가 제공해야 하는 의무인 것으로 간단히 이해하기에는 무리가 있다. 우리나라의 경우에는 법률에 근거하여 4대 보험(국민연금, 산재보험, 의료보험, 고용보험)이 복리후생 프로그램으로 제공되어야 한다. 이는 국가에서 규정한 사용자의 의무이므로, 근로자의 권리로 보아도 무방할 것이다. 그러나 전체 복리후생비용의 절반가량을 차지하는 법정외(자율적) 복리후생은 고용주의 재량에 의해 도입되어 운영되는 것이므로, 종업원의 기본권에 포함되지는 않는다. 따라서 이러한 측면에서 보았을 때, 복리후생은 사회적 책임을 다하고 근로자의 복지를 실현하고자 하는 고용주의 의지가 반영된 윤리적 행동으로 이해될 수 있다.

4대 보험

법정 복리후생은 국가의 법률에 의거하여 사용자가 근로자에게 반드시 제공하도록 규정해 놓은 복지 프로그램으로 우리나라에서는 4대 보험(국민연금, 산재보험, 의료보험, 고용보험)을 기본으로 퇴직, 상해, 산후조리 및 육아 등 근로자의 근로능력이 제한되는 경우에 경제적 불이익 없이 잠시 업무를 중단할 수 있도록 근로자를 지원하도록 규정하고 있다.

고용보험이란 근로자의 근로 중단에 따라 근로소득이 발생하지 않을 때에 생계를 유지할 수 있도록 금전적인 지원을 해주는 제도이다. 따라서 퇴직한 이들은 구직활동을 하거나 구직을 위한 재교육을 받는 동안 실업급여를 받아 생활을 할 수 있다. 일반적으로 근로자가 실직 시 재취업을 위하여 노력한다는 전제하에 1년까지 지급을 하고 있다. 산업재해보상보험(산재보험)은 근로자가 업무수행 중에 발생한 상해에 대해 보상해주는 보험제도이다. 근로기준법에 따르면 고용주는 업무수행에 있어 발생한 상해에 대해 근로자에게 보상을 해주어야 한다.

3. 정보시스템의 관리

정보시스템 관리는 순수지원기능에 해당한다. 정보자원을 축적하고 가공하여 경영자, 관리자, 업무담당자가 이용할 수 있도록 접근성을 만들어주는 것이다. 정보시스템 관리에는 정보기술에 의한 세부적 내용과 기법이 많으므로 여기서는 기본적인 내용만 다루기로 한다.[7)]

3.1 정보시스템의 기능

정보시스템(IS: information system)은 조직의 의사결정과 통제를 지원하기 위해 정보를 관리하는 기술적 시스템과 운영 시스템을 말한다. 정보를 수집하고, 처리하며, 저장하고, 분배하는 상호 연관된 요소의 집합으로 정의할 수 있다.

지원하는 대상에 따른 IS 분류

거래처리시스템(TPS: transaction processing system)은 판매, 영수증, 현금예금, 급여, 신용장 등에 대한 자료처리와 생산활동에서의 공장의 자재흐름 등에 관한 거래정보를 처리하는 시스템이다. 영업활동에서 일상적인 거래를 기록하는 전산시스템이다.

비즈니스 인텔리전스 시스템(BIS: business intelligence system)은 비즈니스 의사결정에 도움을 줄 수 있는 시스템들을 말한다. 기업들이 더 많은 적합한 정보에

---

7) 정보시스템 분야는 IT기술과 밀접히 연결되어 있다. 오늘날 경영학도에게 IT지능(IT intelligence)이 매우 중요하다. 기업의 디지털 변신을 이해하고 실행하는 데도 중요하고, 미래 사업기회를 탐색하여 창업하는 데도 IT지능은 필수적이다. 정보시스템 관리를 통해 IT기술이 기업에 어떻게 적용되는지를 이해하면서 IT지식과 지능을 높일 수 있을 것이다.

의거하여 결정을 내릴 수 있게 해준다. 비즈니스 인텔리전스에는 경영정보지원시스템, 의사결정지원시스템, 중역지원시스템 등이 있다.

경영정보지원시스템(MSS: management support system)은 중간관리층을 지원하는 시스템이다. 관리자에게 기업이 보유하고 있는 과거 자료와 현재 상태에 대한 데이터와 정보를 온라인으로 제공하는 시스템이다. 이는 주로 생산운영, 마케팅, 재무 등의 관리자에게 생산, 영업, 재무 상태에 관한 정보를 제공하여 관리자들이 일상적인 업무를 계획, 실행, 통제를 할 수 있게 돕는다.

의사결정지원시스템(DSS: decision support system)은 비일상적인 업무로서 문제해결 과제 또는 주요 의사결정 사안에 대한 정보 탐색과 관련정보 해석을 돕는 시스템이다. DSS는 "생산일정이 1주일 늦어지면 영업수익에 어떤 영향을 미치는가?"와 같은 질문에 답을 제공해준다. 관리자들의 의사결정에 참고가 되는 것이다.

중역지원시스템(ESS: executive support system)은 경영자 의사결정을 돕는 시스템이다. 최고경영자 또는 경영진들이 전략적 의사결정이나 기업의 수익에 영향을 미치는 사안, 기업 운명에 중요한 사건 등에 대해 의사결정을 내려야 할 때, 관련 정보를 수집하고 분석하여 제공해주는 시스템이다. 기업 내부정보로는 수익현황, 판매현황, 생산현황, 고객상황 등을 추적하고 분석한 자료 등이 있고, 기업 외부정보로는 정치, 경제, 산업, 경쟁자 등에 관한 자료와 분석정보 등이 있다.

경영전략과 정보시스템

기업의 전략에 따라 정보시스템 전략이 달라져야 한다. 원가선도전략에서 비용우위를 확보하기 위해서는 정보시스템을 이용한 비용절감이 매우 효과적이다. 월마트는 연속보충시스템을 구축하여 재고관리의 효율성을 높이고 비용절감을 이루어서 제품가격을 낮게 책정하고도 이익을 남길 수 있었다. 연속보충시스템은 소비자가 계산대에서 구매상품의 계산을 하는 순간 곧바로 새로운 상품주문이 공급자에게 전달되는 시스템이다. 이로써 월마트는 창고에 재고를 많이 쌓아놓지 않아도 되었다. 성공적인 '원가 낮추기'에 정보시스템이 주요한 역할을 한 것이다. 또한 공급자들은 웹기술을 이용하여 월마트의 판매와 재고 데이터에 접근할 수 있게 되어 있다. 정보시스템을 통해 쌍방형 정보공유가 가능해진 것이다.

차별화전략에서는 제품이나 서비스에 대한 고객의 편의성을 높인다거나 고객의 특수한 구매동기를 촉진하는 정보시스템을 설계하여 운영할 수 있다. 차별화 포인트를 강화하는 정보시스템 설계에는 비용상 고려보다 차별화 효과를 강화하는 데 더 집중할 수 있다.

오늘날에는 경영전략에 집중한 전략정보시스템(SIS: strategic information system)을 구축하여 경쟁우위 확보에 집중하기도 한다. SIS에서는 자사의 목표, 산업구조의 특성과 변화, 가치사슬의 구성과 내부 자원과 능력 등의 정보를 담는다. 자사의 핵심 영업활동과 수익의 창출, SCM, CRM 등도 포함된다. 이를 통해 전략기획을 돕고 전략실행을 모니터링 할 수 있게 해준다.

경영조직과 정보시스템

정보시스템은 조직에 안착된다. 따라서 조직을 이해하지 않고 정보시스템을 이해할 수 없다. 조직이 평면구조로 짜여지고 수평화가 강조되면 정보시스템이 중요하게 된다. 정보시스템에 의해 내부조직 간 경계가 일거에 허물어질 수 있다. 조직의 관료성을 극복하는 데 큰 도움을 줄 수 있다.

조직수평화를 위한 조직화로서 태스크포스, 다기능팀, 위원회조직 등에서 서로 다른 기능분야의 정보가 필요하게 되는데, 앞서 설명한 DSS, ESS 등은 이러한 정보 니즈를 충족시켜 준다. 네트워크 조직에서도 정보시스템은 핵심적인 기능을 한다. 네트워크 멤버기업들 간에 긴밀하고 신속한 정보와 지식의 공유가 가능해지기 때문이다. 정보시스템은 시간과 공간의 제약을 뛰어넘는 정보 흐름을 만들어주어 네트워킹이 활발하게 진행된다. 글로벌 공급망이라는 지역적 분산이 있는 경우에는 특히 그 효과가 더 크다. 이처럼 정보시스템은 수평조직화를 돕고, 조직관리의 빈 부분을 채워주는 기능을 한다.

3.2 경영정보시스템의 유형

오늘날 IT기술의 발전에 따라 여러 유형의 경영정보시스템이 개발되어 있다.

IT 인프라

기업의 IT 인프라(IT infrastructure)는 기업 전체에 플랫폼을 제공하는 공유된 기술자원들을 말한다. 이에는 하드웨어, 소프트웨어, 서비스(컨설팅, 교육훈련 등)에 대한 투자가 포함된다. 기업의 IT 인프라는 조직 내부 비즈니스 프로세스의 관리, 벤더(공급자)들과의 협력적 업무수행, 고객에 대한 서비스 제공 등에 정보기반을

〈표 12-5〉 기업의 IT 인프라 구성[8]

구분	내용
컴퓨팅 플랫폼	직원, 고객, 공급자를 일관된 디지털 환경으로 연결시키는 컴퓨팅 서비스(하드웨어)
정보통신 서비스	직원, 고객, 공급자들이 데이터, 음성, 비디오에 연결됨
데이터 관리 서비스	기업의 데이터 저장 및 분석
애플리케이션 소프트웨어 서비스	전사적자원관리(ERP), 고객관계관리(CRM), 공급사슬관리(SCM), 지식경영시스템(KMS) 등
물리적 설비관리 서비스	컴퓨팅, 정보통신, 데이터 관리 등에 필요한 시설물 구축, 관리
IT 관리 서비스	인프라의 계획, 개발 및 기업 내 사업부들에게 IT서비스 및 프로젝트 관리 서비스 제공
IT 표준 서비스	기업과 사업단위들에게 어떤 정보기술을 어떻게 사용할 수 있는지 결정할 수 있는 정책들을 제공함
IT 교육 서비스	관리자와 직원들에게 시스템 사용방법 교육 제공
IT R&D 서비스	기업 고유의 IT경쟁력을 위해 미래의 잠재적인 IT 프로젝트에 대한 연구 및 투자계획

만들어준다.

IT 인프라는 <표 12-5>와 같은 물리적 장비와 소프트웨어 애플리케이션들로 구성된다. 기업 전체 차원에서 IT 서비스를 제공하여 기업의 경쟁력과 가치를 높이는 역할을 한다.

애플리케이션 소프트웨어

데이터베이스 관리시스템(DBMS: database management system)은 기업 활동의 데이터를 중앙집중화하고 관리하며, 애플리케이션을 통해 저장된 데이터에 접근할 수 있는 소프트웨어이다. 데이터베이스는 여러 사람이 공유하고 사용할 목적으로 통합 관리되는 정보의 집합이다. 논리적으로 연관된 하나 이상의 자료의 모음으로 그 내용을 고도로 구조화함으로써 검색과 갱신의 효율화를 꾀한 것이다. 예를 들어, 하나의 인적자원 데이터베이스(HR database)는 사용자의 요구에 따라 여러 가지 데이터 뷰(view)를 제공한다. 임금관리 담당자가 필요로 하는 뷰와 교육훈련 담당자가 원하는 뷰가 다르다. 종업원에 관한 하나의 데이터베이스는 여러 뷰로 여

8) 김우주 외 역(2020), pp. 161-162.

러 사용자에게 제공된다.

고객관계관리(CRM) 시스템에는 고객을 여러 측면에서 분석하는데, 고객 서비스, 판매, 마케팅을 포함하여 고객에 관한 모든 측면을 다루기 위해 통합된 애플리케이션을 사용한다. 여러 형태의 CRM 소프트웨어가 개발되어 이용되고 있다.

공급사슬관리(SCM) 시스템으로는 공급사슬계획시스템(supply chain planning system)과 공급사슬실행시스템(supply chain execution system)이 개발되어 있다.

전사적 자원계획(ERP: enterprise resource planning)은 조직의 모든 부서와 사업부의 재무, 인적자원, 물적자원 등을 단일의 데이터베이스에 통합하여 관리하는 컴퓨터 시스템이다. 생산관리에서 자재소요계획(MRP)을 확장한 개념으로도 볼 수 있다. 조직 내부자원뿐 아니라 공급자관리를 포함하여 가치사슬 전체의 자원을 통합 관리하는 소프트웨어 시스템이다. 이로써 경영자의 전략적 의사결정을 돕고 전사적으로 효과적인 자원관리를 할 수 있게 된다.

의사결정의 지원과 강화

정보시스템의 중요한 기능은 기업의 의사결정을 지원하고 강화하는 것이다. 기업은 모든 계층에서 의사결정을 내리는데 의사결정의 특징이 다르다. 조직의 하위계층에서 주로 부닥치는 구조적 의사결정(structured decision)은 반복적이고 일상적이며 결정방식이 대부분 정형화되어 있다. 재고충전, 신용판매 등 통상의 기업활동에 해당한다. 반면 조직의 상층부에서는 비구조적 의사결정(unstructured decision)을 하게 되는데, 이는 의사결정자가 문제를 해결하기 위해 판단, 해석, 통찰력을 필요로 하는 것들이다. 비일상적이고 새로운 문제들이다. 전략적 의사결정이나 투자자본의 예측과 평가 등의 복잡하고 모호한 이슈를 품고 있는 문제들이다. 중간에 준구조적 의사결정(semi-structured decision)이 있는데, 마케팅계획이나 인사기획 등이 그 예이다. 이상의 의사결정에 대해서 다양한 정보시스템이 개발되어 있다. 앞서 설명한 비즈니스 인텔리전스 시스템이 이에 해당한다.

지식경영시스템 구축

지식경영시스템(KMS: knowledge management system)은 조직에서 지식을 창출하고, 저장하고, 공유하고, 인출하여 사용하는 데 도움을 주는 정보시스템이다. 지식경영은 기업이 내부 자원으로서 지식(knowledge)을 경쟁력의 원천으로 삼는 경영방식이다.[9] 정보시스템은 이를 지원하는 기반이 된다.

지식경영시스템은 조직의 지식베이스(knowledge base)를 구축하는 데서 출발한다.[10] 지식베이스는 사업활동에 관한 기본적인 통계치를 포함한 데이터베이스뿐만 아니라 전략, 연구개발, 생산, 마케팅, 인사, 재무 등 모든 업무영역에 걸친 경험, 기법 및 노하우 등을 담은 지식체계를 말한다. 앞에서 인재개발의 예로 들었던 삼성의 글로벌 지역전문가는 귀국 후 삼성그룹의 지식베이스에 자신이 습득한 지식과 경험을 저장하고 있다. 이처럼 글로벌 전문지식이 해당 국가 진출에 중요한 지식자원이 된다.

KMS에서는 실제 기업활동에서 지식베이스를 쉽게 이용할 수 있도록 정보네트워크를 구축한다. 사내 인트라넷으로 구성원들이 신속하고 쉽게 지식을 나눌 수 있는 공유마당을 만들어주는 것도 필요하다.

경영사례

삼성전자 지식경영시스템 구축

삼성전자 정보통신총괄은 전 임직원이 노하우와 아이디어를 공유하는 지식경영시스템을 구축해 지난 1일부터 운영에 들어갔다.

지식경영시스템은 마케팅, 연구개발, 품질, 제조·구매, 경영지원 등 정보통신부문 전 분야에 걸쳐 각 사원의 지식이나 정보를 공유할 수 있도록 서로의 정보를 게재하고 검색하는 시스템이다. 삼성전자는 임직원들이 지식정보시스템을 쉽게 이용할 수 있도록 인터넷환경으로 개발했으며 40여 개에 달하는 단위업무를 통합·연계해 서비스하고 있다.

이 시스템은 전 세계 기술동향과 시장동향을 자동으로 검색해 맞춤서비스 해주는 외부 인터넷시스템과 정보통신조직 내 전 임직원들의 지식을 축적·공유하는 내부 지식공유시스템으로 구성됐다.

이를 이용하면 연구개발분야의 엔지니어들은 해외시장정보, 기술자료, 경쟁사 제품정보 등을 유용하게 사용할 수 있고 마케팅부서의 사원들은 해당 연구자료와 논문·품질정보 등을 별도의 전화통화나 회의 없이도 실시간 업무에 적용할 수 있게 된다.

삼성전자는 이번 지식경영시스템이 각각의 개인이 소유하고 있던 고급정보를 공유함으로써 보다 빠르고 효율적으로 일할 수 있을 뿐만 아니라 최근 기업경쟁력의 핵심으로 부상하고 있는 지식경영의 토대가 될 수 있을 것으로 기대하고 있다.

[자료: 전자신문(2000.12.8)]

---

9) 조직의 학습과 지식창조의 과정은 본서의 마지막 장에서 별도로 다루었다.

10) 노나카 이쿠지로(1998).

삼성SDS의 지식관리시스템 아리샘[11)]

삼성SDS는 인트라넷 기반의 지식관리시스템인 아리샘/ARISAM(의미: 언제나 마르지 않는 크고 깊은 샘)을 1996년 개발하여 매년 그 미비점을 보완・개선하여 운영해 오고 있다. 이 당시 아리샘이 기존의 정보시스템과 다른 점은, 종전의 정보시스템이 대개 사내에서만 사용가능한 것이었던데 반해 아리샘은 사내・외 어디서나 접속이 가능하도록 글로벌 시스템으로 설계되었다는 점이다. 삼성SDS는 영문 아리샘의 운영을 통해 5개 해외 현지 법인의 현지인과 지식교류 및 활용이 이루어지도록 했다. 그리고 기존의 사내 정보시스템이 지원부서를 대상으로 한 관리목적 및 처리 위주의 시스템이었다면, 아리샘은 한 단계 진보한 전략정보시스템으로서 경험, 검증, 입증된 정보, 기술, 노하우 및 사례 등을 축적하여, 임직원들의 업무수행 전 과정에 걸쳐 참조 및 직접 활용이 가능하도록 만들어졌다.

인공지능(AI)과 머신러닝의 이용

인공지능은 4차 산업혁명의 핵심기술로 간주된다. 이 기술이 어떻게 진화하여 인류사회에 어떤 변화를 가져다줄지를 알기 어려울 정도다. AI 기술의 급속한 진화를 견인하는 것은 사물인터넷(IOT), 전자상거래, 소셜 미디어의 빅데이터 데이터베이스의 개발 등이다. 기업들은 AI 기술을 다양한 형태로 적용하고 있으며, 이로써 경영의 방식과 내용에 변화가 일고 있다. 여기서는 초기의 전문가시스템과 급속히 확산되고 있는 머신러닝기법을 간단히 소개하고자 한다.

전문가시스템(ES: expert system)은 1970년대에 개발되었으며 최초의 대규모 AI 응용 프로그램이었다. 전문가시스템은 오늘날 AI 시스템의 약 20%를 차지한다.[12)] 전문가시스템은 심층인터뷰를 통해 조직의 개별 전문가의 지식을 획득하고, 그 지식을 규칙 집합으로 나타낸다. 그런 다음 이 규칙은 'IF-THEN' 규칙의 형태로 컴퓨터 코드로 변환된다. 조직의 지식베이스에 '질문과 응답' 형태의 노하우(know-how)가 축적되는 것이다. 이 노하우는 전문가의 지식과 추론과 판단이 결집된 방법지식이다. 전문가시스템은 의사결정 개선, 오류감소, 비용절감, 품질 및 서비스 개선 등의 이점을 제공한다.

머신러닝(ML: machine learning)은 데이터에서 패턴을 찾아내고 데이터 입력을 알려진 (및 알려지지 않은) 출력으로 분류하는 데 주력한다. 머신러닝에는 전문가가

11) 임명성(2013).

12) 김우주 외 역(2020), p. 433.

없고 대신 빅데이터를 다루는 기계에 의존한다. 전문가시스템과 전혀 다른 AI패러다임에 기반을 두고 있는 것이다. 오늘날 AI 개발의 75% 이상은 신경망, 딥러닝네트워크 등에 의한 머신러닝이 차지하고 있다.[13)] 기업들은 자사의 비즈니스에서 엄청난 양의 데이터를 얻게 된다. 테슬라는 세계 최대 차량운전 데이터 보유기업이다. 운전자들의 운전기록은 엄청난 양의 데이터를 제공한다. 테슬라는 실제 이 데이터를 실시간으로 축적하여 자율주행 자동차의 미래를 열어가고 있다. 수많은 소비자를 접하고 있는 아마존과 월마트는 머신러닝으로 매우 효과적인 데이터베이스 마케팅을 할 수 있게 된다. 빅데이터 기반의 비즈니스를 수행하고 있는 빅테크 기업뿐만 아니라 B2C 산업에서도 자사에 축적된 광범위한 고객 데이터를 이용하게 될 것이다. 기업 스스로가 학습자가 될 수 있다.

한걸음 더

- 빅테크 기업의 데이터는 사실은 우리들의 데이터이다. 데이터 창출에 기여한 소비자는 데이터 기반 비즈니스의 이익을 분배받을 권리가 있을까?

정보시스템 이용의 윤리

정보시스템 분야는 윤리에 민감한 이슈가 많다. 대표적인 윤리적 이슈는 개인정보 보호이다. 테슬라를 비롯하여 자율주행을 위한 데이터를 축적하는 것은 개인정보를 축적하는 것이다. 그런데 이때 축적된 집합데이터(aggregate data)를 쓰는 게 아니고 개인에 초점을 둔 정보를 이용하게 되면 위험하다. 프라이버시와 인권의 침해가 발생할 수 있다.

오늘날의 빅데이터 기업은 광범위한 개인, 즉 사회구성원 전체의 데이터를 갖고 있다. 이들 기업이 '빅 브라더'가 될 수 있는 위험이 상존해 있다. 병원에서도 의료데이터 축적이 의료기술을 개발하고 환자에게 더 좋은 의료서비스를 제공하는 데 도움이 되지만, 개인의 프라이버시와 인권의 침해 위험이 크다. 기업은 비즈니스와 종업원 및 고객을 위해서 정보시스템의 긍정적 효과에만 집중하지 말고 부정적 영향에 따른 위험도 관리해야 한다. 윤리적 딜레마를 해결하는 방법을 찾고 이를 위해 정보보안 및 정보윤리 준수 등에 관한 윤리경영시스템을 구축해야 하고, 더욱 강한 윤리적 기업문화를 양성해야 한다.

---

13) 김우주 외 역(2020), p. 435.

REFERENCE 참고문헌

권석균 · 이병철 · 양재완(2021), 『인적자원관리』, 시대가치.

김우주 · 백동현 · 서우종 · 서창교 공역(2020), 『경영정보시스템』, 시그마프레스(원서: K. L. Laudon & J. P. Laudon, *Management Information Systems*, Pearson).

노나카 이쿠지로(1998), 『지식경영』(나상억 역), 21세기북스.

대한상공회의소(2013), 『100대 기업이 원하는 인재상 보고서』.

대한상공회의소(2023), 『100대 기업이 원하는 인재상 보고서』.

임명성(2013), “언제나 마르지 않는 크고 깊은 샘: 삼성SDS의 지식경영 사례”, *The Journal of Digital Policy & Management*, 11(10), pp. 321-329.

▨ [추천 교재]

권석균 · 이병철 · 양재완(2021), 『인적자원관리』, 시대가치.

김우주 · 백동현 · 서우종 · 서창교 공역(2020), 『경영정보시스템』, 시그마프레스(원서: K. L. Laudon & J. P. Laudon, *Management Information Systems*, Pearson).

PART ▸▸▸ 5

경영의 도전과제

제5부에서는 경영의 도전과제로 3가지 주제를 다루었다. 13장은 중소기업의 경영이다. 중소기업은 경영의 제약조건이 많다. 기존의 경영지식이 재구성되어야 한다는 점에서 경영(학)의 도전영역이다. 14장은 벤처기업의 경영이다. 중소기업이면서 무한한 기회의 장이 열려 있는 기업이다. 미래지향의 비즈니스 모델로 경영의 새로운 방식을 요구한다. 15장은 혁신과 변화의 경영이다. 이 주제를 다룬 목적은 다분히 정태적인 내용으로 구성된 본서의 경영학을 동태적으로 바꾸고자 하는 데 있다. 현실의 경영은 더 다이내믹하고 더 어려운 세계이다. 혁신과 변화의 경영이 필요하다.

CHAPTER 13

중소기업 경영

이 장의 구성

FUNDAMENTALS OF MANAGEMENT

중소기업은 경영의 여건이 대기업과 다르다. 그래서 지금까지 논의한 경영학적 지식과 기법들이 모두 그대로 적용되기 어려울 수 있다. 소규모의 20인 기업에서 복잡한 회계나 경영전략이 필요하지 않을 것이고 그 대신 더 중요하게 다뤄야 할 경영이슈가 있기 때문이다. 따라서 본 장에서는 중소기업의 특수한 생태계와 경쟁조건을 중요하게 다루었다. 중소기업을 경영하는 경영자나 관리자, 그리고 종사원들은 앞서의 경영지식을 쓸 수 있을 것이냐에 대한 판단을 내릴 수 있어야 하고 본 장에서 다루는 특수한 경영과제를 이해하여야 한다. 또한 대기업 종사자들, 중소기업 관련 전문가와 정책입안가들도 중소기업 문제에 대해 깊은 이해를 가져야 함은 두말할 나위 없다. 대기업 입장에서는 중소기업과 상생의 전략이 대기업 자체의 경쟁력과 지속가능성에 결정적 영향을 미칠 수 있음을 알아야 한다. 그 외의 이해관계자들도 모두 중소기업 경영의 특수성을 이해하고 그에 맞는 관계 행동을 취할 수 있어야 한다.

이 장에서는 중소기업 경영을 현실여건 및 제도적 조건과 함께 다루었다. 1절에서는 중소기업의 현황과 창업에 대해 알아보았다. 2절에서는 중소기업의 경영관리를 다루었다. 경영상 주요 이슈를 재무, 인사, 전략 측면에서 정리하였다. 3절에서는 중소기업과 대기업의 관계와 상생경영의 방안들을 설명하였다.

- 중소기업의 현황과 경영여건을 파악해보자.
- 창업의 유형에 대해 알아보자.
- 중소기업의 경영관리 이슈를 정리해보자.
- 중소기업 성장과 중견기업에 대해 알아보자.
- 대기업과의 상생 방안을 찾아보자.

1. 중소기업의 현황과 창업

중소기업은 국민경제 내 사업체 수의 대부분을 차지한다. 우리 주위에 어디에나 있다. 중소기업의 범위와 현황을 알아보자.

1.1 중소기업의 정의와 현황

중소기업은 대기업에 대응하는 상대적 개념으로 그 정의는 국가별로 다르다. 경제발전 정도와 경제구조 특성에 따라 중소기업에 대한 정책적 목적이 달라짐에 의한 것이다.

중소기업의 정의와 범위

중소기업은 규모로 정의된다. 규모가 기업의 경쟁력과 사업범위 등 여러 경영 변수들을 결정하기 때문이다. 법적인 의미의 중소기업은 보호와 육성의 대상으로 법령에서 규정한 기업을 말한다. 현실적으로 매우 중요한 기준이 되므로 알아보자. 아래 <표 13-1>은 「중소기업기본법」에서 규정한 중소기업 기준이다.

중소기업의 법적 규정이 복잡함을 알 수 있다. 이는 업종에 따라 실제 규모에 비해 매출액 크기가 다른 만큼 그 차이를 반영하여 정해야 하기 때문이다. 이 기준은 2015년에 개정된 중소기업기본법에 따른 것이다.

〈표 13-1〉 중소기업기본법 적용대상의 중소기업

구분	내용
적용대상	중소기업 기준은 영리기업 또는 비영리 사회적기업 등을 대상으로 적용하며, 규모기준과 독립성 기준을 모두 충족해야 중소기업에 해당한다
규모기준	① 업종별 규모기준 : 주된 업종의 3년 평균 매출액 기준을 충족할 것 －제조업은 세부업종별 1,500억원 이하 또는 1,000억원 이하로 구분 －도소매업, 일부 특수분야 제조업 등 800억원 이하 －금융/보험, 숙박 및 음식점업 등 400억원 이하 ② 상한기준 : 업종에 관계없이 자산총액 5,000억원 미만
독립성 기준(계열 관계에 따른 판단기준)	다음 3가지 중 어느 하나에도 해당하지 아니할 것 ① 공시대상기업집단에 속하는 회사 또는 소속회사 ② 자산총액 5,000억원 이상인 법인(외국법인 포함, 비영리법인 등 제외)이 주식등의 30% 이상을 직접적 또는 간접적으로 소유하면서 최다출자자인 기업 ③ 관계기업에 속하는 기업의 경우에는 출자 비율에 해당하는 평균 매출액 등을 합산하여 업종별 규모기준을 미충족하는 기업 ※ 관계기업 : 외부감사 대상이 되는 기업이 기업 간의 주식 등 출자로 지배·종속 관계에 있는 기업의 집단

자료: 중소벤처기업부(2022), 알기쉽게 풀어쓴 중소기업 범위 해설.

〈표 13-2〉 2014년 기준의 중소기업 범위

중소기업이 아닌 기업	- 비영리 사업자(비영리 법인, 단체) - 상시근로자 수 300명 이상인 기업 - 자기자본 1,000억원 이상인 기업 - 매출액 일정 기준 이상인 기업(2015년 개정 법안의 기준과 동일)
기준의 적용	- 제조, 건설, 운송, 광업은 상시근로자 수 또는 자본금 기준 - 서비스업은 상시근로자 수 또는 매출액 기준

중소기업의 규모를 더 잘 이해하기 위해서 2015년 개정 이전의 법에 규정된 기준을 살펴볼 필요가 있다. 2014년 기준으로 중소기업의 범위를 요약하면 <표 13-2>와 같다. 이때는 상시근로자 수, 자기자본, 매출액 등 3가지 기준을 적용하였으나 개정 이후에는 매출액 단일기준으로 통일되었다. 그 외에 비영리법인과 사회적협동조합 관련 규정이 개정된 법에 추가되었다.

중소기업의 범위 규정은 중소기업에게 매우 중요하다. 정부는 중소기업기본법의 적용대상이 되는 기업을 지원하고 육성책을 시행한다. 아래 「중소기업기본법」 1조를 보자.

> "이 법은 중소기업이 나아갈 방향과 중소기업을 육성하기 위한 시책의 기본적인 사항을 규정하여 창의적이고 자주적인 중소기업의 성장을 지원하고 나아가 산업 구조를 고도화하고 국민경제를 균형 있게 발전시키는 것을 목적으로 한다."

중소기업은 대통령령으로 정하는 구분기준에 따라 **소기업**(小企業)과 **중기업**(中企業)으로 구분한다. 소기업의 기준은 매출액 상한선이 더 낮은 기업인데, 업종별 매출액 기준이 다르다. 세부 내용은 생략하였다. 소기업이 아닌 기업을 중기업이라고 할 수 있다.

소상공인의 기준

한편 소기업 중에서 더 영세한 규모의 사업자를 **소상공인**이라고 하는데 소상공인의 구분은 「소상공인기본법」에 따라 상시근로자 수로 판단한다. 이때 상시근로자 수에는 사장과 임원, 일용근로자, 한시적 파트타이머, 연구전담요원 등은 포함되지 않는다.

〈표 13-3〉 소상공인 기준

업종	기준
광업, 제조업, 건설업, 운수업	상시근로자 수 10명 미만
그 밖의 업종	상시근로자 수 5명 미만

소상공인에서 가장 중요한 것 중 하나는 근로기준법의 적용 여부이다. 우리나라 근로기준법은 기본적으로 상시근로자 5인 미만인 사업장에는 적용되지 않는다. 근로관계에서 예외가 되는 사항은 다음과 같다.

〈표 13-4〉 상시근로자 5인 미만 사업자의 근로기준법 적용 예외 사항

- 근로자의 해고 제한, 해고 서면통지 의무
- 부당해고 등의 구제신청
- 휴업 수당
- 법정근로시간 적용
- 연장, 야간, 휴일 수당 지급의무
- 연차유급휴가 부여

위 사항의 적용을 예외로 하는 이유는 영세사업자인 소상공인에게 고용의 경직성 부담을 덜어주기 위한 것이다. 소상공인은 경제적 약자이고, 생계형 사업자가 많기 때문이다. 그렇지만 소상공인이 규모성장으로 상시근로자 5인 이상의 고용주가 될 때는 위의 사항이 적용된다는 점을 알아야 하며, 근로기준법을 준수해야 한다.

중소기업의 질적 특성

중소기업의 범위를 질적 기준으로 볼 수 있다. 질적 기준이라 함은 중소기업이 보유하고 있는 특성, 기능 및 속성을 기준으로 하는 것이다. 질적 기준으로 중소기업의 범위를 결정하면 양적 기준에 비해 장기적으로 중소기업정책 대상자를 규정할 수 있다. 미국의 중소기업법(SBA: Small Business Act of 1958)에 따르면 중소기업은 "독립적으로 소유되고 경영되는 기업으로서, 해당 사업분야에서 시장지배적인 것이 아닌 기업"이라는 질적 기준이 있다.[1] 이처럼 중소기업을 독립소유, 독립경영, 그리고 시장점유율이 낮은 기업으로 정의하고 있다. 이 질적 기준의 틀

1) 이윤보 · 이병구(2017)에서 재인용.

하에서 종업원 수와 매출액 등의 양적 기준을 적용하여 중소기업을 업종별로 다르게 규정하고 있다. 산업의 구조적 특성을 반영하는 것이다.

중소기업의 기업체 수와 고용의 비중

중소기업의 국민경제에서의 위상을 알아보자. 중소기업이 차지하는 비중은 기업체 수뿐만 아니라 고용 측면에서도 매우 높다. 통계청 전국 기업체 조사에 따르면 2021년 기준으로 전체 기업체 수 772.4만개 중에서 중소기업 수가 771.4만개이고 비중으로는 99.9%에 이른다(<표 13-5> 참조). 고용 측면에서도 전체 종사자 수 2,286만명에서 중소기업 종사자 수가 80.9%에 해당한다.[2)] 특히 소상공인 숫자는 733.5만개(94.9%)에 이르고 종사자 수는 45.7%를 차지하고 있다. 대한민국의 국민 대다수의 소득이 중소기업 고용에서 결정된다는 뜻이다. 중소기업이 국가경제의 근간이 되어야 함은 자명하다.

〈표 13-5〉 중소기업과 대기업의 숫자와 고용 현황

구 분			2019	2020	2021
전체 산업	기업체 수	중소기업 (%)	6,889,994 (99.87)	7,286,082 (99.87)	7,713,895 (99.87)
		소상공인 (%)	6,532,222 (94.69)	6,924,292 (94.91)	7,335,397 (94.97)
		대기업 (%)	8,754 (0.13)	9,369 (0.13)	9,972 (0.13)
		전체	6,898,748	7,295,451	7,723,867
	종사자 수	중소기업 (%)	17,460,668 (81.05)	17,791,969 (81.11)	18,492,614 (80.88)
		소상공인 (%)	9,763,052 (45.32)	10,018,424 (45.67)	10,461,890 (45.75)
		대기업 (%)	4,082,866 (18.95)	4,143,034 (18.89)	4,372,877 (19.12)
		전체	21,543,534	21,935,003	22,865,491

주) 1인기업의 수는 2019년 490만 6천개, 2020년 537만 5천개, 2021년 579만 5천개로 증가함.
자료: 국가통계포털(KOSIS), 중소벤처기업부 중소기업 통계D/B.

2) 이 고용의 수치는 자영업자의 자기고용(self-employment)을 포함한 것이다.

중소기업과 대기업의 상대적 기여도 변화를 더 살펴보기로 하자. <표 13-5>의 통계에서 보듯이 중소기업 종사자는 매년 40만~50만명씩 증가하고 있어서 대기업 종사자 수의 증가분보다 크다. 고용 증대의 효과가 중소기업이 더 크다는 것을 알 수 있다.

우리나라 중소기업이 경쟁력이 약하다는 지적에도 불구하고 국가경제에서 비중은 실로 크다. 중소기업이 강한 국가로 알려진 대만과 일본도 우리나라에 비해 중소기업의 숫자나 고용 측면에서 국가경제 비중이 낮다.

1.2 중소기업의 경영여건

중소기업은 경제적 약자이다. 중소기업은 효율적이고 효과적인 경영을 잘해서 좋은 경영성과를 낼 수 있지만, 충분하지 않다. 외부적 조건이 중요한 성과 요인이 된다. 모든 기업이 정부정책에 의해 영향을 받지만 중소기업은 특히 큰 영향을 받는다. 또한 대기업과의 경쟁과 협력을 통해 성과가 창출된다. 이에 대기업과의 관계가 중요한 성과 요인이 된다. 아래 그림에 중소기업의 경영여건과 경영성과의 관계를 도시하였다. 그림에서 보듯이 중소기업 경영은 정부정책을 잘 이용하고 비즈니스 생태계에서 유리한 위치를 찾아나가는 노력을 포함하여야 한다. 또한 대기업과의 관계가 중요하다. B2B(기업 대 기업) 비즈니스의 경우에는 대기업과의 거

[그림 13-1] 중소기업 경영성과의 3요인

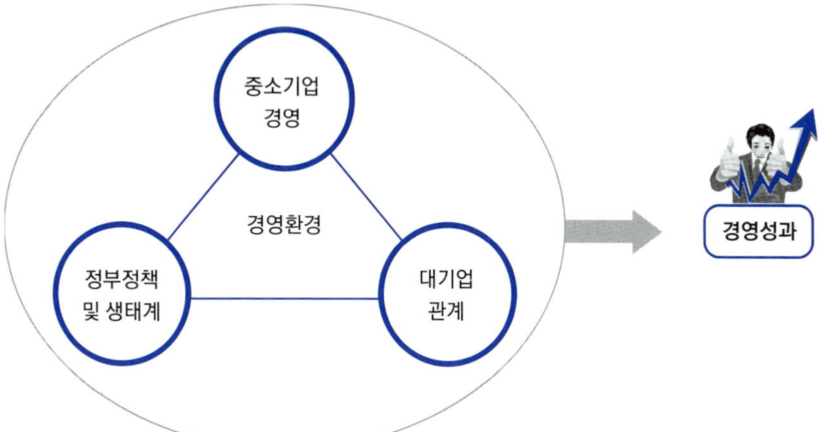

래조건이 중요하다. 이 경우에는 중소기업 간 경쟁구조를 갖게 된다. B2C(기업 대 소비자) 비즈니스의 경우에는 중소기업 간 경쟁보다 대기업과의 경쟁관계가 성과에 더 결정적인 영향을 미친다.

이처럼 중소기업의 경영성과는 내부적 제약요인과 외부적 제약조건에 크게 영향을 받는다. 제약요인에 대해서 구체적으로 살펴보자.

첫째, 중소기업은 조직 내부의 자원-능력이 열세이어서 경쟁우위 확보가 어려운 경우가 많다. 조직 내 자원-능력의 중요성은 제6장에서 경쟁우위의 **자원기반관점**(RBV)으로 그 중요성을 이미 확인한 바 있다. 중소기업의 자원-능력의 열세는 지속적 수익성을 어렵게 만든다. 가장 큰 이슈는 영업능력의 부족과 판로개척의 어려움이다. 또한 재무자원과 인적자원이 충분치 못하여 어려움에 처하기도 한다. 기업의 내부역량 부족은 인적자본의 취약성을 포함하여 사업경험의 부족과 고객 네트워크 부재 등 다양한 데 기인한다. 중소기업이 기술과 제품의 경쟁력을 강화하고 사업역량을 지속적으로 향상시키는 것이 핵심 과제가 된다.

정부는 시장경쟁의 직접적인 역량에 해당하는 영업력 강화와 판매망 개척과 관리에 대한 지원에 힘써야 한다. 특히 중소기업의 해외시장 개척에 적극적인 지원이 필요하다. 독일의 히든챔피언처럼 글로벌 시장의 개척은 지속가능한 중소기업이 되는 주요 방안이다. KOTRA, 중소기업중앙회 등 관련기관의 기능을 대폭 강화하여 글로벌 시장의 접근성을 높여줄 필요가 있다. 그리고 한국이 앞서가고 있는 FTA 기회를 활용할 수 있도록 원산지규정 등 관세와 무역 관련 전문기관의 자문과 지원이 체계화되어야 한다.

둘째, 대기업에 의한 **부당거래**로 인한 피해이다. 중소기업은 대부분 대기업과 원·하청관계로 수직적 거래관계에 있기 때문에 정상적인 교섭력을 갖기 힘들다.

[그림 13-2] 중소기업의 전략적 불이익의 3요소

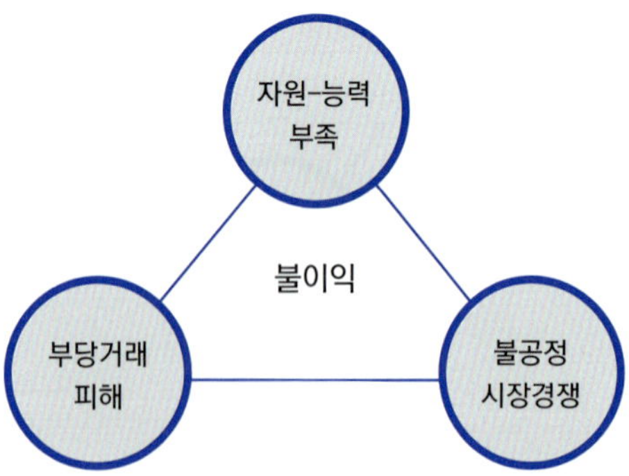

그리하여 납품단가와 거래조건에서 불리함을 감수할 수밖에 없는 경우가 많다. 기술탈취 등 부당한 자원이전을 강요당하는 경우도 있다. 대기업과 중소기업 간 거래의 공정성이 요구된다.

셋째, **불공정 경쟁**이다. 대기업이 압도적인 자본력으로 파괴적 가격정책을 펼치거나 대기업집단의 일감몰아주기로 시장장악력을 부당하게 높이는 경우에 해당한다. 특히 재벌 대기업집단의 계열사에 대한 내부지원을 레버리지로 하여 수익성과 무관하게 가격경쟁을 밀어붙이면 독립경영의 중소기업은 감당할 수 없다. 이미 공정한 경쟁이 아니다. 공정경쟁의 질서 확립이 필수적이다.

1.3 중소기업의 창업

중소기업 창업에 대해서 살펴보자.

창업의 유형

중소기업 창업은 생계형 창업과 기회형 창업으로 나누어 볼 수 있다. 생계형 창업에는 소상공인, 프랜차이즈, 일반 중소기업 창업이 있다. 기회형 창업은 시장 기회를 찾아내서 도전하는 기술 또는 지식 집약적인 비즈니스 창업이다. 흔히 스타트업이라고 하는 창업은 벤처 창업인데, 벤처기업 창업에 대해서는 다음 장에서 다루기로 한다. 아래의 표에는 창업의 유형별 특징을 요약하였다.

〈표 13-6〉 창업의 유형과 특징

구분	기회형 창업	생계형 창업
목적	비즈니스 아이디어를 실현	생계 유지
창업기반 및 특징	기술집약, 지식기반	노동집약적, 전통제조
형태	벤처 창업 사회적기업 1인 창조기업	소상공인/소기업 프랜차이즈 중소기업 창업

위의 창업 형태를 간단히 설명하면 다음과 같다. 벤처 창업은 「벤처기업육성에 관한 특별조치법」(벤처기업법), 사회적기업은 「사회적기업 육성법」, 소상공인/소기업은 「소기업 및 소상공인 지원을 위한 특별조치법」(소상공인법)에 의한 기업 형

태를 의미한다. 중소기업 창업은 「중소기업창업 지원법」에 의해 설립된 일반 중소기업의 창업에 해당한다. 1인 창조기업은 「1인 창조기업 육성에 관한 법률」(1인창조기업법)에 의해 창업된, 창의성과 전문성을 갖춘 1인이 상시근로자 없이 지식서비스업, 제조업 등을 영위하는 기업이다.

한걸음 더

- 주위에 창업 사례를 찾아보고, 창업의 유형을 구분해보자.

창업기업의 불확실성

창업기업은 신생조직의 부채(liability of newness), 소규모의 부채(liability of smallness)를 갖는다. 신생조직의 부채는 회사를 시작한 사람들이 새로운 역할에 충분히 빨리 적응할 수 없고 회사가 외부 구매자 및 공급업체와의 "실적"이 부족하기 때문에 평판과 정당성이 부족하여 회사가 자주 위험에 처하는 것을 말한다. 새로운 회사가 새로 설립된 지위와 관련하여 다양한 유형의 문제를 겪게 된다. 따라서 창업 이후 초기에 사멸 위험이 가장 높으며 시간이 지남에 따라 그 위험이 감소한다.[3)]

창업기업은 제한된 자원으로 인해 시장 및 경쟁 조건에 대한 권한과 영향력이 거의 없다. 타 기업과의 연결 네트워크가 약한 것도 문제가 된다. 친숙한 업계 관계자와 신뢰를 축적하지 못한 젊은 기업은 새로운 전략적 파트너십을 형성하는 데 불리한 위치에 있다. 그리고 상대방의 기회주의 행동에 취약하다. 낯선 파트너와 협력하고 선택할 수 있는 대체 파트너의 부족으로 인해 불안정한 관계를 견뎌야 한다. 업계의 역사와 실적이 없는 상황에서 이러한 신생기업은 신뢰할 수 있는 교환관계를 구축하기 위해 애써야 한다.

우리나라에서 신생기업의 높은 사멸률(mortality)은 제2장에서 살펴본 바와 같다. 창업 후 첫 1년간 사멸률은 35.9%이고 5년간 사멸률은 65.7%에 이른다.[4)] 얼마나 많은 기업이 창업 초기의 부담을 이기지 못하고 사멸하는지를 보여준다.

신생조직의 부채는 쉽게 극복되지 않는다. 그러나 아래와 같은 방법으로 창업의 위험을 어느 정도까지는 통제할 수 있다.

---

3) "신생조직의 부채"라는 용어는 1965년에 스틴치콤(A. Stinchcombe, 1965)에 의해 처음 도입되었다.
4) 통계청(2023), 『2021년 기업생멸행정통계』 참조.

〈표 13-7〉 신생조직의 부채를 줄이는 방법들

• 창업을 심각하게 계획하고, 실패의 위험을 미리 점검하기 • 다른 창업자로부터 배우기 • 미리 경험해보기. 예를 들어, 편의점 창업을 위해 미리 다른 편의점에서 일해보기 • 전문가의 도움받기. 창업지원 컨설턴트 등의 자문 • 초기자본과 필요시 추가자본의 투자자 확보하기 • 비즈니스에 필요한 자원을 확인하고 확보하기 • 재정적으로 감당가능한 범위의 실제 창업비용 산정하기

소규모의 부채는 '작음의 불리함'을 말하는 것으로서 신생조직의 부채와 상당 부분 내용이 일치한다. 소규모 기업은 우선 운전자금 조달이나 필요한 인적자원 확보에 어려움이 있다. 또한 '규모의 경제'를 누릴 수 없다. 경험의 누적적 총량이 느리게 커지기 때문에 학습경험에 의한 '학습의 경제성'을 확보하기도 어렵다. 결국 경제성 부족으로 투자회수를 위한 수익 창출이 늦어지고 자본이 일찍 고갈될 위험이 있다. 그리고 기업 명성이 부족하고 신뢰 기반의 거래가 없어서 신용거래가 어렵다. 시장거래비용이 커지게 된다.

한걸음 더

- 신생조직의 자산(유리함)은 없을까? 생각해보자.

이하에서는 생계형 창업의 대표적인 방식으로서 프랜차이즈 창업을 살펴보기로 한다. 벤처의 창업에 대해서는 제14장 2절에서 상세히 설명하였다.

프랜차이즈 창업

생계형 창업의 대표적 방식인 프랜차이즈에 대해서 간략히 알아보자. 프랜차이즈(franchise)는 **가맹본부**(franchisor), 즉 본사가 **가맹점**(franchisee)에게 상표와 영업 및 관리방식의 노하우를 일정한 대가를 지불하고 사용하도록 허용하는 계약관계이다. 프랜차이즈는 미국에서 크게 번창하여 전 세계에 확산되었다. 대표적인 예가 맥도널드 등 패스트푸드 프랜차이즈이다.

글로벌 프랜차이즈 순위를 보면 다음과 같다.

2021년 기준으로 프랜차이즈 수가 많은 기업을 보면, 맥도널드(패스트푸드), KFC(치킨), 버거킹(패스트푸드), 세븐일레븐(리테일), 도미노스(피자), 에이스하드웨어(홈서비스), 센츄리21(부동산중개), 파파존스(피자), 타코벨(패스트푸드), 피자헛(피자) 등이다. 1위에서 10위까지 모두 미국업체이다.

우리나라에서는 올리브영(리테일), 다이소(리테일), 파파존스(피자), GS프레쉬(리테일), 교촌치킨(치킨), 비비큐(치킨), 피자헛(피자), 오피스디포(문구) 등의 순이었다. 이들 기업은 대부분 먹거리와 리테일에 해당한다.

프랜차이즈 창업의 장점은 사업경험이 없는 일반인이 쉽게 창업할 수 있고 사업성공의 가능성이 크다는 것이다. 비즈니스 모델을 자체적으로 개발할 필요도 없으며, 판촉활동을 직접 수행할 필요도 없다. 본사에서 지속적으로 영업방식을 개발하고 보완하며 판촉과 광고도 담당해주기 때문이다. 또한 유명 브랜드나 상호를 걸고 사업하기 때문에 소비자들의 신뢰도가 높다. 반면에 본사의 명성, 경영능력 및 계약관계의 공정성에 의해 좌지우지되는 단점이 있다.

프랜차이즈의 주요 사업영역은 아래와 같다.

〈표 13-8〉 프랜차이즈의 주요 사업영역

- 패스트푸드, 레스토랑, 치킨, 커피 등의 외식업
- 헤어숍, PC방, 헬스장, 중개서비스, 숙박체인 등의 서비스업
- 편의점, 문구점, 화장품, 건강식품 등의 유통업

프랜차이즈는 고령화 사회에서 은퇴자들의 창업 방식으로도 확산되고 있다. 비교적 작은 이익이지만 안정적 수익이 기대되기 때문이다.

한걸음 더

- 프랜차이즈에서 가맹본부의 횡포에 대한 고발이 종종 발생한다. 그 이유는 무엇인지 조사해보자.

2. 중소기업의 경영관리

이 절에서는 중소기업의 3가지 경영관리 이슈를 다루었다. 주요 이슈로서 재무자원의 조달과 관리, 인적자원의 확보와 관리, 그리고 사업전략과 성장을 다루었다.

2.1 재무관리와 회계

중소기업이 겪는 어려움에서 자금부족 문제는 익숙하다.

▎중소기업의 재무구조 취약성

중소기업은 업력이 짧아서 내부유보를 통한 재무자원의 잉여금이 적다. 또한 자기자본 조달이 어렵기 때문에 부채에 많이 의존한다. <표 13-9>에 중소기업의 높은 차입금의존도를 볼 수 있다. 전체 산업에서 제조업보다 비제조업이 차입금의존도가 높은데, 이 모두에서 중소기업의 차입금의존도가 대기업보다 크게 높다. 차입금의존도는 총자산에서 순수 차입금의 비율이다.[5] 일반적으로 차입금이존도기

〈표 13-9〉 중소기업과 대기업의 재무안정성 지표 추이

	차입금의존도			
	2010	2015	2020	2022
전(全) 산 업	28.2	31.5	30.4	31.3
대 기 업	25.0	27.3	24.5	25.0
제 조 업	19.6	19.6	17.8	16.8
비 제 조 업	31.1	33.8	29.5	31.1
중 견 기 업	–	–	23.6	22.9
중 소 기 업	33.1	39.4	40.2	42.1
제 조 업	35.9	36.8	36.1	35.2
비 제 조 업	30.9	40.8	42.2	45.0

자료: 한국은행, 각년도 「기업경영분석」(2022, 2020, 2015, 2010년).

5) 차입금의존도 = 총차입금(장기차입금 + 단기차입금 + 회사채) / 총자본(자기자본 + 부채)

30%가 넘으면 재무적 불안정성이 시작되는데, 중소기업은 모두 이 기준을 초과하고 있다.

중소기업은 자금 측면에서 일종의 딜레마가 있다. 실적이 하락하면 잉여자금이 부족하기 때문에 자금조달이 필요하게 된다. 이때 자기자본 조달이 어려우므로 부채를 조달하게 된다. 중소기업의 낮은 신용과 이미 높은 부채비율로 인하여 **'부채의 자본비용'**이 더 높아진다.

한편 실적이 좋아서 내부유보를 늘려가면 좋지만, 이때 미래 기회를 위해서 적극적인 성장투자를 하려면 추가 자본이 필요하게 된다. 상장기업의 경우에는 주식가격이 아주 높지 않으면 신주발행은 소유경영자의 지배권 상실의 위험을 낳는다. 반면에 비상장 중소기업은 상대적으로 더 소규모이므로 장외거래에 따른 투자자 유치가 어렵고, 이 경우에도 역시 지배권 상실의 위험이 있다. 결국 부채의 조달이 용이한 선택이 된다. 그러나 부채 조달은 당연히 기업의 재무위험을 높인다.

마지막으로 내부유보금을 충분히 축적한 이후에 점차 투자를 늘려가는 방식이 있다. 이처럼 아주 느린 성장전략이 지배권 위험을 줄이고 과다한 부채로 인한 재무위험을 줄이는 경로가 된다. 그러나 성장의 기회를 놓칠 수도 있다.

중소기업의 자금조달

이하에서는 중소기업의 자금조달 방안으로서 직접금융, 간접금융, 정책금융 등을 간략히 살펴보기로 한다.

1) 직접금융

직접금융(direct financing)을 통한 자금조달은 주식(stock)과 회사채(bond) 발행이 있다. 주식발행은 주식회사에 한정된 것이다. 주식회사는 법인기업의 기본 형태 중 하나이므로 유한책임성을 갖게 되면서 자본조달을 할 수 있는 수단이 된다. 주식회사의 자기자본은 출자자로부터 조달된 **기초자본**과 경영성과로 얻어진 **부가자본**으로 구성된다. 기초자본은 사업 초기에는 비공식 장외시장 거래를 통해 투자자를 유치하게 된다. 이후 좋은 경영성과를 얻고 내부유보를 통해 부가자본을 계속 축적하는 것이 매우 중요하다. 이로써 두 가지 효과를 거둘 수 있다. 하나는 필요 시 추가적인 주식으로 자본규모를 확대할 수 있다. 둘째는 자기자본비율이 높은 중소기업은 자본비용(cost of capital)이 낮아진다. 타인자본 조달에서 높은 신용도를 유지할 수 있고, 그에 따라 사업확장 시에 타인자본 조달비용이 낮아진다.

중소기업의 **회사채 발행**은 현실적으로 제약조건이 많다. 우선 신용등급이 낮기 때문에 이자부담이 커서 신중하게 결정해야 한다. 그래서 정부도 중소기업의 회사채 발행을 지원하기 위한 여러 정책을 시행하고 있다.

2) 간접금융

간접금융(indirect financing)은 금융기관으로부터 대출이다. 앞서 설명한 바와 같이 **신용대출**과 **담보대출**이 있다. 대부분의 중소기업은 직접금융에 어려움을 겪는다. 이 경우 대출시장을 통한 간접금융이 대안이 된다. 은행대출은 중소기업이 가장 중요하게 이용하는 자금조달 방식이다. 직접금융이 어려운 이유도 있지만, 중소기업의 특성상 사업의 변동성이 크기 때문에 일시적으로 유동성 부족을 겪는 경우가 빈번하기 때문이다.

그런데 중소기업은 신용등급이 낮은 경우가 많아서 부채조달에 어려움을 겪는다. 담보력이 약하기 때문에 신용대출이 더 필요하다. 특히 경기침체기에는 금융회사들이 자체 신용리스크를 줄이기 위해 중소기업 대출을 줄이는 경향이 있다.

신용보증지원제도는 담보력이 부족하여 자금조달에 애로를 겪는 중소기업이 금융기관 등으로부터 자금을 대출받을 수 있도록 중소기업의 자금 차입에 대하여 신용을 보증해주는 제도이다. 이를 담당하는 기관으로는 ①일반 중소기업에 대한 보증을 담당하는 신용보증기금, ②신기술사업자 등 기술력 우수 중소기업 등에 대한 보증을 담당하는 기술보증기금, ③지방자치단체별로 소기업 및 소상공인에 대한 보증을 담당하는 지역신용보증재단이 있다.

신용등급이 낮은 중소기업들이 담보대출 외에 자금조달이 어려워지는 문제를 해결해주기 위해 정부에서는 다양한 금융정책을 도입하고 있다.

3) 정책금융

정책금융은 정책자금지원제도를 통한 자금조달이다. 정부가 중소기업 경쟁력 강화, 창업촉진 등 정책목표를 달성하기 위해 예산 및 기금 등을 원천으로 조성한 자금을 중소기업에 저리로 융자·출연·출자·보조의 형태로 지원하는 제도이다. 중소기업에 대한 정책자금은 중소벤처기업부, 중소벤처기업진흥공단, 산업통상자원부 등 정부 각 기관, 지방자치단체 등에서 운영하고 있다. 이 중 중소벤처기업부에서 취급하는 정책자금이 큰 비중을 차지하고 있는데, 그 종류에는 창업기업지원자금, 투융자복합금융자금, 신시장진출지원자금, 신성장기반자금 등이 있다.

[그림 13-3] 중소기업의 균형적 자금조달과 재무위험의 관리

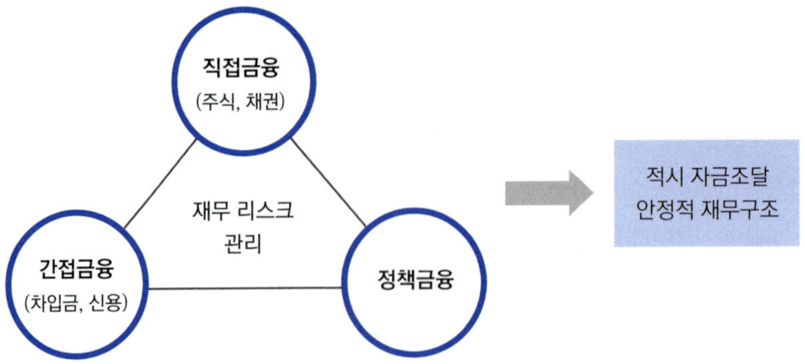

정책금융은 사회적 안전장치로서 기능한다. 그러나 기업의 입장에서 긴급경영안정자금 같은 정책금융은 일시적인 것이다. 결국에는 안정적인 간접금융이나 자기자본을 확충하여 재무안정성을 확보하는 것이 필요하다.

중소기업이 직접금융시장을 원활하게 이용할 수 있게 하는 것이 효과적인 방법이 된다. 기업이 성장하면서 자금수요가 커질 때 이를 자본시장에서 조달할 수 있도록 도와주는 한시적 지원으로서 정책금융이 역할을 할 수 있다. 또한 스타트업 기업들이 직접금융에 어려움을 겪는 초기 몇 년 동안 자금수요를 보완해주는 역할로서 정책금융이 간접금융의 불확실성을 메워줄 수 있다. 창업기의 정책금융 지원이 그것이다.

회계와 리스크 관리

직접금융, 간접금융, 정책금융이 기업의 입장에서 서로 잘 보완되어 창업, 성장, 위기 등의 단계에서 적절히 작동될 수 있도록 기업은 철저한 재무계획으로 재무위험을 관리해야 한다. 경영(사업)의 실패로 자금이 고갈되어 도산하는 건 자연스러운 일이다. 그러나 자금관리를 실패하여 경영이 실패하는 건 잘못된 것이다.

중소기업이 좋은 기술과 제품으로 시장을 확보하고 성장을 하면서도 재무관리에 실패하여 위험에 처하는 경우가 많다. 매출규모가 커지고 손익계산서상에 이익이 나는 기업도 현금흐름 관리를 제대로 못해서 유동성 위기에 처하고 도산하는 것이다. 창업초기부터 자기자본과 재무유동성 관리를 철저하게 해나가고 재무자원의 관리 역량을 쌓아서 중소기업이 성장과정에서 자주 부닥치는 재무리스크를 예방하고 극복할 수 있는 능력을 갖추어야 한다. 창업가는 창업에 전문가이지만 자

금관리는 잘 모르기 때문에 실패한다. 중소기업의 경우에 경영진에 재무전문가가 포함되어야 하는데 현실적으로 어려울 수 있다. 이 경우 회계법인이나 비영리 전문기관의 **전문가지원제도**를 이용해야 한다. 그리하여 재무위험을 통제하되 성장의 기회를 놓치지 않도록 적시 자금조달을 이뤄야 한다.

2.2 인적자원의 관리

중소기업 경쟁력의 원천인 품질과 생산성에는 우수한 인력이 필수적으로 요구된다. 중소기업이 기술이나 시설에 의거해서 높은 품질과 생산성을 얻기 어렵기 때문이다. 그런데 아이러니하게도 중소기업은 필요인력을 확보하는 데 더 큰 어려움을 겪는다.

인적자원의 관리와 인력 확보

인력 확보는 중소기업이 겪는 가장 큰 애로사항 중 하나이다. 직무 수요에 적합한 인력을 확보하는 데 큰 어려움을 겪고 있으며, 그나마 질적으로도 미스매칭이 심한 게 일반적이다. 능력있는 인재들이 중소기업에 가기를 꺼려하기 때문이다. 지나치게 낮은 임금과 취약한 복리후생으로 인해서다. 당장의 임금이 대기업에 비해 현저히 낮을 뿐만 아니라 장기적으로 보아도 개선의 여지가 없다고 생각되기에 중소기업에 가기보다는 대기업 취업 준비자로 남기를 선호하는 것이다.

> 노동시장 미스매치 지수는 산업간 · 직종간 노동이동 제약, 노동시장 비효율성 등에 기인한 마찰적 미스매치 정도를 측정하는 지표이다. 실업자의 노동이동을 제약하는 요인으로는 임금 등 근로조건의 차이, 정보 비대칭성, 교육수준, 기술수준 등의 진입장벽, 구직 탐색비용 등이 있다. 여러 실증연구에서 경제위기 시에 미스매치 상황이 특히 중소기업에서 악화되는 현상이 확인된다.

중소기업에서 인력 유지(retention)에 애로를 겪는 가장 큰 원인은 무엇일까? 청년 취업자에 대한 분석을 보면 이직사유는 대체로 근로조건 불만(40%)과 직무불일치(40%)가 주요 요인이다. 그 외에 개인사유 등이다. 근로조건 불만은 주로 낮은 임금, 불안정한 고용관계, 정규직 외의 고용 등에서 비롯된다. 직무불일치는 전공불일치, 비전문적 업무부여, 도전의 부족 등에 기인한다.

중소기업에서 인력 유지의 어려움은 장기적 관점에서 인력개발 투자를 어렵게 한다. 이로써 상대적으로 직무능력이 높은 종업원의 경우에 더욱더 한시적인 직장으로 인식하기 때문에 조직에 몰입과 헌신을 하기 어렵다. 당연히 기업의 인적역량(HR capability) 강화를 통해 경쟁력을 창출하는 데 어려움이 크다.

임금격차의 지속과 중소기업 인건비의 부담

국가통계(KOSIS)에 따르면 2022년 기준으로 소상공인을 제외한 10인~299인 기준의 중소기업의 평균임금은 대기업(300인 이상 기준)의 평균임금과의 상대적 비교(A/B비율)에서 63.5% 수준이다. 아래의 <표 13-10>에서 보듯이 2000년에 66.1% 수준에서 2010년에는 62.7% 수준으로 하락하였으나 2015년부터 회복 추세로 돌아서서 2020년에는 70.3%까지 격차가 줄었다. 이후 2022년까지 다시 격차가 커지고 있다.

종업원 수 1,000인 이상의 대기업과 비교하여 보면, 종업원 수 300인 미만의 중소기업의 상대적 임금수준(A/C비율)은 2000년 63.0%에서 2010년까지 하락하였다가 2020년에 64.3% 수준으로 높아져서 임금격차가 줄었다. 그러나 2021년과 2022년에 대기업과 중소기업의 임금격차가 확대되어 57.3%까지 떨어졌다. 대기업의 임금수준이 2021년에 10.11%, 2022년에 8.1%까지 급격히 상승한 데 비해서 중소기업에서는 임금상승이 2021년에 5.2%, 2022년에 0.7%에 그쳤기 때문이다. 코로나 팬데믹 기간에 1,000인 이상인 대기업에서의 높은 임금상승은 놀라울 정도다.

전체적으로 볼 때, 대기업과 중소기업의 임금격차는 줄어들었다가 커졌다가를 반복하고 있다. 임금격차가 쉽게 해소되지 않으리라는 것을 알 수 있다.

〈표 13-10〉 중소기업과 대기업의 임금격차 추이(현금급여 총액, 단위 천원)

구 분	2000년	2010년	2020년	2021년	2022년
전체(10인 이상)	1,740.7	3,165.5	5.408.4	5,850.4	6,015.6
중소기업[A] (10~299인)	1,200.0	2,510.0	4.556.2	4,794.6	4,829.7
대 기 업[B] (300인 이상)	1,815.1	4,001.1	6.477.2	7,129.4	7,608.0
대 기 업[C] (1,000인 이상)	1,904.7	4,461.7	7.081.7	7,794.4	8,428.4
A/B(비율, %)	66.1	62.7	70.3	67.3	63.5
A/C(비율, %)	63.0	56.5	64.3	61.5	57.3

자료: 국가통계포털 KOSIS, 기업체 노동비용조사 2000~2022.

〈표 13-11〉 중소기업과 대기업의 노동비용과 부가가치 구성의 비교

	부가가치 인건비 비율			
	2010	2020	2021	2022
전 체	53.00	60.38	55.92	58.46
대 기 업	39.32	48.14	42.80	46.31
중 소 기 업	65.57	73.55	72.70	72.86

자료: 한국은행, 각년도 「기업경영분석」(2022, 2021, 2020, 2010년).

그 이유는 중소기업의 낮은 임금에도 불구하고 인건비 비중이 높기 때문이다. 인건비가 총비용에서 차지하는 비중이 계속 증가하고 있으며, 특히 부가가치에서 인건비가 차지하는 비율이 아주 높게 나타나고 있다. 부가가치는 기업의 이익을 순이익뿐만 아니라 이해관계자(stakeholders)에게 귀속되는 이익까지 그 범위를 넓혀 측정한 개념이다.[6] 2022년에 중소기업은 총부가가치의 72.86%가 인건비로 지급되었다. 대기업의 46.31%에 비해서 큰 차이를 보이고 있다. 즉, 중소기업이 창출하는 부가가치가 대부분 노동에 분배되고 있으며 상대적으로 자본에 대한 분배는 작은 비중이었다. 기업에 귀속되는 부가가치로서 영업잉여(마진)는 2022년 기준으로 대기업은 23.42%인 데 비해 중소기업은 9.07%에 불과하였다.[7] 그런데도 앞의 <표 13-10>에서 보았듯이 중소기업의 임금수준은 대기업에 비해 크게 낮다.

이상을 종합하여 보면, 중소기업의 근본적인 경영 개선과 생산성 증가가 없으면, 대기업과 중소기업 간 임금격차를 줄이기 어려우리라는 것을 알 수 있다. 한시적으로는 정부의 적극적 임금보전정책이 효과를 발휘할 수 있겠지만 궁극적으로는 기업의 생산성과 혁신성이 높아져야 한다.

인력관리 개선 방안

중소기업 인력문제에서 양적 수요공급의 문제도 중요하지만 질적 이슈도 더 중요하다. 특히 대졸 인력이 중소기업을 기피하기 때문에 중소기업 경영의 업그레이드가 쉽지 않다. 경영여건이 쉽사리 좋아지지 않기 때문이다. 아래의 정책은 정

---

6) 부가가치는 창출(value-added created) 측면과 분배(value-added applied) 측면에서 측정할 수 있다. <표 13-11>에서는 분배 측면의 영업잉여, 인건비, 금융비용, 조세공과금, 감가상각비 등으로 구성되는 총부가가치에서 인건비 비율을 산출한 것이다.

7) 한국은행(2023), 「2022년 기업경영분석」 참조.

부의 지원책과 함께 보완되어 추진해야 한다.

중소기업의 근로조건과 인력관리가 변해야 한다. 정부가 주로 금전적 지원에 역점을 기울이는 데 대해 기업은 비금전적 경영관리 측면에서 근로자에게 매력적인 요소를 만들어가야 하는 것이다. 특히 미래경력과 비전을 위한 기업의 노력과 정부의 정책지원이 조화를 이루는 것이 중요하다. 인력관리 개선방안을 정리하면 다음과 같다.[8]

첫째, **일-학습 병행**이 가능한 유연한 근로제도를 도입한다. 탄력적 근무체계를 조성하고 근무지에서의 학습을 촉진할 수 있는 유연한 근로시간관리를 하도록 해야 한다. 기업은 합리적 인력관리로 종업원의 학습과 성장을 이끌어 내줘야 하고 나아가서 미래 비전을 제시할 수 있어야 한다.

둘째, **직무 내 학습**을 촉진하여야 한다. 직무경험은 가장 큰 학습기반이다. 우리나라 대기업에서는 전통적으로 직무순환(job rotation)을 통해 인력 양성을 하고 있다. 그런데 중소기업은 한정된 인력 때문에 직무순환이 어렵다. 동일 기능분야 내의 자리에서 10여 년씩 일하는 경우가 많다. 여유인력이 없어서 직무순환을 통한 훈련이 용이하지 않다. 따라서 직무 내 훈련을 할 수 있도록 정부에서 재정 지원 및 근로여건 개선을 도와줄 필요가 있다.

셋째, **창업경력 연계**이다. 직장에서의 경험은 창업능력을 키워준다. 오늘날 많은 창업이 기업 경력자에 의해 이뤄지고 있는데, 대부분의 경력자 창업이 대기업에 한정되고 있다. 중소기업 근로자들이 직무경험에 의해 습득한 지식과 능력으로 창업에 나설 수 있게 되면, 중소기업 경력을 회피하는 경향이 약화될 것이다.

넷째, 대기업으로의 **경력성장 사다리**를 만들어주어야 한다. 중소기업에서의 훈련개발체계가 대기업에서도 유용한 지식과 역량 개발에 도움이 된다면 가능하게 될 것이다. 이에 중소기업은 대기업으로 인력 유출의 두려움을 떨치고 인재 배출의 근거지가 될 수 있다. 그래야 인재 배출의 근거지인 중소기업에 취업지원 풀이 증가하게 될 것이다. 노동시장 미스매칭으로 어려움을 겪는 취업지원자들이 중소기업에 지원을 꺼리는 주요 이유 중 하나가 사라지는 것이다.

중소기업 인력문제를 완화하기 위한 제도로 "중소기업-근로자 간 성과공유제"가 2018년에 도입되었다. **중소기업-근로자 간 성과공유제**는 중소기업 사업주가 근로자의 임금과 복지수준 향상을 위해 법으로 정한 성과공유 유형 중 하나 이상의 방식으로 성과를 나누는 중소기업을 '성과공유기업'으로 인정하고, 이들을 우

---

8) 권석균(2018).

대 및 지원하는 제도이다. 성과공유의 유형으로는 성과급 공유, 청년내일채움공채 등이 있다.[9)]

경영사례

중소기업-근로자 간 성과공유제

중소기업이 성과공유제 도입기업으로 인정받으면, 성과급 유형의 경우 성과급 기여분에 대해 중소기업의 법인세를 10% 감면해 주고, 성과급 지급으로 추가된 소득에 대해 동 기업 근로자의 근로소득세를 50% 감면해 준다. 이외에 정책금융 지원, 정부지원사업 참여 시 가점 부여, 홍보 지원 등의 혜택을 받을 수 있다. 중소기업이 성과공유 도입기업으로 인정받기 위해서는 「중소기업 인력지원 특별법 시행령」 제26조의 2(성과공유 유형 및 성과공유기업의 확인)에 따라 기준을 충족하여야 한다. 이 중 "청년내일채움공제(청년공제)"는 중소기업 입사 청년들이 2년 이상 근속을 하면 정부와 기업이 각각 지원하며, 근로자가 적립한 돈의 4배에 해당하는 목돈 마련을 해주는 제도로 안정적 근무를 촉진하는 목적으로 시행되고 있다.

내일채움공제	-사업주가 핵심인력으로 지정한 재직근로자(연령제한 없음)가 사업주와 1:2 이상 비율로 매월 34만원 이상을 5년(최초), 3~5년(재가입) 동안 납입하여, 5년간 2,000만원 이상의 적립금을 조성하도록 지원. -핵심인력은 납입금 대비 3배 이상을 만기에 수령하며, 기업 납입금에 대하여 근로소득세 50% 상당을 세액공제로 환급받음. -사업주는 납입금을 손금(법인기업) 또는 필요경비(개인기업)로 인정받고, 인력개발비로 세액공제 25%를 받음.

2.3 중소기업의 사업전략과 성장

중소기업은 사업전략에서 선택의 폭이 넓지 않지만, 장기적 성장의 기반이 된다.

사업전략과 시장 선택

중소기업은 대부분 단일사업 기업이다. 따라서 사업전략이 중심이 되며, 핵심기능을 중심으로 하는 기능전략이 밀접히 연계되어 있다.

중소기업 사업을 크게 B2B(기업 대 기업) 사업과 B2C(기업 대 소비자) 사업으로

---

9) 정재만(2021) 참조.

〈표 13-12〉 중소기업의 사업전략

B2B사업 기업	B2C사업 기업
• 생산기술전략 - 원가와 생산성 • 전사적 품질관리 • 네트워크전략	• 집중화전략 • 차별화전략 • 협동화전략

구분하여 전략을 살펴보면 다음과 같은 선택이 가능해진다.

먼저 B2B 사업은 이른바 **소부장**(소재, 부품, 장비) **사업**에 해당하므로 품질과 원가가 중요한 경쟁력 원천이 된다. 따라서 공정기술 중심의 생산기술이 중요하다. 우선 철저한 품질을 유지하기 위해 전사적 품질관리가 필요하다. 원가 측면에서는 생산성이 필수적인 요소로 등장한다. 한편, 원청기업(대기업)의 유연생산시스템에 부응하는 탄력적 생산방식도 중요하다. 그러기 위해서는 네트워크조직의 멤버십을 획득하여 장기적 거래관계를 확보하는 게 중요하다. 네트워크전략이 중요하게 된다.

B2C 사업에서는 집중화전략, 차별화전략, 협동화전략(공동브랜딩) 등이 적합하다. **집중화전략**(focus strategy)은 틈새시장(니치마켓)에서 원가우위 또는 차별화우위로 경쟁하는 것이다. 조직의 자원이 제한되어 있음을 감안해볼 때 대기업에 비해서 경쟁우위를 가질 수 있는 방법은 집중화전략으로 한정된 시장에 집중하는 것이 타당하다.

순수 **차별화전략**은 독특한 자원과 능력이 있을 때 채택해볼 수 있다. 독특하고 혁신적인 제품기술이 대표적인 예이다. 그러나 이 경우에 모방가능성이 있고, 특히 대기업에 의한 기술탈취의 우려가 있다. 어쨌든 끊임없이 차별화우위를 유지할 수 있는 가치있고 독특한 자원-능력이 있다면 효과적인 차별화전략이 가능해진다.

협동화전략(cooperative strategy)은 동일한 업종의 여러 기업이 상호협력하여 집단화, 공동화, 협업화함으로써 공동기술개발, 공동물류, 공동구매, 공동상표 등을 추진하는 것이다.[10] 이는 개별 중소기업이 감당하기 어려운 시설, 사업, 기술 등의 공통되는 기능을 여러 중소기업이 협력하여 해결하고 규모의 경제를 실현하는 목적의 집합적 전략(collective strategy)이다. 중소기업의 작음의 불리함을 극복하는

10) 박상범(2021).

방법이다.

B2C사업 기업에서도 품질과 생산성은 기본적인 요소가 된다. 특히 생산성이 뒷받침되지 않으면 원가압박에 취약한 중소기업은 경영상 곤경에 처할 수 있다.

실패위험의 극복과 성공요인의 내재화

중소기업은 독립소유와 독립경영을 특징으로 한다. 규모의 열세와 함께 신생의 부담이 얽힌 효과로 인하여 <표 13-13>에 제시된 실패요인들을 맞이할 수 있다. 반면에 중소기업은 대기업보다 성공의 조건이 간단할 수 있다. 한두 가지의 결정적인 조건이 중소기업의 성공을 가져다줄 수 있다.

〈표 13-13〉 중소기업의 실패요인과 성공요인

실패요인	성공요인
• 빈약한 시장에 진입	• 대량생산기술 적용이 불리한 산업
• 시장구축에 드는 시간 과소평가	• 대기업 진입 어려운 산업(법적 규제 포함)
• 자본금 부족	• 틈새시장과 고객충성도
• 사업유보금/예상치 못한 지출에 대비 부족	• 대기업의 프랜차이즈 사업
• 경험부족과 시장학습 부재	• 성장산업
• 과다한 신용구매, 신용도 초과	• 경영자 리더십
• 경영환경 변화 포착 능력 부족	• 자금관리 등 자원관리능력
• 개인-회사 간 경계 부재	• 회계 및 위험관리
• 사업주기 및 성장곡선 이해 부족	• 시장의 위험관리
• 세금 · 보험 등 법적/제도적 이해 부족	• 좋은 역량의 종업원

중소기업의 성장전략

중소기업은 성장을 통해 '작음의 불리함'을 극복할 수 있다. 규모 성장이 경영상의 여러 열악한 조건을 극복하는 데 핵심이 된다. 경영의 효율과 효과성이 규모에 의해 크게 결정되기 때문이다. 그리고 내부 역량을 축적하는 데도 경험을 통한 학습이 필요하다. 시간의 흐름에 따른 누적적 경험은 규모의 함수이다. 그런데 높은 자본조달 비용과 재무리스크가 있으므로 이익잉여의 내부유보를 통해 성장을 도모하는 것이 합리적이다. 일반적으로 중소기업은 사업 변동성이 크기 때문이다. 과속성장이 아닌 다소 느린 속도의 '적정한 성장'의 전략을 채택해야 재무위험을 극복할 수 있다.

중소기업의 성장과 중견기업

중견기업은 중소기업을 벗어나서 대기업으로 진입하는 과정의 중간규모의 기업을 말한다. 중소기업이 대기업이 되기 위해서 거쳐야 하는 도약과 위험의 성장 과정에 있는 기업이라 말할 수 있다. 중견기업이 많아야 새로이 대기업에 진입하는 기업들이 많아질 수 있고, 중소기업에서 중견기업으로 성장하는 기업이 많다는 것을 의미하기 때문에 국가경제의 역동성이 높다는 것을 의미하기도 한다.

'중소기업이 중견기업이 되고, 중견기업이 대기업이 되는' 진화 경로를 '성장 사다리'로 칭하기도 한다. 중소기업의 성장 사다리에서 중견기업이 되는 길목에는 여러 장벽이 있다. 중소기업 보호와 진흥의 정책들이 중견기업에 적용되지 않기 때문이다. 따라서 다양한 정책적 지원이 중견기업에 맞는 형태로 마련되고 있다. 중견기업은 이러한 제도적 환경 아래에서 건전한 경쟁력의 기업으로 성장할 수 있다.

중견기업에 대한 정의는 2014년에 제정된 「중견기업 성장촉진 및 경쟁력 강화에 관한 특별법」의 기준을 따른다.

〈표 13-14〉 중견기업 범위 기준

- 규모기준(일반중견기업): 3년 평균 매출액이 중소기업 업종별 매출액 기준을 초과하거나, 또는 자산총액(자본+부채) 5천억원 이상 10조원(상호출자제한기업집단 지정기준) 미만인 기업
- 피출자: 자산총액 5천억원 이상 10조원 미만인 기업이 주식을 30% 이상 직·간접적으로 소유하면서 최다출자자인 기업
- 관계기업: 주식 등 소유관계에 따라 지배·종속관계가 성립하는 관계기업군의 업종별 평균 매출액이 중소기업 규모를 초과하는 기업
- 이 중 주된 업종이 금융/증권업인 경우에는 제외됨.

중견기업은 2010년대에 들어서서 꾸준히 증가하고 있다. 일부 통계방식이나 중견기업 범위의 조정으로 다소의 편차가 있지만, 증가추세에 있는 것은 확연하다. 2017~2020년까지 중견기업 숫자의 빠른 증가는 (4차 산업혁명으로 인한) 코스닥 벤처기업의 양적 성장에 따른 것이다. 중견기업의 수는 2019년 5,007개사에서 꾸준히 증가하여 2022년 결산 기준으로 총 5,576개사이다. 중견기업 종사자 수는 158.7만명으로 전체 기업 종사자의 약 6.9%에 해당한다. 중견기업의 증가추세를 볼 때 향후 고용 비율은 더욱 높아질 것으로 기대된다.

▌강한 중소 · 중견기업과 히든챔피언

중소기업이 성장하면서 규모 측면에서 중견기업이 되는 것도 중요하지만 질적 측면에서 강한 경쟁력을 갖춘 기업으로 성장하여야 한다.

먼저 히든챔피언에 대해서 알아보자. 히든챔피언(Hidden champion)은 독일의 경영학자 헤르만 지몬(Hermann Simon)이 만든 용어다. 말 그대로 잘 알려지지 않은 강소기업을 말한다. 지몬은 세계시장에서 1~3위 이내 제품을 가지고 있고 매출이 일정 규모 이하(2009년 40억달러 이하, 2017년 50억유로 이하 등)이며 일반에 잘 알려지지 않은 기업을 히든챔피언으로 정의했다. 아래에 히든챔피언의 정의와 특징에 대해 잘 요약한 내용을 인용하였다.

독일의 히든챔피언[11)]

히든챔피언이 되기 위해서는 다음 3가지 기준이 충족되어야 한다. 시장점유율에서 세계시장 1~3위 또는 해당 기업의 대륙에서 1위인 글로벌 경쟁력을 갖춘 기업, 매출액이 40억달러 이하인 기업, 그리고 산업재(기계, 부품/소재 등) 생산에 치중하는 중소기업이며 일반 소비자들에게는 잘 알려져 있지 않은 대중적 인식이 낮은 기업이다. 이러한 조건을 갖춘 기업은 세계적으로 약 2,734개이고, 이 중 독일 기업이 1,307개로 절반을 차지한다. 한국은 23개로 세계 13위를 기록하고 있다.

히든챔피언은 모든 중소기업의 미래상 중 하나라고 할 수 있다. 세계시장에서 1~3위라니 멋지지 않은가? 더구나 100년을 바라보는 기업들이다. 우리나라에서도 히든챔피언 육성을 위해 정부 차원에서 애쓰고 있다.

중소벤처기업부에 따르면, '한국형 히든챔피언'이란 혁신성과 글로벌 지향성을 바탕으로 하는 독자적 성장기반을 갖추고, 세계시장에서 선도적 위치를 차지한 중소 · 중견기업을 말한다. 중소벤처기업부(당시 중소기업청)는 2016년에 "올해의 히든챔피언 선정에 관한 운영요령"을 고지하고, 아래 기준에 충족하는 기업을 한국형 히든챔피언으로 정하였다.

11) Hermann Simon(2009), *Hidden Champions of the 21st Century: Success Strategies of Unknown World Market Leaders*, London: Springer. 김익성(2014)에서 재인용.

한국형 히든챔피언 선정 요건

1. 세계시장 점유율 3위 이내 기업으로 세계시장 규모가 국내시장 규모의 2배 이상일 것
2. 최근 3년 평균 매출액 100억원 이상의 중소·중견기업일 것
3. 최근 3년 평균 매출액 대비 연구개발 비중이 4% 이상일 것
4. 최근 3년 평균 매출액 대비 수출 비중이 20% 이상일 것
5. 국내 특정 대기업 납품 비중이 50% 미만일 것

또한 히든챔피언 선정 요건으로서 다음 각 호의 요건 등을 추가로 평가하도록 정했다.

1. 세계시장 점유율 유지기한의 적정성
2. 연구개발 인력 및 보유 인프라의 우수성
3. 업종별 매출액 대비 연구개발 비중의 적정성
4. 임금수준, 기업 인적자원개발체계, 근로복지 수준, 인재육성에 대한 CEO의 의지와 이해도
5. 판매시장(납품 대상 기업 포함)의 다양성 및 질적 수준 등 독자적 성장기반 구축 여부
6. 최근 3년간 평균 영업이익률 등 성장의 지속성 및 안정성
7. CEO의 기업가정신과 사회적 책임 실천

정부는 혁신성과 성장잠재력을 갖춘 글로벌 강소기업을 지정하여 중소벤처기업부, 지자체, 민간 금융기관 등에서 맞춤형 집중 지원 등을 통해 글로벌 선도 중견기업으로 육성하는 제도를 운영하고 있다.

한걸음 더

- 우리나라 중견기업 중에서 히든챔피언으로 불리는 기업을 조사해보자.

3. 중소기업-대기업의 상생

중소기업과 대기업의 상생은 중소기업 경영의 주요 과제이다. 중소기업의 경영여건을 결정하는 핵심 조건이기 때문이다. 또한 중요한 사회적 과제이다.

3.1 갈등과 상생의 관계

중소기업과 대기업은 거래관계이기도 하고 경쟁관계이기도 하다. 이로써 갈등과 상생의 관계이기도 하다.

거래와 경쟁의 관계 구조

중소기업과 대기업의 관계는 시장경제의 핵심 구성요소가 된다. 무수한 거래가 대기업과 중소기업 간에 발생하고 있으며, 또한 서로 경쟁하고 있다. 이 관계는 크게 3개로 구분할 수 있다.

첫째는 중소기업이 공급자이고 대기업이 구매자인 관계이다. 가장 전형적인 관계이다. 중소기업은 여러 납품업체 중 하나가 되는 구조이다. 이 거래관계에서는 중소기업의 납품단가와 품질기준이 주요 이슈가 된다. 대기업의 입장에서는 중소기업 관계가 공급사슬관리(SCM)의 대상이 된다.

경영사례

"팔면 팔수록 손해" 초유의 사태… 사장은 '야반도주' 택했다

원자재값 쇼크… 폐업 내몰린 제조업 '뿌리', 위기의 제조 中企 "이러다 다 죽을 판"

니켈 · 아연 · 구리값 치솟는데, 납품 단가는 5년째 '제자리'

도금업체 "팔면 팔수록 손해, 업계 전체 가동중단 검토"

부산에 있는 자동차부품 도금업체인 A사는 지난달 부도가 나면서 사장이 임금체불 및 거래대금 미지급 등 사기 혐의로 구속됐다. 도금에 필요한 니켈 가격이 1년 새 두 배 이상 급등하면서 원자재값 부담을 더는 감당하지 못했기 때문이다. 손실이 걷잡을 수 없이 불어나자 인근 B사 사장은 '야반도주'를 택했다. (하략)

[자료: 한국경제(2022.4.8)]

이처럼 원자재 가격의 상승이나 여타의 비용상승 요인이 발생하여도 구매자인 대기업이 이를 납품가격에 반영해주지 않을 가능성이 크다. 공급자(납품업체)인 중소기업의 협상력이 약하기 때문이다. 그리고 납품을 하고 있거나 희망하는 중소기업의 수가 많기 때문이다.

한편 대기업의 입장에서는 기존 및 잠재적인 공급자의 수가 많고 공급자 교체비용이 크지 않을 때에 큰 교섭력(bargaining power)을 갖는다. 공급자의 생산비용이 높아졌다고, 굳이 납품가격을 올려주지 않아도 되는 것이다. 대기업-중소기업 납품관계에 대해서는 후술하였다.

둘째는 대기업이 공급자이고 중소기업이 구매자인 관계이다. 대부분 소수의 공급자 대기업과 다수의 구매자(고객) 중소기업이 있는 경우다. 구매자가 이 관계에서는 고객임에도 불구하고 교섭력이 부족하여 원재료 또는 부품의 공급가격이 높게 형성된다. 프랜차이즈 관계가 대표적이다. 이 경우 대기업이 본사가 된다. 산업재를 다수의 소규모 기업들에게 파는 B2B 대기업도 이러한 거래관계에 있다. 대기업이 공급자이므로 비용증가 요인은 즉각 공급가격에 반영된다. 재무적 잉여자원이 부족한 중소기업은 즉각 유동성의 압박을 받게 된다.

셋째는 동일한 시장과 고객을 두고 경쟁하는 관계이다. 당연히 대기업의 경쟁력에 의해 중소기업은 경영상 곤경을 겪는다. 규모의 경제성과 학습의 경제성이 모두 대기업의 것이다. 또한 재무 잉여자원의 차이로 인해 중소기업은 대기업의 파멸적 가격전략의 희생물이 될 수 있다. 이에 더하여 대기업이 대부분 기업집단에 소속되어 있다는 점으로 불공정 경쟁이 더 심화된다. 기업집단 계열사들의 **일감몰아주기**는 이미 기울어진 운동장을 더욱 기울어지게 만들 수 있다. 기업집단에 소속된 대기업이 그룹 내부시장(captive market)에서 이익을 얻고 외부시장에서는 마진에 개의치 않고 저가격 경쟁을 펼쳐 시장을 장악해갈 수 있다. 특히 골목상권에 해당하는 영세사업자들의 업역에서는 더욱 큰 타격이 발생할 수 있다. 골목상권 보호와 중소기업 업종 보호에 대해서는 뒤에서 다루었다.

공정경쟁과 공정거래는 중소기업 생존과 직결된다. 대기업-중소기업 간의 거래에 대한 규칙을 집행하는 심판으로서 공정거래위원회의 독립성과 권한을 강화할 필요가 있다.

경영의 새로운 관점: 관계경영

중소기업과 대기업의 관계를 논하는 것은 기존의 경영(학)에서 3가지 관점에서 다르다. 첫째는 대부분 기업경영의 방식은 초점기업(focal company) 중심으로 개발되어 있다. 공급망관리도 그렇고 고객관리도 그렇다. 주인공이 중심기업 하나인 셈이다. 그런데 중소기업－대기업 상생은 양 주체가 모두 이익을 보는 윈윈을 추구하므로 주인공이 둘이다. 서로 이해관계자가 되는 것이다.

둘째, 양자의 관계 자체가 중요한 전략적 자산이 된다. 두 주인공이 관계에 기반하여 공동으로 가치를 창출하는 것이다. 관계의 자산적 가치는 신뢰와 상호투자이다. 신뢰는 거래관계에서 서로의 최적 시점의 납품일자 조정을 해주고 생산재고의 부담을 덜어주는 등의 협력적 관계의 기반이 된다. 상호투자는 공동으로 기술개발 또는 시설을 투자하여 공동가치를 만들고자 하는 것이다.

셋째, 공동의 가치창출 활동이 되므로 가치배분에서 시혜적이지 않다. 즉, 대기업의 CSR 활동으로 중소기업이 수혜를 받는 게 아니고, 협동전략의 선택에 따른 성과배분이 되는 것이다. 지속가능성이 높다.

가치충돌과 가치독점

기업 간 거래에서 가치의 충돌은 빈번히 발생한다. 시장의 룰은 양자 간의 교섭력에 의해서 가치의 배분이 결정되는 것이다. 그런데 이 거래가 대기업과 중소기업 간에 이루어질 때 문제가 심각해진다. 대기업의 독점력이 시장거래의 공정성을 해치는 경우가 많기 때문이다.

대형 유통업체에 의한 지역상권(골목상권) 침해와 벤더(납품업체) 피해가 대표적인 예이다. 월마트로 인해 지역상권이 위기에 처하고 벤더들이 낮은 마진보장으로 어려움을 겪게 되는 현상을 비판하는 문구로서 "월마트화하다(Walmartization)"가 만들어졌다.[12] 아마존에 대해서도 비슷하게 "아마존화되다(Amazonized)"라는 말이 생겼다. 이는 온라인 상거래 업체인 아마존이 기존 영역들의 경계를 파괴하고 허물면서 공격적으로 사업을 확장해 나가는 상황을 빗대어 표현한 것이다. 아마존이 '파괴적 혁신'을 통해 여러 산업들을 점령하고 있다는 것이다. 월마트와 다르게 아마존은 플랫폼비즈니스로서 독점력을 갖고 있어서 더 큰 가치독점이 발생할 수 있다.

이같이 플랫폼비즈니스들이 거래업체와의 관계에서 독점력을 갖거나, 중소기업의 비즈니스에 타격을 가하는 경우에 문제가 커진다. 우리나라에서도 네이버와 카카오에 의해 유사한 현상이 발생하고 있다.

---

12) 제4장 부록 "월마트 경영방식의 비판"을 참조할 것.

경영사례

미국 휩쓴 Amazonized… 한국은 'NAVERized' 시대

미국 유통업계에 '아마존당했다(Amazonized)'란 말이 있다. 세계 최대 인터넷 쇼핑몰 아마존이 이커머스(전자상거래) 시장은 물론 오프라인 유통까지 모두 집어삼킨 현상을 말한다. 아마존 등장 이후 장난감 왕국 토이저러스가 도산했고 100년 역사를 자랑하는 백화점 체인 시어스와 바니스 뉴욕이 최근 잇따라 파산했다.

이를 한국에 적용하면 '네이버당했다(NAVERized)'란 말이 가능하다. 전 국민 포털 이용자를 발판으로 상품검색부터 가격비교, 간편결제까지 강력한 쇼핑 플랫폼을 구축, 온라인 쇼핑·결제수요를 급속히 빨아들이고 있다. 네이버 통장과 유료 멤버십 가세로 무섭게 질주하는 네이버를 두고 국내 온·오프라인 유통업계에서는 "네이버를 거치지 않으면 장사하기 어렵다"는 말이 나온다. (하략)

[자료: 뉴스1(2020.6.1)]

기술탈취와 이익침해

대기업-중소기업 관계는 사회적으로 많이 논의되고 있다. 대부분 대기업에 의한 중소기업의 피해에 관한 것이다. 주요 내용은 대기업에 의한 중소기업의 이익침해, 기술탈취, 불공정거래 등이다.

아래 기사들에 현대그룹의 계열사들이 공급업체인 중소기업의 기술탈취와 '납품단가 후려치기'의 사례가 나와 있다. 특히 두 번째 기사는 현대차의 1차 협력업체가 2차 협력업체에게 납품단가를 부당하게 깎아내린 사례이다. 이처럼 공급자관계에서 협상력이 큰 기업이 부당한 방식으로 거래조건을 변경하는 것을 '우월적 지위남용'이라고 한다. 우리나라 공급자관계에서 자주 발생하는 불공정거래의 예이다. 협력업체에 대한 강력한 교섭력을 바탕으로 **'비용 떠넘기기'**를 하는 것이다. 기업윤리 문제가 중소기업(납품업체) 관계에서 두드러지게 나타나는 것이다.

경영사례

현대차, '중소기업 기술탈취 논란' 특허소송 최종 패소

중소기업의 악취 제거 기술을 탈취한 의혹을 받는 현대자동차가 관련 특허 소송에서 최종 패소했다. (중략) BJC는 2004년부터 현대차 도장과정에서 발생하는 악취를 제거하는 작업을 맡아온 중소기업이다. 2006년엔 현대차와 함께 미생물을 이용해 악취를 제거하는 특허를 공동개발해 등록했다.

하지만 현대차는 2015년 1월 새로운 기술을 경북대와 공동개발했다며 특허를 출원한 뒤 BJC와 계약을 중단한다. 이에 BJC는 이듬해 4월 현대차가 새로 발명했다는 특허등록을 무효로 해달라며 특허심판원에 심판을 청구했다. 특허심판원은 "신규성은 부정되지 않지만, 선행 발명들로 진보성이 부정된다"며 현대차의 특허 무효 결정을 내렸다. (하략)

[자료: 중앙일보(2019.7.12)]

현대차 1차 협력사 '납품단가 후려치기'… 과징금 철퇴

'납품단가 후려치기' 업체에 대해 공정거래위원회가 5억원 가량의 과징금 철퇴를 내렸다. 공정위는 12일 원가절감 명목으로 하도급업체에게 납품단가 인하를 강요한 자동차 부품 제조업체 서한산업에 과징금 5억 400만원을 부과하기로 결정했다고 밝혔다. 서한산업은 현대자동차의 1차 부품 협력사다.

공정위에 따르면 서한산업은 자동차 핵심 부품인 하프 샤프트, 앞 차축 등의 소재 가공과 열처리를 하도급업체에 위탁하는 과정에서 원가절감 목표를 달성하겠다는 이유로 납품단가를 일방적으로 인하했다. 2009년 11월에는 사유 없이 하도급업체인 M사의 납품대금을 1억 1,945만원가량 깎았다. 서한산업은 2007~2008년 신규 차종의 부품 수주에 실패하자 회사의 경영위기로 인식하고 구매업무 총괄조직을 신설, 납품단가 인하 작업에 들어갔던 것으로 나타났다. (하략)

[자료: 헤럴드경제(2013.5.12)]

공정거래위원회에서는 기업 간 공정한 거래가 이루어지는가를 본다. 우월적 지위남용으로 납품단가 인하압력은 부당거래행위이다. 서한산업의 사례를 보면, 이 회사가 2007~2008년에 신규 차종의 부품 수주에 실패하자 경영위기가 도래했다. 그리하여 경영위기를 타개하기 위한 방편으로 납품단가 인하작업에 들어갔다. 기업이 위기에 처할 때, 우월적 지위를 이용하여 협력업체에 비용을 떠넘기는 불공정한 거래행위이다.

한걸음 더

- 우리 회사가 경영상 곤경에 처할 때, 비용의 일부를 거래업체에 전가하여 기업회생을 도모하는 행위를 어떻게 생각하는가? 비윤리적인가? 어쩔 수 없는가?

한편 아래 기사를 통해 알 수 있듯이 애플도 우월적 지위를 이용하고 있다. 정당할까?

경영사례

"애플은 바가지 장사꾼" 맹폭 머스크에 소비자들 열광

"앱 수수료는 글로벌 세금", 애플에 소송 낸 '에픽' 편들며 비판, 애플 이익률 43% '착취적 수준'

테슬라 최고경영자(CEO) 일론 머스크가 애플이 앱 수수료를 비싸게 받고 있다며 강도 높게 비난했다. 머스크는 30일(현지시간) 앱 장터 수수료를 놓고 애플과 소송을 벌이고 있는 게임 개발사 에픽을 편들면서 애플이 "명백하게 앱스토어로 (수수료) 바가지를 씌우고 있다"고 했다. (중략)

애플은 각종 서비스료를 높게 책정하고 있다. 앱 수수료의 경우 전 세계 공통으로 30%를 적용하고 있고 한국도 예외는 아니다. 안드로이드 구글 플레이스토어를 운영하는 구글도 30%의 수수료를 책정하고 있다. 구글은 더 나아가 모든 콘텐츠업체들이 구글결제를 이용하도록 강제할 방침이어서 업계의 반발을 사고 있는 중이다. 전 세계 앱시장에서 애플과 구글이 80% 이상을 장악하고 있는 상황에서 두 기업이 은연중에 담합을 하고 있다는 지적도 나온다. 현재 미 독점 당국은 애플과 구글의 독과점 폐해를 조사하고 있다.

에픽은 작년 8월 애플의 앱 장터 수수료 정책에 반기를 들고 자체 앱 결제 시스템을 도입했고 애플은 규정 위반을 내세워 에픽 인기게임 '포트나이트'를 앱스토어에서 퇴출했다. 그러자 에픽은 애플을 상대로 반독점 소송을 제기했다. (하략)

[자료: 디지털타임스(2021.7.31)]

3.2 상생경영과 동반성장

중소기업과 대기업의 상생은 왜 중요할까?

▌중소기업-대기업의 상생

공정한 시장거래와 공정한 시장경쟁이라는 기본 원칙에서 중소기업은 대기업의 시장 왜곡 행위로부터 보호받아야 한다. 자본주의 시장시스템에서 당연한 것이다. 그러나 상생이라는 표현을 쓸 때에는 더 적극적인 의미가 있다.

중소기업-대기업 간 상생과 동반성장의 추구는 일종의 포지티브 전략으로서 당사자 간의 능동적 역할을 요구한다. 상생의 관계가 되면 중소기업은 더 많은 이익을 얻고 더 많은 임금을 주면서 혁신과 생산성 제고에 매진할 수 있다. 대기업은 중소기업의 혁신과 높은 생산성으로 양질의 부품을 낮은 가격으로 공급받을 수 있다. 결과적으로 양자가 공존하고 함께 성장하게 된다.

이처럼 개별 중소기업 차원이 아닌 대기업과 중소기업 모두의 관점에서 봐야 한다. 아래의 <표 13-15>에 상생의 중요성을 국가경제 기여를 포괄하여 요약하였다.

〈표 13-15〉 중소기업-대기업 상생의 효과

건전한 기업생태계 형성과 경제역동성	• 협력과 공동가치 창출 • 상호학습과 기술이전 등 • 대기업의 경영위험을 완충시켜줌
경제적 가치의 재배분과 사회적 균형 회복	• 중소기업의 고용 증가로 일자리 창출 효과 • 중소기업 임금상승과 고용조건 개선으로 사회양극화 해소 • 대기업 중심 국가경쟁력의 위험 극복

동반성장의 제도적 노력

동반성장은 기업의 불공정행위 예방과 협업 모델 구축을 통해 기업 간 격차를 해소하기 위한 목적으로 시행되고 있다. 동반성장과 상생은 우리 경제의 체질을 개선하고 양극화 등의 문제를 해소하기 위한 중요한 과제이다. 시장경쟁이 교섭력과 시장지위에 의해서만 결정되는 구조의 한계가 있는 것이다. 이러한 문제를 해결하기 위한 기초로서 2006년 3월에 「대·중소기업 상생협력 촉진에 관한 법률」이 제정되었고 이후 계속 개정법안이 만들어지고 있다.

또한 대기업-중소기업의 동반성장을 촉진하기 위해 동반성장위원회가 2010년에 출범하였다. 주요 기능과 사업은 아래와 같다.

〈표 13-16〉 동반성장위원회의 주요 기능과 사업

혁신주도형 동반성장운동	대·중소기업 간 양극화 해소를 위해 2018년부터 「임금격차 해소 운동」을 중점사업으로 추진, 2019년부터 중소기업의 기술 경쟁력 제고를 지원하고, 혁신으로 도출된 성과의 공정한 배분 프로그램을 강조한 "혁신주도형 임금격차 해소 운동"으로 변경
동반성장지수 산정/공표	대기업별 동반성장 수준을 평가하여 계량화한 지표를 정기적으로 산정·공표함으로써 대·중소기업 간 동반성장을 촉진. 「대·중소기업 상생협력 촉진에 관한 법률」에 의거함

중소기업적합업종 합의/공표	중소기업이 경쟁력을 발휘할 수 있는 분야를 민간 중심으로 합의하여 운영함. 대기업의 무분별한 진출로 중소기업 경영악화를 초래한 경우 사회적 합의를 통해 다양한 역할분담 기준을 제시하고, 중소기업이 경쟁력을 확보할 수 있는 기회를 제공하기 위함. 「대·중소기업 상생협력 촉진에 관한 법률」에 의거함
그 외 사업	• 소상공인 생계형 적합업종 제도 지정 추천 • 협력사 ESG 지원 • 신용카드 영세가맹점 지원 • 동반성장 커뮤니티 구축 • 공공기관 동반성장 평가 등

자료: 동반성장위원회 홈페이지.

중소기업 적합업종 제도

중소기업 적합업종 제도는 중소기업 적합업종·품목을 선정하여 중소기업과 대기업의 합리적인 역할분담을 유도함으로써 중소기업의 사업영역을 보호하기 위한 제도이다. 중소기업 적합업종·품목이란 중소기업의 형태로 사업을 영위하는 것이 적합한 분야(서비스업 포함)를 말한다.

중소기업 적합업종 제도에 많은 논란이 있다. 해당 업종의 제품품질이나 가격에서 개선이 이뤄지지 않을 것이어서 소비자들이 피해를 볼 수 있다는 논란이 있다. 중소기업 적합업종에 외국 대기업은 진출이 허용되어 있어서 국내 대기업에 역차별이 된다는 비판도 있다. 그 외에도 시장 본연의 기능을 왜곡하는 정도가 크다는 비판 등 여러 논란이 있다. 그렇지만 중소기업 적합업종 제도가 존재함으로써 중소기업들이 창업과 생존에 큰 도움을 받고 있다. 자영업자 비중이 높은 우리나라의 현실에 맞는 제도라고 볼 수 있다. 중소기업들이 건강한 경쟁을 하는 시장을 만들어주는 것도 중요하다.

경영사례

현대차 중고차 시장 진출… 레몬마켓 바꾸는 '메기' 될까

정부가 현대차그룹을 비롯한 완성차업체의 중고차 시장 진출을 허용하면서 중고차 시장에 지각변동이 일고 있다. 소비자의 중고차 선택폭이 넓어져 중고차 시장이 한 단계 도약할 것이라는 기대가 크지만, 기존 중고차업계는 시장 파이를 뺏긴다며 반발하는 분위기다.

중고차 '생계형 적합업종' 제외

중소벤처기업부는 최근 중고차 판매업에 대한 생계형 적합업종 심의위원회를 열고 중고차 판매업을 '생계형 적합업종'으로 지정하지 않기로 결정했다. 위원회는 "기존 중고차업체 매출 규모가 비교적 크고 소상공인 비중이 낮아 생계형 적합업종 지정 요건인 '규모의 영세성' 기준에 부합하지 않았다"고 밝혔다.

중고차 판매업은 2013년부터 대기업 진출이 막힌 '중소기업 적합업종'으로 분류돼 왔다. 2019년 보호기간이 만료됐지만 중고차업계가 다시 '생계형 적합업종' 지정을 신청하며 수년째 대기업 진출이 막힌 상태였다. (하략)

[자료: 매경이코노미 제2152호(2022.3.25)]

현대차 중고차 진출 100일… 하루 10대 팔렸지만 신뢰도 '상승'

현대자동차는 지난해 10월 시작한 인증 중고차 판매 대수가 1,057대로 집계됐다고 4일 밝혔다. 하루 평균 10대가량이 판매된 셈이다. "현대차그룹이 중고차 시장에 진출하면 기존 사업자가 모두 망한다"고 했던 중고차 업계의 우려는 기우에 불과했다. 현대차가 중고차 시장에서 성과를 내지 못하는 이유로는 비싼 가격과 적은 매물이 꼽힌다. (하략)

[자료: 중앙일보(2024.2.4)]

한걸음 더

- 완성차업체가 중고차 사업에 진출하는 것을 어떻게 생각하는가? 토론해보자.

성과공유제

성과공유제(BS: benefit sharing)는 수탁기업인 협력사(중소기업)가 위탁기업(대기업)의 지원으로 달성한 성과(원가절감 등)를 사전에 정해진 배분규칙에 따라 위탁기업과 공유하는 제도이다.[13] 성과공유제는 대기업과 중소기업 간의 협력관계가 있을 때, 어떠한 형태로든지 이들이 함께 노력을 해서 성과를 만들어내게 되면 대기업과 거래 협력업체가 함께 나누는 것이다. 이로써 경영혁신과 생산성 증대 같은 경제적 효과를 더 높이려는 목적이다.

협력의 방식은 대체로 3가지 방법을 따른다. 공급사가 제안하는 방식, 수요자 대기업이 공급자를 개발하는 방식, 신제품 공동개발 등이다.[14] 공급자제안 방식은

13) 성과공유제는 원래 일본 자동차산업의 수직계열시스템 속에서 생겨난 제도이다. 그 제도가 2000년대에 한국에 도입되어 이후 법적 근거를 가진 제도로 발전해 왔다.

14) 김경묵(2009).

공급자인 중소기업이 새로운 아이디어와 기술을 개발하여 제안하고 대기업이 지원하는 방식이다. 성과를 거두게 되면 미리 정해진 비율에 따라 성과를 배분한다. **공급자개발 방식**은 공급자의 역량을 개발하기 위해 대기업이 주도하여 수행하는 활동이다. 자사의 제품에 핵심적인 부품을 생산하는 공급자를 선정하여 이 공급자의 공정, 제품설계 및 생산, 품질관리 등을 혁신하고 그로써 창출된 가치를 사전에 정한 방법에 따라서 나누는 것이다. **신제품 공동개발**은 신제품개발 초기에 목표 품질과 원가를 정하고 목표달성 시에 경제적 이익을 산정하여 수요자 대기업과 공급자 중소기업이 나누는 것이다. 이상의 결과로 인한 이득은 [그림 13-4]와 같은 방식으로 현금보상이 된다.

[그림 13-4]를 설명해보자. 대기업과 중소기업의 협력적 노력으로 중소기업 제조원가가 75원에서 40원으로 낮아지게 되면 납품가격을 100원에서 80원으로 조정해주는 것이다. 이로써 수요자 대기업은 단위당 원가가 100원에서 80원으로 줄어들었고, 공급자 중소기업은 단위당 마진이 25원에서 40원으로 늘어나게 되었다. 그리고 수요자 대기업의 가격경쟁력이 높아져서 매출이 늘어나게 되면 중소기업의 혜택은 그만큼 더 커질 것이다.

이러한 성과공유제를 통해서 무엇을 얻고자 하는가? 대기업의 도움을 받거나 도움을 받지 않더라도 중소기업들이 끊임없이 혁신을 해나갈 수 있다. 혁신의 결과를 대기업에 모두 빼앗기지 않을 것이기 때문이다. 또한 중소기업 혼자서 하기

[그림 13-4] 성과공유제: 현금보상 형태

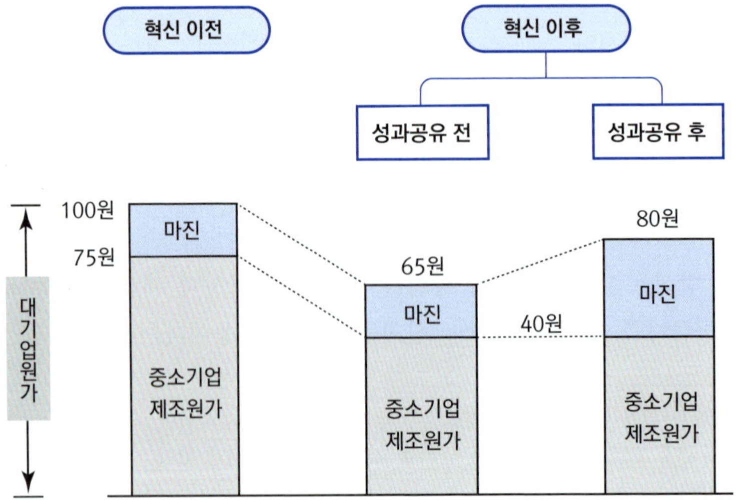

어려운 혁신을 대기업의 지원 또는 투자를 받아서 하기 때문에 성공확률이 높아진다. 장기적 윈윈(win-win)의 관계로 발전되는 것이다. 중소기업의 헌신과 더 많은 혁신의 노력을 성과로 공유받을 수 있는 상생의 관계 모델이다.

한편 대기업의 입장에서 망설여지는 점도 있다. 대기업은 무엇보다 교섭력(bargaining power)의 약화를 두려워한다. 성과공유는 무엇보다도 동반자적 관계가 전제되어야 한다. 동반자적 관계는 거래 쌍방에게 족쇄(hold-up) 문제를 야기하는데, 대기업은 족쇄로 인하여 중소기업의 기회주의적인 행동에 노출되는 상황을 두려워한다. 그리고 신제품 및 회사의 중요 정보가 경쟁사들에게 넘어가는 상황이 와서 경쟁지위가 약화되는 것도 두려워한다. 또한 대기업은 성과공유제도가 경제적 부담을 증가시킬 것이라는 우려감을 가지고 있다. 제안의 실행, 중소기업 개발, 공동개발 등을 수행하는 과정에서 물적·인적자원의 투입이 크다. 또한 전통적인 분배체계하에서는 대기업이 우월한 교섭력을 행사하여 협력 이익을 다 차지할 수 있다. 그렇기 때문에 대기업은 성과공유제도를 배분하지 않아도 될 이익을 배분하게 만드는 제도로 생각할 수 있다.[15)]

두 행위자 간의 신뢰가 중요함을 말해준다. 전통적으로 대기업-중소기업 간 신뢰가 약한 편인 우리나라에서 이 제도의 정착에 시간이 필요함을 알 수 있다. 한편, 이 제도의 성공경험을 통해 기업 간 신뢰가 빠르게 축적될 수 있다. 성공경험의 내재화가 태도변화의 가장 빠른 길이기 때문이다.

한걸음 더

- 우리나라에서 성과공유제도를 성공적으로 정착시킨 사례로 포스코와 협력업체의 관계를 들고 있다. 포스코는 일찍이 2004년부터 성과공유제를 도입했고, 2012년에 제도 개정을 통해서 다양한 형태의 성과공유모형을 적용하고 있다. 조사해보자.

대기업 중심의 국가경제의 위험성을 극복하기 위해서라도 대기업과 중소기업 간의 균형 성장이 매우 중요하다. 치열한 시장경쟁 속에서 좋은 경영을 한 기업이 더 성장하는 경제가 되어야 한다. 재벌 대기업집단에 소속되어 있다는 이유만으로 살아남고 그 재벌집단에 소속되지 않았다는 이유만으로 약간의 경영상 위기만 와도 도산하게 되는 경제체제는 잘못된 것이다. 중소기업과 대기업의 상생경영은 그 자체로 우리나라 경제구조 혁신의 한 방법이 될 수 있다.

---

15) 김경묵(2012), p. 56.

REFERENCE 참고문헌

권석균(2018), "중소기업의 경영관리 이슈와 촉진방안", 『글로벌경영연구』, 30(2), pp. 1-16.

김경묵(2012), "대 · 중소기업 간 협력 성과의 공유: 성과공유제도와 협력이익배분제도 비교", 『KBR』, 16(1), pp. 51-79.

김경묵(2009), "상생 협력의 문화 정합성에 관한 연구: 한 · 미 · 일 성과공유(Benefit Sharing) 관행 비교를 중심으로", 『경영학연구』, 38(1), pp. 133-163.

김익성(2014), "'독일 중소기업의 생태계 연구' 한국기업에 주는 시사점: 독일 히든챔피언기업을 중심으로", 『경상논총』, 32(1), pp. 69-95.

박상범(2021), 『중소기업경영론』, 탑북스.

이윤보 · 이병구(2017), 『중소기업경영』, 시대가치.

전상길 · 노진수(2013), "POSCO 동반성장의 기본원리와 9대 성공 DNA: 공급사슬측면을 중심으로", 『KBR』, 17(3), pp. 207-231.

정재만(2021), "중소기업-근로자 간 성과공유제의 거래 네트워크 파급효과", 『중소기업금융연구』, 41(3), pp. 61-84.

통계청(2023), 「2022년 기업생멸행정통계」, (보도자료 2023.12.21).

한국은행(2010, 2020, 2022, 2023), 각년도 「기업경영분석」.

Cafferata, R., Abatecola, G. & Poggesi, S.(2009), "Revisiting Stinchcombe's 'liability of newness': A Systematic Literature Review," *International Journal of Globalisation and Small Business*, 3(4), pp. 374-392.

Simon, H.(2009), *Hidden Champions of the 21st Century: Success Strategies of Unknown World Market Leaders*, London: Springer.

Stinchcombe, A. L.(1965), "Social Structure and Organizations," In *Handbook of Organizations*, J. G. March(Ed.). Chicago: Rand McNally.

▨ [추천 교재]

박상범(2021), 『중소기업경영론』, 탑북스.

이윤보 · 이병구(2017), 『중소기업경영』, 시대가치.

CHAPTER 14

벤처의 경영

이 장의 구성

FUNDAMENTALS OF MANAGEMENT

벤처기업의 시대이다. 인터넷과 통신과 컴퓨터가 연결된 새로운 시대에서 과거와 비교할 수 없을 만큼 사업기회가 많아졌다. 기술과 비즈니스 모델로 무장한 스타트업이 전 세계적으로 출현하면서 산업구조가 변하고 있다. 자본주의의 성숙성이 높아지고 있는 상태에서, 새로운 형태의 역동성을 불어넣어주는 데 벤처기업이 중요한 역할을 담당하고 있다.

벤처기업은 독특한 경영 상황 속에 처해 있다. 개척자형 기업이 가지는 불리한 점을 극복해야 한다. 벤처기업의 창업과 성공은 기술적 여건과 자본시장을 비롯하여 다양한 환경적 요소에 영향을 받는다.

본 장에서는 한국 벤처기업을 중심으로 주요 경영 이슈와 환경조건에 대해서 공부하기로 한다. 1절에서는 벤처기업의 정의와 한국 벤처의 역사를, 2절에서는 벤처의 창업과 자금조달에 대해 설명하였다. 3절에서는 벤처기업의 성장을 위한 경영관리 이슈를 알아보고, 전 세계 유니콘기업의 동향을 살펴보았다.

- 한국 벤처의 주요 모습과 역사를 알아보자.
- 벤처 창업의 동기와 벤처기업가의 특성을 알아보자.
- 벤처기업의 자금조달 방식과 자본시장을 알아보자.
- 신경제에서 어느 비즈니스에 스타트업이 몰리고 있는지 알아보자.

1. 벤처기업과 벤처생태계

1.1 벤처기업의 기준과 유형

벤처기업이란 무엇인가? 벤처기업의 정의에 대해서 명확하게 학술적 정의를 내릴 수 있는 것은 아니다. 벤처기업을 나라별로 다르게 정의하고 있지만 공통적인 속성이 있다.

미국에서는 위험성이 크나 성공할 경우 높은 기대수익이 예상되는 신기술 또는 아이디어를 독립기반 위에 영위하는 신생기업(new business with high risk-high return)으로 규정하고 있다. 그리고 벤처기업 투자기관인 벤처캐피탈(venture capital)이 일정 비율 이상으로 투자한 회사로 벤처기업을 정의하기도 한다. 일본이나 다른 나라들에서도 다양하게 벤처기업을 정의하고 있다. 대부분 새로운 사업, 이전에 없던 사업, 높은 기술집약적 사업 등 다양한 기준을 적용한다.

종합하면, 벤처기업은 위험성이 크나 성공할 경우 높은 기대수익이 예상되는 신기술 또는 새로운 아이디어를 독립적으로 개발하고 비즈니스 형태로 발전시킨 신생기업이다. 기술과 아이디어를 혁신으로 성공시키고, 이 혁신을 구체화시켜주는 제품과 서비스 개발, 그 이후 전혀 새로운 시장을 개척하는 데는 큰 위험(모험)이 따른다. 벤처기업은 이러한 위험을 감수한 개척자형 기업이다.

이러한 위험감수형 기업에 투자하는 전문투자기관으로서 벤처캐피탈이 있다. 벤처캐피탈(VC: venture capital)은 벤처기업에 높은 위험(high risk)을 감수하고 높은 자본이득(high return)을 얻고자 자본투자와 컨설팅을 하는 투자회사이다. 벤처캐피탈은 미국에서 1920년대부터 시작된 투자자본으로서 1960년대부터 활성화되기 시작하였다. 1980년대부터 정보기술을 비롯한 신산업이 태동되자 벤처투자가 본격화되었고, 1990년대 인터넷과 정보기술이 비약적으로 발전하자 관련 벤처기업의 창업 붐에 힘입어 벤처캐피탈이 전 세계적으로 확산되었다.

벤처기업 확인제도와 지원정책

우리나라에서는 벤처기업 기준을 정하고 이를 통해 벤처기업 확인제도를 운영하고 있다. 벤처기업 확인제도는 「벤처기업육성에 관한 특별조치법」의 요건에 해당하는 기업을 확인하여 시장진입이 어려운 사업초기에 인적/물적자원을 지원하는 제도이다. 벤처기업 요건은 공통요건으로 벤처 평가기관으로부터 기술 및 경영혁신에 관한 능력이 우수한 것으로 평가받아야 한다.

벤처기업의 인증요건에 따른 벤처기업의 유형은 다음과 같다.[1)]

첫째, 벤처투자기업이다. 이는 투자적격기관으로부터 일정 금액 이상의 투자를 받은 기업이다. 창업투자회사, 신기술사업금융업자, 한국벤처투자조합 등 다양한 유형의 투자기관들이 있는데, 벤처에 관련된 고위험 사업군에 투자하는 목적으로 만들어진 자본집단이다. 이러한 벤처캐피탈이 일정 비중 이상으로 투자한 기업을 말한다.

둘째, 연구개발기업이다. 연구개발의 담당 조직이 있고 연구개발비가 매출액 대비 매우 높은 기업이다. 또한 특허, 실용신안권, 또는 다양한 형태의 핵심적인 기술개발 사업에 의해서 발생된 매출액이 큰 기업을 말한다.

---

1) 기존의 4가지 벤처기업 유형을 2021년에 기준을 변경하여 3가지 유형으로 단순화하였다.

셋째, 혁신성장기업이다. 벤처기업 평가기관으로부터 기술의 혁신성과 사업의 성장성을 높게 평가받은 기업이다. 벤처기업은 당장 수익을 창출하지 못하므로 전문기관들이 기술과 사업성을 평가하여 벤처기업으로 인정하게 된다.

이상의 벤처기업 유형을 <표 14-1>에 정리하였다. 벤처의 적격투자기관과 전문평가기관은 <표 14-2>와 같다.

〈표 14-1〉 우리나라 벤처기업의 유형별 인증요건

유형	기준요건
[유형1] **벤처투자기업**	• 적격투자기관으로부터 유치한 투자금액이 5천만원 이상 • 자본금 중 투자금액의 합계가 차지하는 비율이 10% 이상
[유형2] **연구개발기업**	• 벤처기업법(2조)에 따른 기업부설연구소, 연구개발전담부서, 기업부설창작연구소 중 1개 이상 보유 • 벤처기업확인 요청일이 속하는 분기의 직전 4개 분기 연구개발비가 5천만원 이상이고, 같은 기간 총매출액 대비 연구개발비 비율이 5% 이상 • (창업 3년 미만 기업) 벤처확인 요청일의 직전 4분기 연구개발비가 5천만원 이상 • 벤처기업확인기관으로부터 사업의 성장성이 우수한 것으로 평가받은 기업
[유형3] **혁신성장기업**	• 벤처기업 전문평가기관으로부터 기술의 혁신성과 사업의 성장성이 우수한 것으로 평가받은 기업

〈표 14-2〉 벤처의 적격투자기관과 전문평가기관

유형	조직
적격투자기관	중소기업창업투자회사, 한국벤처투자, 벤처투자조합, 농식품투자조합, 신기술금융업자, 신기술사업투자조합, 창업기획자(액셀러레이터), 개인투자조합, 전문개인투자자(전문엔젤), 크라우드펀딩, 한국산업은행, 중소기업은행, 일반은행, 기술보증기금, 신용보증기금, 신기술창업전문회사, 공공연구기관첨단기술지주회사, 산학협력기술지주회사, 경영참여형사모집합투자회사, 외국투자회사, 중소벤처기업진흥공단
전문평가기관	기술보증기금, 나이스평가정보(주), 연구개발특구진흥재단, 한국과학기술정보연구원, 한국농업기술진흥원, 한국발명진흥회, 한국생명공학연구원, 한국생산기술연구원, 한국평가데이터(주)

벤처기업 지원정책으로는 자금조달 및 금융지원, 세제혜택으로서 법인세·소득세 50% 감면, 그 외 각종 세금 감면 또는 면제, 연구소 설립조건 완화, 기술인력 지원, 코스닥 상장등록 지원, 그 외 각종 인증 및 사업신청 시 가점부여 등이 있다.

벤처기업 현황

벤처기업의 추세를 보면, 전체 기업 수는 완만하게 증가하고 있다. 총 인증 벤처기업은 1998년 2,042개에서부터 2023년 12월 기준으로 40,081개까지 증가하였다. 이들 회사의 유형을 보면 벤처투자기업이 6,930개사(17.3%), 연구개발기업이 6,931개사(17.3%), 혁신성장기업이 25,953개사(64.8%), 예비벤처 267개사(0.7%) 등이다.[2] 자기자본 조달의 대표적 형태인 벤처투자기업의 비중이 낮은 편이어서 우리나라 벤처기업의 재무리스크가 잠재해 있는 상황이다. 미국에서 대부분 벤처기업이 투자시장을 통해서 자기자본을 확충하여 사업을 영위하는 것과 비교되는 상황이라 할 수 있다.

산업별 동향을 보면, 의외로 일반제조기업과 일반서비스를 합하면 46.9%에 이른다. 반면에 첨단제조와 첨단서비스를 합한 기업의 비중은 50.4%에 그치고 있다. 이로써 벤처기업이 첨단기술의 뒷받침이 없어도 비즈니스모델 혁신이나 사업의 성장성만으로 가능하다는 것을 의미한다.

[그림 14-1] 벤처기업의 증가 추세(1998~2023년)

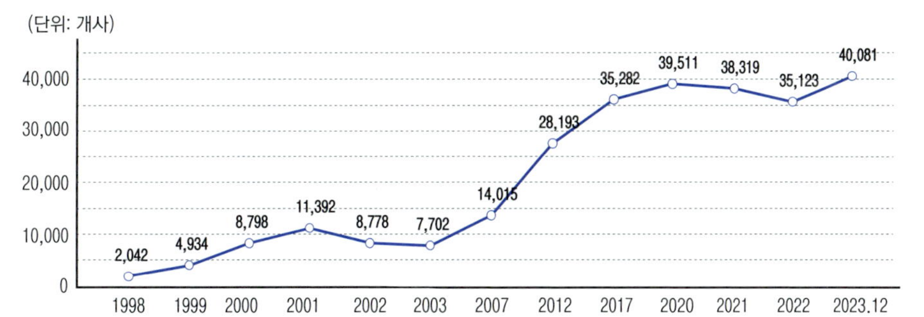

자료: 벤처기업확인기관 홈페이지, https://www.smes.go.kr/venturein/

2) 2022년에 벤처기업유형이 변경되어서 관련 통계에 다소 편차가 있겠지만, KOSIS 통계에서 2022년 벤처유형 비율을 보면 벤처투자기업 13.6%, 연구개발기업 19.0%, 혁신성장기업 58.9% 등이다. 2022년도에도 벤처투자기업의 비율이 낮음을 알 수 있다.

〈표 14-3〉 벤처기업 산업별 현황(2022년 말 기준)

산 업		기업 수 (%)
첨단제조	에너지/화학/정밀	2,544
	의료/제약	1,209
	컴퓨터/반도체/전자부품	3,260
	통신기기/방송기기	1,157
	합계	8,170 (25.4%)
일반제조	기계/자동차/금속	4,390
	음식료/섬유/비금속/기타제조	5,902
	합계	10,292 (31.9%)
첨단서비스	소프트웨어개발/IT기반서비스	4,388
	정보통신/방송서비스	3,682
	합계	8,070 (25.0%)
일반서비스	도소매/연구개발서비스/기타서비스	4,823 (15.0%)
기타		869 (2.7%)
총계		32,224 (100%)

자료: KOSIS, 벤처기업정밀실태조사, 2023.

벤처기업을 업력별로 구분하여 보면 아래와 같다. 초기창업기업(3년 미만)이 12.0%, 창업기업(7년 미만)이 46.2%에 이른다. 즉, 절반 이상이 이제 창업기업이 아님을 알 수 있다.

[그림 14-2] 벤처기업의 업력 분포(2023년)

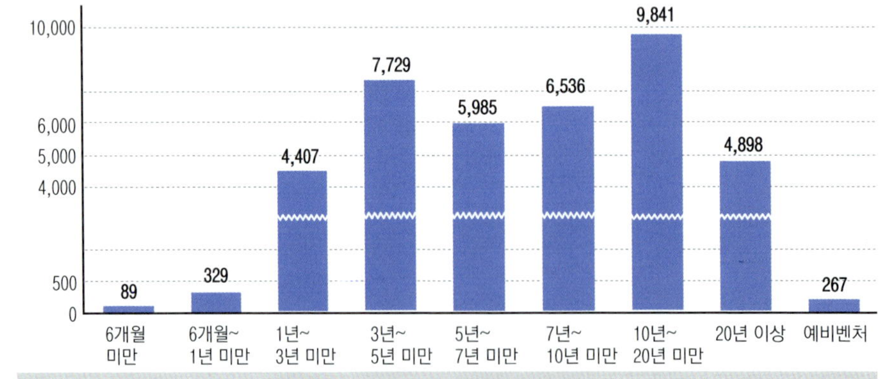

비율(%)	0.2	0.8	11.0	19.3	14.9	16.3	24.6	12.2	0.7

자료: 벤처기업확인기관 홈페이지, https://www.smes.go.kr/venturein/

스타트업 기업

벤처기업과 혼용해서 쓰이는 것으로 스타트업이 있다. 스타트업(start-up)이란 새로운 기술이나 아이디어를 가지고 도전하는 기회형 창업의 기업이다. 기술창업을 강조하는 벤처에 비해서 폭넓게 사용되고 있다. 우리나라에서는 벤처기업 확인제도의 요건을 충족하지 못한 기업이라도 참신한 아이디어와 비즈니스 모델을 바탕으로 설립되어 고위험, 고수익, 고성장을 추구하는 기업으로 보면 되겠다. 또한 스타트업은 창업 초기에 해당하는 기업으로서 폭발적인 성장이 기대되는 기업을 의미하기도 한다. 위 [그림 14-2]에서 이미 성숙기에 진입한 벤처기업은 스타트업이 아니다.

2010년대에 더 일반화된 스타트업은 미국을 비롯한 일부 국가에서 혁신지향의 신경제모델을 추구하면서 창업과 기업가정신이 국가전략 차원에서 강조되면서 부각되었다. 오바마 대통령의 Start-up America를 비롯해 유럽의 Entrepreneurship 2020전략, 이스라엘의 국가주도의 스타트업 전략이 전 세계에 영향을 미치게 되었다.[3] 우리나라에서도 스타트업 육성전략을 다양한 형태로 전개하고 있다. 스타트업 동향에 대해서 뒤에서 자세히 살펴보기로 한다.

이하에서는 벤처기업과 스타트업을 혼용해서 쓰기로 한다. 두 기업 유형의 차이가 명확한 경우에만 구분하여 설명하였다.

1.2 한국 벤처의 성장

역사적으로 보면 벤처기업은 1980년대 초반에 태동하였다. 1세대 벤처기업이라 할 수 있는 큐닉스(1981년), 비트컴퓨터(1983년), 미래산업(1983년), 메디슨(1985년) 등이 창업되었다. 이후 1980년대 후반에 다수의 컴퓨터 관련 회사가 창업되었다. 벤처캐피탈인 창업투자회사가 1986년에 창업지원법에 의해 설립되어 벤처기업의 자본조달이 가능하게 되었다. 그러나 벤처기업을 위한 자본시장이 미발달되어 벤처 창업의 여건은 열악하였다. 벤처캐피탈은 투자기업이 M&A 되거나 주식시장에 IPO(기업공개) 되면 투자자본을 회수하게 된다. 그런데 일반 유가증권시장에 벤처기업이 IPO 하기에는 제약조건이 많았다. 결과적으로 벤처캐피탈이 자본

3) 한정화(2018).

IPO(Initial Public Offering)

IPO(기업공개, Initial Public Offering)란 기업설립 이후 처음으로 주식시장에 상장하는 것이다. 이로써 사적기업(private corporation)이 공개기업(public corporation)이 된다. 비상장기업이 정해진 절차에 따라 일반 불특정 다수의 투자자들에게 새로 주식을 발행하거나 기존 주식을 매출하여 유가증권시장 또는 코스닥시장에 상장하는 것이다. 일단 상장거래가 된 후, 주가가 높아졌을 때 추가적인 주식 발행을 통해 자금조달을 할 수 있게 된다.

유가증권시장(KOSPI)의 상장요건에 비해 코스닥시장은 주식분산, 경영성과, 시가총액 등의 기준에서 완화된 상장요건을 갖고 있다. IPO 심사는 청구법인이 상장기업으로서 적격한지 여부를 판단하기 위하여 질적 측면을 검증하는 요건으로서 기업 경영의 계속성, 경영투명성 및 경영안정성, 기타 투자자보호에 관한 사항으로 구분하여 평가한다.

을 회수하기 어려우니 창업기업에 적극적으로 투자하기가 어려웠다.

우리나라 벤처의 도약은 1996년에 코스닥(KOSDAQ)시장이 개설되면서 시작되었다. 중소기업이나 신생 벤처기업들이 유가증권시장보다 IPO를 용이하게 할 수 있는 자본시장이다. 벤처기업은 사업의 특성상 오랜 기간 안정된 수익을 창출하기 어렵다. 이에 코스닥시장에서 벤처기업의 특성에 적합한 요건으로 IPO가 가능하게 했다. 특히, 1997년에 「벤처기업육성에 관한 특별조치법」이 제정되어 벤처기업 활성화에 기여하였다.

코스닥시장은 설립 초기에는 거래량도 미약하고 침체되었다. 코스닥시장이 활황세를 보인 것은 1998~99년 IT벤처 붐과 함께였다. 이 시기는 전 세계적으로 인터넷을 기반으로 하는 **닷컴기업**(인터넷서비스기업)의 창업이 급증하던 때이었다. 우리나라에서도 IMF 경제위기 극복을 위해 정부가 벤처 창업을 적극 지원하였고, 우리나라 최초의 벤처 붐이 일어났다. 새천년(new millennium)의 신경제에 대한 기대와 국가경제 회복으로 인한 유동성 자금이 코스닥시장으로 몰려들어 벤처기업들이 폭발적으로 성장하였다. 대기업집단의 구조조정으로 우수인력이 이탈되면서, 이들이 벤처기업으로 이동하였다.

막상 21세기에 들어서서 벤처 붐이 꺼지기 시작하면서 조정기에 들어갔다. 정부 지원의 역기능이 발생한 시점이기도 하다. 反벤처정서도 형성되었다. 정부지원금을 따내기 위해 이른바 '무늬만 벤처'인 기업도 많았다. 그리고 벤처사업의 모험성을 간과한 점이 더 컸다. 의욕적으로 창업하였지만 기술개발이 지연되거나 실패하는 경우, 시장개척에 실패하는 경우들이 점차 많아지면서 침체기가 온 것이다.

〈표 14-4〉 한국 벤처생태계의 발전

구분	내용
태동기 (1980년대~1995년)	• 1세대 벤처기업 출현 • 민간 벤처캐피탈(창투사) 설립과 투자촉진 • 벤처에 사회적 인식 낮음
도약기 (1996년~2000년)	• 코스닥(KOSDAQ)시장 출범 • 벤처기업육성에 관한 특별조치법 제정 • IMF 이후 벤처중심 국가경제 성장 추진 • 정부의 직접지원 급증 • 전 세계적인 벤처 붐의 영향
조정기 (2001년~2005년)	• 정부지원의 역기능 • 반(反)벤처정서의 형성 • 사이비 벤처에 대한 법적 제재 • 거품 이후의 침체기(post-bubble effect)
안정-회복기 (2006년~2015년)	• 벤처업계에 대한 사회적 신뢰 회복 • 자본시장 안정화 • 벤처캐피탈 투자펀드 확대 • 정부정책의 업그레이드, 지원 확대
재도약기 (2016년 이후)	• 신기술 스타트업의 급속 증가 • 저비용 창업의 우호적 조건 • 벤처투자금의 가파른 증가 • 새로운 세대의 선호와 여건

2000년대 중반에서 2010년대 중반까지는 안정-회복기로 볼 수 있다. 벤처기업의 옥석가리기가 진행되고 사회적 신뢰가 점차 회복되었다. 정부는 벤처의 부활을 위해 정책대안을 마련하였다. 벤처확인제도를 좀 더 자본시장에 친화적이게 변경하였고, 벤처캐피탈과 코스닥에 대한 규정을 완화하였다. 2006년 벤처캐피탈 선진화방안으로 1조원 규모의 중소기업투자 모태펀드를 조성하였고, 2008년에는 기술창업 지원, 1인창조기업 지원 등 벤처생태계 육성에 주력하였다. 2010년대는 회복기라 할 수 있다. 다수의 플랫폼비즈니스의 기업들이 탄생하였고 이들은 후일 유니콘기업으로 성장한다. 특히 2013년부터 창조경제 패러다임으로 정부가 벤처의 육성과 지원에 적극 나서면서 회복이 가속화되었다.

2010년대 후반부터 재도약기로 볼 수 있다. 벤처기업으로 확인된 기업 수는 크게 증가하지 않았지만, 스타트업 형태의 신생 벤처들이 급격히 증가하였다. VC 연간 투자도 크게 증가하였다. 반면에 인터넷, 무선통신, SNS 등으로 스타트업 창업

비용이 획기적으로 낮아졌다. 이 기간 자본시장도 급격히 팽창하였는데, 코스닥 종합지수는 2015년 1월에 553.7포인트에서 2022년 1월에는 872.8포인트까지 상승하였다(제2절의 <표 14-13> 참조). 벤처기업 붐은 전 세계적인 현상으로 신기술의 시대가 본격화하면서 일어난 현상이다. 미국을 중심으로 2010년대에 기술기업들이 크게 성장하였다. 글로벌 빅테크 기업도 급속히 성장하였고,[4] 기술기업의 자본조달 시장인 나스닥시장도 급격하게 팽창하였다. 나스닥 종합지수는 2010년 1월 2,308.4포인트에서 2022년 1월 14,239.8포인트까지 무려 6.2배가 올랐다(제2절의 <표 14-13> 참조). 우리나라 코스닥시장에 비해서 훨씬 큰 폭의 상승이다.

종합하면, 벤처기업은 우리나라 경제의 미래이다. 미국의 힘이 벤처기업에서 나왔듯이 한국의 미래도 벤처에 달려 있다고 볼 수 있다. 미국의 벤처기업 성공은 벤처에 우호적인 생태계에서 비롯된 것이다. 우리나라에서도 벤처의 창업과 성장을 돕는 우호적 생태계가 조성되고 있다. 이제 재도약기가 대세 상승기로 발전되어야 한다.

2. 벤처의 창업과 자금조달

벤처 창업은 국가경쟁력의 원천이 된다. 본 절에서는 벤처 창업과 이에 필요한 자금조달에 대해서 알아보자.

2.1 벤처 창업의 동기

벤처 창업은 왜, 누가 하는 것일까?

벤처 창업의 동기와 촉진요인

왜 벤처 창업을 할까? 창업 자체가 위험하지만, 벤처 창업은 더욱 위험하다. 그럼에도 불구하고 창업을 하는 이유는 무엇일까? 크게 4가지를 들 수 있다.

첫째, 기회(opportunity)를 실현하고자 하는 것이다. 벤처 창업은 기회형 창업이

---

4) 이 시기에 빅테크 기업의 급속한 성장은 제5장의 부록에서 다루었다.

다. 좋은 기술이나 아이디어를 갖게 될 때 기회를 만들고자 하는 동기가 생긴다. 나에게 다가온 기회를 성공으로 만들고자 하는 열망이 생기게 된다.

둘째, 경제적 이익(profit)의 추구이다. 창업을 통해 큰 이익을 기대하게 되면서 벤처의 위험을 감수하고자 하는 것이다. 직장생활에서 얻는 소득에 비해서 창업 후 기대되는 경제적 이익이 훨씬 크기 때문이다.

셋째, 독립성(independence)이다. 흔히 직장에 얽매이지 않고 독립적인 삶을 살고 싶어서 창업하는 경우가 많다. 개인의 특성에 기인한 이유가 되기도 하고, 벤처 창업만이 아니라 모든 창업의 동기에는 독립성의 욕구가 있다.

넷째, 도전(challenge)을 통한 성취이다. 창업의 위험을 감수하는 것 자체가 이미 도전이다. 그리고 개척자형 기업으로서 벤처의 성장 과정은 도전의 행로이다.

그 외에도 생계형 창업의 동기라고 할 수 있는 직업안정(job security), 가족고용(family employment) 등도 어느 정도 해당하는 경우가 있을 것이다. 자신이 다니는 기업에서 고용이 불안해지면, 직장에서 배운 기술이라든지 또는 경험, 노하우 등을 새로운 형태로 전환시켜서 창업을 하는 경우가 많다. (대)기업의 고용불안이 간접적이지만 벤처 창업의 촉진요인으로 볼 수 있다.

벤처 창업의 유인에 비해 부담도 크다. 그 내용은 아래에 요약하였다.

〈표 14-5〉 벤처 창업의 유인(매력)과 부담[5)]

유인(advantages)	부담(disadvantages)
• 기회(opportunities)	• 수입 변동성(sales fluctuations)
• 이익(financial gain)	• 경쟁(competition)
• 독립성(independence)	• 책임증가(increased responsibilities)
• 도전과 성취(challenge)	• 재무적 손실(financial losses)
• 직업안정(job security)	• 고용관리 부담(employee relations)
• 가족고용(family employment)	• 실패위험(risk of failure)

성공적인 창업기업가(entrepreneur)의 특성

어떤 사람이 창업하면 성공가능성이 높을까? 오랫동안 학자들의 관심이었다. 벤처기업의 성공에 결정적인 키를 창업가의 특성과 능력이 쥐고 있다. VC가 벤처기업에 투자 여부를 결정할 때 가장 중요시하는 것이 창업가의 특성이다.

5) Kuratko & Hornsby(2020) 내용을 일부 수정.

〈표 14-6〉 성공적인 창업기업가의 공통적 특성6)

학자	특성
Kao	① 전적인 몰입, 결단력, 인내 ② 성취와 성장에 대한 열망 ③ 기회 및 목표지향성 ④ 주도성의 발휘와 개인적 책임감 ⑤ 끈질긴 문제해결 ⑥ 현실주의와 유머감각 ⑦ 피드백의 추구와 활용 ⑧ 내적 통제위치 ⑨ 계산된 위험부담과 추구 ⑩ 지위와 권력에 대한 낮은 욕구 ⑪ 성실성과 신뢰성
Timmons	① 몰입과 결단력 ② 리더십 ③ 기회에 대한 강한 집념 ④ 위험, 모호성 및 불확실성에 대한 관용 ⑤ 창의와 자립성 ⑥ 탁월함의 추구
한정화	① 장기적 안목과 비전 제시 ② 몰입과 집중력 ③ 결단력과 끈기 ④ 위험평가 및 대응능력 ⑤ 의사소통능력 ⑥ 도전의식과 탁월성 추구

성공적인 창업기업가의 특성으로 여러 가지를 얘기할 수 있겠지만, 핵심개념은 기회, 위험, 혁신, 도전, 불확실성 등이 될 것이다. 이러한 핵심개념에 관련된 리더십 특성 또는 역량이 요구된다고 할 수 있다.

성공적인 창업가의 공통적인 특성을 요약하여 <표 14-6>에 제시하였다. 카오(J. Kao)의 연구를 보면, 아주 깊은 몰입 속에서 결단력과 인내심을 보여주는 특성에서부터 다양한 특성을 발견하였다. 예를 들어, 성공적인 창업가는 끈질긴 문제해결을 하는 모습을 보여주고 있다. 벤처의 성공은 기술개발 단계에서 제품생산에 이르기까지 그리고 시장개척에 이르기까지 모든 것이 끊임없는 새로운 문제의 연속이다. 그런 문제를 끈질기게 풀어나가는 문제해결 능력이 매우 중요하다. 현실주의와 유머감각도 중요한 특성이다. 벤처기업가라고 해서 몽상가라든지 지나친 이상주의자가 아니다. 철저한 현실 속에서 비전을 추구하는 것이다.

한편, 창업기업가의 창업 실패 원인으로 위의 특성이 부족함을 들 수 있다. 예를 들어, 창업기업가가 해당 산업에 대한 전문성이 부족한 경우를 보자. 어떤 산업에서 아주 높은 기술수준이 요구되는, 높은 시장복잡성의 이해가 요구되는 산업에서 전문성이 부족하면 불확실성과 돌발사건에 대응할 수 없다. 또 성공에 대한 지나친 의욕으로 무리한 사업확장도 실패요인이 된다. 이는 성취욕구와 성장욕구

6) Kao, J.(*The Entrepreneurial Organization*, 1999), Timmons, J. A.(*New Venture Creation*, 1991)를 한정화(2018)에서 재인용.

가 과도하고, 비현실적인 열망과 결합하면 큰 문제가 된다. 지나친 의욕으로 무리하게 사업을 확장하고 뭐든지 "다 잘될거야"라는 막연한 자신감이 기업을 망하게 할 수 있다. 옆에서 누군가 피드백을 해주고, 조언을 해줌으로써 그런 위험을 막을 수 있다. 그 조언과 피드백에 대한 개방성이 필요하다. 옆에서 조언해줄 수 있는 사람이 많으면 많을수록 이 위험은 줄어든다. 이처럼 창업기업가 특성과 관련된 많은 실패요인이 있다.

2.2 벤처의 자금조달

창업자금엔 어떻게 조달 원칙이 있을까? 본인투자자금만 가지고 창업하면 위험하다. 창업 후 기업의 성장 단계에 따라 적합한 자금조달 원천을 확보하고 재무위험을 관리해야 한다. <표 14-7>에는 다양한 자금조달 원천이 제시되어 있다.

〈표 14-7〉 벤처의 자금조달 원천[7)]

구분		내용
본인투자자금		• 가장 기본적인 원천 • 기업주가 조달 가능한 자금이 어느 정도인가에 따라 결정
외부 영입자본	동업자금	• 자금동원 용이 • 경영상 시너지 효과
	엔젤	• 창업 후 자금이 곤란한 시기에 투자 • 벤처캐피탈보다 고위험-고수익(High Risk-High Return) • 자본뿐 아니라 경험이나 판매 등에서도 역할 수행
정부재정자금		• 주로 기간이 장기이며 융자금리가 낮음
벤처캐피탈		• 벤처기업의 창업과 성장에 있어 가장 중요한 창업자금조달 원천
공공기관에 의한 직접투자		• 중소기업진흥공단, 한국산업단지공단 등 • 기업은행, 산업은행 등 국책은행
금융기관 일반차입금		• 대출업무 외에도 투자업무의 취급을 확대

7) 한정화(2018), p. 247.

엔젤투자

엔젤투자는 창업기업의 자금조달이 어려운 초기 단계에 기업의 성장 가능성을 보고 투자하는 것이다. 창업단계의 기업은 연구개발, 생산체제 등에서 불확실성이 크기 때문에 투자위험이 크다. 은행이나 기관투자자들로부터 자금조달이 어려움은 물론이고 VC도 투자하지 않는 창업 초기 위험의 단계에서 투자하는 것이다. 천사(angel)이라는 이름이 붙은 이유이다. 엔젤투자자와 VC의 차이를 보면 <표 14-8>과 같다.

〈표 14-8〉 엔젤과 벤처캐피탈의 비교

구분	엔젤	벤처캐피탈
투자단계	사업구상에 따른 초기 성장단계	창업 이후 주식공개까지의 후기 성장단계
투자동기	고수익성 추구	고수익성 또는 수익성
투자원천	자기자금	투자자 모집으로 조성된 투자펀드
자격요건	없음. 개인자격	법적 요건
투자규모	비교적 소액투자	제한 없음
경영관여	관여도 낮음	관여도 높음. 전문노하우 제공
투자자 유형	투자클럽	투자회사, 투자조합

스타트업 액셀러레이터(Startup Accelerator)

초기투자의 또 다른 유형으로 액셀러레이터(accelerator)에 의한 자금투자와 경영자문이 있다. 액셀러레이터(창업기획자)는 스타트업을 발굴해 지원하는 기업이나 기관을 말한다. 스타트업의 성공을 가속화한다는 뜻에서 붙여진 이름이다.

스타트업에게 초기자금과 멘토링 등을 제공하는 조직으로서 창업 아이디어나 아이템만 존재하는 단계의 신생 스타트업을 발굴해서 업무공간 및 마케팅, 홍보 등 비핵심업무를 지원한다. 성장을 위한 시드투자(seed investment), 연결, 판매, 멘

〈표 14-9〉 액셀러레이터의 종류

- 민간 액셀러레이터
- 기업 액셀러레이터
- VC 액셀러레이터
- 중소벤처기업부 등록 액셀러레이터

〈표 14-10〉 액셀러레이터의 유형(2023년 5월 말)

(단위: 개, %)

항목	유형 구분									전체	TIPS 운영사
	주식회사	비영리 법인	창투사	기술지주	신기술 사업 금융회사	신기술 창업 전문회사	LLC	창조 센터	사학 협력단		
기업	341	30	11	18	1	5	15	17	6	444	112
비율	76.8	6.8	2.5	4.1	0.2	1.1	3.4	3.8	1.4	100.0	25.2

토쉽, 교육 등을 지원한다.

2000년대 중반 이후 미국, 유럽, 이스라엘 등 창업이 활발한 국가에서 자리잡은 투자 및 지원 조직체로서 우리나라에서는 2024년 6월 현재는 467개사가 등록되어 있다.[8)]

이 중 일부는 더 초기의 투자로서 인큐베이터 단계의 투자인 TIPS 운영사에 등록하고 있다. TIPS(Tech Incubator Program for Startup) 프로그램(민간투자주도형 기술창업지원, 이스라엘式)은 세계시장을 선도할 기술아이템을 보유한 창업팀을 성공벤처인 등 민간의 역량을 활용하여 선별하고 민간투자와 정부R&D를 연계해 기술창업을 촉진하기 위한 프로그램이다. TIPS 운영사가 고급기술 창업팀에 先투자(1억원 내외) 보육을 하면, 정부의 R&D, 창업사업화 자금 등을 최대 9억원까지 매칭 지원하는 사업이다.

TIPS 운영사는 엔젤투자 재원을 보유하고 창업팀 선별, 투자, 보육 등 지원역량을 갖추고 있는 엔젤투자회사, 초기전문 VC, 선도벤처・기술대기업 등 중소벤처기업부 등록 액셀러레이터로서 다음의 역할을 수행한다.

〈표 14-11〉 TIPS 운영사의 역할

① 창업팀 발굴 및 투자대상 선정(자체 기준으로 평가 수행)
② 창업팀 추천(연간 지원계획 대비 최대 1.5배수 이내, 추천권 범위 내)
③ 최종 선정된 창업팀에 엔젤투자(1～2억원 내외, 정부출연금 20% 이상)
④ 최종 선정된 창업팀에 보육・멘토링・기술개발 과제관리 지원
⑤ 창업팀 과제 수행 완료 후 후속관리(후속투자 유치, M&A, IPO, 글로벌 진출 등)

8) 창업진흥원, 2024. https://www.kised.or.kr/

한국 벤처캐피탈과 투자동향

우리나라에서 벤처캐피탈(VC)은 1974년 설립된 한국과학기술진흥금융이 최초이다. 이후 1980년대 초에 소수의 VC가 창업 관련 법에 의거해 출범하였고 1980년대 후반부터 그 숫자가 지속적으로 늘었다. 1996년 코스닥 출범과 1997년 「벤처기업육성에 관한 특별조치법」 제정으로 VC가 큰 외형성장을 하게 되었다. 2000년대에 부침을 거듭하였고 2010년 103개사, 2017년 121개사로 횡보하다가 코로나 팬데믹 기간에 급격히 증가하여 2021년 말에 총 197개사, 2023년 말에는 246개사가 되었다.[9]

연간 투자금액도 코로나 팬데믹 시기에 급격히 커졌다. [그림 14-3]에서 보듯이 2021년 신규투자는 7조 6,802억원으로 전년동기 대비 78.4%가 증가되었다. 팬데믹 이후에는 2년간 감소추세를 보여주고 있다.

업종별 신규투자 금액을 보면, ICT서비스 업종이 1조 4,595억원으로 가장 많다. **ICT서비스산업**은 ICT(information and communication technology)를 이용한 모든 서비스업을 말하는 것으로서 인터넷 및 통신서비스, 시스템통합(SI), IT컨설팅, IT기반신사업서비스 등이다. 그다음으로 바이오/의료 업종과 유통/서비스 업종에 투자가 많다. **바이오/의료산업**은 바이오기술(BT)의 진화에 따라 고령사회의 주력사업으로 부각되고 있으며 코로나19 이후로 그 중요성이 더욱 커졌다. **유통/서비스**

[그림 14-3] VC 신규투자 연간 추이 (단위: 억원, 개사)

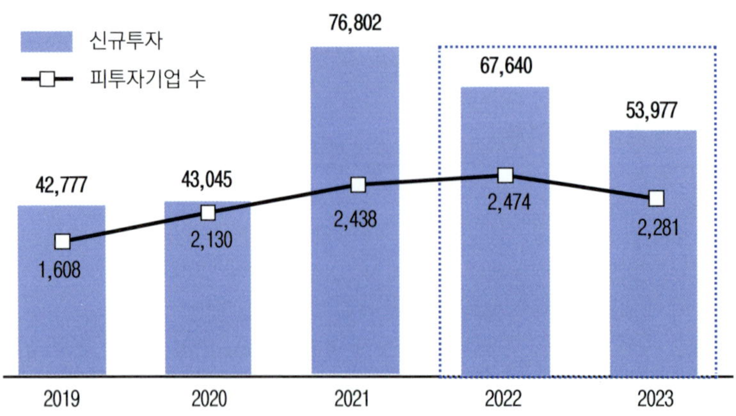

자료: 한국벤처캐피탈협회(2024), Venture Capital Market Brief, 1.26.

9) 한국벤처캐피탈협회(2024), Venture Capital Market Brief, 1.26.

〈표 14-12〉 업종별 신규투자 금액 (단위: 억원)

구분	2019	2020	2021	2022	2023
ICT제조	1,493	1,870	3,523	2,987	4,102
ICT서비스	10,446	10,764	24,283	23,518	14,595
전기/기계/장비	2,036	2,738	5,172	4,108	6,239
화학/소재	1,211	1,765	2,297	2,871	3,375
바이오/의료	11,033	11,970	16,770	11,058	8,844
영상/공연/음반	3,703	2,902	4,161	4,604	4,098
게임	1,192	1,249	2,355	1,615	1,154
유통/서비스	8,145	7,242	14,548	13,126	7,254
기타	3,518	2,546	3,693	3,753	4,407
합계	42,777	43,045	76,802	67,640	53,977

자료: 한국벤처캐피탈협회(2024), Venture Capital Market Brief, 1.26.

는 플랫폼비즈니스를 통한 이커머스와 구독경제(subscription economy) 등의 서비스를 말한다. VC의 3대 투자 업종을 보면 새로운 시대의 산업 동향을 알 수 있다.

비전통적 벤처투자자의 투지동향

비전통적 투자자들의 특징은 우선 VC보다 운용규모가 크고 투자한 기업의 경영이나 이사회 운영에 깊게 관여하지 않는다는 점이다. VC투자자들이 스타트업을 파악하기 위해 창업자와 오랜 기간 관계를 유지하며 성장성을 평가하는 데 비해서 비전통적 투자자들은 '빠르게' 거래를 성사시키는 특징이 있다. 이 같은 '큰손'들이 실리콘밸리 투자에 뛰어들면서 스타트업 투자 규모가 급속도로 커지고 있다.

경영사례

'큰손'들의 스타트업 투자 확대, 실리콘밸리 거품 키울까

헤지펀드, 연금 등 스타트업 투자 적극적, 전체 스타트업 거래액의 77% 비중

올해 상반기 미국 내 스타트업 대한 투자액은 1,500억달러(시장조사업체 피치북 기준)이다. 이는 2020년 이전 모든 연도의 연간 투자액보다 많다. 또 2020년 연간 총 투자액(1,643억달러)의 91.3%에 해당하는 수치이다.

미국 스타트업에 돈이 몰리는 이유가 뭘까. KOTRA 실리콘밸리무역관의 "美 스타트업 생태계에 불어오는 변화의 바람" 보고서를 보면, 배경으론 '비전통적 투자자'들의 적극적인 투자가 꼽힌다. 국부펀드, 뮤추얼펀드, 연금, 헤지펀드 등이 실리콘밸리에 몰려오고 있다. 2021년 상반기 미국 내 벤처캐피탈의 거래 건수 중 비전통적 투자자들이 참여한 거래는 약 39%이다. 투자금액을 기준으로 봤을 때는 전체 거래액의 약 77%(1,233억달러)에 달한다. 역대 최대 규모이다.

미국 유력 경제지 월스트리트저널(WSJ)은 최근 전통적인 주식시장에서 좋은 투자처를 찾기 어려워진 점, 저금리 장기화를 스타트업 투자시장 활황의 원인으로 꼽았다. '큰손'들이 높은 수익률이 기대되는 기술 스타트업(tech startup)들로 눈을 돌렸다는 분석이다. 최근 수년간 기업가치를 키운 것도 큰손들이 스타트업에 본격적으로 투자할 수 있었던 계기가 됐다고 분석했다. (중략)

이들은 '초기 단계(early stage)' 투자 유치를 진행 중인 스타트업에 투자하기보다, 안정기에 접어들어 수익을 창출하고 있는 '후기 단계(late stage)' 스타트업에 주로 투자한다. 피치북은 "비전통적 투자자들은 기업공개(IPO) 등 투자금 회수 바로 직전 단계 펀딩 라운드에 있는 기업에 첫 투자를 하는 경우가 대다수였다"며 "최근 들어 후기 단계 스타트업에 더 많은 자본을 투자하고 있는 것으로 나타났다"고 설명한다. (중략)

스타트업 '거품'에 대한 우려도 제기된다. 전문적이지 않은 투자자들이 스타트업에 대한 깊은 이해 없이 빠르게 투자를 진행하게 되면, 우량 스타트업이 아닌데도 '고평가'될 가능성이 크다. (하략)

[자료: 한국경제(2021.9.22)]

벤처기업 자본시장: KOSDAQ과 NASDAQ

벤처기업의 자본시장으로 한국의 코스닥(KOSDAQ)과 미국의 나스닥(NASDAQ)을 비교하여 보자. 코스닥시장은 1996년 7월 1일에 개설되었다. 코스닥 초기에는 IMF 경제위기와 맞물려 극심한 침체를 겪었는데 IMF 경제위기를 극복하면서 급격히 활성화되었다. 아래 [그림 14-4]에서 보듯이 1999년 말부터 2000년 초까지 닷컴버블로 일컬어지는 IT벤처 붐이 일어났고, 이때 코스닥지수는 역사적 최고점인 2,834.4까지 상승하였다. 일례로 통신장비 다이얼패드를 만드는 부품생산기업인 새롬기술의 주가는 1999년 8월 2,575원에서 2000년 2월 308,000원까지 120배 가까이 올랐으며 현대자동차의 시가총액을 능가하였다. 거품이 얼마나 심각하였는지를 보여주는 예이다.

이어서 '버블 후 침체기'를 거치게 되었지만, 이로써 코스닥시장이 벤처기업의 자본시장이라는 사회적 인식이 명확하게 자리잡았다. 이후 꾸준히 코스닥시장 상장기업이 늘어나고 안정화 단계를 거치게 된다. 코스닥시장의 시가총액은 2000년

[그림 14-4] 코스닥 종합지수(1997.7.1~2024.6.30)

자료: KRX(한국증권거래소), http://data.krx.co.kr/

말의 29조원에서 10년 뒤인 2010년 말에 98조원으로 늘었고, 2024년 6월 말에는 409조원으로 커졌다.

이처럼 규모의 성장이 이루어진 상태에서 2010년대 후반부터 상승곡선을 그리면서 코로나19 팬데믹 초기에 일시 조성을 겪은 후에 다시 상승하여 1,000포인트를 넘기는 양적 성장을 보여주기도 하였다. 2024년 6월 말 현재에는 다소 하락하여 840.4포인트를 기록하고 있다. 부침과 시련을 겪고 성장한 만큼 건전한 자본시장으로서 지속 성장을 하고 있으며 벤처기업의 자본조달에 크게 기여하고 있다.

한편, 한국의 코스닥시장과 미국의 나스닥시장을 비교하여 보면, 양국 간 벤처기업 성장의 차이를 알 수 있다. <표 14-13>에서 보듯이 한국의 경우에 2001년 9월 말부터 2024년 6월 말까지의 기간에 1.6배(840.4/516.4) 상승하였지만 미국의 경우에는 10.0배(17732.6/1770.7) 상승하였다. 그 차이를 보면, 비교가 되지 않을 정도이다. 닷컴버블 시기에 비춰보아도 한국의 경우와 달리 미국에서는 2001년 1월부터 4.3배(17732.6/4131.1) 상승하였다. 미국 기술기업의 팽창이 얼마나 큰지를 보여주는 수치이다.[10] 미국 나스닥의 가파른 상승 추세는 [그림 14-5]에서 잘 볼 수 있다.

10) 미국의 NASDAQ에는 외국기업 상장 사례도 많다. 그렇지만 큰 비중은 아니어서 NASDAQ 종합지수의 상승은 대부분 미국 기술기업의 성장에 의한 것으로 볼 수 있다.

〈표 14-13〉 코스닥과 나스닥 종합지수 비교

KOSDAQ 종합지수		NASDAQ 종합지수	
시기	지수	시기	지수
1998.1.	963.5	1998.1.	1,581.5
2000.1.	2,629.3	2000.1.	4,131.1
2001.9.	516.4	2001.9.	1,770.7
2005.1.	472.9	2005.1.	2,152.1
2010.1.	469.5	2010.1.	2,308.4
2015.1.	553.7	2015.1.	4,726.8
2020.1.	642.4	2020.1.	9,092.1
2022.1.	872.8	2022.1.	14,239.8
2024.6	840.4	2024.6.	17,732.6

[그림 14-5] 나스닥 종합지수(1997.7.1~2024.6.30)

자료: https://finance.yahoo.com/

한걸음 더

- KOSDAQ과 NASDAQ 시장 비교를 보고 느낀 점을 나눠보자. 왜 이처럼 큰 차이가 있을까를 토론해보자.

3. 벤처기업의 성장

3.1 벤처기업의 성장과 생존

벤처기업의 성장과정에서의 경영이슈와 위험관리에 대해서 살펴보고자 한다.

기회형 창업의 과정

기회형 창업은 아이디어에서 시작한다. 과정을 간단히 요약하면 아래와 같다.[11]

1) 창업기회의 탐색

성공적인 창업을 위해서는 기회(opportunities)의 발견이 중요하다. 기회는 아이디어 생성(ideation)의 원천이 된다. 아이디어는 기술과 사업의 아이디어로 구성된다. 아이디어를 기반으로 신사업의 기회를 구체화하고 콘셉트를 만들어야 한다. 이때에는 시장탐색, 진입의 타이밍, 창업팀 구성 등을 해야 한다.

2) 창업기회의 분석과 역량 평가

기회의 매력도를 평가하기 위해서 시장평가, 창업팀 역량 평가, 자원확보 평가 등을 수행해야 한다. 시장평가는 제품과 서비스를 제공하는 타깃시장에서의 고객, 수요, 경쟁자, 그리고 산업구조 등을 분석하는 것이다. 창업팀 역량 평가는 창업팀 구성에 따른 인적역량, 인적네트워크 등을 평가하는 것이다. 자원확보 평가는 경쟁우위의 원천이 되는 자원-능력의 특성을 평가하는 것이다. 지속가능 경쟁우위를 위해 VRIO 분석을 통해 적절한 자원을 찾아내는 것이 중요하다.

3) 창업: 사업과 자원의 구성

비즈니스 모델을 구축하고 신제품개발, 경쟁전략, 자금조달, 인력충원 등으로 창업을 하게 된다. 비즈니스 모델은 지속가능하게 수익을 창출하는 방식이다. '어떻게 돈을 벌 것인가'의 방식을 말하는 것으로서 수익모델이라고 할 수 있다.

---

11) 심준섭 · 이호길(2021), pp. 76-83, 174-177 부분을 참고하였음.

벤처기업의 시장진출과 성장곡선

벤처기업은 성장의 속도가 빠르다. 이 과정에서 위기를 겪는다. 벤처기업의 성장 사이클을 혁신수용이론에 따라 설명할 수 있다. 벤처의 사업이 곧 혁신이기 때문이다.

혁신수용이론에 따르면 벤처는 초기수용자(혁신자와 조기수용자)를 대상으로 시장에 진출하고 성장을 하게 된다. 그러나 곧바로 단절의 공간을 만나게 된다. 이를 캐즘(chasm)이라고 한다. 마케팅의 신제품 개발과 출시에서도 많이 쓰는 개념이다. [그림 14-6]에서 보듯이 조기수용자와 전기다수 사이에 크게 벌어진 단절, 즉 캐즘이 존재한다. 신기술의 채택에 적극적이었던 조기수용자들과 달리 다수의 소비자는 혁신의 수용에 아직 확신이 없는 것이다.

신생 벤처기업은 캐즘을 뛰어넘어 주류 시장에 진입하기 위한 교두보를 마련해야 한다. 이를 위해 명확한 **가치제안**(value proposition)의 전달이 필요하다. 구매자들 사이에 제품에 대한 좋은 평판을 만들어야 한다. 또한 고객들이 원하는 모든 서비스를 구성하여 완비된 제품을 만들어서 제공해야 한다. 제품의 3차원, 즉 핵심편익, 실제제품 및 확장제품에서 모든 구색을 갖추어야 한다(제10장의 [그림 10-5] 참조).

캐즘을 넘어설 때 벤처기업은 급속성장의 궤도에 오르게 된다. **돌풍**(tornado)의 단계는 대중적인 수요시장의 수용시기이다. 틈새시장에서 어느 정도 선도자의 위

[그림 14-6] 혁신수용곡선과 캐즘현상[12)]

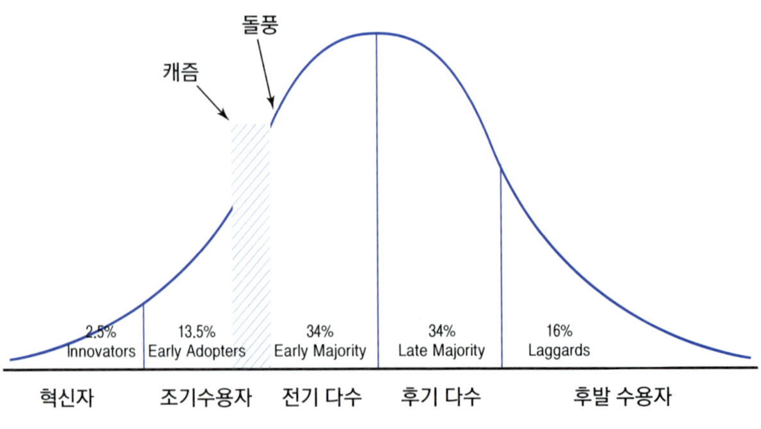

12) Rogers(1964).

치를 차지한 이후에는 시장에서 돌풍을 일으켜야 한다. 경쟁자를 이기고 판매를 확장하고 시장의 지배력을 강화하여야 한다.

이러한 성장의 경로에서 벤처기업은 급속한 조직변화를 겪는다. 아래에는 급속한 성장과정에서 벤처기업이 겪는 성장통과 조직관리 이슈를 설명하였다.

성장통 이론

조직발전의 성장통(growth pains)이라는 개념은 플램홀츠(Eric G. Flamholtz)에 의해 제시된 것으로 '기업성장과 조직발전의 불일치로 인해 발생하는 진통과 위기'를 뜻한다.[13] 이는 기업의 양적 속도에 비해 조직 역량 및 인프라의 발전이 미치지 못하는 데 기인한다. 따라서 모든 성장기업에 적용될 수 있는 보편적 개념이다. 그렇지만 창업기업에서 통상적인 성장 속도에 비해 신생조직의 부채로 인하여 조직발전이 더딘 경우, 또는 매출과 시장의 급격한 확장으로 인해 고속 성장에 진입한 기업이 그에 걸맞은 신속한 변신을 하지 못하고 역량의 미축적 및 인프라 미구축으로 인하여 불일치가 커지는 경우에 성장통은 더 크게 나타난다.

조직의 성장통은 기업이 질적, 양적으로 성장하는 과정에 있어서 또는 그 성장이 급격히 이루어지는 과정에서, 기업이 잘못 나아가고 있음을 나타내는 여러 가지 지표 또는 증상이 된다. 위험의 시그널이며 일종의 조기경보(early warning)이다. 이에 대해 제대로 대응하지 못하면 위험이 급격히 상승할 것이다.

성장통의 원인을 보면, 일반적으로 기업의 성장과 관련해 두 가지 독립적인 문

[그림 14-7] 성장통의 원인

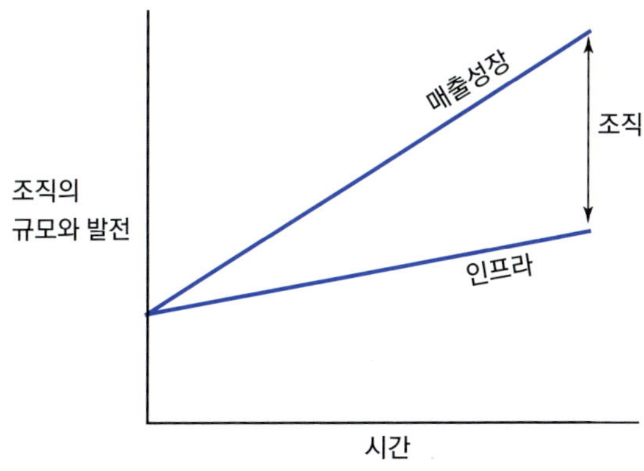

13) Flamholtz & Hua(2002), 이미순 외(2009).

제가 있다. '조직의 규모가 얼마만큼 큰가'와 그 큰 규모를 뒷받침하는 데 필요한 '시스템이 얼마만큼 발전했는가'를 보면 알 수 있다. 매출수익 면에서는 회사가 1,000억원의 규모에 도달했을지라도, 조직의 능력이 회사의 규모를 따르지 못할 경우 기업의 성장과 발전의 불일치로 인해서 기업은 성장통을 겪게 된다. [그림 14-7]은 조직발전의 갭이 발생하여 성장통이 되는 현상을 보여주고 있다.

만약 어느 기업에서 조직 내부의 발전이 회사 규모의 성장 속도에 비해 크게 뒤떨어진다면 그 기업은 큰 난관에 부닥칠 것이다. 따라서 [그림 14-7]에서와 같이 기업의 규모와 내부의 발전 정도의 차이가 클수록 성장통을 겪을 확률은 더 높아진다.

벤처기업의 성장과정에서 위험요인들

벤처의 위험은 처음 기술개발 단계에서부터 시작한다. 기술개발이 너무 지연되어서 재무자원의 고갈에 처하는 것부터 수많은 위험이 잠재해 있다. 제품개발까지 다 되었는데 시장개척이 안 되는 것도 또 다른 예이다. 기존의 시장참여자들에 의해 강력한 진입장벽이 있어서 진입할 여지가 없는 것이다. 높은 시장진입장벽, 저조한 시장 반응, 높은 교체비용 등의 위험이 너무 크다. 창업자들이 미처 생각지 못하는 위험요인들이다. 성장의 과정에서 벤처가 겪게 되는 여러 위험을 파악하고 대비할 필요가 있다.

한국 벤처기업의 성공과 실패 사례를 통해 요약정리한 위험요인을 소개하면 <표 14-14>의 내용과 같다.

벤처기업은 항상 기술개발과 제품개발이 일정대로 안 되면 큰 재무적 위험에 빠질 수 있다. 비용이 급격히 증가하기 때문이다. 벤처 초기에 흔히 발생하는 개발기간의 지연에 비해 충분한 자금조달이 어려운 경우가 많다. 생존의 어려움을 겪는 시기이다. 이를 **죽음의 계곡**(데스밸리, death valley)이라고 한다.

데스밸리(Death Valley)

초기자금이 다 떨어져 재정적으로 힘들고 시장진입도 어려운 시기, 대부분의 스타트업이 겪는 이 위기를 데스밸리라고 한다. 스타트업들은 일반적으로 창업 후 1~3년차에 1차 데스밸리를, 3~7년차에 2차 데스밸리를 겪는다. 1~3년차에 겪는 1차 데스밸리는 상품개발의 어려움, 매출 부진, 투자금 고갈 등의 이유로 위기에 놓이는 시기이다. 연구개발에 성공해 시제품이 출시되더라도 제품 홍보나 마케팅을 위한 자금이 부족해 사업화의 위기를 맞기도 한다. 2차 데스밸리는 추가 자금조달에 어려움을 겪을 때 다시 발생한다.

〈표 14-14〉 벤처기업 실패의 7가지 함정[14)]

구분	내용
선택의 함정	• 기술 및 업종 선택의 잘못 • 자원이나 역량에 비해 무리한 분야를 택하는 경우 대부분 실패 • 너도나도 유사한 업종에 뛰어드는 '쏠림현상' 위험
개발의 함정	• 예상했던 것보다 기술개발의 시간과 비용이 너무 많이 들어감 • 개발된 기술의 성능이나 품질에 결함이 있는 경우 • 시제품에서 양산단계로 넘어가는 시기 문제발생 많음
시장의 함정	• 창업자의 기술중심사고로 시장 이해 부족 • 시장의 진입장벽 극복에 실패 • 경쟁력과 경쟁우위의 확보와 유지의 어려움 • 소비자 욕구 변화, 경쟁업체 등장, 모방제품이나 대체재 등장
관리의 함정	• 조직의 성장에 비해 관리역량의 부족으로 불균형 발생 • 비효율성 증대에 따른 낭비로 생산성 저하 • 재무관리의 미숙과 현금관리 실패 • 생산 및 품질관리 역량의 부족으로 제품 경쟁력 저하 • 영업력 부족, 재고관리 실패 등
태도의 함정	• 창업자들의 과도한 자기확신(통제욕구, 과시욕), 독선과 권위주의 • 성공의 함정(competency trap): 초기의 성공 방식에 대한 집착 • 사업 판단에서 직관이나 감정에 치우침 • 주변의 기대에 부응코자 단기간에 무리한 사업확장 추진
관계의 함정	• 창업팀 내부에서의 이해 충돌 • 창업멤버와 영업인력 간의 갈등 (창업팀의 배타적인 태도, 영업인력의 과도한 보상 요구)
불운의 함정	• 급격한 경기변동, 정책변동, 거래처 부도, 사기나 횡령, 생산현장에서 인사사고 등

또한, 돈을 많이 벌게 되면 방만한 경영을 하기 쉽다. 자금관리에 소홀하게 되고, 그러면 당연히 위험에 빠지게 된다. 과도한 시설투자로 인해서 재무위험에 빠지고 높은 부채비율로 인한 마이너스 재무레버리지에 의해 위험에 빠지기도 한다.

벤처기업은 위험을 내재적으로 품고 있다. 그 위험이 현실화되었을 때 거기에 대응할 수 있는 전략적 플랜이 없으면 안 된다. 위에서 언급된 위험에 대한 대응성, 이 위험을 극복할 수 있는 다양한 형태의 방법들이 강구되어야 한다.

14) 한정화(2018), pp. 40-46을 정리하였음.

한걸음 더

- 벤처기업이 빠지는 위험에 대해 신문기사를 검색하여 사례를 찾아보자.

3.2 신경제 스타트업과 유니콘기업

신경제에 따른 스타트업 증가 추세를 알아보자.

❙ 스타트업의 시대

2010년대는 스타트업의 시대이다. 2020년대에도 그러할 것인가? 스타트업이 왜 그렇게 많이 창업되었을까?

스타트업 붐의 이유를 비용(cost) 측면에서 보면, 낮은 창업비용, IT인프라의 접근성, IT서비스 창업의 용이성 등을 들 수 있다.

기회(opportunities) 측면에서는 4차 산업혁명으로 인한 기술창업의 기회가 급격히 많아진 데 기인한다. 예를 들어, 모바일과 ICT인프라, 전기차와 자율주행, 게임과 메타버스, 바이오 기술 혁명에 따른 비즈니스 기회, 환경경제와 신에너지의 기회 등 실로 다양하다.

자본(capital) 측면에서 보면 VC 및 비전통적 투자자의 투자규모 확대, 크라우드소싱 등 일반 자금모집의 용이성 등이 스타트업의 자금 수요를 충족시켜주고 있다.

이상의 스타트업 급증 원인을 요약하면 다음과 같다.

〈표 14-15〉 스타트업 창업 붐의 이유

구분	내용
창업비용의 하락	• 컴퓨터 1대 창업설비 (1인 창조기업이 대량으로 탄생함) • 낮아진 장비비용: 아마존의 AWS, 마이크로소프트의 AZURE 등 클라우드 서비스를 이용
글로벌 모바일 플랫폼	• 애플앱스토어, 구글플레이
SNS 시대	• 페이스북, 인스타그램, 카카오톡, 유튜브
크라우드소싱 플랫폼	• 킥스타터, 인디고고, 와디즈

스타트업의 급속성장과 유니콘기업

스타트업이 급속성장하고 있다. 코로나 팬데믹으로 인하여 비대면 인적교류와 업무수행이 일상화되고 사람들의 라이프스타일에 큰 변화가 일어났다. 이에 온라인 가상의 세계가 본격적으로 열리고 4차 산업혁명의 기술이 곧바로 신사업 기회로 전환되는 현상이 발생하였다.

새로운 시장이 열리고 새로운 라이프스타일이 스타트업 창업을 늘려주었을 뿐만 아니라 스타트업의 성장도 가속화하였다. 스타트업의 급속성장이 일상화되었을 정도이다. 그리하여 점차 더 빠른 속도로 유니콘기업이 늘어나고 있다. 유니콘기업은 기업가치가 10억달러($1.0 billion) 이상으로서 창업 10년 내 기업 중에서 상장 이전의 기업을 말한다. 이들 기업은 높은 수익을 창출하여 10억달러의 기업가치를 달성한 게 아니다. 거대 투자자

유니콘이란 뿔이 하나 달린 말처럼 생긴 전설상의 동물이다. 스타트업 기업이 상장하기도 전에 기업가치가 10억달러(1조원) 이상이 되는 것은 마치 유니콘처럼 상상 속에서나 존재할 수 있다는 의미로 사용되었다.

〈표 14-16〉 2020년 데카콘기업

기업명	기업가치	유니콘 시점	국적	사업분야
우버	680억달러	2013.8	미국	차량공유
디디추싱	560억	2014.12	중국	차량공유
샤오미	460억	2011.12	중국	IT기기 제조
메이퇀 · 뎬핑	300억	2015.12	중국	배달앱
에어비앤비	293억	2011.7	미국	숙박공유
스페이스X	215억	2012.12	미국	우주개발
플랜티르 테크놀로지	200억	2011.5	미국	빅데이터 분석
위워크	200억	2014.2	미국	사무공간 공유
루닷컴	185억	2014.12	중국	핀테크
핀터레스트	123억	2012.5	미국	이미지 공유검색
플립카트	116억	2012.8	인도	전자상거래
리프트	115억	2015.3	미국	차량공유
터우탸오	110억	2017.4	중국	뉴스큐레이션
드롭박스	100억	2016.11	미국	파일공유
인포	100억	2011.10	미국	기업용 소프트웨어
DJI	100억	2015.5	중국	드론 제조

자료: CB인사이츠.

본을 유치하여 유니콘기업이 된 것이다.

데카콘기업은 유니콘기업의 10배인 100억달러($10B) 이상의 기업을 말한다. <표 14-16>에 나와 있는 2020년 기준의 전 세계 16개 데카콘기업들은 2021년부터 대부분 상장되었다. 급속한 성장과 빠른 자본시장으로의 편입을 볼 수 있다. 기술기업의 시대이다.

한걸음 더

- 2020년 데카콘기업의 주식시장 상장 이후 주가변동 추세를 조사해보고 현재 기업 상황을 평가해보자. 주가가 크게 올랐는가? 안정적 수익을 내는 기업이 되었는가?

유니콘기업의 현황

유니콘의 추세를 살펴보기로 하자. 조사기관인 CB인사이츠(CB Insights)에 따르면 2024년 5월 시점으로 총 1,240개의 세계 유니콘기업이 보고되고 있다. 2020년에 569개 기업에서 급격히 증가하였는데, 2022년부터 증가세가 다소 둔화되고 있다. 이들 기업의 누적 시장가치는 3조 9,120억달러에 이르고 있다.

2021년 기준 국가별 유니콘기업 보유는 미국 494개, 중국 165개, 인도 50개, 영국 33개, 이스라엘 19개 순이었고, 캐나다 16개, 한국 11개 등이다.

한국의 유니콘은 숫자도 적고, 규모도 상대적으로 작다. 중소벤처기업부의 발표에 따르면, 2022년 말 국내 유니콘 기업은 27개사이다. 기업가치 100억달러 이상인 데카콘기업은 없어서 상대적으로 영세하다고 할 수 있겠다.

〈표 14-17〉 글로벌 유니콘(데카콘) 기업 순위(2024년 5월 기준)

순위	회사명	국가	기업가치	사업분야	창업일자
1	ByteDance	중국	225B	AI분야	2017.4.7
2	SpaceX	미국	150B	우주	2012.12.1
3	Open AI	미국	80B	AI분야	2019.7.22
4	SHEIN	중국	66B	이-커머스	2018.7.3
5	Stripe	미국	95B	핀테크	2014.1.23
6	Databricks	미국	43B	데이너 관리 · 분석	2019.2.5
7	Revolut	영국	33B	핀테크	2018.4.26
8	Fanatics	미국	31B	소비재-유통	2012.6.6
9	Canva	호주	25.4B	인터넷 소프트웨어, 서비스	2018.1.8
10	Chime	미국	25B	핀테크	2019.3.5

〈표 14-18〉 한국의 유니콘기업 순위(2022년 말)

순위	회사명	기업가치	사업분야
1	비바리퍼블리카(토스, 타다)	$7.4B(8.2조원)	핀테크, 공유
2	두나무	7.2조원	핀테크
3	야놀자	6.8조원	여행, 전자상거래
4	Yello Mobile	$4B(4.8조원)	모바일
5	위메프	$2.65B(3.2조원)	전자상거래
6	당근마켓	$2.47B(3조원)	전자상거래
7	무신사	$1.89B(2.3조원)	전자상거래
8	컬리(마켓컬리)	1.9조원	전자상거래
9	버킷플레이스	1.8조원	인테리어플랫폼
10	L&P Cosmetic	$1.48B(1.8조원)	화장품
11	GP Club	$1.32B(1.6조원)	화장품

분야별 VC 투자 동향

글로벌 벤처투자금액을 비교하여 산업분야별 동향을 파악해보자.15)

① (핀테크, Fin-Tech) 2021년 기준 글로벌 핀테크 벤처투자금액은 약 1,320억달러 수준으로 나타났으며, 총 4,969개의 딜이 성사됐다. 핀테크는 168%의 투자성장률을 보였으며 글로벌 유니콘 수는 총 253개로 집계됐다.

② (리테일테크, Retail-Tech) 전자상거래로 대변되는 리테일테크 벤처투자금액은 약 1,090억달러 수준으로 나타났으며, 총 4,028개의 딜이 성사됐다. 리테일테크는 131%의 투자성장률을 보였으며 글로벌 유니콘 수는 총 192개로 집계됐다

③ (디지털 헬스, Digital Health) 글로벌 디지털 헬스 벤처투자금액은 약 570억달러 수준으로 나타났으며, 총 2,930개의 딜이 성사됐다. 디지털 헬스는 78%의 투자성장률을 보였으며 글로벌 유니콘 수는 총 85개로 집계됐다.

미국의 벤처투자 산업은 타 국가와 비교해서 월등히 크다. 그만큼 미국의 창업환경이 다른 국가와 비교해 우수하다고 할 수 있다. 국경이 없는 사회가 도래하는 만큼 다양한 산업군에서 다양한 비즈니스 기회가 창출돼야 한다. 핀테크, 리테일테

15) KOTRA & KOTRA 해외시장뉴스(CBINSIGHTS, Bloomberg, New York Times 및 KOTRA 워싱턴 무역관 보유 자료 종합).

크, 디지털 헬스를 중심으로 글로벌 벤처투자 산업의 지각변동이 일어나고 있다.

대다수 국가들이 다수의 핀테크, 인공지능(AI) 등의 스타트업을 보유한 것에 비하여 한국의 유니콘기업은 e커머스(전자상거래), 게임, 중개서비스 등에 몰려 있다. 창업의 기회 인식에 편향성이 있기도 하겠지만, 높은 규제장벽과 엄격한 시장규제 등의 원인도 있다. 창업이 다변화될 필요가 크다.

한걸음 더

- 대한민국 스타트업의 전반적인 평가를 위해 토론해보자.

REFERENCE 참고문헌

국가통계포털(KOSIS), 벤처기업정밀실태조사, 2023.

벤처기업확인기관 홈페이지, https://www.smes.go.kr/venturein/

손동원 · 허원창(2020), 『스타트업 창업바이블』, 시대가치.

심준섭 · 이호길(2021), 『벤처창업과 성공전략』, 유원북스.

이미순 · 한정화 · 이상명(2009), "기업가 특성이 성장통에 미치는 영향에 관한 실증연구", 『중소기업연구』, 31(1), pp. 35-49.

창업진흥원, 2024. https://www.kised.or.kr/

한국벤처캐피탈협회(2022), 2021년 Venture Capital Market Brief, 3.22.

한국벤처캐피탈협회(2024), 2023년 Venture Capital Market Brief, 1.26.

한정화(2018), 『벤처창업과 경영전략』, 홍문사.

Flamholtz, E. G. & Hua, W.(2002), "Strategic Organizational Development, Growing Pains and Corporate Financial Performance: An Empirical Test," *European Management Journal*, 20(5), pp. 527-536.

Greiner, L. E.(1972), "Evolution and Revolution as Organizations Grow," *Harvard Business Review*, July-August: pp. 37-46.

Kuratko, D. F. & Hornsby, J. S.(2020), *New Venture Management: The Entrepreneur's Roadmap for Development, Management, and Growth*, New York: Routledge.

Naffziger, D. W., Hornsby, J. S. & Kuratko, D. F.(1994), "A Proposed Research Model of Entrepreneurial Motivation," *Entrepreneurship Theory and Practice*, 18(3), pp. 29-42.

Rogers, E. M.(1964), *Diffusion of Innovations*, Glencoe: Free Press.

Yahoo Finance 자료, https://finance.yahoo.com/

▨ [추천 교재]

한정화(2018), 『벤처창업과 경영전략』, 홍문사.

CHAPTER 15

혁신과 변화의 경영

이 장의 구성

FUNDAMENTALS OF MANAGEMENT

혁신과 변화는 어렵다. 새로운 경영방식을 시도할 때 시장과의 관계가 달라지고 조직 내 변화가 발생한다. 불확실성이 증폭되고 구성원의 저항이 발생한다. 이를 극복하고 혁신을 정착시키고 변화를 이루어내는 것은 참으로 어려운 일이다.

본 장에서는 경영혁신과 기업의 구조조정과 조직변화에 대해서 공부하기로 한다. 1절에서는 경영혁신의 역사와 개요, 그리고 방법들에 대해서 설명하였다. 2절에서는 조직학습과 구조조정을 통한 기업 변신을 다루었다. 3절에서는 변화의 이론을 살펴보고 변화 프로세스의 관리방안을 정리하였다.

- 경영혁신의 역사를 알아보자.
- 학습과 경쟁력의 관계를 파악해보자.
- 구조조정을 통한 기업 변신을 조사해보자.
- 변화를 경영하는 방법론을 알아보자.

1. 경영혁신의 이해와 방법

경영혁신이라는 용어는 우리나라에서 더 익숙한 표현이다. 한국 기업은 새해 경영목표로 경영혁신을 자주 표방한다. 이는 경영의 방식을 끊임없이 변화시키고자 하는 열망의 표현이다. 경영혁신의 역사를 통해서 주요 개념과 방법들을 정리해보기로 한다.

경영혁신과 기술혁신

경영혁신(management innovation)은 기업이나 산업에 새로운 방식으로 기업의 조직 형태, 관행 및 프로세스를 변경하고, 그 결과로 기업의 혁신, 생산성, 경쟁력 측면의 성과를 높이는 것이다. 경영혁신은 이해관계자를 위한 새로운 가치를 창출하는 비즈니스 절차, 프로그램, 모델을 개선하는 조직의 의미있는 변화를 말한다. 간단히 말하면, 경영의 방식이나 구조를 새롭게 바꿔서 더 좋은 결과를 얻고자 하는 노력이다.

경영혁신은 기술혁신(technological innovation)에 대응하는 개념으로 자주 사용된다. 기술혁신은 제품기술과 공정기술에 의해서 새로운 결과를 성공시키는 것이다.

[그림 15-1] 혁신경영의 모형

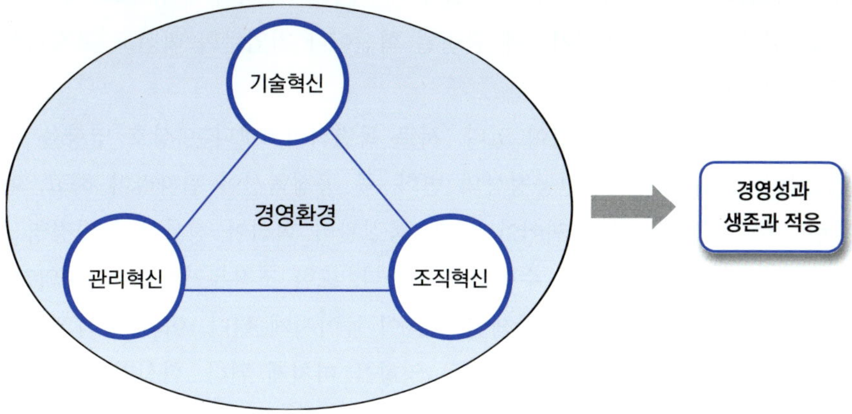

제품기술에 의한 혁신은 **제품혁신**(product innovation)이다. 제품혁신은 신기술에 의한 신제품을 만드는 것과 기존기술을 이용하여 제품성능을 개선하는 혁신이 있다.[1] 공정기술에 의한 혁신은 **공정혁신**(process innovation)이다. 1913년에 도입된 포드의 컨베이어 시스템의 자동화 조립생산방식은 공정혁신의 대표적인 예이다.

이에 비해 경영혁신은 비기술적(non-technological) 혁신을 의미한다. 새로운 경영방식을 만들어서 혁신의 결과를 얻는 것이다. 기업경영의 역사가 곧 경영혁신의 역사라고 할 수 있다. 경영혁신의 리뷰 논문에서는 지난 130년의 경영학의 역사에서 가장 대표적인 경영혁신으로 프레데릭 테일러(Frederick Taylor)의 과학적 관리법과 GM의 CEO 알프레드 슬론(Alfred Sloan)이 채택한 다중사업부 구조(multi-divisional structure)를 들고 있다.[2] 경영학의 변화를 가져다준 혁신이었다.

경영혁신은 관리혁신과 조직혁신으로 나누어 볼 수 있다. 관리혁신(administrative innovation)은 경영의 관리영역에서 수행되는 혁신이다. 1940년대 일본 기업 중심의 품질관리기법, 1987년 모토로라가 도입한 식스시그마, 토요타의 린 생산시스템, P&G의 브랜드관리(BM)제도 등이 대표적인 관리혁신의 예이다. 조직혁신(organizational innovation)이란 조직의 구조, 절차, 관리방식, 또는 정보시스템 등 새로운 제도를 도입하여 조직의 프로세스 전체를 바꾸거나 개선하는 것을 말한다. 조직혁신은 IT기술의 혁신과 밀접한 관련을 맺고 있다. IT인프라혁신과 클라우드

1) 제10장 2.2 신제품 개발 참조.

2) Birkinshaw & Mol(2006); Birkinshaw, Hamel & Mol(2008).

컴퓨팅 등에 의한 디지털변신은 모두 조직혁신에 해당한다. 조직혁신은 광의의 경영혁신에 포함되는 것이지만, 특별히 조직 내 자원의 구성과 운영 프로세스의 변화에 집중한다. 조직 내 인적자원에 관련된 혁신이나 기업문화 혁신도 조직혁신에 포함될 수 있다.

위 혁신 간에는 상호의존성이 있다. 서로 독립적이기보다는 상호 영향을 미친다. 제품혁신이 발생하면 생산공정상의 변화, 즉 공정혁신이 뒤따라야 하고, 이어서 관련 조직 프로세스가 바뀌어야 한다. 품질관리 혁신이 전사적 품질경영으로 발전하기 위해서는 조직혁신이 수반되어야 한다. 또한 조직유연화 또는 창의적 기업문화가 진전되면 제품혁신이 발생할 확률이 높아지게 된다. 이와 같이 각 혁신은 서로 밀접하게 연결되어 있으며 서로 영향을 미치게 된다. 혁신기업은 당연히 이 세 가지 모두에서 끊임없이 혁신을 추진하여 높은 성과를 올리고 변화하는 환경에서 생존기반을 넓히고 적응력을 키우는 기업이다.

파괴적 혁신 이론

기술혁신에 대해 가장 유명한 이론은 클레이튼 크리슨텐슨(Clayton M. Christensen)의 파괴적 혁신 이론이다. 이 이론에서는 혁신을 **존속적 혁신**(sustaining innovation)과 **파괴적 혁신**(disruptive innovation)으로 나누고 있다. 기존기업이 존속적 혁신에 집착하는 중에 신규진입자가 파괴적 혁신으로 산업 내 시장을 점차 점거해가는 과정을 설명하는 이론이다.

파괴적 혁신 모형을 도시한 [그림 15-2]에는 파란색 화살표로 표현된 혁신에 의한 제품성능궤적(product performance trajectories)과 검은색 화살표로 표시된 고객수요궤적(customer demand trajectories)을 대비시켜 놓았다.

산업 내 기존기업들은 제품과 서비스의 지속적인 개선을 통해 수익성이 높은 상위시장(high-end market)을 공략하게 된다. '더 좋은' 성능의 제품을 고객에게 선보이고 구매를 유인하는 것이다. 이러한 개선은 현재의 시장 지위를 지켜나간다는 의미에서 존속적 혁신이다. 그림에서 파란색으로 표시된 존속적 혁신의 궤적을 보면 시간이 흐름에 따라 존속적 혁신으로 인해 주류(mainstream) 시장의 고객들이 원하는 제품성능을 초과하여 그 갭이 커져간다. 이때 신규기업이 더 개선된 기술기반의 혁신제품으로 시장에 진입하면서 기존기업이 소홀히 하고 있는 하위시장(low-end market)을 공략하게 된다. 기존기업들은 고수익성을 추구하기 때문에 여기에 적극적으로 대응하지 않는 것이 보통이다.

[그림 15-2] 파괴적 혁신 모델[3)]

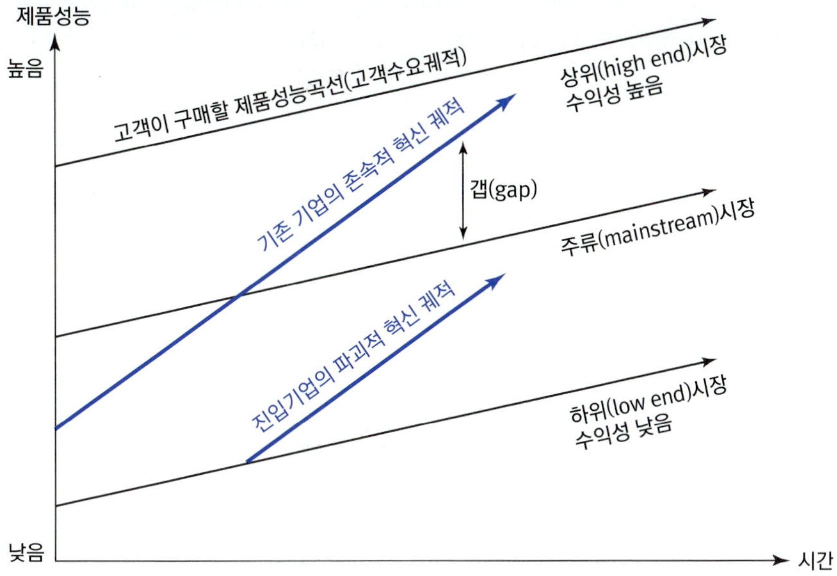

기존 기업들의 존속적 혁신의 궤적이 주류 소비자들이 원하는 제품성능 수준을 완전히 초과하여 갭(gap)이 커질 때, 수익성이 낮은 저가시장에 파괴적 혁신으로 진입하였던 기업이 점차 주류시장으로 이동할 수 있는 공간이 만들어진다. 이들이 신제품의 성능을 개선하면서 주류시장에서 기존기업의 우위에 도전하게 된다. 이렇게 주류 소비자들이 신규 진입기업의 제품을 대량으로 구입하기 시작할 때, '파괴(disruption)'가 일어나게 된다.

이러한 현상의 대표적인 예로 미국 철강산업에서 미니밀(mini-mill) 생산방식이 산업을 재편하게 된 현상을 설명할 수 있다.

경영사례

미국 철강업계의 파괴적 혁신

높은 비용으로 양질의 제품을 생산하던 미국의 일관제철소는 미니밀(Mini-mill)이라는 새로운 형태의 생산방식에 의해 도전을 받게 되었다. 기존의 일관제철방식보다 20%나 저렴한 비용으로 낮은 품질의 제품을 생산하던 미니밀방식은 저급 철강재 위주로 시장을 잠

3) Christensen, Raynor & McDonald(2015).

식하기 시작했다. 미니밀 대비 비용경쟁력이 떨어지는 일관제철방식의 기업들은 높은 품질이 요구되는 상위시장(high end market)으로 이동하였고, 미니밀방식 기업들은 하위시장(low end market)에서의 치열한 경쟁을 이겨내기 위해 제품성능을 개선하여 수익성이 좋은 중간시장과 상위시장으로 이동하였다. 결국 하위시장에서 시작된 경쟁은 시간이 지남에 따라 최상위 시장의 경쟁으로 확산되었다. 모든 미니밀방식 기업의 참여로 모든 제품의 가격이 하락한 상황에서 더 이동할 상위시장이 없어진 일관제철방식의 기업들은 퇴조하게 되었다.

[그림 15-3] 미국 철강산업에서의 파괴적 혁신

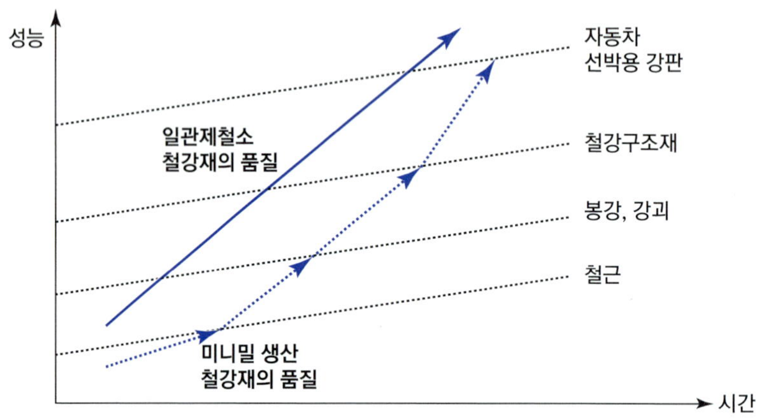

파괴적 혁신이론은 여러 산업에서의 경쟁의 변화를 설명해준다. 넷플릭스가 DVD 대여사업에서 대여점을 개설하지 않고 연체료 없는 비즈니스 모델로 블록버스터(Blockbuster)를 이기면서 점차 스트리밍 서비스로 주류시장을 점거한 것도 좋은 예이다.

기업이 존속적 혁신만을 고수하며 파괴적 혁신으로 등장한 도전자에 맞서지 않고 더 높은 부가가치 영역으로 회피하게 되면, 줄어든 시장에서 더욱 치열해진 경쟁에 의해 실패하는 경우가 많다. "자신의 제품을 직접 죽이지 않으면 다른 누군가가 대신 그렇게 할 것이다"는 말이 적용된다. 아이러니하게도 넷플릭스 자신이 현재 시장지배자가 되었지만 새로운 OTT(Over-The-Top, 온라인 동영상서비스)시장 진입자들과의 치열한 경쟁에 직면하고 있다. 광대한 콘텐츠를 보유하고 있는 디즈니와 워너미디어(HBO맥스), 결합상품 기반의 아마존과 애플 등이 새로운 경쟁의 게임을 벌이고 있다. 국내에서는 웨이브, 티빙, 왓차, 쿠팡 등이 각기 다른 방식으로 진입하여 치열한 경쟁을 벌이고 있다.

한걸음 더

- 치열한 경쟁의 OTT시장에서 파괴적 혁신의 예를 찾아볼 수 있을까? 아니면 신규 진입자들의 제품은 존속적 혁신의 연속인가?

경영혁신 방법의 진화

경영혁신은 기업의 성과를 높인다. 그래서 기업들은 특정 기업이 개발한 효과적인 경영기법과 방식을 적극 모방하고 학습하여 도입한다. 경영기법이 확산되는 이유이다.

이하에서는 1980년대 이후 기업들에게 빠르게 확산되어 정착된 경영혁신을 중심으로 살펴보기로 한다. 경영의 역사 자체가 새로운 가치를 찾아내는 데 있었다는 점에서 혁신의 역사이었지만, 본격적으로 경영혁신이 중시된 것은 1980년대이다. 기업들이 기존의 경영으로 경쟁을 이겨낼 수 없게 되었을 때 새로운 방법론을 찾고 이를 실천하는 데서 시작되었다. 글로벌 시장에서 기업 간 경쟁이 국가단위를 뛰어넘으며 치열해진 시기인 1980년대부터 경영혁신 운동이 활발해진 것은 매우 자연스러운 현상이다.

〈표 15-1〉 경영혁신의 방법들

시기	경영혁신
1980년대	초일류기업 연구, 벤치마킹, 아웃소싱 등 조직유연화, M&A 등 구조조정
1990년대	조직학습과 지식경영, 리엔지니어링
2000년대	기업 변신(사업구조 재편), 비즈니스 모델 혁신
2010년대	디지털 전환

1980년대에 시작된 경영혁신 방법으로는 우선 초일류기업 연구를 통한 **우수기업 배우기**를 들 수 있다. 피터스와 워터맨를 필두로 시작된 초일류기업(excellent company) 특성 연구이다.[4] 초일류기업 연구를 통해 기업경영의 총체적 구성형태에 대한 논의가 시작되었다. 탁월한 경영을 하는 기업을 배우고자 하는 것이었다. 초일류기업의 주요 특성들이 정리되었고, 이때부터 우수기업 연구가 활성화되었다. 기업들은 제품만이 아니고 경영 자체를 서로 배우고자 하였다.

---

4) Peters & Waterman(1982).

[그림 15-4] 피터스와 워터맨의 7S-프레임워크

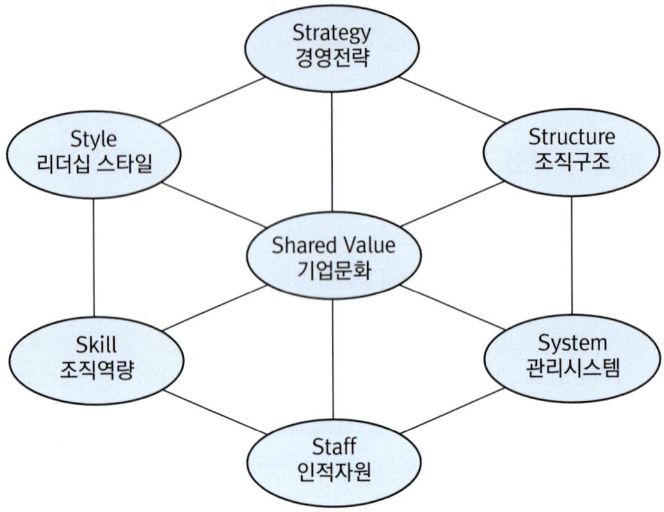

초일류기업 연구의 가장 중요한 포인트는 경영의 총체성이다. [그림 15-4]의 **7S-프레임워크**는 탁월한 기업들이 특정 영역에만 우수한 것이 아니고 전략을 필두로 7가지 모든 영역에서 우수함을 갖추고 있었으며 특히 이들 경영요소가 서로 잘 어우러지는 특성, 즉 적합성(fit)을 갖고 있다는 점을 말해준다. 그리고 이들 7S 영역의 중심에 모두의 바탕이 되는 기업문화가 있다.[5] 기업경영의 총체적 구성형태를 보여주는 7S-프레임워크는 오늘날에도 기업을 종합적으로 진단하고 변화혁신을 이끄는 분석도구로 이용되고 있다.

이 시기에 미국 기업의 경쟁력 회복을 위해 구조조정이 광범위하게 실행되었으며, 구조조정을 원활히 하기 위한 M&A시장이 활성화되었다. **구조조정**(restructuring)은 기업의 틀을 바꾸는 것으로서 주로 사업구조 재편에 초점이 있다. 오늘날 구조조정은 기업들의 체질개선을 위한 경영혁신의 방법으로 자리잡았다. 또한 초일류기업 배우기에 이어서 타 기업의 베스트프랙티스(best practices)를 배우는 **벤치마킹**(benchmarking)이 시작되었다. 구조조정과 벤치마킹에 대해서는 2절에서 상세히 설명하였다.

5) 피터스와 워터맨은 기업문화를 Shared Value라고 명명하였는데, 단순히 7S를 맞추기 위한 표현이다. 이들은 기업문화를 폭넓게 정의하고 있다. 7S-프레임워크는 이들이 세계적인 경영컨설팅사인 맥킨지가 기업진단모형으로 쓸 수 있도록 개발해준 것으로서 맥킨지 프레임워크라고도 불린다.

1990년대는 **조직학습과 지식경영**이 정착하였다. 원래 기업의 학습능력에 관한 이론은 1980년대에 발전되었으나 1990년대에 본격화되었고 나아가서 지식경영으로 발전하였다. 이로써 조직학습과 지식경영이 경영혁신의 주요 방법이 되었다. 이에 대해서도 2절에서 설명하였다.

IT기술이 인터넷과 인트라넷으로 경영에 본격적으로 접목되기 시작한 1990년대를 풍미했던 경영혁신의 방법으로 리엔지니어링이 있다. **리엔지니어링**(reengineering)은 비즈니스 프로세스 리엔지니어링(BPR: Business Process Reengineering)을 줄여서 표현한 것이다. BPR은 품질, 출력, 비용, 서비스 및 속도와 같은 중요한 측면에서 극적인 개선을 달성하기 위해 정보시스템을 이용하여 비즈니스 프로세스를 근본적으로 재설계하는 것이다. 이는 직무설계(job design)를 초월하여 공학적 접근으로 기업의 업무 프로세스를 중심으로 조직을 재편하는 것이다. 오늘날 기업이 수평적 업무흐름을 중심으로 산출물에 대한 책임경영을 추구하는 데 있어서 리엔지니어링은 크게 기여했다. 특히 정보기술의 발전에 따라서 꽃을 피운 경영혁신 기법이다.

BPR은 기본적으로 비즈니스 시스템 전체를 재구축하는 근본적인 변화의 한 형태이다. 프로세스 중심으로 조직을 수평적으로 재설계하여 조직의 수평적 흐름을 높이고 동시에 조직운영의 효율을 높이려는 시도이었다. 그러나 직무 중심으로 노동시장이 형성되어 있는 미국에서 이 방식이 그대로 적용되기에는 무리가 있었다. IT기술에 기반한 순수한 기술적 효율성을 조직에 무리하게 심는 노력을 하면서 BPR이 조직을 근본적으로 바꾸는 데는 대체로 효과를 거두지 못하였다. 반면에 조직 내 운영에서 정보시스템이 여러 형태로 정착하는 디딤돌이 되었다. 앞의 12장에서 설명한 여러 정보시스템이 그 예이다. 기업조직의 정보화에 기여하였다.

2000년대에 이르러 인터넷을 이용한 신개념 비즈니스의 기업들이 다수 창업되었다. 전자상거래를 비롯하여 플랫폼비즈니스 기업들이다. 이러한 산업기술과 산업구조의 변화에 전통기업들은 **비즈니스 모델 혁신**을 추구하게 된다. 그러나 대체로 기존의 경영혁신 방법을 통하여 기업의 경쟁력을 높이는 데 그쳤다고 할 수 있다.

2010년대에 이르러 IT기술의 심화발전뿐만 아니라 4차 산업으로 일컬어지는 다양한 신기술이 급속히 발전하게 됨에 따라 **디지털 기반의 총체적 조직변화**가 확산되고 있다. 주로 2010년대 중반부터 시작된 흐름으로 디지털 전환이 경영혁신의 핵심과제로 등장하였다. **디지털 전환**(digital transformation)은 디지털을 기반으로 기업의 조직 프로세스, 비즈니스 모델, 관리시스템, 조직문화 등 총체적인 변화를 추구하는 조직변화 전략이다. 디지털 변신이라고도 한다. 이는 개발－제조－물류－마케팅－판매－서비스에 이르는 비즈니스시스템 전 과정에서 디지털화를 통해 새로운 고객 경험을 생성하거나 비즈니스 모델을 변화시키는 것이다. 모바일, 클라우드, IoT, AI 등의 디지털 관련 기술이 중심이 되고 있다.

이제 혁신기업들은 각 산업분야 내에서 디지털 신기술을 적용시켜 혁신적인 고객가치를 제공하고 (조직) 프로세스를 효율화하여 새로운 시장과 고객을 개척해 가야 한다. 산업 내 및 산업 외 디지털 기술이 급속히 발전하면서 기업도 모든 경영영역에서 대대적인 디지털 전환이 필요하게 되었다. 디지털 전환은 기술적 변화인 동시에 문화적 변화이기도 하다.

한국 기업의 경영혁신 운동

우리나라 기업들은 1990년대에 들어와서 이러한 경영혁신 운동을 보고 배우면서 크게 두 가지 효과를 거둘 수 있었다.

첫째는 미국식 경영을 자세히 들여다볼 수 있었고 이를 계기로 경영혁신 운동을 시작하게 되었다. 이전까지는 우리나라의 전통적 가치 기반에 일본식 경영을 부분적으로 모방하는 단계이었고, 다소의 미국적 경영을 배우고 접목해보는 정도이었다.

둘째는 미국 기업에서 경영혁신이 종래의 미국적 경영방식에 한계가 있다는 인식에서 변화를 시도하는 것이었기에 한국 기업에 적합한 경영방식을 동시에 찾아보게 되었다. 이로써 1990년대에 우리나라의 기업경영에 극적인 도약이 이뤄졌고 오늘날 산업현장에 보편화된 경영지식이 빠르게 확산되었다. 열망과 도전정신으로 무장한 한국 기업들이 이 배움의 과정을 통해서 글로벌 경쟁력을 확보해갈 수 있었다.

한걸음 더

- 한국 기업의 경영혁신 사례를 조사해보고, 함께 토론해보자.

2. 조직혁신과 구조조정

2.1 모방과 혁신

기업이 혁신을 일궈내는 가장 효과적인 방법은 모방학습(learning by imitation)이다. 그리고 이 모방을 통해 얻어낸 새로운 경영방식이나 제품기술은 기업의 성장과 도약의 발판이 된다. 이하에서는 모방이 가져다주는 혁신과 변화의 효과에 대해 살펴보기로 한다.

모방혁신의 방법: 벤치마킹

가장 효과적인 혁신의 방법 중 하나는 모방(학습)을 통한 혁신이다. 남으로부터 배우는 것이다. 일반적인 배움의 방식인데, 기업에서도 마찬가지다. 타기업으로부터 배우는 것을 협력과 제휴, 분석적 방법 등으로 하는 것이 효과적인데, 대표적인 방식이 벤치마킹이다.

벤치마킹(benchmarking)은 업계 및 타 업계의 최고의 베스트프랙티스(best practices)를 찾아내고 자사의 현재 수준과 비교하고 개선과 변화를 추구하는 것이다. 이는 주로 제품이나 조직에 대해 타 기업과 비교를 통해 표준을 잡고, 그것을 모방하거나 성과개선의 방법을 찾아내는 것을 말한다. 이때 주요 비교 측정지표(metric)는 품질, 비용, 성능, 기술, 전문인력, 비즈니스 프로세스 등 다양하다.

경쟁자 벤치마킹은 업계 내의 경쟁자들의 제품과 서비스, 그리고 경영방식을 직접 비교하여 자사의 현황을 파악하고 개선의 방법을 찾는 것이다. 이때 경쟁자와의 비교 수치는 자사의 제품 및 서비스의 경쟁력을 나타내주는 직접적인 지표가 된다. 구체적인 개선점을 찾는 데 효과적이다. 또한 구성원의 위기의식을 고취시키고 경쟁심을 자극할 수 있다. 경쟁자를 뛰어넘고자 하는 혁신의 의지를 이끌어내는 효과가 크다. 경쟁자 벤치마킹은 주로 제품혁신에 도움이 된다.

일반 벤치마킹은 비경쟁사인 타 산업의 회사에서 베스트프랙티스를 찾아서 자사의 시스템과 비교하여 분석하고 개선 방안을 찾는 것이다. 경쟁자가 아니므로 필요시 협력적 관계를 구축하여 직접 도입할 수도 있다. 일반 벤치마킹은 주로 관리혁신에 유용하다.

이렇듯이 경쟁자와 우수기업으로부터 배움의 기준을 잡고 이들을 모방하는 정도를 뛰어넘어 새로운 학습으로 자신의 기술, 비즈니스와 경영을 새롭게 만드는 것이 벤치마킹이다. 이는 모방을 혁신으로 이어가는 분석적 도구이면서, 구성원의 참여와 의지로 이어가는 변화의 과정이다. 벤치마킹은 단순 모방이 아니고 과학적 방법으로 비교 분석하여 정확히 개선 포인트를 찾아내고 구체적 혁신을 만들어내는 방법론이다. 이는 자사 제품과 경영방식에 집착하지 않는 개방적 학습과 변화의 풍토를 만들어준다.

경영사례

벤치마킹 이야기[6)]

벤치마킹의 역사는 1980년대 초에 미국 기업 제록스(Xerox)의 위기극복에서 시작되었다. 제록스는 1970년대 후반에 굉장한 어려움을 겪는다. 전 세계 복사기 시장에서 절대적인 지배력으로 시장점유율 80%를 장악했던 영광의 시절이 꺼져가면서 위기에 봉착하게 된다. 과투자(over-investment) 설비라든지 제품의 질적 선도성이 상실된 것은 물론이고 회사 내 관료주의와 매너리즘은 위기를 제대로 인식치 못하고 위기극복의 에너지를 형성치 못하게 했다. 이에 새로운 경영진은 **경쟁자 벤치마킹**으로 변화의 실상을 구체적으로 인식하고 위기의식을 고취하고 그리고 급기야는 위기극복의 에너지와 동력을 얻는 일련의 과정을 만들어내게 된다.

벤치마킹의 1차적인 대상은 경쟁자 캐논과 리코 등 일본의 카메라 및 복사기 제조업체들이었다. 특기할 만한 일은 제록스가 이미 일본의 후지사와 합작으로 일본 복사기 시장에 진출해 있던 후지제록스사가 있었는데, 이 합작 자회사를 통해 본격적인 정보수집과 벤치마킹을 할 수 있었다. 그래서 캐논 등의 일본에 있는 복사기 업체들의 제품특성과 생산기술을 디테일하게 분석하고 비교 수치를 작성하여 개선의 포인트와 목표를 잡는 노력을 시작하였다. 아울러 그들의 경영방식을 분석하면서 많은 것을 배우게 된다. 이것이 경쟁자로부터 배우는 벤치마킹이었다.

제록스는 나아가서 산업을 불문코 우수기업들로부터 그들의 베스트프랙티스를 배우고 새로운 관리시스템을 받아들이기 시작하였다. 예를 들어, 미국 북동부 메인주의 아웃도어 라이프제품 전문업체인 엘엘빈에게 카달로그 판매를 미국 전역에 가능하게 했던 즉각적 배송(distribution)시스템과 재고관리시스템을 배웠다. 그 외에도 여러 기업의 베스트프랙티스를 찾아서 방문하고 배웠다. 이처럼 비경쟁사인 회사에 가서 협약을 체결해서 배워오는 것이 **일반 벤치마킹**이다. 이를 통해 제록스는 관리혁신을 이루었다.

벤치마킹의 성공으로 제록스는 부활하였고, 혁신의 대명사가 되었다. 이러한 극적인 회생(trunaround)과 회복된 제품경쟁력으로 1989년 제2회 말콤볼드리지 국가품질상(Malcolm Baldrige National Quality Award)을 받게 되었다.[7)] 아래에는 수상 상장에 적혀 있는 문구이다. 명시적으로 벤치마킹을 고안한 것을 시상의 배경으로 설명하고 있다.

"In its quest to elevate its products and services to world-class status,

Xerox devised a benchmarking system that has, in itself, become a model. The company measures its performance in about 240 key areas of product, service, and business performance."

2000년대에 이르러 제록스는 복사기 시장의 쇠퇴산업화로 인하여 급속히 쇠락하였다. 사업구조 재편에 성공하지 못한 결과이다. 제록스 전 CEO 우르술라 번스(Ursula Burns)는 사업구조개혁을 추진하면서 2012년에 다음과 같이 강조했다. "If you don't transform your company, you're stuck." 그다지 성공적이지 못했던 소극적 M&A와 사업도메인 확장은 제록스의 쇠락을 막지 못하였다. 결국 피인수합병의 여러 고비를 겪었고, 현재 기업가치가 크게 하락한 상태에 있다.

제록스의 실패는 파괴적 혁신에 대응치 못한 결과이기도 하다. 혁신의 대명사였던 회사가 존속형 혁신의 함정에 빠지게 된 경우이다. 원래 제록스의 위기는 카메라 제조회사인 캐논이 정밀광학기술(fine optics technology)을 이용한 파괴적 혁신으로 소형 복사기를 만들어서 저가시장에 진출한 데서 비롯된 것이다. 캐논이 점차 주류시장을 점거하면서 제록스의 위기가 시작되었던 것이다. 제록스의 벤치마킹은 파괴적 혁신이 자사의 산업 내 시장을 장악하는 것을 막아낸 사례이다.

종이 없는(paperless) 오피스와 이메일, 비디오컨퍼런싱의 시대에 제록스는 회생할 수 있을까? 벤치마킹은 신산업으로의 이동, 즉 파괴적 혁신을 만들어주지 못하는 것일까? 1906년에 탄생한 제록스가 역사의 무게를 이기지 못하고 이대로 퇴장할 것인가? 여러 궁금증이 남는다.

한걸음 더

- 20세기의 가장 위대한 혁신기업 중 하나로 불렸던 제록스가 21세기에 극심한 침체에 빠진 이유를 생각해보자. 전통 제조업체 위기의 수많은 사례 중 하나일 뿐인가, 아니면 제록스가 변신(구조조정과 혁신)에 실패한 때문인가? 토론해보자.

---

6) 제록스의 위기극복과 벤치마킹 스토리를 담은 책, *Xerox: American Samurai* (Jacobson & Hillkirk, 1986) 참고.

7) 말콤볼드리지 국가품질상은 미국 기업의 경쟁력 회복을 위해 미국 정부가 1988년부터 지금까지 수여하는 상이다. 제1회에는 품질경영기법인 식스시그마를 개발하여 실행한 모토로라(Motorola)가 수상하였다.

모방학습과 한국 기업

한국 기업들은 일찍부터 타 기업들로부터 배워왔다. 벤치마킹은 이를 자신의 경영방식을 개선할 수 있는 계기로 삼는 것이다. 한국의 산업화 초기에는 일본 기업으로부터, 그리고 1980년대 후반부터는 미국 기업으로부터 경영을 배우고 정착시켰다.

이처럼 한국 기업 성장과정의 한 축은 분명히 모방학습이었다. 1990년대를 거쳐 2000년대에 우리나라 기업들이 도약을 이뤄내는 데는 전 세계 기업에 대한 벤치마킹이 큰 역할을 했다. 학습능력이 더 커졌기 때문이다. 한국 기업의 성장전략으로서 '모방을 통한 혁신'을 빼놓을 수 없다.

경영사례

삼성과 이병철의 일본 기업 배우기[8)]

이병철은 활발하게 일본과 교류했다. 즉, 일본을 자본과 기술, 경영방식의 도입 거점으로 적극 활용하기 시작했다. 이는 국내의 여타 기업들도 마찬가지였다. 삼성이 보다 적극적으로 일본을 활용한 것은 사실이지만, 다른 기업들 역시 일본을 자본과 기술의 주요 도입선으로 삼았다. 이런 점에서 이병철과 일본의 관계에서 오히려 주목해야 할 부분은 이병철이 일본을 기술정보와 시장정보의 수집 창구로서 활용했다는 점이다.

이병철은 도쿄를 삼성그룹의 정보센터로 활용했다. 그가 일본에 머물지 않을 때도 삼성물산 도쿄지점을 통해 각종 정보를 수집하도록 했다. 당시 삼성물산 도쿄지점장은 "매일 아침 9시에 이병철 회장이 국제전화를 걸어왔다. 심지어 일본 TV 프로를 보고 녹화할 것을 지시하기도 했다"고 말했다. 이병철 회장은 이 테이프를 본 후에는 유관부서로 내려 보냈다.

일본을 적극적으로 활용한 것은 전자산업과 반도체산업의 진출 당시였다. 일본 전자산업의 비약적 발전도 영향을 미쳤다. 당시 미국의 가전산업은 높은 인건비와 일본 기업과의 경쟁에 직면해 경쟁력을 상실해가고 있었지만 일본의 전자산업은 매년 40~50%의 고도성장을 했다. 그래서 이병철은 "일본은 1950년대에 진출해 불과 10년여 만에 구미와 겨루게 되었다"고 탄복하면서 (하지만) 기술만 도입하면 삼성도 반드시 성공할 수 있다고 확신했다. 특히 산요전기 이우에 토시오 회장의 충고가 결정적 영향을 미쳤다. 그는 "전자산업은 모래에서 반도체 칩을 만드는 등 무에서 유를 창조하는 고부가가치산업"이라고 강조했고, 이에 따라 이병철은 전자산업 진출 결심을 굳혔다.

이병철이 일본을 모방하려 한 이유는 기술개발을 한 일본의 기술축적 과정을 우리도 그대로 따라가야 기술격차도 줄일 수 있고 독자기술개발도 할 수 있다는 점이었다. 일본에서의 기술도입은 전자산업뿐만 아니었다. 축적된 기술이 요구되는 제조업에 진출할 경우

> 삼성은 거의 대부분 일본과 합작을 맺었는데, 1970년대 중반까지는 대체로 그러했다. 조선업과 기계공업(삼성중공업, 1974년 설립)은 일본 IHI와, 석유화학(삼성석유화학, 1974년 설립)은 미쓰이석유화학과, 합성섬유(제일합섬, 1972년 설립)는 일본 도레이 및 미쓰이물산과 제휴했다.

2.2 조직학습과 지식경영

배우는 것이 중요하다. 혁신, 변화, 성공 모두 배우는 데 달려 있다. 배우는 기업이 성공한다. 경쟁우위를 확보하는 데 기업의 학습능력이 중요하게 부각되면서 1980년대에 조직학습의 개념이 생겼고 이 개념이 확장되면서 1990년대에 지식경영(knowledge management)이 주창되었다.

조직이 학습한다

기업이 배운다는 개념은 언뜻 이해하기 쉽지 않다. 기업 내 사람이 배우는 게 아닌가 하고 생각할 수 있다. 그러나 분명 학습을 잘하는 기업이 있고 그렇지 않은 기업이 있다. 예를 들면, 영업부서나 재무부서에서 축적된 어떤 지식이 경영전략부서로 이전된다면 이는 조직 차원에서 지식이 확장된 것이다. 영업부서와 재무부서에서 학습된 지식이 전략부서의 학습을 촉발한 것이다. 이처럼 조직학습(organizational learning)은 사업과 과업의 경험을 통해 축적한 지식을 개인 간 및 부서 간 지식이전과 상호학습에 의해 조직 전체의 지식기반으로 확장하는 것, 그리고 이를 통해 조직의 역량이 커지는 것을 말한다.[9] 조직에서도 경험이 축적되고 학습이 일어나는 것이다. 그리고 이 조직학습은 기업별로 큰 차이를 보인다.

조직학습은 조직역량의 축적에 결정적인 기여를 한다. 한국 기업들은 선진국 기업들을 재빨리 따라잡는 추격학습(catch-up learning)에 온 힘을 기울여왔다. 선진기업의 기술과 경영을 끊임없이 배우면서 '따라잡기' 학습을 해왔다. 따라잡기(catch-up)를 하려면 학습이 빨라야 된다. 그래서 추격학습은 느린 학습이 아니라 빠른 학습이다. 흔히 한국 기업의 특성을 스피드 경영으로 본다. 빠른 의사결정과

---

8) 김영욱(2013) 발췌 인용.

9) 권석균(1995).

과감한 실천행동으로 단축된 기술개발, 제품개발, 시장개척 등을 했다. 오늘날 한국 기업의 특성 중에 하나인 스피드 경영의 뿌리는 추격학습에 있다. 빨리 배웠어야 했기 때문에 더 많은 시간 공부하고, 더 많은 시간 일했다. 한국 기업의 조직학습 역량이다.

조직학습은 신제품개발이나 신시장개발을 관찰하고 신속하게 그를 모방하여 시장경제에 대응하는 데서 가능해진다. 혁신적인 기업이 되기 위한 열쇠는 기업 외부의 지식을 얼마나 잘 활용하는가에 있는데 이를 위해서는 조직의 흡수능력(absorptive capacity)이 중요하다. 흡수능력은 외부의 지식을 배우는 능력과 새로운 지식을 창출할 수 있는 능력으로 구성된다.[10] 기업이 혁신을 이루기 위해서는 기업 내부의 자체적인 혁신활동도 물론 중요하지만, 이것만으로 부족하다. 따라서 기업은 외부로부터 얻게 되는 다양한 아이디어, 정보와 지식의 가치를 제대로 인식하고 이를 충분히 소화해, 새로운 지식을 창출해낼 수 있어야 한다.

한편 경쟁자의 모방을 회피하려는 기업의 입장에서는 자사의 지식과 기술의 모방가능성을 줄이는 것이 중요하다. 앞의 제6장 전략경영에서 VRIO모형을 통해 모방가능성(imitability)이 경쟁우위의 지속가능성에 중요한 변수임을 알 수 있었다. 이때 경쟁자가 실제 모방을 성공시킬지는 모방하려고 하는 지식이 얼마만큼 암묵적(tacit)인가에 달려 있다. 기업은 지식의 전략적 자산으로서의 가치를 중시하면서 암묵적 지식(tacit knowledge)을 축적하여 경쟁자들의 모방가능성을 줄이는 것이 지속가능한 경쟁력을 보유하는 데 중요하다.

조직구성원의 개별적 지식이 조직지식(organizational knowledge)으로 전환되는 데는 구성원 간의 공유학습(learning-by-sharing)이 필요하다. 학습의 결과가 국지적인 지식의 영역에 머무르지 않고 조직지식으로 전환되어야 한다. 공유학습이 조직 내에 활성화되기 위해서는 조직 내 부문 간의 경계를 꿰뚫는 **지식공유마당**이 활성화되어야 한다. 학습에 능한 기업은 공유마당이 잘 발달되어 있다.

지식을 경영한다

지식을 경영해야 한다. 새로운 시대에는 지식자원으로 경쟁우위를 창출하고 수익을 얻어야 한다. 지식경영(knowledge management)은 조직 내 지식을 창출하고, 저장하고, 이용하여 기업의 경쟁력을 만드는 경영방식이다. 변화하는 환경에서 기

10) Cohen & Levinthal(1990).

업이 생존하고 성공적인 경로를 찾아내기 위해서 새로운 방식을 끊임없이 탐색하고 능력을 축적해가는 것이 중요하게 되자 발전된 경영방식이다. 지식경영은 **지식창출**(knowledge creation), **지식공유**(knowledge sharing) 및 **지식활용**(knowledge exploitation)으로 구성된다.

지식경제시대에서 기업의 경쟁력은 새로운 조직지식을 어떻게 창조하고 축적하고 활용하느냐에 따라 달라진다. 수많은 비즈니스 경험으로부터 배우고 지식과 능력을 쌓아가는 기업이 경쟁에서 이기는 기업이 된다. 기업의 활동이 당장의 수익을 창출하는 데 그치지 않고 지식의 창조와 축적의 과정으로 이어지는 지식경영이 지속가능한 경쟁력의 원천이 된다.

기업에는 아래의 <표 15-2>에 제시된 바와 같이 개인, 집단, 조직, 조직간 등의 수준에서 실로 다양한 지식이 있다. 이 지식은 잘 정리된 **형식화 지식**(articulated knowledge)이기도 하지만, 광범위한 비형식적, **암묵적 지식**(implicit knowledge)도 있다. 이 두 유형의 지식을 충돌시켜 새로운 지식을 창출하고, 지식창고에 저장하고, 필요할 때 인출하여 활용할 수 있어야 한다.

〈표 15-2〉 지식의 수준과 지식의 획득방법[11)]

지식의 수준	암묵적 지식		형식화 지식	지식 획득방법
	인지적 측면	방법적 측면		
개인지식	가치, 신념 등	숙련, 노하우	개인 데이터베이스	사색, 행동, 반성
집단지식	집단규범 등	팀워크	집단 데이터베이스	대화, 관찰, 모방
조직지식	조직문화	기술	특허, 매뉴얼 등	매뉴얼, 순환보직
조직 간 지식	기업연합의 규범 등	기업연합의 기술	기업연합의 특허 등	제휴, M&A 등

지식관리시스템의 구축

지식관리시스템은 3단계로 구성된다. 1단계는 **지식베이스**를 구축하는 것이다. 이는 앞서 제12장의 정보시스템에서 설명하였다. 2단계는 구성원들이 지식베이스를 이용하기가 쉽도록 **정보네트워크**를 구축해야 한다. 필요한 조직지식을 이용할 수 있도록 지식베이스에 손쉽게 접근할 수 있게 해주어야 한다. 3단계는 기계적인 정보네트워크를 구성원이 능동적인 지식공유를 위해 활용하는 **휴먼네트워크**로 전환시켜주는 것이다. 지식베이스와 정보네트워크를 구축하였다고 그 자체로 학습조

11) 노나카 이쿠지로(1995), p. 315.

직이 되는 것이 아니다. 예를 들어, 재무관리, 회계 또는 고객관리 업무매뉴얼을 인트라넷에 올렸다고 지식이 공유되고 활용되는 것은 아니다. 이를 위해서는 활발한 지식교환이 이루어지는 수많은 팀과 비공식 인적 네트워크, 그리고 다양한 학습포럼이 형성되어 이들이 지식베이스를 통해 연결되어 하나의 **학습공동체**(community of learning)가 만들어져야 한다. 휴먼네트워크가 활성화되지 않으면 구성원들이 새로운 지식이 필요할 때 정보네트워크를 제대로 이용하지 않을 수 있기 때문이다. 휴먼네트워크가 취약한 상태에서 너무 많은 지식이 정보네트워크에 입력되면 핵심지식을 파악하고 활용하는 데 오히려 혼란만 가중될 수 있다. 정보네트워크는 조직 내에 보급되는 정보의 풍요성(information richness)을 증대시켜 주지만, 구성원들이 이를 활용하지 않으면 의미가 없게 된다.

2.3 구조조정과 기업 변신

구조조정(restructuring)은 기업의 틀을 다시 짠다는 의미의 대대적인 기업 변신을 의미한다. 구조조정은 특히 기업이 경영상 위기에 처해 있거나 새로운 사업구조로 완전한 변신을 도모할 때 채택되는 급속한 변화/혁신의 방법이다. 기업의 생존과 성장전략에서 가장 큰 조직변화에 해당한다.

〈표 15-3〉 구조조정의 목적

- 경쟁력 있는 사업구조의 형성
- 올바른 자원배분에 의한 경쟁력 제고
- 계획적인 신규사업의 진입 추진
- 재무구조의 개선과 재무위험의 제거
- 기업의 체질 강화

구조조정의 유형(영역)

구조조정은 크게 분류하면, 3가지로 나눌 수 있다. 첫째는 전략적 구조조정(strategic restructuring) 또는 사업구조조정(business restructuring)이다. 이는 사업구조를 재편하고 기업과 환경의 관계를 재구축하는 것이다. 사업구조조정은 기업전략의 일환으로 특정 사업에 신규진출하거나 사업을 철수하는 의사결정보다 더 크고 집중적인 변환의 과정이다. 한꺼번에 사업구조 자체를 바꾸는 것을 말한다. 기업이 위기에 처할 때 비수익사업 전체를 매각하거나, 새로운 비전으로 미래 사업의 큰 틀을 다시 짜는 것이다.

둘째, 조직구조조정(organizational restructuring)이다. 이는 조직의 틀과 운영체계를 바꾼다든지 또는 조직 내 인력의 구성형태를 바꾸는 다양하고 광범위한 변화이다. 조직 안의 모든 것을 바꾸는 것을 말한다. 조직구조 개편이나 인력재배치, 기업문화 혁신 등은 기본적으로 기업의 체질을 바꾸기 위한 것이다. 2010년대 중반부터 확산되고 있는 디지털 전환은 대표적인 조직구조조정으로 볼 수 있다.

셋째, 재무구조조정(financial restructuring)이다. 재무구조조정은 재무구조 안전성을 회복하는 것, 사업구조 재편에 따라 재무자원을 완전히 재배분하는 것, 이익창출의 구조를 바꾸는 것 등을 말한다. 재무구조의 위험성을 줄이고 미래 성장을 위한 잉여 재무자원을 확보하는 구조조정이다.

한국에서는 IMF 경제위기 직후에 대규모 구조조정이 단행되었다. 전 산업의 개혁과 기업의 회생을 위한 것이었다. 오늘날 우리 기업들은 다양한 목적으로 구조조정을 시행하고 있다. 대부분 성장의 정체에 빠지거나 수익성 악화로부터 탈출을 위해 구조조정을 실시한다. 경영상 위기가 구조조정을 낳는다.

M&A를 통한 구조조정

사업구조조정의 가장 보편적인 방법은 M&A 시장을 활용하는 방법이다. 이는 기업가치를 저해하는 계열사나 사업부문을 매각하여 사업규모와 사업범위를 축소하고 핵심역량 중심의 사업구조를 구축하는 데 가장 일반적인 방법이다. 또한 핵심역량 강화를 위해 동종 또는 이종 업계의 사업체를 인수, 합병함으로써 사업규모를 확대하는 데도 유용한 방법이다. 일반적으로 M&A는 계열사나 자회사 같은 법인단위의 시장거래가 중심이지만, 회사 내 사업단위의 M&A도 가능하다. [그림 15-5]는 이와 같은 M&A의 형태를 보여주고 있다.

법인 매각은 기업집단에서 계열사를 매각하여 그룹 차원의 사업구조조정을 하는 경우에 이루어진다. 이때 주요 장애요인은 고용승계 및 노조승계 문제이다. 매수기업의 입장에서는 고용승계 및 노조승계에 관한 법적, 제도적 경직성이 클 경우에 법인 인수를 꺼리게 된다. 그리고 고용조정에 대한 사회적 저항이 존재하거나 노조가 과격함을 보일 때도 매수 동기를 약화시키게 된다.

사업부 매각은 그림에서 보는 바와 같이 경영권과 부채, 그리고 여타의 사업부

[그림 15-5] M&A의 형태[12)]

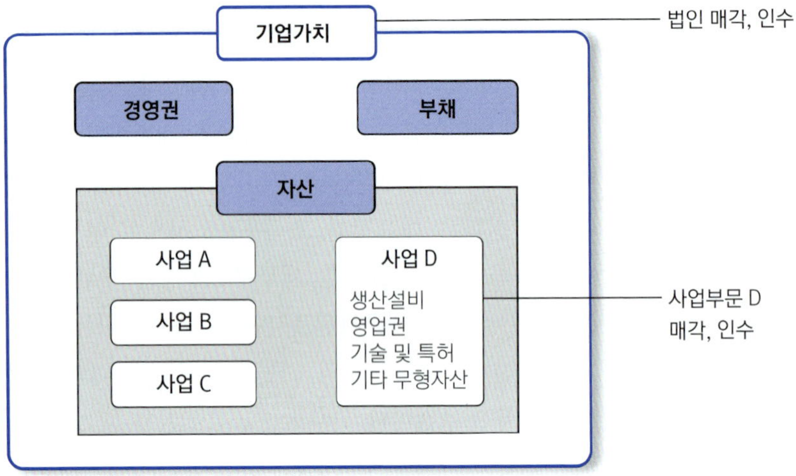

문을 제외하고, 특정 사업부문의 공장설비 같은 유형자산과 영업권, 노하우, 기술 등의 무형자산을 분리하여 매각, 인수하는 방법이다. 자산매각 또는 자산분리매각이라고 한다. 위 그림에서는 사업부문 D를 매각하여 확보한 재무자원으로 재무구조를 개선할 수 있다. 동시에 잔여 사업 A, B 및 C 중에서 전략적 중요성이 큰 사업에 자원을 집중 배분할 수도 있다.

아래 우버의 사업구조조정에 대한 기사를 보자.

경영사례

우버, 연이은 구조조정… "수익성 위주 사업개편 중"

우버(Uber)가 자율주행 사업부 ATG(Advanced Technologies Group)와 항공운수 사업부 엘리베이트(Elevate)를 연이어 매각했다. 코로나19로 경영이 어려워진 가운데 당초 꿈꾸던 '종합 모빌리티 그룹'에서 수익성 있는 사업만 따로 갖고 필요에 따라선 관계사를 통해 간접 운영하려는 것으로 풀이된다. 우버는 ATG를 미국 자율주행차 스타트업 오로라(Aurora)에, 엘리베이트를 소형 항공기 제조업체 조비 에비에이션(Joby Aviation)에 각각 매각한다. (중략)

우버의 이 같은 행보는 비즈니스 축소, 수익성 위주 구조조정으로 풀이된다. 우버는 차

---

12) 강효석 외(1998).

량공유 · 음식배달 · 자율주행 · 항공택시 등 모든 모빌리티 영역을 포괄하는 종합 모빌리티업체를 추구했으나 코로나19로 저수익 사업을 축소 · 매각하고 주력사업 위주로 재편하고 있다.

우버는 지난 5월 전기스쿠터 사업인 점프(Jump) 지분을 라임(Lime)에 매각했고, 지난 10월엔 화물운송부문 프레이트(Freight) 지분 일부도 매각했다. 전문가들은 "미래 성장동력이 될 수 있으나 단기 비용 부담이 큰 사업부도 매각하고 있다"라며 "이번 ATG · 엘리베이트 사업부 매각은 인수기업들의 지분을 확보하는 방식으로 진행되면서 전면 철수보단 간접적 사업 유지를 선택한 것"이라 풀이했다. (하략)

[자료: 인포스탁데일리(2020.12.10)]

사업부문 매각을 통해 확보한 재원을 가치파괴형 사업에 재투자하는 것을 피해야 하며, 핵심역량을 보유한 가치창조형 사업에만 자원배분을 집중해야 한다.

기업분할을 통한 구조조정

기업분할은 사업부서를 먼저 자회사로 독립시킨 후에 이를 매각하는 것이다. 이는 M&A와는 달리 타 기업이나 투자자들에게 법인 또는 사업부를 매각하지 않고, 기존 주주와의 관계를 재정립하여 사업구조를 조정하는 방법이다. 기업분할을 이용한 구조조정의 대표적인 방법에는 스핀오프와 스플릿오프가 있다.

스핀오프(spin-off)는 일명 분사화라고 일컬어지는 것으로서 구조조정 대상이 되는 사업부문을 자회사로 독립시키는 것을 말한다. 이는 복합사업을 영위하는 기업이 일부사업을 분할시켜 자산규모와 조직규모를 축소하고자 하는 방법이다. 이는 특정 사업부문이 기존사업과 전략적 시너지나 업무적 연관성이 없을 경우에 흔히 이용된다. 또한 이 사업의 전략적 중요성이 약하여 본사 내에서 직접 통제할 필요가 없는 경우에도 본사의 슬림화를 위해서 스핀오프를 채택하는 경우가 많다. 특히 미국에서는 복합적인 사업을 하나의 기업 내부에 두기보다는 독립된 법인으로 만들어주는 것이 기업경영의 효율성뿐만 아니라 투명성을 증대시킨다는 점에서 장려되는 구조조정 방법이다.

스핀오프는 전체 차원에서는 사업구조나 규모에 곧바로 직접적인 변화를 가져오지 않는다. 그러나 스핀오프가 실행되면 이후에는 분리된 회사별로 독자적으로 경영되기 때문에 점차 사업구조조정이 이루어지게 된다.

한편 독립경영을 통해 분리된 사업의 가치가 크게 증대하고 결과적으로 규모가 확장될 수도 있다. 기실 스핀오프는 사업규모 축소보다는 독립적인 법인체로서 해당 사업을 성장시키고자 할 때 자주 활용되는 방법이다. 국내에서 가장 큰 스핀오프형 기업분할 사례는 LG화학의 2차전지 사업부가 자회사 형태로 LG에너지솔루션으로 분리 독립한 경우이다. LG에너지솔루션은 2022년 1월에 상장되어 시가총액 2위의 기업이 되었다. 반면에 모회사 LG화학은 10위권에 겨우 남아 있을 정도로 기업가치가 하락하였다. 이와 유사하게 SK이노베이션에서도 2차전지 사업부가 자회사 형태로 SK온으로 기업분할되었다.

경영사례

'물적분할 뒤 반토막' 개미 울린 LG화학… "껍데기만 남았다"

LG화학의 온라인 종목토론방에는 소액주주의 불만이 여전하다. LG화학의 2차전지 관련 전지사업본부를 물적분할한 LG에너지솔루션(LG엔솔) 상장 이후 '지주사 할인' 리스크에서 벗어나지 못하고 있어서다. 한때 100만원을 넘었던 LG화학 주가는 물적분할 이후 하락세를 이어가며 지난 4일 기준 53만 4,000원까지 밀렸다. 52주 최저가 수준이다.

물적분할은 모(母)회사의 특정 사업부를 분리해 신설회사로 만들고, 신설한 자(子)회사의 주식을 소유해 지배권을 확보하는 기업분할이다. 지배주주 지분이 희석되지 않아 경영권을 지키며 신사업 육성을 위한 대규모 자금조달이 가능하다는 게 장점이다. 반면 기존 모회사의 핵심사업이 떨어져 나가기 때문에 기존 주주 권리를 침해한다는 비판도 나온다.

이러한 소액주주의 피해를 막기 위해 앞으로 기업이 자회사 상장 등 물적분할을 하려면 소액주주의 권리를 보호할 수 있는 장치를 스스로 마련해야 한다. (하략)

[자료: 중앙일보(2022.3.6)]

이 사례에서 보듯이 사업구조 재편의 경우에 가장 큰 이슈는 주주의 이익보호 문제이다. 자본시장의 투명성과 공정성을 위해 제도적 장치가 필요하다.

스플릿오프(split-off)는 먼저 자회사를 신설하고 모회사의 주주 중에서 신설된 자회사 주식을 소유하고자 희망하는 주주에게 자회사를 양도하는 기업분할 방식이다. 이는 스핀오프와는 달리 기업분할이 완결되면 자회사는 완전히 분리되기 때문에 실질적인 사업구조조정의 방법이다. 즉, 기존의 모회사의 입장에서는 사업범위를 축소하고자 할 때 이용될 수 있는 방법이다.

전형적인 콘글로머리트인 GE는 기업분할을 통해 3개 기업으로 다시 탄생하였고, 그 결과 주가도 크게 뛰었다. GE의 사례에 대해서는 제6장 4절의 기업수준 전략에서 소개한 바 있다. LG화학이나 SK이노베이션의 물적분할 사례와는 달리 주주가치를 극적으로 높여준 성공적인 기업분할 사례이다.

한걸음 더

- 기업분할에 의한 주주가치 훼손에 대해 공부해보자. 이 경우 경영자의 책무는 무엇인가?

성공을 위한 조건

사업구조조정이 성공하기 위해서는 여타의 구조조정과 연계되어 추진되는 것이 바람직하다. 특히 재무구조조정은 사업구조조정과 동전의 앞뒷면처럼 서로 맞물려 있다. 사업구조조정을 통해 확보되는 재무자원과 소요되는 재무자원에 대한 체계적인 분석이 전제되지 않으면 기업은 사업구조조정을 추진하는 단계나 조정 후의 사업운영단계에서 예상외의 어려움을 겪을 수 있다.

경영자의 리더십은 사업구조조정의 성공을 위한 열쇠이다. 경영자들은 미래의 경영환경 변화를 정확히 이해하고, 이에 능동적으로 대처하는 전향적 사업구조조정을 추구해야 한다. 단순히 현재의 위기를 미봉책으로 타개하는 일환으로서 '값이 비싼' 주요 계열사 또는 핵심 사업부를 매각하는 것은 궁극적으로 기업가치를 파괴하게 될 것이다.

사업구조조정은 기업을 둘러싸고 있는 다양한 이해관계자에게 큰 영향을 미친다. 따라서 경영자는 이해관계자들과 능동적인 의사소통을 통해 사업구조조정을 하고 있다는 사실과 그 내용을 정확히 알리는 일이 중요하다. 특히 주주에게 사업구조조정의 목적과 기대효과를 정확히 알려줘서 주주이익이 보호될 수 있도록 해야 한다. 이러한 의사소통체제를 통하여 기업가치를 시장에 정확히 반영할 수 있으며 기업경영의 투명성도 높일 수 있다. 또한 전사적 차원에서 명확한 전략적 방향을 제시하고 이를 내부 구성원에게 전달하는 것도 필수적이다.

3. 변화의 경영

마지막 주제는 변화경영(change management)이다. 변화경영은 사실 경영분야에서 매우 어려운 주제에 해당한다. 사람들이 세상에서 가장 어려운 게 변화라고 말한다. 그래도 변화는 추진되어야 하고 관리되어야 한다.

3.1 변화의 필요성과 유형

기업의 변화와 성장을 이해하기 위해서는 기업이 가지는 조직으로서의 복잡성을 이해하는 것이 중요하다. 언제, 왜 변화를 추구해야 하는지, 어떤 변화를 추구해야 하는지, 변화 성공을 위해 어떤 요건이 충족되어야 하고 어떤 노력을 기울여야 하는지 등 매우 복잡한 이슈가 있다.

변화의 동인: 경영환경 변화와 경영성과 하락

기업조직의 변화의 원인과 필요성에 대해서는 다양한 주장이 있다. 전통적인 관점으로는 외부 환경변화로 인하여 기업의 **환경적합성**(environmental fit)이 하락하면 이에 대한 대응으로서 조직변화를 추구하게 된다는 것이다. 이 같은 **환경변화-조직변화 일치**의 주장은 기업의 적응이론(adaptation theory)에서 핵심 연구주제이었다.[13] 달리 말하면, 세상이 변하면 기업도 따라 변해야 한다는 것이다.

기업이 끊임없이 변화하는 경영환경에 적응성을 높여야 되기 때문에 어떠한 형태로든지 기업은 변화하지 않을 수가 없다. 이런 변화를 잘 읽어내는 것이 기업의 생존에 결정적인 영향을 미친다. 과거처럼 우리가 기업의 환경에 의해서 영향을 많이 받지 않거나 또는 환경변화가 기업을 압도하지 못하였던 시대에는 변하지 않고 잘하는 것만 꾸준히 해나가면 성공할 수 있었다. 그런 시기에는 변화경영은 그다지 큰 이슈가 되지 않았다.

그러나 끊임없이 격동의 사회변화가 이루어지고 그 속에서 어떠한 형태로든지 기업이 그 변화를 수용하거나 변화 속에서 새로움을 창조하거나 이 환경과의 관계 속에서 개방적 상호작용이 필요한 오늘날의 시대에서 변화경영은 필수적이다.

---

13) 기업의 적응이론은 1960년대부터 개방시스템이론, 상황조건이론, 조직학습이론 등으로 발전되었다.

경영성과 하락으로 인한 변화의 필요성도 빼놓을 수 없다. 경영성과 하락은 기존 경영방식의 효과성에 대한 의문으로 이어지고 이로써 변화가 시도된다. 성과하락이 변화의 촉매자(catalyst)가 되는 것이다. 또한 성과하락은 경영진에 대한 이해관계자의 압력을 초래하여 결과적으로 변화를 추진하게 할 확률이 높아진다. 반면에 좋은 성과의 지속은 조직의 경직성을 강화시켜 줄 수 있다. 조직의 구성원과 관리자 모두 조직변화의 필요를 느끼지 못할 것이고 환경변화의 징후를 포착하는 데 소홀하게 될 것이기 때문이다.

이상의 논의에 따라서 변화경영의 중요성을 정리하여 보자.

〈표 15-4〉 변화경영의 중요성

• 지속적인 변화를 하지 않고서는 생존을 보장받을 수 없다.
• 개인, 집단, 조직 등 세 차원의 포괄적 변화가 맞물려 있다.
• 변화 압력이 고조되어도 변화의 필요를 느끼지 못하는 경우가 많다. 따라서 변화는 사후적(reactive) 반응일 가능성이 크다.
• 변화는 어렵다. 변화에 대한 저항이 클 수 있다. 변화관리의 체계적 준비가 필요하다.
• 변화는 자원이 소요된다. 자원이 고갈되거나 조직 쇠퇴가 발생할 때 변화/혁신의 필요성을 인식하게 되지만 이미 소요 자원이 부족하여 변화가 어려워진다.

변화의 종류: '작은 변화'와 '큰 변화'

일반적으로 조직도 질서를 추구하는 기간이 있고, 변화를 추구하는 기간이 있다. 기업이 매일 변화만 할 수는 없는 것이다. 물론 어느 면에서는 기업은 항상 변하고 있다. 어제의 기업과 오늘의 기업, 내일의 기업이 같을 수는 없다. 그러나 기본적으로 같은 유형의 경영 원칙과 방침, 같은 방식의 인프라를 가지고 사업을 영위한다면 기업의 규모가 좀 커졌거나 줄어들었거나 사업의 영역이 조금씩 바뀌거나 하더라도 우리는 이것을 변화한다고 얘기할 수 없다. 그래서 어떤 이는 이것을 질서정연한 기업의 활동이라고 얘기할 수도 있고, 또는 변화라고 하기에는 항상 정해진 패턴으로 가기 때문에 변화와 질서의 중간형태, 즉 진화(evolution)라고 얘기할 수도 있다. 이 진화는 시간의 흐름에 따라 누적적 변화가 된다. 진화의 시점은 하나하나에서 보면, 언뜻 보면 별로 변화가 느껴지지 않는 질서의 수렴과정으로 볼 수가 있다.

〈표 15-5〉 변화의 폭과 집중도

	부분적 변화	전체적 변화
점진적 변화	수렴(convergence) 존속형 혁신, 프로세스 개선	진화(evolution) 조직학습, 환경적응
급진적 변화	확산(divergence) 파괴적 혁신, 관리혁신	변환(transformation) 구조조정, 기업 변신

진화론적 관점과 변환론적 관점

조직변화에 대한 주요 논쟁의 하나는 연속적이고 점진적으로 진화·발전할 수 있는가, 아니면 단속적이고 혁명적인 방식의 변화가 필요한가이다. 전자의 견해를 조직변화에 대한 진화론적 관점(evolutionary perspective)이라고 하고 후자를 변환론적 관점(transformational perspective)이라고 한다.

진화론적 관점에서는 조직의 급진적·혁명적 변화의 효과성을 부정한다. 조직은 변하지 않는 경우는 없으며 끊임없이 일정한 비율로 변화(진화)하고 있다고 주장한다. 단지 점진적으로만 변화하기 때문에 환경이 급격하게 변화할 때 조직이 변화에 저항하는 것으로 잘못 인식되는 것이라고 한다. 시간이 흐름에 따라 진화를 통해 환경에 적응하는 것이 더 효과적이라고 본다.

이에 반하여 급진적·혁명적 변화가 필요하다는 관점은 반대의 설명을 하고 있다. 점진적 변화를 지속적으로 시도하는 경우에는 조직구성원들의 갈등과 저항에 부닥치기 때문에 그 비용이 지나치게 크다는 것이다. 따라서 섣부른 잦은 변화를 유보해야 하며, 환경과의 부적합성이 충분히 커지면 그때 총체적인 급격한 변화를 추진하는 것이 더 성공적이고 효과성도 높다고 본다. 이를 양자론적 관점(quantum view)이라고 한다.[14)]

어느 쪽이 더 맞을까? 둘 다 타당한 주장이다. 변화의 폭과 시급성에 따른 선택의 문제로 보아야 한다. 그리고 기업별로 사업구조나 조직문화에 따라서 더 효과적인 방식이 다를 것으로 보는 것이 타당하다.

---

14) Miller & Friesen(1984).

변화에 대한 저항과 자연스러움

경영자에게 가장 당혹스러운 문제 중 하나는 변화에 대한 구성원의 저항이다. 그러한 저항은 조직 내 갈등을 높이고 경영진과 종업원 간의 불신을 초래한다. 그리고 변화의 성공가능성에 대한 의구심을 낳는다. 경영자는 변화에 대한 저항에 직면했을 때 "사람들은 변화에 저항한다"는 진부한 표현을 인용하여 구성원을 변화의 적대세력으로 규정하곤 한다.

그러나 변화저항(resistance to change)은 자연스러운 것이다. 내가 업무나 과제를 수행하고 있는 방식에 변화를 요구당하면 내게 잘못된 무엇인가 있다는 것으로 해석될 수 있다. 변화는 기술적 변화이기도 하지만 사회심리적 변화이기도 하다. 기술적 변화는 작업의 물리적 루틴에서 측정가능한 수정을 만드는 것이다. 사회심리적 변화는 변화의 영향을 받는 사람들이 조직 내에서 안정된 관계가 파괴될 것인가를 우려하는 데서 저항을 불러일으킨다. 기술적 변화에 따른 불편함의 문제를 뛰어넘는 이슈이다.

참여와 존중의 중요성

현실의 세계에서 저항 없이도 많은 변화가 일어난다. 작업의 방식, 업무의 절차, 기계나 책상의 위치 등에서 끊임없이 발생하는 매우 중요한 작은 변화들이 있다. 작업자들은 이러한 사소한 변경에 대해 계속해서 아이디어를 교환하기도 한다. 이 방법은 너무 쉽고 자연스럽게 받아들여지고 심지어 변화라고 생각하지도 않는다. 변화에 이미 참여하고 있기 때문이다. 자신의 의견이 존중되고 반영되었기 때문이다. 이렇듯 변화의 대상이 아니고 변화의 참여자, 나아가서 주도자가 되는 것이 중요하다. 작은 변화뿐만 아니라 큰 변화에서도 참여와 존중의 힘은 크다.

경영자가 자신의 직원들이 변화에 저항할 것이라고 기대하거나 단정하는 것은 어리석은 것이다. 어떤 새로운 변화 시도에도 맹목적으로 완강하게 저항할 것이라는 확신을 가지면 변화를 이끌 수 없다. 오히려 변화의 저항은 언제든 일어날 수 있지만 그 원인을 이해하고 해결해가는 것이 중요하다는 신념을 가져야 한다. 변화저항이 나타날 때 무엇이 문제인지 잘 귀 기울여야 한다. 변화를 강요하는 것이 아니라 변화에 참여를 유도(허용)하고 변화의 어려움에 주의깊은 관심을 기울이고 공동의 문제해결을 찾는 것이 중요하다.

여러 저항요소가 발생할 수 있는데, 아래 표에 요약하였다.

〈표 15-6〉 변화에 대한 저항

저항의 원인	반응/현상	저항의 방식
혼란	변화의 주도자는 신나지만, 변화 대상은 위협을 느낌	• 혁신 주도자와 현업 간의 갈등 • 상대방 흠집내기
불확실성	변화 후의 모습이 불확실하므로 현상에 안주하려는 경향	• '돌다리도 두들기고 가자'라는 식의 안전주의 • 변화에 대한 늦은 참여
당혹감	미래 변화에 대한 준비부족에서 생기는 당혹감	• 시간 끌기 • 총론 찬성, 각론 반대
자신감 결여	새로운 스타일에 잘 적응할 수 있을지에 대한 두려움	• 역할 불안 의식 • 냉소주의
권력게임	새로운 변화로 승자와 패자가 발생하여 권력이동이 생길 것에 대비함	• 조직 내 갈등구조 생성 • 줄서기 문화와 조직정치
기득권 상실	새로운 변화로 과거의 기득권 상실의 두려움	• 자기방어 • 집단이기주의

한걸음 더

- 각자 변화상황에서 겪었던 경험을 변화저항 요소에 비추어 정리하여 보자. 나는 변화의 참여자, 주도자, 동조자, 반대자 중 어느 쪽이었나? 그 이유는 무엇이었나?

3.2 변화의 방법과 프로세스 관리

변화는 계획되어야 한다. 변화 과정에서 발생하는 변화저항요인을 관리하고 불확실성 속에서 방향을 잃지 않도록 변화의 비전과 지향점을 잘 설계해야 한다.

변화 계획의 수립

변화의 방법에서 가장 중요한 전략적 선택은 급격히 집중된 기간에 변화를 추진할 것인가, 아니면 점진적으로 바꿔나갈 것인가를 결정하는 것이다. 중요한 점은 변화의 내용이 무엇이냐에 달려 있다. 예를 들어, 작업방식과 조직 내 협력체계의 변화는 조직 전체로 볼 때는 미세조정(tuning)에 해당한다. 점진적 변화의 한 형태일 따름이다. 점진적 변화는 조직 전체보다는 특정 분야에서의 변화에 적합하고, 조직 전체의 큰 변화, 즉 기업 변신이 요구될 때에는 집중적인 급진적 변화가 효과적이다.

변화는 계획되어야 한다. 이를 계획적 조직변화(planned organizational change)라고 한다. 계획되지 않은 기업 변신은 반드시 실패한다. 아래 [그림 15-6]은 기업 변신을 그림으로 표현한 것이다. 총체적 변화(total change)를 추진하는 이유는 기업의 각 경영요소들이 서로 어우러져야 하기 때문이다. 특정 요소만 변하면 부적합성이 발생하여 시도된 변화가 효과가 없거나 다시 원래대로 회귀할 수 있다. 따라서 변화는 계획되고 총체적이어야 한다. 아래 그림에서처럼 현상을 정확히 진단하고, 비전에 따른 미래의 희구하는 모습을 정의하여야 한다. 그리고 현 상태와 미래의 바람직한 상태의 갭 분석에 따라 구체적인 변화 로드맵을 짜는 것이다. 그림에 포함된 7가지 경영요소는 조직진단(organizational diagnosis)에 자주 사용되는 7S-프레임워크이다.

각각의 변화 영역에서 그려진 변화 로드맵에서는 구체적으로 혁신프로젝트를 마련하고, 변화추진의 방법론을 설계해야 한다. 변화과정의 관리 책임자 역할 부여, 변화 목적과 목표의 의사소통, 변화과정의 진행단계별 참여자 동기부여 등 다양한 변화추진 과정의 이슈를 파악하고 준비해야 한다. 변화는 불확실성과 복잡성을 증폭시키므로 계획되지 않으면 혼란에 빠지고 방향이 실종될 수 있다.

가장 성공적인 총체적 변화로서 CJ그룹의 조직변화 사례를 소개하기로 한다. 국내 10위권의 CJ그룹은 경쟁력 있는 21세기를 맞이하기 위해서 1999년부터 2002년까지 4년간 그룹의 비전과 가치의 체계부터 관리기능 분야 개혁에 이르기

[그림 15-6] 총체적 조직변화의 계획수립

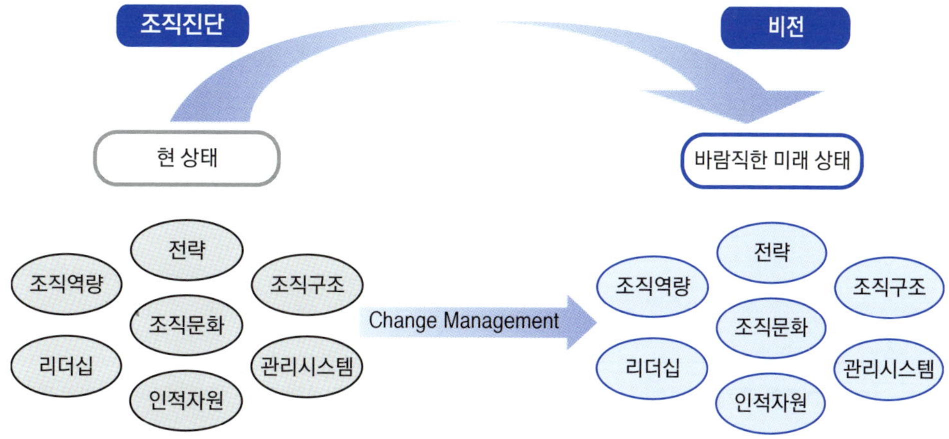

까지 총체적인 조직변화 프로그램을 시행하였다. 각각의 변화 프로그램만 2~3년씩 걸리는데, 이 모든 프로그램이 동시적으로 진행된 것이다. 주요 변화혁신의 내용을 아래 <표 15-7>에 요약하였다.[15]

〈표 15-7〉 CJ의 총체적 조직변화

그룹 가치체계의 공유 활동	• 그룹 경영전략 재조정과 사업 포트폴리오 구조조정 (1999~2002) • 그룹 Vision, Mission 결정 (2000) • CJ Values 정립과 전파 (2000~2001) • Leadership Model 정립과 전파 (2000~2002) • 그룹 CI 변경 (2002)
유연하고 경쟁력 있는 기업문화 만들기	• Business Casual – 복장 자율화 실시 (1999) • Flexible Time – 탄력 근무시간제 도입 (1999) • Intranet 내 무기명 토론방, CEO와의 대화방 개설 (1999) • 직급호칭 폐지 (1999)
핵심역량 강화를 위한 혁신 프로젝트	• 성과주의 인사제도 도입 (1999~2000) • 영업 마케팅 역량 강화 프로젝트 (1999~2002) • DNS (IT인프라) 프로젝트 (2000~2002) • R&D 역량 강화 프로젝트 (2000~2002) • 품질경영 – 6 Sigma 추진 (2000~2002)

이 기간 동안 CJ그룹의 모든 소통이 변화라는 키워드에 모여져 있을 정도로 집중적이고 큰 변화가 추진되었다. 아래의 <표 15-8>에 변화경영의 주요 활동을 요약하였다.

그룹의 사업구조가 비전 중심으로 재구축되었고, 양적으로도 큰 성장을 거둘 수 있었다. 그룹의 명성과 이미지가 크게 좋아져서 대학생들이 가장 선호하는 직장이 되었다. 그룹의 변화와 혁신에서 중심에 있었던 CJ제일제당은 대학생 취업 선호 1위의 기업으로 수차례 꼽혔다. 그룹 변신 이후 20여 년간 취업 선호도에서 10위를 벗어난 적이 없을 정도로 좋은 기업 명성과 이미지를 지키고 있다.

15) CJ그룹의 총체적 변화에 대한 자료는 자체 작성의 내부자료와 각종 컨퍼런스 발표자료를 참고한 것임.

〈표 15-8〉 CJ그룹 변화경영의 주요 활동

활동	내용	방법	주체
변화의 내용과 일정 통합	• 전사 변화의 로드맵과 5개년 비전 작성 • 전사 커뮤니케이션 내용 작성 • 각 프로젝트 추진 일정 조율 통합	• 변화관리팀 워크숍 • 정기적 회의	• 리더십 커미티 • 변화관리팀
현장 변화 주체 양성	• 체인지 리더 양성 • 변화 내용의 메신저	• 체인지 리더 워크숍 • 커뮤니티 운영	• 변화관리팀 • 체인지 리더
커뮤니케이션	• 경영환경의 변화와 CJ의 변화 필요성 • 전사 변화의 5개년 비전과 로드맵 • 각 프로젝트의 역할과 관계 • 개인의 비전과 회사의 비전과의 연계	• 영상자료 제작 • 체인지 리더 주도의 전사원 커뮤니케이션	• 변화관리팀 • 체인지 리더
모니터링 & 피드백	• 구성원의 변화 수용도 & 실천도 • 구성원이 알고 싶어 하는 10가지 질문 • 각 프로젝트 추진 과정상의 문제점 • 모범사례 발굴과 공유	• 정기적 조사(Survey) 피드백 • 체인지 리더 워크숍 • 커뮤니티, 이메일 • 정성적 모니터링	• 변화관리팀 • 체인지 리더

변화의 프로세스 관리

변화하는 과정에서 중요한 부분의 하나가 변화저항의 관리이다. 변화 이전에는 변화 저항요인과 변화 촉진요인의 힘이 균형을 이루고 있다. 그런데 변화가 추진되면 곧바로 변화저항 요인들이 돌출되어 강해진다. 이때 변화의 동력을 잘 이끌지 못하면 변화는 중단될 수 있다. 변화저항에 대응하는 힘, 즉 변화촉진의 요소들이 더 강해지면 변화는 시작된다.

따라서 변화의 저항을 약화시키고 변화의 준비성을 높일 필요가 있다. 이에 대

[그림 15-7] 레윈의 3단계 변화 모형

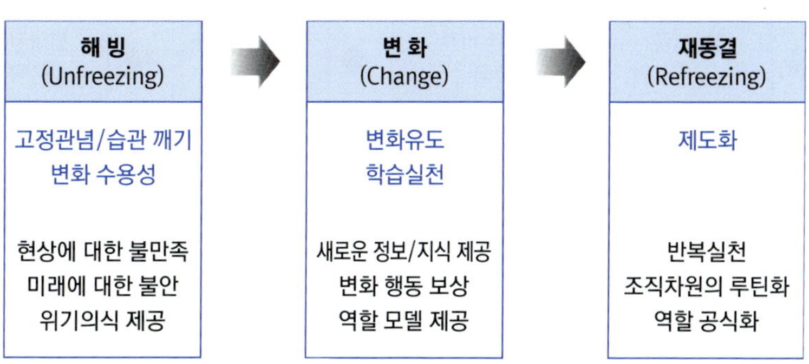

해 사회심리학자 쿨트 레윈(Kurt Lewin)은 변화의 3단계 모형을 제시하였다. 이것은 사실은 조직변화만이 아니고, 개인의 태도 변화에서도 통용되는 개념이다.

이 모형에서는 변화를 위해 해빙(unfreezing)이 필요하다는 것이다. 기존에 가지고 있는 구성원들의 고정된 사고와 습관, 신념 등을 녹여주지 않으면 변화에 대한 수용성이 생기지 않는다. 변화의 첫 단계는 새로운 변화에 준비성을 만들어 주는 것이다. 고정관념을 깨뜨린다는 의미에서 '얼음깨기(ice breaking)'라고도 한다. 변화의 두 번째 단계는 실제 변화(changing)를 이끌어내는 것이다. 변화를 유도하고 학습을 통해 새로움을 습득하는 단계이다. 변화의 마지막 단계는 재동결(refreezing)이다. 변화된 것에 대한 지원과 강화(reinforcement)를 통해 변화가 정착되게 하는 것이다. 예전의 상태로 회귀하는 것을 막는 것뿐만 아니라 새로운 방식의 효과성을 창출하기 위해 안정된 제도를 도입하고 구성원의 행동변화를 안정화시키는 것이다.

레윈의 모형은 변화의 참여자이자 대상인 구성원의 사회심리적 측면에 초점을 둔 것이다. 다분히 미시적 이론이라 할 수 있다. 반면에 조직변화론의 학자들은 좀 더 정치적이고 집단적 현상으로서 변화관리를 제안한다. 변화의 과정에는 정치적 싸움과 이해관계 충돌이 발생한다. 더 광범위한 형태의 변화저항이 발생할 수 있으며, 이를 극복하는 것이 변화 성공의 열쇠가 된다. 이러한 관점으로 변화의 단계를 더 세분화하여 제시한 코터(John P. Kotter)의 변화 프로세스 모형을 아래 그림에 정리하였다.[16] 실제 변화 과정의 복잡성을 반영하여 레윈의 두 번째 단계를 여섯 개의 단계로 구분하였다.

변화의 과정은 수년에 걸쳐 진행될 수 있다. 기업의 총체적 변화의 경우에는 여러 변화영역이 동시다발적으로 진행되며 각 변화마다 위 과정이 반복된다. 앞서

[그림 15-8] 변화주도를 위한 8단계 접근법

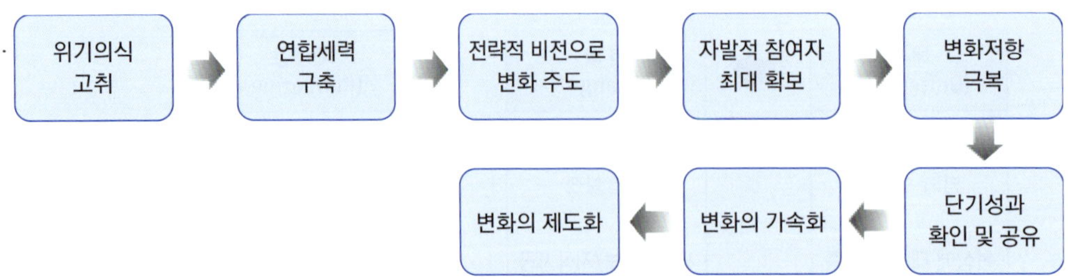

16) Kotter(2014).

[그림 15-9] CJ그룹 변화 프로세스 관리의 내용

접근법	실행
최고경영진의 Top Priority	• 변화 추진에 대한 최고경영진의 강력한 확신과 일관되고 적극적인 강조 • 분명한 비전의 제시와 각 활동의 일관된 정렬(Alignment) 확보 • 각 부문의 변화를 종합하고 조율할 수 있는 주체 결정, 적절한 권한과 자원의 지원
현장 관점의 변화 추진	• 본사 스태프 관점이 아닌 현장 구성원의 관점으로 변화의 내용과 활동을 설계 • 이런 것이 옳은 것임을 설득하기보다 구성원이 무엇을 얻을 수 있는지를 제시
지속적 커뮤니케이션	• 시스템 도입에 그치는 것이 아니라 구성원의 행동을 변화시키는 커뮤니케이션 • 종합적인 변화의 내용과 각 활동 내용의 반복적 커뮤니케이션 • 조직의 정책과 제도, 경영진의 메시지 모두가 일관되게 한 방향, 비전을 향하게 함
관리자 리더십 Change Agent	• 리더십 역할 명확화 • 리더가 변화의 내용에 대해 가장 많이 알고 있고 이를 구성원과 공유하며 모범을 보임 • 변화 선도자로 리더의 활동을 지원

<표 15-7>에 제시된 바와 같이 CJ그룹은 수년에 걸쳐 총체적 변화-혁신의 여정을 거쳤으며, 결과적으로 그룹의 체질 개선과 각 계열사들의 경쟁력을 크게 높일 수 있었다.[17)]

이 변화의 주요 특징은 조직구성원의 참여도가 매우 높았다는 것이다. 변화로 인해 높아질 불확실성보다는 변화의 필요성 인식과 공감대가 높았다. IMF 경제위기를 극복하고 새천년 21세기를 맞이한다는 시대적 분위기도 있었지만, 최고경영자의 집념과 몰입, 그리고 구성원의 참여와 변화의지가 높았던 변화혁신이었다.

에필로그 - 비전과 리더십

과거나 현재에 대한 초점보다는 우리가 추구하고자 하는 목표로 향하는 미래에 초점을 두게 되면, 현 상태에 집착해서 변화에 저항할 수 있는 부분이 상당히 무의미하게 된다. 미래를 열어가는 비전의 힘이다. 우리가 원하고 희구하는 열망을 담아주는 비전의 힘이 변화를 성공시키게 해준다. '가치 있는 열망(worthy aspirations)'에 사람들의 주의와 관심을 집중시켜주면, 변화에 대한 이해타산적 대응을 최소화할 수 있다.

17) CJ는 2002년 이후에도 '변화를 통한 혁신'을 중요한 경영방식으로 지키고 있다. 이는 총체적 변화의 기간 이후에 확산적 변화와 수렴적 변화의 순환을 거치면서 조직의 역동성을 만드는 것이다.

변화는 과정 자체의 어려움으로 좌절을 느끼게 하고, 불확실성 속에 사람들을 불안하게 빠뜨리기도 한다. 의도적 저항이 아니어도 자연스러운 반응으로서 저항이 발생한다. 이를 극복해가려면 변혁적 리더십이 요구된다. 변화에 대한 리더의 신념과 몰입(commitment)이 중요하다. '관여되지 않은(uninvolved)' 리더십은 변화를 성공시키지 못하고 값비싼 비용으로 만든다. 변화는 단순히 지시한다고 완성되는 게 아니다. 변화에 무관심한 리더는 조직을 망친다.

변화와 개혁은 사회와 사회조직의 영원한 과제이다. 현대 산업사회의 가장 중요한 사회조직으로서 기업은 특별한 상황에 있다. 여러 이해관계자로 둘러싸인 기업은 '누구를 위해 변해야 하는가'라는 문제를 안고 있다. 기업에서도 변화와 개혁이 구성원의 가슴을 뛰게 할 수 있을까? 기업의 주인은 주주인데, 종업원이 변화의 대상이 아닌 변화의 주역이 될 수 있을까? 이해관계자경영이 채택되면 변화의 개념이 달라질까? 기업의 비전과 경영자 리더십, 그 자체에 새로운 변화가 요구되는 시대이다.

REFERENCE 참고문헌

강효석 · 권석균 · 이원흠 · 조장연(1998), 『기업구조조정론』, 홍문사.

권석균(1995), "조직학습의 이론적 조망", 『인사조직연구』, 3(1), pp. 121-164.

김영욱(2013), "삼성전자의 일본 추격 과정에 관한 연구 - 경영모방과 오너의 모방관을 중심으로", 『한일경상논집』, 59, pp. 47-73.

노나카 이쿠지로(1995), 『지식창조의 경영』, 21세기북스.

Birkinshaw, J. & Mol, M.(2006), "How Management Innovation Happens," *MIT Sloan Management Review*, 47(4), pp. 81-88.

Birkinshaw, J., Hamel, G. & Mol, M.(2008), "Management Innovation," *Academy of Management Review*, 33(4), pp. 825-845.

Christensen, C. M., Raynor, M. E. & McDonald, R.(2015), "What is Disruptive Innovation?" *Harvard Business Review*, December.

Cohen, W. M. & Levinthal, D. A.(1990), "Absorptive Capacity: A New Perspective on Learning and Innovation," *Administrative Science Quarterly*, 35(1), pp. 128 152.

Jacobson, G. & Hillkirk, J.(1986), *Xerox: American Samurai*, NY: McMillan.

Kotter, J. P.(2014), *Accelerate: Building Strategic Agility for a Fast Moving World*, Boston, MA: Harvard Business Review Press.

Lawrence, P. R.(1969), "How to Deal with Resistance to Change," *Harvard Business Review*, May - June 1954; reprinted as HBR Classic(January - February 1969).

Miller, D. & Friesen, P. H.(1984), *Organizations: A Quantum View*, Prentice-Hall.

Nonaka, I.(1994), "A Dynamic Theory of Organizational Knowledge Creation," *Organization Science*, 5(1), pp. 14-37.

Peters, T. & Waterman, Jr., R. H.(1982), *In Search of Excellence*, New York: Harper & Row.

찾아보기

ㅂ

ㅅ

ㅇ

저자 소개

권석균

학력 및 경력

서울대학교 경영학과 및 동 대학원(경영학사 및 석사)
미국 미네소타대학교(University of Minnesota) 대학원(경영학박사)
한국외국어대학교 연구및대외협력처장, 글로벌경영연구소장, 글로벌경영대학장, 경영대학원장
한국인사조직학회장, 한국전략경영학회장, 한국경영학회 통일경영연구포럼위원장
Korea Business Research(구 경영교육연구) 편집위원장

수상

한국인사조직학회, 제1회 인사조직연구 논문상 (1998년)
한국경영학회, 제14회 경영학연구 SK우수논문상 (2014년)
한국인사관리학회, 2019 지산학술상(조직과 인사관리연구 우수논문상) (2019년)

저서

『한국대기업의 경영특성』(공저, 세경사, 1995)
『기업구조조정론』(공저, 홍문사, 1998)
『감량경영과 고용조정』(공저, 한언, 1999)
『경영학 뉴패러다임: 조직인사·노사관계』(공저, 박영사, 2002)
『지식기반산업연구』(공저, 홍문사, 2004)
『企業危機 管理革命』(권석균·이영면 저, 戶珍 역, 中國 北京 新華出版社, 2005)
『통일 - 기업에 기회인가 위기인가』(공저, RHK, 2013)
『인적자원관리』(공저, 시대가치, 2017, 2021)
『권석균의 여행읽기』 시리즈 3권(씽크스마트, 2024)

연구분야와 논문

조직 혁신과 변화, 작업장 신뢰, 직무정서와 감정노동, 다양성, 리더십, 기업문화, 중소기업경영, 국가혁신시스템, 통일경영, 한국형경영, 기업윤리와 사회책임경영 등에 걸친 60여 편의 국내 및 해외 학술지 논문

경영자문 활동

한국의 기업 현장에서 다수의 대기업, 중소기업 및 공기업의 경영진, 관리자 및 종사원과 교류하고 비전-전략 수립, 경영방식 정립, 조직구조 재설계, 기업문화와 조직활성화, 관리시스템 구축, 윤리경영체계 정립, 변화와 혁신 프로그램 등의 경영자문 활동을 수행하였다. 주요 기업은 다음과 같다;
호남정유(현 GS칼텍스), OB맥주, LG반도체(현 SK하이닉스), 대우건설, 극동건설, 한화그룹, 금호그룹, 삼성그룹, 삼성인력개발원, 삼성물산, 두산인력개발원, 한국통신(KT), KT-ICOM, KTF, SK텔레콤, SK그룹, CJ㈜, CJ제일제당, CJ오쇼핑, 안랩, 휴넷, 포스데이타, 디자인하우스, 동아제분, 한국항공우주산업(KAI), 우정사업본부, 한국가스공사, 한국전력기술, 전문건설공제조합(KSCFC)

새로운 시대의 **경영학**

2022년 6월 30일 초판 발행
2024년 8월 31일 2 판 발행

저　　자　권석균
펴 낸 이　김광범
펴 낸 곳　도서출판 시대가치

출판등록　2017년 3월 23일 제2018-000088호
주　　소　서울특별시 마포구 토정로 222, 422-1호(한국출판콘텐츠센터)
전　　화　02)3152-2620 / 팩스 02)6442-2621
이 메 일　timepub2017@gmail.com
홈페이지　시대가치.com

ISBN 979-11-89607-95-1 93320

가격 32,000원